DEFESA DO EXECUTADO NO CURSO DA EXECUÇÃO

CÍVEL E TRABALHISTA

Ao tio Alcides, pela força de sempre,
com a admiração e o abraço fraterno
do seu sobrinho

João Pessoa, 30/07/2008.

Sérgio Cabral dos Reis

À Bianca, a minha "mimo" linda,
simplesmente por fazer parte da minha vida.

SÉRGIO CABRAL DOS REIS
Ex-Juiz do Trabalho no Paraná (9ª Região). Ex-Juiz do Trabalho em Sergipe (20ª Região). Juiz do Trabalho na Paraíba (13ª Região). Mestre em Direito Processual e Cidadania pela UNIPAR (Universidade Paranaense). Professor Universitário.

DEFESA DO EXECUTADO NO CURSO DA EXECUÇÃO

CÍVEL E TRABALHISTA

EDITORA LTr®
SÃO PAULO

Dados Internacionais de Catalogação na Publicação (CIP)
(Câmara Brasileira do Livro, SP, Brasil)

Reis, Sérgio Cabral dos
Defesa do executado no curso da execução (cível e trabalhista) / Sérgio Cabral dos Reis. — São Paulo : LTr, 2008.

Bibliografia.

ISBN 978-85-361-1043-1

1. Cognição 2. Defesa (Processo civil) — Brasil 3. Direito do trabalho — Brasil 4. Execução (Direito do trabalho) — Brasil 5. Processo de execução — Brasil 6. Sentenças (Direito) I. Título.

07-5365 CDU-347.923:347.952:33(81)

Índice para catálogo sistemático:

1. Brasil : Cognição : Execução e exercício da defesa : Direito 347.923:347.952:33(81)

Produção Gráfica e Editoração Eletrônica: **LINOTEC**
Capa: **FABIO GIGLIO**
Impressão: **CROMOSETE**

EDITORA LTDA.
Rua Apa, 165 — CEP 01201-904 — Fone (11) 3826-2788 — Fax (11) 3826-9180
São Paulo, SP — Brasil — www.ltr.com.br

LTr 3503.9 **Junho, 2008**

Agradeço a Deus, por tudo.

Aos meus pais, João e Luíza Reis, os quais sempre acreditaram em mim, proporcionando, com muito amor e carinho, todas as condições necessárias ao meu desenvolvimento como ser humano.

Aos meus irmãos, Klecyus e Dayane Reis, que, mesmo não sendo da área jurídica, sempre me serviram de referência nos momentos difíceis.

A todos os meus amigos e demais familiares que, de alguma forma, colaboraram para a realização deste trabalho.

Ao seu Romero e à dona Célida, pelas constantes palavras de incentivo.

À UNIPAR, na pessoa do Professor Doutor Jônatas Luiz Moreira de Paula, Coordenador do Curso de Mestrado, pela oportunidade de aprimoramento intelectual.

À Rose e à Shirlley, da Secretaria do Curso de Mestrado, as quais, de forma simpática, sempre estiveram à minha disposição, auxiliando, direta ou indiretamente, na elaboração desta obra.

Ao Professor Doutor Celso Hiroshi Iocohama, que, além de suas memoráveis lições proferidas ao longo do Curso de Mestrado, propiciou-me incondicional apoio na reta final deste trabalho.

Ao Luciano Athayde Chaves, Juiz do Trabalho exemplar, por acompanhar, passo a passo, com entusiasmo e seriedade, a publicação deste livro.

À prestigiada Editora LTr, pela confiança e pela oportunidade.

Por fim, de modo todo especial, ao meu orientador, Professor Doutor José Miguel Garcia Medina, fonte sempre renovada de aprendizado, amizade e exemplo intelectual de um Direito Processual que ainda se há de construir, pela confiança, paciência, estímulo e orientação segura, fundamentais na elaboração e conclusão desta obra, com a gratidão e a reverência do amigo e do discípulo.

SUMÁRIO

LISTA DE SIGLAS E ABREVIATURAS

AgIn	— Agravo de Instrumento
AgRg	— Agravo Regimental
art.	— Artigo
Câm.	— Câmara
CC	— Código Civil
c/c	— combinado com
CDC	— Código de Proteção e Defesa do Consumidor
CF	— Constituição Federal
Cf.	— conforme/conferir
cit.	— citada/citado
CLT	— Consolidação das Leis do Trabalho
CPC	— Código de Processo Civil
Des.	— Desembargador
DJU	— Diário da Justiça da União
ed.	— edição
Edel	— Embargos de declaração
e. g.	— *exempli gratia*
Fed.	— Federal
IBDP	— Instituto Brasileiro de Direito Processual
j.	— julgado em
loc.	— local
Min.	— Ministro
n.	— número/números
ob.	— obra
p.	— página/páginas/por
PL	— Projeto Legislativo
pub.	— Publicado em
rel.	— Relator
REsp	— Recurso Especial
RExt	— Recurso Extraordinário
Repro	— *Revista de Processo*
RT	— Revista dos Tribunais
s.d.	— sem data
s.	— seguinte/seguintes
STF	— Supremo Tribunal Federal
STJ	— Superior Tribunal de Justiça
t.	— tomo

T.	—	Turma
TAcivSP	—	Tribunal de Alçada Cível do Estado de São Paulo
TJSP	—	Tribunal de Justiça do Estado de São Paulo
TJRJ	—	Tribunal de Justiça do Estado do Rio de Janeiro
Trad.	—	traduzido por
TRF	—	Tribunal Regional Federal
TRT	—	Tribunal Regional do Trabalho
TST	—	Tribunal Superior do Trabalho
ult.	—	ulterior/ulteriormente
v.	—	volume
v. g.	—	*verbi gratia*
vol.	—	volume

APRESENTAÇÃO

Não é de hoje que a execução é considerada como um dos capítulos mais complexos e difíceis da Ciência Processual.

Creio que essa idéia decorre de um cenário multifatorial.

Primeiro, não podemos relevar os efeitos decorrentes do modo como a matéria normalmente se apresenta já durante o período de formação dos profissionais do Direito. Não raro, ao estudo da execução no Direito Processual são reservados os últimos momentos da disciplina, quando já não há sequer tempo suficiente para desvendar seus segredos ou mesmo motivar os estudantes a se debruçarem sobre seus conceitos e procedimentos.

O mesmo sucede com a disciplina de prática forense, que se volta precipuamente ao acompanhamento de audiências e redação de peças processuais afeitas à propositura de ações.

Disso resulta que poucos profissionais, em verdade, mostram-se à vontade diante da matéria, mercê, pois, da pouca atenção acadêmica atribuída ao tema nos cursos de bacharelado em Direito.

E quão deletério se mostra esse fato em relação ao procedimento executivo, cheio de conceitos próprios e, mais do que isso, carente de percepção do monumental desafio que é garantir a efetivação dos direitos assegurados pelo título executivo exeqüendo.

Numa provável correlação com esse déficit de formação, tenho afirmado que, no âmbito do Poder Judiciário, a execução não tem merecido a devida atenção.

A fase de conhecimento, delimitada entre a apresentação da pretensão em Juízo e o pronunciamento da decisão final, é o foco maior da atividade jurisdicional, em tal envergadura que considero sofrermos dos efeitos do "mito da cognição". E não tomo aqui o vocábulo "cognição", polissêmico que é, no sentido — mais elaborado — adotado na obra que ora apresento. Refiro-me ao excesso de atenção que temos dado à fase de conhecimento do processo, em detrimento a uma visão mais completa e adequada de jurisdição, que não pode se contentar apenas com a pronúncia do veredicto.

Em outras palavras, é fundamental compreender a atividade jurisdicional como aquela que alcança a efetiva tutela material invocada, fazendo produzir efeitos no mundo dos fatos em favor do beneficiário da decisão.

No Poder Judiciário brasileiro, ao revés, a execução — talvez por não merecer a atenção das estatísticas — não tem recebido a devida atenção, inclusive no que se refere aos investimentos de tempo e recursos orçamentários.

Por essa razão, contentamo-nos, muitas vezes, em asseverar a excelência de um dado serviço judiciário pela alta produtividade na realização de audiências, acordos e sentenças. Isso é muito bom. Ocorre que esse desempenho pode ocultar a marginalização da efetividade do cumprimento dos acordos e sentenças não cumpridos.

A falta de uma maior investigação científica, inclusive com o confronto dos preceitos e regras em face da realidade produzida com a sua aplicação, fez com que a processualística, por muito tempo, cultivasse e conservasse dogmas e técnicas que, ao invés de assegurar a efetiva e plena tutela jurisdicional material, acabava por negá-la.

Dois exemplos rápidos. O art. 620 do Código de Processo Civil, aquele que estabelece o preceito da execução menos gravosa ao devedor, recebeu, ao longo do tempo, uma leitura tal que se chegou ao ponto de tomá-lo uma blindagem contra a atuação concreta da jurisdição executiva. Diante de vários meios de constrição, optava-se pelo "menos gravoso", ainda que fosse mais ineficaz, mais infrutífero, mais ilíquido, o que não faz qualquer sentido. O que deveria ser uma regra de solução para meios expropriatórios de igual equivalência em termos de liquidez executiva, transformou-se numa verdadeira saída para a injustiça flagrante e manifesta.

O contraditório — enquanto princípio fundamental e valor central da Ciência Processual — possui ascendência constitucional. Contudo, na fase de execução, o contraditório não apresenta a mesma coloração, como na fase de constituição do título. Lá, alguns procedimentos não podem ser previamente debatidos com as partes, sob pena de esvaziar-se completamente a sua eficácia material. Podemos ouvir previamente o executado quanto a pedido de bloqueio de crédito seu em instituição financeira?

A experiência foi revelando, aos estudiosos do tema e ao Poder Judiciário, que a primeira grande reforma que o processo de execução espera é a reforma de mentalidade.

Não se pode pensar a execução a partir de valores e conceitos inerentes tão-só à fase de conhecimento, como também não se pode fazer execução sem o domínio de suas técnicas e sem as ferramentas necessárias para transformar a ordem escrita num acontecimento de fato, que importa em constrição, remoção, apreensão, venda, transferência de domínio, depósito, etc.

É dizer: mais do que grandes revoluções conceituais, precisamos de maior atenção aos verdadeiros escopos e desafios que a fase de execução contém e projeta para os atores judiciários.

A instituição, no início dos anos 2000, de um procedimento de bloqueio e constrição de recursos financeiros por meio da plataforma informacional do sistema bancário se constitui num dos mais eloqüentes exemplos de que a superação de dogmas e o desenvolvimento dos instrumentos judiciários, em acordo com os novos tempos, são fatores primordiais para o recrudescimento do prestígio e da eficiência do aparato judiciário, e nem sempre dependem de mudanças legislativas.

Isso não quer dizer que não haja espaço para aprimoramento científico e normativo. Mas, até neste último terreno, a fase de execução foi a última contemplada.

Os movimentos de reforma do processo reforçam o diagnóstico que procurei até aqui traçar para o domínio da execução. Conquanto seja esta uma das técnicas processuais em maior deficiência regulativa, ante a sua aparente ineficácia, somente na terceira grande onda de reformas do Código de Processo Civil, entre 2005 e 2006, tocou-se em algumas de suas imperfeições e mazelas, passados, portanto, praticamente quinze anos desde o início do processo de modernização do Código.

As mudanças foram, no entanto, muito positivas. As Leis ns. 11.232/05 e 11.382/06 oferecem ao intérprete e aplicador do Direito Processual um leque de novas técnicas que simplificam procedimentos e acentuam a carga de efetividade da atividade jurisdicional.

Destaco a incorporação da tendência internacional de valorização das decisões de Primeiro Grau, com a ampliação do potencial da execução provisória, medida fundamental num país que ainda carece de estabelecer um amplo debate quanto à pletora de recursos ainda possíveis de interposição pelas partes.

O fim de técnicas ultrapassadas e comprovadamente inúteis, como a nova citação para o início do procedimento de cumprimento da sentença e a abolição da indicação de bens pelo devedor, são aspectos de grande repercussão da Lei n. 11.232/05.

A legislação que a complementa — Lei n. 11.382/06 — avança, e muito, nas modalidades expropriatórias, mitigando a presença das hastas públicas nos fóruns de nosso país e, por outro lado, acentuando as possibilidades de adjudicação e alienação com concorrência de corretores, de modo a objetivar a satisfação dos créditos daqueles que aguardam uma resposta efetiva do Estado-Juiz em relação às suas pretensões já aclamadas como procedentes, mas que ainda vagam no espectro da retórica dos rituais judiciários.

Longe de pretender traçar qualquer avaliação bastante para descrever a execução no panorama moderno da Ciência Processual, busquei, de fato, pavimentar minimamente o terreno para dar conta ao leitor da importância desta obra que nos oferece o magistrado e professor *Sérgio Cabral dos Reis*.

Neste importante texto, em grande medida fruto de seus estudos na pós-graduação em Direito, encontramos profundidade investigativa e primoroso rigor científico no trato de temas importantes inerentes à execução.

Estudando o conceito de cognição e as características de sua aplicação ao processo de execução — e, também, agora a fase de cumprimento da sentença —, o livro faz um passeio pelas técnicas de defesa admitidas neste momento processual, sem, contudo, descuidar de examinar os impactos das recentes alterações no processo comum, em especial nas regras e conceitos atinentes à execução.

Mais do que isso, o método do livro contempla os assuntos estudados sob o contraste do processo civil e trabalhista, tarefa árdua, mas de grande importância para a comunidade judiciária trabalhista, que ora trava intenso e virtuoso debate sobre a aplicação das novas regras do Código na atmosfera processual do trabalho.

Sob o prestígio editorial da conceituada LTr Editora, esta obra não só preenche importante lacuna em nossa literatura especializada, como também concede ao leitor uma relevante contribuição para descortinar os labirínticos desafios contemporâneos da execução e do cumprimento da sentença.

Luciano Athayde Chaves

PREFÁCIO

Senti-me imensamente honrado com o convite, feito por *Sérgio Cabral dos Reis*, para que fizesse o prefácio deste livro, que é resultado da dissertação de mestrado por ele defendida com brilho, perante o programa de Mestrado em Direito da Universidade Paranaense, em Umuarama (PR).

Ao longo do mestrado, *Sérgio* foi pesquisador empenhado e incansável, tendo-se dedicado, com interesse, à pesquisa de tema tão complexo, relativo à defesa do executado (nas execuções cível e trabalhista), que, agora, vem a público como este belo livro, publicado pela LTr Editora. Nem a perspectiva da reforma que se anunciava (que veio a ser implementada pelas Leis ns. 11.232/2005 e 11.382/2006) o desencorajou. Ao contrário, as dificuldades oriundas da aplicação prática, do dia-a-dia, da incidência das novas regras processuais davam-lhe novo ânimo.

Conseguiu *Sérgio* feito raro. O trabalho é completo, pois, além de assentado em sólido embasamento teórico, não se esquiva de examinar os problemas que soem ocorrer na execução. Todos os assuntos são examinados com vistas a se extrair a maior quantidade possível de repercussões, sempre com o escopo de construir um trabalho doutrinário útil a todos aqueles que operam no meio forense.

Não se pode deixar de notar, por outro lado, que *Sérgio* teve notável senso de oportunidade. O tema escolhido é extremamente complexo e, a um só tempo, importante para os que labutam no foro. Sensível a esta realidade, consegue *Sérgio* detalhar os mais variados problemas, enfrentando questões tormentosas, sempre se valendo, no entanto, de linguagem acessível, o que muito enriquece o livro, pois nem sempre temas difíceis acabam por merecer tratamento, a um só tempo, profundo e de fácil apreensão, em uma obra doutrinária.

É fácil notar, portanto, que não se trata de mero trabalho acadêmico. Certamente, isso decorre da circunstância de se estar diante de autor que, além de pesquisador, é também um atuante magistrado. Bem sabe o estudioso, em razão de sua atuação profissional, que de nada adianta a construção de soluções jurídicas teoricamente aprazíveis, mas desvinculadas da realidade. Por isso, está-se, aqui, diante de trabalho útil não apenas àqueles que pretendem iniciar-se nos estudos relativos ao assunto, mas também àqueles que, com tal tema, deparam-se, cotidianamente.

Eu, como orientador da outrora dissertação de mestrado, pouco, muito pouco, pude contribuir. Não tive qualquer trabalho. *Sérgio* foi daqueles raros orientandos que se antecipam às questões, empenham-se com raro esforço em suas pesquisas e submetem, quase diariamente, textos novos à análise do orientador. Resta-me, portanto, apenas agradecer ao autor, por ter me dado a honra de ter sido seu orientador, quando da elaboração da dissertação de mestrado.

Por fazerem chegar a público um trabalho tão importante para a comunidade jurídica, estão de parabéns o autor e a Editora.

José Miguel Garcia Medina

INTRODUÇÃO

Esta obra tem finalidade bem específica: estudar a defesa *endoprocessual* executiva sob a perspectiva da *cognição judicial*. À primeira vista, esta afirmação pode soar contraditória, pois, segundo a visão tradicional, não existe espaço para o exercício de defesa e para a cognição judicial no processo de execução, mas tão-somente sujeição do devedor aos atos executivos. Como se verá, entretanto, esta visão já está seguramente ultrapassada, portanto distante da atual concepção dos direitos e garantias fundamentais assegurados na Constituição, destacando-se, para efeito de nosso estudo, os princípios do devido processo legal e da adequada prestação jurisdicional.

O ponto central do trabalho reside na indagação a respeito da existência (ou não) de cognição no âmbito *interno* do processo de execução. Mais ainda: obtendo a resposta positiva, impõe-se questionar sobre o *alcance* e os *limites* dessa atividade cognitiva. Neste estudo, pesquisar-se-á a respeito de toda a gama de questões que podem ser suscitadas no processo de execução e, por conseqüência, de problemas que são *incompatíveis* com esta modalidade de tutela jurisdicional, bem como os *limites probatórios* das alegações fático-jurídicas que envolvem a pretensa decisão.

Obtendo-se estes dados, é possível notar que se estabelece, com precisão, o regime jurídico da defesa no próprio processo executivo, afinal, se a conjectura em concreto não é de incompatibilidade com a estrutura e a função do referido processo, não se pode vedar ao executado — a não ser na eventual hipótese de tipificação do fenômeno da *coisa julgada* ou da *preclusão* — a possibilidade de questionar, por simples petição defensiva (causando incidente processual), a respeito de matérias cuja presença revela-se *imprescindível* à realização regular dos atos executivos e ao respeito ao princípio do devido processo legal.

Atualmente, predomina o entendimento de que *existe* cognição no processo de execução, mas, por outro lado, é polêmica a questão do *alcance* (objeto) desta atividade intelectiva. É aceito, sem maiores obstáculos, o conhecimento a respeito das matérias conhecíveis de ofício ou de ordem pública as quais envolvem a própria *admissibilidade da relação processual executiva*, mediante a presença dos pressupostos processuais, dos requisitos de validade — incluindo-se aqui a ausência de objeções e a própria regularidade dos atos executivos — e das condições de procedibilidade da ação.

A doutrina, porém, é vacilante no que diz respeito a *questões de mérito*(1) e, no tocante à *limitação* da atividade cognitiva, converge no sentido de que as matérias passíveis de conhecimento no âmbito interno do processo executivo *devem carecer de alta indagação*, sendo a comprovação pré-constituída documentalmente.(2)

Quanto ao alcance, adotamos o posicionamento no sentido de que a cognição no processo de execução *pode* ter quatro objetos distintos. Em primeiro lugar, o Juiz deve verificar a admissibilidade da demanda executiva, assim, deve analisar se estão presentes os *pressupostos de existência* do processo de execução e os seus *requisitos de validade*, em que se inclui, naturalmente, a regularidade dos atos executivos em homenagem ao formalismo processual. Deve aferir, também, se as *condições da ação* executiva foram preenchidas de forma correta. Esta atividade (admissibilidade ou verificação de legitimidade do processo), a despeito de focalizar o limiar do processo, desenvolve-se ao longo de toda relação processual. Finalmente, cabe ao Juiz (do processo de execução) conhecer os possíveis questionamentos sobre *o embasamento do mérito do processo de execução* (pedido de realização dos atos executivos), notadamente no que se

---

(1) Segundo prelecionam *Teresa Arruda Alvim Wambier* e *José Miguel Garcia Medina*, "[...] pode dizer-se, *grosso modo*, que as manifestações judiciais ocorridas no curso do processo executivo podem ter por objeto: a) a admissibilidade da execução, quando se verificará se a ação de execução ajuizada apresenta os requisitos de admissibilidade dispostos em lei. Caso a petição inicial tenha vícios ou irregularidades sanáveis, deverá o juiz determinar a sua emenda. Caso tais vícios não sejam sanáveis, ou o sendo, não procede a parte a sua correção, deverá o juiz indeferir a petição inicial, extinguindo o processo; b) os atos executivos, propriamente, hipótese em que, normalmente, cinge-se o juiz a observar se o ato está sendo praticado validamente, a fim de se possibilitar a entrega da prestação jurisdicional executiva. Tratando-se, por exemplo, de execução por quantia certa contra devedor solvente, deverá o juiz verificar se os atos executivos preparatórios (ou instrutórios), tais como penhora, avaliação etc., bem como aqueles ditos satisfativos, como a adjudicação, entrega do dinheiro etc., estão sendo realizados em observância aos ditames legais. É o que ocorre, *v. g.*, quando o juiz decide o incidente de nomeação de bens (art. 657, parágrafo único); anula a penhora (art. 667, inc. I); autoriza a alienação antecipada de bens (art. 670); rejeita a oferta de preço vil (art. 692, *caput*); decreta a prisão do devedor (art. 733, § 1º); decreta suspensa a execução (art. 792, *caput*); e assim por diante; c) *excepcionalmente*, admitem parte da doutrina e da jurisprudência a cognição, no curso do processo de execução, sobre questões relativas ao fundamento da pretensão do exeqüente, isto é, sobre o próprio crédito exeqüendo, desde que a questão a ser resolvida não exija dilação probatória (*O dogma da coisa julgada: hipóteses de relativização*. São Paulo: RT, 2003, p. 98).

(2) Existe um entendimento doutrinário no sentido de que a admissão de provas é absolutamente incompatível com o processo de execução, sob pena de ele perder sua identidade. Com todo respeito, entretanto, tal posicionamento é extremamente formalista e não condiz com a percepção atual do *sincretismo* entre os atos de cognição e de execução. Na realidade, o processo de execução não é infenso à produção de provas. Embora não possua natureza dialética, há contraditório na solução das *questões* que surgem incidentalmente no seu curso, de modo que muitas delas são *comprovadas documentalmente* pela parte. Imagine-se a alegação do executado no sentido de que a sua citação encontra-se eivada de nulidade absoluta, já que quem assinou o mandado foi um homônimo (situação que não é difícil de ocorrer na prática, sobretudo nas camadas economicamente mais simples da sociedade, que normalmente adotam nomes comuns, como José da Silva): basta demonstrar, por exemplo, que, no mandado, constou, por equívoco, o n. *69* ao invés do n. 96. Ao Juiz, como se vê, basta analisar, sem maior esforço, os documentos constantes nos autos, a fim de dar a correta solução do caso. O que não se admite, aí, sim, por incompatibilidade, é a ocorrência de *dilação probatória*, o que é bem diferente. Afinal, como se verá no decorrer deste trabalho, para que o Juiz *decida* uma questão, ele deve *motivar*, o que significa pensar, raciocinar, atividades mentais que pressupõem o conhecimento de dados preestabelecidos, ou seja, constantes no processo na forma documental.

refere ao adimplemento da obrigação que subjaz ao título executivo e à prescrição que atinge a sua eficácia executiva. Como se verá ao longo desta pesquisa, todas essas matérias passíveis de cognição judicial *podem* ser transformadas em questionamentos defensivos internos e, no caso de vitória do executado, ensejar, ao menos na maioria dos casos, a extinção do processo de execução.

Recentemente, como não se ignora, a doutrina vem estudando a temática sob a perspectiva da chamada "exceção de pré-executividade" ou "objeção de não-executividade". Deve-se notar, no entanto, que a preocupação geral envolve apenas a provocação do Juiz da execução sobre a possível ausência de pressupostos processuais e das condições da ação, *questões que devem ser conhecidas de ofício pelo Juiz*, esquecendo-se, por outro lado, da regularidade dos atos executivos, que, independentes da denominação utilizada, sempre foram, *por simples petição*, objeto de questionamentos internos no processo de execução (ou seja, na prática, sempre houve exercício de defesa endoprocessual),[3] bem como das questões de mérito (estas, consoante será visto, em absoluto, são estranhas ao processo de execução). Demais disso, o raciocínio, demasiadamente simplista, envolve apenas a eliminação da constrição patrimonial.

Com todo respeito, como se procurará demonstrar ao longo desta obra, tal postura é equivocada e merece ser corrigida pela compreensão a respeito do modelo constitucional de processo e pelo fenômeno da *cognição no processo de execução*. Ora, neste caso, admitida a sua existência, bem como estabelecidos o seu alcance e a sua limitação, surge somente um regime jurídico para o exercício do direito de defesa endoprocessual, excetuando-se, como já dito, apenas a questão da incidência da autoridade da coisa julgada material ou do instituto da preclusão em relação a algumas das matérias argüíveis.

---

(3) Ilustrativamente, a respeito dessa visão demasiadamente *restritiva*, observe-se a lição de *Danilo Knijnik*: "A exceção de pré-executividade é fruto de labor teórico-processual e representa, apenas, uma revelação parcial de um fenômeno bem mais amplo: uma revelação do *officium iudicis* (e, se se quiser, da atuação judicial *in executivis*). Ela atende, apenas, à admissibilidade da execução e não pode ser utilizada para controlar ocorrências processuais internas, próprias da fenomenologia do executivo. Assim, a fase instrutória e satisfativa do executivo tem seus mecanismos próprios, não devendo ocorrer a intromissão da exceção nesses domínios, nem a extromissão daqueles institutos de seus próprios domínios. Esse requisito não passa de uma fórmula sintética da visão que reconduz a execução à teoria geral do processo. Portanto, não pode ser admissível o emprego da exceção como sucedâneo de mecanismos técnicos dispostos para além da penhora, por mais injustos que venham a ser os sucessos processuais aí havidos, visto que não destinada à garantia da regularidade do procedimento, mas, apenas, à legítima instauração do processo. A exceção está limitada à sua justificabilidade constitucional, por força da lacuna existente no sistema (por ela corrigido). Portanto, não há como empregar-se a exceção de pré-executividade para resolver questões atinentes, *v. g.*, à nulidade de praça, excesso de penhora, alienação antecipada de bens etc.". Em outra passagem de sua excelente obra, o estudioso gaúcho deixa bem clara a sua posição no sentido de que a verificação de regularidade dos atos executivos não pode servir de objeto da exceção de pré-executividade: "No campo de sua legitimidade constitucional, em que se flagrou a existência de uma verdadeira lacuna normativa — o controle da instauração do juízo executivo e, não, do seu regular andamento — é que ela deverá vicejar, não devendo, destarte, servir como sucedâneo desses outros mecanismos (p. ex., embargos de segunda fase, incidentes de reforço de penhora etc.). Tal fato exige o afastamento de uma 'visualização geral' do problema do executado na relação processual, separando-se claramente os setores dogmáticos. Daí a exigência de que não haja tutela específica intra-executiva, como requisito de admissibilidade para a oposição do remédio" (*A exceção de pré-executividade.* Rio de Janeiro: Forense, 2001, pp. 194 e 210, respectivamente).

Assim, não há que se distinguir, na denominação, os *meios* (em nosso sentir, *de defesa*) provocatórios de cognição no processo de execução. Tal procedimento tem o condão apenas de dificultar a compreensão da temática, que, aliás, é tão cara aos processualistas atuais. O que interessa, repita-se, é a consciência da *possibilidade* de conhecimento no âmbito interno do processo executivo, do seu *alcance* e de suas *limitações*, enfim, tudo não passa de uma questão de organização da cognição. Daí, justifica-se a opção *genérica* da denominação *defesa endoprocessual* (ou *intraprocessual*), que abrange todas as indagações a respeito da cognição no processo de execução, perspectiva correta para a adequada compreensão da matéria.

Felizmente, processualistas de escol já estão atentando para o tema, como se observa na seguinte lição de *Araken de Assis:*

> "A atual amplitude do objeto da exceção, restringido tão-só no âmbito da cognição, abandonou sua função originária, relativa ao controle da pretensão a executar no plano dos pressupostos e das condições da ação. Por isso, eventuais vícios ocorridos no curso do procedimento executivo, a exemplo da praça pela inadequação do preço (art. 692, *caput*), podem e devem ser alegados internamente ao processo executivo, apesar da existência de remédio próprio (na hipótese, embargos à arrematação: art. 746). O fundamento da iniciativa do executado abandona o altiplano constitucional, que, em princípio, a justifica, e se prende ao regime geral da alegação das invalidades. Em razão deste último pormenor, a possibilidade de o executado alegar a impenhorabilidade se subordina a outros princípios, como o da preclusão [...]."

E, corretamente, arremata o ilustre processualista do Rio Grande do Sul:

> "Em última análise, o objeto da exceção de pré-executividade equivale ao dos embargos (arts. 741, 745 e 475-L). Por exemplo, cabe a alegação da inconstitucionalidade superveniente, hipótese cogitada no art. 741, parágrafo único e no art. 475-L, § 1º [...]."(4)

De forma metodológica, iniciaremos a abordagem pelos fundamentos constitucionais da cognição no processo de execução. Em seguida, destacaremos a importância do princípio do sincrestismo processual na análise da temática, inclusive com enfoque sobre as recentes reformas processuais. Na seqüência, serão estudadas, agora de maneira bem detalhada, todas as possíveis questões que podem ser cogitadas no bojo da relação processual de execução, bem como as limitações dessa atividade cognitiva, sendo este, pois, o ponto central do trabalho. A justificação da denominação da *defesa endoprocessual executiva*, após os dados anteriores, será tratada com um certo vagar. Finalmente, serão abordadas as questões mais freqüentes a respeito do exercício da defesa endoprocessual executiva. Eis aí, resumidamente, a modesta finalidade do presente trabalho.

---

(4) ASSIS, Araken de. *Manual da execução*. 11ª ed. rev., atual. e ampl., São Paulo: RT, 2007, pp. 1.072-1.073.

1. A COGNIÇÃO NA EXECUÇÃO E A SUA PERSPECTIVA CONSTITUCIONAL

1.1. A COGNIÇÃO JUDICIAL

1.1.1. Conceito

Pode-se afirmar, com certa dose de certeza, que o Juiz, no seu mister de prestar a tutela jurisdicional, desenvolve apenas dois tipos de atividades: cognição e execução. Se as atividades executivas, como sabido, são realizadas por intermédio dos auxiliares da justiça *após uma tomada de decisão judicial*, percebe-se que a cognição detém inegável preponderância na atividade jurisdicional. Em outras palavras, para que haja a realização dos atos executivos, faz-se necessária a concretização, por parte do Juiz, de *prévios juízos de valor,*[1] cujos objetos variam de acordo com a tutela pleiteada.[2] Assim, é relevante fixar corretamente o conceito e a extensão da cognição judicial, para, em seguida, precisar o seu regime jurídico no processo de execução.

(1) Segundo *Karl Larenz*, "A questão da 'adequação' de uma conseqüência jurídica (a uma situação de facto de determinada espécie) é uma questão de valoração. Esta valoração tem que empreendê-la o julgador dentro do quadro que lhe é previamente dado pela norma. A questão é de se e de que modo tais juízos de valor são fundamentáveis mediante considerações de ordem jurídica. Como questão preliminar surge aqui a do significado lógico ou semântico de um juízo de valor". E continua: "Por 'valorar' ou 'avaliar' deve entender-se, em primeiro lugar, um acto de tomada de posição. O objecto a avaliar será julgado como apetecível ou despiciendo, meritório ou não meritório, preferível a outro ou secundário em relação a ele. Algo que todas as pessoas ou uma pessoa de são entendimento considera apetecível chama-se um 'bem', por exemplo, a paz, a saúde, a independência, a ausência de coacção e a necessidade. Uma actuação contrária desaprovamo-la. A aprovação ou desaprovação encontram a sua expressão num juízo de valor, que pode ser de natureza moral ou, se se orienta por princípios especificamente jurídicos, de natureza jurídica." E arremata o mestre alemão dentro da nossa linha de pensamento: "Se o juízo de valor é expressão de uma tomada de posição, esta é, antes de tudo, a de quem em cada caso haja de julgar" (*Metodologia da ciência do direito*. Tradução de José Lamego. 3ª ed. Lisboa: Fundação Calouste Gulbenkian, 1997, pp. 408-409).

(2) No instituto da *antecipação dos efeitos da tutela de mérito* (art. 273 do CPC), por exemplo, o Juiz, *antes de determinar a execução ou a efetivação da medida*, deve analisar várias questões, a fim de poder tomar a sua decisão. Deve observar se existe a chamada "prova inequívoca", que, aliás, deve lhe convencer acerca da verossimilhança das alegações da parte requerente. Deve, também, observar se, diante das alegações de fundado receio de dano irreparável ou de difícil reparação, a medida é realmente necessária. Essa necessidade da medida fica evidente, mas naturalmente precedida da realização de um juízo de valor, quando há inegável abuso de direito de defesa ou manifesto propósito protelatório do réu. O Juiz deve analisar, ainda, se a medida resultará em irreversibilidade da situação fático-jurídica anterior. Aqui, como não se ignora, ainda que a resposta seja positiva, pode estar em jogo uma colisão de princípios constitucionais, necessitando, portanto, de uma opção fundamentada do julgador, o que somente confirma o que se está exemplificando nesta oportunidade: a prévia realização de juízos de valor pelo órgão jurisdicional.

O termo "cognição" é geralmente aplicado como sinônimo de conhecimento, fato que leva à idéia de que processo de cognição é a mesma realidade que o conhecimento em si, bem como o processo de conhecimento. *Processo de conhecimento*, *conhecimento* e *cognição*, no entanto, em termos técnico-jurídicos, embora sejam conexas, são realidades diversas.

O termo "conhecimento" é utilizado, efetivamente, para designar uma das espécies de processo, ao lado do processo de execução e do processo cautelar. No processo de conhecimento, que é conhecido como processo de acertamento ou de definição quanto à relação jurídica de direito material em crise, a atividade do Juiz é voltada, preponderantemente, para a solução, de maneira definitiva, da controvérsia que é levada ao seu conhecimento. É espécie, portanto, do gênero *processo*.

Há que se distinguir, agora, *conhecimento* de *cognição*. Deve-se compreender, para tanto, que esta nada mais é que o *instrumento* de concretização do "conhecimento", ou seja, pela *cognição*, *conhece-se*, de tal sorte que o conhecimento é o mero *resultado* dessa *atividade*. Em outros termos, a *cognição* é o *processo* (ou atividade) de *conhecer,*[(3)] que é materializado pela realização de *juízos de valor*[(4)] compreendidos no *raciocínio*[(5)] desenvolvido pelo sujeito em relação ao objeto. No caso em estudo, impõe-se perceber que o sujeito da cognição é o Juiz, ao passo que o objeto são as matérias passíveis de cognição.

---

(3) Explica *Miguel Reale:* "Conhecer é trazer para nossa consciência *algo* que sabemos ou que supomos fora de nós. O conhecimento é uma conquista, uma apreensão espiritual de algo. Conhecer é abranger algo tornando-nos senhores de um ou de alguns de seus aspectos. Toda vez que falamos em conhecimento, envolveremos dois termos: o sujeito que conhece, e algo de que se tem ou de que se *quer* ter ciência. Algo, enquanto passível de conhecimento, chama-se *objeto*, que é, assim, o resultado possível de nossa atividade cognitiva" (*Introdução à filosofia*. 4ª ed. São Paulo: Saraiva, 2002, p. 46).

(4) Novamente esclarece *Miguel Reale:* "Juízo é a ligação lógica de um predicado a algo, com o reconhecimento concomitante de que tal atributividade é necessária, implicando sempre uma 'pretensão de verdade'. O juízo, portanto, é a molécula do conhecimento. Não podemos conhecer sem formular juízos, assim como também não podemos transmitir conhecimentos sem formular juízos. A expressão verbal, escrita ou oral, de um juízo chama-se *proposição*". E continua sua lição: "Quando combinamos juízos entre si segundo um nexo lógico de conseqüência, dizemos que estamos raciocinando. *Raciocínio*, portanto, é um conjunto ordenado e coerente de juízos. Se estamos dando um aula, estamos raciocinando e, ao raciocinar, combinamos juízos, procurando investigar e revelar, de maneira congruente, relações entre conceitos". Na realidade, arremata o eminente professor da USP: "Não é possível haver ciência, é claro, sem esta operação elementar de enunciar juízos e de combinar juízos entre si. A ciência implica sempre uma coerência entre juízos que se enunciam. É necessário que os enunciados — e a enunciação é a essência do juízo — não se choquem nem se conflitem, mas se ordenem de tal maneira que entre eles exista um nexo comum que lhes assegure coerência e validez" (*Introdução à filosofia*. 4ª ed. São Paulo: Saraiva, 2002, p. 51).

(5) No particular, ensina *Chaïm Perelman:* "A palavra *raciocínio* designa tanto uma atividade da mente quanto o produto dessa atividade. A atividade mental de quem raciocina pode ser objeto de estudos psicológicos, fisiológicos, sociais e culturais. Estes poderão revelar as intenções, os móbeis de quem elaborou um raciocínio, as influências de toda espécie que ele sofreu e que permitem situar o fenômeno em seu contexto. Mas o raciocínio, como produto dessa atividade intelectual, pode ser estudado independentemente das condições de sua elaboração: serão examinados o modo como foi formulado, o estatuto das premissas e da conclusão, a validade do vínculo que as une, a estrutura do raciocínio, sua conformidade a certas regras ou a certos esquemas conhecidos de antemão: este exame pertence a uma disciplina que chamamos tradicionalmente de *lógica*" (*Lógica jurídica: nova retórica*. Tradução de Verginia K. Pupi. São Paulo: Martins Fontes, 1998, p. 1).

Conforme será visto adiante, a *cognição*, a despeito de ser fator inerente à própria atividade jurisdicional, serve como *técnica* de adequação do processo à natureza do direito material ou à peculiaridade da pretensão a ser tutelada. Assim, em um primeiro momento, pode-se dizer que o objeto da atividade jurisdicional é o *conhecimento* de determinadas matérias que servem à definição do direito material em crise, à *regular* satisfação do crédito indicado no título executivo ou à *eficiente remoção* de uma situação jurídica potencialmente comprometedora da eficácia do processo dito principal. Se, na relação entre *cognição* e *conhecimento*, este é o *fim* ou *resultado* da atividade jurisdicional, enquanto aquela, entendida como técnica processual, é *atividade-meio*, a *cognição* deve sempre ser vista sob a óptica da efetividade do processo.[6]

Enfim, a cognição, no sentido aqui estudado, nada mais é que um ato de inteligência[7] desenvolvido pelo Juiz, no intuito de analisar e valorar as alegações fático-jurídicas e as provas aduzidas pelas partes, a fim de tornar correta a decisão que lhe é submetida.[8]

1.1.2. Objeto

É importante perceber que, muito embora seja ato *prevalentemente lógico*, a cognição também é formada por componentes de caráter não-intelectual,[9] os

(6) Ensina *Luiz Guilherme Marinoni:* "A cognição é, antes de tudo, uma relação entre o sujeito (cognoscente) e o objeto (cognoscível). Esta relação entre o sujeito e o objeto se dá através da função intermediária da cognição. A cognição, inobstante, pode ter seu grau de intensidade (vertical) ou de amplitude (horizontal) diversificado, atendendo-se, diante da perspectiva da efetividade do processo, à peculiaridade da pretensão de direito material a ser tutelada. É que se levando em conta a pretensão de direito material, é possível concluir-se, através da adequação da cognição que lhe é própria, qual a forma de tutela que lhe é mais compatível" (*Tutela cautelar e tutela antecipatória*. São Paulo: RT, 1994, p. 21). Nas palavras de *Carlos Alberto Alvaro de Oliveira*, "o que a técnica faz é atuar sobre a cognição, restringindo-a ou elastencendo-a, para adequá-la de maneira mais proveitosa aos fins e valores do processo" (*Do formalismo no processo civil*. 2ª ed. rev. e ampl., São Paulo: Saraiva, 2003, pp. 130-131).

(7) *Chiovenda* também percebeu ser a cognição ato de inteligência. Diz o mestre italiano: "Antes de decidir a demanda, realiza o juiz uma série de atividades intelectuais com o objetivo de se aparelhar para julgar se a demanda é fundada ou infundada, e, pois, para declarar existente ou não existente a vontade concreta de lei, de que se cogita". E arremata: "Essas atividades intelectuais, instrumento da atuação da vontade da lei mediante verificação, constituem a *cognição* do juiz" (*Instituições de direito processual civil*. 3ª ed. Campinas: Bookseller, 2002, vol. I, p. 217). Há que se observar, no entanto, que a cognição que resultará na decisão judicial possui, de certo modo, a natureza desta, já que é seu reflexo. Sendo assim, como se verá, a cognição não é formada apenas por *atos de inteligência*, mas também por *atos de vontade*, que, no final dessa atividade, visa a dar a justa solução para o caso concreto.

(8) O conceito é inspirado na definição de *Kazuo Watanabe*, indiscutivelmente quem melhor estudou a temática entre nós. Para o mestre da USP, "a cognição é prevalentemente um ato de inteligência, consistente em considerar, analisar e valorar as alegações e as provas produzidas pelas partes, vale dizer, as questões de fato e as de direito que são deduzidas no processo e cujo resultado é o alicerce, o fundamento do *judicium*, do julgamento do objeto litigioso do processo" (*Da cognição no processo civil*. 2ª ed. atual., Campinas: Bookseller, 2000, pp. 58-59). Em sentido idêntico, manifesta-se *Paulo Henrique dos Santos Lucon:* "Ato de inteligência, cognição significa considerar, analisar e valorar as alegações e provas produzidas em torno das questões de fato e de direito que são deduzidas no processo" (*Eficácia das decisões e execução provisória*. São Paulo: RT, 2000, p. 184).

(9) Sob o ponto de vista *filosófico*, pode-se dizer que Kelsen não concordaria com a afirmação de que fatores de índole não-intelectuais integram o fenômeno da cognição judicial. Vale a pena observar a sua visão do fenômeno jurídico: "Na afirmação evidente de que o objeto da ciência jurídica é o Direito, está

quais, de certo modo, estão ligados à sensibilidade do Juiz, para a nobre finalidade de se conseguir a justa solução da lide.[10]

Mas, afinal, quais são as matérias que podem servir de objeto de cognição judicial e, com efeito, contribuir para a efetiva e justa solução do litígio? Nesta oportunidade, analisar-se-á o fenômeno no âmbito do processo de conhecimento, o qual, sob o ponto de vista teleológico, está voltado a uma declaração que define os eventuais direitos e obrigações das partes, de tal sorte que o seu campo de incidência, com relação às alegações fático-jurídicas das partes, ao menos em linha de princípio, é o maior possível.[11] Genericamente, a doutrina

---

a afirmação — menos evidente — de que são as normas jurídicas o objeto da ciência jurídica, e a conduta humana só o é na medida em que é determinada nas normas jurídicas como pressuposto ou conseqüência, ou — por outras palavras — na medida em que constitui conteúdo de normas jurídicas. Pelo que respeita à questão de saber se as relações inter-humanas são objeto da ciência jurídica, importa dizer que elas também só são objeto de um conhecimento jurídico enquanto relações jurídicas, isto é, como relações que são constituídas através de normas jurídicas". E esclarece especificamente a questão o mestre de Viena: "A ciência jurídica procura apreender o seu objeto 'juridicamente', isto é, do ponto de vista do Direito. Apreender algo juridicamente não pode, porém, significar senão apreender algo como Direito, o que quer dizer: como norma jurídica ou conteúdo de uma norma jurídica, como determinado através de uma norma jurídica" (*Teoria pura do direito*. Tradução de João Baptista Machado. 6ª ed. São Paulo: Martins Fontes, 1998, p. 79). *Miguel Reale*, evidentemente, por ser partidário da Teoria Tridimensional do Direito, não concorda com a referida lição. Na realidade, na esteira dos ensinamentos do renomado professor da USP, o fenômeno jurídico é extremamente complexo, de modo que é formado pela integração normativa de fatos em valores. Essa essência do Direito, sem dúvida alguma, reflete na cognição judicial. A visão de *Kelsen* teve como objeto, portanto, somente uma das facetas (a normativa) da atividade jurisdicional. Explica *Miguel Reale:* "A integração de três elementos na experiência jurídica (o axiológico, o fático e o técnico-formal) revela-nos a precariedade de qualquer compreensão do Direito isoladamente como *fato*, como *valor* ou como *norma*, e, de maneira especial, o equívoco de uma compreensão do Direito como pura forma, suscetível de albergar, com total indiferença, as infinitas e conflitantes possibilidades dos interesses humanos". Na realidade, e isso também reflete na perspectiva da cognição judicial, "No fundo, o *jurídico* é uma experiência, feliz ou malograda, de justiça, e, mesmo quando de bom êxito, tem sempre caráter provisório, tão infinita é a esperança de justiça que nos anima e nos impele através do tempo". E arremata a sua lição o ilustre Jurista de São Paulo: "Por ser perene atualização do justo, o Direito é condição primeira de toda a cultura, e nisso reside a dignidade da Jurisprudência" (*Filosofia do direito*. 16ª ed. São Paulo: Saraiva, 1994, pp. 699-700 e 713, respectivamente).

(10) Na lição de *James Goldschmidt*, "o ponto central dos atos judiciais são as decisões", que nada mais são que "[...] as declarações de vontade emitidas pelo juiz com a finalidade de determinar o que se estima como justo". Ora, o que já se percebe é a preocupação principal do sistema jurídico com a decisão justa. Mas, afinal de contas, o que esta significa? Responde o memorável processualista alemão: "É injusta uma sentença, quando o que nela se reconhece como direito não o é em realidade. Por conseguinte, toda injustiça, em último resultado, é sempre uma aplicação inadequada do direito [...]" (*Direito processual civil*. Tradução de Lisa Pary Scarpa. Campinas: Bookseller, 2003, vol. I, pp. 346 e 347, respectivamente). O que se observa nesta citação é a preocupação com a correta definição do direito material. Essa visão, flagrantemente atual, gera reflexos no exercício da defesa intraprocessual executiva na exata medida de que o executado, sob pena de violação ao devido processo legal, não pode sofrer as conseqüências da realização dos atos executivos, quando, demonstrando de plano suas alegações, não tenha nenhuma relação com o título executivo. Para efeito da cognição no processo de execução, deve-se indagar se, no bojo deste, a obrigação que subjaz ao título executivo pode ser questionada e, em caso positivo, em que perspectiva. O que é certo, entretanto, é que a justiça, enquanto valor supremo da ordem jurídica, deve nortear o Juiz no exercício da sua cognição.

(11) A cognição possui seu maior grau de desenvolvimento no *processo de conhecimento*, já que, de maneira amplamente preponderante, lá se busca uma declaração que estabeleça os direitos e obrigações das partes. O acertamento da relação jurídica de direito material controvertida ocorre, ao final, pela realização de um *juízo de valor* por parte do Juiz, que pressupõe ou tem como base, diante do princípio

responde que o objeto da cognição constitui-se em um trinômio composto pelas *questões processuais*, *condições da ação* e *mérito* da causa.[12] Uma vertente doutrinária, entretanto, sustenta que o trinômio, em verdade, tem por objeto as *questões preliminares*, *questões prejudiciais* e, como na anterior, *mérito* da causa.[13]

Como já adiantado na introdução deste livro, optamos, devido às razões que serão explicadas no decorrer do trabalho, por uma classificação contendo cinco elementos: 1) *pressupostos processuais*; 2) *requisitos de validade*; 3) *condições da ação*; 4) *questões prejudiciais*; 5) *mérito da causa*.[14] Como se sabe, uma classificação somente possui "validade" na exata medida em que possui alguma utilidade prática. Neste caso, a finalidade da nossa classificação, como se verá ao longo deste ensaio, é ordenar o pensamento do Juiz no momento em que desempenha a sua cognição, posto que os mencionados elementos, seja sob ponto de vista legal, seja sob ponto de vista doutrinário, possuem regimes jurídicos distintos.

Para efeitos do nosso estudo, deve-se perceber que a cognição judicial é classificada nos planos *horizontal* e *vertical*. No primeiro, analisa-se o conflito de interesses deduzido em juízo quanto à sua *amplitude* ou *extensão*; já no segundo, verifica-se a mesma questão sob a óptica da *profundidade* ou *intensidade* na relação sujeito cognoscente e objeto cognoscível.[15] Há que se observar, de logo, que esses critérios convivem entre si.

1.1.3. Cognição horizontal (alcance)

A cognição *horizontal* classifica-se em *plena* e *parcial*. Quando *toda extensão* da lide puder ser conhecida pelo juízo, diz-se que a mesma é *plena*, mas, em contrapartida, quando somente *parte* dela puder ser conhecida, trata-se de cognição *parcial*. Para *Olavo de Oliveira Neto*,

---

do contraditório, uma série de alegações e provas deduzidas pelas partes. A atividade cognitiva é tão preponderante no processo de conhecimento que, *sob a óptica da decisão final*, *Carnelutti* chegou a denominá-lo de processo de juízo. Observe-se, no particular, a sua lição: "Se concerne unicamente à existência de uma relação jurídica, o processo resolve-se em um *juízo*: trata-se de saber se uma relação jurídica já existe, ou se deve ser constituída; para isso há que *julgar*. A tal fim age o *juiz*, e ao tipo de processo que a isto corresponde recebe também o nome de juízo" (*Instituições do processo civil*. Tradução de Adrián Sotero De Witt Batista. São Paulo: Classic Book, 2000, vol. I, p. 112).

(12) WATANABE, Kazuo. *Da cognição no processo civil*. 2ª ed. atual., Campinas: Bookseller, 2000, pp. 71-110.

(13) CÂMARA, Alexandre Freitas. *Lições de direito processual civil*. 12ª ed. Rio de Janeiro: Lumen Juris, 2005, vol. I, p. 274.

(14) Conforme será visto, todas essas matérias são passíveis de conhecimento no processo de execução, excepcionando-se apenas o *direito material que dá conteúdo ao título executivo* e as *questões prejudiciais*, que são matérias absolutamente incompatíveis com essa modalidade de tutela jurisdicional. Questão prejudicial e eficácia abstrata do título executivo são institutos que, em princípio, são excludentes entre si. Da mesma forma, o questionamento a respeito do direito material que subjaz ao título executivo (vale observar que essa alegação não se confunde com a argüição de pagamento ou adimplemento da obrigação) é incompatível com a eficácia abstrata do referido documento.

(15) É a clássica lição de *Kazuo Watanabe:* "Numa sistematização mais ampla, a cognição pode ser vista em dois planos distintos: *horizontal* (extensão, amplitude) e *vertical* (profundidade)" (*Da cognição no processo civil*. 2ª ed. atual. Campinas: Bookseller, 2000, p. 111).

"Essa limitação no tocante à extensão do conflito pode ocorrer de duas maneiras. Na primeira é a lei que limita o objeto de conhecimento do juiz, como ocorre na proibição imposta no juízo possessório de se discutir matéria atinente ao juízo petitório. Na segunda é o próprio autor que, ao propor a demanda, limita o segmento da relação jurídica de direito material que o juiz deve conhecer. Neste caso, diante do princípio da limitação da sentença ao pedido, não pode o juiz julgar além, aquém ou fora do que consta do pedido."(16)

Na realidade, a cognição parcial ocorre pela delimitação do objeto litigioso ou estabelecendo os lindes da defesa. A ação de embargos à execução (ajuizada pela Fazenda Pública) fundada em título executivo *judicial,*(17) por exemplo, tem o seu objeto litigioso previamente delimitado pelo art. 741 do CPC.(18) Da mesma forma, os embargos à execução de *segunda fase*, os quais envolvem os procedimentos de arrematação ou adjudicação, também sofrem limitações no *plano horizontal* da cognição, porque somente podem versar sobre questões posteriores à penhora (art. 746 do CPC).(19) Por outro lado, à luz do art. 3º, *§ 2º*, do Decreto-lei n. 911/69, que regulamenta o procedimento da busca e apreensão dos bens envolvidos em contrato de alienação fiduciária em garantia, o réu tão-somente poderá alegar em sua contestação "o pagamento do débito vencido ou o cumprimento das obrigações contratuais". Se a defesa não tiver algum desses fundamentos, permite-se a apreensão liminar do bem (art. 3º, *caput*, do Decreto-lei n. 911/69). A ideologia desse procedimento é evidente: privilegiar os detentores do capital.(20)

---

(16) OLIVEIRA NETO, Olavo de. *A defesa do executado e dos terceiros na execução forçada.* São Paulo: RT, 2000, p. 94.

(17) A partir da promulgação da Lei n. 11.232/05, a ação de embargos à execução prevista no art. 741 do CPC somente deve ser utilizada pela Fazenda Pública, qualquer que seja o título executivo (judicial ou extrajudicial), ou pelos particulares, na hipótese de título executivo extrajudicial. No caso de título executivo judicial, ressalvando essa situação particular da Fazenda Pública, a defesa *típica* do executado é o *incidente de impugnação ao cumprimento da sentença,* previsto no art. 475-J do CPC.

(18) Em princípio, a ação de embargos à execução fundada em título *extrajudicial* é de cognição plenária, uma vez que não houve prévia manifestação judicial a respeito da formação do título executivo. O ordenamento jurídico, entretanto, prevê exceções à espécie, consoante percebeu *Paulo Henrique dos Santos Lucon:* "Nos embargos à execução de título extrajudicial de natureza cambiária há uma limitação da cognição no plano horizontal, já que o executado não pode valer-se em sua defesa do negócio jurídico subjacente. Ao embargante não é permitido opor ao exeqüente exceções baseadas nas relações pessoais dele com o sacador ou com os portadores anteriores, ressalvados os casos em que o portador, na aquisição do título, tenha agido de má-fé, com claro objetivo de prejudicar o executado (Lei Uniforme da Convenção de Genebra)" (*Eficácia das decisões e execução provisória*. São Paulo: RT, 2000, p. 199).

(19) Como já foi percebido em recente estudo doutrinário, "[...] o art. 746 do CPC traz um exemplo claríssimo de processo com limitação da cognição. Inobstante a cognição, em ação de embargos à arrematação, seja exauriente no plano vertical — profundidade, ela é parcial no plano horizontal — extensão. É que, apesar de a sentença proferida nos embargos produzir coisa julgada material, só pode a matéria dos citados embargos versar sobre as hipóteses lá naquele dispositivo estabelecidas; qualquer alegação que refuja ao âmbito restrito do art. 746 do CPC não pode ser conhecida" (RAMOS, Guillermo Federico. "A cognição nos embargos à arrematação: interpretação teleológica do art. 746 do Código de Processo Civil". *Revista de Processo*, São Paulo, vol. 123, maio de 2005, pp. 265-266).

(20) MARINONI, Luiz Guilherme. *A antecipação da tutela*. 8ª ed. rev., atual. e ampl. São Paulo: Malheiros, 2004, pp. 32-33.

Nas palavras de *Luiz Guilherme Marinoni*, entretanto, deve-se perceber que "[...] a lei, ao limitar o exercício do direito de defesa (reservando exceções para outra demanda), ao limitar o exercício do direito à prova, ou ainda ao inverter o ônus da prova, deve estar atenta às necessidades do direito substancial e aos valores constitucionais. O réu também tem direito ao procedimento adequado."(21)

Nessa perspectiva, analisa-se o *alcance* da cognição no processo de execução. Em outras palavras, por meio desse critério classificatório, define-se a respeito das matérias que podem ser conhecidas nesta modalidade de tutela jurisdicional. O critério, como se verá, é o da *compatibilidade ontológica* ou *estrutural*, já que não há uma lei estabelecendo quais são as matérias que podem ser conhecidas no processo de execução. Aliás, ainda que isso viesse a ocorrer, questionamentos seriam inevitáveis em virtude de uma interpretação crítico-sistemática do ordenamento jurídico, especialmente no que concerne ao megaprincípio do devido processo legal.

Especificando a temática, algumas indagações revelam-se oportunas, com o intuito de já provocar alguma reflexão: é cabível questionar, no próprio processo de execução, a respeito dos seus *pressupostos de existência*? Os *requisitos de validade* do processo de execução podem ser questionados no bojo do seu próprio procedimento? Da mesma forma, os questionamentos envolvendo a presença das *condições da ação* executiva podem ser realizados no âmbito interno do processo de execução? E a *regularidade dos atos executivos* pode (ou não) ser questionada no processo de execução? O *adimplemento da obrigação* que subjaz ao título executivo pode ser suscitado no processo de execução? Se a resposta for negativa, qual é o fundamento? Ele é justo ou está em consonância com o princípio do devido processo legal? E a incidência da *prescrição* da ação executiva e a *decadência* do direito de formar o próprio título executivo podem ser questionadas no âmago do processo de execução? Quais os fundamentos para sustentar essa hipótese? A argüição da *compensação* é absolutamente incompatível com a estrutura do processo de execução? Enfim, sob o enfoque *horizontal* da cognição judicial, são basicamente essas indagações que pretendemos responder nesta obra.

1.1.4. Cognição vertical (profundidade)

No plano *vertical*, a cognição pode ser classificada, considerando o grau de profundidade ou de intensidade de conhecimento estabelecido entre o sujeito cognoscente e o objeto cognoscível, em *exauriente*, *sumária* e *superficial*.

Na cognição *exauriente*, de forma profunda e completa, o Juiz analisa todas as questões pertinentes à relação jurídica material sob sua apreciação, que resultará uma decisão, note-se, fundada em um juízo de convicção ou de certeza. Afinal, aqui, a atividade investigatória acerca das alegações fático-jurí-

(21) MARINONI, Luiz Guilherme. *Novas linhas do Processo Civil*. 3ª ed. São Paulo: Malheiros, 1999, p. 231.

dicas das partes é *plena* ou *ampla*, isto é, aprofundada. Comporte ou não alta indagação, há a possibilidade de *dilação probatória* em relação às questões fático-jurídicas. Na realidade, para que não fiquem dúvidas, falar em cognição exauriente é dizer, com outras palavras, que a lide, objeto da cognição, não mais será objeto de cognição em outro processo.(22)

Por outro lado, a cognição *sumária* e a cognição *superficial* estão relacionadas, respectivamente, com os *juízos de probabilidade* e de *verossimilhança*. Proveniente de um juízo de probabilidade, a cognição sumária é característica das tutelas cautelar e antecipatória, ao passo que, resultante de um juízo de verossimilhança, a cognição superficial é própria das *liminares* em geral. E qual seria, afinal, a distinção entre ambas? Responde *Luiz Guilherme Marinoni:*

> "Na liminar cautelar ou antecipatória a cognição incide sobre a afirmação do fato, mas prescinde dos meios de prova destinados a demonstrá-lo. O que ocorre é a valoração da verossimilhança de que o fato afirmado possa vir a ser demonstrado através das provas permitidas pela instrução sumária. Outra coisa bem diversa acontece no momento em que o juiz profere a sentença no processo sumário ou cautelar. Aí a valoração situa-se sobre as provas produzidas pelas partes, mas não são suficientes para a cognição exauriente do fato afirmado. Podemos concluir, então, que o juízo de verossimilhança precede o procedimento probatório, atendo-se tão-somente à afirmação do fato, enquanto que o juízo de probabilidade se dá em confronto com as provas compatíveis com uma dada situação."(23)

Eis, portanto, a diferença entre as duas espécies de juízo e cognição, porém há uma exceção: *as liminares em mandado de segurança*. Tais provimentos exigem cognição sumária (e não superficial) do Magistrado. Esclarece novamente *Luiz Guilherme Marinoni:*

> "É que nesta hipótese a cognição não recai sobre a afirmação do fato. No mandado de segurança a liminar é concedida com base no juízo de probabilidade de que o fato afirmado e provado não será demonstrado em contrário pelo réu."(24)

---

(22) Consoante afirmam *Teresa Arruda Alvim Wambier* e *José Miguel Garcia Medina*, "o mesmo não ocorre, necessariamente, com as decisões fundadas em cognição sumária, que, por não definirem com precisão a existência ou inexistência do direito, não têm aptidão para gerar coisa julgada". No entendimento dos autores: "Há, no entanto, como se disse, questões relacionadas às decisões fundadas em cognição sumária que, a despeito de não ensejarem formação de coisa julgada, podem ser capazes de produzir efeitos irreversíveis. A circunstância que se verifica, neste caso, não autoriza dizer que a irreversibilidade dos efeitos da decisão atribuiria a esta condição de decisão acobertada pela coisa julgada. Tanto é assim que, sendo impossível o retorno *in natura* ao *statu quo ante*, isto não significa que, por exemplo, constatada a incorreção da decisão que, fundada em cognição sumária, tenha autorizado a realização imediata da execução, seja a decisão judicial revogada e, ante a ausência de fundamentos para a execução, tenha a parte lesada direito à reposição da lesão operada, mesmo que através de indenização por perdas e danos" (*O dogma da coisa julgada: hipóteses de relativização*. São Paulo: RT, 2003, p. 93).

(23) MARINONI, Luiz Guilherme. *Tutela cautelar e tutela antecipatória*. São Paulo: RT, 1994, pp. 24-25.

(24) MARINONI, Luiz Guilherme. *Tutela cautelar e tutela antecipatória*. São Paulo: RT, 1994, p. 26. Na mesma linha de raciocínio, manifesta-se *Betina Rizzato Lara:* "A probabilidade média (provável) enten-

Não podem ser confundidos, contudo, os juízos de certeza e probabilidade que estamos estudando no plano estritamente *jurídico* com os eventuais juízos de certeza e probabilidade *mentalmente* formulados pelo Juiz na apreciação do caso concreto. São dois mundos distintos: o psicológico e o jurídico. Consoante constatado em estudo doutrinário recente:

> "Se, por hipótese, houver uma tal massa probatória no processo cautelar, onde o juiz, *mentalmente*, se convença da absoluta razão que assiste ao requerente da cautelar e autor do processo principal (já proposto ou a ser proposto), essa cognição, nem por isso, poderá ser havida como cognição plena. Não é cognição plena até mesmo por causa do princípio do contraditório e do direito que existe para o requerido da cautelar e réu do processo principal (proposto ou a ser proposto) em contraditar, em sede de processo principal a pretensão aí feita valer ou que aí será feita a valer. Desta forma, conquanto possa haver uma modalidade de cognição que infunda no juiz uma certeza psicológica de altíssimo grau, nem por isso, no plano do direito terá deixado de ser cognição sumária. Isto significa que *juridicamente* é inviável pretender-se, exclusivamente, com base no material probatório do processo cautelar, ter um juízo de certeza, oriundo de cognição plena, *ainda que, psicologicamente*, o juiz possa ter a sensação de estar tendo cognição plena e exauriente."[25]

É imperioso observar, nesta oportunidade, que os provimentos baseados em cognições sumária e superficial estão mais suscetíveis à concretização de injustiças que os fundados em cognição exauriente. Sendo assim, somente

---

demos ser resultante da cognição sumária presente nos processos sumários, nos quais é possível a produção de algumas provas. É o caso, por exemplo, das ações cautelares". E continua sua lição: "Nas liminares, por sua vez, o que ocorre é a existência de uma probabilidade mínima (verossímil) em função de uma superficialidade máxima. Dentro, porém, do âmbito das liminares existe, igualmente, uma diferenciação de graus, na medida em que a liminar é concedida *inaudita altera parte* ou após justificação prévia, nos casos permitidos em lei. Assim é que nas liminares concedidas *inaudita altera parte* a cognição recai somente sobre o que foi afirmado pelo autor à luz dos elementos fornecidos com a petição inicial. Não há produção de outras provas além da documental. Nas liminares concedidas após audiência de justificação, a cognição recai sobre o fato afirmado pelo autor acrescido do mínimo de provas que é permitido produzir neste tipo de audiência. No caso das liminares concedidas *inaudita altera parte*, portanto, atinge-se o grau máximo de superficialidade e o mínimo de probabilidade. Quanto às liminares concedidas após justificação, há uma leve atenuação destes graus em comparação com as primeiras, mas não se atinge o grau médio de superficialidade e probabilidade existentes nos processos sumários". Finalmente, esclarece a eminente autora paulista: "Há única hipótese em que a cognição da liminar iguala-se à cognição de um processo sumário é no caso do mandado de segurança. É que neste tipo de ação, a única oportunidade para a produção de provas é no momento da impetração, onde, através da prova documental, o autor deve provar seu direito líquido e certo. A cognição do juiz para a concessão da liminar, nesta hipótese, recai sobre as mesmas provas que serão analisadas para verificar-se do cabimento da segurança ao final da ação" (*Liminares no Processo Civil*. 2ª ed. atual. São Paulo: RT, 1994, pp. 27-28).

(25) ALVIM NETO, José Manoel de Arruda. "Anotações sobre alguns aspectos das modificações sofridas pelo processo hodierno entre nós. Evolução da cautelaridade e suas reais dimensões em face do instituto da antecipação de tutela. As obrigações de fazer e não fazer. Valores dominantes na evolução dos nossos dias". *Revista de Processo*, n. 97, São Paulo: RT, jan./mar. 2000, pp. 95-96, nota de rodapé n. 13.

devem ser concedidos nas situações fáticas que efetivamente os justifiquem, e observe-se, através de decisão razoavelmente motivada, tal como disciplina o art. 93, *IX*, da Constituição da República.[26]

Já se percebe que a combinação dessas várias técnicas de cognição pode criar procedimentos judiciais ajustados às reais necessidades de tutela.[27] Para *Danilo Knijik:*

> "Na cognição exauriente, prestigia-se o máximo possível o princípio do contraditório, caracterizando-se pela produção da coisa julgada material, enquanto a tutela sumária opera com juízos de verossimilhança ou hipotéticos, eventualmente reservando-se exceções e outras alegações a processo pleno posterior."[28]

Nesse contexto, *José Roberto dos Santos Bedaque* esclarece que:

> "no processo de cognição plena e exauriente, o provimento judicial é posterior à realização do contraditório, o que possibilita o conhecimento completo dos fatos pelo juiz. Em razão dessa atividade cognitiva, o juízo emitido é de certeza, não de probabilidade. Nessa linha, o provimento tende a tornar-se imutável, em virtude da coisa julgada."[29]

Por outro lado, por pressupor um juízo de probabilidade ou de aparência, único capaz de apresentar uma prestação jurisdicional pronta e eficaz nas tutelas de urgência, o provimento baseado em cognição sumária, rarefeita ou superficial não possui carga declaratória suficiente à produção de coisa julgada material.[30] Neste caso, como muito bem esclarece *Kazuo Watanabe,*

---

(26) No particular, *Nelson Nery Júnior* enfatiza: "Fundamentar significa o magistrado dar as razões, de fato e de direito, que o convenceram a decidir a questão daquela maneira. A fundamentação tem implicação *substancial* e não meramente formal, donde é lícito concluir que o juiz deve analisar as questões postas a seu julgamento, exteriorizando a base fundamental de sua decisão. Não se consideram 'substancialmente' fundamentadas as decisões que afirmam que 'segundo os documentos e testemunhas ouvidas no processo, o autor tem razão, motivo por que julgou procedente o pedido'. Essa decisão é nula porque lhe falta fundamentação" (*Princípios do Processo Civil na Constituição Federal.* 7ª ed. rev. e atual. São Paulo: RT, 2002, p. 183).

(27) No particular, *Kazuo Watanabe* preleciona o seguinte: "O tema a ser considerado é a *cognição* como uma importante técnica de adequação do processo à natureza do direito ou à peculiaridade da pretensão a ser tutelada. Não se desconhece a advertência de *Pontes de Miranda* de que 'a dicotomia dos procedimentos em processo de cognição e processos de execução prende-se à época em que os processualistas não haviam classificado, com rigor científico, as pretensões e 'ações' e de que 'o valor da dicotomia 'procedimento de cognição, procedimento de execução', no plano teórico e no plano prático, é quase nenhum', podendo-se 'tratar, a fundo o processo civil sem qualquer alusão a ela'. Não se pode negar, todavia, a utilidade da cognição como uma técnica para a concepção de diferentes tipos de procedimento, com vistas à instrumentalidade do processo, tanto que o legislador processual pátrio a levou em consideração em inúmeras oportunidades, consoante é ressaltado pelo próprio saudoso jurista em várias passagens de sua vasta obra jurídica" (*Da cognição no Processo Civil.* 2ª ed. atual. Campinas: Bookseller, 2000, p. 36).

(28) KNIJNIK, Danilo. *A exceção de pré-executividade.* Rio de Janeiro: Forense, 2001, p. 112.

(29) BEDAQUE, José Roberto dos Santos. *Tutela cautelar e tutela antecipada: tutelas sumárias e de urgência (tentativa de sistematização).* 2ª ed. rev. e ampl. São Paulo: Malheiros, 2001, p. 116.

(30) Na lição de *Luiz Guilherme Marinoni*, "não estamos afirmando, como o fazem alguns processualistas, ao confundirem coisa julgada material com efeitos da sentença, que a sentença sumária não faz coisa

"entre a perfeição e a celeridade, o legislador procurou privilegiar esta última, mas em contrapartida deixou de conferir a autoridade da coisa julgada material ao conteúdo declaratório assentado em cognição sumária."[31]

Não se pode confundir, porém, *tutela* sumária com *cognição* sumária. A cognição sumária é uma espécie de tutela sumária, possuindo uma sumariedade no *sentido material*, que é própria dos provimentos de urgência. Já a tutela sumária está relacionada com a chamada sumariedade *formal*, definida por *Luiz Guilherme Marinoni* como um "reflexo da abreviação do procedimento", que, vale notar, não tem necessária interferência com a cognição. "Basta atentarmos para o procedimento sumaríssimo, ou ainda para o procedimento do mandado de segurança, nos quais a cognição é exauriente".[32]

Dito de outro modo, enquanto, no processo formalmente sumário, a cognição pode ser exauriente, no processo materialmente sumário, a cognição é, de forma necessária, menos aprofundada em sentido vertical. A rigor, somente esta espécie de cognição permite a efetividade da tutela cautelar,[33] bem como da

---

julgada material porque é provisória. Absolutamente, a possibilidade de modificação dos efeitos da sentença, sem que essa modificação interfira com o enunciado da sentença, é aspecto inerente a qualquer espécie de sentença. Deveras, no caso da sentença sumária, mutável é o próprio conteúdo da sentença; não somente seus efeitos" (*Tutela cautelar e tutela antecipatória*. São Paulo: RT, 1994, p. 31).

(31) WATANABE, Kazuo. *Da cognição no Processo Civil*. 2ª ed. atual. Campinas: Bookseller, 2000, p. 142.

(32) MARINONI, Luiz Guilherme. *Tutela cautelar e tutela antecipatória*. São Paulo: RT, 1994, p. 61. Tal distinção também passou pelo crivo de *Barbosa Moreira:* "Não se afigura errôneo usar a palavra 'sumarização' a propósito de ambos esses gêneros de técnicas; para assinalar, no entanto, a diferença entre eles, diz-se que, no primeiro, se sumariza apenas *o procedimento*, ao passo que no segundo se sumariza *a cognição*. A distinção é relevante: visto que, lá, ficam preservadas todas as garantias fundamentais dos litigantes, notadamente com relação ao contraditório, o resultado do pleito merece receber sem dificuldade o selo da coisa julgada material, enquanto aqui, por força das compreensões impostas a tais garantias, é natural que se tenda a conservar aberta, em medida variável, ao interessado a possibilidade de demandar o reexame da matéria, e ao órgão judicial a de proceder a ele". E exemplifica o mestre carioca: "A sumarização *do procedimento* pode decorrer: *a*) da criação de ritos especiais, com prazos menores, dispensa de certas formalidades e outras características havidas por idôneas para encurtar o itinerário processual; *b*) da abreviação eventual do próprio rito ordinário, sob circunstâncias de tornar desnecessário o percurso total previsto qual paradigma. Exemplos bem conhecidos da primeira modalidade (*a*) são, no Brasil, o procedimento inicialmente designado por 'sumaríssimo', depois por 'sumário', de que cuidam os arts. 275 e s. do Código de Processo Civil, e o procedimento próprio dos Juizados Especiais Cíveis, disciplinado nas Leis n. 9.099 e (quanto à Justiça Federal) n. 10.259. No âmbito da segunda modalidade (*b*) insere-se a modificação do procedimento ordinário contemplada sob a rubrica 'Do julgamento antecipado da lide', em que se profere sentença logo após a fase postulatória e (se couberem) as chamadas 'providencias preliminares', dispensada a realização da audiência de instrução e julgamento (art. 330 do CPC)" (*Tutelas de urgência de efetividade do direito. Temas de direito processual: oitava série*. São Paulo: Saraiva, 2004, pp. 91-92).

(33) No particular, *Ovídio A. Baptista da Silva* esclarece bem a matéria: "A existência de *cognição sumária*, imposta pela natureza da tutela cautelar, insere-a definitivamente na classe dos processos sumários, sob dois aspectos: a demanda cautelar é sumária não só sob o ponto de vista material, como, além disso, exige uma forma sumária de procedimento, por via do qual ela se haverá de se realizar. Não se pode pensar em verdadeira tutela de *simples segurança* instrumentalizada através de um procedimento ordinário, pois a *urgência* é uma premissa constante e inarredável de todo o provimento cautelar". E arremata a sua lição: "A cognição exauriente que o magistrado tivesse de desenvolver, quando ele fosse convocado para prestar a tutela cautelar, além de supérflua e inútil, seria incompatível com a *urgência* que se presume, invariavelmente, como elemento constante para o cabimento da tutela cautelar. Ora, tal exigência torna inadequado o procedimento ordinário" (*Do processo cautelar*. 3ª ed. Rio de Janeiro: Forense, 2001, p. 76).

tutela sumária antecipatória.[34] Para resumir, a *tutela sumária* pode ocorrer com a cognição sumária ou superficial, bem como com o mero procedimento abreviado ou, ainda, com a junção de ambos.

A técnica da cognição sumária possibilita a criação das denominadas "tutelas jurisdicionais diferenciadas",[35] intimamente ligadas ao princípio da efetividade do processo. Considerando as peculiaridades do direito material a ser tutelado, pode-se dizer que o *procedimento* e os resultados — sociais, portanto, exteriores à decisão judicial — do provimento final diferenciam-nas da chamada tutela jurisdicional *ordinária*.[36]

É importante perceber que todo o contexto da cognição deve estar em consonância com os valores consagrados na Constituição da República.[37] Explica, com a didática peculiar, *Kazuo Watanabe*:

> "É através do *procedimento*, em suma, que se faz a adoção das várias combinações de cognição considerada nos dois planos mencionados, crian-

(34) MARINONI, Luiz Guilherme. *Tutela cautelar e tutela antecipatória*. São Paulo: RT, 1994, p. 61.

(35) Para *Rogério Aguiar Munhoz Soares:* "Por tutela jurisdicional diferenciada entende-se tanto as tutelas que podem ser realizadas mediante cognição sumária, por que aptas desde logo a realizar o direito afirmado pelo litigante (referimo-nos às tutelas executiva e mandamental), quanto qualquer possibilidade de especialização ou sumariedade que proporcione em relação ao processo comum" (*Tutela jurisdicional diferenciada: tutelas de urgência e medidas liminares em geral.* São Paulo: Malheiros, 2000, p. 141). Já *Cândido Rangel Dinamarco*, que possui um conceito mais restritivo de tutela jurisdicional, basicamente concentrado nos resultados exteriores do provimento, entende que "tutela jurisdicional diferenciada é a proteção *concedida em via jurisdicional mediante meios processuais particularmente ágeis e com fundamento em uma cognição sumária*" (*Instituições de Direito Processual Civil*. São Paulo: Malheiros, 2002, vol. III, p. 735). De sua feita, *Paulo Henrique dos Santos Lucon* entende que "[...] a tutela jurisdicional será diferenciada sempre que possa ser concedida a proteção antes de ocorrer cognição exauriente. Esta sim é a tutela que se diferencia daquela que ordinariamente ocorre no processo de conhecimento após o encerramento de toda a fase instrutória. São, portanto, formas de tutela jurisdicional diferenciada aquelas concedidas após cognição não exauriente, sumária ou superficial" (*Eficácia das decisões e execução provisória*. São Paulo: RT, 2000, p. 190).

(36) Na mesma linha do nosso pensamento, manifesta-se, com o brilho peculiar, *José Roberto dos Santos Bedaque:* "O princípio não se limita à questão procedimental. Fala-se muito, hoje, em tutela jurisdicional diferenciada como fator decisivo para a efetividade do processo. Trata-se, aqui, de adaptar a própria prestação jurisdicional e seus instrumentos ao objetivo desejado. Como este varia em cada situação apresentada ao órgão jurisdicional, não se justifica manter-se inalterável o tipo de tutela. Essas formas especiais de tutela jurisdicional, que para alguns constituem a maior novidade científica no campo do processo civil, levam em conta a natureza do direito pleiteado e os mecanismos necessários para sua efetiva satisfação. Também existem peculiaridades do processo em função da própria natureza da relação jurídica material" (*Direito e processo: a influência do direito material sobre o processo.* 2ª ed. São Paulo: Malheiros, 2001, pp. 52-53).

(37) "A idéia da relevância das disposições constitucionais para o processo pode ser sistetizada na visão de que o direito processual civil não pode ser considerado de forma isolada, mas sim integrado nas idéias, concepções e anseios que predominam na Sociedade em que ele será aplicado, e que são mais bem apreendidos pela ordem constitucional. Dessa forma, a harmonia do direito processual com os anseios maiores de uma Sociedade será necessariamente proporcional à sua conformação com a Constituição que o rege. Nessa linha de raciocínio, ganham relevo os direitos fundamentais que se traduzem em premissas máximas de direito processual e que permitem a dedução de que o formalismo tem, direta ou indiretamente, sua essência ligada ao resguardo de um de alguns dos direitos fundamentais preconizados no rol das garantias inscritas na Constituição" (MEDEIROS, Luiz César. *O formalismo processual e a instrumentalidade: um estudo à luz dos princípios constitucionais do processo e dos poderes jurisdicionais.* 2ª ed. rev. e ampl. Florianópolis: OAB/SC, 2006, p. 176).

do-se por essa forma tipos diferenciados de processo que, consubstanciando um procedimento adequado, atendam às exigências das pretensões materiais quanto à sua natureza, à urgência da tutela, à definitividade da solução e a outros aspectos, além de atender às opções técnicas e políticas do legislador. Os limites para a concepção dessas várias formas são os estabelecidos pelo princípio da inafastabilidade do controle jurisdicional e pelos princípios que compõem a cláusula do 'devido processo legal'."[38]

Ninguém discute que o procedimento estabelecido para o processo de execução, mormente em relação a sua genuína autonomia (títulos *extrajudiciais*), é juridicamente razoável, porquanto existe uma seqüência lógica de atos processuais convergentes para a satisfação do crédito que supostamente dá conteúdo ao título executivo. É de se cogitar, entretanto, no cenário jurídico hodierno, com o escopo de atingir, enquanto corolário do princípio do devido processo legal, o direito à *cognição adequada,*[39] se existe realmente alguma incompatibilidade ontológico-estrutural entre o processo de execução e a inserção de defesa intraprocessual executiva. Como se verá ao longo desta obra, a incompatibilidade existe, mas apenas *em parte*, o que resulta a conclusão de que o instituto deve ser admitido, não obstante as limitações decorrentes do fenômeno da cognição.

Por conseqüência, indaga-se: no plano *vertical*, qual é a profundidade investigatória que o Juiz desempenha no processo de execução com relação às matérias passíveis de conhecimento interno? Antes de tudo, aliás, questiona-se: o processo de execução é incompatível com a produção de provas? Pergunta-se, também: a cognição no processo de execução é *sempre* sumária? Admite-se dilação probatória no processo de execução? Em outras palavras, mesmo se tratando de matéria de ordem pública, mas que seja, em contrapartida, de alta indagação ou de solução complexa, é admissível o aprofundamento probatório no processo de execução? Tais questões serão respondidas no decorrer do presente trabalho, mas, antes, segundo pensamos, até mesmo na tentativa de facilitar a quebra de alguns dogmas consolidados pelas faculdades de Direito,[40] até

(38) WATANABE, Kazuo. *Da cognição no Processo Civil*. 2ª ed. atual. Campinas: Bookseller, 2000, p. 124.

(39) WATANABE, Kazuo. *Da cognição no Processo Civil*. 2ª ed. atual. Campinas: Bookseller, 2000, p. 124.

(40) *Ovídio Baptista da Silva*, em sua obra mais recente, diz que "o dogmatismo determinou duas conseqüências indesejáveis para o Direito. A primeira decorrente da própria formação do *dogma* e da correspondente supressão de qualquer vestígio de pensamento crítico. O dogmático perde a capacidade de indagar pelo 'por quê' dos fenômenos, das circunstâncias e obstáculos que o embaraçam. O pensamento dogmático não pergunta pelas causas daquilo que acontece no domínio do Direito. Limita-se ao 'como'. Isto acaba fortalecendo o próprio dogma". Mais adiante, o mestre gaúcho afirma: "O assunto invadiu a própria Universidade, templo de preservação do *dogma*. O que há, porém, de singular nessa atitude é que a ninguém, dentre aqueles que se lamentam da ineficiência da administração da justiça, ocorra a natural indagação do 'por quê', que poderia dar-nos alguma resposta a respeito das *causas* reais desse fenômeno que tanto incomoda e embaraça. O lamento do dogmático naturalmente é inconseqüente, por isso que indagar pelas causas é questionar o dogma" (*Processo e ideologia: o paradigma racionalista*. Rio de Janeiro: Forense, 2004, p. 299).

então amparadas na doutrina tradicional, revela-se necessário o estabelecimento de algumas palavras a respeito da influência do megaprincípio do *devido processo legal* e da *hermenêutica crítica*.

1.2. A HEGEMONIA NORMATIVA DO PRINCÍPIO DO DEVIDO PROCESSO LEGAL NA ANÁLISE DA TEMÁTICA

1.2.1. A relevância atual dos princípios constitucionais

A análise de qualquer questão jurídica deve previamente passar pelo crivo constitucional, não sendo diferente com a cognição judicial e o direito de defesa.(41) Atualmente, está disseminado o estudo do chamado *Direito Processual Constitucional*,(42) que visa a estabelecer as normas jurídicas fundamentais do sistema processual, sempre na perspectiva dos valores(43) que se desejam implantar no exercício da atividade jurisdicional do Estado. Aliás, a sua ideologia política, sem dúvida alguma, reflete no direito processual, sendo, portanto, motivo de preocupação para o operador do direito moderno.(44) Para tanto, não se pode perder de vista, tal como observou *Antonio Scarance Fernandes*, que

> "a forma como o direito é regulado representa o reflexo dos valores dominantes em determinado momento histórico. Sendo assim, as alterações

---

(41) Como muito bem percebeu *Elaine Harzheim Macedo*, "em um modelo de Estado Democrático de Direito, toda e qualquer discussão a respeito da jurisdição e do Poder Judiciário passa, necessariamente, pelo filtro da Constituição, que representa o pacto social que rege o povo que a subscreveu. Dizendo de outra forma, a jurisdição deve ser gerada a partir do próprio texto constitucional, guardando harmonia com os princípios fundamentais nele consagrados, porquanto seu papel de administração da justiça no caso concreto só pode ser revelado à luz de tais preceitos" (*Jurisdição e processo: crítica histórica e perspectivas para o terceiro milênio*. Porto Alegre: Livraria do Advogado, 2005, p. 278).

(42) Uma parte da doutrina prefere, com razão, a expressão *Direito Constitucional Processual*. Ilustrativamente, *José Albuquerque Rocha* ensina que a expressão — dando ênfase, sob o aspecto metodológico, ao caráter hierárquico-normativo da questão — induz o jurista a "[...] interpretar as normas processuais infraconstitucionais em função dos valores e princípios constitucionais, adaptando as primeiras às inovações dos segundos, ou eliminando as normas subconstitucionais incompatíveis com os novos valores e princípios da Constituição" (*Teoria geral do processo*. 8ª ed. São Paulo: Atlas, 2005, p. 51).

(43) Para *Cândido Rangel Dinamarco*, o chamado *Direito Processual Constitucional* nada mais é que a "condensação metodológica e sistemática dos princípios constitucionais do processo". A respeito, explica o seguinte: "A idéia-síntese que está à base dessa moderna visão metodológica consiste na preocupação pelos valores consagrados constitucionalmente, especialmente a liberdade e a igualdade, que afinal são manifestações de algo dotado de maior espectro e significação transcendente: o valor *justiça*. O conceito significado e dimensões desse e de outros valores fundamentais são, em última análise, aqueles que resultam da ordem constitucional e da maneira como a sociedade contemporânea ao texto supremo interpreta as suas palavras — sendo natural, portanto, a intensa infiltração dessa carga axiológica no sistema do processo (o que, como foi dito, é justificado pela instrumentalidade)" (*A instrumentalidade do processo*. 8ª ed. rev. e atual. São Paulo: Malheiros, 2000, pp. 24-25). Com inegável acerto, *João Batista Lopes* afirma que "esse método de estudo tem como ponto de partida e de chegada a própria Constituição Federal, mas não se pode ignorar, à evidência, os princípios e regras do direito processual civil. Não se trata, pois, de esvaziar o direito processual civil, mas de estudá-lo à luz da Constituição para fazer atuar concretamente os valores da ordem jurídica" ("Efetivação da tutela jurisdicional à luz da constitucionalização do Processo Civil". *Revista de Processo*, São Paulo, vol. 116, jul./ago. 2004, p. 30).

(44) Cf. CAPPELLETTI, Mauro. *Proceso, ideologias, sociedad*. Trad. Santiago Sentis Melengo e Tomás A. Banzhal. Buenos Aires: Ed. Jurídicas Europa-América, 1974.

políticas no tempo e a diversidade de ideologias em uma mesma época fazem com que haja diferentes tratamentos aos institutos processuais na evolução histórica e nos vários países. Em virtude disso, afirma-se que os conceitos dos institutos fundamentais do direito processual não são definitivos, mas relativos, na dependência da predominância que se dê ao indivíduo em confronto com o Estado, ou, ao contrário, ao Estado em face do indivíduo. A concepção dominante no Estado condiciona o tratamento dispensado aos direitos e às garantias do indivíduo."[45]

Essa visão é deveras importante, sobretudo para sabermos se, nos tempos de hoje, realmente há espaço para a quebra de paradigmas em relação à cognição no processo de execução e ao exercício de defesa endoprocessual, algo absolutamente impensável outrora. Para isso, deve-se estabelecer, de início, a novel concepção da Constituição, entendida genericamente como o conjunto de valores hierarquicamente superiores o qual se deseja implantar na sociedade.[46]

Para *Canotilho*, a Constituição é um sistema normativo aberto de regras e princípios. Nessa linha de raciocínio, deve-se perceber, em primeiro lugar, que a Constituição, assim como o próprio Direito, é um sistema,[47] fato que revela a

---

(45) FERNANDES, Antonio Scarance. *Processo Penal Constitucional*. 3ª ed. rev., atual. e ampl. São Paulo: RT, 2002, p. 15.

(46) Deve-se observar que um dos valores supremos da ordem constitucional brasileira é a *Justiça*, como ressaltado no preâmbulo da Constituição da República. Nem se pense que o preâmbulo não produz efeitos jurídicos. No dizer de *Alexandre de Morais*, "Apesar de não fazer parte do texto constitucional propriamente dito e, conseqüentemente, não conter normas constitucionais de valor jurídico autônomo, o preâmbulo não é juridicamente irrelevante, uma vez que deve ser observado como *elemento de interpretação* e *integração* dos diversos artigos que lhe seguem" (*Direito Constitucional*. 13ª ed. São Paulo: Atlas, 2003, p. 49). Nesse contexto, está correta a seguinte lição de *Ivo Dantas* "[...] o Preâmbulo funciona como *Limite Implícito ao Poder de Reforma Constitucional*, a partir do instante em que estabelece — e a repetição é proposital —, embora de forma sintética, toda a *ideologia constitucional*, expressa em um *Estado Democrático*, destinado a assegurar o exercício de direitos sociais e individuais, a liberdade, a segurança, o bem-estar, o desenvolvimento, a igualdade e a justiça como valores supremos de sociedade fraterna, pluralista e sem preconceitos, fundada na harmonia social e comprometida, na ordem interna e internacional, com a solução pacífica das controvérsias". E arremata o mestre pernambucano: "Por outro lado, seu conteúdo encontra-se desenvolvido por todo o texto constitucional, a começar dos seus *Princípios Fundamentais*, o que nos permite afirmar que a interpretação a ser dada a qualquer norma contida na Constituição não poderá desconhecer o conteúdo que se encontra nesta peça vestibular, isto sem falar em que deverá ser visto como limite implícito ao exercício de mudança constitucional formal, assim entendida aquela que se faz de acordo com o determinado no próprio texto, onde as regras do Poder de Reforma, como Poder Constituído, encontram seu funcionamento fixado pelo próprio Poder Constituinte, em uma opção político-ideológica que só poderá ser entendida corretamente quando visto o texto constitucional como um todo" (*Instituições de direito constitucional brasileiro*. Curitiba: Juruá, 1999, p. 254).

(47) *Claus-Wilhelm Canaris* conceitua sistema "[...] como uma ordem axiológica ou teleológica de princípios gerais do direito, na qual o elemento de adequação valorativa se dirige mais à característica de ordem teleológica e o da unidade interna à característica dos princípios gerais" (*Pensamento sistemático e conceito de sistema na ciência do direito*. 3ª ed. Introdução e tradução de Antônio Manuel da Rocha Menezes Cordeiro. Lisboa: Fundação Calouste Gulbenkian, 2002, pp. 77-78). *Juarez Freitas*, muito embora reconhecendo os méritos do consagrado autor alemão, diz que o conceito não é inteiramente satisfatório. Segundo ele, "falta no conceito de *Canaris*, sobretudo, *(a)* aludir à distinção entre princípios, regras e valores; *(b)* incorporar a vinculação aos objetivos do Estado Democrático, assim como estabelecidos na Constituição, na qual se encontram, expressa ou implicitamente, os princípios

sua *dinamicidade*. Esse sistema é *aberto*, o que significa dizer que possui *estrutura dialógica*, à medida que a interpretação de suas normas possibilita a capacitação da mudança da realidade social, estando abertas às concepções cambiantes da "verdade" e da "justiça".(48) Além disso, trata-se de sistema *normativo*, porque a estruturação das expectativas referentes aos valores, programas, funções e pessoas é feita por meio de *normas*. Finalmente, a Constituição é um sistema de *regras* e de *princípios*, pois as suas normas revelam-se sob a forma de princípios ou de regras.(49)

A sustentação constitucional da temática envolvendo a cognição no processo de execução e o exercício da defesa endoprocessual encontra-se enraizada no *princípio do devido processo legal* (art. 5º, LIV, da CF).(50) Em função disso, segundo pensamos, revela-se extremamente necessário demonstrar a importância atual dos princípios constitucionais no sistema jurídico.

A doutrina aponta três fases quanto à concepção dos princípios jurídico-constitucionais. A primeira fase, denominada de "jusnaturalista", posiciona os princípios no campo da abstração, tendo função meramente *inspiradora* de um ideal de justiça, cuja eficácia limita-se a uma dimensão ético-valorativa do Direito. Assim, segundo essa corrente, a normatividade dos mesmos é praticamente nula. A segunda fase, chamada "positivista", coloca os princípios jurídicos na posição de fontes de suprimento de lacuna dos textos legais. Em outras palavras, neste momento, a função dos princípios é tão-somente *integrativa* do Direito, na ocorrência de vazios legais, ou seja, para essa corrente, não havendo uma lei formal que regulamente o caso, socorre-se dos princípios. Por fim, a terceira fase, que é a atual, denominada "pós-positivista", prega a *hegemonia axiológico-normativa* dos princípios.(51) Nesta fase, portanto, de maneira indiscu-

---

fundamentais, os quais se diferenciam tecnicamente dos princípios gerais; *(c)* introduzir o elemento de hierarquização material, topicamente produzida, no círculo hermenêutico, não estabelecida *a priori*, deixando claro que não se dá à Tópica papel apenas auxiliar". Daí, a razão deste autor conceituar o sistema jurídico "[...] *como uma rede axiológica e hierarquizada topicamente de princípios fundamentais, de normas estritas (ou regras) e de valores jurídicos cuja função é a de, evitando ou superando antinomias em sentido amplo, dar cumprimento aos objetivos justificadores do Estado Democrático, assim como se encontram consubstanciados, expressa ou implicitamente, na Constituição*" (*A interpretação sistemática do direito*. 4ª ed. rev. e ampl. São Paulo: Malheiros, 2004, pp. 53 e 61, respectivamente).

(48) Para *Karl Larenz*, "enquanto sistema 'aberto', o sistema é sempre inacabado e inacabável". Entende, também, que o sistema é "fragmentário", à medida que "[...] não podem integrar-se nele todas as normas ou regulamentações" (*Metodologia da ciência do direito*. 3ª ed. Tradução de José Lamego. Lisboa: Fundação Calouste Gulbenkian, 1997, pp. 696-697).

(49) CANOTILHO, José Joaquim Gomes. *Direito Constitucional e Teoria da Constituição*. 6ª ed. Coimbra: Almedina, 2002, p. 1.145.

(50) Aliás, já é bom que se diga, nas palavras de *José Cretella Neto*, que o princípio do devido processo legal desempenha "[...] a função de verdadeiro *megaprincípio*, pois permeia e coordena toda a complexa função jurisdicional do Estado, fazendo com que os princípios processuais atendam aos critérios da *proporcionalidade* e da *razoabilidade*, harmonizando-os entre si e garantindo a eficácia da Justiça. Permite, pois, que se chegue ao *processo justo*" (*Fundamentos Principiológicos do Processo Civil*. Rio de Janeiro: Forense, 2002, p. 45).

(51) ESPÍNDOLA, Ruy Samuel. *Conceito de princípios constitucionais: elementos teóricos para uma formulação dogmática constitucionalmente adequada*. São Paulo: RT, 1999, pp. 58-59. No mesmo sentido, manifesta-se *Paulo Bonavides:* "Em resumo, a teoria dos princípios chega à presente fase do pós-positivismo com os seguintes resultados já consolidados: a passagem dos princípios da especulação

tível, os princípios não só conquistaram a dignidade de verdadeiras normas jurídicas, como também, sobretudo os de ordem constitucional, a posição de proeminência no sistema.(52) É o que explica *Paulo Bonavides*:

> "A importância vital que os princípios assumem para os ordenamentos jurídicos se torna cada vez mais evidente, sobretudo se lhes examinarmos a função e presença no corpo das Constituições contemporâneas, onde aparecem como os pontos axiológicos de mais alto destaque e prestígio com que fundamentar na Hermenêutica dos tribunais a legitimidade dos preceitos da ordem constitucional."(53)

Mas, afinal, não obstante a sua natureza normativa, qual é a real concepção dogmática dos princípios constitucionais? *Humberto Ávila*, a nosso ver corretamente, afirma que os princípios têm a missão primária de *concretizar ou manter um estado ideal de coisas*. Na conhecida expressão de *Robert Alexi*, isso quer dizer que os princípios constituem *exigências de otimização*.(54) Dito de outro modo, a qualidade frontal dos princípios é *a realização de um fim juridicamente relevante*, sendo a prescrição de comportamentos, ao contrário das regras, função meramente mediata. Diante disso, a *justificativa* ou *argumentação* — no momento da aplicação dos princípios e, por conseqüência, da concretização de fins e valores a que eles visam realizar — revela-se demasiadamente importante.(55)

Ensina *Humberto Ávila* que é preciso substituir a convicção de que o dispositivo identifica-se com a norma, pela constatação de que o dispositivo é o ponto de partida da interpretação; é necessário ultrapassar a crendice de que a função

---

metafísica e abstrata para o campo concreto e positivo do Direito, com baixíssimo teor de densidade normativa; a transição crucial da ordem jusprivatista (sua antiga inserção nos Códigos) para órbita juspublicística (seu ingresso nas Constituições); a suspensão da distinção clássica entre os princípios e normas; o deslocamento dos princípios da jusfilosofia para o domínio da Ciência Jurídica; a proclamação de sua normatividade; a perda de seu caráter de normas programáticas; o reconhecimento definitivo de sua positividade e concretude por obra sobretudo das Constituições; a distinção entre regras e princípio, como espécies diversificadas do gênero norma, e, finalmente, por expressão máxima de todo esse desdobramento doutrinário, o mais significativo de seus efeitos: a total hegemonia e preeminência dos princípios" (*Curso de Direito Constitucional*. 9ª ed. rev., atual. e ampl. São Paulo: Malheiros, 2000, p. 265).

(52) *Ingo Wolfgang Sarlet* preleciona que "[...] o Constituinte deixou transparecer de forma clara e inequívoca a sua intenção de outorgar aos princípios fundamentais a qualidade de normas embasadoras e informativas de toda a ordem constitucional, inclusive (e especialmente) das normas definidoras de direitos e garantias fundamentais, que igualmente integram (juntamente com os princípios fundamentais) aquilo que se pode — e neste ponto parece haver consenso — denominar de núcleo essencial da nossa Constituição formal e material" (*Dignidade da pessoa humana e direitos fundamentais na Constituição Federal de 1988*. 3ª ed. rev., atual. e ampl. Porto Alegre: Livraria do Advogado, 2004, p. 61).

(53) BONAVIDES, Paulo. *Curso de Direito Constitucional*. 9ª ed. rev., atual. e ampl. São Paulo: Malheiros, 2000, p. 260.

(54) Para *Robert Alexi*, "los principios son *mandatos de optimización* que están caracterizados por el hecho de que pueden ser cumplidos em diferente grado y que la medida debida de su cumplimiento no sólo depende de las posibilidades reales sino tambem de las jurídicas. El ambito de las posibilidades jurídicas es determinado por los principios y regras opuestos" (*Teoria de los derechos fundamentales*. Trad. de Ernesto Garzón Valdés. Madri: Centro de Estudios Constitucionales, 1997, p. 86).

(55) ÁVILA, Humberto. *Teoria dos princípios: da definição à aplicação dos princípios jurídicos*. 4ª ed. rev. São Paulo: Malheiros, 2004, pp. 129-130.

do intérprete é meramente descrever significados, em favor da compreensão de que o intérprete reconstrói sentidos, quer o cientista, pela construção de conexões sintáticas e semânticas, quer o aplicador, que soma àquelas conexões as circunstâncias do caso a julgar; importa deixar de lado a opinião de que o Poder Judiciário, só exerce a função de legislador negativo, para compreender que ele concretiza o ordenamento jurídico diante do caso concreto". Adiante, esse notável jurista gaúcho conclui: "O importante é que a distinção entre as regras e os princípios remete a conhecimentos e capacidades diversos do aplicador, relativamente ao objeto e ao modo de justificação da decisão de interpretação. As regras e os princípios divergem relativamente à sua força justificativa e ao seu objeto de avaliação. Com efeito, como as regras consistem em normas imediatamente descritivas e mediatamente finalísticas, a justificação da decisão de interpretação será feita mediante avaliação de concordância entre a construção conceitual dos fatos e a construção conceitual da norma. Como os princípios se constituem em normas imediatamente finalísticas e mediatamente de conduta, a justificativa da decisão de interpretação será feita mediante avaliação dos efeitos da conduta havida como meio necessário à promoção de um estado de coisas posto pela norma como ideal a ser atingido".(56)

É preciso perceber, a despeito dessa propalada hegemonia axiológico-normativa, que a conotação de *princípio*, notadamente na sua relação entre os fins e valores a serem realizados no caso concreto, depende única e exclusivamente de uma *prévia* atividade interpretativa. Daí a razão de *Eros Roberto Grau* dizer que os princípios gerais do direito devem ser *descobertos* no interior de determinado ordenamento jurídico, já que nele se encontram (e não no plano exterior, metafísico) em estado de latência.(57) Em outras palavras, observando-se naturalmente as limitações textuais e contextuais, os princípios surgem após uma atividade construída, de forma coerente, pelo próprio intérprete. Por isso, explica *Humberto Ávila*,

> "Não é correto afirmar que um dispositivo constitucional *contém* ou *é* um princípio ou uma regra, ou que determinado dispositivo, porque formulado dessa ou daquela maneira, deve ser considerado como um princípio ou como uma regra. Como o intérprete tem a função de medir e especificar a intensidade da relação entre o dispositivo interpretado e os fins e valores que lhe são, potencial e axiologicamente, sobrejacentes, ele pode fazer a interpretação jurídica de dispositivo hipoteticamente formulado como regra ou como princípio. Tudo depende das conexões valorativas que, por meio da argumentação, o intérprete intensifica ou deixa de intensificar e da finalidade que entende deva ser alcançada."(58)

---

(56) *Teoria dos princípios:* da definição à aplicação dos princípios jurídicos. 4ª ed. rev. São Paulo: Malheiros, pp. 25-26 e 67.

(57) GRAU, Eros Roberto. *A ordem econômica na Constituição de 1988: interpretação e crítica.* 4ª ed. rev. e atual. São Paulo: Malheiros, 1998, pp. 115-116.

(58) ÁVILA, Humberto. *Teoria dos princípios: da definição à aplicação dos princípios jurídicos.* 4ª ed. rev. São Paulo: Malheiros, 2004, p. 33.

Na realização dessa hipotética finalidade, faz-se mister perceber que é incontestável a potencialidade dos princípios para a resolução de problemas cruciais da ordem jurídica. Normalmente, os princípios atuam auxiliando, em uma relação de complementaridade, a tomada de decisão. Em outras vezes, os princípios são a fonte-primária da regulação de um dado caso concreto. Logo, seguindo a lição de *Regina Maria Macedo Nery Ferrari*, é importante concluir

> "[...] que todas as normas que integram a Constituição de um Estado, a sua Lei Fundamental, são dotadas de suprema imperatividade e, portanto, de força coativa, isto é, havendo o dever jurídico constitucionalmente previsto de realizar uma ação ou omissão, o que pode ser exigido até coativamente. Nos dias de hoje não mais se questionam a juridicidade e vinculatividade das normas constitucionais; todas possuem força imperativa e conformadora, mesmo as que disciplinam domínios, em relação aos quais costumava-se considerar que a função normativa restringia-se a uma simples mensagem, até certo ponto utópica."[59]

Isso vale inegavelmente para os *princípios* constitucionais, que também são dotados de *eficácia*.[60] Tal fato ocorre na *determinação do sentido*, *integração*[61] ou *interpretação*[62] de subprincípios ou regras, bem como no *bloqueio* de quaisquer elementos expressamente previstos que sejam incompatíveis com o estado ideal de coisas a ser promovido.[63] Fala-se, também, em função *rearticuladora* dos princípios, à medida que eles permitem a interação entre os vários elementos que compõem o estado ideal de coisas a ser perseguido.[64] Sob o

---

(59) FERRARI, Regina Maria Macedo Nery. *Normas constitucionais programáticas: normatividade, operatividade e efetividade*. São Paulo: RT, 2001, pp. 80-81.

(60) Para *José Afonso da Silva*, "uma norma só é aplicável na medida em que é eficaz. Por conseguinte, eficácia e aplicabilidade das normas constitucionais constituem fenômenos conexos, aspectos talvez do mesmo fenômeno, encarados por prismas diferentes: aquela como potencialidade; esta como realizabilidade, praticidade" (*Aplicabilidade das normas constitucionais*. 3ª ed. rev., ampl. e atual. São Paulo: Malheiros, 1998, p. 60).

(61) *Humberto Ávila* dá o seguinte exemplo: "[...] se não há regra expressa que oportunize a defesa ou a abertura de prazo para manifestação da parte no processo — mas elas são necessárias —, elas deverão ser garantidas com base direta no princípio do devido processo legal" (*Teoria dos princípios: da definição à aplicação dos princípios jurídicos*. 4ª ed. rev. São Paulo: Malheiros, 2004, p. 78).

(62) Segundo *Humberto Ávila*, "[...] o princípio do devido processo legal impõe a interpretação das regras que garantem a citação e a defesa de modo a garantir a protetividade efetiva aos interesses do cidadão. Embora vários dos subelementos do princípio do devido processo legal já estejam previstos pelo próprio ordenamento jurídico, o princípio do devido processo legal não é supérfluo, pois permite que cada um deles seja 'realizado' ou 'interpretado' conforme ele" (*Teoria dos princípios: da definição à aplicação dos princípios jurídicos*. 4ª ed. rev. São Paulo: Malheiros, 2004, p. 79).

(63) No exemplo de *Humberto Ávila*, "[...] se há uma regra prevendo a abertura de prazo, mas o prazo previsto é insuficiente para garantir efetiva protetividade aos direitos do cidadão, um prazo adequado deverá ser garantido em razão da eficácia bloqueadora do princípio do devido processo legal" (*Teoria dos princípios: da definição à aplicação dos princípios jurídicos*. 4ª ed. rev. São Paulo: Malheiros, 2004, p. 79).

(64) Novamente nas palavras de *Humberto Ávila*, "o sobreprincípio do devido processo legal permite o relacionamento entre os subprincípios da ampla defesa e do contraditório com as regras de citação, de intimação, do juiz natural e apresentação de provas, de tal sorte que cada elemento, pela relação que

ponto de vista externo, observa-se que a eficácia *seletiva* é baseada na constatação de que o intérprete trabalha com fatos construídos pelo seu próprio discurso. Ou seja, "[...] é o próprio intérprete que, em larga medida, decide qual fato é pertinente à solução de uma controvérsia *no curso da sua própria cognição*".[(65)] Finalmente, pode-se dizer que os princípios possuem uma eficácia *valorativa* e *argumentativa*, eis que, após a seleção dos fatos pertinentes ao caso em discussão, de maneira justificada, o intérprete desempenha indubitável opção axiológica em direção aos fins buscados.[(66)]

O princípio constitucional do *devido processo legal* deve sempre nortear o Juiz no exercício da sua cognição, portanto, em toda sua atividade jurisdicional. Como visto acima, é preciso perceber que o Juiz pode, mediante decisão devidamente fundamentada, decidir uma situação fático-jurídica que lhe é submetida, ainda que contrária à lei formal que se aplicaria, ao menos na larga maioria dos casos, por mera subsunção, com base unicamente nessa referida norma constitucional hegemônica.[(67)] Diante do seu caráter hierárquico-normativo superior, a decisão representa, na seara processual, os valores fundamentais da comunidade,[(68)] devendo receber, não só por parte do Juiz, mas também de todos os membros desta, o que *Pablo Lucas Verdú* denominou de "sentimento constitucional".[(69)]

1.2.2. O direito ao devido processo legal e os seus reflexos no exercício da defesa endoprocessual executiva

Nos dias atuais, pode-se dizer que o instituto da *jurisdição* é o centro de todos os estudos do direito processual.[(70)] A jurisdição, enquanto função pública

---

passa a ter com os demais em razão do sobreprincípio, recebe um significado novo, diverso daquele que teria caso fosse interpretado isoladamente" (*Teoria dos princípios: da definição à aplicação dos princípios jurídicos*. 4ª ed. rev. São Paulo: Malheiros, 2004, p. 80).

(65) ÁVILA, Humberto. *Teoria dos princípios: da definição à aplicação dos princípios jurídicos*. 4ª ed. rev. São Paulo: Malheiros, 2004, p. 81.

(66) ÁVILA, Humberto. *Teoria dos princípios: da definição à aplicação dos princípios jurídicos*. 4ª ed. rev. São Paulo: Malheiros, 2004, pp. 81-82.

(67) É preciso compreender, na lição de *André Ramos Tavares*, que "o grande desafio do Direito contemporâneo não é o de oferecer previsão normativa específica para as mais variadas demandas e situações de possível conflito que possam surgir nas relações sociais concretas. É antes o desafio de reduzir a uma as diversas previsões/soluções encontráveis no sistema, particularmente nas respectivas constituições principiológicas. O problema, aqui, envolve a racionalização dos princípios existentes e justificação (controlável) da escolha realizada" (*Fronteiras da hermenêutica constitucional*. São Paulo: Método, 2006, p. 122). Esse entendimento é perfeitamente aplicável na concretização do princípio do devido processo legal. A hermenêutica crítica e as teorias da argumentação jurídicas são de grande valia nessa empreitada.

(68) COMOGLIO, Luigi Paolo. *La garantia costituzionale dell'azione ed il processo civile*. Pádua: CEDAM, 1970, p. 4.

(69) Nas palavras do constitucionalista espanhol, "a princípio, o sentimento constitucional consiste na adesão interna às normas e instituições fundamentais de um país, experimentada com intensidade mais ou menos consciente porque estima-se (sem que seja necessário um conhecimento exato de suas peculiaridades e funcionamento) que são boas e convenientes para a integração, manutenção e desenvolvimento de uma justa convivência" (*O sentimento constitucional: aproximação ao estudo do sentir constitucional como de integração política*. Tradução e prefácio de Agassiz Almeida Filho. Rio de Janeiro: Forense, 2004, p. 75).

(70) Explica *Cândido Rangel Dinamarco:* "A preponderância metodológica da jurisdição, ao contrário do que se passa com a preferência pela ação ou pelo processo, correspondente à preconizada visão publicista do sistema, como instrumento do Estado, que ele usa para o cumprimento de objetivos seus" (*A instrumentalidade do processo*. 8ª ed. rev. e atual. São Paulo: Malheiros, 2000, p. 81).

estatal, *realiza-se pelo processo*, que nada mais é que um meio de realização de conflitos na sociedade. O resultado do processo, para ser *legítimo* em um Estado Democrático de Direito, deve contar, além de uma *postura ativa* do Juiz, com a possibilidade de participação isonômica das partes. Daí a relevância do princípio do contraditório, corolário do *devido processo legal*. Este, a despeito de pregar inicialmente a observância das formas previamente estabelecidas na legislação, preocupa-se, na sua feição atual, com a boa realização do direito material a que o processo deve servir. Daí a importância de perceber o seu caráter ético-axiológico, malgrado se pregue a sua visão estritamente técnica. Duas conclusões resultam dessas breves palavras: *1)* o processo legitima-se pela possibilidade de participação das partes na atividade jurisdicional do Estado; e *2)* o processo existe em função do restabelecimento da paz social, que ocorre pela justa distribuição dos direitos e obrigações decorrentes do direito material em crise.

Basicamente, essa é a tradução "prática" do princípio do devido processo legal, embora vários subprincípios constitucionais daí decorram. Nessa missão processual, várias normas de caráter instrumental devem ser observadas, a começar pelo próprio *acesso à justiça*, que é o direito fundamental por excelência,(71) e pelo seu imediato reflexo constitucional, que é sabidamente o *direito de defesa*.(72) No mais, também como decorrência do megaprincípio do *devido processo legal*, as partes, em perfeita observância do tratamento isonômico, devem ter o *direito de comprovar* suas alegações em procedimento potencialmente em *contraditório*, em que os atos processuais são *públicos*, ressalvando-se as situações em que o interesse público exigir o contrário, as decisões judiciais sejam razoavelmente *motivadas* por um *Juiz imparcial* e *comprometido* com a realização dos valores constitucionais e possam ser *revistas* por um órgão jurisdicional de instância superior.(73) A importância desse princípio é tamanha, que acertadamente *Nelson Nery Junior* afirma que

---

(71) Em obra de fôlego, *Mauro Cappelletti* e *Bryant Garth* prelecionam que "[...] o direito ao acesso efetivo tem sido progressivamente reconhecido como sendo de importância capital entre os novos direitos individuais e sociais, uma vez que a titularidade de direitos é destituída de sentido, na ausência de mecanismos para sua efetiva reivindicação. O acesso à justiça pode, portanto, ser encarado como requisito fundamental — o mais básico dos direitos humanos — de um sistema jurídico moderno e igualitário que pretende garantir, e não apenas proclamar os direitos de todos" (*Acesso à justiça*. Tradução de Ellen Gracie Northfleet. Porto Alegre: Fabris, 1988, pp. 12-13).

(72) No particular, ensina *Eduardo Couture:* "Pelas mesmas razões por que admitimos que a ação seja um puro direito à jurisdição, que assiste até mesmo aos que carecem de um direito substantivo eficaz que justifique uma sentença julgando procedente a ação, devemos admitir que também dispõem de exceção os que foram chamados a juízo e neles se devem defender". E conclui, mais adiante, o mestre uruguaio: "O réu, com razão ou sem ela, reclama do juiz que o absolva da demanda: ninguém pode privá-lo desse direito, pelas mesmas razões por que ninguém pode privar o autor do seu direito de dirigir-se ao tribunal" (*Fundamentos do Direito Processual Civil*. Campinas: Red Livros, 1999, p. 70).

(73) *Sérgio Luís Wetzel de Mattos* observa, corretamente, que "[...] os subprincípios do devido processo legal, em sua *eficácia direta*, isto é, sem a intermediação de outra norma, cumprem a *função integrativa* de 'criar procedimentos necessários (ou desconsiderar os desnecessários) à satisfação do ideal de um *acesso efetivo à Justiça*" ("O princípio do devido processo legal revisitado". *Revista de Processo*, n. 120, São Paulo: RT, fevereiro de 2005, p. 268).

"[...] bastaria a norma constitucional haver adotado o princípio do *due process of law* para que daí decorressem todas as conseqüências processuais que garantissem aos litigantes o direito a um processo e a uma sentença justa. É, por assim dizer, o gênero do qual todos os demais princípios constitucionais do processo são espécies."(74)

Atualmente, ensina *Canotilho:*

"A *teoria substantiva* pretende justificar a idéia material de um *processo justo*, pois uma pessoa tem direito não apenas a um *processo legal,* mas sobretudo a um *processo legal*, *justo e adequado*, quando se trate de legitimar o sacrifício da vida, liberdade e propriedade dos particulares. Esta última teoria é, como salienta a doutrina norte-americana, uma *value-oriented theory*, pois o processo devido deve ser materialmente informado pelos princípios da justiça."(75)

No mesmo sentido, preconiza *Luiz César Medeiros*:

"A concepção do direito processual moderno implica, como já repetidamente visto, a finalidade da forma direcionada à realização do direito e à concretização da justiça. Assim, não só o tratamento inadequado das formas — desobediência ou rigorismo — redundará em efeitos negativos para o processo [*procedural due process*], mas também, e bem provável, no mesmo grau de importância, as exigências distanciadas da razoabilidade, resultantes de normas sem sentido ou de finalidade questionável *[substantive due process].*"(76)

Assim, somente em uma visão *restritiva* (teoria formalista) — que deve ser rechaçada —, o princípio em comento confunde-se com o cumprimento de formas legais. O seu significado deve ser dinâmico(77) a tal ponto de sempre servir de base ao Juiz na busca da "correta" solução (justificada) processual do caso concreto.(78) Na realidade, por ter o escopo de realizar um *estado ideal de coisas*,

---

(74) NERY JUNIOR, Nelson. *Princípios do Processo Civil na Constituição Federal.* 7ª ed. rev. e atual. São Paulo: RT, 2002, p. 32.

(75) CANOTILHO, José Joaquim Gomes. *Direito Constitucional e Teoria da Constituição.* 6ª ed. Coimbra: Almedina, 2002, p. 490.

(76) MEDEIROS, Luiz César. *O formalismo processual e a instrumentalidade: um estudo à luz dos princípios constitucionais do processo e dos poderes jurisdicionais*. 2ª ed. rev. e ampl. Florianópolis: OAB/SC, 2006, p. 71.

(77) PORTANOVA, Rui. *Princípios do Processo Civil.* 5ª ed. Porto Alegre: Livraria do Advogado, 2003, p. 145.

(78) Ensina *Nelson Nery Junior:* "O prestígio do direito constitucional norte-americano tem como sua causa maior a interpretação da cláusula *due process* pela Suprema Corte. O tribunal não só vem interpretando o princípio de modo a fazer valer o que o espírito do constituinte pretendeu quando adotou a regra, como também a fazê-lo de forma analítica, 'declarando' que a corte decidiria dessa ou daquela maneira, se o problema fosse equacionado de outro modo". E explica: "Isso quer dizer, em outras palavras, que a corte ordinariamente vem interpretando a cláusula *due process* de sorte a solucionar o caso

o princípio do devido processo legal *realiza valores* que, "pela sua intrínseca materialidade prospectiva", tornam a Constituição um *processo de* "positivações axiológicas", mormente em função do "seu facilitado ajustamento ao corpo sempre cambiante da realidade social",(79) através de uma atividade hermenêutica construtiva.(80) Para *Sérgio Luís Wetzel de Mattos*,

> "o estado ideal de coisas, para o qual o princípio do devido processo legal está voltado, é, sem circunlóquios, uma 'proteção jurídica efetiva'. Por outras palavras, o princípio do devido processo legal 'estabelece o dever de buscar um ideal de *protetividade dos direitos* em todos os procedimentos ou processos instituídos pelo Poder Público'".(81)

Assim, deve-se observar, nas lúcidas palavras de *Carlos Alberto Alvaro de Oliveira*, que,

> "[...] se o processo, na sua condição de autêntica ferramenta de natureza pública indispensável para a realização da justiça e da pacificação social, não pode ser compreendido como mera técnica mas, sim, como instrumento de realização de valores e especialmente de valores constitucionais, impõe-se considerá-lo como direito constitucional aplicado."(82)

Por conseqüência, não havendo distinção na Carta Magna, é natural que essa norma jurídica proeminente e seus valores imanentes sejam perfeitamente aplicáveis ao processo de execução, porquanto, tal como bem percebeu *José Cretella Neto* em sua dissertação de mestrado na USP,

---

concreto que lhe foi submetido a julgamento ao mesmo tempo que fixa regras e padrões para casos semelhantes futuros" (*Princípios do Processo Civil na Constituição Federal.* 7ª ed. rev. e atual. São Paulo: RT, 2002, p. 36).

(79) BRITTO, Carlos Ayres. *Teoria da Constituição.* Rio de Janeiro: Forense, 2003, p. 195.

(80) Afirma *Konrad Hesse:* "Se o direito e, sobretudo, a Constituição, têm a sua eficácia condicionada pelos fatos concretos da vida, não se afigura possível que a interpretação faça deles tábula rasa. Ela há de contemplar essas condicionantes, correlacionando-as com as proposições normativas da Constituição. A interpretação adequada é aquela que consegue concretizar, de forma excelente, o sentido *(Sinn)* da proposição normativa dentro das condições reais dominantes numa determinada situação". Adiante, em linha de arremate, o mestre alemão ensina que "a dinâmica existente na interpretação construtiva constitui condição fundamental da força normativa da Constituição e, por conseguinte, de sua estabilidade. Caso ela venha a faltar, tornar-se-á inevitável, cedo ou tarde, a ruptura da situação jurídica vigente" (*A força normativa da Constituição.* Tradução de Gilmar Ferreira Mendes. Porto Alegre: Fabris, 1991, pp. 22-23). Se o Direito é histórico-cultural, é natural que a concepção a respeito do princípio do devido processo legal seja variável com o passar do tempo. Afinal, os valores, pela sua materialidade prospectiva, são mutáveis por natureza. Nesse sentido, afirma *Nelson Nery Junior:* "O conceito de 'devido processo' foi-se modificando no tempo, sendo que a doutrina e jurisprudência alargaram o âmbito de abrangência da cláusula, de sorte a permitir interpretação elástica, o mais amplamente possível, em nome dos direitos fundamentais do cidadão" (*Princípios do processo civil na constituição federal.* 7ª ed. rev. e atual. São Paulo: RT, 2002, p. 37).

(81) MATTOS, Sérgio Luís Wetzel de. "O princípio do devido processo legal revisitado". *Revista de Processo*, n. 120, São Paulo: RT, fevereiro de 2005, p. 263.

(82) OLIVEIRA, Carlos Alberto Alvaro de. *Do formalismo no Processo Civil.* 2ª ed. rev. e ampl. São Paulo: Saraiva, 2003, p. 261.

"todas as garantias do *devido processo legal* devem ser atendidas em *todos* os procedimentos, sem exceção de nenhuma espécie. O que varia é a adequação específica requerida para cada tipo ou categoria de pretensões ou direitos. Para cada tipo de providência deve o legislador elaborar leis adequadas, bem como prever uma série de atos, suficientes para assegurar o desenvolvimento de um *processo justo*, permitindo ao julgador alcançar o elevado grau de convencimento exigido para conceder a tutela."[83]

Embora se diga, mesmo no direito comparado, que o processo de execução é "longo, perverso e inútil", em referência à ausência de perspectivas envolvendo a sua efetividade,[84] não se pode argumentar que o mesmo se desenvolva ao arrepio dos princípios constitucionais. O processo é um instituto que, na qualidade de garantia constitucional, visa a assegurar a efetividade dos direitos fundamentais dos cidadãos. Há, de fato, uma intrínseca relação entre o processo — especialmente a sua estrutura — e a realização dos direitos fundamentais. O processo, inclusive o de execução, deve ser público (ressalvadas as exceções legais estabelecidas pelo interesse público), as decisões judiciais devem ser racionalmente motivadas, o Juiz deve ser imparcial e o princípio do contraditório deve ser observado.

Para *José Alfredo de Oliveira Baracho*:

"O processo constitucional efetiva-se através desses pressupostos, bem como da consagração dos procedimentos que garantem os direitos das partes, outorgando-lhes oportunidade razoável para defender-se e fazer valer suas provas. Em todas as essas circunstâncias deve-se assegurar a efetiva igualdade das partes, em todas as fases de atuação no processo. Os princípios do devido processo legal, da defesa em juízo e do acesso à justiça foram elevados à categoria de disposições internacionais."[85]

"A efetividade da tutela jurisdicional", ensina *João Batista Lopes*, "não pode prescindir do *processo justo*, isto é, aquele que obedece às garantias estabelecidas na Constituição",[86] sendo que tais garantias concorrem não para realizar "um generico diritto al processo, bensì um diritto al giusto processo",[87] ou seja, na esteira dos ensinamentos de *Egas Moniz de Aragão*, deve-se perceber que

"[...] o desejo de atribuir maior efetividade à execução não pode ser causa de menosprezo à igualdade das partes e ao devido processo. Seja no caso

(83) CRETELLA NETO, José. *Fundamentos principiológicos do Processo Civil*. Rio de Janeiro: Forense, 2002, p. 44.

(84) CARPI, Federico. *Note in tema di tecniche di attuazione dei diritti. Studi in memória di Corrado Vocino*. Napoli: Jovene, 1996, pp. 93-94.

(85) BARACHO, José Alfredo de Oliveira. *Direito Processual Constitucional: aspectos contemporâneos*. Belo Horizonte: Fórum, 2006, p. 13.

(86) LOPES, João Batista. "Efetivação da tutela jurisdicional à luz da constitucionalização do processo civil". *Revista de Processo*, n. 116, São Paulo: RT, jul./ago. 2004, p. 34.

(87) COMOGLIO, Luigi Paolo; FERRI, Corrado; TARUFFO, Michele. *Lezioni sul processo civile*. 2ª ed. Bologna: Il Mulino, 2001, p. 57.

das execuções que ocorrem extrajudicialmente, seja no das que acontecem no processo judicial, os litigantes não podem ser privados das garantias que a Constituição outorga."[88]

Portanto, a propalada crise do processo de execução[89] não pode servir de pano de fundo para se vedar o direito de se defender, nos limites estruturais, a respeito das matérias que podem se conhecíveis nesta modalidade de prestação da tutela jurisdicional. Afinal, a prestação da tutela jurisdicional, enquanto atividade do Estado que tem o escopo atrair para si ares de legitimidade, deve ocorrer sempre em benefício da parte que tem razão, ainda que esta seja o *executado.*[90] Em termos práticos, isso significa que, sendo ontologicamente compatível com o processo de execução, ou seja, se a hipótese é extraída de uma interpretação sistemática sensivelmente razoável, deve-se garantir uma defesa rápida e eficaz a quem está sofrendo injustamente as conseqüências dos atos executivos.

O direito à ampla defesa, e isso também vale para o processo de execução, tem como premissa a efetividade da defesa em si, ou seja, o fato de ela ter o condão de satisfazer a pretensão contra-argumentativa do executado na exata medida de, estando efetivamente com a razão e demonstrando, de plano, suas alegações, liberá-lo dos atos executivos antes de qualquer prejuízo significativo em relação ao seu patrimônio, seja ele econômico ou moral. Acertadamente, diz *Rui Portanova* que

> "[...] o princípio da ampla defesa, para atender perfeitamente aos termos constitucionais, mais do que nunca, deve ser cuidadosamente informado pelo princípio da efetividade social do processo. Exige-se interpretação a mais abrangente possível. Não basta o só direito de defender-se; é indispensável, para que a defesa seja plena, que a parte tenha a liberdade de oferecer alegações e meios de uma defesa efetiva."[91]

---

(88) MONIZ DE ARAGÃO, Egas. "Efetividade do processo de execução". *Revista de Processo*, São Paulo: RT, n. 72, out./dez. 1993, p. 21.

(89) Segundo *Sandro Gilbert Martins*, "diversas são as causas da crise no processo executivo, entre elas: (I) a excessiva demora na prestação da tutela jurisdicional a favor de quem já possui um título executivo — a 'certeza' do direito; (II) a burocracia e a formalidade excessiva dos procedimentos destinados à satisfação dos direitos exeqüendos; (III) a inadequação desses mesmos procedimentos diante de novos direitos surgidos na sociedade contemporânea (direitos coletivos *lato sensu* etc.); (IV) a estrita correlação entre a execução e o mundo dos fatos, da qual surgem obstáculos contrários à satisfação do direito (quando não existem ou não se encontram bens a suportar a execução; pessoas jurídicas *fantasmas* ou que foram desativadas etc.); (V) o fato de que ser devedor não é mais vergonha e não pagar os débitos não é mais um sinal de desonra; (VI) os males do próprio processo de conhecimento, que acabam viciando, também, a via executiva" (*A defesa do executado por meio de ações autônomas: defesa heterotópica*. São Paulo: RT, 2002, pp. 64-66).

(90) Com razão, afirma *Flávio Luiz Yarshell* que "A admissão de que há tutela jurisdicional também em favor do vencido — quer pelos *meios* ofertados ao longo do processo, quer com base no respectivo *resultado* — impõe a revisão de alguns postulados válidos para premissa diversa". Realmente, "No *processo de execução*, por exemplo, passa a ser coerente a admissão de autêntica tutela em favor também do executado, sem que para isso seja preciso recorrer à idéia de embargos do devedor" (*Tutela jurisdicional*. São Paulo: Atlas, 1999, p. 36).

(91) PORTANOVA, Rui. *Princípios do Processo Civil*. 5ª ed. Porto Alegre: Livraria do Advogado, 2003, p. 127.

Trata-se de entendimento resultante da interpretação do constitucional *direito de ação*, já que, consolidado o princípio da inafastabilidade do controle jurisdicional, não se pode apenas garantir o formal exercício da ampla defesa, mas sim, nas palavras de *José Roberto dos Santos Bedaque*,

> "[...] oferecer condições reais para a utilização desse instrumento, sempre que necessário. De nada adianta assegurar contraditório, ampla defesa, juiz natural e imparcial, se a garantia de acesso ao processo não for efetiva, ou seja, não possibilitar realmente a todos meios suficientes para superar eventuais óbices existentes ao pleno exercício dos direitos em juízo."(92)

Daí, realmente, tem razão *Eduardo Cambi*, quando afirma que

> "o valor justiça, inerente à garantia do devido processo legal, só se torna efetivo quando, no curso do processo, a ação e a defesa possam vir a ser adequadamente exercidas. Desse modo, no conceito do devido processo legal está abrangida a idéia de um procedimento, prévia e adequadamente existente (sentido estático), mas também a da efetiva participação dos sujeitos processuais nos atos que constituem esse procedimento (sentido dinâmico)."(93)

Na realidade, em Direito, trabalha-se sempre, ou quase sempre, na perspectiva de colisão de princípios. Os institutos jurídicos em geral ora pendem, em um primeiro momento, para a *segurança jurídica*, ora pendem para a *justiça*. Aliás, historicamente, observa-se que esses princípios se digladiam há bastante tempo, como se observa nos postulados do chamado *direito natural* e do *positivismo racionalista*. A prescrição, por exemplo, é um instituto intimamente ligado ao estabelecimento da *segurança jurídica*, ao passo que a ação rescisória, em certa medida, com a realização da *justiça*. Não é incomum, como ilustrativamente ocorre com a questão da *irreversibilidade* fático-jurídica dos efeitos do provimento que antecipa a tutela de mérito (art. 273, *§ 2º*, do CPC), a colisão do fator *segurança jurídica*, representada pelo cumprimento a ferro e fogo da legalidade formal ou o exaurimento da cognição para a prolação de uma decisão prontamente eficaz, em relação à *efetividade* dos institutos processuais na pers-

---

(92) BEDAQUE, José Roberto dos Santos. *Tutela cautelar e tutela antecipada: tutelas sumárias e de urgência (tentativa de sistematização)*. 2ª ed. rev. e ampl. São Paulo: Malheiros, 2001, p. 73.

(93) CAMBI, Eduardo. *Direito constitucional à prova no Processo Civil*. São Paulo: RT, 2001, p. 112. Na mesma linha de raciocínio, posiciona-se *Luiz Guilherme Marinoni*, quando afirma que "[...] o direito de defesa não é apenas a apresentação de resposta, mas a possibilidade conferida ao réu de, efetivamente, reagir em juízo para que seja negada a tutela jurisdicional ambicionada pelo autor. Assim como o direito de ação, o direito de defesa se desdobra em um conjunto de garantias que confere ao réu a possibilidade de apresentar as suas alegações, produzir as suas provas, recorrer etc." (*Novas linhas do Processo Civil*. 3ª ed. São Paulo: Malheiros, 1999, p. 230). Segundo pensamos, já que o sistema normativo-constitucional não faz distinção, atentando-se apenas para as peculiaridades estruturais ou ontológicas, que são perfeitamente delimitadas pelo fenômeno da *cognição*, o direito de defesa é aplicável ao processo de execução.

pectiva do direito material. É certo que tais valores não são absolutos no sistema. À guisa de exemplo, observa-se que o fenômeno da *coisa julgada*, a despeito de possuir o *status* de cláusula pétrea (arts. 5º, *XXXVI*, e 60, *§ 4º*, da CF), vem sendo flexibilizado pela doutrina e jurisprudência em nome de outros princípios e valores constitucionais de mesma ou superior relevância.

Há que se notar que essa permanente colisão de princípios ocorre também no processo de execução. Como decorrência do princípio do *devido processo legal*, existe ainda a exigência do *direito fundamental à tutela executiva* no sentido de que o processo de execução, no alcance da sua finalidade ontológica, que é a satisfação do crédito que subjaz ao título executivo, tenha *duração razoável.*(94) Na realidade, o *direito fundamental à tutela executiva* e o direito *à duração razoável do processo* são dois postulados que igualmente decorrem do *princípio da efetividade do processo*. Como esclarece *José Roberto dos Santos Bedaque*, "efetividade da tutela jurisdicional significa a maior identidade possível entre o resultado do processo e o cumprimento espontâneo das regras de direito material".(95) Na singular lição de *Marcelo Lima Guerra*,

> "no que diz com a prestação de tutela executiva, a máxima coincidência possível traduz-se na exigência de que existam meios executivos capazes de proporcionar a satisfação integral de qualquer direito consagrado em título executivo. É a essa exigência, portanto, que se pretende 'individualizar', no âmbito daqueles valores constitucionais englobados no *due process*, denominando-a *direito fundamental à tutela executiva* e que consiste, repita-se, na exigência de um sistema completo de tutela executiva, no qual existam meios executivos capazes de proporcionar pronta e integral satisfação a qualquer direito merecedor de tutela executiva."

Em termos práticos, explica o autor, isso significa o seguinte:

> "a) o juiz tem o poder-dever de interpretar as normas relativas aos meios executivos de forma a extrair delas um significado que assegure a maior proteção e efetividade ao direito fundamental à tutela executiva;
>
> b) o juiz tem o poder-dever de deixar de aplicar normas que imponham uma restrição a um meio executivo, sempre que tal restrição — a qual melhor caracteriza-se, insista-se, uma restrição ao direito fundamental

(94) Para *Rogério Lauria Tucci* e *José Rogério Cruz e Tucci*, o princípio do devido processo legal consubstancia-se "[...] numa *garantia* conferida pela Magna Carta, objetivando a consecução dos direitos denominados *fundamentais* através da efetivação do *direito ao processo*, materializado num *procedimento regularmente desenvolvido*, com a imprescindível concretização de todos os seus respectivos corolários, e num *prazo razoável*" (*Devido processo legal e tutela jurisdicional*. São Paulo: RT, 1993, p. 19). Em outra obra, manifesta-se *José Rogério Cruz e Tucci* no sentido de que "a excessiva duração do litígio vulnera a garantia do devido processo legal" (*Tempo e processo: uma análise empírica das repercussões do tempo na fenomenologia processual (civil e penal)*. São Paulo: RT, 1997, p. 13).

(95) BEDAQUE, José Roberto dos Santos. *Tutela cautelar e tutela antecipada: tutelas sumárias e de urgência (tentativa de sistematização)*. 2ª ed. rev. e ampl. São Paulo: Malheiros, 2001, p. 24.

à tutela executiva — não for justificável pela proteção devida a outro direito fundamental, que venha a prevalecer, no caso concreto, sobre o direito fundamental à tutela executiva;

c) o juiz tem o poder-dever de adotar os meios executivos que se revelem necessários à prestação integral de tutela executiva, *mesmo que não previstos em lei, e ainda que expressamente vedados em lei*, desde que observados os limites impostos por eventuais direitos fundamentais colidentes àquele relativo aos meios executivos."(96)

O que se observa é que o *princípio do processo legal* apresenta variações que podem, em princípio, colidir-se, mas o intérprete, com base nos princípios da razoabilidade e da proporcionalidade, deve resolver de acordo com o valor constitucional que mais se amolde à exigência do caso concreto. Há que se notar, porém, que a defesa endoprocessual executiva, resultante da acepção mais ampla do princípio do devido processo legal e da correta compreensão a respeito da cognição no processo de execução, converge para a efetividade deste, ainda que pela perspectiva do *direito fundamental à tutela executiva* e da *duração razoável do processo*.

Em primeiro lugar, deve-se perceber que a tutela executiva reclamada à luz do sistema constitucional é aquela *legítima*, ou seja, decorrente da observância de todos os elementos (pressupostos de existência, requisitos de validade, condições da ação executiva e inexistência de nulidades) que a tornem admissível juridicamente. Partindo-se da presunção de boa-fé, que é a regra geral, observa-se que não interessa ao exeqüente a realização de um processo de execução eivado de vícios, o qual, ainda que satisfaça o crédito que dá conteúdo ao título executivo, posteriormente, causar-lhe-á transtornos jurídicos, como os decorrentes de uma eventual ação rescisória ou de repetição de indébito.

No particular, é bom deixar bem claro, deve-se perceber que, *em linha de princípio*, não há formação de coisa julgada no processo de execução.(97) Por outro lado, o não ajuizamento de embargos à execução (se for o caso, da impugnação ao cumprimento da sentença), em que normalmente se discute o mérito do processo de execução, que é o pedido de realização dos atos executivos, não implica revelia e, pior ainda, preclusão, afinal, como não se ignora, este instituto é *endo*processual. Como explica *Humberto Theodoro Júnior*,

"não se pode, portanto, invocar a preclusão para justificar um fenômeno externo ao processo, como o de impedir a manipulação da ação ordinária de

---

(96) GUERRA, Marcelo Lima. *Direitos fundamentais e a proteção do credor na execução civil*. São Paulo: RT, 2003, pp. 102 e 102-103, respectivamente.

(97) Segundo *Daniel Amorim Assumpção Neves*, "[...] toda sentença que extingue o processo de execução faz coisa julgada formal, já que, decorridos os prazos estabelecidos em lei ou esgotados os recursos, as partes litigantes nada mais poderão realizar dentro daquela mesma relação jurídica processual, que se extinguirá. Não seria correto, entretanto, afirmar que essa sentença faz coisa julgada material, quando nela não houve qualquer manifestação sobre o direito material alegado pelo exeqüente, mas tão-somente a constatação de que aquele foi satisfeito" (*Preclusões para o Juiz: preclusão* pro iudicato *e preclusão judicial no processo civil*. São Paulo: Método, 2004, pp. 74-75).

repetição do indébito após findo o processo executivo não embargado. A preclusão explica a impossibilidade de ajuizar os embargos depois de vencido o termo legal, mas nunca a vedação de uma ação posterior, de cognição, sobre matéria que nunca sequer foi ventilada no anterior processo executivo."

Ainda nas palavras do ilustre mestre mineiro:

"Pretender dar à preclusão uma eficácia fora do processo, no caso da falta de embargos à execução, além de grave erro de técnica processual, importa subversão de valores, por eliminar, mediante supervalorização de regra formal, inconteste e consagrado direito substancial do devedor prejudicado pela execução *injusta*."(98)

Diferentemente, não se manifesta *Daniel Amorim Assumpção Neves*, quando afirma

"[...] que o executado, vítima de uma injustiça derivada de uma execução que não contou com a sua participação, poderá em processo autônomo discutir aquele direito alegado, sempre que já não estiver coberto pela coisa julgada substancial, como é o caso da execução fundada em sentença, quando o direito material foi discutido e reconhecido no processo de conhecimento."(99)

Deve-se observar que idêntico raciocínio é aplicado no que se refere à mera *fase* executiva. O art. 475-J, *§ 1º*, do CPC(100) estabelece que o executado pode apresentar, quando preenchidos os requisitos de admissibilidade, *impugnação* ao cumprimento da sentença ou outro título executivo judicial (art. 475-N do CPC) *no prazo de quinze dias*, com *possibilidade*, ainda que *excepcionalmente*, de suspensão dos atos executivos no mesmo procedimento (art. 475-M do CPC(101)). Logo, segundo pensamos, notadamente em função do fato de que a

(98) THEODORO JÚNIOR, Humberto. *Processo de execução*. 22ª ed. rev. e atual. São Paulo: Leud, 2004, pp. 542-543 e 544, respectivamente.

(99) NEVES, Daniel Amorim Assumpção. *Preclusões para o Juiz: preclusão* pro iudicato *e preclusão judicial no processo civil*. São Paulo: Método, 2004, p. 94.

(100) Art. 475-J do CPC: "Caso o devedor, condenado ao pagamento de quantia certa ou já fixada em liquidação, não o efetue no prazo de quinze dias, o montante da condenação será acrescido de multa no percentual de dez por cento e, a requerimento do credor e observado o disposto no art. 614, inciso II, desta Lei expedir-se-á mandado de penhora e avaliação. § 1º Do auto de penhora e de avaliação será de imediato intimado o executado, na pessoa de seu advogado (arts. 236 e 237), ou, na falta deste, o seu representante legal, ou pessoalmente, por mandado ou pelo correio, podendo oferecer impugnação, querendo, no prazo de quinze dias. § 2º Caso o oficial de justiça não possa proceder à avaliação, por depender de conhecimentos especializados, o juiz, de imediato, nomeará avaliador, assinando-lhe breve prazo para a entrega do laudo. § 3º O exeqüente poderá, em seu requerimento, indicar desde logo os bens a serem penhorados. § 4º Efetuado o pagamento parcial no prazo previsto no *caput* deste artigo, a multa de dez por cento incidirá sobre o restante. § 5º Não sendo requerida a execução no prazo de seis meses, o juiz mandará arquivar os autos, sem prejuízo de seu desarquivamento a pedido da parte".

(101) Art. 475-M do CPC: "A impugnação não terá efeito suspensivo, podendo o juiz atribuir-lhe tal efeito desde que relevantes seus fundamentos e o prosseguimento da execução seja manifestamente suscetível de causar ao executado grave dano de difícil ou incerta reparação. § 1º Ainda que atribuído efeito

larga maioria das matérias alegáveis são de ordem pública, a não observância do referido prazo, sem prejuízo de eventual incidência nas sanções prescritas nos arts. 22 e 267, § 3º, do CPC,[(102)] acarreta *apenas a perda da maior possibilidade de se suspender a realização dos atos executivos*, não havendo que se falar em preclusão. No particular, enfatiza *Araken de Assis*:

> "Subsiste incólume à preclusão toda a matéria de defesa, porém: o executado perdeu tão-só o direito de suspender a execução. Resta-lhe alegar as exceções e objeções através de ação autônoma e de exceção de pré-executividade, remédios desprovidos do mesmo efeito suspensivo."[(103)]

Ao contrário do que sustenta a doutrina majoritária,[(104)] entendemos que a *impugnação* possui a natureza jurídica de *ação incidental*, similar aos embargos à execução. O fato de normalmente ser processada nos mesmos autos (art. 475-M, *§ 2º*, do CPC) do processo (já na *fase executiva*) e ter como recurso, no caso de rejeição liminar ou acolhimento parcial, o agravo de instrumento não altera o raciocínio, pois este é idêntico ao que se faz em relação ao instituto da reconvenção no que se refere ao processo principal.[(105)] A seguinte posição de *Araken de Assis*, portanto, está correta:

> "O julgamento de mérito, na impugnação, provoca efeitos heterogêneos, variando conforme a causa de pedir alegada e o pedido concreta-

---

suspensivo à impugnação, é lícito ao exeqüente requerer o prosseguimento da execução, oferecendo e prestando caução suficiente e idônea, arbitrada pelo juiz e prestada nos próprios autos. § 2º Deferido o efeito suspensivo, a impugnação será instruída e decidida nos próprios autos e, caso contrário, em autos apartados. § 3º A decisão que resolver a impugnação é recorrível mediante agravo de instrumento, salvo quando importar extinção da execução, caso em que caberá apelação".

(102) WAMBIER, Luiz Rodrigues; WAMBIER, Teresa Arruda Alvim; MEDINA, José Miguel Garcia. *Breves comentários à nova sistemática processual civil*. São Paulo: RT, 2006, vol. II, p. 152.

(103) ASSIS, Araken de. *Cumprimento de sentença*. Rio de Janeiro: Forense, 2006, p. 334.

(104) WAMBIER, Luiz Rodrigues; WAMBIER, Teresa Arruda Alvim; MEDINA, José Miguel Garcia. *Breves comentários à nova sistemática processual civil*. São Paulo: RT, 2006, vol. II, p. 151; SANTOS, Ernane Fidélis dos. *Reformas de 2005 do Código de Processo Civil: execução dos títulos judiciais e agravo de instrumento*. São Paulo: Saraiva, 2006, p. 60; CÂMARA, Alexandre Freitas. *A nova execução de sentença*. Rio de Janeiro: Lumen Juris, 2006, p. 125; BUENO, Cassio Scarpinella. *A nova etapa da reforma do Código de Processo Civil*. São Paulo: Saraiva, 2006, vol. I, pp. 116-117; MONTENEGRO FILHO, Misael. *Cumprimento da sentença e outras reformas processuais*. São Paulo: Atlas, 2006, p. 78.

(105) Anota *Cândido Rangel Dinamarco:* "É uma *decisão interlocutória*, e não sentença, o ato judicial que no curso do procedimento declara inadmissível o julgamento do mérito da demanda inicial e não o da reconvenção, ou vice-versa, determinando o prosseguimento da outra. Ele não põe fim a processo algum mas limita-se a restringir o objeto do processo pendente (arts. 162, §§ 1º e 2º): exclui a reconvenção ou a demanda inicial, mas o processo não se extingue (*supra*, ns. 651, 652 e 882). Conseqüentemente, é de *agravo* e não de apelação o recurso adequado (art. 522)". Em linha de arremate, afirma o mestre paulista: "A reconvenção não dá origem a um processo novo, como se existisse uma relação processual pertinente à demanda inicial do autor e outra, a ela. A *unidade do processo* é conceito elementar no trato de todos os casos de objeto do processo composto, seja por acúmulo de demandas na inicial, pela ocorrência de litisconsórcio, em virtude da oposição formulada por terceiro *etc.* (*supra*, n. 486). Reduzir-lhe o objeto não significa extinguir processo algum, do mesmo modo como ampliar-lhe o objeto não é criar processo novo" (*Instituições de direito processual civil*. 2ª ed. rev. e atual. São Paulo: Malheiros, 2002, vol. III, p. 512).

mente formulado. Em qualquer hipótese, haverá eficácia de coisa julgada material (art. 467), tornando indiscutível, no presente e no futuro, a resolução judicial, nos limites das questões decididas (art. 468). Nada de paradoxal em atribuir tal eficácia ao pronunciamento. Trata-se de ação e, ademais, convém obstar a renovação da controvérsia através de ação autônoma."[106]

Assim, ressalvada a incidência da coisa julgada material sobre os temas em questão, nada impede que se discuta novamente o direito material injustamente satisfeito no processo de execução (ou na fase executiva) em outra ação de conhecimento, podendo ocorrer o mesmo em relação a alguns atos executivos (ação anulatória de arrematação, por exemplo), fatos que, diante dos prejuízos de toda monta, *compatibilizam* o exercício da defesa endoprocessual estudada no presente trabalho com o direito fundamental à tutela executiva, posto que, na expressão popular, "o mal será cortado pela raiz". Em outras palavras, a questão da regularidade do processo de execução deve ser analisada holisticamente, isto é, considerando globalmente o sistema jurídico.

Em segundo lugar, não há que se falar em violação ao direito fundamental à duração razoável do processo (art. 5º, *LXXVIII*, da CF). Aqui, vale perceber, a razão é muito simples: a violação ao princípio do devido processo legal somente resta configurada, quando a dilação processual ocorre única e exclusivamente pela inércia do *órgão jurisdicional.*[107] Na lição de *José Rogério Cruz e Tucci*, "[...] é necessário que a demora, para ser reputada realmente inaceitável, decorra da inércia, pura e simples, do órgão jurisdicional encarregado de dirigir as diversas etapas do processo".[108] Ora, o ajuizamento responsável da defesa endoprocessual executiva decorre de uma visão sistemática do Direito Processual, a qual permite o exercício de cognição no processo de execução. Em outras palavras, a provocação, como não poderia deixar de ser pelo princípio da inércia da Jurisdição, é do executado, tão-somente. O que se pode cobrar do Juiz, em homenagem ao direito ao processo sem dilações indevidas, é o rigor em relação à utilização procrastinatória do instituto.[109] Com efeito, se esta se encontrar configurada, a aplicação de penalidades por litigância de má-fé é perfeitamente exigível.

---

(106) ASSIS, Araken de. *Cumprimento da sentença*. Rio de Janeiro: Forense, 2006, p. 360.

(107) Afirma *José Rogério Cruz e Tucci*: "O *direito ao processo sem dilações indevidas*, consagrado em vários ordenamentos jurídicos, é conceituado como um direito subjetivo constitucional, de caráter autônomo, de todos os membros da coletividade (incluídas as pessoas jurídicas) à *tutela jurisdicional dentro de um prazo razoável*". Por outro lado, na explicação do autor, "*dilações indevidas* são considerados os atrasos que se produzem no processo por inobservância injustificada dos prazos e termos procedimentais, desde que tais delongas não sejam ocasionadas pela vontade das partes, do acusado ou de seus mandatários" (*Tempo e processo: uma análise empírica das repercussões do tempo na fenomenologia processual (civil e penal)*. São Paulo: RT, 1997, pp. 144-145). Vale frisar: o direito fundamental à duração razoável do processo somente resta violado, se a conduta omissiva decorrer única e exclusivamente do órgão jurisdicional.

(108) TUCCI, José Rogério Cruz e. *Tempo e processo: uma análise empírica das repercussões do tempo na fenomenologia processual (civil e penal)*. São Paulo: RT, 1997, p. 69.

(109) No particular, vale o alerta de *Nicolò Trocker* no sentido de que a justiça morosa é um grande mal social, porque "[...] provoca danos econômicos (imobilizando bens e capitais), favorece a especulação e

Demais disso, percebe-se que a duração razoável do processo de execução pressupõe a inexistência de vício por parte deste. Do que adianta a realização de atos executivos injustos e ilegítimos em curto prazo de tempo, se toda essa atividade não produzirá os efeitos jurídicos desejados pelo ordenamento jurídico? Nada, a não ser perda de tempo, desgaste psicológico e desnecessário dispêndio financeiro. Assim, na hipótese de falha no controle de admissibilidade, se a defesa intraprocessual executiva, na larga maioria das vezes, pretende exatamente alertar o Juiz acerca de vício que torne o processo de execução *nulo*, é inegável que se está colaborando para a realização efetiva deste, à medida que, a partir do ato processual contaminado pela causa da nulidade, começar-se-á novamente a caminhada rumo à correta satisfação do crédito que subjaz ao título executivo.

Embora uma parte da doutrina vede o questionamento dos atos executivos por meio de *ações autônomas,*[110] é certo que até mesmo alguns deles (atos executivos) podem ser discutidos em outras ações de conhecimento, como é o caso do mandado de segurança contra ato judicial, embargos de terceiro e até mesmo ação anulatória,[111] as quais podem dilatar a realização do processo de

---

a insolvência, acentua a discriminação entre os que têm a possibilidade de esperar e aqueles que, esperando, tudo têm a perder. Um processo que perdura por longo tempo transforma-se também num cômodo instrumento de ameaça e pressão, uma arma formidável nas mãos dos mais fortes para ditar ao adversário as condições da rendição" (*Processo civile e costituzione — problemi di diritto tedesco e italiano*. Milano: Giuffrè, 1974, pp. 276-277).

(110) Ensina *Flávio Luiz Yarshell:* "Se o executado, podendo, deixa de opor embargos do devedor, somente poderá valer-se de ação autônoma' se tiver por fundamento dado concernente à própria relação jurídica de direito material, que autorize a declaração de inexistência da relação obrigacional, ou sua desconstituição. Diversamente, se o executado, podendo, deixa de opor embargos do devedor (ou manifestar recurso adequado), não poderá valer-se daquela mesma 'ação autônoma' por fundamento exclusivamente processual — vício inerente ao procedimento ou à relação jurídica processual — porque tais matérias, ainda que não se possa falar em coisa julgada no processo de execução, devem reputar-se cobertas pela preclusão". E continua: "De fato, permitir-se que o devedor possa, a qualquer momento, desfazer os atos praticados no processo de execução (mediante ataque à relação processual e ao procedimento), sem ter fundamento para negar a existência da relação material propriamente dita, é dar a ele um tratamento mais favorável do que aquele conferido ao vencido em processo de conhecimento, em favor do qual milita a previsão legal expressa da ação rescisória, mas de forma limitada, inclusive o ângulo temporal". Assim, arremata sua lição o ilustre Professor da USP: "Embora não se possa, por razões óbvias, falar em eficácia preclusiva da coisa julgada onde esta última não existe, isso não quer dizer que não se possa falar em preclusão, dentro do processo de execução. Aliás, os fundamentos que inspiram o fenômeno da preclusão somente abonam a tese exposta, de sorte a garantir a estabilidade das relações jurídicas e a impedir a litigância de má-fé" (*Tutela jurisdicional*. São Paulo: Atlas, 1999, p. 161).

(111) *Berenice Soubhie Nogueira Magri*, em opinião que reputamos acertada, afirma que "[...] os atos de arrematação, de adjudicação e de remição são passíveis de anulação quando estiverem eivados de vício de nulidade, desde que não tenham sido opostos embargos à arrematação e à adjudicação, quando então ensejam sentenças de mérito, cujo remédio processual será a ação rescisória" (*Ação anulatória: art. 486 do CPC*. 2ª ed. rev. e atual. São Paulo: RT, 2004, p. 283). Para *Rosalina P. C. Rodrigues Pereira*, "se não for possível a anulação da arrematação, adjudicação ou remição nos próprios autos da execução, a parte interessada deverá propor ação anulatória pelas vias ordinárias, desde que tenha havido sentença em embargos à arrematação ou à adjudicação. Isso porque os embargos à arrematação e à adjudicação quando encerrados com sentença de mérito, confirmatória da validade da alienação judicial, só podem ser desconstituídos por ação rescisória, pois são ação de conhecimento cujo julgamento gera coisa julgada material" (*Ações prejudiciais à execução por quantia certa contra devedor solvente*. São Paulo: Saraiva, 2001, pp. 248-249). Não obstante o sistema jurídico realmente possibilite essa construção doutrinária, há um grande problema nesse entendimento, segundo achamos, que é,

execução. Em última instância, portanto, ao contrário do que pensam alguns menos desavisados, *pode-se dizer que a defesa endoprocessual executiva é um instrumento da efetividade do processo de execução.*

É incontestável que, ainda que se assegure o direito de defesa, o processo de execução deve ser efetivo.(112) É bom deixar claro, porém, que essa efetividade também deve ser vista do ângulo de quem está submetido injustamente aos atos executivos. Não existe uma contradição entre o princípio da efetividade do processo de execução e a admissibilidade da defesa endoprocessual executiva.(113) Muito pelo contrário, a efetividade do processo de execução decorre exatamente da *interação* entre o estabelecimento dos meios executórios aptos a satisfazer, o quanto antes, o crédito inerente ao título executivo e a admissibilidade de instrumentos defensivos capazes de salvaguardar, o mais rápido possível, o direito do executado que tem razão.(114)

Em termos práticos, observa-se que, se o incidente causado pela defesa endoprocessual tiver aptidão para alertar o Juiz acerca da inadmissibilidade da ação executiva, a convergência para a efetividade processual revela-se indiscutível, pois a decisão certamente concluirá pela cessação dos atos executivos, já que se tratava de execução fadada ao insucesso, com ganhos de toda ordem. Com esse procedimento, que é simples e rápido como se verá oportunamente, evita-se a realização de atos processuais desnecessários, o que favorece a justa distribuição do tempo no processo, evita-se a realização de dispêndios financeiros inúteis — sejam particulares ou públicos — e, finalmente, restabelece-se, à medida do possível, a estabilidade necessária ao convívio social.

Se não bastassem esses argumentos, não se pode perder de vista que a grande maioria das matérias argüíveis por meio da defesa endoprocessual executiva *deveria* ter sido conhecida pelo órgão jurisdicional em seus juízos *preliminar* e *difuso* de admissibilidade dos atos executivos. Se estes não atingiram a finalidade para os quais existem, qual seja, velar pela regularidade jurídica do

---

em virtude da eventual demora no julgamento da ação anulatória envolvendo especificamente a arrematação, exatamente a preservação da boa-fé do terceiro arrematante e, via de conseqüência, do prestígio social dos atos realizados em nome da Administração da Justiça. Naturalmente que, se, no bojo da ação anulatória, obtiver-se um efeito suspensivo, seja por antecipação dos efeitos da tutela de mérito ou provimento cautelar, com relação à arrematação, a nossa preocupação cai por terra.

(112) Para *Proto Pisani*, "non è sufficiente che a livello di diritto processuale sai predisposto un procedimento quale Che sai, mas è necessario Che il titolare della situazione di vantaggio violata (o di cui si minaccia la violazione) possa utilizzare um procedimento strutturato in modo tale da potergli fornire una tutela effetiva e non meramente formale o astratta del suo diritto" (*Breve premessa a um corso sulla giustizia civile*. Appunti sulla giustizia civile. Bari: Cacucci, 1982, p. 11).

(113) Para *Olavo de Oliveira Neto*, "[...] a efetividade do processo, especialmente do processo de execução, também deve levar em conta a situação do executado que sofre a propositura de ação infundada, permitindo-lhe a utilização de instrumentos, ainda não positivados, que possam resguardar, de modo rápido e eficiente, sua esfera de direitos indevidamente atingida. Não basta a existência dos embargos do devedor como via única para atacar o título ou a execução, já que em inúmeras hipóteses estes não permitem o rápido acesso à tutela que declare inexigível a obrigação" (*A defesa do executado e dos terceiros na execução forçada*. São Paulo: RT, 2000, p. 104).

(114) MARTINS, Sandro Gilbert. *A defesa do executado por meio de ações autônomas: defesa heterotópica*. São Paulo: RT, 2002, p. 68.

processo de execução, não se pode punir o executado que tem flagrantemente razão, a não ser ao arrepio do megaprincípio do devido processo legal, vedando-lhe o exercício da defesa endoprocessual.[115]

O exercício da defesa endoprocessual executiva, enquanto expressão do princípio do devido processo legal, não decorre apenas da ampla defesa admitida constitucionalmente. Decorre, também, dos princípios da razoabilidade e proporcionalidade, resultantes da sistemática constitucional, e a explicação é simples: se a cognição é admitida no processo de execução, constatando-se que neste há a incidência do princípio do contraditório, é irrefutável que, atentando-se para as limitações ontológicas ou estruturais desta modalidade de prestação de tutela jurisdicional, o efeito é a admissibilidade de um meio de defesa que, na exata relação com o fim a que se destina, tenha idoneidade para proteger o direito subjetivo do executado, injustamente enquadrado nesta qualidade jurídica. De fato, como bem percebeu *Luiz Guilherme Marinoni*,

> "imaginar que o direito à tutela jurisdicional é o direito de ir a juízo por meio do procedimento legalmente fixado, pouco importando a sua idoneidade para a efetiva tutela de direitos, seria inverter a lógica da relação entre o direito material e o processual. Se o direito de ir a juízo restar na dependência da técnica processual expressamente presente na lei, o processo é que dará os contornos do direito material. Mas deve ocorrer exatamente o contrário, uma vez que o primeiro serve para cumprir os desígnios do segundo. Isso significa que a ausência de técnica processual adequada para certo caso conflitivo concreto representa hipótese de omissão que atenta contra o direito fundamental à efetividade da tutela jurisdicional."[116]

Nessa perspectiva, portanto, deve também ser analisada a temática da defesa endoprocessual executiva, já que não se pode perder de vista que o processo de execução, a despeito de não ter sido criado para a *definição* de direitos e obrigações, sobretudo de ordem *material*, também tem por escopo proteger aquele que jamais deveria estar no seu pólo passivo. Dito de outro modo, negar uma defesa rápida e eficaz ao executado, notadamente diante da possibilidade

(115) A rigor, como bem afirma *Cassio Scarpinella Bueno*, "não se afigura nesta possibilidade qualquer privilégio ao executado, em prejuízo ao princípio do devido processo legal. Pelo contrário, a constrição judicial no patrimônio do executado para que seja reconhecido o que compete, por força de lei, à atividade oficiosa do juiz é que agride aquele vetor, favorecendo o comodismo dos 'despachos' cartorários de citação — atividade *não* encartável no conceito de 'atos meramente ordinatórios' previstos no § 4º do art. 162, aí introduzido pela Lei n. 8.952, de 13.12.1994". Na conclusão do autor: "Os bens pertencentes a determinado patrimônio jurídico somente poderão ser desviados de sua finalidade, garantida a ampla defesa e o devido processo legal (nenhuma *ameaça* a direito pode ser excluída da apreciação do Poder Judiciário). Toda vez que o Magistrado puder (*rectius*: tiver *o dever de*) conhecer de determinada questão até mesmo sem provocação específica, parece evidente que eventual manifestação do interessado — nos exatos limites da atuação oficiosa do juiz — não pode gerar qualquer prejuízo em seu patrimônio jurídico" (*O art. 604 do CPC comporta objeção de pré-executividade? (o "excesso abusivo de execução" na nova disciplina da liquidação por cálculo). Atualidades sobre liquidação de sentença*/Coordenação Teresa Arruda Alvim Wambier. São Paulo: RT, 1997, p. 131).

(116) MARINONI, Luiz Guilherme. *Técnica processual e tutela de direitos*. São Paulo: RT, 2004, p. 189.

em virtude da correta compreensão a respeito da cognição no processo de execução, é praticamente negar-lhe a prestação da tutela jurisdicional, cujo ajuste *efetivo* foi assumido pelo Estado. Na verdade, esclarece *Olavo de Oliveira Neto*:

> "tal situação torna-se ainda mais grave quando se tem em vista o processo de execução e a posição de superioridade que o exeqüente tem em relação ao executado. Aqui, mais do que nunca, transparece o caráter da injustiça que decorre das execuções infundadas, submetendo o executado a atos de constrição, emanados de uma atividade preponderantemente fundada no poder de *imperium* do Estado, para satisfazer direito que não assiste ao exeqüente."(117)

Em resumo, *no plano constitucional*, a defesa endoprocessual executiva encontra sustentação no princípio do devido processo legal e seus corolários, notadamente os princípios do contraditório e da ampla defesa, ao passo que, *no plano infraconstitucional*, por decorrência de uma interpretação crítico-sistemática, o fundamento reside na correta compreensão do alcance e limitações da atividade cognitiva desenvolvida no processo autônomo de execução ou na etapa de cumprimento da sentença.

1.2.3. Cognição, direito à prova e efetividade da execução

Segundo entendemos, ainda existem questões constitucionais a abordar a temática da cognição judicial, devido à sua relação com o direito à prova, os poderes instrutórios do Juiz e com a própria efetividade da tutela jurisdicional. Esse ponto é relevante, pois, atentando-se para os limites ontológicos impostos pelo processo de execução, gera reflexos no direito à comprovação de questões defensivas no âmbito desta modalidade de tutela jurisdicional.

Há que se observar, em primeiro lugar, que, a despeito de não estar explícito no texto da Carta Magna,(118) o direito das partes litigantes de comprovarem a veracidade de suas alegações, ou seja, o amplo acesso aos meios de prova possui, sim, natureza constitucional por corolário natural dos direitos de ação e de defesa. Tal direito, em nome da segurança que impera em homenagem às partes no processo, gera até mesmo a incidência de preclusão para o Juiz, quando o seu exercício já foi deferido.

---

(117) OLIVEIRA NETO, Olavo de. *A defesa do executado e dos terceiros na execução forçada*. São Paulo: RT, 2000, p. 103.

(118) No mesmo sentido, posiciona-se *Manoel Caetano Ferreira Filho:* "Ao lado do ônus, reconhece-se, simultaneamente, um direito à prova. Este direito, muitas vezes, como acontece na Espanha, é expressamente atribuído pela Constituição (art. 24, 2). Em outros casos, como é exemplo o Brasil, o direito à prova, embora não esteja expressamente previsto, encontra-se tacitamente protegido a nível constitucional, uma vez que certamente está incluído no original direito de defesa. A Constituição Federal, recentemente promulgada, reconhece o direito à defesa nos seguintes termos: 'Aos litigantes, em processo judicial ou administrativo, e aos acusados em geral são assegurados o contraditório e a ampla defesa, com os meios e recursos a ela inerentes' (art. 5º, IV)" (*A preclusão no Direito Processual Civil*. Curitiba: Juruá, 1991, p. 87).

Faz-se mister esclarecer, entretanto, que esse direito constitucional à prova, muito embora esteja intimamente ligado à efetividade da prestação da tutela jurisdicional, não é absoluto, de modo que está limitado por institutos jurídicos que, eventualmente, podem ser criados até mesmo por regras de hierarquia inferior (infraconstitucionais, portanto), como é o caso da preclusão[119] [120] e até por questões de ordem moral.[121]

---

(119) *José Roberto dos Santos Bedaque*, especialista no assunto, entende o seguinte: "Diante da omissão da parte a quem competia a providência, deve o magistrado valer-se dos demais elementos constantes dos autos para formar sua convicção. Todavia, se forem eles insuficientes, pode e deve o juiz, justificadamente, determinar a produção de outras provas, ouvindo até mesmo as testemunhas não arroladas no momento adequado. Em outras palavras: as regras processuais referentes à preclusão destinam-se apenas a possibilitar o desenvolvimento normal da relação processual. Não podem prevalecer, porém, sobre o poder-dever do juiz de tentar esclarecer os fatos, aproximando-se o quanto possível da verdade, pois sua missão é pacificar com justiça. E isso somente ocorrerá se o provimento for resultado da atuação da norma a fatos efetivamente verificados. A preclusão faz com que a parte não mais possa exigir a produção da prova por ela desejada. *Mas não afasta o poder conferido ao juiz de determinar, de ofício, a realização das provas que, a seu ver, possam contribuir para a justiça do provimento a ser por ele proferido*. Além do mais, as regras sobre a preclusão em matéria probatória devem ser interpretadas restritivamente. Tem-se entendido, por exemplo, que, não obstante a regra do art. 183, a falta de documentos indispensáveis não implica necessariamente o indeferimento da inicial. A jurisprudência vem abrandando, também, o aparente rigor desse dispositivo e do art. 396, só não permitindo a juntada, no curso do processo, de documentos realmente essenciais à propositura da demanda. É preciso compatibilizar as normas processuais sobre a preclusão com a garantia constitucional ao devido processo legal, em que se inclui, evidentemente, o direito à prova. Nada obsta, outrossim, que o magistrado reconsidere decisão anterior que dispensara determinada prova. Também aqui não se pode falar em preclusão. Assim, ainda que a parte venha a perder a faculdade de produzir determinada prova, em decorrência da preclusão temporal, pode o juiz ordenar sua realização de ofício, por entendê-la necessária à formação de seu convencimento. Não parece haver risco para a imparcialidade se o juiz assim proceder, desde que não o faça por motivos outros, escusos, esses sim ilegítimos. Se a atividade instrutória oficial destina-se simplesmente à formação do convencimento do julgador, que a determina em razão de verificar a existência, nos autos, de meios aptos à apuração dos fatos controvertidos, a iniciativa não compromete a imparcialidade. A questão está ligada tão-somente à técnica processual. Em face dos valores envolvidos, possível conflito entre as regras relativas à preclusão e o disposto no art. 130 deve ser solucionado segundo o escopo maior do processo. A preclusão é simples mecanismo técnico destinado a permitir o normal desenvolvimento da relação processual. Deve ceder diante de valor maior, como o representado pelo convencimento do juiz a respeito da realidade jurídico-material. Daí não poder a iniciativa probatória oficial subordinar-se às regras sobre preclusão, ao contrário do que se verifica em relação à revelia e à controvérsia fática (CPC, arts. 319 e 334)" (*Poderes instrutórios do Juiz*. 3ª ed. rev. atual. e ampl. São Paulo: RT, 2001, pp. 16-20).

(120) *Daniel Amorim Assumpção Neves*, em dissertação de mestrado na USP, preleciona: "A partir do momento que surge nos autos a determinação para a produção de uma prova, está criado o direito a essa produção, direito que, embora tenha sido criado pelo juiz, ao determinar *ex officio* a produção da prova, passa a pertencer às partes interessadas naquela produção. Por certo, o trâmite de deferimento da produção de provas é diferente. Enquanto as provas requeridas pelas partes têm de passar pelo crivo do juiz para somente após essa atividade serem deferidas, quando a prova é determinada *ex officio*, no mesmo ato processual há o 'requerimento' e seu deferimento. Tal diferença procedimental, entretanto, não traz qualquer conseqüência substancial que mereça maior atenção para os fins propostos neste capítulo. Entendemos, portanto, que a conclusão a ser tirada dessa situação é a mesma a que chegamos quando analisamos a primeira questão exposta. Uma vez deferida a produção da prova, ou determinada sua produção pelo próprio juiz, já nasce às partes um direito à prova, e seu futuro indeferimento infringiria as normas que regem esse direito, garantido em nosso Texto Maior. Ressalte-se, por certo, que se o juiz indicar sua intenção de não produzir a prova e as partes concordarem de forma expressa, cessará a obrigatoriedade de sua produção. Assim, é correto afirmar, conclusivamente, que o art. 130 do Código de Processo Civil permite a produção de provas por parte do juiz a qualquer momento do processo, tendo essas sido indeferidas ou sendo novidades na demanda judicial. Tal artigo, entretanto, sob pena de afronta ao direito à prova que a parte vê nascer quando há seu deferimento, não permite

No caso do processo de execução, a *limitação* é de ordem *ontológica*, já que se trata de modalidade de tutela jurisdicional desempenhada a partir da apresentação do título executivo, tão-somente. Vale frisar, entretanto, que o processo de execução não é infenso à produção de provas, admitindo-a em relação às questões envolvendo a *legitimidade* desta modalidade de tutela jurisdicional. O que não se pode admitir, diante da essência do processo de execução, é a presença de *dilação probatória*, o que é bem diferente. São válidas, portanto, as considerações envolvendo o direito constitucional à produção probatória, limitando-se apenas as peculiaridades deste tipo de atividade jurisdicional.

Ainda que não seja uma exigência de ordem absoluta,(122) aliás de questionável alcance prático,(123) a busca da verdade, inclusive quanto ao direito mate-

---

ao juiz o indeferimento de prova por ele deferida, tenha sido ela fruto de requerimento da parte ou mesmo de iniciativa do próprio juiz, em nítida verificação de preclusão judicial" (*Preclusões para o Juiz: preclusão* pro iudicato *e preclusão judicial no processo civil*. São Paulo: Método, 2004, pp. 271-272).

(121) Como ensina *José Roberto dos Santos Bedaque*, "[...] não obstante tratar-se de garantia inerente ao devido processo constitucional, não se pode considerar o direito à prova como valor absoluto. As regras e princípios processuais são eminentemente instrumentais, pois se destinam a assegurar o correto funcionamento do instrumento estatal de solução de controvérsias. Não são dogmas indiscutíveis, devendo ser observados nos limites em que se revelam necessários aos fins a que se destinam." E continua: "Por isso, algumas limitações, ainda que de caráter infraconstitucional, muitas vezes se justificam por alguma razão relevante, eventualmente algum outro valor também protegido em sede constitucional. A regra, todavia, é a possibilidade de a parte se valer de qualquer fonte ou meio de prova, desde que legal e moralmente legítimo (CPC, art. 332)." Arremata sua lição dizendo: "Essa garantia, para ser efetiva, compreende não apenas o poder de produção da prova, mas também a segurança de que venha a ser considerada e corretamente valorada pelo julgador. Nessa medida, as regras que permitem ao juiz dispensar prova desnecessária devem ser aplicadas com extremo cuidado, pois podem representar violação a um dos componentes do contraditório e da ampla defesa (CPC, arts. 130 e 407, parágrafo único)" (*Poderes instrutórios do Juiz*. 3ª ed. rev. atual. e ampl. São Paulo: RT, 2001, p. 22-23).

(122) Esclarece *Arruda Alvim:* "A *verdade*, no processo, deve ser sempre buscada pelo juiz, mas o legislador, embora *cure da busca da verdade*, não a coloca como um fim absoluto, em si mesmo. Ou seja, o que é *suficiente*, muitas vezes, para a validade e a eficácia da sentença é a verossimilhança dos fatos. O que se pretende significar é que, *conquanto* o escopo do juiz haja de ser a descoberta da verdade, este não é um fim absoluto, *no sentido*, v. g., *de que, se um processo tiver tido sua prova mal avaliada, deixe a decisão nele proferida de subsistir*, pois a má apreciação da prova não enseja cabimento ou não é fundamento para ação rescisória. Se este é o entendimento que prevalece, *quer isto dizer que a ordem jurídica convive e alberga decisões menos exatas (não desejáveis, mas toleráveis), quanto à apreciação da prova, ou seja, quanto à 'verdade' (inexata verdade) apurada*". Desta forma, continua o ilustre processualista, "se uma apreciação inexata é sempre corrigível, ao nível de recursos ordinários, não o é, no entanto, em face da eventual propositura de ação rescisória, como, ainda, é inadmissível recurso extraordinário ou especial, por esse fundamento e para correção de má apreciação da prova. Por isto é que se pode dizer que, para subsistir determinada decisão, suficiente é a *verossimilhança*, não se colocando a *verdade* como absolutamente essencial (exceção feita, quanto à ação rescisória, às graves hipóteses dos incs. VI e IX do art. 485)" (*Manual de Direito Processual Civil brasileiro*. 7ª ed. rev. atual. e ampl. São Paulo: RT, 2000, vol. 2, pp. 440-441).

(123) No particular, *Luiz Guilherme Marinoni* e *Sérgio Cruz Arenhart* esclarecem o seguinte: "Não é preciso muito esforço mental para notar que o conceito de verdade no processo (e, subseqüentemente, dos institutos processuais que com ela operam) não podem afastar-se da idéia de verdade que se tem nos demais ramos do conhecimento (em uma perspectiva mais moderna). Em outros termos, a questão da verdade (e, assim, da prova) deve orientar-se pelo estudo do mecanismo que regula o conhecimento humano dos fatos. E, voltando os olhos para o estágio atual das demais ciências, a conclusão a que se chega é uma só: a noção de verdade é, hoje, algo puramente utópico e ideal (enquanto absoluto). Uma afirmação 'polêmica' como essa, exige certamente maiores esclarecimentos. Em essência, o que se pretende dizer, na realidade, é que, seja no processo, seja em outros campos científicos, *jamais se*

rial tutelado, deve acontecer no processo de execução, que, independentemente de ter a finalidade de satisfazer o crédito que subjaz ao título executivo, também é um instrumento ético de resolução de conflitos.

É incontestável, nos dias atuais, notadamente diante da visão publicista do processo[124] e do movimento do acesso à justiça,[125] que o Juiz detém ampla atividade instrutória, com o escopo da descoberta da "verdade" relacionada às alegações fáticas inerentes ao litígio deduzido em juízo e, com efeito, de possibilitar-lhe a decidir o caso concreto com justiça.[126] Aliás, o ativismo judicial em

---

poderá afirmar, com segurança absoluta, que o produto encontrado efetivamente corresponde à verdade. Realmente, a essência da verdade é intangível (ou ao menos o é a certeza da aquisição desta)". E qual seria a razão? Como explicam os eminentes autores, "[...] a reconstrução de um fato ocorrido no passado sempre é influenciada por aspectos subjetivos as pessoas que o assistiram, ou ainda daquele que (como o juiz) há de receber e valorar a evidência concreta. Sempre, o sujeito que percebe uma informação (seja presenciando diretamente o fato, ou conhecendo-o através de outro meio) altera o seu real conteúdo, absorve-o à sua maneira, acrescentando-lhe um toque pessoal que distorce (se é que essa palavra pode ser aqui utilizada) a realidade. Mais que isso, o julgador (ou o historiador, ou, enfim, quem quer deva tentar reconstruir fatos do passado) jamais poderá excluir a possibilidade de que as coisas tenham-se passado de forma diversa daquela que suas 'impressões' o levaram. Some-se a tudo isso o fato de que a relação da verdade com o processo (juiz e provas) vem permeada de certas particularidades, as quais muitas vezes excluem a possibilidade de que o magistrado efetivamente a encontre". Realmente, "[...] no processo, as regras sobre prova não regulam apenas os meios de que o juiz pode servir-se para 'descobrir a verdade', mas também traçam limites à atividade probatória, tornando inadmissíveis certos meios de prova, resguardando outros interesses (como a intimidade, o silêncio etc.) ou ainda condicionando a eficácia do meio probatório à adoção de certas formalidades (como o uso do instrumento público). Diante dessa proteção legal (de forte intensidade) a outros interesses, ou, ainda, da submissão do mecanismo de 'revelação da verdade' a certos requisitos, *parece não ser difícil perceber que o compromisso que o direito (e, em especial, o processo) tem com a verdade não é tão inexorável como aparenta ser*". Não há, nesse aspecto, uma contradição no sistema jurídico pátrio. Como esclarecem os citados processualistas do Paraná: "Quer-se um juiz que seja justo e apto a desvendar a essência verdadeira do fato ocorrido no passado, mas reconhece-se que a falibilidade humana e o condicionamento dessa descoberta às formas legais não lhe permitem atingir esse ideal" (*Manual do processo de conhecimento: a tutela jurisdicional através do processo de conhecimento*. 2ª ed. rev. atual. e ampl. São Paulo: RT, 2003, pp. 294-295 e 297-298, respectivamente).

(124) Preleciona *Cândido Rangel Dinamarco:* "A nota de publicidade do processo tem como causa imediata, resumidamente, a indisponibilidade de direitos; e, como reflexo funcional no processo, a sua inquisitividade. O *interesse público* transcendente aos limites objetivos e subjetivos do litígio é que fada à ineficácia a inércia das partes ou ato dispositivo de situações jurídico-processuais, pois do contrário esses comportamentos conduziriam indiretamente ao sacrifício da sociedade interessada no resultado do pleito." E conclui sua preciosa lição: "A publicização do direito processual é, pois, forte tendência metodológica da atualidade, alimentada pelo constitucionalismo que se implantou a fundo entre os processualistas contemporâneos; tanto quanto esse método, que em si constitui também uma tendência universal, ela remonta à firme tendência central no sentido de entender e tratar o processo como *instrumento* a serviço dos valores que são objeto das atenções da ordem jurídico-substancial" (*A instrumentalidade do processo.* 8ª ed. rev. e atual. São Paulo: Malheiros, 2000, p. 57).

(125) O acesso à ordem jurídica justa possui a dignidade de garantia fundamental do cidadão (art. 5º, *XXXV*, da CF). Correlativamente, constitui dever do Juiz decidir com justiça, fim último a que se ordena o processo, concebido como instrumento para o exercício da função jurisdicional do Estado. Acontece que o julgamento justo depende, na grande maioria das situações, da apuração da verdade das alegações fáticas, sendo a função da prova, no particular, a formação do convencimento do Juiz acerca delas. Por conseqüência, restringir a iniciativa probatória do juiz, ou reputá-la absolutamente excepcional, segundo entendemos, consiste, à evidência, em limitar o acesso à justiça, o que nem de longe é desejável. Em última instância, pode-se afirmar, sem medo de errar, que o ativismo judicial na pesquisa da verdade concorre para tornar mais efetivo o processo.

(126) "Nos países de tradição romano-germânica a atitude de encarar o processo civil como meio de resolução de conflitos entre os particulares vem sofrendo gradual mudança, devido essencialmente à

matéria probatória pode ser visto sob o ângulo da eventual *diferença econômica* das partes litigantes,[(127)] capaz de comprometer a justa solução do conflito,[(128)] de tal sorte que, em nome da efetividade do processo,[(129)] deve ser removida pelo Juiz. Afinal, no desenvolvimento da atividade jurisdicional, o Magistrado não tem somente o objetivo jurídico a realizar, mas também o social e o político, de modo que lhe deve ser concedido amplos poderes, para que melhor possa desincumbir-se da função que lhe é confiada.[(130)]

---

publicização do processo, fenômeno verificado no último século, principalmente em sua segunda metade. O processo civil passou a ser visto não mais como mero instrumento de resolução de conflitos entre as partes, em que apenas essas desejam e controlam por meio de seus atos o resultado. Passa a ser considerado como instrumento de resolução de conflitos por meio da pacificação social, que envolve não só os interessados diretos no litígio, mas também os jurisdicionados que não fizeram parte da demanda judicial e o próprio Poder Judiciário. Assim, não mais poderiam as partes utilizar o processo a seu bel-prazer, como se esse lhes pertencesse. A nova visão de processo, agasalhada agora pela teoria do Direito Público, é bem clara: o processo não pertence às partes e desse modo deve ser considerado como objeto de um interesse transcendental ao dos litigantes, situado no próprio interesse público. Interessa também ao Estado que o processo seja justo e efetivo, sob pena de desmoralização de um de seus poderes e de todas as maléficas conseqüências que certamente advêm dessa perda de credibilidade. Não seria incorreto concluir que as novas tendências do processo civil verificam, no campo probatório, o surgimento de um sistema misto, que procura conjugar tanto o dispositivo quanto o inquisitório. A publicização do processo civil e a conseqüente conscientização dos estudiosos dessa área fizeram com que se procurasse um meio-termo entre os tradicionais modelos e não se admitisse, por tudo desejável, a volta ao princípio inquisitório puro, mas também se afastasse do sistema dispositivo genuíno. Nesse novo sistema, é imperiosa a participação do juiz na formação do conjunto probatório" (NEVES, Daniel Amorim Assumpção. *Preclusão para o Juiz: preclusão* pro iudicato *e preclusão judicial no processo civil*. São Paulo: Método, 2004, pp. 260-261).

(127) Como muito bem percebeu *Paulo Henrique dos Santos Lucon*, "o correto uso dos poderes instrutórios pelo juiz tem por finalidade última suprir inferioridades relacionadas com a carência de recursos e de informações ou mesmo com a dificuldade de conseguir o patrocínio de advogados mais capacitados". E conclui o processualista de São Paulo: "O juiz deve estar atento ao fato de que deve tratar desigualmente os desiguais, pois tratar da mesma maneira partes que econômica e socialmente estão em desvantagem não é outra coisa senão uma forma de perpetrar a desigualdade e a injustiça" (*Embargos à execução*. 2ª ed. rev., atual. e ampl. São Paulo: Saraiva, 2001, p. 93).

(128) Como anota *Adroaldo Furtado Fabrício*, "essa é, de resto, apenas uma das faces do problema. Há, mais, imensa dificuldade do acesso individual dos lesados, em regra pobres, humildes e desinformados, aos órgãos jurisdicionais. E, mesmo para os que superem essas limitações e cheguem a colocar à face do juiz a sua queixa, resta a monumental e desanimadora diferença de forças, meios e recursos que separa o litigante eventual do habitual. Aquele que vai a Juízo, talvez, uma ou duas vezes ao longo de toda a sua vida, nada sabe das coisas da Justiça; seu nível de informação sobre a máquina judiciária, com o imponente complexo de juizados, cartórios, advogados, é praticamente nulo. Este outro, o litigante habitual, bem ao contrário, está permanentemente à barra dos pretórios e tem com eles a maior intimidade. Tem a seu favor a experiência acumulada dos litígios passados e a preparação sempre mais aprimorada para os futuros, o 'saber de experiências feito', os quadros próprios e eficientes de assessoria jurídica e procuratório judicial; está mais aparelhado à produção de provas do seu interesse; mais facilmente captará a simpatia do poder político, do econômico e da mídia — vantagens extraprocessuais estas últimas, sem dúvida, mais cuja importância seria ingênuo negligenciar" (*As novas necessidades do Processo Civil e os poderes do Juiz. Ensaios de direito processual*. Rio de Janeiro: Forense, 2003, pp. 404-405).

(129) Enfim, ensina *José Roberto dos Santos Bedaque*, "a maior participação do juiz na instrução da causa é uma das manifestações da '*postura instrumentalista* que envolve a ciência processual'. Essa postura favorece, sem dúvida, a 'eliminação das diferenças de oportunidades em função da situação econômica dos sujeitos'. Contribui, enfim, para a 'efetividade do processo', possibilitando que o instrumento estatal de solução de controvérsias seja meio real de acesso à ordem jurídica justa. A tendência moderna de assegurar a todos a solução jurisdicional, mediante o devido processo constitucional, com-

Como se sabe, instruir é conhecer, e conhecer adequadamente é preparar o Juiz para corretamente exarar a decisão jurisdicional, seja esta a sentença de mérito ou o provimento satisfativo ou extintivo do direito do exeqüente. É correta, portanto, a seguinte observação de *Kazuo Watanabe*:

> "Quando se fala em julgamento por eqüidade, pensa-se logo no dado jurídico da equação, em afastar o rigor da norma jurídica, substituindo-a ou temperando-a com os princípios extraíveis 'do senso ético-jurídico difuso na sociedade do seu tempo', que é o critério da eqüidade. Mas é no outro dado da equação — vale dizer, na reconstituição dos fatos através da avaliação eqüitativa das provas e demais elementos de convicção — que o juiz consegue, na maior parte das vezes, o que se costuma denominar de julgamento justo e equânime."(131)

Será que, mesmo no processo de execução, o Juiz não deveria se preocupar com a "verdade" das alegações fáticas deduzidas nos incidentes suscitados? Segundo pensamos, a resposta é negativa, visto que, nos limites da possível cognição, deve velar pela dignidade da prestação da tutela jurisdicional, a qual, veja-se bem, em hipótese alguma, confunde-se com a mera observância das formas legais. O processo de execução, vale frisar, não se trata apenas de mero procedimento ou concatenação sucessiva e mecânica de atos executivos.(132) É irrefutável, pois, como já se disse, o relacionamento da atividade instrutória e a cognição judicial. No mais, sequer é digna de cogitação a perda de parcialidade por parte do Juiz,(133) posto que o *ativismo judicial* significa

---

preende a garantia da solução adequada, cuja obtenção pressupõe a ampla participação do juiz na construção do conjunto probatório" (*Poderes instrutórios do Juiz*. 3ª ed. rev., atual. e ampl. São Paulo: RT, 2001, pp. 161-162).

(130) MARINONI, Luiz Guilherme e ARENHART, Sérgio Cruz. *Manual do processo de conhecimento: a tutela jurisdicional através do processo de conhecimento*. 2ª ed. rev. atual. e ampl. São Paulo: RT, 2003, p. 317.

(131) WATANABE, Kazuo. *Da cognição no Processo Civil*. 2ª ed. atual. Campinas: Bookseller, 2000, p. 62.

(132) Dando conotação constitucional à temática, ensina *Carlos Alberto Alvaro de Oliveira:* "Para além das garantias correspondentes ao órgão judicial e do caráter fundamental da garantia de acesso à jurisdição, do ponto de vista estritamente processual, o conceito de devido processo legal compreende a estruturação correta do procedimento, permitindo tendencialmente aos litigantes as garantias de publicidade, contato direto do juiz com as partes e tramitação rápida do expediente". "Todavia", alerta o distinto processualista do Rio Grande do Sul, "como o processo não se resume a uma simples seqüência ordenada de atos, o princípio não se esgota em assegurar a regularidade do procedimento, abrangendo também a possibilidade de ambas as partes sustentarem suas razões e apresentarem suas provas e, assim, influírem por meio do contraditório na formação do convencimento do juiz. Por tais razões, o aspecto mais essencial do devido processo legal é o de assegurar o contraditório e a ampla defesa" (*Do Formalismo no Processo Civil*. 2ª ed. rev. e ampl. São Paulo: Saraiva, 2003, pp. 85-86). Tal como genericamente disposto no texto, acreditamos que essa lição aplica-se ao processo de execução.

(133) Adverte *Adroaldo Furtado Fabrício:* "Nunca faltaram e não faltarão, por certo, críticas azedas e veementes a essa visualização da problemática jurisdicional. Muitas são as faces da neofobia. A visão do Direito como compartimento estanque da atividade humana, sem comunicação verdadeira entre o ser e o dever ser, é uma das mais ardilosas e resistentes. Toda vez que se cogita de atribuir poderes mais extensos ao juiz — sobretudo ao de primeiro grau — ou até mesmo de franquear-lhe o uso efetivo dos

o comprometimento ideológico com a efetividade jurisdicional, enfim, com a decisão justa, de interesse da sociedade como um todo.(134)

Nesse contexto, pode-se terminar este tópico com a conclusão de que o executado, tendo, em mãos, a prova pré-constituída — que não demanda alta indagação no que concerne a questionamentos a respeito da regularidade do processo de execução —, tem o direito de *justificar* ou *demonstrar* suas alegações, o que, via de conseqüência, enseja o direito a uma manifestação judicial a respeito. Se o executado possui prova compatível com o grau de cognição viabilizada no processo de execução, é inegável que, ao mesmo, assiste o direito constitucional à prova, sob pena de violação ao megaprincípio do devido processo legal.

1.3. A COGNIÇÃO, A HERMENÊUTICA CRÍTICA E O EXERCÍCIO DA DEFESA ENDOPROCESSUAL NAS EXECUÇÕES INJUSTAS

Uma questão digna de preocupação no que se refere à temática da cognição judicial é o apego à lei por parte da Magistratura na solução dos problemas que lhes são submetidos. Não é rara a conduta de certos Juízes no sentido de buscar, antes de perceber a justiça do caso concreto e a própria efetividade processual, uma solução dita *"técnica"*, o que certamente seria razoável, se não

---

poderes que ele já tem, aparece algum ultraliberal em causa própria e deblaterar contra a 'socialização' (como se o processo não fosse instrumento eminentemente social!) e a cassandrar sobre a temível 'ditadura do Judiciário', em regra com a averbação suplementar de ser a pior das ditaduras". No particular, expõe sua opinião o ilustre processualista gaúcho: "A esse argumento *ad terrorem* cabe responder, antes do mais, que ele é rigorosamente especulativo, pois não há exemplo histórico de uma ditadura de juízes. Trata-se, assim, de fantasma facilmente exorcizável. E, sendo meramente hipotética tal modalidade suposta de tirania, só se pode qualificar de leviana a comparação que dela se faça com outras ditaduras — as reais e concretas, que tivemos a infeliz oportunidade de sofrer na carne e na alma." E, com o espírito crítico peculiar aos grandes juristas, arremata: "O apontado perigo não existe no mundo real. O que se precisa acentuar, sim, é que o acréscimo dos poderes do juiz ou do seu uso efetivo tem de ser acompanhado do proporcional crescimento de sua responsabilidade e das exigências quanto à sua aplicação. Não há razão algumas para temer os juízes. Há sobradas razões, por certo, para exigir-se do Estado que assegure ao jurisdicionado a melhor qualificação, as mais amplas garantias e os suficientes meios postos à disposição do Judiciário para o bom desempenho do seu mister. Um corpo judicial forte, bem preparado, independente, responsável e prestigiado é a garantia maior do Estado de Direito. Maior e última, porque dela dependem todas as outras. Essa, sim, é a lição da História" (*As novas necessidades do processo civil e os poderes do Juiz. Ensaios de direito processual*. Rio de Janeiro: Forense, 2003, pp. 410-411).

(134) Ensina *Rui Portanova:* "A imparcialidade só fica maculada no sistema inquisitorial puro, que admite que seja do juiz a iniciativa da ação e do processo. No nosso sistema não há esse perigo. Na busca da verdade, o juiz não está favorecendo diretamente uma ou outra parte. A inércia judicial sim, seria favorecimento. Pela prova há a revelação processual da verdade e este, pelo menos em tese, deve ser o interesse das partes e da sociedade" (*Princípios do Processo Civil*. 5ª ed. Porto Alegre: Livraria do Advogado, 2003, p. 207). Na mesma linha de raciocínio, manifesta-se *Júlio César Bebber:* "A imparcialidade que do juiz se exige não significa indiferença axiológica. Juiz imparcial não é sinônimo de juiz insensível e inerte, mas sim, de juiz que dirige o processo sem interesse pessoal. É juiz comprometido com os ideais de justiça; de juiz que procede movido pela consciência de sua responsabilidade; de juiz que não se deixa influenciar por fatores estranhos aos seus conhecimentos jurídicos e dá ao caso o desfecho que corresponde ao que é justo" (*Revelia e livre convencimento. Processo do Trabalho: temas atuais*. São Paulo: LTr, 2003, p. 73).

fosse a posição de subserviência diante do legislador.(135) Em outras palavras, ainda sob influência do Estado Liberal(136) e do paradigma da modernidade,(137) busca-se, insistentemente, uma resposta na *lei em sentido restrito*, mas, muitas vezes, descompromissada com os valores constitucionais que o caso requer. Sendo assim, é natural que o pensamento esteja voltado apenas para uma atividade lógica, que, no campo jurídico, é sabidamente insuficiente.(138)

Essa postura que se quer combater nesta oportunidade, sem dúvida alguma, traz reflexos para o processo de execução e, por conseqüência, para o exercício das garantias constitucionais estabelecidas em favor do executado. Esse comportamento meramente legalista e avalorativo, diante de uma petição defensiva no bojo da execução, só pode ter como resposta a afirmativa de que a

---

(135) Se a solução "técnica", ainda que por subsunção legal, traduz-se na justiça do caso concreto e, por conseqüência, na efetividade processual, não há problema algum, mas, bem pelo contrário, o Juiz cumpriu a sua missão jurisdicional. Nas palavras do mestre *José Carlos Barbosa Moreira*, entretanto, "[...] quando porventura nos pareça que a solução técnica de um problema elimina ou reduz a efetividade do processo, desconfiemos, primeiramente, de nós mesmos. É bem possível que estejamos confundindo com os limites da técnica os da nossa própria capacidade de dominá-la e de explorar-lhe a fundo as virtualidades. A preocupação com a efetividade deveria levar-nos amiúde a lamentar menos as exigências, reais ou supostas, imputadas à técnica do que a escassa habilidade com que nos servimos dos recursos por ela mesma colocados à nossa disposição" (*Efetividade do processo e técnica processual. Temas de direito processual: sexta série*. São Paulo: Saraiva, 1997, p. 28).

(136) Conforme ensina *Celso Fernandes Campilongo*, "o sistema de valores inerentes à função judiciária no Estado liberal é marcado pela ideologia da fidelidade à lei. A rígida delimitação da competência do sistema judicial — marcadamente distinta da competência administrativa e legislativa — reforça a imagem doutrinária do juiz técnico, esterelizado politicamente e que faz da adjudicação um silogismo capaz de garantir, dogmaticamente, a certeza do direito" (*Os desafios do Judiciário: um enquadramento teórico. Direitos humanos, direitos sociais e justiça*/José Eduardo Faria organizador. 1ª ed., 4ª tir. São Paulo: Malheiros, 2005, p. 45). *Luiz Guilherme Marinoni* justifica: "O Estado Liberal de Direito, diante da nooooidado".

(137) *Fábio Luiz Gomes* observa que "[...] a limitação do poder do juiz e a redução de sua função de mero aplicador da lei foram preservadas desde o limiar do Estado Moderno, tendo sido inclusive acentuadas com o advento do ideário liberal, responsável pela segunda forma de que se revestiu o Estado na modernidade. O Estado absolutista passou a ser substituído pelo Estado Liberal" (*Responsabilidade objetiva e antecipação de tutela: a superação do paradigma da modernidade*. São Paulo: RT, 2006, p. 164).

(138) Para *Plauto Faraco de Azevedo:* "É impossível estudar-se as leis ou os conceitos jurídicos segundo uma perspectiva exclusivamente lógica, sem que se lhes faça naturalmente a crítica, buscando aferir a sua significação. O que se pode fazer, e efetivamente é o que sucede, é *induzir*, por insidiosa formação, *à suspensão ou a não enunciação do juízo*. Cria-se assim uma forma de reflexo condicionado nos juristas, obrigando-os em nome de uma curiosa cientificidade do direito, a operar como se fossem máquinas, articulando conceitos, encadeando-os, estudando leis do ponto de vista lógico-formal, ordenando-as, classificando-as sob diversas rubricas e parâmetros, aferindo a sua validade formal em face dos dispositivos constitucionais, conduzindo-os, afinal, em nome da 'neutralidade' de seu labor 'científico', a omitir os juízos feitos a propósito de todo esse labor ou de qualquer uma de suas partes" (*Crítica à dogmática e hermenêutica jurídica*. Porto Alegre: Fabris, 1989, p. 19). É natural que essa postura, infelizmente, ainda consolidada na formação da maioria dos juízes oriundos da formação acadêmica tradicional, seja *ineficiente*, para resolver problemas cruciais da ordem jurídica, fato que levou *Rui Portanova* a dizer que "o Direito está em crise". E explica a mudança de paradigma: "A ciência transita da metodologia tradicional para o Direito novo. O método tradicional, escolástico, dogmático e formalista busca a ciência ideologicamente neutra (avalorativa). Já o Direito novo concebe o Direito como fenômeno social, vê a ciência jurídica como sociovalorativa (não-formal), ciência de problemas práticos (e não simplificações conceituais abstratas), ciência de resultados concretos (e não deduções apriorísticas), ciência, enfim, de decisões criativas (e não decisões automáticas)" (*Motivações ideológicas da sentença*. 5ª ed. Porto Alegre: Livraria do Advogado, 2003, p. 20).

defesa do executado somente ocorre de forma *típica,*[139] com a respectiva tempestividade e, no caso da impugnação ao cumprimento da sentença (art. 475-J do CPC), prévia garantia do juízo.[140]

Deve-se perceber, antes de tudo, que, a despeito da importância do princípio da legalidade, a lei não é um fim em si mesma. Por detrás dela, muitas vezes, estão interesses dos detentores do Poder, os quais, sob a capa da segurança jurídica e da neutralidade científica[141] do Direito, visam a implantar a sua ideologia, tudo em flagrante arrepio aos princípios constitucionais instituídos em benefício dos cidadãos. Passa-se a falsa idéia de que o Juiz, no cumprimento da sua atividade jurisdicional, é neutro em relação a essas questões ditas "políticas".[142]

Nesse contexto, preleciona *Kazuo Watanabe*:

"Procura-se reduzir a atividade do juiz, didaticamente, ao esquema de um silogismo, no qual a regra jurídica abstrata constituiria a premissa maior,

---

(139) As formas *típicas* de defesa do executado são os embargos à execução e a impugnação ao cumprimento da sentença. A defesa endoprocessual executiva — estudada no presente trabalho — é uma forma *atípica* de objeção à execução, pois não recebeu disciplina legislativa específica.

(140) Surpreendentemente, essa parece ser a posição de um dos maiores processualistas brasileiros, *Ovídio A. Baptista da Silva*, como se observa no seguinte texto: "O que é necessário ter presente é que o processo executivo nada mais representa do que uma inversão das funções jurisdicionais, associada a uma correspondente inversão do contraditório. Enquanto, no processo de conhecimento, inicia-se pela cognição, cabendo ao autor o ônus de dar início ao contraditório, no processo de execução inicia-se pelo *ato executivo*, postergando-se a cognição, sob a iniciativa do demandado, para um momento subseqüente. É, portanto, natural que antes se execute, independentemente da averiguação da justiça ou injustiça do *ato executivo*, para somente após a sua consumação, ouvir — em ação autônoma e independente — o devedor, que deixará de sê-lo, mais uma vez o dizemos, somente se puder destruir o *título executivo*. Se não fosse esta inevitável estrutura do processo executivo, tal como nosso sistema o concebe, simplesmente o anularíamos, construindo um novo processo de conhecimento, como se dava, no primitivo direito romano, com a *actio iudicati*, que não executiva" (*Liquidez e certeza do título executivo. Da sentença liminar à nulidade da sentença.* Rio de Janeiro: Forense, 2002, p. 345). O que defendemos nesta obra é que o processo de execução não é avalorativo, mera sucessão de atos executivos. Nele, o Juiz exerce cognição, pensa e realiza valores, mas isso ocorre, sob pena dessa temível quebra estrutural, dentre de certos parâmetros que são ontologicamente inferidos. Essa cognição, *se ocorrida dentro dos seus limites*, não é necessariamente postergada para uma ação autônoma e incidental (embargos à execução), como afirma *Ovídio A. Baptista da Silva*, mas sim *concomitante* à realização dos atos executivos, sempre na perspectiva de constranger o patrimônio do "devedor", tal como consagrado no art. 5º, *LIV*, da CF, dentro do devido processo legal. Sendo assim, se houver uma *organização metodológica da cognição* no processo de execução, não há perigo de transformá-lo em "processo de conhecimento". Ressalte-se que tudo isso vale para a *fase executiva* oriunda do cumprimento da sentença (art. 475-I do CPC), em que a defesa típica é o *incidente de impugnação* (art. 475-J, § 1º, do CPC), mas, ao menos atipicamente, considerados os limites cognitivos, admite-se a defesa endoprocessual.

(141) Em sentido contrário ao caráter científico do Direito: Cf. VON KIRCHMANN, J. H. *La jurisprudencia no es ciencia.* Tradução de Antonio Truyol y Serra. 2ª ed. Madri: Instituto de Estudios Politicos, 1961.

(142) É o que prega a doutrina clássica, inclusive no direito comparado. Ilustrativamente, constata-se que, para *Alfredo Rocco*, "[...] a norma jurídica é essencialmente um *ato de vontade*, e, precisamente, um *comando* dirigido pelo Estado aos particulares. Este comando, sendo expresso de forma *abstrata*, necessita ser *concretizado*, ou seja, a vontade do Estado, manifestada de forma abstrata ou geral na lei, precisa ser traduzida em uma forma *concreta*, o que faz o juiz na sentença. Mas, evidentemente, nesta operação, o juiz não acrescenta nenhuma vontade própria à vontade manifestada pelo órgão legislativo. A operação pela qual, dada uma norma geral, se determina qual é a conduta que deve seguir num caso concreto o particular sujeito a ela, é uma operação lógica; é um silogismo, onde, tomada como premissa maior a norma geral, como menor o caso concreto, se deduz a norma de conduta a seguir no caso singular" (*La sentenza civile.* Milano: Giuffrè, 1962, p. 4).

os fatos representariam a premissa menor e o provimento do juiz seria a conclusão. A cognição abrangeria a premissa maior e a premissa menor, sendo assim um mecanismo preparador da conclusão última, vale dizer, do provimento do juiz."

Embora, em princípio, tal ensinamento tenha algum grau de aceitabilidade, não se pode perder de vista que se trata de uma visão extremamente simplista do problema da aplicação do Direito.[143] Adverte o mestre paulista:

> "Na verdade, o que ocorre na maioria das vezes é o juiz sentir primeiro a justiça do caso, pelo exame das alegações e valoração das provas, e depois procurar os expedientes dialéticos, que o caso comporta e de que ele é capaz, para justificar a conclusão. E nesse *iter*, embora prevalentemente lógico, entram também inúmeros outros fatores, como o psicológico, volitivo, sensitivo, vivencial, intuitivo, cultural e outros mais."[144]

A cognição judicial deve sempre ser exercida na perspectiva do Direito enquanto reflexo da *experiência*, e não da lógica formal. Afinal, a experiência jurídica é *multidisciplinar,*[145] de maneira que considerações de ordem axiológica, sociais, filosóficas, políticas e éticas convergem para a finalidade maior do processo: a realização da justiça. Deve-se observar, na lição de *Carlos Alberto Alvaro de Oliveira*, que "mesmo a regra jurídica clara e aparentemente unívoca pode ser transformada em certa medida, de acordo com as peculiaridades do caso concreto, por valorações e idéias do próprio juiz".[146]

Dito de outro modo, é importante que já se compreenda que a cognição constitui-se em um meio de realização da justiça do caso concreto, que, de certo modo, é uma exigência social diante do monopólio da prestação da tutela jurisdicional pelo Estado. Se este veda aos particulares a possibilidade de eles próprios, inclusive com o uso da força, resolverem as suas pendências, contrai, por outro lado, o dever de solucioná-las da melhor maneira possível, o que inclui a distribuição da justiça no caso concreto. Neste contexto, apresenta-se a cogni-

---

(143) Como afirma *Piero Calamandrei:* "Na verdade, o trabalho lógico que o juiz deve realizar para chegar à sua conclusão é muito mais complicado do que possa supor esse esquema lógico: a parte mais delicada da operação mental do juiz não é a de concluir as premissas já estabelecidas, mas a de encontrar as premissas e saber relacioná-las entre si de tal modo que se considere perfeita coincidência entre a hipótese abstratamente formulada pela norma e o ato específico real" (*Instituições de direito processual civil.* Traduzido por Douglas Dias Ferreira. 2ª ed. Campinas: Bookseller, 2003, vol. I, p. 141).

(144) WATANABE, Kazuo. *Da cognição no Processo Civil.* 2ª ed. atual. Campinas: Bookseller, 2000, pp. 59 e 60-61, respectivamente.

(145) Como muito bem percebeu *Plauto Faraco de Azevedo*, "na medida em que atente às interconexões e implicações recíprocas entre Ciência do Direito, Sociologia do Direito e Filosofia do Direito evitará o exclusivismo formalista no desenvolvimento de sua tarefa de investigação no âmbito dos sistemas normativos positivos" (*Crítica à dogmática e hermenêutica jurídica.* Porto Alegre: Fabris, 1989, p. 37). Com essa percepção, evita-se a grande cisão entre a teoria e a prática, enfim, a crise hermenêutica até então consolidada. Em outras palavras, o Juiz deve ser consciente de que o "mundo" *normativo* é apenas *um* dos seus campos de *conhecimento* e *reflexão* na oportunidade de dar a solução que o caso reclama.

(146) OLIVEIRA, Carlos Alberto Alvaro de. *Do Formalismo no Processo Civil.* 2ª ed. rev. e ampl. São Paulo: Saraiva, 2003, p. 266.

ção como técnica de consecução da justa solução da lide, "mas", esclarece *Kazuo Watanabe*, "a importância da cognição não decorre somente desse fato", e explica seu pensamento:

> "Resulta ela muito mais da própria natureza da atividade do juiz, que para conceder a prestação jurisdicional precisa, na condição de terceiro que se interpõe entre as partes, conhecer primeiro das razões (em profundidade, ou apenas superficialmente, ou parcialmente, ou definitivamente, ou em caráter provisório; tudo isso se põe no plano da técnica de utilização da cognição) para depois adotar as providências voltadas à realização prática do direito da parte. E decorre também da intensa utilização que o legislador dela faz para conceber procedimentos diferenciados para a melhor e efetiva tutela dos direitos."

Afinal, ensina mais adiante o mestre paulista,

> "a justiça precisa ser rente à realidade social. Essa aderência à vida somente se consegue com o aguçamento da sensibilidade humanística e social dos juízes, o que necessariamente requer preparação e atualização. Para a *cognição adequada* a cada caso, pressuposto de um julgamento justo, a sensibilidade mencionada é um elemento impostergável."(147)

Nessa caminhada rumo à adequada cognição judicial, deve-se perceber que, enquanto expressão do termo *tutela jurídica*, a relação existente entre os Poderes Legislativo e Judiciário é de *complementaridade*,(148) e não de *subordi-*

(147) WATANABE, Kazuo. *Da cognição no Processo Civil*. 2ª ed. atual. Campinas: Bookseller, 2000, pp. 46-47 e 64, respectivamente.

(148) O termo *tutela jurídica*, no sentido mais amplo, representa a proteção que o Estado confere ao homem para a consecução de situações consideradas eticamente desejáveis, segundo valores vigentes na sociedade, seja em relação aos bens, seja em relação a outros membros do convívio. A tutela jurídica estatal realiza-se em dois planos: o da *fixação de preceitos reguladores da convivência* e o das *atividades destinadas à efetividade desses preceitos*. São, respectivamente, as atividades *legislativa* e *jurisdicional*. Como se sabe, trata-se de duas funções públicas distintas, porém *complementares*, visto que, sem a norma jurídica, a função jurisdicional perderia a sua função de ser, ao passo que a norma jurídica, sem a jurisdição estatal, para garantir a sua observância, perderia a sua força coercitiva e estaria, conseqüentemente, inabilitada às funções sociais a que se destina. A definição das regras de convivência está no plano do que se denomina *direito material* e revela-se nas técnicas pelas quais se definem abstratamente situações de vantagem ou de desvantagem de um indivíduo ou grupo de indivíduos perante outro e em relação a algum bem da vida. A atividade de criação dessas regras é extremamente política, pois resulta dos valores que a classe dominante do Poder visa a implantar no seio da sociedade. Após esse processo de criação, a norma integra, em sua moldura abstrata, o ordenamento jurídico, de modo a estar apta a incidir, a partir daí, sobre os fatos ou atos a ela amoldados. Formam-se, com a sua incidência, relações jurídicas, direitos subjetivos, deveres jurídicos, pretensões e obrigações, de maneira que, saindo do mundo da abstração hipotética, concretiza-se, assumindo feição identificável no mundo fenomênico, ou seja, da realidade da vida. Em outras palavras, com a incidência, nasce a norma jurídica *individualizada*. Faz-se mister deixar claro que esse fenômeno de incidência independe do conhecimento ou da vontade do destinatário. Esta, aliás, é apenas relevante no momento da realização do ato sobre o qual ela incide. Contudo, realizado o ato ou, se for o caso, ocorrido o fato, abstratamente descrito no preceito normativo, o chamado "suporte fático", a incidência é infalível e se dá necessária e automaticamente. Em geral, o atendimento pela sociedade do preceito normativo primário é espontâneo,

nação.(149) Em outras palavras, é preciso a conscientização de que a relação do Juiz com a lei *não é de passividade*, pois esta *não é o único elemento* a ser considerado no momento da sua tomada de decisão, que, por se tratar de uma atitude de *escolha*(150) diante de possíveis argumentos envolvidos, inegavelmente contém elementos de ordem *subjetiva* e sócio-axiológica.(151) Afinal, a definição

---

podendo-se dizer que as crises de descumprimento são fenômenos excepcionais no comportamento humano, de freqüência inversamente proporcional ao grau de civilização dos povos. Mas, vale frisar, ocorrem, por uma das três razões: a) *porque se questiona o conteúdo da norma abstrata que incidiu*; ou, b) *porque se nega a existência ou a configuração do ato ou fato que é suporte de incidência*; ou ainda c) *porque simplesmente não se quer ou não se pode dar realização à norma concretizada*. Nas duas primeiras hipóteses, a crise está relacionada com a identificação da norma jurídica concretizada, ao passo que, na última, trata-se de típica crise de execução. Essa atividade de efetivação do direito material, como se vê, é posterior à criação deste. Em outros termos, falar em tutela jurídica destinada à preservação do ordenamento jurídico (a tutela jurisdicional) equivale, portanto, a captar o fenômeno da tutela estatal a partir de determinado ponto de seu percurso. Trata-se, pois, de um *segundo momento* na concepção da tutela jurídica estatal. Implica desconsiderar que também a fixação de normas de convivência e atribuição abstrata de bens é parte integrante do *iter* da tutela que o Estado oferece às pessoas. Essa proteção é iniciada (na tutela legislativa), como visto, já no momento em que tais normas abstratas são ditadas: as de caráter material, agrupando e valorando abstratamente certas categorias de fatos que sucedem na sociedade e na vida das pessoas, estabelecem requisitos e condições pelas quais um indivíduo ou grupo deva estar em situações de vantagem ou nas de desvantagem. Isso quer dizer que, antes de se pensar na tutela *a direitos*, o Estado estabelece as situações em que os próprios direitos surgem na vida das pessoas, protegendo-os desse modo e querendo que estabeleçam, *de fato*, os bens e as situações a que então tenham direito. Isso, como se vê, já é tutela jurídica. A tutela jurisdicional (aliás, como também a administrativa) insere-se na ampla categoria da tutela jurídica, portanto, mas não a exaure. Pode-se dizer que a tutela jurisdicional, quando em confronto com a atividade consistente na fixação de normas (atividade legislativa), que é *estática* e por si só nem sempre se mostra apta a produzir resultados concretos e efetivos na vida das pessoas, constitui uma *tutela dinâmica*. Eis aí, pois, a relação de complementaridade entre as tutelas prestadas pelos Poderes Legislativo e Judiciário. Cf. DINAMARCO, Cândido Rangel. "Tutela jurisdicional". *Revista de Processo*, São Paulo: RT, n. 81, jan./mar. 1996, pp. 61-63; ZAVASCKI, Teori Albino. *Processo de execução: parte geral*. 3ª ed. rev., atual. e ampl. São Paulo: RT, 2004, pp. 21-22.

(149) Em complemento à nota anterior, observe-se a seguinte opinião de *Chaïm Perelman:* "Essa dialética, implicada pela busca de uma solução convincente, instauradora da paz judiciária, por ser ao mesmo tempo razoável e conforme ao direito, coloca o poder judiciário numa relação nova diante do poder legislativo. Nem inteiramente subordinado, nem simplesmente oposto ao poder legislativo, constitui um aspecto complementar indispensável seu, que lhe impõe uma tarefa não apenas jurídica, mas também política, a de harmonizar a ordem jurídica de origem legislativa com as idéias dominantes sobre o que é justo e eqüitativo em dado meio. É por essa razão que a aplicação do direito, a passagem da regra abstrata ao caso concreto, não é um simples processo dedutivo, mas uma adaptação constante dos dispositivos legais aos valores em conflito nas controvérsias judiciais" (*Lógica jurídica: nova retórica*. Tradução de Verginia K. Pupi. São Paulo: Martins Fontes, 1998, p. 116).

(150) "Escolha", esclarece *Mauro Cappelletti*, "significa discricionariedade, embora não necessariamente arbitrariedade; significa valoração e 'balanceamento'; significa ter presentes os resultados práticos e as implicações morais da própria escolha; significa que devem ser empregados não apenas os argumentos da lógica abstrata, ou talvez os decorrentes da análise lingüística puramente formal, mas também e sobretudo aqueles da história e da economia, da política e da ética, da sociologia e da psicologia". Com efeito, diante desse complexo de elementos, pontifica o mestre italiano, "[...] o juiz não pode mais se ocultar, tão facilmente, detrás da frágil defesa da concepção do direito como norma preestabelecida, clara e objetiva, na qual pode buscar sua decisão de forma 'neutra'" (*Juízes legisladores?* Tradução de *Carlos Alberto Alvaro de Oliveira*. Porto Alegre: Fabris, 1993, p. 33).

(151) No particular, anota *Antônio Carlos Wolkmer:* "O monopólio legislativo, em matéria de elaboração e fixação do Direito, é pura falácia; uma nova concepção que valorize a força das decisões judiciais deve dar lugar ao dogmatismo do positivismo exegético. O juiz é soberano na esfera de ação em que atua, podendo, por si mesmo, estabelecer as normas e as regras de aplicação necessárias. A atitude do juiz, em relação à lei, não se caracteriza jamais pela passividade nem tampouco será a lei considerada

de qual entre os valores constitucionais envolvidos deve prevalecer é algo que não se faz em abstrato, mas sim pelo regular exercício da cognição judicial, tendo em conta as peculiaridades do caso a ser decidido.

Nesse contexto, o Juiz pós-moderno não se rende aos postulados ideológicos do positivismo jurídico. Pelo contrário, é consciente de suas responsabilidades, exercendo a sua atividade com independência e mostrando-se compromissado única e exclusivamente com a realização do processo justo,[152] com certeza cumprido com a *interpretação criativa* das categorias normativas *abertas*, sobretudo as estampadas nos princípios constitucionais[153] do devido processo legal e da promoção à dignidade da pessoa humana.

Se a lei não apresenta a *justa solução* para o caso concreto, diz *Norberto Bobbio*, é inegável que se está diante de uma lacuna ideológica,[154] que deve ser sabiamente suprimida pelo Juiz.[155] De logo, deve-se debelar o mito da

---

elemento exclusivo na busca de soluções justas aos conflitos; a lei se constitui em um outro elemento, entre tantos que intervêm no exercício da função jurisprudencial" (*Ideologia, Estado e Direito*. 4ª ed. rev., atual. e ampl. São Paulo: RT, 2003, p. 186).

(152) Para *José Renato Nalini*, "o destino do juiz no milênio próximo é liberar-se dos contornos de um agente estatal escravizado à letra da lei, para imbuir-se da consciência de seu papel social. Um solucionador de conflitos, um harmonizador da sociedade, um pacificador. A trabalhar com categorias abertas, mais próximo à equidade do que à legalidade, mais sensível ao sofrimento das partes, apto a ouvi-las e a encaminhar o drama para uma resposta consensual. Enfim, um agente desperto para o valor *solidariedade*, a utilizar-se do processo como instrumento de realização da dignidade humana e não como rito perpetuador de injustiças" (*Ética geral e profissional*. 4ª ed. rev. e atual. São Paulo: RT, 2004, p. 324).

(153) *Willis Santiago Guerra Filho* afirma que "em um contexto como o atual, com elevada complexidade e velocidade no surgimento de inovações nas sociedades, não se pode ter ilusões quanto ao que se esperar do texto que é a Constituição, em seu sentido estritamente jurídico, que não pode ser visto como portador de soluções prontas, para problemas dessa ordem. Seu texto é como uma obra aberta, que ao ser interpretado se atribui a significação requerida no presente, levando em conta a constituição em seu sentido empírico". E explica o ilustre Professor da PUC/SP: "Mostra-se aí, com toda clareza, a demanda do emprego de uma metodologia de pesquisa do Direito que se tem chamado de 'inclusiva', voltada para incorporação de conhecimentos advindos de ciências sociais empíricas e disciplinas jurídicas diversas, além da dogmática do Direito positivo nacional, como a história, o Direito comparado, a filosofia jurídica e a teoria do Direito na sua feição atual, sensível às contribuições tanto das ciências formais contemporâneas (semiótica, cibernética, teoria da comunicação etc.), como ao desenvolvimento de uma lógica material própria do discurso normativo (tópica, nova retórica, teorias da argumentação, lógica deôntica etc.), onde ação e pensamento, ética e lógica, se encontram numa situação comunicativa concreta de diálogo, em que, pragmaticamente, são produzidas sempre novas interpretações, novos significados" (*Teoria processual da Constituição*. São Paulo: Celso Bastos, 2000, pp. 211-212).

(154) Eis a lição de *Norberto Bobbio:* "Entende-se também por 'lacuna' a falta não já de uma solução, qualquer que seja ela, mas de uma *solução satisfatória*, ou, em outras palavras, não já a falta de uma norma, mas a falta de uma *norma justa*, isto é, de uma norma que se desejaria que existisse, mas que não existe". E esclarece o filósofo italiano: "Uma vez que essas lacunas derivam não da consideração do ordenamento jurídico como ele é, mas da comparação entre o ordenamento jurídico como ele é e como deveria ser, foram chamadas de 'ideológicas', para distingui-las daquelas que eventualmente se encontrassem no ordenamento jurídico como ele é, e que se podem chamar de 'reais'" (*Teoria do ordenamento jurídico*. Tradução de Maria Celeste Cordeiro Leite dos Santos. 10ª ed. Brasília: Universidade de Brasília, 1997, p. 140).

(155) É inegável que isso seria absolutamente inaceitável pela ideologia positivista. Afinal, "cumpre enfatizar", na lição de *Luiz Fernando Coelho*, "que interessa à ideologia apresentar o direito como ser real, pois, se ele existe, deve ser aceito como é, não se cogita sua transformação. E nós, juristas,

plenitude da ordem jurídica, entendido aqui como se o Direito fosse um sistema fechado em que não há espaço para existência de lacunas. Na realidade, como muito bem esclarece *Robert Alexi*, "todo sistema jurídico contém espaços que podem ser preenchidos com discursos jurídicos",(156) sabidamente variáveis por natureza.(157)

Para a visão tradicional, o Direito seria um sistema perfeito, já que nele sempre se encontrará uma resposta legal e, pior ainda, sob a falaciosa perspectiva de que a mesma resultou do objetivo estatal de atingir o bem comum.(158) A História é repleta de exemplos no sentido de que a *positividade axiológica do Direito* não passa de um mito e retórica, bastando lembrar a escravidão e outros crimes bárbaros contra a humanidade (basta lembrar o nazismo de Hitler), sobretudo em épocas de guerra, os quais eram justificados pelo sistema jurídico vigente.

A lei *pode* ser boa ou justa, mas, muitas vezes, não o é. Quando isso ocorre, é indubitável que a decisão tomada com base nela é juridicamente *falha*.(159) Isso tem de ser percebido pelo operador do direito moderno, crítico por natureza. Alerta, no particular, *Karl Engisch*:

> "A lei não é uma grandeza apoiada sobre si própria e absolutamente autônoma, algo que haja de ser passivamente aceite como mandamento divino, mas, antes, estratificação e expressão de pensamentos jurídicos aos quais cumpre recorrer a cada passo, sempre que pretendamos compreender a lei corretamente, ou ainda eventualmente restringi-la, completá-la ou corrigi-la."(160)

A não ser que, por opção ideológica, o Juiz não tenha compromisso com a justiça, o que, francamente, não é desejável, deve-se sempre procurar resolver

---

somos educados para a completa alienação no tocante aos problemas reais que afetam a sociedade e a própria comunidade dos juristas" (*Teoria crítica do Direito*. 3ª ed. rev., atual. e ampl. Belo Horizonte: Del Rey, 2003, p. 352).

(156) ALEXI, Robert. *Teoria da argumentação jurídica*. Tradução de Zilda Hutchison Schild Silva. São Paulo: Landy, 2001, p. 322.

(157) Daí a importância das peculiaridades do caso concreto, que, em razão disso, não são resolvíveis pelo simples raciocínio jurídico decorrente da lógica formal, mas sim pela *argumentação* exarada na decisão. A decidibilidade, portanto, é da essência do sistema jurídico. Mas, o que vem a ser a argumentação? Para *Michel Miaille:* "Os juristas apóiam-se não nas provas demonstrativas, no sentido científico do termo, mas em argumentos mais ou menos convincentes". Assim, diz o autor francês, "os argumentos dependem do seu valor, e, portanto, na sua eficácia, da situação de momento, do lugar, muito mais que da sua definição abstrata. Os princípios invocados, as noções utilizadas, as teorias propostas não têm por si mesmo força suficiente: tudo depende do contexto". Deste modo, arremata sua lição: "Torna-se absolutamente claro que, se dado argumento não foi seguido em dado momento e se lhe preferiu um outro, isso não ocorreu em conseqüência de um erro metodológico a maior parte das vezes, e em particular em conseqüência de uma incorreção na lógica do raciocínio, mas é produto de uma época" (*Introdução crítica ao Direito*. Tradução de Ana Prata. 2ª ed. Lisboa: Editorial Estampa, 1994, p. 196).

(158) COELHO, Luiz Fernando. *Teoria crítica do Direito*. 3ª ed. rev., atual. e ampl. Belo Horizonte: Del Rey, 2003, p. 360.

(159) ALEXI, Robert. *Teoria da argumentação jurídica*. Tradução de Zilda Hutchison Schild Silva. São Paulo: Landy, 2001, p. 323.

(160) ENGISCH, Karl. *Introdução ao pensamento jurídico*. Tradução de João Baptista Machado. 9ª ed. Lisboa: Fundação Calouste Gulbenkian, 2004, p. 367.

as questões que lhe são submetidas pela *interpretação sistemática* e dialética dos valores jurídicos envolvidos, de modo a escolher aquele que, sob o ponto de vista hierárquico, melhor atenda aos anseios da sociedade.(161) A justiça, que não deixa de ser um conceito jurídico,(162) deve sempre ser perseguida pelo Juiz, posto que inúmeros interesses estão envolvidos. Sob o ponto de vista social, não se discute que uma solução justa representa o restabelecimento da paz e da tranqüilidade, até porque a parte sucumbente, pelos argumentos deduzidos na motivação judicial, convence-se (ou tem forte possibilidade de se convencer) de que a decisão foi acertada. Sob o ponto de vista político, a decisão justa representa a consolidação do prestígio e da credibilidade nas instituições públicas. Já sob o ponto de vista econômico, também é indiscutível o relevo da decisão justa, já que o próprio sistema jurídico prevê a possibilidade de a parte sucumbente ajuizar, com dispêndio de tempo e custos financeiros, uma ação de repetição de indébito. No mais, ao contrário do que muitos podem imaginar, pode-se dizer, nas palavras de *Plauco Faraco de Azevedo*, que "a criatividade do juiz não exclui ou afasta a segurança jurídica".(163) Explica o mestre gaúcho:

> "É em nome da segurança jurídica que se quer assim manietar o juiz e minimizar a função judicial. Sucede que esse juiz-computador, esse aplicador mecânico de normas, cujo sentido não lhe é dado aferir, e cujos resultados na solução dos casos concretos lhe é defeso indagar, este juiz assim minimizado e desumanizado, não é, de forma nenhuma, capaz de realizar a segurança jurídica. Preso a uma camisa-de-força teorética que o impede de descer à singularidade dos casos concretos e de sentir o pulsar da vida que neles se exprime, esse juiz, servo da legalidade e ignorante da vida, o mais que poderá fazer é semear a perplexidade social e a descrença na função que deveria encarnar e que, por essa forma, nega. Negando-a, abre caminho para o desassossego social e a insegurança jurídica."(164)

---

(161) Para *Juarez Freitas*, "[...] a interpretação sistemática realiza sempre hierarquização axiológica, de sorte a fazer preponderar, inclusiva e exclusivamente, ora a regra superior, ora, em caso de antinomia pendente, o princípio superior. Recorre-se, em todas as hipóteses, expressa ou ocultamente, ao princípio da hierarquização, até mesmo ao lidar com princípios e regras de prioridade, tendo em vista as exigências teleológicas do sistema, que reclama — para além de relativismos niilistas — solução das controvérsias, de maneira a concretizar a máxima justiça possível em face da dialética e saudável coexistência dos princípios fundamentais" (*A interpretação sistemática do Direito*. 4ª ed. rev. e ampl. São Paulo: Malheiros, 2004, p. 145).

(162) No particular, explica *Juarez Freitas:* "A injustiça (antinomia das mais nocivas), entendida como uma colisão de ato ou norma com regras de prioridade erigidas por um sistema democrático, representa uma má contradição, porque põe em risco a estruturação-mestra do sistema. Inserida, por conseguinte, na disputa entre os princípios e regras da prioridade, a hierarquização axiológica (tópica e sistematicamente) como que ordena, inclusive diante de antinomias entre critérios ou regras de prioridade atinentes à justiça, a prevalência do princípio axiologicamente superior, ou da norma hierarquicamente superior, processando uma exegese sempre avaliadora, não fazendo sentido considerar irrelevante para o Direito um dos seus mais nobres princípios. Deste modo, *o princípio da justiça, independentemente do seu conteúdo material, passa a ser visto como irrenunciavelmente jurídico*" (*A interpretação sistemática do direito*. 4ª ed. rev. e ampl. São Paulo: Malheiros, 2004, p. 144).

(163) AZEVEDO, Plauco Faraco de. *Crítica à dogmática e hermenêutica jurídica*. Porto Alegre: Fabris, 1989, p. 74.

(164) AZEVEDO, Plauco Faraco de. *Crítica à dogmática e hermenêutica jurídica*. Porto Alegre: Fabris, 1989, p. 25.

Demais disso, não se pode esquecer de que o dogma da segurança jurídica possui natureza meramente instrumental em relação ao valor supremo da *justiça.*[165] Explica *José Afonso da Silva*:

"As idéias de segurança, ordem e certeza formam os valores do direito positivo. Mas é o valor do justo que deve merecer a primazia, porque o direito, especialmente o direito constitucional, há de ser o meio de sua realização. A segurança, a ordem e a certeza hão de ser sempre valores instrumentais da efetivação da justiça na sua feição social. Sem essa idéia de justiça, a segurança, a ordem e a certeza podem derivar para o arbítrio. Onde a justiça reina, a convivência democrática estará salvaguardada."[166]

A verdade é que o Juiz, sempre através do exercício da sua cognição, não pode temer o afastamento, por meio de interpretação sistemática, de uma lei injusta para o caso concreto, dando-o uma solução criativa. Embora prudente, o Juiz deve ser corajoso, livre e responsável, a fim de cumprir fielmente a missão que lhe foi confiada pela sistemática constitucional, não estando nem mesmo sob as amarras da legalidade. Se lhe é vedado escusar-se de julgar, dele não se pode exigir um comportamento que agrida sua consciência, causando-lhe danos psíquicos, inclusive. Não se pode esquecer, a despeito da propalada neutralidade técnica, de que o Juiz é um ser humano e, como tal, pensa, tem sentimentos, valores e pudor ético.[167]

Essa "crise de legalidade", na expressão de *Piero Calamandrei*, impõe que a cognição judicial seja exercida dentro de um juízo de *eqüidade,*[168] de tal sorte

---

(165) A propósito, preleciona *Rodolfo Luis Vigo:* "A segurança, como todos os valores ou perfeições que se podem alcançar, é um problema de 'medida', de modo que não são procedentes os tipos idéias extremos, do 'tudo ou nada'. Segundo esta perspectiva, é possível encontrar direitos cuja segurança ou insegurança jurídica apresente graus diversos, desde aqueles em que se verifica uma inequívoca segurança até o outro extremo, de um direito inequivocamente inseguro. É oportuno lembrar que, quanto à segurança jurídica, definimos o caráter de um valo adjetivo à justiça, de modo que, estando garantida a presença do direito com um mínimo aceitável de justiça, é necessário, a partir daí, entrar na análise da medida de segurança alcançada por esse direito" (*Interpretação jurídica: do modelo juspositivista-legalista do século XIX às novas perspectivas*. São Paulo: RT, 2005, pp. 287-288).

(166) SILVA, José Afonso. *Constituição e segurança jurídica. Constituição e segurança jurídica: direito adquirido, ato jurídico perfeito e coisa julgada.* Estudos em homenagem a José Paulo Sepúlveda Pertence/Cármen Lúcia Antunes Rocha (Org.). Belo Horizonte: Fórum, 2004, pp. 29-30.

(167) Indaga *Amilton Bueno de Carvalho:* "Mas qual a razão que leva o juiz a não querer buscar o valor justiça para além da legalidade?" E responde criticamente: "É que se tenho liberdade, e a exerço, por conseqüência assumo a responsabilidade ética pela justiça ou injustiça da minha decisão. Se fui injusto ou não o fui porque assim assumi e responsável sou!". Indaga novamente: "Mas como suportar tal responsabilidade?". De imediato, já passa a responder: "A forma de *fugar* é uma: não ultrapassar o limite da lei. Daí toda e qualquer injustiça emergente da sentença tem por responsabilidade o legislador! Lamenta-se a injustiça e, humilde e comodamente, diz-se: nada posso fazer pois sou mero aplicador da lei e nos seus exatos termos". E arremata sua lapidar lição o ilustre Desembargador do TJRS: "Tal defesa é forte no plano consciente, e convincente no plano externo, mas por maiores defesas que o julgador possa ter, a verdade é apenas uma: ele é responsável *eticamente* pelas conseqüências de sua decisão. E isso, consciente ou inconsciente, o acompanhará para sempre. É o preço pago pela fuga da liberdade e da responsabilidade que daquela é mera conseqüência" (*Magistratura e direito alternativo*. 6ª ed. Rio de Janeiro: Lumen Juris, 2003, p. 135).

(168) CALAMANDREI, Piero. *Instituições de direito processual civil*. Traduzido por Douglas Dias Ferreira. 2ª ed. Campinas: Bookseller, 2003, vol. I, p. 173. Para *Alessandro Gropali*, "a eqüidade, em última

que, nessa missão, o Juiz deve ter como premissa a *inexistência de empecilho* no ordenamento jurídico no sentido de *criar* uma solução tida como *ideal*,[169] notadamente porque a distinção entre os mundos do ser e do dever ser, idealizada por *Hans Kelsen*, é válida somente na perspectiva de quem está fazendo uma análise científica meramente *descritiva* das normas jurídicas, mas não no momento da interpretação e aplicação do Direito,[170] atividades conceituadas por ele mesmo como de "política jurídica",[171] portanto *valorativas*.

Aliás, ao contrário do *fetiche legislativo*[172] oriundo do *racionalismo* implantado no Estado Liberal,[173] o próprio *Hans Kelsen* percebeu que, ainda que haja uma lei disciplinando determinada situação, isso não quer dizer que somente exista *uma única* solução para o caso.[174] Com efeito, não há uma resposta pronta

---

análise, consiste no poder discricionário que o juiz tem, em certos casos que a lei estabelece, nos quais os elementos de fato por serem complexos, se confundem, de os resolver sem se basear na rigorosa lógica jurídica da aplicação das normas legais, decidindo-os com base na própria apreciação subjetiva, segundo critérios de conveniência e de oportunidade e com sentimentos de equanimidade, inspirando-se nos princípios dominantes na consciência coletiva" (*Introdução ao estudo do Direito*. Rio de Janeiro: Âmbito Cultural Edições, 2003, p. 88).

(169) No particular, a correta compreensão do princípio do devido processo legal revela-se deveras importante.

(170) Para *Rui Portanova*, "um dos mais desconcertantes erros em que pode incorrer o intérprete jurídico é crer possível a separação entre o Direito tal qual é e o Direito tal qual deve ser. O objetivo do Direito não é a busca do equilíbrio entre lógico e extralógico nem ordem de coação, mas busca do justo". Entende, ainda, o ilustre Desembargador do TJRS: "A lei injusta se dá quando contrária aos princípios gerais do Direito ou da justiça e quando é imenso o contraste entre os valores do ordenamento jurídico e o sentimento de justiça preponderante na sociedade. A lei opera o esvaziamento e a debilidade do jurídico na sua mais elevada acepção. Por isso, a resposta do juiz, no conflito entre seguir o jurídico ou o moral, há de ser sempre de conteúdo ético, pois não há injustiça que se justifique. Só assim o Judiciário se assume como Poder, deixando de ser mero aplicador do Direito positivo para ser um garantidor dos princípios de justiça. O juiz não pode furtar-se à busca do justo" (*Motivações ideológicas da sentença*. 5ª ed. Porto Alegre: Livraria do Advogado, 2003, p. 127).

(171) Diz, expressamente, *Hans Kelsen:* "A questão de saber qual é, de entre as possibilidades que se apresentam nos quadros do Direito a aplicar, a 'correta', não é sequer — segundo o próprio pressuposto de que se parte — uma questão de conhecimento dirigido ao Direito positivo, não é um problema da teoria do Direito, mas um problema de política do Direito" (*Teoria pura do Direito*. Tradução de João Baptista Machado. 6ª ed. São Paulo: Martins Fontes, 1998, p. 393).

(172) Ensina *Luiz Fernando Coelho:* "O direito, enquanto ideologia, passa então a constituir um conjunto de mitos elaborados pela doutrina jurídica através da história, consagrados nas normas e aceitos pelo senso comum como se correspondessem à realidade do homem e da sociedade". Diz o autor adiante: "Há também os mitos da hermenêutica dogmática, como a falsa noção de que a lei interpretanda é portadora de um significado autônomo que pode ser descoberto pelo intérprete, e que este descobre e revela através das palavras da norma a intenção do legislador, quando não a vontade ou a intenção da própria lei, como se esta fosse dotada dos atributos da psicologia do ser humano" (*Teoria crítica do Direito*. 3ª ed. rev., atual. e ampl. Belo Horizonte: Del Rey, 2003, pp. 351 e 352, respectivamente). Deve-se perceber, todavia, que a lei não possui vontade alguma. O Juiz, na sua missão de fazer justiça, não reproduz ou descobre o verdadeiro sentido da lei, mas cria aquele que, em decisão fundamentada, mais convém aos interesses implantados na ordem constitucional. O significado da lei, vale frisar, não é autônomo, mas heterônomo, vindo de fora e atribuído pelo intérprete.

(173) Segundo preleciona *Fábio Luiz Gomes*, "para o racionalismo é impensável que a lei tenha 'duas vontades'. Seu sentido deverá ser sempre 'unívoco' e sua compreensão deve ser procedida com a mesma neutralidade com a qual um matemático busca a solução de um problema álgebro" (*Responsabilidade objetiva e antecipação de tutela: a superação do paradigma da modernidade*. São Paulo: RT, 2006, p. 146).

(174) Ensina o mestre austríaco: "O Direito a aplicar forma, em todas essas hipóteses, uma moldura dentro da qual existem várias possibilidades de aplicação, pelo que é conforme ao Direito todo ato que

para a questão a ser solucionada, e o raciocínio, no particular, realmente não poderia ser outro, já que, no desempenho da sua cognição, antes de dar a solução que o caso requer, o Juiz *pensa* e *decide*, afinal, como diz *Jürgen Habermas*, "o direito é *naturalmente* reflexivo".(175)

O Magistrado, assim, na sua tarefa de concretizar a atividade jurisdicional, deve perquirir a *solução hermeneuticamente adequada*, ou seja, aquela produzida mediante prévia compreensão de sentido dos textos normativos e justificada nos valores previstos na Constituição e na promoção dos direitos fundamentais.(176)

Boa parte da Magistratura atual ainda não se deu conta — e isso é um dado preocupante — de que *o Direito não é um sistema absolutamente racional*.(177) Por conseqüência, as decisões tomadas por ela (parte da Magistratura) são meros reflexos do exercício cego da lógica formal, o que certamente não reflete o interesse da sociedade.(178)

---

se mantenha dentro deste quadro ou moldura, que preencha esta moldura em qualquer sentido possível". E continua sua brilhante lição: "Se por 'interpretação' se entende a fixação por via cognoscitiva do sentido do objeto a interpretar, o resultado de uma interpretação jurídica somente pode ser a fixação da moldura que representa o direito a interpretar e, conseqüentemente, o conhecimento das várias possibilidades que dentro desta moldura existem. Sendo assim, a interpretação de uma lei não deve necessariamente conduzir a uma única solução como sendo a única correta, mas possivelmente a várias soluções que — na medida em que apenas sejam aferidas pela lei a aplicar — têm igual valor, se bem que apenas uma delas se torne Direito positivo no ato do órgão aplicador do Direito — no ato do tribunal, especialmente. Dizer que uma sentença judicial é fundada na lei, não significa, na verdade, senão que ela se contém dentro da moldura ou quadro que a lei representa — não significa que ele é *a* norma individual, mas apenas é *uma* das normas individuais que podem ser produzidas dentro da moldura da norma geral". Adiante, arremata: "A interpretação jurídico-científica tem de evitar, com o máximo cuidado, a ficção de que uma norma jurídica apenas permite sempre e em todos os casos, uma só interpretação: a interpretação 'correta'. Isto é uma ficção de que se serve a jurisprudência tradicional para consolidar o ideal da segurança jurídica. Em vista da plurissignificação da maioria das normas jurídicas, este ideal somente é realizável aproximativamente" (*Teoria pura do Direito*. Tradução de João Baptista Machado. 6ª ed. São Paulo: Martins Fontes, 1998, pp. 390-391 e 396, respectivamente).

(175) HABERMAS, Jürgen. *Direito e democracia: entre facticidade e validade*. Tradução de Fábio Beno Siebeneichler. 2ª ed. Rio de Janeiro: Tempo Brasileiro, 2003, vol. I, p. 153.

(176) Cf.: STRECK, Lenio Luiz. *Verdade e consenso: Constituição, hermenêutica e teorias discursivas*. Rio de Janeiro: Lumen Juris, 2006.

(177) Como ensina *Lenio Luiz Streck*, "é possível alcançar respostas hermeneuticamente adequadas (corretas)". Pouco adiante, o mestre gaúcho explica o seguinte: "O texto é um evento. Texto é fato; fato é texto. E este (texto, que é fato) somente é 'algo' *(etwas als etwas)* no seu sentido, isto é, na sua norma. É essa inovação que procuro trazer para a discussão da 'dicotomia' texto-norma. Dito de outro modo, negar essa diferença é acreditar no caráter fetichista da lei, que arrasta o direito em direção ao positivismo. Daí a impossibilidade de reprodução de sentidos, como se o sentido fosse algo que pudesse ser arrancado dos textos (da lei, etc.). Os sentidos são atribuíveis, a partir da faticidade em que está inserido o intérprete e respeitando os conteúdos de base do texto, que devem nos dizer algo. Levemos o texto a sério, pois" (*Verdade e consenso: Constituição, hermenêutica e teorias discursivas*. Rio de Janeiro: Lumen Juris, 2006, pp. 203 e 205, respectivamente). Observe-se, entretanto, que os textos normativos contêm termos vagos e ambíguos, de modo que o Juiz, no momento da criação da norma jurídica individual, pode decidir "manipulando-os". Assim, os textos normativos não são aptos a proporcionar segurança senão "relativa". Logo, é preciso compreender que as decisões judiciais têm a mesma natureza que tem o próprio Direito: são só *parcialmente racionais*. Diante dessas proposições, *Sérgio Nojiri* conclui, corretamente, que: "[...] (a) não há um controle absoluto acerca da racionalidade das decisões judiciais que permita a obtenção da melhor resposta possível; (b) o discurso prático do juiz não deve ser visto como algo irracional, livre de qualquer tipo de fiscalização" (*A interpretação judicial do direito*. São Paulo: RT, 2005, p. 204).

(178) José *Eduardo Faria* é bem claro: "No exercício de suas funções judicantes, a magistratura forjou a partir do Estado liberal uma cultura técnica própria que, hoje, revela-se em descompasso com

Na verdade, e bem pelo contrário, o Direito é "emotivo, intuitivo e prático".[179] Acentua *Júlio César Bebber*:

"Não basta seguir o manual fornecido pela lei. É necessário dar-lhe efetividade com interpretações atualizadas, criativas, inovadoras. Para tanto, temos que nos despir de dogmas, desvencilharmos de preconceitos e desapegarmos do tradicional. Temos que refletir, questionar, pôr em dúvida nossas convicções. Pensar. Pensar."[180]

Assim, é perfeitamente válida a colocação de *Plauto Faraco de Azevedo*:

"É tempo que se diga, em alto e bom som, que o trabalho dos juristas, no trato das questões jurídicas de modo geral e na solução judicial em particular, deve ter preocupação e engajamento social, buscando a realização da justiça no inter-relacionamento entre os homens, mediante o resgate e a constante afirmação da sua dignidade."[181]

Para tanto, não se pode perder de vista que as *normas* não se confundem com os *textos jurídicos*, pois são exatamente os *sentidos construídos* a partir da interpretação sistemática destes, ou seja, a *norma* nada mais é que o *resultado* da interpretação dos *textos jurídicos*. "O produto da interpretação é a norma. Mas ela já se encontra, potencialmente, no invólucro do *texto normativo*".[182] Resta evidente, portanto, que a atividade interpretativa a ser exercida pelo Juiz não é meramente *descritiva* dos textos jurídicos, mas um *ato de decisão*, que, partindo-se dos *traços de significação mínimos incorporados ao uso técnico da linguagem*[183]

---

a realidade" (*As transformações do Judiciário em face de suas responsabilidades sociais. Direitos humanos, direitos sociais e justiça*/José Eduardo Faria (org.) 1ª ed., 4ª tir. São Paulo: Malheiros, 2005, p. 53).

(179) COELHO, Luiz Fernando. *Teoria crítica do Direito*. 3ª ed. rev., atual. e ampl. Belo Horizonte: Del Rey, 2003, p. 400.

(180) BEBBER, Júlio César. "Reforma do CPC — processo sincrético e repercussões no processo do trabalho". *Revista LTr*, São Paulo, ano 70, vol. 2, fev. 2006, p. 139.

(181) AZEVEDO, Plauco Faraco de. *Crítica à dogmática e hermenêutica jurídica*. Porto Alegre: Fabris, 1989, p. 61.

(182) GRAU, Eros Roberto. *Ensaio e discurso sobre a interpretação/aplicação do direito*. 4ª ed. São Paulo: Malheiros, 2006, p. 32.

(183) No particular, o Juiz deve utilizar os recursos da lingüística e da semiologia, os quais, sem dúvida alguma, servem ao sistema jurídico. Para *Luiz Alberto Warat*, "os estudos lingüísticos e semiológicos do direito necessitam procurar acompanhar o salto teórico que a própria lingüística e a semiologia estão tentando produzir". Explicando de maneira mais detalhada, o mestre portenho afirma que "existe, na atualidade, uma nova demarcação de fronteiras entre a lingüística e a semiologia: a primeira ocupa-se das significações denotativas dos termos, assim como de suas condições sintáticas sistemáticas; a segunda reflete sobre os processos de produção e transformação das significações conotativas (ideológicas) no seio da comunicação social. A semiologia fornece regras metodológicas para: a) considerar a natureza do discurso; b) obter alguns critérios seguros para a sua interpretação e efetuar em torno deles leituras ideológicas; c) tratar o problema da significação como fenômeno discursivo" (*O Direito e sua linguagem*, 2ª ed. aum. Porto Alegre: Fabris, 1995, p. 100). É de se perceber que a percepção a respeito do *Poder do Discurso* ou dos *efeitos sociopolíticos do Discurso* é objeto de estudo da semiologia *política*, o que só reforça a idéia de que o caráter multidisciplinar ou a visão holística dos fenômenos, inclusive os jurídicos, é a tônica do momento. Tais fatos, certamente, devem ser observados pelo Juiz no momento da sua cognição.

e das peculiaridades do caso concreto (historicamente situado),(184) constitui uma *opção* pelo *sentido* que melhor possa convergir para a realização da justiça.(185)

Assim, na presença de lacuna real ou ideológica, não se olvida que o Juiz deve ser *criativo* na sua arte de fazer justiça. Criativo, perceba-se, no sentido de *criar* a *norma* jurídica que implique a realização do justo processo. É inegável que é extremamente delicado definir o que seja uma regra justa, já que somente o caso concreto e suas peculiaridades darão a resposta. Como afirma *Chaïm Perelman*, entretanto, "a única exigência que se poderia formular acerca da regra que não seja arbitrária, mas se justifique, é que decorra de um sistema normativo".(186) Em outras palavras, antes de dar a solução da questão que lhe é submetida, o Juiz deve sempre desempenhar uma *hermenêutica crítica*, que, na sua essência, simplesmente não se limita a *re*produzir o que está escrito no texto normativo, mas sim, mediante certo juízo discricionário,(187) *criar* uma *norma jurídica apta* a atingir o resultado satisfatório em relação ao direito material em jogo.(188)

---

(184) A seguinte lição de *Eros Roberto Grau* é perfeita para a compreensão da temática: "A norma encontra-se, em estado de potência, involucrada no texto. Mas ela se encontra assim nele involucrada apenas parcialmente, porque os fatos também a determinam — insisto nisso: a norma é produzida, pelo intérprete, não apenas a partir de elementos que se desprendem do texto (mundo do dever-ser), mas também a partir de elementos da realidade (mundo do ser). Interpreta-se também o *caso*, necessariamente, além dos *textos* e da realidade — no momento histórico no qual se opera a interpretação — em cujo contexto serão eles aplicados" (*Ensaio e discurso sobre a interpretação/aplicação do direito*. 4ª ed. São Paulo: Malheiros, 2006, p. 32).

(185) Como esclarece *Humberto Ávila*, "daí se dizer que *interpretar é construir a partir de algo, por isso significa reconstruir*: a uma, porque utiliza como ponto de partida os textos normativos, que oferecem limites à construção de sentidos; a duas, porque manipula a linguagem, à qual são incorporados *núcleos de sentido*, que são, por assim dizer, constituídos pelo uso, e preexistem ao processo interpretativo individual" (*Teoria dos princípios: da definição à aplicação dos princípios jurídicos*. 4ª ed. rev. São Paulo: Malheiros, 2004, p. 25). Assim, no processo de aplicação do Direito, não existe mera subsunção de um conceito pré-concebido. A atividade desempenhada pelo aplicador do Direito é exatamente dar a significação racional, por intermédio da interpretação, da linguagem contida nos textos normativos. Cf. GRAU, Eros Roberto. *Ensaio e discurso sobre a interpretação/aplicação do Direito*. 4ª ed. São Paulo: Malheiros, 2006, p. 26.

(186) PERELMAN, Chaïn. *Ética e Direito*. Tradução de Maria Ermantina Galvão. São Paulo: Martins Fontes, 1996, p. 67.

(187) Há que se perceber, nas sábias palavras de *Ovídio A. Baptista da Silva*, que "a *discricionariedade* será, necessariamente, o suporte para qualquer espécie de decisão. Quem ignora isto, não comete erro jurídico: o engano decorre de uma equivocada compreensão da psicologia humana. *Julgar* é atividade de um juiz incumbido de declarar (ato cognitivo) a vontade da lei; *decidir* (ato volitivo) é a conseqüência da faculdade de julgar e pressupõe o poder de 'decidir-se' entre duas ou mais alternativas possíveis, quer dizer, legítimas" (*Processo e ideologia: o paradigma racionalista*. Rio de Janeiro: Forense, 2004, p. 274).

(188) "O ato de interpretar", afirma *Lenio Luiz Streck*, "implica uma produção de um novo texto, mediante a adição de sentido que o intérprete lhe dá" (*Hermenêutica jurídica e(m) crise: uma exploração hermenêutica da construção do Direito*. 4ª ed. rev. e atual. Porto Alegre: Livraria do Advogado, 2003, p. 205). Na lição de *Margarida Maria Lacombe Camargo*, deve-se perceber que "o direito admite, pois, uma superposição entre duas esferas: a da compreensão da norma e a da compreensão do fato, levadas a cabo pelo *ser* historicamente presente, que se utiliza, para tanto, do procedimento argumentativo. Tecnicamente, a argumentação viabiliza o acordo capaz de formular a compreensão através de uma técnica de uma interpretação que sirva de fundamento à solução mais razoável". À guisa de conclusão, preconiza a culta pesquisadora fluminense: "O método do direito é, portanto, o método tópico-hermenêutico. Cada situação deve ser compreendida em função do problema que apresenta e da tradição

No pós-positivismo, pois, deve-se construir a decisão *racionalmente adequada* ao caso. A interpretação, que é de índole concretizadora e argumentativa, tem o papel de realizar uma ponte entre a pré-compreensão e a compreensão da problemática. Com outras palavras, explica *Margarida Maria Lacombe Camargo*:

"A nova racionalidade jurídica, identificada neste trabalho com a tópica e com a retórica, corresponde a um novo modo de pensar o direito. Por um lado, a nova hermenêutica, que procura dar conta da complexidade que orienta o significado da ação social, na qual incluem-se as relações jurídicas; e de outro, a nova retórica, que reúne elementos da teoria da argumentação e da tópica, capazes de legitimar novas situações."(189)

Há que se observar que essa postura judicial não implica irresponsabilidade no exercício da prestação da tutela jurisdicional. Em absoluto, visto que, embora não se tenha registro da temida e falaciosa ditadura do Poder Judiciário na História, sobre este deve ser exercido algum controle.(190) Como já dissemos alhures, os atos judiciais legitimam-se na feição democrática de seu *procedimento*(191) e na respectiva *motivação*, que deve ter argumentos razoáveis, eqüitativos, oportunos e aceitáveis.(192)

Afirma *Antonio Scarance Fernandes*:

"O procedimento, além de ser revitalizado como instituto de fundamental importância no direito processual, foi considerado importante elemento de legitimação do poder decisório do Estado, em quaisquer planos de sua atuação: legislativo, administrativo e judiciário."(193)

---

histórica na qual se insere. Mas o seu instrumental é argumentativo. Dessa forma, podemos dizer que *o direito consiste na realização de uma prática que envolve o método hermenêutico da compreensão e a técnica argumentativa*" (*Hermenêutica e argumentação: uma contribuição ao estudo do direito*. 3ª ed. rev. e atual. Rio de Janeiro: Renovar, 2003, p. 22).

(189) CAMARGO, Margarida Maria Lacombe. *Hermenêutica e argumentação: uma contribuição ao estudo do direito*. 3ª ed. rev. e atual. Rio de Janeiro: Renovar, 2003, p. 253.

(190) Os atos resultantes do Poder Judiciário são públicos, de modo que são fiscalizados pelas partes, advogados e imprensa, sendo normalmente sujeitos ao duplo grau de jurisdição.

(191) Cf. LUHMANN, Niklas. *Legitimação pelo procedimento*. Brasília: Universidade de Brasília, 1980.

(192) Para *Chaïm Perelman*, motivar uma decisão "[...] é justificá-la, não é fundamentá-la de um modo impessoal e, por assim dizer, demonstrativo. É persuadir um auditório, que se deve conhecer, de que a decisão é conforme às suas exigências. Mas estas podem variar com o auditório: ora são puramente formais e legalistas, ora são atinentes às conseqüências; trata-se de mostrar que estas são oportunas, eqüitativas, razoáveis, aceitáveis. O mais das vezes, elas concernem as dois aspectos, conciliam as exigências da lei, o espírito do sistema, com a apreciação das conseqüências". E continua com o brilhantismo habitual: "A motivação se adaptará ao auditório que se propõe persuadir, a suas exigências em matéria de direito e de justiça, à idéia que ele se forma do papel e dos poderes do juiz no conjunto das instituições nacionais e internacionais. Como essa concepção varia conforme as épocas, os países, a ideologia dominante, não há verdade objetiva a tal respeito, mas unicamente uma tentativa de adaptação a uma dada situação". Arremata sua lição com a seguinte opinião: "O direito é, simultaneamente, ato de autoridade e obra de razão e de persuasão" (*Ética e Direito*. Tradução de Maria Ermantina Galvão. São Paulo: Martins Fontes, 1996, pp. 569-570). Daí, o que já havíamos falado: o raciocínio lógico-formal é apenas um componente no processo de cognição judicial.

(193) FERNANDES, Antonio Scarance. *Teoria geral do procedimento e o procedimento no processo penal*. São Paulo: RT, 2005, p. 37.

Já no dizer de *Luigi Paolo Comoglio*, "a possibilidade de 'controlar' os pressupostos valorativos da 'escolha' efetuada, através do filtro da motivação, é um fator de incondicionada *fidúcia* do cidadão no órgão jurisdicional".[194] Para *Michele Taruffo*,

"[...] o problema dos valores divide-se em três aspectos principais: a) a escolha do valor como critério-guia da valoração; b) a valoração como formulação do juízo com base no valor escolhido como critério-guia; c) a colocação do juízo de valor no conjunto do raciocínio decisório."

Essa, entretanto, é apenas a primeira parte da questão, já que, enquanto reflexo da cognição judicial,[195] explica o autor italiano,

"[...] o problema a ser resolvido não é a racionalidade do juízo de valor, mas o da sua justificação, e pode, por sua vez, dividir-se em três 'subproblemas': a) justificação da escolha do valor-guia; b) justificação do juízo de valor; c) justificação das conseqüências que o juiz obtém, ao fim da decisão, do juízo de valor."[196]

De maneira acertada, afirma *Maria Thereza Gonçalves Pero*:

"No que se refere à cognição, também, é forçoso que ao juiz seja atribuído um certo grau de liberdade, como por exemplo a liberdade para apreciar todos os elementos de fato e de direito que irão influir em sua decisão."

Explica, porém, a professora de São Paulo:

"*Livre convencimento* não significa estar o juiz autorizado a valer-se de critérios subjetivos, mas sim de critérios objetivos, previstos no ordenamento para a integração, interpretação e aplicação de normas: o ordenamento o remete não à sua vivência pessoal, porém aos costumes, à analogia, à eqüidade etc. Deve, pois, e nunca é demais repetir, decidir de acordo com uma competência originariamente estabelecida — que não é a legislativa —, e sua *opção de escolha*, portanto, deve ser usada dentro de limites racionais e segundo as regras previstas no ordenamento, sob pena de tal 'poder discricionário' converter-se em *arbitrariedade*, razão pela qual se impõe o *livre convencimento motivado*."[197]

(194) COMOGLIO, Luigi Paolo. *La garantia costituzionale dell'azione ed il processo civile*. Padova: CEDAM, 1970, p. 28.

(195) A rigor, não se pode confundir *cognição* e *motivação*. No particular, explica *Kazuo Watanabe:* "A cognição está voltada à produção do resultado final, que é a decisão ou o provimento jurisdicional. Ao longo do *iter* percorrido, o magistrado enfrenta e resolve inúmeras questões de fato e de direito, e o esquema do silogismo final e os aspectos mais importantes para a justificação lógica da conclusão última devem ficar expressos na 'motivação'" (*Da cognição no processo civil*. 2ª ed. atual. Campinas: Bookseller, 2000, p. 65).

(196) TARUFFO, Michele. *La motivazione della sentenza civile*. Padova: CEDAM, 1975, p. 147.

(197) PERO, Maria Thereza Gonçalves. *A motivação da sentença civil*. São Paulo: Saraiva, 2001, pp. 172-173.

Daí que o Juiz, notadamente na definição da regra jurídica aplicável ao caso individualizado, não pode fugir da *mensagem ideológica* enraizada nos *textos* ou *linguagens* normativas.(198) Independentemente da denominação que se atribua a esse movimento libertador, o que importa mesmo é que haja uma postura *crítica* por parte do Juiz na realização da atividade jurisdicional.(199) *Luís Roberto Barroso* é enfático:

> "O juiz não pode ignorar o ordenamento jurídico. Mas, com base em princípios constitucionais superiores, poderá paralisar a incidência da norma no caso concreto, ou buscar-lhe novo sentido, sempre que possa *motivadamente* demonstrar sua incompatibilidade com as exigências de razoabilidade e justiça que estão sempre subjacentes ao ordenamento."(200)

De maneira indiscutível, essas considerações são aplicadas ao sistema processual. Malgrado este seja formado por normas técnicas, é indiscutível que ele guarda compromisso ético-axiológico com a realização da justiça.(201)

---

(198) Segundo *Eros Roberto Grau*, "[...] cumpre aos críticos do direito procurar analisar os *direitos postos* sem preconceitos ideológicos, procurando não ignorar as mensagens ideológicas cristalizadas no nível normativo (porque o nível normativo é, sempre, veiculador de mensagens ideológicas)" (*O direito posto e o direito pressuposto*. 5ª ed. rev. e ampl. São Paulo: Malheiros, 2003, p. 158).

(199) *João Maurício Adeodato* percebeu bem essa questão: "Entender 'dogmática' e 'crítica' como correntes ideológicas, e mais ainda adversárias, é tolice. No Brasil, o problema mistura-se como política, como se fosse possível a equiparação de 'dogmáticos' a 'conservadores' e de 'não-dogmáticos'a 'alternativos'. Todos podem perceber que, a rigor, não se tem no Brasil uma dogmática jurídica como sistema autônomo, autodeterminado, autopoético, auto o que quer que seja. Nesse sistema jurídico, específico e altamente complexo, o direito não é apenas influenciado pelos demais subsistemas sociais (econômico, afetivo, de boas relações etc.) como até depende deles para funcionar". E explica: "O jurista deve ser capaz de compreender nitidamente as duas perspectivas. A dogmática preenche uma função vital que é a solução — ou 'neutralização' — dos conflitos, a organização e distribuição da violência legítima, da *violência justa*. É o direito que transforma um mero agrupamento humano, com sua inevitável e desorganizada violência, em uma sociedade cuja organização monopoliza, disciplina, torna quantitativamente mensurável a violência. Além dessa aplicação direta, empírica, traduzida na ação dos chamados *operadores jurídicos*, que se poderia denominar *dogmática concreta*, há o nível metalingüístico da *dogmática científica:* esta ciência dogmática do direito visa a fornecer subsídios para a atividade argumentativa e decisória que caracteriza a dogmática concreta — ela compara, diferencia, define, interpreta, em suma, faz ciência. Mesmo a dogmática científica, enquanto teoria, objetiva auxiliar no desempenho dessa função essencial que é o controle dos conflitos. Nesse sentido, também ela está constrangida a argumentar com base em normas positivas e a fornecer critérios decisórios" (*Filosofia do direito: uma crítica à verdade na ética e na ciência (através de um exame da ontologia de Nicolai Hartmann)*. 2ª ed. rev. e atual. São Paulo: Saraiva, 2002, pp. 15-16)

(200) BARROSO, Luís Roberto. *Interpretação e aplicação da Constituição: fundamentos de uma dogmática constitucional transformadora*. 2ª ed. São Paulo: Saraiva, 1998, p. 259.

(201) No particular, é importante observar a seguinte lição de *Antonio Carlos de Araújo Cintra, Cândido Rangel Dinamarco* e *Ada Pellegrini Grinover:* "Em decorrência de sua instrumentalidade ao direito material, as normas processuais, na maior parte, apresentam caráter eminentemente técnico. Entretanto, a neutralidade ética que geralmente se empresta à técnica não tem aplicação ao processo, que é um instrumento ético de solução de conflitos, profundamente vinculado aos valores fundamentais que informam a cultura da nação. Assim, o processo deve absorver os princípios básicos de ordem ética e política que orientam o ordenamento jurídico por ele integrado, para constituir-se em meio idôneo para obtenção do escopo de pacificar e fazer justiça. Dessa forma, o caráter técnico da norma processual fica subordinado à sua adequação à finalidade geral do processo" (*Teoria geral do processo*. 20ª ed. São Paulo: Malheiros, 2004, p. 90).

Para *Júlio César Bebber*,

> "o valor justiça espelha a finalidade do processo. Tal valor está intimamente relacionado com a atuação concreta do direito material. E, se assim é, não se pode admitir que a lei processual estabeleça regulação que, por motivos puramente processuais, ponha em perigo, com risco até de eliminar, o direito material."

Com efeito, explica o seguinte:

> "A precisão conceitual, a técnica e a forma são indispensáveis à ciência processual, de mesma forma que o são para qualquer ciência. São elas que fornecem meios seguros para atingir os fins almejados. Contudo, não se pode torná-las como objeto principal da ciência processual."(202)

Dito de outro modo, a despeito de formalizado em um procedimento, enquanto instrumento de realização da jurisdição, o processo é, essencialmente, de índole *finalística* ou *teleológica*(203) e de feição pública, política e, sobretudo, ética.(204) Demais disso, não se pode perder de vista que, no fundo, além do nexo de instrumentalidade, a relação entre o direito material e o processo é de *integração*, posto que, desencadeada a situação de crise, a parte somente gozará posição vantajosa em relação ao bem envolvido após a fixação da norma jurídica concreta, que, como se sabe, resulta deste último. No particular, vale a pena desfrutar a seguinte lição de *Calmon de Passos*:

> "A relação entre o processo de produção do Direito e o direito produzido, seja ele enunciado, seja como decisão (dizer o Direito e aplicar o Direito) não é de caráter instrumental, meio-fim, sim de natureza substancial, integrativa. O Direito é o que dele faz o processo de sua produção. Isto nos adverte de que nunca é algo dado, pronto, preestabelecido ou pré-produzido, cuja aplicação é possível, mediante simples utilização de determinadas técnicas e instrumentos, com segura previsão das conseqüências. O Direito, em verdade, é produzido a cada ato de sua produção, concretiza-se com sua aplicação e somente é enquanto está sendo produzido ou aplicado."(205)

Nessa perspectiva, é irrefutável que o Juiz, desde o início da sua atividade cognitiva até a culminação de sua decisão, deve ter em mente a perspectiva da realização da justiça no caso em análise — incluindo-se aqui, naturalmente, a

---

(202) BEBBER, Júlio César. *Exceção de pré-executividade no processo do trabalho*. São Paulo: LTr, 2004, p. 115.

(203) Cf. ALCALÁ-ZAMORA Y CASTILLO, Niceto. *Processo, autocomposición y autodefensa*. 2ª ed. México: Unam, 1970, pp. 115-116.

(204) TUCCI, Rogério Lauria. *Teoria do direito processual penal: jurisdição, ação e processo penal (estudo sistemático)*. São Paulo: RT, 2002, p. 161.

(205) PASSOS, José Joaquim Calmon de. *Direito, poder, justiça e processo: julgando os que nos julgam*. Rio de Janeiro: Forense, 2003, p. 68.

própria regularidade do processo, como forma de realizar os ditames axiológicos do princípio do devido processo legal —, de modo que, se for necessário para esse fim, deve flexibilizar a aplicação fria da lei formal. O importante, no caso, é procurar, através do processo, o máximo de coincidência possível entre o resultado deste e a observância espontânea das regras de direito material.(206)

No entendimento de *Luiz Guilherme Marinoni*,

> "para chegar à técnica processual adequada à situação concreta o juiz, além de partir do princípio da efetividade da tutela jurisdicional, deve considerar a omissão legislativa ou a regra processual incapaz de propiciar a efetividade da prestação jurisdicional. A conclusão a respeito da omissão ou da inidoneidade da regra processual exige a prévia análise da tutela prometida pelo direito material e das necessidades concretas da parte. Se a conclusão for no sentido de que a omissão ou a regra processual, diante das exigências do direito material e da realidade social, impedem a prestação jurisdicional na forma efetiva, o juiz não pode fugir do dever de aplicar a técnica processual adequada ao caso concreto. Pouco importa a omissão ou a inidoneidade da regra processual, uma vez que o juiz, perante o direito fundamental à tutela jurisdicional efetiva, tem o dever de aplicar a técnica processual hábil à tutela do direito material."(207)

Nessa missão, vale repetir, para se libertar das amarras do legislador, o Juiz deve perceber que a legitimidade da sua atividade jurisdicional reside em dois pontos fundamentais: *o procedimento potencialmente realizado em contraditório e a fundamentação das decisões*. Tendo essa percepção, ele pode, sem angústia, afastar-se da generalidade da lei, tomando a decisão que melhor atenda às peculiaridades do caso concreto.(208) Daí, com acerto, afirma *Luiz Guilherme Marinoni*:

---

(206) *Marcelo Lima Guerra* ensina que "[...] o postulado da máxima coincidência possível consiste na exigência de que a tutela jurisdicional a ser prestada através do processo proporcione ao titular do direito subjetivo tutelado a maior proteção possível, produzindo-se, então, um resultado concreto o mais coincidente possível com aquele resultante do cumprimento espontâneo das normas (de direito material) que prevêem o referido direito subjetivo" (*Direitos fundamentais e a proteção do credor na execução civil*. São Paulo: RT, 2003, p. 102).

(207) MARINONI, Luiz Guilherme. *Técnica processual e tutela de direitos*. São Paulo: RT, 2004, p. 229.

(208) Atualmente, não se pode mais conceber um Juiz meramente expectador. A efetividade do processo somente resta alcançada quando o Juiz, ciente do seu papel, assume a posição de representante do Estado e procura, a cada instante, realizar os valores constitucionais em questão. Tal postura é demasiadamente importante, sobretudo no processo de execução, em que os atos processuais têm como finalidade invadir a esfera patrimonial do executado, podendo resultar, em determinadas situações, na sua prisão inclusive. Daí o cuidado redobrado do Juiz. Se a situação fática assim o exigir, deve o mesmo ter a consciência de que, adotando procedimento em contraditório e fundamentando razoavelmente a sua decisão, pode tomar uma medida não prevista na legislação. Como diz *Rui Portanova*, "o fato de a lei instituir o *iter* procedimental não o torna valor absoluto". Afinal, "o sistema não é inflexível", de modo que o mesmo pode ser adaptado às peculiaridades de cada litígio. Nesse contexto, trazendo a questão para o âmbito da cognição, deve-se perceber que "as regras não podem ser obstáculo para afastar o juiz da verdade real. Pelo contrário, é indispensável criarem-se condições propícias à reconstrução dos fatos com vistas a um julgamento mais próximo possível da verdade e com gozo pleno de seus resultados. Tudo com economia de tempo e energia" (*Motivações ideológicas da sentença*. 5ª ed. Porto Alegre: Livraria do Advogado, 2003, p. 119).

"Se o dever do legislador de editar o procedimento idôneo pode ser reputado descumprido diante de determinado caso concreto, o juiz, diante disso, obviamente não perde o seu dever de prestar a tutela jurisdicional efetiva. Por tal razão, o juiz tem o dever de interpretar a legislação à luz do direito fundamental à tutela jurisdicional, estando obrigado a extrair da regra processual, sempre com a finalidade de efetivamente tutelar direitos, a sua máxima potencialidade [...]."(209)

Embora se referindo ao processo criminal, mas em lição perfeitamente aplicável ao processo de execução, preconiza *Antonio Scarance Fernandes*:

"O direito a um sistema de regras e princípios que conjuguem eficiência e garantia não representa direito a um procedimento certo, determinado, delineado, com todos os seus atos e fases, em seqüência predeterminada, mas o direito a um procedimento assentado em alguns paradigmas extraídos de normas constitucionais do devido processo penal."(210)

Revela-se oportuno indagar, para efeitos do nosso estudo: que vem a ser uma *execução injusta*? Antes de tudo, deve-se perceber que a resposta tem dois ângulos. Sob o ponto de vista *substancial*, uma execução é flagrantemente injusta quando, ainda que os atos executivos sejam realizados nos exatos termos das normas processuais aplicáveis, a obrigação consubstanciada no título executivo não se refira ao executado. No caso, é evidente que este sofre prejuízos em virtude dos atos estatais de agressão patrimonial. Já sob o ponto de vista *formal*, a execução é injusta quando, independentemente da efetiva existência do direito que subjaz ao título executivo, o executado, ao arrepio do princípio constitucional do devido processo legal, tem sua esfera patrimonial atingida por atos executivos sem a legítima observância das normas processuais.(211)

Diante dessas considerações, percebe-se que o Juiz do processo de execução, *desde que a matéria não seja absolutamente incompatível com a natureza e finalidade deste*, o que é observado pelo fenômeno da cognição, pode tomar medidas não previstas na legislação, posto que a sua preocupação é com a efetividade da prestação da tutela jurisdicional, o que inclui a realização da justiça concreta.(212) A justificação da decisão sempre encontrará campo fértil na cláusula aberta do princípio constitucional do devido processo legal, que goza, como já visto, de plena hegemonia normativa.

---

(209) MARINONI, Luiz Guilherme. *Técnica processual e tutela de direitos*. São Paulo: RT, 2004, p. 189.

(210) FERNANDES, Antonio Scarance. *Teoria geral do procedimento e o procedimento no processo penal*. São Paulo: RT, 2005, p. 43.

(211) MARTINS, Sandro Gilbert. *A defesa do executado por meio de ações autônomas: defesa heterotópica*. São Paulo: RT, 2002, pp. 71-72.

(212) Com absoluta razão, afirma *Carlos Alberto Alvaro de Oliveira* que "o *valor justiça*, espelhando a finalidade jurídica do processo, encontra-se intimamente relacionado com a atuação concreta do direito material, entendido este, em sentido amplo, como todas as situações objetivas de vantagem conferidas pela ordem jurídica aos sujeitos de direito" (*Do Formalismo no processo civil*. 2ª ed. rev. e ampl. São Paulo: Saraiva, 2003, p. 66).

Assim, se as peculiaridades do caso concreto exigirem, o Juiz pode, por exemplo, diante do exercício da defesa endoprocessual executiva, suspender a prática dos atos executivos, mediante prévia manifestação da parte contrária e decisão razoavelmente motivada. Pode, também, no mesmo contexto, determinar a extinção da execução por incidência da prescrição da ação executiva, que, vale notar, retira a exigibilidade jurídica da obrigação e, com efeito, a força executiva do título. Da mesma forma, pode determinar a compensação de obrigações recíprocas, líquidas e exigíveis. Pode, ainda, determinar a extinção do processo de execução em virtude do comprovado adimplemento da obrigação que subjaz ao título executivo, enfim, inúmeras medidas podem ser tomadas, tudo na dependência da riqueza do concreto. O seu limite, tal como inferido do sistema jurídico como um todo, está no âmbito de incidência da *cognição no processo de execução,*[213] que será estudado no capítulo terceiro desta obra.

Há anteprojeto de lei no sentido de positivar a defesa endoprocessual executiva, mas com a denominação de *objeção de não-executividade*. O anteprojeto, de autoria do Instituto Brasileiro de Direito Processual (IBDP), prevê que o referido instituto somente terá por objeto os questionamentos envolvendo a nulidade da execução, limitados, entretanto, pelas controvérsias resultantes da inexistência de título executivo. Diz, ainda, o anteprojeto que o exercício da *objeção de não-executividade* não ocasiona a suspensão dos atos executivos. Pergunta-se: na eventualidade de o anteprojeto se tornar lei, o Juiz, ciente de seu papel crítico em virtude da legislação ordinária, deve seguir a ferro e fogo as disposições mencionadas? A resposta, segundo pensamos ter demonstrado acima, somente pode ser negativa.

Em primeiro lugar, somente o Juiz, na perspectiva de dar efetividade à prestação jurisdicional, saberá, diante das circunstâncias do caso concreto, se a hipótese é de suspensão ou não. Como a lei é genérica, é evidente que se deve aplicá-la na maioria dos casos, ou seja, no sentido da ausência de suspensão dos atos executivos. Casos específicos sujeitos à cognição judicial, entretanto, certamente exigirão, para que se concretize o mencionado princípio da efetividade do processo, resposta distinta. Em segundo lugar, a lei não pode simplesmente limitar o objeto da cognição do Juiz no processo de execução, pois este resulta de uma *interpretação sistemática,*[214] de modo que o mesmo não pode ser desprezado.[215] Aqui, o sistema completo oferece como resposta o alcance e os limites da cognição judicial, conforme será estudado adiante.

---

(213) Para *Cândido Rangel Dinamarco*, tratando-se de atividade desenvolvida pelo Juiz no processo de execução, "[...] nos limites da cognição que neste se contém, ele há de julgar e fica sempre obrigado a fazê-lo à base da probabilidade suficiente e sob o risco de errar" (*A instrumentalidade do processo*. 8ª ed. rev. e atual. São Paulo: Malheiros, 2000, p. 259).

(214) Para *Juarez Freitas*, "[...] a interpretação sistemática deve ser entendida como uma operação que consiste em atribuir, topicamente, a melhor significação, dentre várias possíveis, aos princípios, às normas estritas (ou regras) e aos valores jurídicos, hierarquizando-os num todo aberto, fixando-lhes o alcance e superando antinomias em sentido amplo, tendo em vista bem solucionar os casos sob apreciação" (*A interpretação sistemática do direito*. 4ª ed. rev. e ampl. São Paulo: Malheiros, 2004, p. 80).

(215) "Realmente, as peculiaridades da lei processual não são tais que sigam a utilização de cânones especiais de interpretação: basta que sejam convenientemente perquiridas e reveladas, levando em

Resumindo, mesmo que a legislação ordinária não tenha previsão da defesa endoprocessual executiva, deve-se admiti-la em virtude de uma interpretação sistemática do ordenamento jurídico, mormente tendo em vista o princípio constitucional do devido processo legal. O que define o seu campo de atuação são os lindes cognitivos do processo de execução, os quais lhe são ontologicamente extraídos. Além do mais, ainda que houvesse essa previsão legal, como parece ser a tendência, ou seja, com limitação cognitiva, nem por isso o Juiz ficaria amarrado ao seu texto abstrato, visto que, mediante uma atividade hermenêutica crítica, deve procurar dar efetividade ao princípio da prestação da tutela jurisdicional adequada, o que inclui a proteção ao executado que tem razão. Finalmente, também com base em uma interpretação sistemática e nessa emancipação em relação ao legislador, o Juiz, excepcionalmente, tem a liberdade de alterar os efeitos da protocolização da defesa endoprocessual executiva, para conferir, por exemplo, quando a situação fática assim o exigir, a suspensão da realização dos atos executivos.

1.4. O SURGIMENTO DA DEFESA ENDOPROCESSUAL EXECUTIVA E A INCIDÊNCIA DO PRINCÍPIO DO CONTRADITÓRIO NO PROCESSO DE EXECUÇÃO

Historicamente, o processo de execução foi concebido como uma modalidade de tutela jurisdicional destituída de qualquer defesa *interna*. O argumento maior reside no fato de que uma das partes, o exeqüente, é portador do título executivo, que, por si só, autoriza a realização dos atos estatais de satisfação do crédito que lhe subjaz, com nítida posição de vantagem. Ao executado, nessa visão clássica e tradicional, só resta a sujeição a esses atos executivos ou, caso queira questionar a legitimidade dos mesmos, o ajuizamento da *ação incidental* de embargos à execução, mediante *prévia* garantia do juízo. Para *Enrico Tullio Liebman*,

> "[...] na execução não há mais equilíbrio entre as partes, não há contraditório, uma delas foi condenada e sobre este ponto não pode mais, em regra, haver discussão; a outra, tendo conseguido o reconhecimento de seu direito, exige que se proceda de acordo com o que a sentença declarou e não o pode impedir e deve suportar o que se faz em seu prejuízo, sendo ouvido só na medida em que a sua colaboração possa ser útil e podendo pretender unicamente que os dispositivos da lei não o sejam ultrapassados no cumprimento desta atividade. É certo que a controvérsia e o contraditório podem reaparecer, mas isto somente em novo processo de cognição de caráter incidental (embargos)."

---

consideração as finalidades do processo e a sua característica sistemática. Daí o entendimento prevalente entre os processualistas no sentido de acentuar a relevância da interpretação sistemática da lei processual. Os princípios gerais do processo, inclusive aqueles ditados em nível constitucional, estão presentes em toda e qualquer norma processual e à luz dessa sistemática geral todas as disposições processuais devem ser interpretadas" (CINTRA, Antônio Carlos de Araújo; DINAMARCO, Cândido Rangel; GRINOVER, Ada Pellegrini. *Teoria geral do processo*. 20ª ed. São Paulo: Malheiros, 2004, pp. 102-103).

E conclui o seu raciocínio:

> "É, pois, natural que a cognição e a execução sejam ordenadas em dois processos distintos, construídos sobre princípios e normas diferentes, para a obtenção de finalidades muito diversas."(216)

Discordamos dessa visão formalista do ilustre autor, aliás, pode-se afirmar que, seguramente, ela já não corresponde ao pensamento jurídico atual. Como se verá no desenvolver deste trabalho, há uma relativização do princípio da autonomia entre as tutelas cognitivas e executivas, exatamente pela consolidação, no nosso ordenamento jurídico, do princípio do *sincretismo* entre a cognição e a execução.(217) Além disso, ao contrário da opinião de *Liebman*, revela-se indiscutível no cenário jurídico atual que exista contraditório efetivo e equilibrado no processo de execução.(218)

Na doutrina, inegavelmente foi *Pontes de Miranda* quem primeiro cogitou a respeito da possibilidade de o executado defender-se no âmbito interno do processo de execução, em parecer exarado nos idos de 1966. Na oportunidade, elaborou parecer a respeito de consulta da Companhia Siderúrgica Mannesmann, que respondia por várias execuções e pedidos de falência em alguns Estados brasileiros, sempre com fundamento em títulos que continham assinaturas falsas de um de seus diretores. Não se sabe, ao certo, qual era a finalidade desse expediente, mas, com certeza, de títulos executivos não se tratavam, de tal sorte que exigir a garantia do juízo na hipótese, devido ao elevado montante do suposto débito, causaria *injustificável* prejuízo financeiro para a "empresa". No pioneiro entendimento do autor:

> "Se alguém entende que pode cobrar dívida que consta de instrumento público, ou particular, assinado pelo devedor e por duas testemunhas, e o demandado — dentro das vinte e quatro horas — argúi que o instrumento público é falso, ou de que a sua assinatura, ou de alguma testemunha é falsa, tem o juiz de apreciar o caso antes de ter o devedor de pagar ou sofrer a penhora. Trata-se de negação da executividade do título. Pode mesmo alegar que o instrumento público não foi devidamente assinado."(219)

Já prevendo o princípio do sincretismo entre cognição e execução, afirmou o mestre alagoano naquele momento que, na espécie, "o elemento de cognição

---

(216) LIEBMAN, Enrico Tullio. *Processo de execução*. Araraquara: Bestbook, 2003, pp. 64-65. Na mesma linha, aliás, manifesta-se outro eminente autor italiano, *Salvatore Satta*, quando afirma que o processo de execução "[...] no in contraddittorio, non provoca alcun giudizio sulla pretesa che si vuol far valere" (*L'esecuzione forzata*. Torino: UTET, 1950, n. 28, p. 45).

(217) Cf. MEDINA, José Miguel Garcia. *Execução civil: teoria geral: princípios fundamentais*. 2ª ed. rev., atual. e ampl. São Paulo: RT, 2004, pp. 262-394.

(218) Cf. TARZIA, Giuseppe. "O contraditório no processo executivo". *Revista de Processo*, São Paulo: RT, n. 28, out./dez. 1987, pp. 55-95.

(219) PONTES DE MIRANDA, Francisco Cavalcanti. *Dez anos de pareceres*. Rio de Janeiro: Francisco Alves, 1975, vol. 4, pp. 127-128.

é inextirpável, mas o elemento de execução *prepondera*. De modo que o dilema 'cognição ou execução' é inadmissível. O que se pode indagar é *qual* preponderа".(220) É incontestável que, estando-se diante de um processo de execução, o caráter executivo prevalece, mas não elimina o exercício de alguma atividade cognitiva ou realização judicial de juízos de valor, visto que, na conhecida lição de *Kazuo Watanabe*, "inexiste ação em que o juiz não exerça qualquer espécie de cognição".(221)

De logo, o posicionamento (defesa endoprocessual executiva) obteve resistência doutrinária, sob o argumento inicial de lacuna *legislativa*, como se pode perceber na opinião de *Alcides de Mendonça Lima*:

> "No sistema brasileiro, tradicionalmente, o devedor (antes denominado de 'executado') somente pode pretender elidir a ação executiva, opondo-se ao título, por via apenas de embargos, que exigem penhora, quer por nomeação de bens pelo próprio devedor, quer por escolha dos oficiais do juízo. A tese de que questões ou exceções pré-executivas dispensam a penhora como antecedente necessário aos embargos do devedor, tratandose de ação executiva fundada em título extrajudicial, é meramente acadêmica, podendo servir, por sua relevância, como valiosos subsídios, contudo, para a reforma do Código de Processo Civil, configurando-se, de modo preciso e exato, os dispositivos respectivos."(222)

Para *Willis Santiago Guerra*,

> "[...] a estrutura da execução não abre espaço a que o devedor *ab interno*, quer dizer, dentro do processo executivo possa insurgir-se seja a respeito de pressuposto de constituição e desenvolvimento válido e regular do processo iniciado (CPC, art. 167, inc. IV) ou de condição da ação executiva, ou, principalmente, quanto ao ato subjacente ao título executivo."(223)

Não obstante esse extremado posicionamento, é certo que a jurisprudência,(224) preocupada com a submissão à penhora por quem não deve responder

---

(220) PONTES DE MIRANDA, Francisco Cavalcanti. *Dez anos de pareceres*. Rio de Janeiro: Francisco Alves, 1975, vol. 4, p. 129.

(221) WATANABE, Kazuo. *Da cognição no processo civil*. 2ª ed. atual. Campinas: Bookseller, 2000, p. 37.

(222) LIMA, Alcides de Mendonça. "Ação executiva". *Revista dos Tribunais*, São Paulo, vol. 72, n. 575, set. 1983, p. 70.

(223) GUERRA, Willis Santiago. "Aspectos da execução forçada no sistema processual brasileiro". *Revista de Processo*, São Paulo: RT, n. 83, jul./set. 1996, p. 65.

(224) O instituto da chamada "exceção de pré-executividade" (esclareça-se que, segundo pensamos, ele representa uma visão *restritiva* do fenômeno cognitivo realizado no processo de execução, dando enfoque, principalmente, à possibilidade de argüição em confronto ou concomitância com a ação de embargos ou de impugnação ao cumprimento de sentença; daí a nossa preferência pela denominação *defesa endoprocessual executiva*, tendo como perspectiva a cognição judicial), pelo menos até o presente momento, *não possui previsão legal*. A jurisprudência, mediante interpretação sistemática, integrou essa lacuna no ordenamento jurídico, criando o referido instituto, no afã de introduzir, no processo de execução, um incidente capaz de alertar o Juiz acerca da existência de vício que impeça regular

pela execução, dando uma interpretação sistemática ao ordenamento jurídico, passou a admitir, sob o nome de "exceção de pré-executividade", a argüição de vícios relativos à admissibilidade da ação executiva no próprio processo de execução, o que veio a ser acompanhado pela doutrina majoritária mais recente. *Galeno Lacerda*, por exemplo, entende o seguinte:

> "Se em tal sentido, constituiria violência inominável impor-se ao injustamente executado o dano, às vezes irreparável, da penhora prévia ou, o que é pior, denegar-lhe qualquer possibilidade de defesa se acaso não possuir ele bens penhoráveis suficientes."(225)

De maneira diferente, não pensa *Marcelo Lima Guerra*:

> "O que se pode admitir, portanto, é que alegando o devedor, por simples petição no próprio processo de execução, vício relativo à admissibilidade da execução, possa o juiz reconhecer de imediato o vício alegado e decretar a extinção do processo — da mesma forma que o faria se tivesse por si mesmo, oficiosamente, identificando o mesmo defeito, com o que não incorreria em nenhum erro *in procedendo*. Fora dessa hipótese, não sendo tão manifesta a nulidade, o juiz deve *ignorar* a alegação do devedor, dando curso normal à execução."(226)

Realmente, exigência de penhora,(227) para o exercício do direito de defesa pelo executado, em processo completamente eivado de nulidades, revelava-se um ato injusto e prejudicial, senão inconstitucional, que não se coadunava com

---

admissibilidade da ação executiva. Tal situação integrativa, fundamentada nos princípios gerais da ordem jurídica e nos valores consagrados na Constituição, foi percebida por *Karl Larenz*, quando afirma que a *jurisprudência* "criou novos institutos que não estavam presentes no plano originário da lei, mas, que lhe eram contrários; seja em atenção a uma necessidade ineludível da ordem jurídica, a um princípio jurídico cujo significado só foi conhecido posteriormente ou a um princípio constitucional". Para o mestre alemão, essa postura jurisprudencial não deixa de ser um *desenvolvimento* do Direito para *além* da lei em sentido restrito, mas, certamente, dentro da ordem jurídica, enfim, dentro do próprio Direito (*Metodologia da ciência do Direito*. Tradução de José Lamego. 3ª ed. Lisboa: Fundação Calouste Gulbenkian, 1997, p. 588). Esse desenvolvimento, como não poderia deixar de ser, continua ocorrendo, já que se percebem alguns julgados admitindo a argüição de prescrição e até mesmo de adimplemento da obrigação (pagamento) nas chamadas "exceções de pré-executividade".

(225) LACERDA, Galeno. "Execução de título extrajudicial e segurança do juízo". *Ajuris*, Porto Alegre, n. 23, nov. de 1981, p. 173.

(226) GUERRA, Marcelo Lima. *Execução forçada: controle de admissibilidade*. São Paulo: RT, 1995, p. 156.

(227) Atualmente, por força do art. 738 do CPC, "os embargos serão oferecidos no prazo de 15 (quinze) dias, contados da data da juntada aos autos do mandado de citação". Como se percebe, não se exige mais a prévia constrição patrimonial, no processo autônomo de execução de título executivo *extrajudicial*, para a apresentação do meio de defesa típico. Quando se trata de título executivo de natureza *judicial*, entretanto, permanece a regra da exigência de penhora, para o manejo da impugnação ao cumprimento da sentença (art. 475-J, *§ 1º*, do CPC). A distinção, segundo pensamos, reside no fato de que, neste caso, a obrigação exeqüenda já passou pelo crivo judicial anteriormente, ou seja, na prática, goza de uma "probabilidade maior" em relação ao seu acertamento. Na hipótese de sentença condenatória, a prévia exigência de penhora (art. 475-J, *§ 1º*, do CPC) converge para a tendência pós-moderna de prestigiar as decisões de primeiro grau.

o mencionado princípio do devido processo legal. No particular, o Juiz deveria realmente se afastar de interpretações jurídicas equivocadas exatamente no sentido de exigir a garantia do juízo, para que o executado possa se defender, quando na verdade, diante da evidente inadmissibilidade, sequer se trata de processo de execução.[228]

A penhora traduz-se em ato de constrição judicial gravoso ao executado. Para que isso seja facilmente percebido, basta considerar a penhora *on line*, que praticamente tranca a movimentação da conta bancária, ou a simples penhora, com remoção para depósito judicial, do único veículo de propriedade do executado. À luz da sistemática constitucional, pode-se dizer que somente podem sofrer os efeitos da penhora aquelas pessoas que, de acordo com as regras jurídicas aplicáveis, devam ter alguma espécie de responsabilidade quanto ao crédito constante no título executivo. Execução é ato de força. Há prevalência de atos materiais de satisfação de um crédito, o qual, pelo menos como regra bem geral, não se discute na relação processual de execução. Esses atos materiais têm por escopo a invasão estatal com relação ao patrimônio do executado, que, a depender da sistemática fria do CPC, fica apenas em estado de sujeição, aguardando, passivamente, a satisfação do crédito a suas expensas. Se o executado for realmente devedor ou responsável, não ocorre nada de mais, senão a realização da justiça. Se não o for ou a etapa de execução não preencher todos os seus requisitos de admissibilidade, há indubitavelmente uma situação de injustiça, de modo que o ordenamento deve criar mecanismos *eficazes* para a realização da defesa pelo executado, a ponto de não submeter o seu patrimônio em execução alheia.

Não é rara a hipótese de ato jurisdicional, desviando-se da razoabilidade (não por má-fé do Magistrado, mas, muitas vezes, por ter sido induzido a erro), ter aptidão de paralisar por completo as atividades econômicas do sujeito passivo. *Estevão Mallet* exemplifica:

> "O comerciante impedido de vender mercadorias penhoradas não encontra desagravo suficiente no simples acolhimento de seus embargos à execução, com levantamento de penhora. O tempo perdido na atividade mercantil não é reparado pelos lucros mais adiante obtidos. Do mesmo modo, o empresário titular do direito de uso de linha telefônica que sofre interrupção do serviço, por conta da constrição judicial, prática antes largamente empregada e reputada legítima pela jurisprudência, por vezes experimenta lesão significativa em sua atividade, especialmente se necessária a linha telefônica para comunicação com clientes e fornecedores ou para utilização de meios expeditos de informação (*Internet*, por exemplo)."[229]

---

(228) WAMBIER, Teresa Arruda Alvim e WAMBIER, Luiz Rodrigues. *Sobre a objeção de pré-executividade. Processo de execução e assuntos afins*/Coordenação de Teresa Arruda Alvim Wambier. São Paulo: RT, 1998, p. 405.

(229) MALLET, Estêvão. *Oposição à execução fora dos embargos e sem garantia do juízo. Execução trabalhista: estudos em homenagem ao Ministro João Oreste Dalazen*/Coordenação de José Affonso Dallegrave Neto e Ney José de Freitas. São Paulo: LTr, 2002, p. 112.

Relembre-se, ainda, a situação de penhora com a remoção de veículo essencial à atividade de uma "empresa". Imagine-se, igualmente, a penhora *on line* de valor que comprometa o capital de giro de uma "empresa".[230] Suponha-se que o Poder Judiciário, à guisa de medida de pressão, interdite a empresa sem atentar ao princípio da adequação, fixe um pena pecuniária desproporcional às suas finalidades ou se empenhe em executar uma obrigação já extinta.[231] Nesses singelos casos, é inegável a possibilidade, ao arrepio da sistemática constitucional, de paralisação das atividades econômicas do sujeito passivo, com evidente interesse processual de se evitar a penhora. O processo de execução, não obstante a preocupação com a sua efetividade, deve respeitar os direitos fundamentais do cidadão. Já há quem diga, na doutrina, que o princípio da execução menos onerosa ao devedor e a regra da impenhorabilidade do bem de família[232] não são aplicáveis ao processo trabalhista. Há, também, quem já defenda a penhorabilidade de parcela de salários.[233] Embora não concordemos, em princípio, com todas elas, incontestavelmente essas tendências, diante do princípio da efetividade do processo, podem ganhar força na jurisprudência e se consolidar, mas, em contrapartida, mesmo que isso ocorra, é preciso ter a consciência de que o sistema deve sempre oferecer *instrumentos hábeis* a demonstrar, rapidamente, que a execução está sendo processada de forma ilegítima.[234] É o caso da defesa endoprocessual executiva.[235]

---

(230) "*Capital de giro* são os recursos monetários com que se compram as matérias-primas, se pagam os salários e, eventualmente, se equilibram a receita e a despesa" (GALVES, Carlos. *Manual de economia política atual.* 15ª ed. rev. e atual. por Galeno Lacerda. Rio de Janeiro: Forense Universitária, 2004, pp. 103-104).

(231) ASSIS, Araken de. *Cumprimento da sentença.* Rio de Janeiro: Forense, 2006, pp. 230-231.

(232) *Francisco Alberto da Motta Peixoto Giordani* afirma que "[...] na Justiça Comum, a Lei n. 8.009 tem a relevante missão de proteger os mais fracos, contra seus credores, normalmente grandes empresários ou poderosas empresas, com sobras de poder econômico". E continua o seu raciocínio: "Agora, o que se questiona é se, aplicada na Justiça do Trabalho, atingiria a Lei n. 8.009 esses fins sublimes, de proteção aos economicamente mais fracos, ou, pelo contrário, sua aplicação nessa Justiça Especializada, acabaria por distorcer e deturpar seu espírito e finalidade, servindo como fonte de angústia daqueles cujas preocupações e aflições deveria aliviar". E arremata o Juiz do Trabalho paulista: "E isso pelo singelo e inegável motivo de que o réu que se quer proteger, na Justiça Comum, corresponde, via de regra, ao autor na Justiça do Trabalho, lá o devedor é fraco, aqui, o autor é que é fraco" (*A aplicação da Lei n. 8.009/90 na Justiça do Trabalho. Estudos de processo de execução: TRT 15ª Região — 15 anos*/Coordenação de Francisco Alberto da Motta Peixoto Giordani. São Paulo: LTr, 2001, p. 84).

(233) Dando destaque constitucional ao processo de execução, *Guilherme Freire de Barros Teixeira* preleciona o seguinte: "O processo de execução não é um mecanismo colocado à disposição somente do exeqüente. É necessário lembrar da figura do executado, que também tem direitos que devem ser respeitados. Credor e devedor, cada qual em um dos pólos da relação jurídica processual executiva, devem ter suas posições respeitadas, para a garantia da isonomia e, mais amplamente, do devido processo legal". Entretanto, justificando a penhora salarial, expõe o seu pensamento: "Nessa ótica, a penhora de parcela dos salários do executado não afronta o princípio da menor onerosidade, tendo em vista que, segundo a proposição apresentada, o juiz deverá fixar a parcela penhorável observando a natureza da dívida executada e as condições econômicas do executado, inclusive com a possibilidade de isenção de penhora, em função da natureza da dívida e das necessidades do executado e de seus familiares, desde que o executado receba, por exemplo, a quantia mensal de no máximo dois ou três salários mínimos" (*A penhora de salários e a efetividade do processo de execução. Execução no processo civil: novidades & tendências*/Coordenação de Sérgio Shimura e Daniel A. Assumpção Neves. São Paulo: Método, 2005, p. 138).

(234) A seguinte lição de *Araken de Assis* é lapidar: "Um processo equilibrado e justo pode não prescindir de mecanismos de defesa e de reação contra os atos judiciais. É preciso, na execução mais do que em outros sítios, assegurar ao executado os meios necessários para reagir contra a execução injusta ou ilegal" (*Cumprimento da sentença.* Rio de Janeiro: Forense, 2006, p. 230).

(235) Como afirma *Luiz Rodrigues Wambier*, "embora ainda não tenha fundamento legal específico, esse tipo de objeção se encarta no conjunto de mecanismos de controle regular da admissibilidade do

E qual é a natureza jurídica deste instituto? Afirmar que se trata de *defesa* facilita bastante o raciocínio jurídico, mas, segundo entendemos, faz-se mister uma complementação, sobretudo porque estamos no campo do processo de execução, que, possuindo uma peculiaridade ontológica, busca servir, da maneira mais eficaz possível, à satisfação do crédito descrito no título executivo. Partindo-se da eficácia abstrata do título executivo, realiza-se a tutela jurisdicional executória mediante a simples realização concatenada de atos processuais de invasão patrimonial do executado, independentemente da participação voluntária deste. O procedimento *normal* no cumprimento dessa finalidade, a despeito de eventual contraditório e cognição rarefeita, traduz-se na realização sucessiva e lógica desses atos processuais de coerção patrimonial. Questionamentos (que, em linha de princípio, não eram esperados, mas fazem parte do complexo de discussões que *podem* ocorrer no bojo do processo de execução), entretanto, podem surgir no curso deste procedimento, através do que chamamos *defesa endoprocessual.*(236) É o que tecnicamente se chama de *incidente processual*, ou seja, é a provocação de um *momento novo* no processo de execução, já que é formado por um ato (defesa) não inserido na cadeia procedimental prevista na legislação aplicável.(237) A defesa *recai* ou *incide* sobre a execução;(238) enfim, por

---

processo. Ao Juiz é que incumbe, em primeiro plano, observar da presença dos pressupostos que permitam à execução ser processada regularmente. Se, todavia, algum desses requisitos escapar da observação efetuada pelo Magistrado, não repugna ao sistema que a parte aponte o defeito, que talvez não seja tão aparente, a ponto de ser observado pelo juiz" (*Liquidação de sentença*. 2ª ed. rev. e atual. São Paulo: RT, 2000, p. 179).

(236) Deve-se observar que tudo o que está dito no texto vale para a *fase de cumprimento de sentença* (art. 475-I do CPC). Quando se entra na fase de *realização* do direito, independentemente de se estar em processo autônomo ou não, a sistemática é sempre a mesma: *preponderância* dos atos executivos, em virtude da eficácia abstrata do título. No processo do trabalho, em que a execução de título executivo judicial sempre foi uma mera *fase*, já que possibilitada a sua iniciação de ofício (art. 878 da CLT), nunca se questionou a respeito da utilização da defesa endoprocessual. O enfoque "interno", certamente, tem como referência a nova fase: a executiva. Assim, vale repetir, o momento de realização do direito, seja em processo autônomo (título executivo extrajudicial e execução contra a Fazenda Pública), seja em mera fase, tem um regime jurídico peculiar, principalmente em vista da eficácia abstrata do título executivo. Diante disso, concluímos que a *possibilidade* de o executado argüir a *impugnação ao cumprimento de sentença* não faz parte da cadeia normal dos atos processuais destinados preponderantemente à satisfação do direito. Qualquer questionamento traduz-se em mero incidente processual. Afinal, o réu ou o executado — se a fase já é executiva, não vemos problema em mudar a denominação do sujeito passivo do processo — somente tem a faculdade de impugnar, devendo isso ocorrer de maneira responsável, nos estritos moldes traçados pelo ordenamento jurídico, pois, do contrário, poderá arcar com as conseqüências financeiras daí decorrentes (multa por litigância de má-fé, por exemplo). Além disso, respeitando a opinião dominante, acreditamos que a *impugnação* (art. 475-J, *§ 1º*, do CPC), na mesma linha dos embargos à execução e a despeito de normalmente se processar nos mesmos autos (art. 475-M, *§ 2º*, do CPC) da fase de certificação do direito, possui a natureza jurídica de *ação autônoma* e incidental à execução (fase executiva). Conseqüentemente, possibilita, com o seu ajuizamento, a eventual dilação probatória, em relação aos temas que lhe são afetos, e a ocorrência de coisa julgada material, dando segurança jurídica às partes.

(237) FERNANDES, Antonio Scarance. *Incidente processual.* São Paulo: RT, 1991, pp. 147-148.

(238) Segundo ensina *Antonio Scarance Fernandes*, sob o ponto de vista etimológico, a palavra "incidente" significa "[...] o que cai em cima de algo em movimento interrompendo seu curso normal" (*Incidente processual*. São Paulo: RT, 1991, p. 147). Na mesma linha, manifesta-se *Cândido Rangel Dinamarco:* "*Incidente* é aquilo que *incide*, que *recai* sobre algo ou ágüem (do latim *in-cidere*, que é *cair sobre — Carnelutti*). Os incidentes do processo recaem sobre este, causando alguma alteração no procedimento e ao fim produzindo algum efeito sobre ele" (*Instituições de direito processual civil*. São Paulo: Malheiros, 2001, vol. II, p. 462).

não se inserir no procedimento normal desta, a defesa interna executiva, tal como admitida pelo sistema constitucional e pelo fenômeno da cognição, possui a natureza jurídica de *incidente processual.*[239]

Como se verá ao longo deste trabalho, a inexigência de garantia do juízo, para a apresentação dos embargos à execução ou da impugnação ao cumprimento da sentença, não invalida o estudo da defesa endoprocessual executiva. Antes, e bem pelo contrário, como a sua fundamentação encontra assento no modelo constitucional de processo e nos limites cognitivos da execução, a sua correta compreensão tem por escopo evitar interpretações equivocadas, sob o simplório pretexto de cumprimento irrestrito da legislação. O novo papel do Judiciário, com auxílio da Tópica,[240] da hermenêutica e das teorias da argumentação, aliado ao regime jurídico mencionado, demonstra que o instituto em questão é um importante instrumento de eliminação de execuções flagrantemente injustas, efetivando, assim, a garantia do devido processo legal.

Quanto ao contraditório no processo de execução, impõe-se relembrar, ainda que resumidamente, a sua sistemática, a fim de melhor compreender o tema.[241] Como é sabido, o direito ou o poder de provocar a prestação jurisdicional com o escopo de tornar efetivo ou satisfeito o crédito que subjaz ao título executivo também possui a natureza jurídica de *ação*. Sabe-se, é bem verdade, que o cumprimento da sentença transformou a execução em mera *fase* do procedimento instaurado, aliás, como já acontece na Justiça do Trabalho. Não obstante, haverá sempre a possibilidade do ajuizamento da ação executória de obrigação contida em título *extrajudicial*, fato que, inegavelmente, traduz-se na autonomia do processo de execução.

Essa ação executiva (em sentido restritivo), como corolário das atuais conclusões da teoria geral do processo, possui caráter *autônomo* e *abstrato*. No processo de execução, o pedido é feito com a finalidade de obter a satisfação do direito material inerente ao título executivo, seja pela realização de atos estatais de coerção patrimonial ou pela chamada "execução indireta", mediante atos de pressão psicológica em face do executado. Nesse passo, a autonomia da ação executiva é revelada pelo fato de seu exercício estar assegurado *independentemente da efetivação concreta dos atos de satisfação do crédito pleiteados*, ainda que implicitamente, *na petição inicial*. A natureza abstrata da ação executiva

(239) OLIVEIRA NETO, Olavo de. *A defesa do executado e dos terceiros na execução forçada*. São Paulo: RT, 2000, p. 120; MOREIRA, Alberto Camiña. *Defesa sem embargos do executado: exceção de pré-executividade*. 3ª ed. rev. e atual. São Paulo: Saraiva, 2001, p. 43.

(240) *Leandro Martins Zanitello*, amparado nos estudos de *Theodor Viehweg*, explica que "[...] a tópica caracterizar-se-ia como um procedimento no qual se discute cada problema desde os mais diversos pontos de vista, obtendo a solução encontrada sua justificação através da prévia ponderação de todos os argumentos possíveis" (*Tópica e pensamento sistemático: convergência ou ruptura? A reconstrução do direito privado: reflexos dos princípios, diretrizes e direitos fundamentais constitucionais no direito privado*/Organizadora Judith Martins-Costa. São Paulo: RT, 2002, p. 143).

(241) Conforme se verá, o raciocínio deduzido para a incidência do princípio constitucional do contraditório no processo autônomo de execução serve, com as devidas modificações, para a etapa de cumprimento da sentença. O regime jurídico da execução, tanto como processo autônomo quanto como simples etapa do procedimento, é único.

revela-se no fato de que o seu exercício não está vinculado à existência do direito material que dá sustentáculo ao título executivo.[242]

O processo de execução, reflexo desse direito ou poder de ação (executiva), existe independentemente da existência concreta do crédito alegado pelo exeqüente ou do alcance efetivo dos atos de satisfação da pretensão. Assim, para o exercício da ação executória, a presença do título executivo e a alegação do inadimplemento da obrigação são suficientes. Ora, se o processo de execução, como reflexo do tronco comum da teoria geral do processo, ou seja, enquanto instrumento de realização da jurisdição estatal, pertence ao instituto do *processo*, é indubitável que, no seu âmago, haja possibilidade de realização de contraditório.[243] Afinal, como se sabe, hodiernamente, enquanto categoria jurídica *autônoma*, o instituto do *processo* manifesta-se nos planos *intrínseco*, através da relação processual, e *extrínseco*, por meio do procedimento em contraditório.[244] Em outras palavras, o processo jurisdicional, seja de que espécie for, deve ser concebido, na linha de pensamento de *Alexandre Freitas Câmara*, "[...] como o procedimento, realizado em contraditório, animado pela relação jurídica processual".[245] Conseqüentemente, para que não se defenda a natureza não jurisdicional do processo de execução,[246] concepção seguramente ultrapassada no estágio

---

(242) Preleciona *Sérgio Shimura:* "O processo de execução, como ocorre no de conhecimento e cautelar, existe desvinculadamente do direito material do credor, mesmo que a satisfação da pretensão do credor não seja exitosa. É que a ação executória não depende da existência do *crédito*, e sim do *título*. Por exemplo, pode haver processo de execução, conquanto o título seja nulo, ou não ser ainda exigível ou, mesmo, já ter ocorrido o pagamento" (*Título executivo*. 2ª ed. ampl. e atual. São Paulo: Método, 2005, p. 27).

(243) Afirma *José Cretella Neto* que, "inseparável da noção moderna de processo, consiste o *princípio do contraditório* em garantia fundamental da distribuição de Justiça pelo Estado: não se admite, em qualquer espécie de processo, que às partes seja concedido tratamento desigual, do qual resulte qualquer tipo de favorecimento ou vantagem a uma delas, em prejuízo da outra ou de terceiros" (*Fundamentos principiológicos do processo civil*. Rio de Janeiro: Forense, 2002, p. 69).

(244) Para *Elio Fazzalari*, "il 'processo' è un procedimento in cui partecipano (sono abilitati a participare) coloro nella cui sfera giuridica l'atto finale è destinato a svolgere effeti: in contraddittorio, e in modo Che l'autore dell'atto non possa obliterare le loro attività". E continua um pouco adiante: "Tale struttura nella partecipazione dei destinatari degli effetti dell'atto finale alla fase preparatoria del medessimo; nella simmetrica parità delle logo posizioni; nella mutua implicazione delle loro attività (volte, rispettivamente, a promuovere ed a impedire l'emanazione del provvedimento); nella rilevanza delle modesime per l'autore del provvedimento: in modo che ciascun contraddittore possa esercitare um insieme — cospicuo o modesto non importa — di scelete, di reazioni, di controlli, e debba subire i controlli e le reazioni degli altri, e che l'autore dell'atto debba tener conto dei resultati" (*Intituzioni di diritto processuale*. 8ª ed. Padova: CEDAM, 1996, pp. 82-83).

(245) CÂMARA, Alexandre Freitas. *Lições de direito processual civil*. 12ª ed. rev. e atual. Rio de Janeiro: Lumen Juris, 2005, vol. I, p. 145.

(246) Doutrinariamente, em posição praticamente isolada, sustenta *Celso Neves* que *somente o processo de conhecimento*, que detém função predominantemente *declarativa*, possui natureza jurídica jurisdicional. Diz o ilustre Professor da USP: "O chamado processo de conhecimento é, pois, para nós, *processo de declaração*, do qual se distingue, pela natureza da tutela jurídica a que tende, o *processo de execução*. Naquele, com a *declaração*, se exaure a *atividade jurisdicional*; neste, a atividade do juiz é *jurissatisfativa*, ou conseqüente da sentença, ou resultante de ato ou negócio jurídico que a lei tenha equiparado, total ou parcialmente, à sentença". E explica sua posição sobre o tema: "Se atentarmos para a atividade do juiz no processo de execução, essa a evidência que ressaltará. Volta-se, toda ela, para *satisfazer* o credor exeqüente, mediante *cognição* atreita à observância das normas de procedimento que se destinam a assegurar um conjunto de atividades práticas, tendentes a operar a tutela

científico atual, deve-se admitir, sim, o contraditório executivo,[247] visto que, em sentido contrário, "é *jurisdicional* a tutela oferecida mediante a execução forçada e também jurisdicionais as próprias atividades do juiz que a comanda".[248]

É relevante perceber que idêntico raciocínio é aplicado no cumprimento da sentença (art. 475-I do CPC). Se esta é uma fase (executiva) do processo, é inegável, atendidas as peculiaridades ontológicas (da fase executiva), que existe a incidência do princípio do contraditório. No particular, o raciocínio de *Alexandre Freitas Câmara* mostra-se perfeito:

> "Sendo a execução um processo (ou pelo menos fase de um processo), não se pode negar a existência de contraditório, sob pena de se desvirtuar aquele conceito geral. Não existe processo sem contraditório, e afirmar o contrário seria negar o conceito de processo."[249]

Como muito bem se manifesta *Luiz Edmundo Appel Bojunga*,

> "o princípio universal do contraditório constitui, sem dúvida, garantia fundamental para aplicação da justiça, devendo merecer a mais viva repulsa qualquer norma legal que restrinja sua aplicação. O diálogo que deve existir entre as partes e o juiz, antes que se tome qualquer decisão ou se efetive qualquer tipo de prejuízo para qualquer das partes, é também necessário no processo executivo."[250]

Portanto, dizer que não existe contraditório no processo de execução, nas palavras de *João Lacê Kuhn*,

> "[...] é, em primeiro lugar, falsa; em segundo, perniciosa para o processo e para as partes; em terceiro, ilusória, devendo ser considerada dentro da

---

jurídica com que, secundária e substitutivamente, se realiza o *objeto da prestação* devida, com o menor sacrifício possível do executado. Daí a denominação que para ela adotamos, de *atividade jurissatisfativa*, a fim de distingui-la da *atividade jurisdicional*, com a qual não se confunde. Uma e outra aparecem, pois, como espécies do gênero *atividade de tutela jurídica processual* que aos órgãos do Poder Judiciário pertence, como resultante da *função* que lhe é precípua. Ambas se realizam mediante *cognição*, mais ampla no *processo jurisdicional* do que no *processo jurissatisfativo*, como conseqüência da *diversidade de escopos* que apresentam, cognição essa, todavia necessária, seja para a *solução* processual da lide, seja para a sujeição, também processual, do obrigado que, devendo satisfazer a prestação, a isso não se dispõe, voluntariamente" (*Estrutura fundamental do processo civil: tutela jurídica processual, ação, processo e procedimento*. 2ª ed. Rio de Janeiro: Forense, 1997, p. 33).

(247) TARZIA, Giuseppe. "O contraditório no processo executivo". *Revista de Processo*, São Paulo: RT, n. 28, out./dez., 1987, p. 57.

(248) DINAMARCO, Cândido Rangel. *Instituições de direito processual civil*. São Paulo: Malheiros, 2004, vol. IV, pp. 50-51.

(249) CÂMARA, Alexandre Freitas. *Lições de direito processual civil*. 12ª ed. rev. e atual. Rio de Janeiro: Lumen Juris, 2005, vol. II, pp. 157-158.

(250) BOJUNGA, Luiz Edmundo Appel. "A exceção de pré-executividade". *Revista de Processo*, São Paulo: RT, n. 55, jul./set., 1989, p. 64.

dinâmica processual, visando sempre ao escopo a que se destina, como elemento de segurança da própria atividade estatal administradora e prestadora de jurisdição."(251)

É claro que, conforme relata *José Frederico Marques*, em virtude da finalidade ontológica do processo de execução no sistema jurídico,

> "não se registra o contraditório dialético da cognição, mas há contraditório como forma do devido processo legal em que o executado se defende, a fim de que a coação estatal não ultrapasse as fronteiras demarcadas na lei. O executado tem poderes e faculdades no exercício do direito de defesa, pois, embora sujeito aos atos executivos de coação, não se encontra desprovido de meios e remédios para impedir que seu patrimônio fique atingido mais do que se faz imprescindível, para o cumprimento da prestação a que desatendeu."(252)

Em última análise, o princípio do contraditório, corolário do princípio do devido processo legal, é constituído pelos elementos *informação* e *possibilidade de reação*.(253) A rigor, o contraditório nada mais é que a ciência bilateral dos atos e termos processuais e possibilidade de contrariá-los *dialogicamente*. A parte tem o direito de conhecer, durante todo o curso do processo, a respeito de todos os atos processuais realizados e, por conseqüência, se assim desejar, manifestar-se tempestivamente sobre eles, dinamizando a relação processual.(254) O contraditório, entretanto, deve ser efetivo, de tal sorte que "[...] não é suficiente dar à parte a possibilidade formal de se pronunciar sobre os atos da parte contrária, sendo imprescindível proporcionar-lhe os meios para que tenha condições reais de contrariá-los".(255)

No processo de execução, relembre-se, a despeito da restrição quanto à prova, que deve ser pré-constituída e não demandar alta indagação a respeito da matéria atacada, o exercício da defesa endoprocessual traduz-se em efetiva realização do princípio do contraditório e, por conseqüência, do justo processo. Nas palavras de *Sandro Gilbert Martins,*

---

(251) KUHN, João Lacê. *O princípio do contraditório no processo de execução*. Porto Alegre: Livraria do Advogado, 1998, p. 54.

(252) MARQUES, José Frederico. *Manual de direito processual civil*. 9ª ed. atual. por Ovídio Rocha Barros Sandoval. Campinas: Millennium, 2003, vol. III, p. 3.

(253) Na Itália, Sérgio La China também vê, no contraditório, "[...] de um lado, a necessária informação às partes e, de outro, a possível reação aos atos desfavoráveis. Informação necessária, reação possível" (*L'esecuzione forzata e le disposizioni generali del códice di procedura civile*. Milano: Giuffrè, 1970, p. 394).

(254) A respeito, preleciona *Rui Portanova* que "também no processo de execução o devedor tem direito de receber as informações necessárias e de apresentar razões de fundo (como a exceção de pré-executividade) e de forma (como impugnação ao valor da avaliação), que são frutos do seu direito ao contraditório" (*Princípios do processo civil*. 5ª ed. Porto Alegre: Livraria do Advogado, 2003, p. 163).

(255) FERNANDES, Antonio Scarance. *Processo penal constitucional*. 3ª ed. rev., atual. e ampl. São Paulo: RT, 2002, p. 58.

"importa reconhecer, portanto, que o contraditório terá a intensidade vinculada ao modelo constitucionalmente traçado para o processo, não apresentando, em sede executiva, limitação alguma. Daí parece correto assinalar que o contraditório na execução se apresenta de forma plena — e se assim não for, o processo é nulo —, tendo as partes ampla informação e poder de reação aos atos executivos, mesmo que esse momento seja posterior à realização dos atos ou das decisões e mesmo que essa reação, por vezes, também tenha restrições à verticalidade da cognição."[(256)]

O princípio do contraditório, a rigor, decorre do Estado Democrático de Direito,[(257)] uma vez que concretiza a participação efetiva das partes[(258)] na formação do principal ato do Poder Judiciário, que é a decisão, legitimando-o ao final.[(259)] Indiscutivelmente, a tutela executória, enquanto expressão da Jurisdição, carece dessa perspectiva legitimadora, sob pena de cair no descrédito sócio-político.[(260)]

---

(256) MARTINS, Sandro Gilbert. *A defesa do executado por meio de ações autônomas: defesa heterotópica*. São Paulo: RT, 2002, pp. 58-59.

(257) A participação do povo no Poder do Estado tem o condão de legitimá-lo perante a nação. Com relação ao Executivo e ao Legislativo, isso ocorre por meio do processo eleitoral, envolvendo os representantes das referidas instituições. Já com relação ao Judiciário, a participação popular ocorre por meio do procedimento judicial potencialmente em contraditório. A história é repleta de exemplos que corroboram a conclusão de que a Democracia é o melhor regime político de um Estado. *Carlos Ayres Britto* percebeu bem esse ponto, com a peculiar lucidez, quando afirma que, "se o princípio por excelência é o que mais repassa a sua materialidade para os outros, o que mais se faz presente na ontologia dos demais princípios, *esse* megaprincípio *é o da Democracia*". Adiante, o ilustre Ministro do STF ensina o seguinte: "Fale-se o que se quiser falar de mau da Democracia, mas não se lhe pode recusar a virtude de qualificar, *de uma só penada*, o Poder e o Direito. Quando ela está presente na formação, no exercício e no controle do Poder, quem tem a ganhar com isso é o Direito, que passa a ter no Poder um mecanismo de reverência: o Poder a serviço do Direito, que é a única forma pela qual ele (Poder) se legitima. E quando se dá o contrário? Quando a Democracia não tem o ensejo de se fazer presente naqueles decisivos instantes da formação, exercício e controle do Poder? Ora, quem tem a ganhar com isso é o Poder mesmo, que faz do Direito um instrumento de mera formalização de sua truculência. Para desqualificação axiológica de ambos" (*Teoria da Constituição*. Rio de Janeiro: Forense, 2003, pp. 183 e 193-194, respectivamente).

(258) *Luigi Paolo Comoglio* considera o contraditório judicial como "'mezzo essenciale per la realizacione dello scopo tipico del processo', guarentendo que l'accertamento e l'attuazione del direitto controverso avvengano 'su um piano di paritaria difesa delle parti', si da imporre la piena regolarità non solo dell'instaurazione, ma anche del successivo svolgimento del guidizio, sino allá pronuncia della decisione definitiva. Ma si tende, anche, a porre in evidenza lo estretto raporto di mezzo a fine, Che intercorre tr ala garanzia di um effettivo contraddittorio, quale esigenza primaria di compartecipacione attiva di tutte lê parti al dibattito processuale, ed i diritti di difesa di ciascuna di esse, quali espressioni essenciali della personalità umana, considerata come soggetto (e non mai come offetto) in um processo 'equo' e 'giusto'" ("Difesa e contraddittorio nei procedimenti". Milano: *Rivista di Diritto Processuale*, vol. 52, n. 3, lugl./ sept., 1997, p. 744).

(259) Cf. LUHMANN, Niklas. *Legitimação pelo procedimento*. Tradução de Maria da Conceição da Corte-Real. Brasília: Universidade de Brasília, 1980.

(260) Para *Cândido Rangel Dinamarco*, "o contraditório é uma *exigência política*, na medida em que o sistema jurídico-constitucional nega legitimidade ao provimento dado, sem que seus destinatários tenham sido admitidos a participar de sua preparação, com as influências lícitas que cada um pudesse trazer. Não é, em si mesmo uma categoria jurídica". Adiante, o mestre paulista explica o seguinte: "O juiz é seguidamente chamado a proferir *juízos de valor* no processo de *execução*, seja acerca dos pressupostos processuais, condições da ação ou dos pressupostos específicos dos diversos atos levados ou a levar a efeito". E, noutra passagem de sua excelente obra, deixa evidente o seu entendimento a respeito da observância do princípio do contraditório no processo de execução, quando afirma o se-

Demais disso, não se pode esquecer de que o sistema constitucional *não* fez ressalva quanto à aplicação do princípio em tela (art. 5º, LV, da CF), de modo que o mesmo deve ser aplicado, atendidas as respectivas peculiaridades, indistintamente em todas as modalidades de prestação da tutela jurisdicional.

O princípio do contraditório, muito bem lembrado por *Marcelo Lima Guerra,*(261) assegura a incidência no processo de execução do art. 9º do CPC, no sentido de que o executado, citado por edital e mantendo a sua condição de revel, tem direito à nomeação de curador especial. No mais, é evidente que o contraditório exercitado no processo de execução é delineado de acordo com as matérias que podem ser conhecidas no bojo ou no âmago deste e, ainda assim, dentro de sua visão estrutural. Em absoluto, afirma-se que a dimensão é idêntica à do processo de conhecimento,(262) pelo contrário, vale repetir e enfatizar que o contraditório realizado no processo de execução (ou na fase de cumprimento da sentença) tem por objeto a cognição neste desempenhada, respeitando-se, evidentemente, a finalidade ontológica para a qual foi criado. O efeito disso é a possibilidade do exercício da defesa endoprocessual executiva,(263) já que *contraditório* e defesa são expressões do devido processo legal.(264)

Aliás, como muito bem notou *Ada Pellegrini Grinover*, o direito de defesa, na atual visão publicista do processo, muito mais que, sob ponto de vista subjetivo, direito do réu, acusado ou executado, constitui-se na garantia do *justo processo*, que, sob a óptica objetiva, adquire relevância extraordinária, notadamente enquanto condição de regularidade do procedimento sob a perspectiva da efetiva observância do contraditório e, em última análise, enquanto legitimante da pró-

---

guinte: "[...] o *juiz ativista* precisa estar alerta ao dever de realizar efetiva e equilibradamente os objetivos do processo executivo. Como o contraditório não é garantia em favor de uma das partes, senão de ambas, cumpre-lhe não só velar pela observância de fundamentais direitos e garantias do executado, mas também buscar a efetividade da execução" (*Execução civil*. 7ª ed. rev. e atual. São Paulo: Malheiros, 2000, pp. 122, 173 e 174, respectivamente).

(261) GUERRA, Marcelo Lima. *Execução forçada: controle de admissibilidade*. São Paulo: RT, 1995, pp. 27-28.

(262) Afirma *Rita Dias Nolasco:* "Não temos dúvida que a aplicação no processo de execução se dá de forma bem menos elástica e abrangente do que no de conhecimento. Até porque nesse tipo de processo já se encontra superada a fase cognitiva, partindo-se do pressuposto de que o direito invocado já se encontra reconhecido num título. Contudo, não se pode olvidar que, embora de forma reduzida, dentro de algumas particularidades, o contraditório se reveste como necessário ao processo executivo, para a garantia de um processo justo" (*Exceção de pré-executividade*. 2ª ed. rev., atual. e ampl. São Paulo: Método, 2004, p. 132).

(263) *Donaldo Armelin* percebeu bem essa situação, quando afirma que, com a utilização da chamada "exceção de pré-executividade", "[...] inaugurou-se um contraditório indiscutível no processo de execução, ainda que seu âmbito não esteja devidamente delimitado, o que permite a permanência de questionamento sobre os seus lindes e sua eficácia, notadamente quando concorrente tal defesa com os embargos do devedor". E conclui o renomado professor da PUC/SP: "Isso permite reconhecer, no sistema processual civil brasileiro, a possibilidade de um contraditório mais amplo no processo de execução, o que viabiliza o exercício do direito de defesa intraprocessualmente" ("Apontamentos sobre o direito de defesa na execução forçada". *Carta Jurídica — Revista de Informação e Debates*, n. 1, março de 1999, p. 128).

(264) FERNANDES, Antonio Scarance. *Processo penal constitucional*. 3ª ed. rev., atual. e ampl. São Paulo: RT, 2002, p. 267.

pria jurisdição.[265] Assim, é irrefutável que existe correlação entre o contraditório no processo de execução e o exercício da defesa endoprocessual.[266]

Deve-se observar que a doutrina majoritária, reconhecendo a existência de contraditório no processo de execução, somente admite a defesa endoprocessual nas questões e matérias que o Juiz deve conhecer de ofício, tão-somente.[267] O raciocínio que se faz decorre da regra genérica de que as matérias que podem ser conhecidas de ofício podem e devem ser alegadas pelas partes a qualquer tempo. O processo de conhecimento regulamenta-a no art. 301, *§ 4º*, do CPC, com perfeita aplicação subsidiária no processo de execução. Tais matérias, normalmente consubstanciadas nos pressupostos processuais e nas condições da ação, se ausentes, inviabilizam a realização da finalidade maior do processo de execução, que é a satisfação do crédito que subjaz ao título executivo. Ilustrativamente, observe-se a opinião de *Estêvão Mallet*:

> "Em síntese, a oposição à execução, deduzida independentemente de embargos e sem necessidade de garantia do juízo, em rigor não abrange outras matérias que não as relacionadas com os pressupostos processuais e as condições da ação de execução."[268]

Para *Rita Dias Nolasco*,

> "a utilização de tal instrumento, todavia, não está limitada apenas aos casos em que se verifica a nulidade ou a inexistência de um pressuposto de admissibilidade da execução. Na hipótese em que o título está prescrito, ou naquela em que o executado quitou a dívida possuindo recibo para tal ato jurídico, também não nos parece admissível exigir que se opere a garantia do juízo para que só então seja possível a discussão de tais fatos. Isso porque nesses casos também estar-se-ia onerando aquele a quem o direito deveria socorrer."[269]

Assiste razão à ilustre autora. Demonstraremos, nesta obra, que a doutrina majoritária, quando admite apenas vícios de admissibilidade da ação executiva,

---

(265) GRINOVER, Ada Pellegrini. *As garantias constitucionais do processo. Novas tendências do direito processual*. Rio de Janeiro: Forense Universitária, 1990, p. 8.

(266) "Defesa e contraditório estão indissociavelmente ligados, porquanto é do contraditório (visto em seu primeiro momento, da informação) que brota o exercício da defesa; mas é essa — como poder correlato ao de ação — que garante o contraditório. A defesa, assim, garante o contraditório, mas também por este se manifesta e é garantida. Eis a íntima relação e interação da defesa e do contraditório" (GRINOVER, Ada Pellegrini; FERNANDES, Antonio Scarance; MAGALHÃES GOMES FILHO, Antonio. *As nulidades no processo penal*. 8ª ed. rev. e atual. São Paulo: RT, 2004, p. 90).

(267) Cf. ROSA, Marcos Valls Feu. *Exceção de pré-executividade: matérias de ordem pública no processo de execução*. 4ª ed. atual. Porto Alegre: Fabris, 2003, pp. 64-68.

(268) MALLET, Estêvão. *Oposição à execução fora dos embargos e sem garantia do juízo. Execução trabalhista: estudos em homenagem ao Ministro João Oreste Dalazen*/Coordenação de José Affonso Dallegrave Neto e Ney José de Freitas. São Paulo: LTr, 2002, p. 118.

(269) NOLASCO, Rita Dias. *Exceção de pré-executividade*. 2ª ed. rev., atual. e ampl. São Paulo: Método, 2004, p. 184.

atentou apenas *parcialmente* para a temática.(270) Além do dado ético certamente existente, o que se deve perquirir é o que pode ser conhecido no processo de execução e de que forma. Em outras palavras, deve-se indagar a respeito do objeto e das limitações em matéria de cognição no processo de execução (ou da mera fase executiva). Com estas respostas, sem dúvidas, trabalha-se na perspectiva correta da defesa endoprocessual executiva, inclusive admitindo a argüição de matérias que outrora sequer se podia cogitar a respeito, tendo sempre como pano de fundo a consagração das garantias constitucionais fundamentais do executado. Foi o que, acertadamente, percebeu *Paulo Henrique dos Santos Lucon*, como se observa no seguinte texto:

> "O equilíbrio dos atos executivos deve ser sopesado pelo julgador; assim sendo, diante de fatos claros e insofismáveis nos autos do processo de execução, principalmente nos casos de demonstração inequívoca de ocorrência de prescrição e pagamento, impõe-se a extinção da execução pelo mérito, com a declaração de inexistência do direito alegado pelo exeqüente, mesmo que não tenham sido opostos embargos."(271)

Essa visão crítica deve imperar em matéria de defesa no processo de execução. Assim, com essas premissas, ou seja, com a percepção a respeito do fundamento constitucional do instituto, notadamente com a presença do princípio do contraditório, e com a mudança do paradigma racionalista em relação à atividade hermenêutica do Juiz diante da legislação ordinária,(272) enfocando sempre a justa realização do direito material, pode-se afirmar, sem medo de incorrer em erro, que a correta apreciação da temática envolvendo o exercício de defesa no interior do processo de execução diz respeito ao alcance e limitação da cognição neste tipo de tutela jurisdicional, assunto este que será tratado no capítulo terceiro, que, sem dúvida, é o ponto alto deste modesto trabalho. Antes, porém, faz-se necessário tomar conhecimento a respeito das novas tendências envolvendo a relação *cognição-execução*.

---

(270) "Em resumo", como muito bem alerta *Danilo Knijik*, "ao defender-se a cognoscibilidade só dos pressupostos processuais e das condições da ação, nega-se um terceiro elemento constitutivo da relação processual, justamente o pedido executivo do autor e eventuais questões que lhe sejam correlatas" (*A exceção de pré-executividade*. Rio de Janeiro: Forense, 2001, p. 163).

(271) LUCON, Paulo Henrique dos Santos. *O controle dos atos executivos e a efetividade da execução: análises e perspectivas. Processo de execução e assuntos afins*/Coordenação de Teresa Arruda Alvim Wambier. São Paulo: RT, 1998, p. 352.

(272) Pode-se falar, atualmente, em racionalidade nas decisões judiciais. Essa racionalidade, porém, é meramente *relativa* ou *parcial*. Vale frisar que isso é da essência do Direito. A finalidade do Direito, em última instância, é atingir, através das normas jurídicas (*v. g.*, a decisão judicial), a justiça no caso concreto, restabelecendo a paz social. As normas jurídicas nada mais são que os *sentidos* atribuídos aos textos normativos (*v. g.*, a lei ordinária). Estes, por sua vez, têm por escopo estabelecer previsibilidade e segurança nas relações sociais. Todavia, possuem termos vagos e ambíguos, que possibilitam que o Juiz decida "manipulando" o sentido. Essa "manipulação" não é arbitrária, sofrendo controle na motivação e na própria mensagem ideológica contida nos textos.

2. O PRINCÍPIO DO SINCRETISMO PROCESSUAL E A VIABILIDADE DA COGNIÇÃO NA FASE EXECUTIVA

2.1. O PARADIGMA TRADICIONAL NO QUE SE REFERE À SEPARAÇÃO DAS ATIVIDADES COGNITIVAS E EXECUTIVAS

A doutrina consagrou o entendimento de que a tutela de conhecimento tem como marca registrada a prática preponderante de atos lógicos e ideais de definição dos direitos e obrigações das partes litigantes, ao passo que a nota característica da tutela executiva está na prática de atos de coerção estatal, de conteúdo material, com a finalidade de satisfação do crédito descrito no título executivo.(1) Em resumo, nas palavras de *José Frederico Marques*, "[...] o processo de conhecimento é processo de sentença, enquanto o processo executivo é processo de coação",(2) ou, na clássica lição de *Carnelutti*, o processo de conhecimento transforma o fato em direito, ao passo que o processo executivo, ao contrário, transforma o direito em fatos.(3)

Dito de outro modo, no processo de conhecimento, as partes colocam-se em pé de igualdade, realizando atividade dialética de confronto de argumentos e provas. Diante da *possibilidade* de contraditório pleno, efetivo e equilibrado, as partes procuram influir o espírito do Juiz, propugnando cada qual por uma solução que lhe seja favorável. Sendo assim, quanto ao mérito, além das questões de ordem pública, ele tem o dever de conhecer e apreciar bem todas as questões alegadas pelas partes litigantes. Somente desempenhando esse encargo, cumprir-se-á integralmente a atividade cognitiva que deverá servir de fundamento ao ulterior pronunciamento jurisdicional.

---

(1) *Barbosa Moreira*, com a didática e o brilho que lhe são peculiares, preleciona: "O exercício da função jurisdicional visa à *formulação* e à *atuação* prática da norma jurídica concreta que deve disciplinar determinada situação. Ao primeiro aspecto dessa atividade (formulação da norma jurídica concreta) corresponde o *processo de conhecimento* ou *de* cognição; ao segundo aspecto (*atuação prática* da norma jurídica concreta), o *processo de* execução." Adiante, na mesma linha de raciocínio, expõe o consagrado mestre carioca: "Enquanto o processo de conhecimento visa à formulação, na sentença definitiva, da regra jurídica concreta que deve disciplinar a situação litigiosa, outra é a finalidade do processo de execução, a saber, *atuar praticamente* aquela norma jurídica concreta. Bem se compreende que seja diversa a índole da atividade jurisdicional realizada num e noutro processo. No de conhecimento, ela é essencialmente intelectiva, ao passo que no de execução se manifesta, de maneira preponderante, através de atos *materiais*, destinados a modificar a realidade sensível, afeiçoando-a, na medida do possível, àquilo que, segundo o direito, ela deve ser" (*O novo processo civil brasileiro: exposição sistemática do procedimento*. 20ª ed. rev. e atual. Rio de Janeiro: Forense, 2000, pp. 3 e 185, respectivamente).

(2) MARQUES, José Frederico. *Manual de direito processual civil*. 9ª ed. atual. por Ovídio Rocha Barros Sandoval. Campinas: Millennium, 2003, vol. III, p. 13.

(3) CARNELUTTI, Francesco. *Diritto e processo*. Nápoles: Morano, 1958, pp. 283-284.

Segundo o entendimento dominante, no processo executivo, a discussão e a fixação do direito material das partes são *vedadas*, já que previamente reconhecido este em favor do credor, seja em sentença judicial ou documento que a lei reconheça eficácia executiva, porquanto a atividade jurisdicional não tem por escopo um juízo lógico e preponderantemente de inteligência, como é inerente ao processo de conhecimento.(4) O eventual julgamento do mérito da pretensão executiva tem lugar próprio no sistema, qual seja, a ação de conhecimento *incidental ao processo de execução* denominada de "embargos à execução". Observa-se, no processo de execução, diante da sua natureza de prática de atos dominantemente materiais e de invasão patrimonial tendentes à satisfação do crédito, que o devedor não é citado, a fim de que possa se defender, mas sim cumprir a chamada vontade concreta da norma jurídica em via de satisfação.(5)

No particular, *Teori Albino Zavascki* preleciona o seguinte:

> "A distinção entre cognição e execução situa-se, essencialmente, na finalidade de cada uma delas: na cognição o objetivo é 'descobrir e formular a regra jurídica concreta que deva regular o caso'; na execução é de 'efetivar o conteúdo daquela regra'; na cognição, busca-se ver declarado 'o que deve ser'; na execução, busca-se 'conseguir que seja o que deve ser'; a cognição está direcionada à 'declaração de certeza de um mandato individualizado'; a execução 'trata de fazer com que o mandato individualizado, declarado certo pela decisão, seja executado praticamente'".(6)

Como chama a atenção *Willis Santiago Guerra,*

> "[...] buscou-se uma explicação sobremodo interessante, afirmando-se que, enquanto a atividade de cognição realizada através do processo de conhecimento funda-se na afirmação do direito substancial para alcançar o seu acertamento, a atividade desenvolvida por meio do processo de execução forçada tem por base o direito substancial já declarado certo para alcançar

---

(4) É o entendimento de *Salvatore Satta* e *Carmine Punzi*. Inicialmente, afirmam "Che l'esecuzione sia un processo non è possibile dubitare [...]". Daí a conclusão: "Come processo ordinario si pone accanto al processo di cognizione, ma ne differisce profondamente per la funzione e per la struttura. Mentre infatti nel processo di esecuzione si tratta di adeguare la realtà a uma normativa già stabilita sostituendo la volontà del debitore, o più in generale dell'obbligato, nel compimento di um atto. Con questo termine figurato di *sostituzione* si vuol significar cha la volontà del debitore non conta pià nulla, che la sua sfera giuridica non lo protegge più [...]" (*Diritto processuale civile*. 13ª ed. Milani: CEDAM, 2000, pp. 575-576). Ainda no direito comparado, manifesta-se, no mesmo sentido, *Crisanto Mandrioli:* No "[...] ambito della funzione dell'atuazione dei diritti, mentre la cognizione vuol conseguir ela formulazione concreta della regola di diritto, ossia l'accertamento dell'esistenza del diritto, *l'esecuzione forzata vuol conseguire l'attuazione pratica, materiale, di questa regola,* in *via coattiva o forzata*, ossia attraverso l'impiego effettivo o potenziale della forza da parte dell'ordinamento" (*Dirrito processuale civile*. 13ª ed. Torino: G. Giappichelli, 2000, vol. I, p. 25).

(5) LUCON, Paulo Henrique dos Santos. *Embargos à execução*. 2ª ed., rev., atual. e ampl. São Paulo: Saraiva, 2001, pp. 97-98.

(6) ZAVASCKI, Teori Albino. *Processo de execução: parte geral*. 3ª ed. rev., atual. e ampl. São Paulo: RT, 2004, p. 28.

a sua atuação concreta, de forma coativa. Isso significa que o acertamento do direito substancial que, na ação de conhecimento, era o ponto de chegada, na ação de execução é o ponto de partida ou o seu fundamento. Mais ainda, esse acertamento, para justificar a ação executiva, deve estar consagrado em um documento que o represente como em uma fotografia, a fim de que o órgão executivo possa operar, munido dessa fotografia, sem preocupar-se com a sua correspondência com a realidade."[7]

Essa perspectiva, se vista de forma meramente isolada como outrora ocorria,[8] leva ao fenômeno da *purificação* dessas espécies de tutela jurisdicional, o que não corresponde ao atual estágio científico-evolutivo acerca da temática. Em linguagem simples, entendia-se, antigamente, que não existiam atos executivos no processo de conhecimento, bem como não existia atividade cognitiva no processo de execução. Era a consagração do princípio da autonomia absoluta da tutela executória.[9]

---

(7) GUERRA, Willis Santiago. "Aspectos da execução forçada no sistema processual brasileiro". *Revista de Processo*, São Paulo: RT, n. 83, jul./set. 1996, p. 61.

(8) Ilustrativamente, relata *Enrico Tullio Liebman:* "Os juristas da Idade Média conseguiram realizar um compromisso entre essas duas correntes contrárias e, atendendo às necessidades sociais e jurídicas de seu tempo, criaram o novo instituto da *executio parata* (execução aparelhada) que, por sua alta eficiência prática, representa ainda hoje a solução do problema. Reafirmam eles, em primeiro lugar, o princípio da necessária precedência da cognição; o credor devia sempre submeter suas pretensões à apreciação do juiz em processo contraditório para que fossem procedentes, ou improcedentes: *primo intentanda est actio* (Glosa); *non est incoandum ab executione* (Bartolo)". E continua: "Proferida a condenação, torna-se possível a execução. Mas por que meios? A *actio iudicati* indicada pelas fontes romanas, significando proposição de novo processo contraditório e portanto formalidade demorada e protelatória, foi relegada para casos excepcionais (liquidação de condenação ilíquida, pedido de juros sucessivos à sentença etc.), ao passo que nos casos normais era suficiente simples requerimento para que o juiz, sem a audiência do devedor e lançando mão das faculdades e deveres inerentes ao seu ofício, praticasse os atos necessários a assegurar a execução da sentença por ele proferida. Denominou-se esse procedimento de 'execução per *officium judicis*', considerando-o simples prosseguimento e complemento do ato de prolação da sentença: *istud officium venit in consequentiam condemnationis* (Bartolo). Isto significou atribuir à sentença condenatória eficácia nova, desconhecida em épocas anteriores, como é a de ser por si suficiente para permitir a execução, sem necessidade de nova ação e novo contraditório: *sententia habet paratam executionem*" (*Processo de execução*. Araraquara: Bestbook, 2003, pp. 27-28).

(9) Ressalvada a sistemática adotada pela Lei n. 11.232/05, pode-se aferir a autonomia do processo de execução em função do processo de conhecimento e em função de diversos critérios. Inicialmente, há que se perceber que existem atividades que somente são praticadas em uma dessas duas modalidades de prestação da tutela jurisdicional. Para o início do processo de execução, em virtude do princípio da inércia da jurisdição, exige-se a presença de uma petição inicial do exeqüente (arts. 262, 580 e 614 do CPC) e nova citação do agora executado. Observa-se que pode existir um processo de execução sem prévia ocorrência de um processo de conhecimento, como se percebe nos títulos executivos extrajudiciais (art. 585 do CPC) ou quando a execução, embora o título seja judicial, funda-se em sentença arbitral (art. 584, *VI*, do CPC), sentença estrangeira (art. 584, *VI*, do CPC) ou condenação criminal (art. 584, *II*, do CPC). Percebe-se, ainda, para comprovar a autonomia, que as partes respectivas não devem necessariamente ser as mesmas, conforme se vê no instituto da novação subjetiva (art. 568, *III*, do CPC) ou no caso do fiador judicial (art. 568, *IV*, do CPC). Demais disso, é de se notar que nem toda atividade desenvolvida no processo de conhecimento enseja posterior processo de execução, como é o caso das ações declaratórias e constitutivas (a não ser no caso dos provimentos condenatórios secundários, a exemplo das despesas processuais). Podem coexistir os dois tipos de tutela, como se observa na execução provisória. Finalmente, a existência de possibilidade de incidência da prescrição no lapso compreendido entre o trânsito em julgado do processo de conhecimento e o ajuizamento da ação de

Assim, partia-se da premissa de que atividade cognitiva *precedia necessariamente* a prática dos atos materiais de concretização do direito previamente reconhecido,(10) ou seja, havia uma *ordem cronológica* em que, em primeiro lugar, reconhecia-se o direito e, em seguida, realizava-o no mundo dos fatos, sem que se pudesse questioná-lo novamente, em especial na própria execução, homenageando-se a segurança jurídica.(11) Logo, percebe-se que o Magistrado da época, com base no princípio da autonomia, não exercia cognição alguma na fase executiva, tratando-se apenas de ser *mero executor* de atos estatais de concretização daquele direito já definido na fase anterior. Por conseqüência imediata, o direito de defesa deveria, de forma indispensável, ser exercido em processo distinto.(12)

José Miguel Garcia Medina, que, na nova geração de processualistas, de maneira absoluta, melhor tratou a temática do processo de execução, faz o seguinte resumo:

---

execução (Súmula n. 150 do STF) também comprova o mencionado princípio da autonomia, já que inexiste atividade jurisdicional nesse ínterim (BEBBER, Júlio César. *Exceção de pré-executividade no processo do trabalho*. São Paulo: LTr, 2004, pp. 27-29).

(10) No particular, revela-se oportuno compreender a seguinte lição de *José Miguel Garcia Medina:* "Fixada a orientação de que a cognição era atividade que necessariamente deveria dar-se antes da execução, na doutrina surgida na Idade Média preponderou a idéia de que 'na execução, não deve o juiz assumir posição de juiz, mas a de executor'. Isso porque a cognição deveria ter sido exaurida no processo anterior, de conhecimento. Estas razões, oriundas da doutrina exarada na Idade Média, revelam dois aspectos fundamentais do princípio da autonomia do processo de execução: a *distinção* entre atividades cognitivas e executivas, que viria a justificar a alocação de tais atividades em processos distintos, e a idéia de que haveria uma ordem lógica entre elas, devendo anteceder as atividades cognitivas às executivas. Com a criação dos títulos executivos extrajudiciais, esta última conclusão viria a ser mitigada" (*Execução civil: teoria geral: princípios fundamentais*. 2ª ed. rev., atual. e ampl. São Paulo: RT, 2004, pp. 269-270). Assim, complementa *Cândido Rangel Dinamarco*, "se o exeqüente tivesse a seu favor uma sentença condenatória, o juiz procedia simplesmente aos atos executivos, sem qualquer cognição, sem contraditório, sem sentença final e até mesmo sem citação inicial do executado. Sua citação viria apenas ao fim, antes da alienação do bem sujeito à medida que consistia a execução forçada. Mas, se se tratasse de título extrajudicial, o executado era citado logo ao início e se procedia a uma cognição sumária, com possibilidade de defesa e decisão ao fim" (*Execução civil*. 7ª ed. rev. e atual. São Paulo: Malheiros, 2000, p. 60).

(11) *Humberto Theodoro Júnior* relata o raciocínio estabelecido: "Na ordem cronológica, a declaração de certeza há de preceder à mesma relação jurídica tornada litigiosa. É que, enquanto a declaração se posta apenas no plano das idéias e palavras, a execução entra na área de coação, atingindo a parte devedora em sua esfera privada, no que diz respeito a seu patrimônio". E arremata: "Assim, a gravidade da atuação executiva e de suas conseqüências práticas reclama, por si só, a preeminência da cognição sobre a existência do direito do credor, o que, de ordinário, se faz através do processo de conhecimento. Somente com a observância dessa prioridade é que se pode evitar o risco de se chegar à agressão patrimonial executiva sem controle da efetiva existência da relação que se há de fazer atuar" (*Curso de direito processual civil*. 27ª ed. rev. e atual. Rio de Janeiro: Forense, 1999, vol. 2, p. 4).

(12) Preleciona *José Miguel Garcia Medina:* "A conseqüência mais evidente da adoção do princípio, por outro lado, reside na idéia de que os processos de conhecimento e de execução sejam 'puros', isto é, de que não se realizem atos executivos no curso do processo de conhecimento bem como não ocorram atos cognitivos no processo de execução. Argumenta-se, como já se mencionou, que as atividades operadas nos dois processos são bastante distintas, o que aconselha que elas se desenvolvam em processos diversos. Como corolário desta concepção, tem-se que as eventuais defesas que o executado tenha a opor deverão ser apresentadas em processo distinto, no direito brasileiro chamado de embargos" (*Execução civil: teoria geral: princípios fundamentais*. 2ª ed. rev., atual. e ampl. São Paulo: RT, 2004, p. 279).

"[...] a execução, por ser atividade distinta da cognitiva, deveria ser alocada em processo distinto, e reforçava a idéia de que o processo de execução era, mesmo, independente do de conhecimento o fato de, em decorrência dos títulos executivos extrajudiciais oriundos do comércio, ter-se configurado um processo de execução independentemente de processo de conhecimento anterior."

E continua:

"Como o juiz, para a doutrina da época, deveria ser considerado, no curso do processo de execução, mero 'executor', dever-se-iam afastar, ao máximo, as possibilidades de defesa do executado no curso deste processo. Desse modo, muitos dos ordenamentos jurídicos mais antigos dispunham que 'nenhuma exceção de nenhum tipo podia ser agitada no processo de execução', enquanto 'alguns admitiam a proponibilidade de algumas exceções limitadas, se líquidas e de pronta solução'. Prevalecia, assim, a idéia de se afastar quaisquer incidentes cognitivos do processo de execução, e isto decorria principalmente dos retardos processuais que eventuais incidentes poderiam ocasionar. Não se excluía, no entanto, a possibilidade de o executado fazer valer suas exceções *em outro e distinto processo.*"(13)

Em resumo, *na visão tradicional*, em homenagem ao princípio da autonomia absoluta entre as formas de prestação de tutela jurisdicional, realizam-se apenas atos de inteligência no processo de conhecimento, ao passo que, no processo de execução, realizam-se apenas atos executivos, devendo a eventual defesa do executado ser realizada em outra relação processual.

2.2. O PRINCÍPIO DO SINCRETISMO PROCESSUAL

Atualmente, a doutrina prega o princípio do *sincretismo* entre as atividades cognitivas e executivas, que, pode-se dizer assim, impõe uma *relativização* ou *mitigação* ao princípio da autonomia.(14) A respeito, eis o relato de *João Batista Lopes:*

"No processo contemporâneo, assistimos à superação do binômio cognição-execução, isto é, não se deve falar em processo de conhecimento e processo de execução como compartimentos estanques. Do mesmo modo que, no processo de conhecimento, é possível praticar atos executivos ou

(13) MEDINA, José Miguel Garcia. *Execução civil: teoria geral: princípios fundamentais.* 2ª ed. rev., atual. e ampl. São Paulo: RT, 2004, p. 271.

(14) Os princípios do sincretismo e da autonomia não são excludentes entre si, pois *coexistem* no ordenamento processual. Diante da expansão das ações executivas *lato sensu* e mandamentais, porém, sobretudo em função da relevância da tutela inibitória, há forte tendência na predominância do princípio do sincretismo.

coativos (*v. g.*, medidas liminares), também na execução não se exclui a prática de atos cognitivos (*v. g.*, decisão sobre penhorabilidade de bens ou sobre impugnação à avaliação)."[15]

Por outras palavras, observa-se em diversos institutos processuais o fenômeno da *interpenetração* das duas espécies de atividade jurisdicional[16], cognição e execução, mormente tendo em vista a necessidade de reaproximação dos mesmos às peculiaridades do direito material a ser tutelado.

Na *antecipação de tutela*[17] (art. 273 do CPC[18]) ou na *tutela específica* (arts. 461 e 461-A do CPC), por exemplo, o provimento, a despeito de ocorrer

---

(15) LOPES, João Batista. *Curso de direito processual civil: parte geral*. São Paulo: Atlas, 2005, vol. 1, p. 243.

(16) Ensina *Humberto Theodoro Júnior* que, "[...] embora integradas ao mesmo fenômeno da jurisdição, as atividades de cognição e execução acham-se estruturadas de maneira independente, no sentido de que nem sempre uma depende da outra, e tampouco uma é preliminar ou antecedente necessária da outra. Muitas vezes, o conhecimento exaure totalmente a prestação jurisdicional, sem que haja necessidade de usar a coação estatal prática (sentenças declaratórias e constitutivas, ou adimplemento voluntário da parte após a condenação). Outras vezes, a execução forçada é instaurada sem que antes tenha havido qualquer acertamento jurisdicional acerca do direito do credor (títulos executivos extrajudiciais)". Por conseqüência, conclui o notável processualista mineiro: "Não obstante possam ser autonomamente manejados o processo de conhecimento e o de execução, registra-se no direito moderno uma tendência muito acentuada a neutralizar ou minimizar a rígida dicotomia de medidas como a antecipação de tutela e a ação monitória permitem que numa só relação processual se realizem tanto as funções cognitivas como as executivas. O processo civil moderno assume com essa roupagem a natureza interdital e o Juiz, então, pode decretar medidas satisfativas do direito material da parte mesmo antes de proferida a sentença definitiva sobre o mérito da causa" (*Execução das medidas cautelares e antecipatórias. Processo de execução*/ Coordenação Sérgio Shimura e Tereza Arruda Alvim Wambier. São Paulo: RT, 2001, pp. 469-470).

(17) *Athos Gusmão Carneiro*, acertadamente, entende que o instituto da antecipação da tutela de mérito implicou "[...] superação do princípio da *nulla executio sine titulo*, superação da 'dicotomia' processo de conhecimento/processo de execução, de milenar raiz romanística e que, embora seu sólido arrimo doutrinário e lógico-formal, importava com freqüência em prêmio ao réu inadimplente, e em castigo ao autor que, embora favorecido com sólida aparência do bom direito, se via obrigado a suportar os ônus da demora processual" (*Da antecipação de tutela*. Rio de Janeiro: Forense, 2004, p. 10). *Eduardo Melo de Mesquita* tem idêntica opinião: "Com o advento da antecipação de tutela surgiu uma nova exceção ao princípio da autonomia entre *cognição* e *execução*, porque os provimentos sumários admitem a prática de atos materiais de execução no processo de conhecimento. Fala-se no surgimento de um novo princípio o do *sincretismo entre cognição e execução*" (*As tutelas de urgência na execução civil. Execução civil: aspectos polêmicos*/Coordenadores João Batista Lopes e Leonardo José Carneiro da Cunha. São Paulo: Dialética, 2005, p. 101).

(18) Um tema, envolvendo o problema da correlação entre a cognição e os efeitos dos provimentos judiciais, deveras atual e interessante, é o que diz respeito ao projeto legislativo de *estabilização da tutela antecipada*. Segundo a exposição de motivos do anteprojeto oriundo do IBDP, através de comissão composta pelos professores *Ada Pellegrini Grinover, Luiz Guilherme Marinoni* e *José Roberto dos Santos Bedaque*, procura-se, em síntese, tornar definitivo e suficiente o comando estabelecido por ocasião da decisão antecipatória. Não importa se se trata de antecipação total ou parcial. O que se pretende, por razões eminentemente pragmáticas — mas não destituídas de embasamento teórico — é deixar que as próprias partes decidam sobre a conveniência, ou não, da instauração ou do prosseguimento da demanda e sua definição em termos tradicionais, com atividades instrutórias das partes, cognição plena e exauriente do Juiz e a correspondente sentença de mérito. Se o ponto definido na decisão antecipatória é o que as partes efetivamente pretendiam e deixam isso claro por meio de atitude omissiva consistente em não propor a demanda que vise à sentença de mérito (em se tratando de antecipação em procedimento antecedente) ou em não requerer o prosseguimento do processo (quando a antecipação é concedida no curso deste), tem-se por solucionado o conflito existente entre as partes, *ficando coberta pela coisa julgada a decisão antecipatória*, observados os seus limites. A existência, no passado,

ordinariamente na *fase* de conhecimento, detém *executividade intrínseca*,[19] o que fatalmente o qualifica como expressão do princípio do sincretismo processual.[20] A despeito de essa interpenetração ocorrer no âmbito da mesma relação processual, não há descaracterização dessas mencionadas atividades. "Cognição e execução continuam sendo atividades muito distintas, mesmo que aglutinadas na mesma relação processual".[21]

Para *Teori Albino Zavascki*,

> "[...] a antecipação de tutela nada mais representa senão a possibilidade de adiantar atos de execução. Ora, para que isso ocorra, impõe-se ao intérprete e aplicador do direito a necessidade de adequar o sistema tradicional do Código, a fim de viabilizar, na medida do possível, que os atos executivos sejam promovidos no âmbito da própria ação de conhecimento, sem o que a medida antecipatória nem sempre poderá alcançar, adequada e eficazmente, a sua finalidade."[22]

Marcelo Lima Guerra afirma, categoricamente, que,

> "[...] no tocante às obrigações de fazer, não fazer e entregar coisa reconhecidas em sentenças judiciais, o *módulo processual executivo* consiste, repita-se, em mera *fase executiva de um processo autônomo complexo*, ou seja, de um 'processo sincrético'."[23]

---

de "cautelar satisfativa" é um dado revelador de que o procedimento antecipatório antecedente será de grande utilidade. Por outro lado, não pode surpreender a observação de que os provimentos antecipatórios são, substancialmente, provimentos monitórios. Os pressupostos da ação monitória e da antecipação podem ser diversos, mas análoga deve ser a eficácia. No sistema jurídico pátrio, o mandado monitório não impugnado estabiliza a tutela diferenciada. Simetricamente, a mesma coisa deve ocorrer com a decisão antecipatória com que as partes se satisfazem, considerando pacificado o conflito: as partes, e não apenas o demandado, porquanto a antecipação da tutela pode ser parcial, podendo, neste caso também, o autor ter interesse na instauração ou prosseguimento da ação de conhecimento. Assim, a instauração e/ou prosseguimento da demanda são considerados ônus do demandado e, em caso de antecipação parcial, do demandante, sendo a conduta omissiva seguro indício de que não há mais necessidade da sentença de mérito. Em contrapartida, se a demanda que visa à sentença for intentada ou prosseguir, a resolução do processo sem julgamento do mérito não tem o condão de tornar eficaz a medida antecipatória, que prevalece, ressalvada a hipótese de carência de ação, se incompatíveis as decisões.

(19) MARINONI, Luiz Guilherme. *A antecipação da tutela*. 8ª ed. rev., atual. e ampl. São Paulo: Malheiros, 2004, p. 251.

(20) Reconhecendo o sincretismo entre as atividades cognitivas e executivas, *Humberto Theodoro Júnior* preleciona que "o jurista romano, que trabalhou basicamente a partir de um sistema arbitral onde a separação entre ação e execução era inevitável, soube superar as deficiências dessa dicotomia, criando os interditos. Com muito maior razão e com muito mais facilidade pode o jurista contemporâneo introduzir nos procedimentos civis mecanismos, como os da tutela antecipada, para abrandar e até mesmo anular a inconveniente separação entre o processo de conhecimento e de execução" ("O procedimento interdital como delineador dos novos rumos do direito processual civil brasileiro". *Revista de Processo*, São Paulo: RT, n. 97, jan./mar. 2000, p. 239).

(21) SANTOS, Evaristo Aragão. *A sentença como título executivo. Execução civil: aspectos polêmicos/* Coordenadores João Batista Lopes, Leonardo José Carneiro da Cunha. São Paulo: Dialética, 2005, p. 144.

(22) ZAVASCKI, Teori Albino. *Processo de execução: parte geral*. 3ª ed. rev., atual. e ampl. São Paulo: RT, 2004, p. 58.

(23) GUERRA, Marcelo Lima. *Direitos fundamentais e a proteção do credor na execução civil*. São Paulo: RT, 2003, p. 35.

Aliás, em outro estudo, este processualista admite, a nosso ver com inteira razão, que a antecipação de tutela pode ocorrer no âmago do próprio processo autônomo de execução, o que confirma, sob outra óptica, a incidência do princípio do sincretismo, visto que, antes de deferir o provimento, o Juiz afere os requisitos respectivos, em típica atividade de cognição sumária e realização de juízos de valor.[24]

No *processo cautelar*, *Piero Calamandrei* separa as fases de conhecimento e execução. O objeto daquela é a aferição da "aparência de um direito" e de um suposto "perigo de insatisfação do direito aparente".[25] Em contrapartida, a despeito de o provimento ser formado por um mero juízo de probabilidade, mediante cognição sumária,

> "[...] uma vez alcançado o objetivo cautelar através da aceleração do título executivo, a execução forçada *desenvolve-se até o fundo*, do mesmo modo como seria desenvolvida se esse título tivesse sido alcançado de maneira irrevogável."[26]

E isso realmente ocorre: prática de atos executivos após a cognição cautelar. Embora uma parte da doutrina prefira o termo *efetivação* dos efeitos do provimento cautelar,[27] é certo que existe praticamente unanimidade a respeito do

---

(24) Para o ilustre processualista, "[...] a antecipação de tutela, no processo executivo suspenso em virtude da oposição de embargos, consistiria, apenas, em permitir a satisfação (total ou parcial) meramente fática e provisória do crédito objeto da execução, antes de serem julgados os embargos do devedor, assim como ocorre no processo de conhecimento". Adiante, justifica a admissibilidade do instituto no processo de execução, afirmando que o entendimento oposto "[...] conduziria a um resultado bizarro e paradoxal, a saber, o titular de um direito meramente afirmado poderia obter uma tutela jurisdicional mais 'forte', mais imediata do que a do titular de direito consagrado em título executivo" ("Antecipação de tutela no processo executivo". *Revista de Processo*, São Paulo: RT, n. 87, jul./set. 1997, pp. 28 e 30, respectivamente).

(25) CALAMANDREI, Piero. *Introdução ao estudo sistemático dos procedimentos cautelares*. Tradução de Carla Roberta Andreasi Bassi. Campinas: Servanda, 2000, p. 99.

(26) CALAMANDREI, Piero. *Introdução ao estudo sistemático dos procedimentos cautelares*. Tradução de Carla Roberta Andreasi Bassi. Campinas: Servanda, 2000, p. 133.

(27) *Alexandre Freitas Câmara* é um dos renomados autores que preferem o termo *efetivação*, ao invés de *execução* da tutela cautelar. Eis a sua lição: "Preferimos esta terminologia, em primeiro lugar, porque no processo cautelar não há, nem mesmo *de lege lata*, separação entre um processo 'cognitivo' e outro 'executivo'. O processo cautelar é estruturalmente único, com as atividades de cognição e 'execução' se desenvolvendo simultânea e sucessivamente, mas sem que haja separação das duas em processos distintos". E conclui sua posição: "Há, ainda, outro argumento para que não se fale em 'execução' do processo cautelar. Como sabido, chama-se execução à modalidade de atividade jurisdicional em que há modificação da realidade material para o fim de satisfazer um direito. Não se nega a capacidade de a medida cautelar operar modificações da realidade (basta, para isso, pensar no arresto, que opera a apreensão judicial de um bem que, antes da atuação da medida, estava desembaraçado), mas estas modificações que eventualmente ocorrem nem são necessárias à caracterização das medidas cautelares (e pode-se corroborar esta afirmação com a lembrança da medida cautelar de produção de prova, que não é capaz de operar qualquer modificação da realidade), nem tampouco se destinam a satisfazer direitos" (*Lições de direito processual civil*. 8ª ed. rev. e atual. Rio de Janeiro: Lumen Juris, 2005, vol. III, pp. 81-82). Na mesma linha de raciocínio, apresenta-se *Luiz Orione Neto:* "Assentado que a terminologia adequada é *efetivação* da medida cautelar, e sendo certo, por outro lado, que a fase de cognição não se separa da fase de atuação, temos que a efetivação — seja da *medida liminar*, seja da *sentença cautelar* — dar-se-á no bojo do próprio processo cautelar, mediante a expe-

sincretismo processual entre as atividades cognitivas e executivas. É bom deixar bem claro que essa polêmica envolvendo a terminologia referente à prática de atos coativos, inclusive com a realização material de direito, no bojo do processo cautelar, fenômeno, aliás, que ocorre em relação à antecipação dos efeitos da tutela, aparentemente resulta da "perplexidade" da doutrina em falar de "execução" fora dos *limites* do *processo executivo*, bem como diante da ausência de título executivo previamente tipificado em lei. Observa-se, entretanto, que o sistema processual pátrio, diante dos valores constitucionais envolvendo o efetivo acesso a uma ordem jurídica justa, admite a realização de atos executórios sem prévia formação de título executivo,[28] o que também não deixa de ser uma faceta do princípio do *sincretismo*.

A *ação monitória*, enquanto modalidade de tutela jurisdicional diferenciada, é outro exemplo de junção em um só procedimento de atos cognitivos e executivos. Trata-se de demanda que admite sumária cognição judicial, mas, na sua estrutura interna, possui relevante função executiva. A *cognição* inicial tem por objeto apenas o documento *escrito* juntado na petição inicial, que, até então, não porta eficácia executiva[29] (art. 1.102-A do CPC). O direito material, vale

---

dição de mandado para cumprimento imediato, sem que haja necessidade de instauração de processo de execução para que se alcance o resultado colimado pela decisão" (*Processo cautelar*. São Paulo: Saraiva, 2004, pp. 213-214).

(28) O ativismo judicial, sabidamente inerente à busca da efetividade processual, é maior neste tipo de prestação de tutela jurisdicional. Para *José Miguel Garcia Medina*, "evidente que, nos casos em que o sistema jurídico faz depender a execução de um título executivo definido com antecipação pela norma jurídica, o juiz fica *neutralizado* quanto à valoração da situação jurídica: cumpre-lhe apenas determinar a execução, verificando se os requisitos legais relacionados ao título executivo estão ou não presentes. Diversamente, no caso da decisão que antecipa os efeitos da tutela, ocorre o inverso. A norma jurídica estabelece, quando muito, o objetivo a ser alcançado, permitindo ao juiz definir, em atenção às circunstâncias reais da causa, se o direito pleiteado é ou não merecedor de tutela executiva". E arremata o ilustre processualista do Paraná: "Enfim, pode-se dizer, com outras palavras, que quando incide o princípio da *nulla executio sine titulo* impõe-se ao juiz atuar de modo apolítico e neutro, e o sistema vale-se desde mecanismo quando pretender *reduzir o poder de atuação executiva do juiz*. Nos casos em que incide o princípio da execução sem título permitida, ao contrário, *requer-se um juiz 'politizado'*, capaz de fazer as escolhas que o legislador não pode ou não quis realizar" (*Execução civil: teoria geral: princípios fundamentais*. 2ª ed. rev., atual. e ampl. São Paulo: RT, 2004; p. 141). Observa-se que o provimento que antecipa os efeitos da tutela de mérito *não é título executivo* por dois motivos: primeiro, não possui eficácia abstrata, já que as razões que autorizaram a sua concessão podem deixar de verificar dentro da própria relação processual; segundo, ao arrepio do princípio da tipicidade, não está previsto em lei como tal. Entendendo o contrário, *Paulo Henrique dos Santos Lucon* sustenta que é preciso redimensionar o princípio da *nulla executio sine titulo*. Diz o eminente processualista: "Título deve designar todo ato jurídico adequado para determinar a realização de direitos, seja mediante execução por quantia certa, de entrega de coisa ou de obrigação de fazer ou não fazer. A presença de título hábil é indispensável para a efetivação de uma situação substancial a favor do titular de uma posição jurídica de vantagem". E explica: "A finalidade das decisões com eficácia externa ao processo é a de atuar a vontade imediata ou atual da lei, mediante a imposição de medidas adequadas à tutela de determinados interesses. Não é importante aqui a certeza da existência do direito material, mas a presença de um título capaz de produzir efeitos externos ao processo". Adiante, conclui o seguinte: "Não se trata de afastar o preceito da *nulla executio sine titulo*, mas de adaptá-lo a uma nova realidade: o título executivo também pode ser a sentença apelada ou a decisão proferida no curso do processo" (*Eficácia das decisões e execução provisória*. São Paulo: RT, 2000, pp. 228 e 230, respectivamente).

(29) Como ensina *Cândido Rangel Dinamarco*, o "processo monitório é um processo destinado à satisfação de direitos não amparados por título executivo judicial ou extrajudicial, sem necessário julgamento do mérito. O título para a execução realizada no processo monitório é produzido nele próprio, bastando

frisar, sequer é questionado pelo Juiz (art. 1.102-B do CPC), o que induz à conclusão de que a cognição é *parcial* ou *incompleta*.[30] Agora, *no mesmo procedimento*, se o réu não efetua o pagamento ou devolve a coisa litigiosa, forma-se, de imediato, o *título executivo*,[31] de tal sorte que resta autorizada a prática dos atos executórios como se em uma fase executiva estivesse (art. 1.102-C do CPC). Como o ajuizamento da ação incidental dos embargos ao mandado monitório, que é eventual, não faz parte do procedimento, é inegável a *combinação de atos cognitivos e executivos* no mesmo processo.[32]

---

que o autor comprove satisfatoriamente a existência do direito mediante documento idôneo desprovido de eficácia de título executivo (CPC, art. 1.102-a). Fundado nesse documento, o juiz limita-se a expedir o mandado de pagamento ou entrega, sem prévia investigação sobre o direito afirmado pelo autor e sem a (sequer implícita) afirmação de sua existência" (*Instituições de direito processual civil*. 2ª ed. rev. e atual. São Paulo: Malheiros, 2002, vol. III, p. 741).

(30) Em outras palavras, consoante prelecionam *Tereza Arruda Alvim Wambier* e *José Miguel Garcia Medina*, "não exige a norma jurídica que o juiz verifique a plausividade de existência do direito, para a emissão do mandado monitório. O autor deve fundar sua pretensão em 'prova escrita sem eficácia de título executivo'. Daí se pode dizer — a exemplo do que o fez parte da doutrina italiana — que a cognição realizada na *fase inicial* da ação monitória é *incompleta*, ficada apenas na constatação da existência daqueles requisitos, não se exigindo do juiz verificar se existe ou não direito afirmado. Caso não haja contestação do demandado, realizam-se, de imediato, os atos executivos; diversamente, se o réu apresenta alguma oposição — chamada, no direito brasileiro de embargos — realiza-se cognição plena e exauriente sobre o direito afirmado pelo autor. A extensão e profundidade da cognição realizada dependerão, portanto, de atitude do réu" (*O dogma da coisa julgada: hipóteses de relativização*. São Paulo: RT, 2003, p. 120).

(31) Em sentido contrário, manifesta-se *Eduardo Talamini*. Inicialmente, reconhecendo o sincretismo, afirma que "[...] a 'ação monitória' é *condenatória*, não obstante instaure processo que reúna cognição e execução em duas fases sucessivas". Em seguida, diz que "seria preferível reservar-se o termo 'título executivo' para aqueles atos que autorizam a instauração de um processo executivo autônomo; que conferem possibilidade jurídica a uma demanda executiva em sentido estrito. Portanto, o emprego da expressão 'título executivo' para designar o ato que viabiliza a execução *dentro do próprio processo* monitório não é de todo acertado. 'Constituição do título' há de se entender como *estabelecimento da autorização de início da fase executiva* — e é nesse sentido que se a emprega no texto" (*Tutela monitória*. 2ª ed. rev., atual. e ampl. São Paulo: RT, 2001, p. 173).

(32) *Cândido Rangel Dinamarco* faz um excelente resumo, que traduz bem essa intervenção do princípio do sincretismo: "O monitório não é mero procedimento dentre os muitos de que se pode revestir o processo de conhecimento (ordinário, sumário, especiais). Ele não tem a natureza de um processo de conhecimento, porque não produz o resultado característico deste, que é o julgamento do mérito: contém uma fase inicial, dita monitória, e uma final, de natureza executiva. Os embargos que o réu pode opor não fazem parte do processo monitório e são, tanto quanto os do devedor ao processo executivo, um processo distinto: o processo monitório, em si mesmo, não inclui momentos nem fase destinada à instrução preparatória do julgamento do mérito, porque julgamento do mérito não há nesse processo. Sabido que o processo de conhecimento é *processo de sentença*, dessa precisa conceituação decorre elementarmente que não é processo de conhecimento aquele em que não há sentença de mérito a proferir, ou seja, aquele em que o *meritum causae* não se julga". E continua, com o rigor técnico já por todos conhecido: "O processo monitório também não se confunde com o executivo, porque contém mais do que este. Ele é endereçado à satisfação do crédito sem que o autor disponha previamente de título executivo algum (sempre, art. 1.102-a CPC) e é em seu curso de que esse título se produz. O *mandado monitório*, que é o título em que se funda a execução integrante do processo monitório, é uma decisão proferida pelo juiz depois de proposta a demanda pelo autor e antes da citação do réu. Nesse contexto, a execução é mera fase de um processo, sem ser um processo autônomo: o processo monitório inclui atividades executivas e também aquelas iniciais, destinadas à formação de um título para executar". E conclui o consagrado mestre paulista: "Por isso é que, não tendo do processo de conhecimento o julgamento do mérito, que é essencial a este, e incluindo a produção de título executivo, que não é função própria ao processo executivo, o monitório é uma *modalidade autônoma de processo*: ele é inteiramente diferente do processo de conhecimento e é mais que o executivo" (*Instituições de direito processual civil*. 2ª ed. rev. e atual. São Paulo: Malheiros, 2002, vol. III, pp. 742-743).

Nas *ações executivas lato sensu*, observa-se que, após uma sentença precedida de profunda cognição judicial, há a realização de atos executivos, o que, igualmente, configura o princípio do sincretismo.(33) Com outras palavras, ao contrário das ações condenatórias, imediatamente após a decisão que analisou em profundidade as alegações fático-jurídicas das partes e sem instauração de processo de execução, os atos materiais de satisfação do reconhecido direito são realizados.(34) "Embora não haja, aqui, execução forçada realizada em processo de execução, há tutela jurisdicional executiva, isto é, a tutela jurisdicional realizar-se-á por meio de atos executivos".(35)

É de se observar, entretanto, que a nota característica desta modalidade de prestação de tutela jurisdicional não reside apenas nessa sucessão entre atos cognitivos e executivos,(36) o que, por si só, conforme já falamos, revela manifestação do princípio do sincretismo processual, mas sim na *flexibilização ou ausência de fixação legal (ou tipicidade) dos meios executivos*. A respeito, anota *Eduardo Talamini:*

> "Na execução *ex intervallo* do provimento condenatório, o juiz submete-se a formas relativamente fixas, descritas na estrutura procedimental do

---

(33) Conforme declara *Flávio Luiz Yarshell*, "no direito brasileiro, não há dúvida de que o sistema reconhece provimentos executivos *lato sensu*, isto é, que se executam independentemente de novo processo. A respectiva identificação ocorre a partir da autorização legal para que a ordem se cumpra por mandado, isto é, por 'ordem do juiz' (*v. g.*, nos caso de despejo, reintegração de posse, ação de depósito e, segundo alguns, ação de desapropriação). Com isso, não se abre oportunidade para embargos do devedor, uma vez que não há instauração de uma nova relação jurídica processual" (*Tutela jurisdicional*. São Paulo: Atlas, 1999, p. 163).

(34) Para *Tereza Arruda Alvim Wambier*, "as *sentenças executivas lato sensu* contêm algo mais além da condenação. Há uma condenação, sim. Mas, além desta, é necessário observar-se que esta espécie de sentença, para que haja *alteração no mundo empírico, no mundo real, na esfera dos fatos, não reclama a existência de posterior processo de execução*. Ao contrário, ela, *por si mesma*, é apta a levar à *efetiva satisfação do credor*, prescindindo-se do processo de execução propriamente dito. Não é necessária uma 'segunda agressão', por meio da execução" (*Nulidades do processo e da sentença*. 5ª ed. rev., atual. e ampl. São Paulo: RT, 2004, p. 98). *Ovídio A. Baptista da Silva* tem o mesmo entendimento: "O que caracteriza a sentença condenatória, seja ela ato final de uma demanda autônoma, como ela está concebida em nosso sistema, seja quando a tornamos uma fase final de uma ação condenatório-executiva, é sua condição essencial de não ir além da formação do 'título executivo'. A sentença condenatória não trata do conflito executivo, de modo que a eficácia é *diferida*, ao passo que nas ações denominadas executivas *lato sensu* a execução é parte integrante essencial da própria ação executiva" (*Ação de imissão de posse*. 3ª ed. rev. e atual. São Paulo: RT, 2001, p. 66).

(35) MEDINA, José Miguel Garcia. *Execução civil: teoria geral: princípios fundamentais*. 2ª ed. rev., atual. e ampl. São Paulo: RT, 2004, p. 135. Na correta lição de *Alberto Camiña Moreira*, observa-se que "a sentença executiva *lato sensu* não se destina à formação de título executivo judicial nem a abrir as portas ao processo de execução de sentença. Pelo contrário, sua força executiva é tão grande que seu comando é realizado no próprio processo em que exarada" (*Defesa sem embargos do executado: exceção de pré-executividade*. 3ª ed. rev. e atual. São Paulo: Saraiva, 2001, p. 141).

(36) É o posicionamento de *Marcelo Lima Guerra:* "É certo que nas chamadas ações executivas *lato sensu* — categoria na qual se encartam as ações de despejo, possessórias e de depósito — o legislador adotou um modelo procedimental *diferenciado*, que se caracteriza, precisamente, por permitir a prestação de tutela condenatória e executiva em um mesmo processo. Em outras palavras, nessas ações a satisfação (tutela executiva) da obrigação reconhecida na sentença de procedência (tutela condenatória) é feita, sem solução de continuidade, no mesmo processo em que a mesma sentença foi proferida" (*Execução indireta*. São Paulo: RT, 1999, pp. 67-68).

processo executivo. Já a atuação executiva *lato sensu* não se subordina a modelo rígido e preestabelecido. Não é casual o constante contraste entre as pormenorizadas regras dos vários processos do livro II do Código e as fórmulas genéricas adotadas para disciplinar a execução de provimentos no próprio processo em que proferidos. Além disso, é dado ao executado opor-se à efetivação do provimento condenatório mediante ação de embargos — faculdade essa que não se lhe apresenta quando atingido por medidas de execução *lato sensu*."[37]

Aqui, segundo pensamos, cabe uma observação. Embora o procedimento das ações executivas *lato sensu* não comporte o manejo das ações incidentais de embargos à execução ou de impugnação ao cumprimento da sentença, entendemos que os atos executivos em si não possuem imunidade em razão de possíveis questionamentos a respeito de suas regularidades. Malgrado o direito material esteja sepultado pelo manto da coisa julgada, os atos executivos tendentes à sua satisfação podem ser questionados, uma vez que, diante da ausência de tipicidade procedimental e defensiva, podem desviar-se dos ditames ético-jurídicos.[38]

Ilustrativamente, imagine-se uma ação de despejo. A defesa endoprocessual pode ser desempenhada, por exemplo, em relação à regularidade dos atos processuais de comunicação, visto que os atos executivos dela dependem. Logo, o sublocatário que não foi intimado pode exercer, por simples petição e na mesma cadeia procedimental, resistência à ordem de despejo,[39] demonstrando que a questão, antes de ser pensada em submissão à legislação ordinária, posição que combatemos em homenagem à hegemonia normativa do princípio constitucional do devido processo legal, refere-se mesmo aos limites da cognição que pode ser exercida.

Eduardo Talamini afirma que,

"[...] em todos os casos, a defesa dar-se-á por *simples petição*, no bojo do próprio processo em curso. Também em todos, sua formulação *não sus-*

(37) TALAMINI, Eduardo. *Tutela relativa aos deveres de fazer e de não fazer: e sua extensão aos deveres de entrega de coisa (CPC, arts. 461 e 461-A, CDC, art. 84)*. 2ª ed. rev., atual. e ampl. São Paulo: RT, 2003, p. 194.

(38) *Sergio Muritiba* acredita que "[...] ser possível, após o proferimento da sentença de procedência e seu conseqüente trânsito em julgado, o réu requerer ao juiz que conheça da matéria alegada como defesa, impedindo, assim, a continuidade da atividade de efetividade da decisão judicial". E conclui: "Para tanto, não haveria necessidade de impetração de mandado de segurança ou mesmo de embargos à execução, haja vista o magistrado continuar competente para apreciar e julgar tal objeção. O juiz continua no exercício da prestação da tutela jurisdicional até a completa atuação concreta do comando legal, competente para dirimir qualquer controvérsia a respeito dessa efetivação. Tal posicionamento confirma a existência de contraditório e cognição nesta fase, decorrente da continuidade da prestação jurisdicional até a concreta atuação do direito" (*Ação executiva* lato sensu *e ação mandamental*. São Paulo: RT, 2006, p. 280).

(39) MOREIRA, Alberto Camiña. *Defesa sem embargos do executado: exceção de pré-executividade*. 3ª ed. rev. atual. São Paulo: Saraiva, 2001, pp. 141-146.

penderá a concretização do provimento antecipatório. Apenas excepcionalmente deverá o juiz proceder à suspensão, quando a defesa for muito plausível e o prosseguimento da efetivação da tutela, muito gravoso."

Pouco adiante, opina o ilustre processualista paranaense:

"Mas não me parece correto afirmar que, por exigir dilação probatória, determinadas matérias não possam ser alegadas na fase de efetivação da sentença mandamental ou executiva *lato sensu*. Continua havendo *relação processual*. O réu permanece sendo *parte*. Tem o direito de apresentar, ali mesmo, todas as defesas que possui e que tornam ilegítima a concretização do provimento. Simplesmente, a apresentação de tais defesas *não suspenderá* a efetivação da sentença: eis a diferença crucial em relação aos embargos."(40)

O referido raciocínio também é adotado para as *ações mandamentais,*(41) já que, em virtude da *ordem* que lhes são inerentes,(42) apresentando, após a prolação da respectiva sentença, a prática de atos de repercussão física ou modificação do mundo exterior em sua estrutura, incluem-se, a despeito da inexistência de formal processo de execução, entre as manifestações do princípio do sincretismo.(43)

---

(40) TALAMINI, Eduardo. *Tutela relativa aos deveres de fazer e de não fazer: e sua extensão aos deveres de entrega de coisa (CPC, arts. 461 e 461-A, CDC, art. 84)*. 2ª ed. rev., atual. e ampl. São Paulo: RT, 2003, pp. 413 e 414, respectivamente.

(41) A respeito da flexibilização dos atos executivos, manifesta-se *Paulo Henrique dos Santos Lucon:* "O *provimento mandamental* do art. 461, concedido na sentença ou mesmo mediante tutela antecipada (§ 3º), não exige um processo separado de execução e deve, por si só, ser apto a proporcionar a tutela específica pretendida pelo demandante por meio da colaboração do obrigado. A imposição de medida coercitiva deve ser uma *alternativa indireta* e a configuração de crime de desobediência (ou de responsabilidade), uma *alternativa excepcional*, na hipótese de eventual descumprimento do comando judicial" (*Eficácia das decisões e execução provisória*. São Paulo: RT, 2000, p. 164).

(42) Conforme preleciona *José Carlos Barbosa Moreira*, "ocioso frisar que, se não houver ordem, a sentença de procedência não será mandamental, mas simplesmente condenatória" ("A sentença mandamental. Da Alemanha ao Brasil". *Revista de Processo*, São Paulo: RT, n. 97, jan./mar. 2000, p. 261). Em outras palavras, como bem resume *Eduardo Talamini*, "[...] o que confere 'força executiva' ao provimento mandamental não é a medida processual de coerção que eventualmente o acompanhe, mas o seu conteúdo de *ordem*, por força do qual seu descumprimento caracterizará afronta à autoridade, juridicamente censurável (pouco importando se a repreensão tem caráter administrativo, penal ou estritamente processual" (*Tutela relativa aos deveres de fazer e de não fazer: e sua extensão aos deveres de entrega de coisa (CPC, arts. 461 e 461-A, CDC, art. 84)*. 2ª ed. rev., atual. e ampl. São Paulo: RT, 2003, p. 192). Corretamente e em complemento, ensina *Edson Ribas Malachini:* "A *ordem* é sempre terminante, não deixa qualquer margem de discricionariedade para o receptor; não lhe permite escolher entre o *cumprimento* da decisão e a *conseqüência cominada*, como no caso da aplicação de medida coercitiva. Não se conta, sequer, com a possibilidade de descumprimento da ordem (decisão mandamental) — que deve simplesmente ser cumprida *(tollitur quaestio)*" ("Ações (e sentença) condenatórias, mandamentais e executivas". *Revista de Processo*, São Paulo: RT, n. 125, julho de 2005, p. 33). Sendo assim, não havendo alternativa ao destinatário da ordem judicial, pode-se afirmar, sem medo de errar, que a decisão que, para a hipótese de eventual descumprimento, comina aplicação de multa, *por si só*, não é mandamental, já que resulta em formação de título executivo, efeito da sentença predominantemente condenatória.

(43) *José Miguel Garcia Medina* é incisivo: "Representativo, igualmente, da manifestação do princípio do sincretismo é o reconhecimento e alargamento das hipóteses de aplicação dos provimentos manda-

A rigor, é de se perceber que, sob o ponto de vista ontológico ou científico, não existe necessária separação entre as tutelas de conhecimento e de execução, sendo a questão meramente de *política legislativa*[(44)] no sentido de se buscar a adequada e eficaz proteção ao direito material em discussão.[(45)]

Humberto Theodoro Júnior, em sua tese de doutoramento, afirma que

> "[...] o bom senso não exige a manutenção da atual dualidade de relações processuais (conhecimento e execução) quando a pretensão contestada é daquelas que, deduzidas em juízo, reclamam um provimento condenatório. A obrigatoriedade de se submeter o credor a dois processos para eliminar um só conflito de interesses, uma só lide conhecida e delineada desde logo, parece-nos complicação desnecessária e perfeitamente superável, como, aliás, ocorre em sistemas jurídicos como anglo-saxônico."[(46)]

E a doutrina, a cada dia, constatava que a anacrônica sentença meramente condenatória não correspondia a um modelo que garantisse a efetividade da tutela jurisdicional, que, como é sabido, somente era alcançada em sua plenitude, na maciça maioria dos casos, com a realização posterior de atos executivos coativamente realizados pelo Estado.

Observa-se que, nos moldes constitucionais (art. 5º, *XXXV*, da CF), somente há efetiva proteção à ameaça de lesão a direitos *não patrimoniais*, cuja violação representa prejuízos irreparáveis na sua completude, com a presença de provimentos *aglutinativos* de cognição e imediata execução, a fim de configurar a tutela inibitória,[(47)] ou seja, a eficiente *prevenção* contra a ocorrência do temido

---

mentais, no direito brasileiro. Outrora admitida em hipóteses relativamente restritas, trata-se hoje de mecanismo de tutela cuja *função* foi bastante alargada, podendo ser empregado, até mesmo, como mecanismo *incidental* para a consecução do cumprimento de um dever jurídico" (*Execução civil: teoria geral: princípios fundamentais*. 2ª ed. rev., atual. e ampl. São Paulo: RT, 2004, p. 300).

(44) Preleciona *Evaristo Aragão Santos:* "Seja como for, esses elementos históricos são, em nosso sentir, suficientes para autorizar a conclusão de que a cisão cognição-execução se operou muito mais por razões de contingências políticas e sociais do que, propriamente, como decorrência de imposição jurídico-dogmática. Talvez seja possível, a partir deles, dizer-se mais: a separação dessas atividades ocorreu por razões de caráter meramente *funcional*, as quais, em seguida, também inspiram a maioria dos textos legislativos modernos, produzidos a partir do início do século XIX, a organizar a atividade executiva em processo autônomo. O objetivo dessa separação foi o de, a um só tempo, *simplificar* e *potencializar* essa atividade" (*A sentença como título executivo. Execução civil: aspectos polêmicos*/ Coordenadores João Batista Lopes e Leonardo José Carneiro da Cunha. São Paulo: Dialética, 2005, p. 130).

(45) ZAVASCKI, Teori Albino. *Processo de execução: parte geral*. 3ª ed. rev., atual. e ampl. São Paulo: RT, 2004, p. 34.

(46) THEODORO JÚNIOR, Humberto. *A execução de sentença e a garantia do devido processo legal*. Rio de Janeiro: Aide, 1987, p. 193. Na mesma linha de pensamento, manifesta-se *Ovídio A. Baptista da Silva:* "Quanto ao interesse prático em estabelecer-se uma forma de tutela jurisdicional que preste satisfatividade final e definitiva a determinados direitos materiais, sem a exigência irracional e mortificante de ter o litigante vitorioso de percorrer o árduo caminho do *procedimento executivo autônomo*, com todos os percalços e inconvenientes da defesa (embargos) do executado, parece, ao menos aos juristas familiarizados com nossa experiência forense, assunto que dispensa maiores justificações" (*Jurisdição e execução na tradição romano-canônica*. 2ª ed. rev. São Paulo: RT, 1998, pp. 10-11).

(47) Para *Sérgio Cruz Arenhart*, "[...] apenas por meio da antecipação de tutela que se pode obter o ideal enfrentamento da tutela urgente em ação inibitória. Impõe-se colocar à disposição do jurisdicionado

dano. Em tais casos, esperar a violação ao direito material a ser apurada por meio de sentença meramente condenatória é praticamente denegar a prestação da tutela jurisdicional ao indivíduo que o Estado deve socorrer, não servindo, para tanto, a tutela cautelar.(48)

É certo que a distinção entre cognição e execução é importante para o desenvolvimento não só do direito processual, mas de todo o ordenamento jurídico, eis que, da percepção e combinação das espécies de cognição, conseguem-se técnicas de tutelar o direito material. Como se observou acima, todavia, os processos de conhecimento e de execução não devem ser considerados em compartimentos estanques, porquanto diversos institutos, criados com o escopo de facilitar a tutela de direitos, aglutinam, a um só tempo, atividades cognitivas e executivas. Por conseqüência, a referida dicotomia é meramente *relativa*.(49)

A bem da verdade, como observa *Humberto Theodoro Júnior*,

> "a ação de execução, como atividade de um processo próprio, somente se justifica quando se trate de título extrajudicial, porque evidentemente seu conteúdo jurídico e fático não passou ainda pelo crivo do acertamento em juízo. Quando, porém, o que se pretende realizar é aquilo que já se acha sob a autoridade da coisa julgada, nada justifica o ônus de sujeitar a parte ao ônus e aos contratempos de usar, sucessivamente, dois processos e duas ações."(50)

Na realidade, até para facilitar a compreensão do princípio do sincretismo, deve-se notar que a correta distinção entre os processos de conhecimento e execução, segundo pensamos, reside na forma pela qual o contraditório é insti-

---

formas de satisfação urgente (ainda que provisória) da pretensão exposta em juízo, de modo a oferecer, de maneira sumária, os mesmos efeitos que a decisão final seria capaz de fornecer. Em realidade, seja pela dificuldade em colecionar-se toda a prova necessária para a ação, seja diante da iminência da lesão que se quer evitar, seja ainda pela atitude inusitada que pode o réu adotar ao ser citado para a ação, a tutela antecipatória inibitória pode representar papel crucial para o perfeito desempenho da função preventiva que se empresta a esse instrumento" (*Perfis da tutela inibitória coletiva*. São Paulo: RT, 2003, p. 296).

(48) *Luiz Guilherme Marinoni* afirma que "não há dúvida de que o direito de acesso à justiça, assegurado pela nossa Constituição Federal (art. 5º, XXXV), garante o direito à adequada tutela jurisdicional e, por conseqüência, o direito à tutela preventiva. É possível afirmar até mesmo que a inserção da locução 'ameaça a direito' na nova verbalização do princípio da inafastabilidade teve por fim deixar claro que a tutela preventiva é constitucionalmente garantida". E ressalta o eminente processualista: "Se alguns direitos não podem ser adequadamente tutelados na forma repressiva, parece natural a afirmação de que a eles deve ser assegurada a tutela preventiva. A garantia de tutela preventiva, porém, não se confunde com a garantia de tutela cautelar, até porque, como já foi dito, a tutela cautelar foi concebida, em princípio, para permitir a efetiva proteção de um direito já violado". E linha de arremate, afirma que, "admitida a existência de um direito constitucional à tutela preventiva, fica o legislador infraconstitucional obrigado a estabelecer os instrumentos adequados para garanti-la, sob pena de descumprir o preceito constitucional consagrador do direito de acesso à justiça" (*Tutela inibitória: individual e coletiva*. 2ª ed. São Paulo: RT, 2000, pp. 66-67).

(49) WATANABE, Kazuo. *Da cognição no processo civil*. 2ª ed. atual. Campinas: Bookseller, 2000, p. 49.

(50) THEODORO JÚNIOR, Humberto. "O procedimento interdital como delineador dos novos rumos do direito processual civil brasileiro". *Revista de Processo*, São Paulo: RT, n. 97, jan./mar. 2000, p. 239.

tuído perante o Estado-Juiz. No processo de conhecimento, o *diálogo* ocorre antes da decisão, ao passo que, no processo de execução, posteriormente.[51] *Donaldo Armelin* explica que

"[...] o contraditório no processo de conhecimento ocorre antecipadamente aos atos do juiz suscetíveis de gerar prejuízo à parte, considerando-se a bilateralidade de audiência que os antecede, ao passo que, no processo de execução, é ele, em regra, posterior ao ato executivo ou a outros atos desse processo. Mas, ainda, neste processo a reação do executado provoca, quando muito, um incidente processual, na medida em que é ela excepcional, considerando-se dever pautar a execução pela legalidade dos atos executivos."[52]

Diferentemente não pensa *Humberto Theodoro Júnior*, quando afirma que

"[...] as questões próprias da execução forçada, isto é, aquelas que dizem respeito aos requisitos e pressupostos dos atos executivos, devem ser tratadas e solucionadas com observância do contraditório, tal como se passa no processo de conhecimento."

Daí a conclusão, atentando-se para a correlação entre contraditório e defesa, de que "[...] o lugar normal para examinar os pressupostos da execução não é outro senão o próprio processo executivo".[53] Logo, não se pode discordar de *Celso Neves*, quando afirma que

"[...] a intensidade maior ou menor da cognição, num e noutro processo, não leva à nota que os distingue, essencialmente, para nós situada no escopo de um outro processo — esse sim, capaz de assinalar como e porque é diversa a atuação do juiz ao solucionar, mediante uma atividade de autopersuasão, a lide de pretensão resistida e uma atividade prática, a lide de pretensão insatisfeita. A própria natureza daquela atividade exige, normalmente, maior dose de cognição do que esta última. Não se perca de vista, a propósito, o caráter necessário da *cognição*, tanto num como noutro processo. Sem ela seria inviável a solução da lide, tanto de pretensão resistida, como de pretensão insatisfeita."[54]

Deve-se frisar, assim, que existe cognição no processo de execução, refletindo esse fato nos limites do exercício do direito de defesa. O princípio do sin-

(51) Cf. OLIVEIRA NETO, Olavo de. *A defesa do executado e dos terceiros na execução forçada*. São Paulo: RT, 2000, p. 32; NOLASCO, Rita Dias. *Exceção de pré-executividade*. 2ª ed. rev., atual. e ampl. São Paulo: Método, 2004, p. 69.

(52) ARMELIN, Donaldo. "Apontamentos sobre o direito de defesa na execução forçada". *Carta Jurídica — Revista de Informação e Debates*, n. 1, março de 1999, p. 126.

(53) THEODORO JÚNIOR, Humberto. "Meios de defesa do devedor diante do título não executivo, fora dos embargos à execução. Ações autônomas e argüição de não-executividade". *Revista Dialética de Direito Processual*, São Paulo: RT, n. 15, out. 2004, p. 33.

(54) NEVES, Celso. *Estrutura fundamental do processo civil: tutela jurídica processual, ação, processo e procedimento*. 2ª ed. Rio de Janeiro: Forense, 1997, p. 32.

cretismo processual demonstra, claramente, que cognição e execução não são atividades rigorosamente separadas e até mesmo antagônicas. Conforme dissemos no limiar deste trabalho, a realização dos atos executivos pressupõe uma prévia aferição dos requisitos que autorizam juridicamente a concessão da medida. Por outro lado, ainda que se esteja na fase de discussão e definição dos direitos e obrigações, realizam-se atos de satisfação de um virtual, mas evidente, direito, em razão de uma suposta situação de urgência.

Como se verá a seguir, entendemos que o raciocínio despendido a respeito da cognição inserida no processo (autônomo) de execução serve para a mera fase executiva ou de realização do direito reconhecido, que é a fase de cumprimento da sentença.

2.3. O REGIME JURÍDICO DO CUMPRIMENTO DA SENTENÇA

A Lei n. 11.232, de 22.12.05, com entrada em vigor seis meses após a sua publicação (ocorrida em 23.12.05), estabeleceu, para obrigações de pagar quantia, um sistema de concentração da atividade jurisdicional em processo único, seguindo e aprofundando, portanto, a tendência legislativa já verificada em relação às obrigações de prestação pessoal (fazer e não fazer) e de entrega de coisa.

Vale relembrar, na lição de *Teori Albino Zavascki*, que a

> "[...] repartição estanque das atividades jurisdicionais em demandas e processos separados (em 'ações' distintas, segundo linguagem forense) não é imposição constitucional, nem decorrência necessária da natureza das coisas, nem exigência de ordem científica. Trata-se, simplesmente, de opção legislativa, visando a melhor atender aos dois grandes valores que dominam a formatação dos modelos processuais: a segurança jurídica e a efetividade da prestação jurisdicional pelo Estado. São notórias as dificuldades de atender simultânea e integralmente aos dois postulados. Não é de estranhar, assim, que o legislador, atento a novas circunstâncias e a novas exigências, promova alterações no modelo estabelecido, como ocorreu entre nós, na busca do seu aperfeiçoamento."[55]

Trata-se, pois, de mais uma manifestação do princípio do sincretismo processual.[56] Esse princípio ganhou *evidência* com a implantação formal do instituto da antecipação dos efeitos da tutela de mérito e restou consagrado na reforma processual em comento.

(55) ZAVASCKI, Teori Albino. *Defesas do executado. A nova execução de títulos judiciais: comentários à Lei n. 11.232/05*/Coordenadores Sérgio Rabello Tamm Renault e Pierpaolo Cruz Bottini. São Paulo: Saraiva, 2006, p. 131.

(56) Com a didática peculiar, ensina *José Miguel Garcia Medina:* "A doutrina arrola o princípio da autonomia dentre os princípios do processo de execução, fazendo crer que, ainda hoje, este é o princípio que revela a relação existente entre processo de conhecimento e processo de execução. A modificação das estruturas processuais propugnadas pelas reformas, no entanto, realçou a existência de situações

A aglutinação, na mesma relação processual, entre as atividades cognitivas e executivas impõe uma *relativização* ou *mitigação* ao princípio da autonomia,[57] que, sob certo aspecto, exige a presença de citação específica para a prática dos atos executórios.

É preciso compreender, entretanto, sobretudo na área trabalhista, em que as verbas possuem natureza jurídica alimentar, que o princípio do sincretismo — *interpenetração* das duas espécies de atividade jurisdicional,[58] cognição e execução —, observado em diversos institutos processuais,[59] tem como finalidade atingir a plenitude da efetividade na prestação jurisdicional, mormente tendo em vista a necessidade de reaproximação do binômio (cognição-execução) às peculiaridades do direito material a ser tutelado.

Nesse contexto, vale repetir: similar ao que ocorre com as tutelas dos deveres de fazer ou de não fazer (art. 461 do CPC), bem como de entregar coisa (art. 461-A do CPC), o certo é que a efetivação da sentença condenatória ocorrerá *na mesma relação jurídica processual* que disciplinou a situação de direito material em crise (art. 475-I do CPC).[60] Em razão desse fato, corrigindo-

---

em que cognição e execução se realizam na mesma relação jurídico-processual, que antes figuravam como mera exceção ao princípio da autonomia da execução perante a execução". E conclui o seu raciocínio o jovem processualista do Paraná: "Reconhece-se hoje, assim, que as atividades cognitivas e executivas podem ser realizadas no mesmo processo. Como se verá adiante, esta situação tende a se tornar preponderante, de modo que já se pode falar, atualmente, na existência de um princípio que representa esta nova configuração da relação entre cognição e execução, a que denominaremos de *princípio do sincretismo entre cognição e execução*" (*Execução civil: teoria geral: princípios fundamentais*. 2ª ed. rev., atual. e ampl. São Paulo: RT, 2004, p. 264).

(57) Os princípios do sincretismo e da autonomia não são excludentes entre si, pois *coexistem* no ordenamento processual. Diante da expansão das ações executivas *lato sensu* e mandamentais, porém, sobretudo em função da relevância da tutela inibitória, há forte tendência na predominância do princípio do sincretismo.

(58) Ensina *Humberto Theodoro Júnior* que, "[...] embora integradas ao mesmo fenômeno da jurisdição, as atividades de cognição e execução acham-se estruturadas de maneira independente, no sentido de que nem sempre uma depende da outra, e tampouco uma é preliminar ou antecedente necessária da outra. Muitas vezes, o conhecimento exaure totalmente a prestação jurisdicional, sem que haja necessidade de usar a coação estatal prática (sentenças declaratórias e constitutivas, ou adimplemento voluntário da parte após a condenação). Outras vezes, a execução forçada é instaurada sem que antes tenha havido qualquer acertamento jurisdicional acerca do direito do credor (títulos executivos extrajudiciais)". Por conseqüência, conclui o notável processualista mineiro: "Não obstante possam ser autonomamente manejados o processo de conhecimento e o de execução, registra-se no direito moderno uma tendência muito acentuada a neutralizar ou minimizar a rígida dicotomia de medidas como a antecipação de tutela e a ação monitória permitem que numa só relação processual se realizem tanto as funções cognitivas como as executivas. O processo civil moderno assume com essa roupagem a natureza interdital e o Juiz, então, pode decretar medidas satisfativas do direito material da parte mesmo antes de proferida a sentença definitiva sobre o mérito da causa" (*Execução das medidas cautelares e antecipatórias. Processo de execução*/Coordenação Sérgio Shimura e Tereza Arruda Alvim Wambier. São Paulo: RT, 2001, pp. 469-470).

(59) Segundo pensamos, são exemplos do princípio do sincretismo processual: *a)* a antecipação dos efeitos da tutela de mérito (art. 273 do CPC); *b)* a tutela específica dos deveres de fazer, de não fazer e/ ou de entregar coisa (arts. 461 e 461-A do CPC); *c)* a ação monitória (art. 1.102-A do CPC); *d)* as ações cautelares; *e)* as ações mandamentais (*v. g.*, o mandado de segurança); *f)* as ações executivas *lato sensu* (*v. g.*, ação de despejo).

(60) *Sandro Gilbert Martins* afirma que "[...] o esboço da reforma adota o chamado *processo sincrético* para o cumprimento forçado da sentença condenatória de obrigação de quantia certa. Ou seja, a exe-

se uma tautologia, alterou-se o conceito legal de sentença, o qual deverá ser examinado não mais pelo seu efeito, mas sim pelo seu conteúdo.(61)

É preciso perceber, todavia, que, para se evitarem equívocos na interposição de recursos ou na apresentação de outra forma de impugnação, não se deve desprezar por completo o efeito da decisão. Se esta finalizar uma etapa (cognitiva ou executiva) do procedimento em primeira instância, trata-se efetivamente de sentença, mas, se o contrário ocorrer (com o prolongamento do procedimento em primeiro grau de jurisdição), ainda que aquela analise questão de mérito, a situação é de decisão interlocutória. Imaginem-se, ilustrativamente, os casos da rejeição liminar da reconvenção ou de algum dos pedidos cumulados na petição inicial por prescrição ou por decadência. É inegável que, embora esses provimentos judiciais sejam fundados no art. 269, I, do CPC, trata-se de decisões interlocutórias. A sentença, portanto, é o provimento do Juiz a qual, sendo acolhida alguma das hipóteses previstas nos arts. 267 e 269 do CPC, terá por efeito a extinção do procedimento em primeira instância.

2.3.1. Etapa de cumprimento da sentença, efetivação da decisão ou simplesmente execução?

Nesta oportunidade, esclarecemos que, para efeito deste trabalho, utilizamos as expressões *fase executiva* e *cumprimento da sentença* como sinônimas.(62) Na realidade, essa *continuidade entre as fases de conhecimento e de execução* não elimina as diferenças *essenciais* que sempre existiram na distinção entre as atividades de *conhecimento* e de *execução*. Em outras palavras, *ontologicamente*, essa distinção é imutável.(63) Cumpre enfatizar que, sob o ponto de vista terminológico, *execução*, *efetivação*(64) e *cumprimento* são termos si-

cução forçada será feita como etapa final do processo, depois de um *tempus iudicati* concedido para o cumprimento espontâneo, sem necessidade de um *novo* e *autônomo* processo de execução" ("Apontamento sobre a defesa do executado no 'cumprimento da sentença'". *Revista de Processo*, São Paulo: RT, n. 116, jul./ago. 2004, p. 171).

(61) Reza o art. 162, *§ 1º*, do CPC: "Sentença é o ato do juiz que implica alguma das situações previstas nos arts. 267 e 269 desta lei".

(62) Dentre outros autores de nomeada, é o entendimento de *Cassio Scarpinella Bueno:* "Particularmente, não vejo mal nenhum nisto. Para todos os fins, a palavra 'execução' e a expressão 'cumprimento da sentença' podem e *devem* ser tidas como *sinônimas*, pelo menos para evitar, a todo o custo, discussões que, embora interessem — e muito — para a academia, não têm maior utilidade para o dia-a-dia forense. É disto, tomo liberdade de ser enfático neste ponto, que precisamos nos valer em busca de um processo mais efetivo. Um pouco mais de senso prático não faria mal a ninguém. Assim, 'execução' e 'cumprimento' devem ser entendidos como sinônimos, e a maior prova disto é o *caput* do art. 475-I" (*A nova etapa da reforma do Código de Processo Civil*. São Paulo: Saraiva, 2006, vol. 1, pp. 68-69).

(63) SANTOS, Evaristo Aragão. *Breves notas sobre o "novo" regime de cumprimento da sentença. Processo e Constituição: estudos em homenagem ao professor José Carlos Barbosa Moreira*/Coordenação Luiz Fux, Nelson Nery Jr. e Teresa Arruda Alvim Wambier. São Paulo: RT, 2006, p. 320.

(64) Prescreve o § 3º do art. 273 do CPC: "A efetivação da tutela antecipada observará, no que couber e conforme sua natureza, as normas previstas nos arts. 588, 461, §§ 4º e 5º, e 461-A". Essa regra, como se percebe, faz referência ao termo "efetivação". Corretamente, *Flávio Luiz Yarshell* observa, entretanto, que "[...] na atuação prática do comando contido na decisão antecipatória há 'execução' no sentido de atuação da sanção secundária, isto é, de atos materiais de invasão patrimonial do devedor, para, contra sua vontade, satisfazer o credor. Daí por que o emprego da palavra 'efetivação' pelo legis-

nônimos,[65] pois, tanto na teoria quanto na prática, expressam o mesmo fenômeno fático-jurídico: realização ou concretização de um negócio jurídico.[66]

Com razão, explica *Arruda Alvim*:

> "A modificação teórica principal e que diz respeito à lei toda é a de que se passou a estabelecer que o procedimento destinado ao cumprimento das sentenças condenatórias em dinheiro é uma *fase* sucessiva ao processo de conhecimento, não se reconhecendo nesta a *autonomia* que precedentemente existia em relação ao processo de execução de título judicial. Esta intenção do legislador, todavia, como se sublinhou, não alterará determinadas realidades, e, dentre essas, a de que com o cumprimento da sentença o que se tem é uma execução, como, ainda, a de que há um pedido, ainda que denominado requerimento."[67]

Preconiza *Alexandre Freitas Câmara*:

> "Execução não é o nome de um tipo de processo, mas a denominação de uma atividade jurisdicional. Nos casos em que se faz necessário instaurar um processo para que tal atividade seja exercida, ter-se-á *processo de execução*. Pela nova sistemática do CPC, não haverá mais processo executivo, mas continuará a existir *atividade executiva*. Poder-se-ia, então, continuar a falar em *execução de sentença*. Aliás, é o que diz o art. 475-I, ao dizer que o cumprimento da sentença que condena a pagar dinheiro se faz por execução."[68]

Assim, vale repetir, "*cumprir* ou *executar* a sentença (liminar e acórdão) nada mais são do que nomes para se designar o mesmo epíteto: a *efetivação da norma jurídica concreta*".[69]

lador, como já dito, parece muito mais destinado a deixar claro — o que não era necessário, diga-se de passagem — que na atuação prática da decisão antecipatória não há instauração de novo e autônomo processo de execução e que, portanto, não cabem embargos do devedor. Contudo, é preciso ressaltar: não há um processo autônomo de execução, embora seja perfeitamente correto e possível dizer que há execução". E arremata sua lapidar lição com penada de mestre: "Confundir execução, de um lado, e processo (autônomo) de execução é cientificamente inaceitável e pragmaticamente um erro. A confusão somente prejudica a tendência de superação da idéia de execução mediante a instauração de nova relação processual" (*Efetivação da tutela antecipada: uma nova execução civil? Processo e Constituição: estudos em homenagem ao professor José Carlos Barbosa Moreira*/Coordenação Luiz Fux, Nelson Nery Jr. e Teresa Arruda Alvim Wambier. São Paulo: RT, 2006, p. 335).

(65) SANTOS, Evaristo Aragão. *Breves notas sobre o "novo" regime de cumprimento da sentença. Processo e Constituição: estudos em homenagem ao professor José Carlos Barbosa Moreira*/Coordenação Luiz Fux, Nelson Nery Jr. e Teresa Arruda Alvim Wambier. São Paulo: RT, 2006, p. 321.

(66) *Araken de Assis* entende o seguinte: "O emprego de outra palavra, em lugar do termo clássico 'execução', como cumprimento, efetivação ou atuação, em muito pouco altera a natureza da respectiva operação. Ela se opera no mundo real e, portanto, padece das respectivas contingências" (*Cumprimento da sentença*. Rio de Janeiro: Forense, 2006, p. 4).

(67) ARRUDA ALVIM NETO, José Manoel de. *Cumprimento da sentença condenatória por quantia certa — Lei n. 11.232, de 22.12.2005 — anotações de uma primeira impressão. Processo e Constituição: estudos em homenagem ao professor José Carlos Barbosa Moreira*/Coordenação Luiz Fux, Nelson Nery Jr. e Teresa Arruda Alvim Wambier. São Paulo: RT, 2006, pp. 290-291.

(68) CÂMARA, Alexandre Freitas. *A nova execução de sentença*. Rio de Janeiro: Lumen Juris, 2006, p. 90.

(69) JORGE, Flávio Chein; DIDIER JR., Fredie; RODRIGUES, Marcelo Abelha. *A terceira etapa da reforma processual civil*. São Paulo: Saraiva, 2006, p. 186.

É preciso esclarecer, todavia, que o processo *autônomo* de execução não desapareceu do ordenamento jurídico. Antes, e bem pelo contrário, apesar da tendência de desestruturação à luz de sua concepção clássica,(70) o processo autônomo de execução possui relevância fundamental na efetividade dos créditos embutidos nos *títulos executivos extrajudiciais* e nas *sentenças proferidas fora do processo civil estatal* (sentença penal condenatória, laudo arbitral, sentença estrangeira homologada pelo STJ, acordo extrajudicial homologado).(71)

Demais disso, para a *Fazenda Pública*, seja na forma de precatório ou na modalidade de requisição de pequeno valor (art. 100, § 3º, da CF),(72) a Lei n. 11.232/05 não estabeleceu a dicotomia entre "cumprimento da sentença" e "processo de execução".(73) Nesse caso, seja como pressuposto de existência, seja como condição de eficácia em relação ao executado, *a citação específica revela-se extremamente necessária*.

Na seara trabalhista, além do *Termo de Ajuste de Conduta* firmado junto ao Ministério Público do Trabalho e do *termo de conciliação firmado perante a Comissão de Conciliação Prévia* (art. 876 da CLT), são títulos executivos extrajudiciais todos aqueles que, obedecendo ao princípio da tipicidade legal, decorrem *diretamente* de uma relação de trabalho (art. 114, *I*, da CF). Nesse caso, sem dúvida, como não houve discussão judicial anterior a respeito do provável crédito, existe a necessidade de se concretizar a citação, para *formar* o processo de execução e, por conseqüência, *informar* ao executado sobre a pretensão estatal executória, *possibilitando-lhe*, nos limites estabelecidos pela ordem jurídica, o exercício do direito de defesa. Em outras palavras, na execução de título executivo extrajudicial trabalhista e na execução contra a Fazenda Pública, a observância teleológica ao disposto no art. 880 da CLT é uma condição de *existência* e de *eficácia* do processo em relação ao executado.(74) A situação, como se verá, é diferente na etapa de cumprimento da sentença trabalhista.

Conforme melhor será esclarecido adiante, o estudo da defesa endoprocessual executiva — repita-se, impropriamente denominada "exceção de pré-executividade" — continua possuindo extrema atualidade e importância. A sua correta concepção, ao contrário do que possa parecer, contribui para a observância do devido processo legal, pois se trata de instrumento apto a ensejar a adequada tutela jurídica ao executado que tem razão, evitando a desnecessária prática de atos executivos fadados total ou parcialmente ao insucesso.

---

(70) BAUMÖHL, Debora Ines Kran. *A nova execução civil: a desestruturação do processo de execução*. São Paulo: Atlas, 2006, pp. 79-82; CARMONA, Carlos Alberto. *Novidades sobre a execução civil: observações sobre a Lei n. 11.232/05. A nova execução de títulos judiciais: comentários à Lei n. 11.232/05*/ Coordenadores Sérgio Rabello Tamm Renault e Pierpaolo Cruz Bottini. São Paulo: Saraiva, 2006, pp. 55-58.

(71) GRINOVER, Ada Pellegrini. *Cumprimento da sentença. A nova execução de títulos judiciais: comentários à Lei n. 11.232/05*/Coordenadores Sérgio Rabello Tamm Renaut e Pierpaolo Cruz Bottini. São Paulo: Saraiva, 2006, pp. 126-127.

(72) SANTOS, Ernane Fidélis dos. *As reformas de 2005 do Código de Processo Civil: execução dos títulos judiciais e agravo de instrumento*. São Paulo: Saraiva, 2006, p. 104.

(73) BUENO, Cassio Scarpinella. *A nova etapa da reforma do Código de Processo Civil*. São Paulo: Saraiva, 2006, vol.1, p. 187.

(74) BEDAQUE, José Roberto dos Santos. *Efetividade do processo e técnica processual*. São Paulo: Malheiros, 2006, pp. 460-480.

2.3.2. Reflexos decorrentes da natureza jurídica da sentença

Dispõe o art. 475-J do CPC:

"Art. 475-J. Caso o devedor, condenado ao pagamento de quantia certa ou já fixada em liquidação, não o efetue no prazo de 15 (quinze) dias, o montante da condenação será acrescido de multa no percentual de dez por cento e, a requerimento do credor e observado o disposto no art. 614, inciso II, desta Lei, expedir-se-á mandado de penhora e avaliação."(75)

Inicialmente, convém esclarecer que o cumprimento da sentença, ao contrário do que possa parecer, possui certa autonomia. A realização dos atos executivos, a começar pela penhora, depende de requerimento do credor, logo, não sendo possível a iniciativa oficial, como ocorre na Justiça do Trabalho (art. 878 da CLT), pode haver solução de continuidade entre as fases decisória (sentença) e satisfativa (cumprimento da obrigação que dá conteúdo à sentença).

A rigor, a bem da verdade, existe realmente uma *unificação procedimental* entre a ação condenatória e a ação de execução, mas a fase satisfativa depende da provocação da parte interessada. Sendo assim, mesmo porque os atos executivos estão vinculados ao princípio da tipicidade, a sentença continua possuindo a natureza jurídica condenatória, e não executiva *lato sensu*.(76) Em virtude de possibilitar, de logo, a aplicação de uma penalidade pecuniária, entretanto, pode-se dizer que essa sentença preponderantemente condenatória possui duas eficácias executivas distintas: "[...] é sentença *imediatamente executiva*, no que respeita à incidência da medida coercitiva; é sentença *meramente condenatória*, logo, *mediatamente executiva*, em relação à realização da execução por expropriação".(77) Enfim, considerando a sua concepção tradicional, trata-se de uma sentença condenatória peculiar.(78)

---

(75) O artigo é resultante de anteprojeto elaborado pelo Instituto Brasileiro de Direito Processual (IBDP). *Athos Gusmão Carneiro*, de maneira acertada, afirma que "através deste artigo concretiza-se a nova sistemática, de ação 'sincrética', ficando dotada a sentença de procedência, nos casos de prestação de quantia líquida (valor já fixado na sentença de procedência, ou arbitrado em procedimento de liquidação), não só da eficácia 'condenatória' como também de eficácia 'executiva'". Adiante, conclui o seguinte: "Face à nova sistemática, a sentença *condenatória* não terá apenas eficácia *declaratória* — no afirmar a existência da relação jurídica que impõe ao réu uma prestação —, e eficácia *constitutiva* — porquanto a sentença é uma 'novidade' jurídica, apresenta-se como um 'título executivo' antes inexistente. A sentença condenatória, pelo Projeto, será também dotada de prevalecente *eficácia executiva*, ou seja, autoriza o emprego imediato dos meios adequados à efetiva 'satisfação' do credor, sem que a parte vencedora necessite ajuizar um 'novo' processo, autônomo e sucessivo" ("Nova execução. Aonde vamos? Vamos melhorar". *Revista de Processo*, São Paulo: RT, n. 123, maio de 2005, pp. 117 e 120, respectivamente).

(76) *Guilherme Rizzo Amaral* explica: "Descabe, assim, definir a sentença do art. 475-J como executiva *lato sensu*, pois resta ausente naquela o imediatismo característico desta última espécie, consistente na iniciativa do juiz para a satisfação do credor, independentemente de novo requerimento deste" (*A nova execução civil: comentários à Lei n. 11.232, de 22 de dezembro de 2005*/Coordenador Carlos Alberto Alvaro de Oliveira. Rio de Janeiro: Forense, 2006, p. 107).

(77) WAMBIER, Luiz Rodrigues. *Sentença civil: liquidação e cumprimento*. 3ª ed. rev., atual. e ampl. São Paulo: RT, 2006, p. 42.

(78) Para *Guilherme Rizzo Amaral*, "[...] a sentença prevista na Lei n. 11.232/05 não guarda total identidade com a tradicional sentença condenatória, pois, se é *mediata* no sentido de obter a satisfação do

Como se percebe, as sentenças que condenam em obrigações de pagar, fazer, não fazer e dar coisa possuem identidade na circunstância de que o cumprimento da ordem judicial, pouco importando se imposta em provimento antecipatório ou final, desenvolve-se na mesma relação processual originária. Diferenciam-se, contudo, por dois motivos: a) a execução da obrigação de pagar está subordinada ao *princípio da tipicidade*; b) a execução da obrigação de pagar *depende de requerimento* expresso do credor.

Essa última conclusão é deveras importante, pois, de certo modo, tem reflexos nas despesas processuais. A doutrina que defende que o cumprimento da sentença constitui mera fase do procedimento entende que as verbas da sucumbência são indevidas.(79) Aqueles, como nós, que entendem que existe alguma autonomia na etapa de cumprimento da sentença defendem a condenação do executado em custas. Para corroborar esse posicionamento, observa-se que, na Justiça do Trabalho, onde a execução de título judicial possui a natureza jurídica de simples fase de um mesmo procedimento, existem as custas inerentes à atividade executiva (art. 789-A da CLT). Da mesma forma, entendemos ser cabível a condenação em novos honorários advocatícios.(80) É inegável que a etapa de satisfação do crédito tem um objeto específico, sendo a sua concretização iniciada logo após o esgotamento do prazo legal para o cumprimento *voluntário* da obrigação. Assim, os honorários arbitrados a favor do exeqüente se subordinam a essas contingências posteriores

---

credor (demanda requerimento deste para instauração do procedimento executivo), possui *imediato* conteúdo coercitivo, consubstanciado na multa — tímida e limitada, é bem verdade — aplicável ao devedor que permanece inadimplente". Pouco adiante, conclui que "[...] a sentença de que trata o art. 475-J pode ainda ser designada de 'sentença condenatória', muito embora agregue, de forma limitada, ferramenta típica da técnica de tutela mandamental (multa), e concentre um efeito executivo em estado de inércia. Para tanto, devemos admitir que não é a *autonomia* da execução (leia-se, um processo autônomo de execução) que se segue à condenação, uma nota essencial desta última, mas, sim, o caráter *mediato* dos atos executivos, dependentes de requerimento do autor (credor), após o juízo de reprovação da sentença condenatória e manutenção do estado de inadimplemento do réu (devedor)" (*A nova execução civil: comentários à Lei n. 11.232, de 22 de dezembro de 2005/*Coordenador Carlos Alberto Alvaro de Oliveira. Rio de Janeiro: Forense, 2006, pp. 108 e 110, respectivamente).

(79) Eis a lição de *Humberto Theodoro Júnior:* "As despesas processuais do cumprimento da sentença, naturalmente, correm por conta do executado, como consectário do inadimplemento. Não há, porém, como imputar-lhe nova verba advocatícia, uma vez que não há mais uma ação distinta para executar a sentença. Tudo se passa sumariamente como simples fase do próprio procedimento condenatório. E, sendo mero estágio do processo já existente, não se lhe aplica a sanção do art. 20, mesmo quando se verifique o incidente da impugnação (art. 475-L). Sujeita-se este a mera decisão interlocutória (art. 475-M, § 3º), situação a que não se amolda a regra sucumbencial do art. 20, cuja aplicação sempre pressupõe sentença" (*As novas reformas do Código de Processo Civil.* Rio de Janeiro: Forense, 2006, p. 139). Para *Luiz Rodrigues Wambier*, "[...] como as atividades jurisdicionais correspondentes a estas ações realizam-se na mesma relação jurídico-processual, não mais se justifica a cobrança de custas para a execução da sentença, sendo desnecessária, também, nova citação do réu/executado" (*Sentença civil: liquidação e cumprimento.* 3ª ed. rev., atual. e ampl. São Paulo: RT, 2006, p. 421).

(80) Nesse sentido: BUENO, Cassio Scarpinella. *Variações sobre a multa do* caput *do art. 475-J do CPC na redação da Lei n. 11.232/05. Aspectos polêmicos da nova execução, 3: de títulos judiciais, Lei n. 11.232/05*/Coordenação Teresa Arruda Alvim Wambier. São Paulo: RT, 2006, pp. 158-161; JORGE, Flávio Chein; DIDIER JR., Fredie; RODRIGUES, Marcelo Abelha. *A terceira etapa da reforma processual civil.* São Paulo: Saraiva, 2006, p. 136.

dos trâmites executivos.[81] "A situação decorre do princípio da causalidade, considerando o maior desgaste e tempo gasto para o cumprimento da obrigação em desfavor do credor".[82] Deve-se observar que o art. 20, *§ 4º*, do CPC não faz menção a "processo de execução", comportando interpretação mais ampla, para incidir todas as vezes em que se fizerem necessárias "atividades *executivas*".[83]

Araken de Assis entende que o *requerimento* do credor para a prática dos atos executivos, na essência, quanto à forma e ao conteúdo, possui natureza jurídica de uma autêntica *petição inicial*. Assim, segundo pensa o ilustre processualista gaúcho, o exeqüente, na elaboração do requerimento executivo, deve zelar pela observância do roteiro traçado no art. 282 do CPC, sob pena de emenda no prazo de dez dias.[84] É preciso compreender, todavia, que não se trata de nova ação.[85] Neste caso, não existe mais a ação de execução em sentido estrito. Com efeito, o requerimento de realização dos atos executivos, na feliz expressão de *Ernane Fidélis dos Santos*, é uma "condição de prosseguimento do processo".[86] Assim, atendendo aos desígnios de informalidade e celeridade, pode ser formulado por simples petição ou por termo nos autos.

De todo modo, vale observar que o requerimento previsto no art. 475-J do CPC, *embora admitido, não é necessário* no processo do trabalho, em virtude da iniciativa executória oficial (art. 878 da CLT). Se essa faculdade processual for exercida, em procedimento similar ao que ocorre no processo comum, o exeqüente trabalhista poderá indicar, em seu requerimento de cumprimento da sentença, os bens a serem penhorados (art. 475-J, § 3º, do CPC).

Se o autor não requerer o cumprimento da sentença no prazo de seis meses, o Juiz mandará arquivar os autos, sem prejuízo de seu desarquivamento

---

(81) ASSIS, Araken de. *Cumprimento da sentença*. Rio de Janeiro: Forense, 2006, pp. 263-264.

(82) SHIMURA, Sérgio. *A execução da sentença na reforma de 2005 (Lei n. 11.232/05). Aspectos polêmicos da nova execução, 3: de títulos judiciais, Lei n. 11.232/05*/Coordenação Teresa Arruda Alvim Wambier. São Paulo: RT, 2006, p. 568.

(83) BUENO, Cassio Scarpinella. *Variações sobre a multa do* caput *do art. 475-J do CPC na redação da Lei n. 11.232/05. Aspectos polêmicos da nova execução, 3: de títulos judiciais, Lei n. 11.232/05*/ Coordenação Teresa Arruda Alvim Wambier. São Paulo: RT, 2006, p. 159.

(84) ASSIS, Araken de. *Cumprimento da sentença*. Rio de Janeiro: Forense, 2006, pp. 242-245.

(85) Acertadamente, manifesta-se *Humberto Theodoro Júnior:* "De maneira alguma o requerimento de expedição do mandado de penhora pode ser visto como uma petição inicial, já que, se inexiste ação de execução de sentença, não se pode conceber uma petição inicial na espécie. Trata-se de simples petição com que se provoca o ofício do juízo, dentro de um processo que, enquanto não for cumprida a condenação, não estará findo. O requerimento da medida executiva da obrigação de quantia certa é, em tudo, igual ao pedido de expedição do mandado de despejo, quando o inquilino não desocupa o imóvel dentro do prazo que a sentença lhe assinou" (*As novas reformas do Código de Processo Civil.* Rio de Janeiro: Forense, 2006, p. 143). Da mesma forma, *Misael Montenegro Filho* entende que "o requerimento do credor, a que a norma processual se refere, não é qualificado como petição inicial, mas como *peça avulsa*, que não se submete ao preenchimento de qualquer requisito relacionado às iniciais, tão-somente demonstrando o interesse do credor no prosseguimento do processo, a fim de que sejam desencadeados os atos de execução, necessários à expropriação judicial, como única forma de garantir o adimplemento da obrigação prevista na sentença monocrática" (*Cumprimento da sentença e outras reformas processuais.* São Paulo: Atlas, 2006, p. 63).

(86) SANTOS, Ernane Fidélis dos. *As reformas de 2005 do Código de Processo Civil: execução dos títulos judiciais e agravo de instrumento.* São Paulo: Saraiva, 2006, p. 56.

a pedido da parte (art. 475-J, § 5º, do CPC). Uma vertente doutrinária entende que esse prazo deve ser contado da data do trânsito em julgado da decisão.[87] Não concordamos com essa tese, entretanto. O marco inicial deve ser contado *a partir do dia subseqüente ao término do prazo para o cumprimento voluntário da sentença*,[88] quando se deflagra o estado de inadimplência do devedor, tornando-se exigível a prática dos atos executivos. Segundo pensamos, daí também se inicia o marco temporal da prescrição intercorrente, visto que, ao arrepio do princípio da segurança jurídica, a relação processual encontra-se em aberto, dependendo, apenas, da provocação da parte interessada, ou seja, trata-se, em princípio, de injustificável inércia do exeqüente.

Como o procedimento é unificado, não há necessidade de apresentação do título executivo. Ressalvam-se, contudo, os seguintes casos: a) *execução provisória* (art. 475-O, § 3º, *I*, do CPC); b) *sentença penal condenatória* (art. 475-N, *II*, do CPC), pois o original se encontra preso aos autos do processo-crime; c) *sentença civil proveniente do processo penal* (ilustrativamente: sentença proferida em embargos de terceiro opostos contra seqüestro penal, que é exeqüível relativamente ao capítulo acessório da sucumbência); d) *sentença arbitral* (art. 475-N, *IV*, do CPC); e) *sentença estrangeira* (art. 475-N, *VI*, do CPC), após a homologação pelo STJ;[89] f) *sentença condenatória, oriunda de ação coletiva*, que tenha por objeto o ressarcimento de danos a direitos individuais homogêneos (arts. 97 e 98 do CDC); g) *pedido de falência*, lastreado em insolvência (art. 94 da Lei n. 11.101/05).[90]

Segundo preceitua o art. 475-L, *§ 2º*, do CPC, quando o executado alegar que o exeqüente, em excesso de execução, pleiteia quantia superior à resultante da sentença, cumprir-lhe-á declarar de imediato o valor que entende correto, sob pena de rejeição liminar dessa impugnação. Trata-se, de certo modo, de modalidade de inépcia da petição inicial, que deve ser clara e precisa.[91] Essa regra lembra o art. 879, *§ 2º*, da CLT,[92] o qual tem demonstrado bons resultados no processo do trabalho. É preciso observar, entretanto, que o excesso de execução

---

(87) CÂMARA, Alexandre Freitas. *A nova execução de sentença*. Rio de Janeiro: Lumen Juris, 2006, p. 116.

(88) É a lição de *Guilherme Rizzo Amaral:* "É importante notar que o prazo de 6 (seis) meses não deve ser contado do trânsito em julgado da sentença, pois mesmo após tal ocorrência o credor ainda está impedido de requerer a execução, ao menos pelos 15 (quinze) dias de que trata o art. 475-J. Assim, para que o credor possa usufruir da integralidade do prazo prescrito no § 5º do mesmo artigo, deve-se contá-lo justamente do momento em que poderia o credor requerer a execução, ou seja, do dia seguinte ao término do prazo para cumprimento voluntário da sentença" (*A nova execução civil: comentários à Lei n. 11.232, de 22 de dezembro de 2005*/Coordenador Carlos Alberto Alvaro de Oliveira. Rio de Janeiro: Forense, 2006, p. 118).

(89) ASSIS, Araken de. *Cumprimento da sentença*. Rio de Janeiro: Forense, 2006, p. 201.

(90) SHIMURA, Sérgio. *A execução da sentença na reforma de 2005 (Lei n. 11.232/05). Aspectos polêmicos da nova execução, 3: de títulos judiciais, Lei n. 11.232/05*/Coordenação Teresa Arruda Alvim Wambier. São Paulo: RT, 2006, pp. 560-561.

(91) WAMBIER, Luiz Rodrigues. *Sentença civil: liquidação e cumprimento*. 3ª ed. rev., atual. e ampl. São Paulo: RT, 2006, pp. 432-433.

(92) Art. 879, *§ 2º*, da CLT: "Elaborada a conta e tornada líquida, o Juiz poderá abrir às partes prazo sucessivo de 10 (dez) dias para impugnação fundamentada com a indicação dos itens e valores objeto da discordância, sob pena de preclusão".

é matéria de ordem pública, portanto imune à preclusão. Assim, especificamente por faltar título executivo no que se refere ao excedente, a eventual rejeição liminar da impugnação não tem o condão de impedir, desde que observados os limites cognitivos da execução, o frutuoso exercício da defesa endoprocessual[93] ou, caso se prefira a denominação imprópria, da "exceção de pré-executividade".

2.3.3. *A multa prevista no art. 475-J do CPC*

A aplicação da multa, segundo pensamos, contribuirá para a busca da efetividade do processo, uma vez que somente terá como destinatário o devedor que tiver patrimônio suficiente[94] a se sentir psicologicamente pressionado a quitar logo o débito.[95] Afinal, ensina *Araken de Assis*, "a multa é inútil se a pessoa não dispõe de patrimônio apto a suportar seu pagamento".[96] É preciso compreender, contudo, que a dispensa no pagamento da penalidade em tela, por ser medida de caráter excepcional, somente ocorrerá em hipótese de *impossibilidade prática* de cumprir a obrigação no prazo legal,[97] a exemplo da comprovada

---

(93) No particular, *Ernane Fidélis dos Santos* preleciona o seguinte: "Poderá ocorrer de o credor cometer exageros nos cálculos, de forma tal que provoque penhora em excesso. O juiz, em tal hipótese, deverá, em decisão de deferimento do pedido de cumprimento da sentença, fazer a glosa do excedente, além de, por ser providência que se pode tomar de ofício, não ficar o devedor impedido de provocar o provimento, antes ou depois da penhora, independentemente de impugnação" (*As reformas de 2005 do Código de Processo Civil: execução dos títulos judiciais e agravo de instrumento*. São Paulo: Saraiva, 2006, p. 16).

(94) *Misael Montenegro Filho* não vislumbra a possibilidade de o Juiz relevar a aplicação da multa em epígrafe. Eis o seu posicionamento: "O devedor pode até apresentar patrimônio, em valor equivalente ao da obrigação a ser adimplida, mas dificilmente conseguirá aliená-lo em curtíssimo espaço de tempo, como forma de afastar a incidência da multa. Em arremedo de conclusão, percebemos que o devedor por vezes deixa de pagar não porque quer, mas por impossibilidade financeira, razão de a multa não se mostrar acertada em nosso prisma, por esse aspecto da generalização, sem liberdade para que o magistrado avalie cada caso como um caso diferenciado". Coerente com a sua posição sobre o tema, o culto processualista profere a seguinte crítica: "Em face da constatação a que chegamos, antevemos que quase toda condenação será acrescida do valor da multa, sem que tal técnica se mostre justa em grande parte dos casos. A avaliação que realizamos leva em conta as dificuldades financeiras do país, abatendo sua população de um modo geral" (*Cumprimento da sentença e outras reformas processuais*. São Paulo: Atlas, 2006, p. 60).

(95) Segundo *Luiz Guilherme Marinoni*, "[...] no caso em que o executado possui patrimônio — e a medida de coerção patrimonial, como é evidente, não pode ser imposta em face daquele que não o possui —, *a multa certamente terá a possibilidade de atuar sobre a sua vontade, uma vez que uma grande empresa, por exemplo, tem plena consciência de que não é 'compensador' esperar (e assim contar com o tempo do processo) para pagar o 'principal' com multa*" (*A antecipação da tutela*. 8ª ed. rev. e ampl. São Paulo: Malheiros, 2004, p. 74).

(96) ASSIS, Araken de. *Manual da execução*. 9ª ed. rev., atual. e ampl. São Paulo: RT, 2004, p. 111.

(97) "Obviamente que aqui não se pretende defender o executado contumaz e recalcitrante, quase profissional, mas o que se quer dizer é que não se pode fazer com que a multa de 10% do valor da condenação aumente o débito de alguém, se esta pessoa, no prazo de quinze dias, não poderia dispor — senão com enorme prejuízo — de seu patrimônio imobilizado. Enfim, não parece lógico aplicar uma sanção pelo inadimplemento da sentença, se, por razões práticas, não tinha como efetuar o pagamento (falta de patrimônio ou patrimônio que não pode ser facilmente convertido em dinheiro). Perceba-se que a liquidez dos bens móveis e imóveis é variada e, dependendo do patrimônio que o devedor possuir, nem sempre será possível obter, com eficácia e justiça, uma quantia que seja justa. Vendas apressadas poderão levar o devedor à ruína, e esta não foi a intenção do legislador, pois contraria o art. 620 do CPC" (JORGE, Flávio Chein; DIDIER JR., Fredie; RODRIGUES, Marcelo Abelha. *A terceira etapa da reforma processual civil*. São Paulo: Saraiva, 2006, pp. 130-131).

insuficiência patrimonial. Isso não impede que a multa seja aplicada no caso de o credor encontrar bens sonegados pelo devedor ou, no curso da execução, este último recuperar a condição patrimonial, para saldar a dívida e deliberadamente não o faça.(98) Segundo pensamos, será recorrente a invocação do princípio da proporcionalidade acerca das questões envolvendo a impossibilidade prática do cumprimento da obrigação no prazo legal, a fim de evitar a incidência da multa em apreço. Tais questões podem ser suscitadas, com sucesso, através da defesa endoprocessual estudada neste trabalho, desde que, obviamente, sejam observados os limites cognitivos da execução.

Uma corrente doutrinária entende que a multa tem natureza jurídica, no máximo *punitiva*, não se tratando, portanto, de uma execução indireta através da técnica das *astreintes*.(99) A justificativa reside na *inadmissibilidade* de o Juiz poder "calibrá-la" de acordo com a pressão que entende necessária, para *forçar* o cumprimento da obrigação.(100) Além disso, como sua incidência não depende do requerimento da execução, entende-se que se trata de uma *sanção processual* pelo não-pagamento espontâneo do devedor.(101) A despeito desse fato, entretanto, uma outra vertente entende que a multa teria natureza *coercitiva*(102), não impedindo a sua cumulação, se for o caso, com a penalidade prevista no art. 14, inc. V e parágrafo único, do CPC.(103) Na realidade, "o objetivo da multa pecuniária consiste em tornar vantajoso o cumprimento espontâneo e, na contrapartida, onerosa a execução para o devedor recalcitrante".(104) Sua natureza jurídica, portanto, é mista.

Como se sabe, efetuado o pagamento *parcial* no prazo previsto no *caput* do art. 475-J do CPC, a multa de dez por cento incidirá apenas sobre o restante (art. 475-J, § 4º, do CPC). A análise da questão, entretanto, não é tão simples como parece. Se o executado demonstrar interesse no cumprimento voluntário da obrigação, depositando a quantia que entende devida, ainda que em valor um pouco inferior, verificado à luz do princípio da razoabilidade, a multa não deverá ser aplicada. Havendo alguma dúvida sobre o valor devido, a interpretação deve ser

(98) SANTOS, Evaristo Aragão. *Breves notas sobre o "novo" regime de cumprimento da sentença. Processo e Constituição: estudos em homenagem ao professor José Carlos Barbosa Moreira*/Coordenação Luiz Fux, Nelson Nery Jr. e Teresa Arruda Alvim Wambier. São Paulo: RT, 2006, pp. 324-325.

(99) NEVES, Daniel Amorim Assupção *et al. Reforma do CPC*. São Paulo: RT, 2006, pp. 218-220.

(100) SANTOS, Evaristo Aragão. *Breves notas sobre o "novo" regime de cumprimento da sentença. Processo e Constituição: estudos em homenagem ao professor José Carlos Barbosa Moreira*/Coordenação Luiz Fux, Nelson Nery Jr. e Teresa Arruda Alvim Wambier. São Paulo: RT, 2006, p. 324.

(101) JORGE, Flávio Chein; DIDIER JR., Fredie; RODRIGUES, Marcelo Abelha. *A terceira etapa da reforma processual civil*. São Paulo: Saraiva, 2006, pp. 128-129.

(102) BUENO, Cassio Scarpinella. *Variações sobre a multa do* caput *do art. 475-J do CPC na redação da Lei n. 11.232/05. Aspectos polêmicos da nova execução, 3: de títulos judiciais, Lei n. 11.232/05*/Coordenação Teresa Arruda Alvim Wambier. São Paulo: RT, 2006, p. 132.

(103) WAMBIER, Luiz Rodrigues. *Sentença civil: liquidação e cumprimento*. 3ª ed. rev., atual. e ampl. São Paulo: RT, 2006, p. 422.

(104) ASSIS, Araken de. *Cumprimento da sentença*. Rio de Janeiro: Forense, 2006, p. 213. No mesmo sentido: SHIMURA, Sérgio. *A execução da sentença na reforma de 2005 (Lei n. 11.232/05). Aspectos polêmicos da nova execução, 3: de títulos judiciais, Lei n. 11.232/05*/Coordenação Teresa Arruda Alvim Wambier. São Paulo: RT, 2006, p. 567.

favorável ao executado (art. 620 do CPC). Devem prevalecer, portanto, os princípios da boa-fé e da lealdade processual. Com efeito, só haverá a execução da multa sobre o restante, se o executado, *ao seu alvedrio*, *injustificadamente* não cumprir a obrigação de maneira integral.

A doutrina ainda é divergente no que se refere à contagem do prazo (15 dias) fixado no *caput* do art. 475-J do CPC. Uma vertente defende, a ferro e fogo, com base no princípio do devido processo legal, que o termo inicial é a *intimação pessoal do devedor,*(105) para pagar a quantia fixada na decisão, a qual poderá operar-se por correio.(106) O raciocínio, em suma, seria o seguinte: se o cumprimento da obrigação é pessoal, da mesma forma deverá sê-lo a intimação, abrindo-se prazo para que o demandado a cumpra.(107) Outra corrente doutrinária, todavia, enfatizando os aspectos técnicos e práticos do processo, a fim de afastar insegurança jurídica na aplicação da penalidade em tela, posiciona-se no sentido de que basta a *intimação do advogado* do devedor(108) (por meio de publicação na imprensa oficial). Preferimos, particularmente, o entendimento de que o marco inicial do prazo em tela é o momento em que a obrigação reúne todas as condições de exigibilidade. Isso normalmente ocorre após a publicação da sentença, quando liquidada, ou após a definição irrecorrível da liquidação.(109) Ob-

---

(105) CÂMARA, Alexandre Freitas. *A nova execução de sentença*. Rio de Janeiro: Lumen Juris, 2006, pp. 113-115; MONTENEGRO FILHO, Misael. *Cumprimento da sentença e outras reformas processuais*. São Paulo: Atlas, 2006, p. 58.

(106) SANTOS, Evaristo Aragão. *Breves notas sobre o "novo" regime de cumprimento da sentença. Processo e Constituição: estudos em homenagem ao professor José Carlos Barbosa Moreira*/Coordenação Luiz Fux, Nelson Nery Jr. e Teresa Arruda Alvim Wambier. São Paulo: RT, 2006, pp. 326-327.

(107) JORGE, Flávio Chein; DIDIER JR., Fredie; RODRIGUES, Marcelo Abelha. *A terceira etapa da reforma processual civil*. São Paulo: Saraiva, 2006, p. 129.

(108) BUENO, Cassio Scarpinella. *Variações sobre a multa do caput do art. 475-J do CPC na redação da Lei n. 11.232/05. Aspectos polêmicos da nova execução, 3: de títulos judiciais, Lei n. 11.232/05*/Coordenação Teresa Arruda Alvim Wambier. São Paulo: RT, 2006, p. 138-144; NEVES, Daniel Amorim Assupção *et al*. *Reforma do CPC*. São Paulo: RT, 2006, pp. 211-218; JÚNIOR, Antonio Notariano; BRUSCHI, Gilberto Gomes. *Os prazos processuais e o cumprimento da sentença. Execução civil e cumprimento da sentença*/Coordenação Gilberto Gomes Bruschi. São Paulo: Método, 2006, pp. 46-49. Vale a pena observar os respeitáveis argumentos de *Carlos Alberto Carmona:* "Não creio que se possa imaginar que o devedor precise acompanhar diariamente o andamento do feito para saber se houve ou não embargos de declaração que possa gerar suspensão do processo (e do prazo para cumprir a sentença); também não parece razoável que, julgado o recurso em última instância, esteja o devedor desde logo obrigado a cumprir a decisão (sem que os autos retornem à instância de origem, com a sua disponibilização para eventual consulta, até mesmo para correta elaboração de cálculo e de guia de depósito judicial). Tudo leva a acreditar, portanto, seja mais interessante a intimação do devedor (*rectius,* de seu advogado, via publicação na imprensa) para que cumpra a sentença no prazo legal, sob pena de incidência de multa" (*Novidades sobre a execução civil: observações sobre a Lei n. 11.232/05. A nova execução de títulos judiciais: comentários à Lei n. 11.232/05*/Coordenadores Sérgio Rabello Tamm Renault e Pierpaolo Cruz Bottini. São Paulo: Saraiva, 2006, p. 64).

(109) Para *José Roberto dos Santos Bedaque*, a incidência da multa prevista no art. 475-J do CPC ocorrerá "[...] a partir do momento em que o réu saiba qual o valor do título (liquidez do crédito), independentemente do trânsito em julgado, desde que eficaz a decisão". No correto entendimento do ilustre professor da USP, "[...] se a sentença condena em quantia certa, a multa incide imediatamente após a intimação, se o recurso cabível não tiver efeito suspensivo. Caso contrário, como a atribuição desse efeito implica a suspensão da eficácia da sentença, a fixação da multa também permanece ineficaz. Julgado o recurso e mantida a decisão, a quantia será exigível de plano, sendo desnecessária intimação para esse fim específico (art. 475-B). O não-cumprimento em quinze dias importa aplicação da multa. A

serve-se que, no processo do trabalho, por força do art. 899 da CLT, os recursos são dotados de efeito meramente *devolutivo*. Assim, ao contrário do que ocorre em relação à apelação no processo comum (art. 520 do CPC), o recurso ordinário trabalhista não impede a eficácia imediata da sentença condenatória, inclusive no que concerne à incidência da multa prevista no art. 475-J do CPC. Essa situação jurídica só não se concretiza, se o TRT, *excepcionalmente*, conceder uma liminar no bojo de uma em ação cautelar incidental ou em sede de mandado de segurança em sentido oposto. Para não gerar dúvida, é impositivo que se defina a questão *no dispositivo* da sentença. Assim, como regra, *a incidência da multa é automática, dispensando-se nova intimação*. Vale observar que esse entendimento converge para os objetivos da reforma processual, não havendo que se falar em violação ao princípio do devido processo legal, pois decorre de uma *interpretação sistemática* da ordem jurídica,[110] cujos ditames o executado não pode alegar desconhecimento. Se não quiser sofrer a incidência da multa, o executado deve ser previdente, acompanhando o processo, a fim de cumprir, de logo, a obrigação.[111] Exigir esse encargo do Poder Judiciário, atribuindo, por conseqüência, o ônus do tempo do processo, desnecessariamente, ao exeqüente, constitui uma inadmissível inversão de valores.

O raciocínio também deve ser adotado em relação à dispensa da citação.[112] Em outras palavras, *com exceção das execuções contra a Fazenda Pública*, impõe-se perceber que, tratando-se de *sentença civil condenatória*, inclusive as prolatadas na Justiça do Trabalho,[113] não há mais a necessidade de citação do

---

sanção subsiste mesmo se o devedor realizar espontaneamente o pagamento após o término do prazo" ("Algumas considerações sobre o cumprimento da sentença condenatória". *Revista do Advogado*, São Paulo: AASP, n. 85, maio 2006, p. 73).

(110) Para *Juarez Freitas*, "[...] a interpretação sistemática deve ser entendida como uma operação que consiste em atribuir, topicamente, a melhor significação, dentre várias possíveis, aos princípios, às normas estritas (ou regras) e aos valores jurídicos, hierarquizando-os nem todo aberto, fixando-lhes o alcance e superando antinomias em sentido amplo, tendo em vista bem solucionar os casos sob apreciação" (*A interpretação sistemática do direito*. 4ª ed. rev. e ampl. São Paulo: Malheiros, 2004, p. 80).

(111) Como ensina *José Antônio R. de Oliveira Silva,* "[...] nem se objete que há violação dos princípios do contraditório e da ampla defesa, haja vista que o réu pode interpor seu recurso contra a sentença, mas com o risco de, não obtendo sucesso, ter de pagar o valor da dívida a que tinha sido condenado, acrescido da multa de 10%. Há, pois, uma repartição dos riscos do processo e o réu pensará com mais cuidado sobre a viabilidade de modificação da sentença pelo tribunal, o que, certamente, desestimulará os recursos protelatórios" ("As recentes alterações do CPC e sua aplicação no processo do trabalho". *Revista LTr*, São Paulo: LTr, ano 70, vol. 12, dez. 2006, p. 1.486).

(112) Para *Luciano Athayde Chaves*, dentre as importantes modificações ocorridas com a reforma processual, uma delas "[...] diz respeito à desnecessidade de citação do devedor para que se inicie o procedimento executivo relativamente às obrigações estampadas em títulos judiciais" (*A recente reforma no processo comum e seus reflexos no direito judiciário do trabalho*. São Paulo: LTr, 2006, p. 53).

(113) Com absoluta razão, entende *Luciano Athayde Chaves* que "[...] não faz sentido algum se manter o intérprete fiel ao disposto no art. 880 da CLT enquanto o processo comum dispõe, agora, de uma estrutura que superou a exigência de nova citação para que se faça cumprir as decisões judiciais, expressando, assim, maior sintonia com as idéias de celeridade, economia e efetividade processuais. É a hipótese mais do que evidente de lacuna ontológica do microssistema processual trabalhista (*A recente reforma no processo comum e seus reflexos no direito judiciário do trabalho*. São Paulo: LTr, 2006, p. 55). Curiosamente, em sentido oposto: LEITE, Carlos Henrique Bezerra. "Cumprimento espontâneo da sentença (Lei n. 11.232/05) e suas repercussões no processo do trabalho". *Revista LTr*, São Paulo: LTr, ano 70, vol. 9, set. 2006, p. 1.046.

executado,[114] pois as atividades jurisdicionais inerentes à condenação e à satisfação do crédito (execução) realizam-se na mesma relação jurídica processual.[115] "Considerando, então, que o processo agora é sincrético, realizada a citação na fase de conhecimento tem-se por nele integrado o réu (*cognição-integração*), sendo desnecessário repetir esse ato".[116]

A Lei n. 9.099/95, que instituiu os Juizados Especiais Cíveis e Criminais, já estabelece essa regra:

> "Art. 52. A execução da sentença processar-se-á no próprio Juizado, aplicando-se, no que couber, o disposto no Código de Processo Civil, com as seguintes alterações:
>
> "[...]
>
> "IV — não cumprida voluntariamente a sentença transitada em julgado, e tendo havido solicitação do interessado, que poderá ser verbal, proceder-se-á desde logo a execução, *dispensada nova citação*".[117]

Observe-se que a citação é um instituto cuja essência é formada pela *informação* e pela *possibilidade de reação*. A informação a respeito do cumprimento do débito já está concretizada na intimação da sentença, quando esta é líquida, ou na intimação da fixação do valor na fase de liquidação. O prazo de adimplemento e suas conseqüências jurídicas já estão previstos na legislação — cujo desconhecimento o executado não pode alegar — e até mesmo nas mencionadas intimações. No que se refere à possibilidade de reação, o raciocínio é idêntico. Da interpretação sistemática do art. 884 da CLT e do art. 475-J, § 1º, do CPC infere-se que o executado, após a intimação — preferencialmente na pessoa de seu advogado —, sobre os atos de constrição patrimonial, tem o prazo de cinco dias para apresentar impugnação ao cumprimento da sentença, inclusive com ampla possibilidade de dilação probatória. O executado pode também, desde que sejam observados os limites cognitivos da execução, apresentar a defesa endoprocessual executiva.[118]

Embora reconheçamos a existência de autorizada doutrina em sentido contrário,[119] já nos manifestamos anteriormente sobre a aplicabilidade da multa pre-

(114) ASSIS, Araken de. *Cumprimento da sentença*. Rio de Janeiro: Forense, 2006, p. 291; GRINOVER, Ada Pellegrini. *Cumprimento da sentença. A nova execução de títulos judiciais: comentários à Lei n. 11.232/05*/Coordenadores Sérgio Rabello Tamm Renaut e Pierpaolo Cruz Bottini. São Paulo: Saraiva, 2006, p. 121.

(115) WAMBIER, Luiz Rodrigues. *Sentença civil: liquidação e cumprimento*. 3ª ed. rev., atual. e ampl. São Paulo: RT, 2006, p. 421.

(116) BEBBER, Júlio César. *Cumprimento da sentença no processo do trabalho*. São Paulo: LTr, 2006, p. 76.

(117) Sem destaque no original.

(118) REIS, Sérgio Cabral dos. *Breves comentários à nova execução civil e sua repercussão no processo do trabalho. Direito Processual do Trabalho: reforma e efetividade*/Luciano Athayde Chaves, organizador. São Paulo: LTr, 2007, pp. 231-235.

(119) *José Augusto Rodrigues Pinto* possui entendimento contrário. Na sua opinião, por se tratar de "[...] norma impositiva de coerção econômica, há que ter aplicação restrita, forçando a caracterização do

vista no art. 475-J do CPC ao processo trabalhista.(120) A matéria é nova, comportando, por isso, dúvidas e incompreensões na doutrina e na jurisprudência. É preciso compreender, entretanto, que esse estágio de perplexidade sucumbe após uma interpretação sistemática da ordem jurídica. Não há violação ao disposto no art. 769 da CLT, visto que existe lacuna legislativa, e a matéria é perfeitamente compatível com os princípios do processo do trabalho, mormente em função de contribuir para uma mais rápida concretização de créditos alimentares, sabidamente pleiteados através da maioria das ações que tramitam perante a Justiça do Trabalho. O prazo de incidência, a despeito de respeitável entendimento em sentido contrário,(121) deve ser o de 48 horas após a decisão ou da fixação definitiva da liquidação (art. 880 da CLT).(122) A aparente contradição com o art. 475-J do CPC desaparece, a partir do momento em que se interpreta a finalidade da multa em consonância com os princípios do processo do trabalho. De pronto, recorda-se que, como regra, os créditos alimentares, em razão da sua própria natureza, carecem de uma satisfação mais rápida do que os demais. Em

---

silêncio da legislação a ser suprida como impeditivo e não omissivo — e só esta última hipótese autorizaria o suprimento" ("Compreensão didática da Lei n. 11.232, de 22.12.05". *Revista LTr*, São Paulo: LTr, ano 70, vol. 3, mar. 2006, p. 313). A tese, com todo merecido respeito, não convence. E a razão é muito simples: diversas normas previstas no CPC que prevêem de coerção econômica, como as que tratam da imposição de *astreintes* (arts. 461 e 461-A do CPC) e as que aplicam penalidades por litigância de má-fé (arts. 14, par. ún., 18, 538 e 601 do CPC), são ordinariamente aplicadas no processo do trabalho. As medidas processuais que têm por fim melhorar a prestação jurisdicional devem ser imediatamente importadas da legislação comum em razão da urgência na satisfação dos créditos alimentares.

(120) REIS, Sérgio Cabral dos. *Breves comentários à nova execução civil e sua repercussão no processo do trabalho. Direito Processual do Trabalho: reforma e efetividade*/Luciano Athayde Chaves, organizador. São Paulo: LTr, 2007, pp. 222-224; REIS, Sérgio Cabral dos. "O cumprimento da sentença trabalhista e a aplicabilidade da multa prevista no art. 475-J do CPC". *Revista do Tribunal Superior do Trabalho*, vol. 73, n. 1, jan./mar. 2007, pp. 157-181.

(121) *Luciano Athayde Chaves* entende que devem ser os 15 dias fixados no art. 475-J do CPC (*A recente reforma no processo comum e seus reflexos no direito judiciário do trabalho*. São Paulo: LTr, 2006, p. 46). No mesmo sentido, opina *Francisco Antonio de Oliveira:* "Decorridos quinze dias, sem que a obrigação seja liquidada, aplicar-se-á de forma subsidiária complementar a multa" ("A nova reforma processual — reflexos sobre o processo do trabalho — Leis ns. 11.232/05 e 11.280/06". *Revista LTr*, São Paulo: LTr, ano 70, vol. 12, dez. 2006, p. 1.424-1.425). *Júlio César Bebber*, por sua vez, entende que o prazo deve ser de 8 dias, por analogia aos prazos destinados aos recursos no processo do trabalho (arts. 1º e 6º da Lei n. 5.584/70) ("Reforma do CPC — processo sincrético e repercussões no processo do trabalho". *Revista LTr*, São Paulo: LTr, ano 70, vol. 2, fev. 2006, p. 143). No mesmo sentido, manifesta-se *Carlos Henrique Bezerra Leite:* "Destarte, ao ser intimado da sentença (ou do acórdão) que veicula obrigação de pagar líquida (ou da decisão que homologar a liquidação) o devedor já estará ciente de que terá prazo de oito dias para, querendo, efetuar o pagamento da quantia devida. Caso não o faça no octódio, incidirá automaticamente a multa de 10% (dez por cento) sobre o total da dívida" ("Cumprimento espontâneo da sentença (Lei n. 11.232/05) e suas repercussões no processo do trabalho". *Revista LTr*, São Paulo: LTr, ano 70, vol. 9, set. 2006, p. 1.046).

(122) Inicialmente, *Edilton Meireles* e *Leonardo Dias Borges* também entendiam que o prazo deveria ser de 48 (quarenta e oito) horas previsto na CLT (*A reforma processual e seu impacto no processo do trabalho*. São Paulo: LTr, 2006, p. 48). Em estudo posterior, entretanto, passaram a entender, por questões burocráticas relacionadas à exigüidade do prazo de cumprimento da obrigação, que a multa prevista no art. 475-J do CPC deve incidir depois de vencido o prazo de oito dias, a contar da intimação da sentença líquida ou da sentença de liquidação. Entendem também que, "em caso de execução de quantia ainda não certificada judicialmente, o prazo para pagamento do débito, sob pena de incidência da multa em epígrafe, é aquele fixado para oposição dos embargos à execução, até o limite de quinze dias" ("A incidência da multa de 10% do art. 475-J do CPC no Processo do Trabalho". *Direito Processual do Trabalho: reforma e efetividade*/Luciano Athayde Chaves, organizador. São Paulo: LTr, 2007, p. 299).

consonância com esse fato, relembra-se que a multa prevista no art. 475-J do CPC tem dupla finalidade: estimular a rapidez no adimplemento da obrigação e, caso isso não venha a acontecer, punir o devedor voluntariamente recalcitrante. Quando a decisão reúne todos os elementos necessários ao seu cumprimento, a penalidade em apreço torna-se exigível. Ora, no processo comum, isso ocorre no prazo de 15 dias, a contar da publicação da sentença ou da fixação do valor na fase de liquidação (art. 475-J do CPC). No processo do trabalho, tratando-se de decisão contendo obrigação *liquidada*, o prazo é de 48 horas após a intimação (art. 880 da CLT). Se a obrigação determinada na sentença, por outro lado, ainda não estiver liquidada, o prazo de 48 horas deve ser contado a partir da definição do valor a ser executado.(123)

Segundo pensamos, a interpretação que prima pela utilização de prazos distintos (15 dias, oito dias e/ou 48 horas) favorece a criação de uma "burocracia processual", acarretando, inevitavelmente, o surgimento de novos incidentes e, por conseqüência, de mais atos processuais, em detrimento da efetividade do processo. Como não existe violação à ampla defesa e ao contraditório, deve-se buscar a interpretação que melhor atinja o valor efetividade, evitando-se, assim, a prática de atos processuais desnecessários e valorizando a maior eficácia das decisões de primeiro grau.

A interpretação do art. 769 da CLT,(124) resgatando a sua concepção histórica, deve sempre ser realizada à luz do princípio da proteção do trabalhador.(125) É essa, e somente essa, a *mensagem ideológica* contida no texto normativo do art. 769 da CLT. A interpretação crítica do Direito, fundamental na consolidação da justiça social, recomenda que o direito processual comum seja utilizado no processo do trabalho, inclusive na fase recursal ou de execução, naquilo em que permitir maior celeridade ou efetividade na prestação jurisdicional,(126) *ainda que exista regra jurídica previamente estabelecida em sentido contrário.*(127)

---

(123) No sentido do texto: SOUTO MAIOR, Jorge Luiz. "Reflexos das alterações do Código de Processo Civil no processo do trabalho". *Revista LTr*, São Paulo: LTr, ano 70, vol. 8, ago. 2006, p. 922.

(124) Art. 769 da CLT: "Nos casos omissos, o direito processual comum será fonte subsidiária do direito processual do trabalho, exceto naquilo em que for incompatível com as normas deste Título".

(125) A seguinte lição de *Jorge Luiz Souto Maior*, segundo pensamos, revela-se perfeita: "Notoriamente, o que se pretendeu (daí o aspecto teleológico da questão) foi impedir a irrefletida e irrestrita aplicação das normas do processo civil evitasse a maior efetividade da prestação jurisdicional trabalhista que se buscava com a criação de um procedimento próprio na CLT (mais célere, mais simples, mais acessível). Trata-se, portanto, de um regra de proteção, que se justifica historicamente. Não se pode, por óbvio, usar a regra de proteção do sistema como óbice ao seu avanço. Do contrário, pode-se ter por efeito um processo civil mais efetivo que o processo do trabalho, o que é inconcebível, já que o crédito trabalhista merece tratamento privilegiado no ordenamento jurídico como um todo" ("Reflexos das alterações do Código de Processo Civil no processo do trabalho". *Revista LTr*, São Paulo: LTr, ano 70, vol. 8, ago. 2006, p. 920).

(126) *Jorge Luiz Souto Maior* é enfático: "O juízo trabalhista, portanto, apenas se valerá das normas do processo civil quando estas, sendo compatíveis com o espírito do processo do trabalho, como dito, puderem melhorar a prestação jurisdicional, no sentido da efetividade da prestação jurisdicional" ("Reflexos das alterações do Código de Processo Civil no processo do trabalho". *Revista LTr*, São Paulo: LTr, ano 70, vol. 8, ago. 2006, p. 920).

(127) Para *Carlos Henrique Bezerra Leite*, "[...] as normas do processo civil, desde que impliquem maior efetividade à tutela jurisdicional dos direitos sociais trabalhistas, devem ser aplicadas nos domí-

Trata-se de uma nova hermenêutica constitucional, calcada na realização dos direitos fundamentais, notadamente quanto ao princípio da adequada prestação da tutela jurisdicional.[128]

Pontifica *Wolney de Macedo Cordeiro:*

> "Admitir a inflexibilidade do conteúdo formal do art. 769 da CLT, significa, nos dias atuais, negar a própria eficácia de um direito fundamental. Essa negação, muitas vezes, pode ser justificada pela observância cega do princípio da legalidade, consubstanciando-se na assertiva que a lei regula integralmente determinada matéria."

Pouco adiante, arremata o culto processualista paraibano:

> "Sob todas as óticas possíveis, é viável concluir que as regras tradicionais de aplicação subsidiária das normas de direito do processo civil revelam-se anacrônicas. A premissa básica de superioridade finalística das normas de processo do trabalho não é mais verificável e afigura-se, em muitos casos, absolutamente inverídica. Todo o ambiente sócio-jurídico atual conspira contra a vedação expressa da aplicação das normas de processo civil ao processo do trabalho, tendo em vista que aqueles, em muitas situações, tornaram-se mais aptos para resolver litígios de índole trabalhista."[129]

Eis aí, portanto, a premissa metodológica do intérprete, na análise da aplicabilidade ou não, ao processo do trabalho, das regras oriundas das reformas legislativas do processo comum. Aplica-se, por analogia, o disposto no art. 265-A do CPC português: "Quando a tramitação processual prevista na lei não se adequar às especificidades da causa, deve o juiz oficiosamente, ouvidas as partes, determinar a prática dos atos que melhor se ajustem ao fim do processo, bem como as necessárias adaptações". A natureza jurídica alimentar das verbas reclama, ainda que inexista lacuna legislativa, a aplicação dos novos dispositivos que permitam uma justa aceleração na entrega da prestação jurisdicional.[130]

---

nios do processo do trabalho como imperativo de promoção do acesso do cidadão-trabalhador à jurisdição justa" ("Cumprimento espontâneo da sentença (Lei n. 11.232/05) e suas repercussões no processo do trabalho". *Revista LTr*, São Paulo: LTr, ano 70, vol. 9, set. 2006, p. 1.042).

(128) Em sentido contrário ao exposto no parágrafo, manifesta-se *Pedro Paulo Teixeira Manus:* "Cada um de nós tem a convicção de estar agindo de forma mais adequada ao processo, mas, ao abandonar a regra legal para aplicar outro procedimento que nos parece mais justo, criamos precedente perigoso que é deixar o jurisdicionado à mercê de critérios subjetivos do julgador, o que ofende o princípio do devido processo legal" ("A execução no processo do trabalho, o devido processo legal, a efetividade do processo e as novas alterações do Código de Processo Civil". *Revista do Tribunal Superior do Trabalho*, vol. 73, n. 1, jan./mar. 2007, p. 47).

(129) CORDEIRO, Wolney de Macedo. "Da releitura do método de aplicação subsidiária das normas de direito processual comum ao processo do trabalho". *Direito Processual do Trabalho: reforma e efetividade*/Luciano Athayde Chaves, organizador. São Paulo: LTr, 2007, pp. 35 e 36, respectivamente.

(130) Revela-se pertinente a seguinte lição de *Plauto Faraco de Azevedo:* "Não pode o juiz ignorar ou descurar os preceitos do ordenamento jurídico ao dirimir os litígios que lhe são submetidos. Pode,

Afinal, a técnica processual deve realizar os valores constitucionais, tutelando o direito material segundo as suas peculiaridades. Em outras palavras, faz-se mister compreender que não adianta a regularidade formal do processo, se o mesmo, substancialmente, encontra-se em desacordo com os valores constitucionais que o regem.

José Roberto dos Santos Bedaque, com a clareza de sempre, explica:

> "A técnica constitui fator essencial à idéia de processo. Concebido este como instrumento de que a função jurisdicional do Estado se serve para colocar fim às crises existentes no plano do direito material, necessário regular a maneira como ele opera. É fundamental que o instrumento atue segundo técnica adequada e apta a possibilitar que os fins sejam atingidos. Esta é a função das formas e formalidades processuais, cuja razão de ser encontra explicação fundamentalmente em fatores externos ao próprio processo."

E conclui:

> "Mas *processo* não é, e nem poderia ser, somente forma. Toda a organização e a estrutura desse mecanismo encontram sua razão de ser nos valores e princípios constitucionais por ele incorporados. A técnica processual, em última análise, destina-se a assegurar o justo processo, ou seja, aquele desejado pelo legislador ao estabelecer o modelo constitucional ou devido processo constitucional."(131)

Para *Jorge Luiz Souto Maior*,

> "[...] o art. 880 da CLT, que determina que o juiz mande expedir 'mandado de citação ao executado' merece uma leitura atualizada, para que seja dispensada a citação pessoal do executado, bastando sua intimação, por carta registrada, no endereço constante dos autos, para que pague a dívida constante no título, no prazo de 48 horas (o CPC estabelece 15 dias, mas este prazo para a lógica do processo do trabalho é excessivo e, ademais, o art. 880 é claro neste aspecto), sob pena de se efetivar a imediata penhora sobre seus bens."(132)

---

todavia, ocorrer que, valorizando os dados peculiares a cada um destes, conclua, por vezes, que a regra de direito positivo que lhe seria aplicável por mera subsunção, ocasionaria efeitos indesejáveis ou inaceitáveis. Nestas situações, por obediência ao direito, deve afastar essa regra ou descobrir-lhe novo sentido, buscando dar ao caso tratamento consentâneo com as exigências da justiça". E arremata: "Não se trata das exigências da justiça abstrata. Trata-se das exigências da justiça perceptíveis na sociedade e compatíveis com a dignidade humana, de tal sorte que ignorá-las, para dar prevalência a lei ou leis em descompasso com o processo histórico-cultural, importa em negação da justiça e conseqüente frustração das expectativas sociais, impedindo a normal evolução do direito e a superação das contradições sociais pela via pacífica e criativa da jurisprudência" (*Crítica à dogmática e hermenêutica jurídica*. Porto Alegre: Fabris, 1989, p. 70).

(131) BEDAQUE, José Roberto dos Santos. *Efetividade do processo e técnica processual*. São Paulo: Malheiros, 2006, p. 26.

(132) SOUTO MAIOR, Jorge Luiz. "Reflexos das alterações do Código de Processo Civil no processo do trabalho". *Revista LTr*, São Paulo: LTr, ano 70, vol. 8, ago. 2006, p. 922.

O ilustre professor paulista exemplifica o absurdo da exigência de citação pessoal do reclamado que descumpriu acordo firmado em audiência. Ora, não há necessidade de se comunicar a respeito da existência de uma demanda judicial, pois, ao firmar o acordo perante o Juiz do Trabalho, o reclamado já sabe, com antecedência, quando se tornará inadimplente e quais serão as conseqüências desse fato jurídico.[133] Trata-se, pois, de formalismo desnecessário, que viola o princípio da economia processual e, quiçá, o princípio constitucional da duração razoável do processo (art. 5º, LXXVIII, da CF). Assim, interessa saber apenas se a decisão já tem condições fático-jurídicas de ser cumprida, já que o prazo de exigibilidade encontra-se fixado na legislação.

Devem-se afastar, portanto, o formalismo excessivo, a passividade em relação à legislação, o culto exacerbado à segurança jurídica e a ausência de senso crítico herdados do liberalismo clássico e do paradigma da modernidade.[134] *Fábio Luiz Gomes* explica:

> "Os ideais modernos da obtenção de um direito exato, perfeitamente previsível, com o fito de garantir a segurança da liberdade civil e impedir o arbítrio judicial, foram elementos decisivos para a redução da atividade judicial à pura aplicação do texto legal, o qual deveria ser suficientemente preciso a ponto de impedir a atividade criadora do juiz, sob pena deste transformar-se em legislador, violando a doutrina da separação dos poderes."

E complementa sua lapidar lição o mestre gaúcho:

> "De se referir também, como idéia nascida do racionalismo a influenciar intensamente a continuidade das antigas estruturas procedimentais, o predomínio absoluto do valor segurança sobre o valor justiça na composição da idéia de Direito e a avassaladora conquista do espírito científico moderno de todos os territórios culturais do Ocidente, o que determinou a sujeição do pensamento jurídico aos métodos e princípios das ciências da natureza."[135]

O processo e a ideologia caminham juntos. "O discurso jurídico, assim como o discurso ideológico, é pontuado de lacunas. O seu poder social reside, precisamente, nestes espaços em branco".[136] Como não diz tudo e não pode dizer tudo, o discurso ideológico é coerente e poderoso. Na prática, em outras palavras, o

(133) SOUTO MAIOR, Jorge Luiz. "Reflexos das alterações do Código de Processo Civil no processo do trabalho". *Revista LTr*, São Paulo: LTr, ano 70, vol. 8, ago. 2006, p. 922.

(134) Com todo respeito, pensamos que ainda é a visão de *Manoel Antonio Teixeira Filho*, quando afirma o seguinte: "Somente por *lei futura* será possível o afastamento de normas do processo do trabalho, para serem colocadas, em seu lugar, normas do CPC" ("O cumprimento da sentença no CPC e o processo do trabalho". *Revista do Tribunal Superior do Trabalho*, vol. 73, n. 1, jan./mar. 2007, p. 64).

(135) GOMES, Fábio Luiz. *Responsabilidade objetiva e antecipação de tutela: a superação do paradigma da modernidade*. São Paulo: RT, 2006, pp. 11-12.

(136) SOUZA, Luiz Sérgio Fernandes de. *O papel da ideologia no preenchimento das lacunas do direito*. 2ª ed. rev. e atual. São Paulo: RT, 2005, p. 279.

discurso ideológico se sustenta, justamente, porque não pode dizer até o fim aquilo que pretende dizer. Nesse contexto, deve-se perceber que os projetos legislativos que visam a aperfeiçoar o processo civil tramitam com mais facilidade no Congresso Nacional, pois a quantidade de parlamentares que se envolvem "apaixonadamente" na discussão é menor. Contrariamente, o processo trabalhista envolve não somente a questão técnico-processual, mas também a efetividade do *direito material do trabalho em sentido amplo*. Como se sabe, todas as questões que lidam com a relação capital *versus* trabalho geram polêmica e discussão. Cientes desse fato, os Juízes do Trabalho não podem ficar assistindo passivamente, ao arrepio dos ditames da adequada hermenêutica constitucional, o progresso do processo civil, enquanto o processo trabalhista, que sempre foi de vanguarda, já não mais corresponde aos desejos da sociedade.

Na atual fase pós-moderna, deve-se compreender que a atividade jurisdicional é essencialmente criativa. O Juiz, no paradigma da pós-modernidade, *sem desprezar as mensagens ideológicas contidas nos textos normativos*, mas ciente da hegemonia normativa dos princípios constitucionais e do seu papel "político" na sociedade contemporânea, deve procurar desempenhar uma hermenêutica crítica em relação à realidade socioeconômica, com a finalidade de realizar os valores consagrados na Constituição da República. O compromisso da Justiça do Trabalho, nesse contexto, é com a realização dos direitos fundamentais — especialmente os sociais tão carentes de eficácia — e com o respeito à dignidade da pessoa humana do trabalhador (art. 1º, *III* e *IV*, da CF). A efetividade da tutela jurisdicional trabalhista, naturalmente com a observância do princípio do devido processo legal, converge para o alcance dessa missão constitucional.

No particular, impõe-se observar, na lição de *Eduardo C. B. Bittar*, que

> "o direito pós-moderno privilegia o conteúdo e despreza a forma (ao contrário da lógica moderna), quando ele for dispensável, de modo que é crítico dos métodos de coerção e restrição de acesso-condicionado-pela-burocracia, do direito que está em tese dado a todos, mas que só é acessível àqueles que sobrevivem às armadilhas em artimanhas do sistema organizado de rituais de acesso às decisões de interesse social; o direito pós-moderno rejeita a negação de direitos por critérios de forma, e, portanto, considera deletérias as regras arbitrárias da legalidade estrita."[137]

Para melhor compreensão do pensamento atual, vale a pena também conferir a lição de *Antonio Carlos Wolkmer*:

> "O magistrado, portanto, não se limita à atividade de natureza meramente interpretativa ou dedutiva daquilo que lhe é dado, mas sua tarefa consiste na revelação de uma forma jurídica mais adequada, mas equânime e

(137) BITTAR, Eduardo C. B. *O Direito na pós-modernidade*. Rio de Janeiro: Forense Universitária, 2005, p. 432.

mais justa. Conseqüentemente, a sentença judicial emanada do Juiz adquire não só validade formal como também preceituação obrigatória e legitimação eficaz. Faz-se necessário, sem dúvida, assinalar que tais disposições judiciais são inegavelmente parte do Direito estatal na medida em que tanto são respeitadas pelos litigantes e acatadas pelos tribunais, quanto reiteradamente incorporadas pelo legislador do Direito positivo. O papel do Juiz é acertadamente marcante, não só como recriador através do processo hermenêutico, mas também como adaptador das regras jurídicas às novas e constantes condições da realidade social. É contribuindo para a transformação e democratização contínua da ordem jurídica positiva que o Juiz, em seu mister interpretativo, insere a semente vivificadora e inspiradora do Direito justo."

E arremata:

"Como se pode verificar, o Juiz não se atém somente à interpretação da legalidade oficial ou a formulações provenientes de codificações, pois, como símbolo que pode ser transgressor de um órgão que resume em si o espírito da estrutura jurídica dominante, compete-lhe alternativamente adequar a satisfação das necessidades fundamentais de novos sujeitos sociais aos recentes pressupostos de valoração jurídica emancipadora."(138)

Na seara trabalhista, assim, a interpretação das normas deve sempre convergir para a busca da efetividade do processo, especialmente em razão de o mesmo contemplar, como regra, a satisfação de créditos alimentares. Na lição de *Luciano Athayde Chaves*,

"[...] mostra-se plenamente defensável a tese do reconhecimento do ancilosamento normativo, por incompatibilidade com o tronco constitucional, de normas processuais trabalhistas que conspirem, numa relação comparativa com a processualística comum ou com outro subsistema processual especializado, contra o espírito da celeridade e efetividade processuais almejados pela Carta Política, notadamente em se tratando de Processo do Trabalho, cuja existência, como ramo especial da processualística, está teleologicamente vinculada aos conceitos de simplicidade e rapidez de seu *iter* procedimental."(139)

Por conseqüência, no que se refere à etapa de cumprimento da sentença, como bem anota *Francisco Antonio de Oliveira*, não se pode duvidar que o art. 880 da CLT

"[...] está ancilosado no que diz respeito à exigência de citação e no tocante à multa, daí a possibilidade de o intérprete valer-se da lacuna ontológica

---

(138) WOLKMER, Antonio Carlos. *Ideologia, Estado e Direito*. 4ª ed. rev., atual. e ampl. São Paulo: RT, 2003, p. 188.

(139) CHAVES, Luciano Athayde. *Lacunas no Direito Processual do Trabalho. Direito Processual do Trabalho: reforma e efetividade*/Luciano Athayde Chaves, organizador. São Paulo: LTr, 2007, p. 94.

para dar prestígio à norma frente à realidade. Existe também a possibilidade de vislumbrar a lacuna axiológica, pois embora existe a norma legal, está tão envelhecida que não condiz com a realidade; prova disso é que o processo civil tão renitente em adotar normatização mais avançada está na dianteira do processo trabalhista, não mais exigindo a citação e aplicando multa a devedor renitente."[140]

Segundo pensamos, na realidade, estando o devedor ciente do prazo para o cumprimento da obrigação,[141] vencido este, deve-se passar imediatamente aos atos executivos, sem se falar, como pressuposto, na realização prévia de atos de comunicação processual. Afinal, no processo do trabalho, a execução, como regra, é realizada *ex officio* (art. 878 da CLT), inclusive no cumprimento provisório da sentença, na mesma cadeia procedimental, de modo que se deve prestigiar a decisão prolatada nas Varas do Trabalho.

2.3.4. Meios de defesa do executado

Do auto de penhora e de avaliação, será de imediato intimado o executado, na pessoa de seu advogado (arts. 236 e 237 do CPC) ou, na falta deste, de seu representante legal ou pessoalmente, por mandado ou pelo correio, podendo oferecer *impugnação*, querendo, no prazo de 15 dias (art. 475-J, § 1º, do CPC).[142]

Entendemos que a intimação da penhora, quando necessária, *prioritariamente* na pessoa do advogado, através da imprensa oficial, ou até mesmo pela via postal, deve ser aplicada no processo do trabalho,[143] tendo em vista a inegável vantagem na busca da celeridade na prestação da tutela jurisdicional.

O meio de defesa *típico*, no processo do trabalho, continua sendo a ação de embargos à execução (art. 884 da CLT),[144] ao passo que, no processo comum, a impugnação ao cumprimento da sentença (art. 475-J, *§ 1º*, do CPC). Como se verá, ressalvada a questão da suspensividade ou não dos atos executivos, quando da interposição do remédio jurídico cabível, não houve alteração substancial.

De acordo com o art. 475-L do CPC, a *impugnação* somente poderá versar sobre: I — falta ou nulidade da citação, se o processo correu à revelia; II — inexigibilidade do título; III — penhora incorreta ou avaliação errônea; IV — ile-

(140) OLIVEIRA, Francisco Antonio de. "A nova reforma processual — reflexos sobre o processo do trabalho — Leis ns. 11.232/05 e 11.280/06". *Revista LTr*, São Paulo: LTr, ano 70, vol. 12, dez. 2006, p. 1.425.

(141) Normalmente, os prazos são estabelecidos da seguinte forma: I — na intimação da sentença líquida; II — na intimação da decisão que fixa o valor do débito (fase de liquidação, que também é realizada na mesma cadeia procedimental); III — no acordo judicial.

(142) Deve-se observar que, caso o oficial de justiça não possa proceder à avaliação, por depender de conhecimentos especializados, o Juiz, de imediato, nomeará avaliador, assinando-lhe breve prazo para a entrega do laudo (art. 475-J, § 2º, do CPC).

(143) CHAVES, Luciano Athayde. *A recente reforma no processo comum e seus reflexos no direito judiciário do trabalho*. São Paulo: LTr, 2006, p. 60.

(144) No processo do trabalho, o prazo para a apresentação de embargos à execução permanece o de 5 (cinco) dias, cabendo igual prazo ao exeqüente para sua manifestação, conforme prevê o art. 884 da CLT.

gitimidade das partes; V — excesso de execução; VI — qualquer causa impeditiva, modificativa ou extintiva da obrigação, como pagamento, novação, compensação, transação ou prescrição, desde que superveniente à sentença. Considera-se também inexigível o título judicial fundado em lei ou ato normativo declarados inconstitucionais pelo STF, ou fundado em aplicação ou interpretação da lei ou ato normativo tidas pela mesma Corte Suprema como incompatíveis com a CF (art. 475-L, § 1º, do CPC). Não obstante a redação restritiva do § 1º do art. 884 da CLT, todas essas matérias são argüíveis em sede de embargos à execução trabalhista.

A doutrina majoritária, talvez no afã de conferir maior celeridade e informalismo na etapa de cumprimento de sentença, vem entendendo que a *impugnação* de que trata o § 1º do art. 475-J do CPC teria natureza jurídica de mero *incidente processual.*(145) Inicialmente, era também o posicionamento de *Luiz Rodrigues Wambier*, *Teresa Arruda Alvim Wambier* e *José Miguel Garcia Medina.*(146) Esses ilustres processualistas, porém, passaram a entender, em obra mais recente, que a definição da natureza jurídica da impugnação depende da matéria ventilada, podendo traduzir-se em ação autônoma, quando houver alargamento no objeto da cognição do Juiz. Resumidamente, entendem da seguinte maneira:

> "a) Nos casos em que a impugnação nada acrescenta aos elementos sobre os quais há de recair a cognição do juiz, versando sobre questões atinentes aos requisitos da ação executiva e à validade dos atos executivos, se estará diante, propriamente, de mera defesa incidental. Nesta hipótese, o juiz examina, tão-somente, se o pedido veiculado pelo exeqüente, ou o ato executivo que se está a realizar, é ou não admissível.
>
> b) Caso, diversamente, a impugnação sirva de veículo a um pedido, em que se postula o reconhecimento de dada situação jurídica e a respectiva atribuição de um bem jurídico ao impugnante, não se estará diante de mera defesa relativa à ação que já se encontra em curso, mas de outra ação, como novo objeto, embora ajuizada incidentalmente. Neste caso, rigorosamente, há ação de conhecimento, voltada à concessão de uma sentença declaratória."(147)

---

(145) CÂMARA, Alexandre Freitas. *A nova execução de sentença*. Rio de Janeiro: Lumen Juris, 2006, pp. 125-126; MONTENEGRO FILHO, Misael. *Cumprimento da sentença e outras reformas processuais*. São Paulo: Atlas, 2006, p. 67; ZAVASCKI, Teori Albino. *Defesas do executado. A nova execução de títulos judiciais: comentários à Lei n. 11.232/05*/Coordenadores Sérgio Rabello Tamm Renault e Pierpaolo Cruz Bottini. São Paulo: Saraiva, 2006, p. 140; KNIJNIK, Danilo *et al*. *A nova execução civil: comentários à Lei n. 11.232, de 22 de dezembro de 2005*/Coordenador Carlos Alberto Alvaro de Oliveira. Rio de Janeiro: Forense, 2006, p. 147.

(146) WAMBIER, Luiz Rodrigues; WAMBIER, Teresa Arruda Alvim; MEDINA, José Miguel Garcia. *Breves comentários à nova sistemática processual civil, II: Leis ns. 11.187/05, 11.232/05, 11.276/06, 22.277/06 e 11.280/06*. São Paulo: RT, 2006, p. 151.

(147) WAMBIER, Luiz Rodrigues; WAMBIER, Teresa Arruda Alvim; MEDINA, José Miguel Garcia. *Sobre a impugnação à execução de título judicial (arts. 475-L e 475-M do CPC). Aspectos polêmicos da nova execução, 3: de títulos judiciais, Lei n. 11.232/05*/Coordenação Teresa Arruda Alvim Wambier. São Paulo: RT, 2006, pp. 402-403.

Assim não pensamos, entretanto. Substancialmente, com pequenas diferenças, toda a matéria que pode ser deduzida na *ação* incidental de *embargos do devedor* (art. 741 do CPC) pode ser ventilada na *impugnação* (art. 475-L do CPC). Na lição de *Arruda Alvim*,

> "isso significa que os resultados práticos possíveis em decorrência de acolhimento dos embargos do devedor e de uma impugnação não se distanciam, senão que, no substancial, tem necessariamente de coincidir. É certo que, desacolhido um ou outro, a sentença terá caráter declaratório negativo de direito postulado. Mas, tanto os embargos do executado quanto a impugnação destinam-se a *instaurar* a cognição sobre as matérias suscetíveis de alegação, ainda que muito mais restritamente do que no processo de conhecimento. E, instaurada essa cognição, proporciona-se o contraditório a outra parte, o credor".

E conclui:

> "A única diferença substancial — que em nosso sentir não desnatura a categoria jurídica da impugnação como igual à dos embargos do devedor — é a circunstância de que, como regra geral, a impugnação não deverá ter efeito suspensivo em relação à prática dos atos de execução, ainda que diante de determinadas circunstâncias possa ter (art. 475-M da Lei n. 11.232/05). Essa é uma diferença procedimental em relação ao efeito atribuível ou não à impugnação em relação ao prosseguimento da execução, mas não exerce influência em sua natureza jurídica. De resto, por outro lado, a circunstância de os embargos do devedor terem efeito suspensivo no primeiro grau de jurisdição, e deixarem de ter esse efeito suspensivo, quando da interposição do recurso de apelação (art. 520, V, segunda parte, com a redação da Lei n. 8.950, de 13.12.1994), igualmente, isso não transmuda a sua natureza jurídica de ação, para uma outra."[(148)]

O mestre paulista tem razão: a *impugnação* possui a natureza jurídica de *ação incidental* à etapa de cumprimento da sentença. Observa-se, nas precisas palavras de *Araken de Assis*, que "[...] a finalidade defensiva e reativa da impugnação não lhe retira o que é essencial: o pedido de tutela jurídica do Estado, corrigindo os rumos da atividade executiva ou extinguindo a pretensão a executar".[(149)]

A questão procedimental não possui relevância quanto a essa conclusão. A experiência na Justiça do Trabalho demonstra que os embargos à execução são processados nos mesmos autos da relação processual que definiu a obrigação

(148) ARRUDA ALVIM NETO, José Manoel de. *A natureza jurídica da impugnação prevista na Lei n. 11.232/05 — A impugnação do devedor instaura uma ação incidental, proporcionando o exercício do contraditório pelo credor; exige decisão, que ficará revestida pela autoridade de coisa julgada. Aspectos polêmicos da nova execução, 3: de títulos judiciais, Lei n. 11.232/05*/Coordenação Teresa Arruda Alvim Wambier. São Paulo: RT, 2006, pp. 46-47.

(149) ASSIS, Araken de. *Cumprimento da sentença*. Rio de Janeiro: Forense, 2006, p. 314.

exeqüenda (art. 884 da CLT) e não recebem nova distribuição, sem que esses fatos, ao menos de acordo com o entendimento doutrinário e jurisprudencial dominante, alterem a sua natureza de ação autônoma incidental de viés defensivo. Aliás, vale repetir: nada impede, para o meio de defesa *típico* do executado, que se continue utilizando a nomenclatura *embargos à execução,*[150] não obstante se possam alegar todas as matérias discriminadas no art. 475-L do CPC.

Como as matérias alegáveis nos dois casos (impugnação ao cumprimento da sentença cível e embargos à execução resultante de sentença trabalhista) estão previamente definidas na legislação, a cognição horizontal é *parcial*.

É curiosa, por outro lado, a posição da doutrina no que se refere à cognição vertical na impugnação ao cumprimento da sentença (art. 475-J, § 1º, do CPC). Uma vertente, em consonância com o entendimento de que a impugnação constitui mero incidente, não admite ampla dilação probatória.[151] Outra linha de pensamento admite essa instrução aprofundada, sendo, por isso, incoerente com as limitações cognitivas na execução.[152] Preferimos, destarte, a terceira corrente: a impugnação ao cumprimento da sentença possui a natureza jurídica de *ação autônoma de cognição exauriente*. Por conseqüência, possibilita-se a produção de todas as provas necessárias (documentos, testemunhas, perícia etc.) à demonstração das matérias elencadas no art. 475-L do CPC.

Para resumir, a cognição na impugnação ao cumprimento da sentença é *parcial* e *exauriente*. Em outras palavras, "[...] a cognição do órgão judiciário se encontra limitada às questões expressamente previstas; contudo, em relação às causas do catálogo, a investigação se mostra livre e exaustiva".[153]

A fixação da natureza jurídica da *impugnação* como ação autônoma tem um relevante aspecto de imprimir uma maior respeitabilidade aos ditames do devido processo legal, principalmente no que concerne à possibilidade de ampla dilação probatória (virtualmente em outro processo), não desnaturando, assim, o regime jurídico da etapa (executória) de cumprimento da sentença, de sorte a

---

(150) Utilizando, na doutrina, a terminologia "impugnação": BEBBER, Júlio César. "Reforma do CPC — processo sincrético e repercussões no processo do trabalho". *Revista LTr*, São Paulo: LTr, ano 70, vol. 2, fev. 2006, pp. 144-143.

(151) É o posicionamento de *Humberto Theodoro Júnior:* "Em casos especiais, em que se evidenciar a necessidade de apuração fática de dados argüidos na impugnação, o juiz poderá determinar a diligência instrutória adequada. Não se pode, porém, abrir uma ampla instrução probatória, porque não se está numa ação cognitiva incidental, como são os embargos de devedor manejáveis apenas contra os títulos extrajudiciais. O conteúdo do título judicial já se encontra acertado definitivamente pela sentença exeqüenda, pela que descabe reabrir debate a seu respeito na fase de cumprimento do julgado. O incidente, por isso, há de ser processado de maneira sumária e, sem maiores delongas, dirimido" (*As novas reformas do Código de Processo Civil*. Rio de Janeiro: Forense, 2006, p. 147). No mesmo sentido: BONICIO, Marcelo José Magalhães. *Embargos de "segunda fase" na nova reforma do Código de Processo Civil. Execução civil e cumprimento da sentença*/Coordenação Gilberto Gomes Bruschi. São Paulo: Método, 2006, pp. 350-351.

(152) É, dentre outros, a posição de *Ernane Fidélis dos Santos:* "A impugnação é forma defensiva, sem natureza de ação, mas fica restrita à motivação do art. 475-L. O incidente, porém, pode exigir atividade instrucional, com produção irrestrita de provas" (*As reformas de 2005 do Código de Processo Civil: execução dos títulos judiciais e agravo de instrumento*. São Paulo: Saraiva, 2006, p. 60).

(153) ASSIS, Araken de. *Cumprimento da sentença*. Rio de Janeiro: Forense, 2006, p. 316.

facilitar o raciocínio dos operadores do Direito. Outro aspecto relevante e, de certo modo, decorrente dessa liberalidade na investigação fático-jurídica a respeito das matérias possivelmente ventiladas diz respeito à possibilidade de formação de coisa julgada material, impedindo *idêntica* discussão posterior, seja por ação autônoma(154) (defesa heterotópica(155)), seja pela defesa endoprocessual. Mas não é só. Como ação autônoma, o resultado da decisão implica o pagamento de custas ou taxa judiciária,(156) além dos honorários de advogado.(157) Afasta-se, igualmente, a incidência do art. 191 do CPC.(158)

Em resumo, não se verifica substancial distinção entre os embargos do devedor (arts. 736 e 741 do CPC; art. 16 da Lei n. 6.830/80; art. 884 da CLT) e a impugnação ao cumprimento da sentença (art. 475-J do CPC).(159) A propósito, preconiza *Arruda Alvim*:

> "Esta afirmação, que se tem por absolutamente correta, não colide e nem compromete os propósitos objetivados pela Lei n. 11.232/05, quais sejam, os de imprimir maior celeridade ao cumprimento da sentença, instrumentalizando o juiz de maiores poderes, e, reequalizando as posições do credor e do devedor (ou, na sua terminologia, do autor e do réu). Redi-

---

(154) Ressalva-se a admissibilidade de questionamento da decisão se preenchidos os pressupostos específicos para tanto, através da *ação rescisória*. Observa-se, entretanto, nos termos do art. 485 do CPC, que, como a causa de pedir da ação rescisória é distinta, a discussão não será idêntica à verificada no bojo da *impugnação* (art. 475-L do CPC).

(155) *Sandro Gilbert Martins* denomina "defesa heterotópica" toda e qualquer ação autônoma prejudicial à execução (*A defesa do executado por meio de ações autônomas: defesa heterotópica*. São Paulo: RT, 2002, pp. 101-105).

(156) Em sentido contrário: SHIMURA, Sérgio. *A execução da sentença na reforma de 2005 (Lei n. 11.232/05). Aspectos polêmicos da nova execução, 3: de títulos judiciais, Lei n. 11.232/05*/Coordenação Teresa Arruda Alvim Wambier. São Paulo: RT, 2006, p. 569.

(157) ASSIS, Araken de. *Cumprimento da sentença*. Rio de Janeiro: Forense, 2006, p. 361. Embora entenda que a impugnação possua natureza jurídica de mero incidente processual, *Teori Albino Zavascki* defende o cabimento dos honorários advocatícios (*Defesas do executado. A nova execução de títulos judiciais: comentários à Lei n. 11.232/05*/Coordenadores Sérgio Rabello Tamm Renault e Pierpaolo Cruz Bottini. São Paulo: Saraiva, 2006, pp. 144-146). Da mesma forma: BUENO, Cassio Scarpinella. *A nova etapa da reforma do Código de Processo Civil*. São Paulo: Saraiva, 2006, vol. 1, pp. 75-76.

(158) Art. 191 do CPC: "Quando os litisconsortes tiverem diferentes procuradores, ser-lhes-ão contados em dobro os prazos para contestar, para recorrer e, de modo geral, para falar nos autos".

(159) Para *Celso Anicet Lisboa*, "[...] a impugnação a que se refere o art. 475-M corresponde aos embargos do devedor contra a execução fundada em título judicial do antigo direito. Mas com algumas diferenças capitais: os embargos, desde que recebidos (e isso só não ocorria nas hipóteses dos incisos I e II do art. 739, revogado implicitamente) suspendiam o curso da execução (art. 739, § 1º, *Idem*), coisa que não acontece com a impugnação, que só excepcionalmente suspende o curso do processo; os embargos sempre davam origem à formação de novos autos, que eram apensados aos do processo principal, situação mantida, em regra, quando se trata de impugnação, mas com a ressalva dos casos em que ela não formará novos autos; os embargos do devedor eram decididos por sentença, mas a impugnação, normalmente, o será por meio de decisão interlocutória (tanto se ela correr em autos apartados, como nos da execução), da qual cabe agravo de instrumento. O Código, contudo, ressalva os casos em que, sendo procedente a impugnação o juiz, como conseqüência, extinguirá o processo, proferindo então uma sentença nesse sentido, da qual o impugnado poderá apelar" (*A reforma do Código de Processo Civil: comentários às Leis ns. 11.187, de 19 de outubro de 2005 (agravo), e 11.232, de 22 de dezembro de 2005 (fases de cumprimento de sentença)*. Rio de Janeiro: Forense, 2006, pp. 74-75).

mensiona para menor o papel do devedor, o que é compreensível diante do fato de este já ter contra si uma decisão que não lhe reconhece direito, e, correlatamente, reconheceu o direito do autor. No quadro normativo desse reequilíbrio das posições situa-se a regra geral de que a impugnação não tem, necessariamente, *i. e.*, *ex lege*, como precedentemente tinham os embargos do devedor, efeito suspensivo (em primeiro grau de jurisdição). É, precisamente este último aspecto, o que contribui para a maior celeridade, instrumentado que ficou o autor e o juiz para chegar mais rapidamente à satisfação do direito do vencedor. Mas esta alteração não configura, em todos os casos e necessariamente, a impugnação como um incidente, desacompanhado de um regime jurídico, que precisa, também, ser traçado, e, que, em nosso sentir, não difere em seus elementos constitutivos dos embargos do devedor."(160)

Embora exista respeitável entendimento em sentido oposto,(161) acreditamos que o regime jurídico do cumprimento da sentença (cível e trabalhista) não elimina a defesa endoprocessual executiva, exatamente porque a análise de sua admissibilidade tem como base o alcance e a profundidade da cognição possivelmente exercida na execução.

Araken de Assis tem o mesmo entendimento, conforme se observa na seguinte lição:

"A esperança de que, ensejada a defesa do executado através de impugnação incidental, se eliminaria automaticamente o campo propício à exceção de pré-executividade, desvanece-se à primeira vista. Em primeiro lugar, ao executado interessa impedir a penhora; ora, a impugnação pressupõe semelhante constrição, notando-se que o prazo para impugnar (art. 475-J, § 1º) fluirá da intimação que porventura se faça desse ato executivo. Ademais, vencido o prazo para impugnar, por qualquer motivo, subsistem as objeções (por exemplo, a ilegitimidade) e as exceções (por exemplo, a prescrição, a teor do art. 193 do CC de 2002) imunes ao fenômeno da preclusão. Assim, a impugnação incidente não basta à defesa do executado. É preciso acatar suas alegações formuladas antes e após a fluência do prazo para impugnar. À iniciativa do executado ilegal ou injustamente se dê o nome que se quiser, e o crítico mais impertinente achar correto e atraente: nada se alterará, substancialmente, no que toca à necessidade e ao cabimento da defesa interna à execução."(162)

---

(160) ARRUDA ALVIM NETO, José Manoel de. *A natureza jurídica da impugnação prevista na Lei n. 11.232/05 — A impugnação do devedor instaura uma ação incidental, proporcionando o exercício do contraditório pelo credor; exige decisão, que ficará revestida pela autoridade de coisa julgada. Aspectos polêmicos da nova execução, 3: de títulos judiciais, Lei n. 11.232/05*/Coordenação Teresa Arruda Alvim Wambier. São Paulo: RT, 2006, p. 50.

(161) Para *Athos Gusmão Carneiro*, "[...] com tal sistema, desaparecerá qualquer motivo para a interposição da assim chamada (mui impropriamente) 'exceção de pré-executividade', de criação pretoriana e que tantos embaraços e demoras pode causar ao andamento das execuções" ("Nova execução. Aonde vamos? Vamos melhorar". *Revista de Processo*, São Paulo: RT, n. 123, maio de 2005, p. 121).

(162) ASSIS, Araken de. *Cumprimento da sentença*. Rio de Janeiro: Forense, 2006, pp. 207-308.

Como se vê, a natureza das matérias envolvidas não impede a utilização da defesa endoprocessual antes da penhora.[163] Por outro lado, não adianta fixar um prazo preclusivo para o exercício da impugnação à execução (art. 475-J, *§ 1º*, do CPC), porquanto, contraditoriamente, as matérias ventiladas, na sua larga maioria, são de ordem pública e, por conseqüência, imunes à preclusão em qualquer de suas modalidades.[164]

Imagine-se que o executado não apresente a impugnação tempestivamente, mas, em contrapartida, não tenha sido citado na etapa de certificação do direito. Pergunta-se: está vedada a argüição desse vício posteriormente? É evidente que não. Enfatiza *Paulo Henrique dos Santos Lucon*: "Em razão da gravidade, esse vício pode ser aduzido ao longo de todo arco procedimental: na fase de conhecimento, executiva ou mesmo na impugnação".[165] Em outras palavras, se não existe título executivo regularmente formado, não se pode vedar o exercício de defesa endoprocessual, seja em que momento for, sob pena de violar o megaprincípio do devido processo legal.

Preconiza *Sandro Gilbert Martins*:

> "De modo algum, deverá ficar o executado impossibilitado de exercer seu direito de defesa por ausência de mecanismos processuais adequados. Se isso pudesse ocorrer, haveria vulneração do direito material por insuficiência de previsão legal do ordenamento processual vigente, o que é incompatível com as garantias constitucionais do devido processo legal (CF, art. 5º, LIV e LV)."[166]

---

(163) WAMBIER, Luiz Rodrigues. *Sentença civil: liquidação e cumprimento*. 3ª ed. rev., atual. e ampl. São Paulo: RT, 2006, p. 425; KNIJNIK, Danilo *et al*. *A nova execução civil: comentários à Lei n. 11.232, de 22 de dezembro de 2005*/Coordenador Carlos Alberto Alvaro de Oliveira. Rio de Janeiro. Forense, 2006, pp. 149-151. *Misael Montenegro Filho* somente admite a argüição da exceção de pré-executividade *antes* do prazo para a articulação da impugnação. Admitir após esse prazo, na concepção do autor, configura manifesta insegurança jurídica para o credor e para o próprio Estado, devedor da prestação jurisdicional. Ressalte-se que esse autor permite o questionamento das matérias não impugnadas por meio de defesa heterotópica (ação rescisória, ação declaratória de nulidade etc.) (*Cumprimento da sentença e outras reformas processuais*. São Paulo: Atlas, 2006, p. 92).

(164) No sentido do texto: WAMBIER, Luiz Rodrigues; WAMBIER, Teresa Arruda Alvim; MEDINA, José Miguel Garcia. *Sobre a impugnação à execução de título judicial (arts. 475-L e 475-M do CPC). Aspectos polêmicos da nova execução, 3: de títulos judiciais, Lei n. 11.232/05*/Coordenação Teresa Arruda Alvim Wambier. São Paulo: RT, 2006, p. 404. LUCON, Paulo Henrique dos Santos. *Nova execução de títulos judiciais e sua impugnação. Aspectos polêmicos da nova execução, 3: de títulos judiciais, Lei n. 11.232/05*/Coordenação Teresa Arruda Alvim Wambier. São Paulo: RT, 2006, p. 452; SHIMURA, Sérgio. *A execução da sentença na reforma de 2005 (Lei n. 11.232/05). Aspectos polêmicos da nova execução, 3: de títulos judiciais, Lei n. 11.232/05*/Coordenação Teresa Arruda Alvim Wambier. São Paulo: RT, 2006, p. 570; GARCIA, Gustavo Filipe Barbosa. *Terceira fase da reforma do Código de Processo Civil*. São Paulo: Método, 2006, p. 54; ZAVASCKI, Teori Albino. *Defesas do executado. A nova execução de títulos judiciais: comentários à Lei n. 11.232/05*/Coordenadores Sérgio Rabello Tamm Renault e Pierpaolo Cruz Bottini. São Paulo: Saraiva, 2006, pp. 141-142; BUENO, Cassio Scarpinella. *A nova etapa da reforma do Código de Processo Civil*. São Paulo: Saraiva, 2006, vol. 1, pp. 113-115.

(165) LUCON, Paulo Henrique dos Santos. *Nova execução de títulos judiciais e sua impugnação. Aspectos polêmicos da nova execução, 3: de títulos judiciais, Lei n. 11.232/05*/Coordenação Teresa Arruda Alvim Wambier. São Paulo: RT, 2006, p. 453.

(166) MARTINS, Sandro Gilbert. "Apontamento sobre a defesa do executado no 'cumprimento da sentença'". *Revista de Processo*, São Paulo: RT, n. 116, jul./ago. 2004, p. 174.

Daí a nossa preocupação com a *hermenêutica crítica*, a fim de afastar qualquer relação de passividade diante da lei ordinária.[167] Por outras palavras, se a maciça maioria das matérias argüíveis no âmago da execução tem por objeto a legitimidade mínima desta modalidade de prestação de tutela jurisdicional, nenhuma lei pode vedar o exercício de defesa endoprocessual ao longo do procedimento, sob pena de flagrante contradição com o princípio do devido processo legal, entendido aqui como norma aberta que estabelece um estado ideal de coisas.

A regularidade dos atos executivos sempre pode ser questionada após a realização dos mesmos, a não ser que se trate de nulidade meramente relativa, cujo questionamento deve ser feito na primeira oportunidade que o executado tiver, para se manifestar nos autos. Demais disso, vale perceber que, quando se trata de título executivo judicial, não existindo expressamente os embargos à arrematação e à adjudicação, o remédio cabível, quanto às eventuais questões supervenientes à discussão da penhora (pagamento, novação, prescrição etc.), será a defesa endoprocessual executiva.[168]

O processo trabalhista exemplifica bem o nosso entendimento. A execução de obrigação contida em título *judicial*, no processo do trabalho, pode ser iniciada *de ofício* pelo Magistrado (art. 878, *caput*, da CLT). Logo, em nosso sentir, a *execução trabalhista* não passa de uma mera *fase* processual.[169] Em outras palavras, à luz do critério da preponderância cronológica, a respectiva relação processual tem as seguintes fases: postulatória, saneadora, instrutória, decisó-

---

(167) Preleciona *Antonio Carlos Wolkmer:* "Considerando a importância das decisões judiciais como fonte do Direito, verifica-se principalmente que a Lei n.ão contém todo o Direito. Isso é apenas um 'mito'. Não obstante disposições legislativas em contrário, ao juiz compete muito mais a criação do Direito do que a mera interpretação e aplicação da lei. Sem dúvida, o juiz exerce uma função criadora extremamente importante, na medida em que contribui para o aperfeiçoamento e a perpetuação contínua da ordem jurídica" (*Ideologia, estado e direito.* 4ª ed. rev., atual. e ampl. São Paulo: RT, 2003, pp. 182-183).

(168) GARCIA, Gustavo Filipe Barbosa. *Terceira fase da reforma do Código de Processo Civil.* São Paulo: Método, 2006, p. 59. Preconiza *Araken de Assis:* "É curioso, mas verdadeiro: a impugnação acabou por ampliar a exceção de pré-executividade. Não só há necessidade de impedir a penhora, mas, por igual, controlar os atos de satisfação (arrematação e adjudicação), área que a impugnação deixou a descoberto. Então, ou se admitem os embargos do art. 736 ou a exceção. Como ficaria estranho, após a impugnação da primeira fase, o executado aviar embargos, resta a exceção de pré-executividade" (*Manual da execução.* 10ª ed. rev., atual e ampl. São Paulo: RT, 2006, p. 1.150). Em posição contrária, afirma *Alexandre Freitas Câmara* que "[...] a defesa de segunda fase se oferecerá, também, por impugnação, e não por embargos. Ter-se-á, pois, a *impugnação à arrematação ou à adjudicação*" (*A nova execução de sentença.* Rio de Janeiro: Lumen Juris, 2006, p. 139).

(169) Reza o início do *caput* do art. 878 da CLT: "A execução poderá ser promovida por qualquer interessado, ou *ex officio*, pelo próprio juiz [...]". "Expressa a norma processual consolidada, portanto, que, ocorrendo o fenômeno da coisa julgada material ou restando descumprido o acordo celebrado em juízo, entra na faculdade do magistrado promover, por sua iniciativa (= sem requerimento do interessado), a execução, exceto se houver necessidade de efetuar-se a liquidação do conteúdo obrigacional do título executível; esse empecilho ao impulso oficial, aliás, só existirá se a quantificação do crédito dever ser realizada mediante artigos ou arbitramento, pois, sendo o caso de simples cálculos, poderá o juiz ordenar que a Secretaria providencie a confecção destes — homologando-os, em seguida, se corretos estiverem, uma vez que não incide no processo do trabalho o mandamento que se irradia do art. 605 do CPC" (TEIXEIRA FILHO, Manoel Antonio. *Execução no processo do trabalho.* 8ª ed. São Paulo: LTr, 2004, p. 47).

ria e executória. "Aqui", argutamente pontifica *Alice Monteiro de Barros*, "a execução é uma simples fase do processo de conhecimento que gerou a sentença condenatória".[170] Sendo assim, ressalvada a questão da iniciativa oficial, o procedimento trabalhista é similar ao que se implantou com a Lei n. 11.232/05, nem por isso nunca se cogitou, com certa dose de razoabilidade, a eliminação da possibilidade de se questionar, mesmo após o prazo para o ajuizamento dos embargos à execução (art. 884, *caput*, da CLT) e desde que a temática não exija alta indagação a respeito da regularidade dos atos executivos.

Conseqüentemente, consoante já havíamos concluído acima, mesmo com a etapa de cumprimento da sentença, havendo respeito, por óbvio, aos lindes da cognição no âmago do processo ou da fase executiva, permanecerá perfeitamente válida a possibilidade de argüição de matérias relativas à regularidade da relação processual. Essa conclusão, entretanto, não prejudica a circunstância de que, caso o executado deixe de alegar os vícios previstos no art. 475-L do CPC na primeira oportunidade em que lhe incumbe falar nos autos (de regra, no momento de apresentar a impugnação ao cumprimento da sentença), incidirão, conforme a hipótese, as sanções referidas nos arts. 22 e 267, § 3º, do CPC.[171]

A impugnação não terá efeito suspensivo, podendo o Juiz atribuir-lhe tal efeito, desde que relevantes seus fundamentos, e o prosseguimento da execução seja manifestamente suscetível de causar ao executado grave dano de difícil ou incerta reparação (art. 475-M do CPC). Em outras palavras, para ser concedido, o efeito suspensivo deve ser expressamente requerido e fundamentado, esclarecendo a respeito da suposta situação de perigo de dano de incerta reparação.[172] "Os requisitos compõem o que se chama de *conceitos vagos* ou *conceitos indeterminados*, que deverão, em cada caso concreto, ser analisados mediante os diversos elementos contextuais da própria causa".[173]

---

(170) BARROS, Alice Monteiro de. *Execução de títulos extrajudiciais. Execução trabalhista: estudos em homenagem ao Ministro João Oreste Dalazen*/Coordenação de José Affonso Dallegrave Neto e Ney José de Freitas. São Paulo: LTr, 2002, p. 21. Na mesma linha de raciocínio, manifesta-se *Manoel Antonio Teixeira Filho:* "Sem pretendermos ser heterodoxos nesse tema, pensamos que a execução trabalhista calcada em título judicial, longe de ser autônoma, representa, em rigor, simples fase do processo de conhecimento que deu origem à sentença condenatória exeqüenda" (*Execução no Processo do Trabalho*. 8ª ed. São Paulo: LTr, 2004, p. 46). Na opinião de *Ísis de Almeida*, "a rigor, portanto, é sempre e unicamente uma sentença que se executa, o que leva ao entendimento de que a execução trabalhista é, na verdade, o prosseguimento da prestação jurisdicional, iniciada com a fase de conhecimento, para, sem solução de continuidade, chegar a uma constrição do reclamado a cumprir a obrigação a que fora condenado" (*Manual de Direito Processual do Trabalho*. 10ª ed. atual. e ampl. São Paulo: LTr, 2002, vol. II, p. 483).

(171) WAMBIER, Luiz Rodrigues; WAMBIER, Teresa Arruda Alvim; MEDINA, José Miguel Garcia. *Sobre a impugnação à execução de título judicial (arts. 475-L e 475-M do CPC). Aspectos polêmicos da nova execução, 3: de títulos judiciais, Lei n. 11.232/05*/Coordenação Teresa Arruda Alvim Wambier. São Paulo: RT, 2006, p. 405; WAMBIER, Luiz Rodrigues. *Sentença civil: liquidação e cumprimento*. 3ª ed. rev., atual. e ampl. São Paulo: RT, 2006, pp. 428-429; ASSIS, Araken de. *Cumprimento da sentença*. Rio de Janeiro: Forense, 2006, pp. 308-309.

(172) SANTOS, Ernane Fidélis dos. *As reformas de 2005 do Código de Processo Civil: execução dos títulos judiciais e agravo de instrumento*. São Paulo: Saraiva, 2006, p. 82.

(173) JORGE, Flávio Chein; DIDIER JR., Fredie; RODRIGUES, Marcelo Abelha. *A terceira etapa da reforma processual civil*. São Paulo: Saraiva, 2006, p. 165.

Na lição de *Teori Albino Zavascki*:

"Relevantes fundamentos são os que indicam a alta probabilidade de acolhimento da impugnação apresentada. Os riscos de dano de improvável ou de difícil reparação devem ser considerados segundo as circunstâncias de cada caso, tais como os atos executivos que importem alienação dos bens, levantamento de dinheiro sem caução idônea, ou até mesmo a remoção dos bens penhorados, quando isso afetar seriamente os interesses ou atividades do devedor."(174)

Se antes o efeito suspensivo era atribuído automaticamente por determinação legal, agora depende de decisão judicial. O Juiz deve guiar-se pelo *princípio da proporcionalidade*, analisando o seguinte: a) se o prosseguimento da execução puder causar maior prejuízo ao executado que benefício ao exeqüente, deverá suspendê-la; b) se a suspensão da execução puder causar maior prejuízo ao exeqüente que benefício ao executado, deverá rejeitar o requerimento.(175) Essa sistemática, segundo pensamos, deve ser imediatamente aplicada ao processo do trabalho, especialmente por não contrariar os seus princípios e haver lacuna legislativa (art. 769 da CLT).(176)

Ainda que atribuído efeito suspensivo à impugnação, é lícito ao exeqüente requerer o prosseguimento da execução, oferecendo e prestando caução suficiente e idônea, arbitrada pelo Juiz e prestada nos próprios autos (art. 475-M, § 1º, do CPC). Essa caução pode ser real ou fidejussória. O critério para o deferimento ou não é o mesmo: análise dos benefícios e prejuízos à luz do princípio da proporcionalidade.(177) Da mesma forma, essa sistemática é perfeitamente aplicável ao processo do trabalho.(178)

De acordo com o § 2º do art. 475-M do CPC, deferido efeito suspensivo, a impugnação será instruída e decidida nos próprios autos e, caso contrário, em autos apartados. Essa regra não é aplicável ao processo trabalhista, pois, res-

---

(174) ZAVASCKI, Teori Albino. *Defesas do executado. A nova execução de títulos judiciais: comentários à Lei n. 11.232/05*/Coordenadores Sérgio Rabello Tamm Renault e Pierpaolo Cruz Bottini. São Paulo: Saraiva, 2006, p. 143.

(175) ALVIM, José Eduardo Carreira. *Alterações do Código de Processo Civil*. 2ª ed. rev. e atual. Rio de Janeiro: Impetus, 2006, p. 190.

(176) MEIRELES, Edilton; BORGES, Leonardo Dias. *A nova reforma processual e seu impacto no processo do trabalho*. São Paulo: LTr, 2006, pp. 54-55; BEBBER, Júlio César. "Reforma do CPC — processo sincrético e repercussões no processo do trabalho". *Revista LTr*, São Paulo: LTr, ano 70, vol. 2, fev. 2006, p. 144; PINTO, José Augusto Rodrigues. "Compreensão didática da Lei n. 11.232, de 22.12.05". *Revista LTr*, São Paulo: LTr, ano 70, vol. 3, mar. 2006, p. 314.

(177) ALVIM, José Eduardo Carreira. *Alterações do Código de Processo Civil*. 2ª ed. rev. e atual. Rio de Janeiro: Impetus, 2006, p. 190.

(178) MEIRELES, Edilton; BORGES, Leonardo Dias. *A nova reforma processual e seu impacto no processo do trabalho*. São Paulo: LTr, 2006, pp. 54-55. Em sentido contrário, manifesta-se *José Augusto Rodrigues Pinto*, para quem o § 1º do art. 475-M do CPC "[...] se afigura incompatível com o perfil do credor trabalhista, cuja insuficiência econômica não se compadece com a exigência de 'caução idônea' para postular o prosseguimento do processo" ("Compreensão didática da Lei n. 11.232, de 22.12.05". *Revista LTr*, São Paulo: LTr, ano 70, vol. 3, mar. 2006, p. 314).

salvada a situação da execução "provisória", em que é comum a formação de carta de sentença, não existe a obrigatoriedade de processamento dos embargos à execução em separado.[179]

A decisão que resolver a impugnação é recorrível mediante agravo de instrumento, salvo quando importar extinção da execução, caso em que caberá apelação (art. 475-M, § 3º, do CPC) com o duplo efeito de recebimento. Essa sistemática recursal, à evidência, é similar à reconvenção, que sabidamente possui a natureza jurídica de *ação autônoma*. Em outras palavras, entendemos que o fato de a decisão ser agravável de instrumento, quando terminativa ou improcedente, não tem o condão de alterar a natureza jurídica da impugnação ao cumprimento da sentença.

Vale salientar que, no processo do trabalho, o recurso cabível a respeito da decisão sobre os embargos à execução (art. 884 da CLT) é o agravo de petição (art. 897, *a*, da CLT), normalmente sem efeito suspensivo (art. 899 da CLT).

2.3.5. Breves comentários ao cumprimento provisório da sentença

A Lei n. 11.232/05 trouxe significativa alteração em termos de execução "provisória" da sentença. Como se sabe, ela é realizada, no que couber, do mesmo modo que a definitiva (art. 475-O do CPC) e corre por conta e responsabilidade do exeqüente, que se obriga, se a sentença for reformada, a reparar os danos que o executado haja sofrido (art. 475-O, I, do CPC). Também é sabido que a execução "provisória" fica sem efeito, total ou parcialmente, conforme o caso, sobrevindo acórdão que modifique ou anule, no todo ou em parte, a sentença objeto da execução, restituindo-se as partes ao estado anterior e liquidados os eventuais prejuízos nos mesmos autos, por arbitramento (art. 475-O, II e § 1º, do CPC).

Faz-se mister notar, entretanto, que, atualmente, na execução "provisória", o levantamento de depósito em dinheiro e a prática de atos que importem alienação de propriedade ou dos quais possa resultar grave dano ao executado dependem de caução suficiente e idônea, arbitrada de plano pelo Juiz e prestada nos próprios autos (art. 475-O, III, do CPC). Essa caução poderá ser dispensada em dois casos. Primeiramente, quando, nos créditos de natureza jurídica alimentar ou decorrentes de atos ilícitos, até o limite de sessenta vezes o valor do salário mínimo, o exeqüente demonstrar situação de necessidade (art. 475-O, § 2º, I, do CPC). Essa situação é corriqueira na Justiça do Trabalho, sendo-lhe perfeitamente aplicável.[180] Da mesma forma, a caução é dispensada nos casos de exe-

(179) CHAVES, Luciano Athayde. *A recente reforma no processo comum e seus reflexos no direito judiciário do trabalho*. São Paulo: LTr, 2006, p. 76.

(180) CHAVES, Luciano Athayde. *A recente reforma no processo comum e seus reflexos no direito judiciário do trabalho*. São Paulo: LTr, 2006, p. 46. Como ensina *Júlio César Bebber*, basta uma declaração do exeqüente, no sentido de se encontrar em *estado de necessidade*, para o cumprimento do requisito em questão. A exigência de comprovação teria o condão de descaracterizar o caráter humanitário da disposição legal. Assim, como ocorre na assistência judiciária gratuita (OJ n. 304 da SDI-1 do C. TST), presume-se que a alegação de *estado de necessidade* seja verdadeira (presunção *juris tantun*), sem impedir, entretanto, que o executado comprove que a mesma não corresponde à verdade (*Cumprimento da sentença no processo do trabalho*. São Paulo: LTr, 2006, p. 93).

cução "provisória" em que penda agravo de instrumento junto ao STF ou ao STJ (art. 544 do CPC), salvo quando da dispensa possa manifestamente resultar risco de grave dano, de difícil ou incerta reparação (art. 475-O, § 2º, II, do CPC).

Apesar da existência de respeitável opinião doutrinária em sentido contrário,(181) acreditamos que a multa prevista no art. 475-J do CPC é perfeitamente aplicável na execução "provisória". É preciso compreender que se trata mesmo de execução: execução *imediata* ou *antecipada*. Há, inegavelmente, atividade jurisdicional *substitutiva* da vontade do devedor para realizar concretamente o direito tal qual reconhecido em prol do devedor. Apenas o *título* que fundamenta a execução é provisório, sendo certo que o *risco* de ele vir a ser modificado ou alterado, ainda que parcialmente com o desfecho do segmento recursal, foi expressamente assumido pelo legislador. A *facultatividade* da execução "provisória" não inibe a aplicação da penalidade em tela,(182) pois a execução dita "não provisória" (processo autônomo de execução e etapa de cumprimento da sentença civil transitada em julgado) também é iniciada pela provocação do exeqüente. Da mesma forma, deve-se perceber que, na espécie, o cumprimento da obrigação não é necessariamente ato incompatível com o recurso interposto (art. 503 do CPC), e isso porque o executado, por simples petição, pode alertar o Magistrado acerca da sua *imediata intenção* de elidir a incidência da multa.(183) O *depósito* ou a *garantia do juízo*, no caso, possibilita a apresentação da impugnação de que tratam os arts. 475-L e 475-M do CPC.(184)

Humberto Theodoro Júnior entende que a sentença somente se torna exigível com o trânsito em julgado.(185) Ousamos discordar dessa opinião, não obstan-

(181) Para *Carlos Alberto Carmona*, "[...] compelir o devedor que reage contra a sentença condenatória (para apanhar apenas as situações do art. 520) a efetuar o pagamento no prazo de quinze dias, sob pena de multa, submetendo-o ao sistema *solve et repete*, parece ser excessivo" (*Novidades sobre a execução civil: observações sobre a Lei n. 11.232/05. A nova execução de títulos judiciais: comentários à Lei n. 11.232/05*/Coordenadores Sérgio Rabello Tamm Renaut e Pierpaolo Cruz Bottini. São Paulo: Saraiva, 2006, p. 66).

(182) Em sentido contrário: SANTOS, Ernane Fidélis dos. *As reformas de 2005 do Código de Processo Civil: execução dos títulos judiciais e agravo de instrumento*. São Paulo: Saraiva, 2006, p. 56.

(183) *Leonardo Greco* tem a seguinte opinião: "Entendo que o prazo de quinze dias conta-se da intimação da sentença que condenou o devedor em quantia certa ou da intimação da decisão de liquidação, mas que a multa não poderá incidir se contra tal decisão for interposto recurso com efeito suspensivo, porque suspensa a execução da decisão, não praticará o devedor qualquer ato ilícito se deixar de cumprir a prestação a que foi condenado". E arremata no sentido do texto principal: "Mas o devedor, mesmo interpondo recurso sem efeito suspensivo, pode livrar-se da multa, depositando o valor da condenação ou prestando caução suficiente para garantir o seu pagamento. Se o devedor efetuar o depósito em pagamento e interpuser recurso sem efeito suspensivo, o credor não poderá receber o valor depositado, salvo prestando caução, conforme determina o inciso III do novo art. 475-O" ("Primeiros comentários sobre a reforma da execução oriunda da Lei n. 11.232/05". *Revista Dialética de Direito Processual*, São Paulo: Dialética, vol. 36, mar. 2006, p. 77).

(184) BUENO, Cassio Scarpinella. *Variações sobre a multa do* caput *do art. 475-J do CPC na redação da Lei n. 11.232/05. Aspectos polêmicos da nova execução, 3: de títulos judiciais, Lei n. 11.232/05*/ Coordenação Teresa Arruda Alvim Wambier. São Paulo: RT, 2006, pp. 149-155.

(185) THEODORO JÚNIOR, Humberto. *As novas reformas do Código de Processo Civil.* Rio de Janeiro: Forense, 2006, p. 145. A opinião do mestre mineiro fez eco na doutrina trabalhista, como se observa na seguinte lição de *Júlio César Bebber:* "Na execução antecipada (provisória), a meu ver, não haverá imposição imediata da multa de 10% sobre o montante da condenação (CPC, art. 475-J), uma vez que a obrigação ainda não restou consolidada pelo trânsito em julgado. Verificado este, caberá ao executa-

te a admiração e o respeito pelo renomado processualista mineiro. "Coisa julgada e eficácia das decisões não se identificam; são dois fenômenos independentes que, em algumas situações, podem coincidir".[186] O ato executivo nada mais é do que um ato de realização do direito, pouco importando o momento em que é praticado. No paradigma processual pós-moderno, deve-se prestigiar a decisão de primeiro grau,[187] concedendo-lhe executoriedade imediata, que é imprescindível para a realização do direito constitucional à tempestividade da tutela jurisdicional (art. 5º, *XXXV* e *LXXVIII*, da CF). O risco de reforma ou anulação da sentença existe, mas esse fato não impede a imediata eficácia da decisão[188] e nem condiz com o espírito da reforma.[189]

Conforme preconiza *Luiz Guilherme Marinoni*,

> "a sentença, até prova em contrário, é um ato legítimo e justo. Assim, não há motivo para ela ser considerada apenas um projeto da decisão de segundo grau, nesta perspectiva a única e verdadeira decisão. A sentença, para que o processo seja efetivo e a função do juiz de primeiro grau valorizada, deve poder realizar os direitos e interferir na vida das pessoas."[190]

---

do, no primeiro dia útil imediato, e independentemente de intimação, efetuar o pagamento do débito, sob cominação de incidência da multa de 10%" (*Cumprimento da sentença no processo do trabalho.* São Paulo: LTr, 2006, p. 97).

(186) LUCON, Paulo Henrique dos Santos. *Eficácia das decisões e execução provisória*. São Paulo: RT, 2000, p. 148.

(187) Como pontifica *Fábio Luiz Gomes*, "[...] para conseguirmos superar a crise e efetivamente evoluirmos para um sistema processual harmônico com a sociedade complexa, pluralista e democrática da experiência contemporânea, deveremos compatibilizar as nossas estruturas àqueles princípios e valores que ensejaram a superação conceitual do paradigma da modernidade. Em outras palavras, a transposição do modelo que gera a crise deverá passar, necessariamente, primeiro pela fase da compreensão e diagnóstico do problema por parte das classes dominantes, seguindo-se a assimilação das idéias, princípios e valores descobertos e maturados ao longo do último século". E conclui o culto professor gaúcho: "No âmbito do processo civil, isso certamente ensejará a substituição do procedimento ordinário por formas de tutela jurisdicional mais expeditas, e dos juízes de primeiro grau em particular" (*Responsabilidade objetiva e antecipação de tutela: a superação do paradigma da modernidade*. São Paulo: RT, 2006, pp. 244-245).

(188) Preleciona *Cândido Rangel Dinamarco:* "Uma boa ordem processual não é feita somente de segurança e das certezas do juiz. Ela vive de certezas, probabilidades e riscos. Onde houver razões para decidir ou para atuar com apoio em meras probabilidades, sendo estas razoavelmente suficientes, que se renuncie à obsessão pela certeza, correndo algum risco de errar, desde que se disponha de meios aptos a corrigir os efeitos de possíveis erros" (*Nova era do processo civil*. São Paulo: Malheiros, 2003, p. 18).

(189) Corretamente, preleciona *Leonardo Ferres da Silva Ribeiro:* "Não concordamos com aqueles que defendem a incidência da multa prevista no art. 475-J somente para as hipóteses de execução definitiva, não só porque a execução provisória se processa, por força de lei, como aquela (art. 475-O), mas também e principalmente porque a idéia da Lei n. 11.232/05, ao modificar a sistemática da execução de títulos judiciais, foi conferir maior efetividade à execução, seja ela definitiva ou provisória. Ademais, como último argumento ainda nesse sentido, não poderíamos deixar de consignar que não há diferença substancial entre a execução provisória e a definitiva que permita o díscrimen para a incidência ou não da multa, porquanto desde a Lei n. 10.444/02, a execução provisória é completa, com o cometimento de atos executivos de expropriação (arrematação e adjudicação). E quem faz o mais (expropriar bens), deve poder o menos (cobrar a multa pelo inadimplemento) daí por que não faz, em nosso sentir, qualquer sentido vincular a incidência da indigitada multa ao trânsito em julgado" (*A execução provisória diante da Lei n. 11.232/05. Execução civil e cumprimento da sentença*/Coordenação de Gilberto Gomes Bruschi. São Paulo: RT, 2006, p. 282).

(190) MARINONI, Luiz Guilherme. *Tutela antecipatória e julgamento antecipado: parte incontroversa da demanda*. 5ª ed. rev., atual. e ampl. São Paulo: RT, 2002, p. 179.

Na lição de *Cassio Scarpinella Bueno*,

"[...] entender que a natureza da multa prevista no *caput* do art. 475-J é *coercitiva* significa dizer que sua finalidade é a de compelir o devedor a *cumprir* o julgado, atendendo ao que determinado (ordenado) na decisão (título executivo judicial), e não sancioná-lo ou puni-lo pelo não-cumprimento. Assim, porque na execução provisória o que é buscado pelo credor é o *cumprimento* do julgado, sobeja mais uma razão para a incidência da multa, rente ao novo *sistema* do cumprimento de títulos executivos judiciais que reconheçam obrigações de pagar soma em dinheiro."

Pouco adiante, o culto processualista de São Paulo conclui o seguinte:

"[...] ao emprestar para a execução provisória o *mesmo* modelo executivo das sentenças transitadas em julgado, é importante ter consciência de que disto decorre um fortalecimento necessário e conseqüente do juízo de primeiro grau de jurisdição, quando a hipótese for de apelação recebida sem efeito suspensivo, e dos próprios tribunais de segundo grau de jurisdição, quando a hipótese for de tramitação dos recursos especial e extraordinário. É importante que a força executiva da sentença e dos acórdãos, mesmo quando eles dependam, ainda, de ulterior deliberação em sede recursal, seja reconhecida e acatada pelo devedor, tal qual nela ou neles reconhecido (mesmo que, repito, para enfatizar a idéia, sujeito a uma derradeira confirmação), o que, procurei demonstrar acima, tem tudo para conviver harmonicamente com a lógica do desfecho recursal e da execução que o nosso sistema admite neste meio tempo. Pensamento diverso teria o condão de *neutralizar* ou, quando menos, *reduzir* o espectro da eficácia das decisões jurisdicionais — inclusive quando comparada com a eficácia reconhecida às decisões proferidas com base em cognição mais reduzida, ainda que em casos de urgência —, diretriz que vai de encontro às conquistas mais recentes do direito processual civil brasileiro, no plano constitucional e no plano infraconstitucional."(191)

Em resumo, a multa de 10% deve ser exigida na execução dita "definitiva", na execução de título executivo provisório, na execução cível e na execução trabalhista. Neste caso, como existe lacuna legislativa, a integração normativa revela-se oportuna, a fim de se evitar incidentes processuais desnecessários. *De lege ferenda*, sugerimos a criação do art. 878-B da CLT, o qual passaria a ter a seguinte redação:

"Art. 878-B. Caso o devedor, condenado ao pagamento de quantia certa, não o efetue no prazo de quarenta e oito horas, o montante da condenação, independen-

(191) BUENO, Cassio Scarpinella. *Variações sobre a multa do* caput *do art. 475-J do CPC na redação da Lei n. 11.232/05. Aspectos polêmicos da nova execução, 3: de títulos judiciais, Lei n. 11.232/05/* Coordenação Teresa Arruda Alvim Wambier. São Paulo: RT, 2006, pp. 155 e 157-158, respectivamente.

temente de intimação específica, será acrescido de multa no percentual de dez por cento e, a requerimento do credor ou por determinação judicial, expedir-se-á mandado de penhora e avaliação.

"§ 1º Da decisão que fixar o valor da condenação o devedor deverá ser intimado, na pessoa de seu advogado, ou, na falta deste, pessoalmente, por mandado ou pelo correio, para efetuar o pagamento no prazo de quarenta e oito horas, sob pena de incidência da multa de dez por cento e expedição do mandado de penhora e avaliação.

"§ 2º Do auto de penhora e de avaliação será de imediato intimado o executado, na pessoa de seu advogado, ou, na falta deste, o seu representante legal, ou pessoalmente, por mandado ou pelo correio.

"§ 3º "O exeqüente poderá, em seu requerimento, indicar de logo os bens a serem penhorados.

"§ 4º Efetuado o pagamento parcial do valor da condenação, o valor da multa de dez por cento incidirá sobre o restante."

Vale enfatizar que os questionamentos envolvendo o cumprimento da sentença (prazo de incidência da multa prevista no art. 475-J do CPC, intimação na pessoa do advogado, dispensa de citação específica, aplicação da multa no cumprimento provisório da sentença etc.), por não demandarem incompatibilidade cognitiva, podem ser suscitados por simples petição (defesa endoprocessual executiva). Merece realçar, entretanto, que o manejo desse meio de defesa deve ser responsável, sob pena de incidência das penalidades por litigância de má-fé.(192) Relembre-se que a controvérsia a respeito da observância do princípio do contraditório, quando não se pretende aprofundar a fase de instrução, pode ser ventilada através do instituto em questão (defesa endoprocessual executiva).

2.4. NOVAS TENDÊNCIAS A RESPEITO DA EXECUÇÃO DE TÍTULO EXECUTIVO EXTRAJUDICIAL

Concluindo a nova fase de reforma processual, já está em vigor a Lei n. 11.382/06, que cuida *preponderantemente* do processo de execução de títulos executivos *extrajudiciais*.

Na realidade, trata-se de alteração legislativa que visa ao aperfeiçoamento da execução como um todo.

Deve-se notar que, embora o cumprimento da sentença ocorra nos autos da mesma relação processual que definiu a obrigação, a ele se aplicam, de forma subsidiária, e no que couber, as disposições normativas que regem o processo de execução de título extrajudicial (art. 475-R do CPC).

(192) Se a matéria estiver sedimentada (sumulada) no âmbito dos Tribunais Regionais (TRT, TRF e TJ) e dos Tribunais Superiores (STF, TST e STJ), parece-nos que a petição defensiva apresenta caráter meramente protelatório. Deve haver, assim, alguma divergência doutrinária e/ou jurisprudencial a respeito da aplicação de determinado instituto.

Basicamente de acordo com a exposição de motivos, passamos a enumerar os seus pontos fundamentais.

Possibilita-se ao exeqüente, no ato da distribuição, obter certidão comprobatória do ajuizamento da execução, *para fins de averbação nos registros competentes* de bens sujeitos à penhora ou arresto, evitando a fraude à execução (art. 615-A do CPC). Trata-se de expediente que, por vezes, vinha sendo utilizado pelos advogados, que obtinham o registro da citação, com fundamento na Lei de Registros Públicos (Lei n. 6.015/73).

Nas execuções (por quantia certa contra devedor solvente) por *título executivo extrajudicial*, teremos, após a citação para o pagamento em três dias — e não sendo tal pagamento efetuado —, a realização (pelo oficial de justiça) da *penhora* e da *avaliação em uma mesma oportunidade*, podendo o credor indicar, na petição inicial da execução, os bens a serem preferencialmente penhorados (art. 652 do CPC). Em outras palavras, acelerando corretamente o procedimento em busca da efetividade processual, a Lei n. 11.382/06 contempla a expedição de um único mandado para citação, penhora e avaliação, sendo que a segunda via permite ao oficial de justiça que, no caso de não-pagamento, proceda-se à penhora e avaliação de bens.

Após a reforma processual, possibilita-se ao executado a formulação de requerimento, no prazo para o ajuizamento da ação incidental de embargos à execução, com o reconhecimento da dívida e a renúncia a essa defesa típica, de pagamento em até seis parcelas mensais (acrescidas de correção monetária e juros de um por cento ao mês), com o depósito inicial de trinta por cento do valor do débito, inclusive custas e honorários advocatícios (art. 745-A do CPC).

Acreditamos que essa sistemática, por ser menos onerosa ao executado (art. 620 do CPC), é perfeitamente aplicável ao processo do trabalho.(193) O Juiz do Trabalho deve observar, entretanto, caso a caso, o conflito entre a efetividade do crédito alimentar e a possibilidade de cumprimento da obrigação por parte do executado. Se for notória a aptidão financeira deste, deve-se rejeitar o pedido(194) em decisão razoavelmente fundamentada. Contrariamente, deve-se acolhê-lo, mas sempre na perspectiva de concretizar a obrigação que dá conteúdo ao título executivo (efetividade do processo).

Preconiza o § 2º do art. 745-A do CPC:

> "§ 2º O não pagamento de qualquer das prestações implicará, de pleno direito, o vencimento das subseqüentes e o prosseguimento do processo, com o imediato início dos atos executivos, imposta ao executado multa de 10% (dez por cento) sobre o valor das prestações não pagas e vedada a oposição de embargos."

---

(193) Em sentido contrário, manifesta-se *Estêvão Mallet:* "Afirmar a sua incompatibilidade com o processo do trabalho não é nada difícil. O mandado, no processo do trabalho, é expedido para cumprimento da obrigação, sem possibilidade de parcelamento (CLT, art. 880, *caput*). Apenas havendo concordância do exeqüente (CLT, art. 764, § 3º) cabe prazo ou parcelamento" ("Anotações à Lei n. 11.382, de 6 de dezembro de 2006". *Revista do Tribunal Superior do Trabalho*, vol. 73, n. 1, jan./mar. 2007, pp. 76-77).

(194) A título de exemplo, imagine-se a hipótese de pedido de moratória judicial formulado por uma grande empresa multinacional em execução trabalhista de verbas rescisórias (de natureza jurídica alimentar), a rejeição é medida que deve se impor.

Segundo pensamos, para não violar o modelo constitucional de processo, os eventuais incidentes gerados em virtude do cumprimento dessa moratória podem ser suscitados através da defesa endoprocessual em estudo, desde que, repita-se, não se necessite de dilação probatória. Trata-se de matéria (inadimplemento da obrigação que subjaz ao título executivo) típica do processo de execução, motivo pelo qual não se deve cogitar a respeito de incompatibilidade cognitiva.(195)

Quanto aos meios executórios, foram realizadas relevantíssimas mudanças. A alienação em hasta pública, de todo anacrônica e formalista, além de onerosa e demorada, apresenta-se sabidamente como a maneira menos eficaz de alcançar um justo preço para o bem expropriado. Propõe-se, desse modo, como meio expropriatório preferencial, a *adjudicação pelo próprio credor*, por preço não inferior ao da avaliação. Não pretendendo adjudicar o bem penhorado, o credor poderá solicitar sua *alienação por iniciativa particular ou através de agentes credenciados*, sob a supervisão do Juiz. Somente em último caso, portanto, far-se-á a alienação em hasta pública, simplificados seus trâmites (prevendo-se até o uso de meios eletrônicos) e permitido ao arrematante o pagamento parcelado do preço do imóvel, mediante garantia hipotecária. É inegável, com essas providências, que se tornará mais atraente a aquisição de móveis e imóveis, diminuindo-se, dessa forma, o índice de hastas públicas infrutíferas. E isso sem contar com a vantagem de ser realizada independentemente da disponibilidade dos órgãos judiciários assoberbados de procedimentos relativos às hastas públicas, imprimindo maior eficiência e celeridade na atuação do meio sub-rogatório tendente à satisfação do crédito exeqüendo. Da mesma forma, em virtude do nítido aperfeiçoamento procedimental, não vislumbramos incompatibilidade dessas mudanças com o processo trabalhista.(196)

---

(195) Corretamente, preleciona *Estevão Mallet:* "Impedir que o executado se defenda, todavia, ofende de forma manifesta, a garantia constitucional de ação. Pense-se apenas a título de exemplo, em inadimplemento decorrente de motivo de força maior ou de causa superveniente extintiva da obrigação. Suscitado o inadimplemento pelo exeqüente, não há como impedir que se defenda o executado. Assim, o § 2º do art. 745-A, interpretado em conformidade com a Constituição, como tem de ser, obsta, apenas, o oferecimento de embargos fundados em matéria antecedente ao reconhecimento do crédito, não em matéria superveniente" ("Anotações à Lei n. 11.382, de 6 de dezembro de 2006". *Revista do Tribunal Superior do Trabalho,* vol. 73, n. 1, jan./mar. 2007, p. 77). *Francisco Antonio de Oliveira* formula idêntico raciocínio: "A execução será efetuada pela maneira menos gravosa, quando existir mais de uma possibilidade de cumprimento e ambas não sejam prejudiciais ao exeqüente. Não existe a possibilidade de se beneficiar o executado com prejuízo do credor. O artigo sob comento simplesmente beneficia o devedor, que não terá o seu bem levado à hasta pública, com prejuízo do credor que receberá apenas 30% do valor da execução, e o restante à prestação. Temos para nós que isso somente será possível com a concordância do exeqüente". E conclui: "O dispositivo não tem aplicação na execução trabalhista" ("Comentários à Lei n. 11.382/06 — fatores positivos e negativos — reflexos positivos na eficácia da sentença condenatória — subsídios para a execução trabalhista". *Revista LTr*, São Paulo: LTr, ano 71, vol. 3, mar. 2007, p. 279).

(196) Contrariamente, preleciona *Francisco Antonio de Oliveira:* "A adjudicação no processo do trabalho (art. 888, § 1º, CLT) tem regras procedimentais próprias. Será feita depois da arrematação do bem. Arrematado o bem, o exeqüente terá preferência para adjudicar, isto naturalmente se o devedor não requerer a remição do bem, pois sua é a preferência (Lei n. 5.584/70, art. 13)" ("Comentários à Lei n. 11.382/06 — fatores positivos e negativos — reflexos positivos na eficácia da sentença condenatória — subsídios para a execução trabalhista". *Revista LTr*, São Paulo: LTr, ano 71, vol. 3, mar. 2007, p. 272).

É abolido o instituto da *remição*, que teve razão de ser em tempos idos, sob diferentes condições econômicas e sociais, atualmente de limitadíssimo uso. Ao cônjuge e aos ascendentes e descendentes do executado, será lícito, isto sim, exercer a faculdade de adjudicação, em concorrência com o exeqüente.

Foram introduzidas muitas alterações no sentido de propiciar maior efetividade à execução (alienação judicial de bens por meio de rede mundial de computadores, concessão de usufruto de bem móvel ao exeqüente etc.), pela adoção de condutas preconizadas pela doutrina e pelos tribunais ou sugeridas pela dinâmica das atuais relações econômicas, inclusive com o apelo aos meios eletrônicos, limitando-se o formalismo ao estritamente necessário.

As regras relativas à *penhorabilidade* e à impenhorabilidade de bens, atualmente eivadas de anacronismo evidente, são atualizadas, máxime no relativo à penhora de dinheiro (arts. 649 e 650 do CPC). A rigor, estabelece uma ordem preferencial da penhora com base na liquidez dos bens, permitindo que imóveis residenciais de grande valor possam ser penhorados, equilibrando, assim, o valor constitucional da efetividade do processo com o direito social à moradia (art. 655 do CPC).

A defesa *típica* do executado, nas execuções de títulos executivos extrajudiciais, far-se-á através dos *embargos do executado*, de regra *sem efeito suspensivo* (art. 739-A do CPC), a serem opostos nos quinze dias subseqüentes à citação (art. 738 do CPC), seguindo-se instrução probatória e sentença. O ajuizamento dos embargos do executado não mais dependerá da "segurança do juízo" (art. 736 do CPC).[197] Isso, entretanto, ao contrário do que imagina uma parte da doutrina,[198] não retira a relevância da defesa endoprocessual estudada nesta dissertação. A justificativa é simples: a maioria das matérias ventiladas é de ordem pública, podendo ser argüida a qualquer tempo[199] e grau de jurisdi-

---

(197) Acreditamos que, em princípio, essa regra também deve prevalecer no processo do trabalho.

(198) Ilustrativamente, observe-se a opinião de *Leonardo Ferres da Silva Ribeiro:* "Diante da possibilidade dos embargos, independentemente de garantia do juízo, deverá ficar muito esvaziada, na prática, a utilização do meio de defesa denominado *exceção de pré-executividade* (ou, mais corretamente, *objeção de pré-executividade*), que, como se sabe, é expediente reconhecido pela doutrina e pela jurisprudência com o propósito de impugnar a execução sem que tenha havido penhora ou outra garantia do juízo, no qual se podem argüir (i) matérias processuais de ordem pública (requisitos, pressupostos e condições da ação executiva), bem como (ii) matérias pertinentes ao próprio mérito, desde que cabalmente passíveis de comprovação mediante prova pré-constituída. Ora, os embargos — agora sem necessidade de prévia segurança do juízo — representam, sem dúvida, o instrumento adequado para se lançar mão das matérias passíveis de argüição em exceção de pré-executividade ou de qualquer outra matéria pertinente à defesa do executado (art. 745)" (*Nova execução de título extrajudicial: Lei 11.382/06, comentada artigo por artigo*. Leonardo Ferres da Silva Ribeiro organizador. São Paulo: Método, 2007, pp. 211-212).

(199) Uma parte da doutrina, a nosso ver, equivocadamente, vem sustentando que a apresentação da defesa endoprocessual deve ocorrer no prazo anterior à possibilidade de penhora. Para *J. E. Carreira Alvim* e *Luciana G. Carreira Alvim Cabral*, "[...] a exceção de pré-executividade continuará tão presente quanto antes, sempre que o executado tiver algum motivo para opor tal modalidade de defesa, desde que o faça no prazo de três dias que lhe é assinado para o pagamento" (*Nova execução de título extrajudicial*. Curitiba: Juruá, 2007, p. 197). As matérias suscitáveis, em sua larga maioria, são de ordem pública. Logo, não havendo sobre elas incidência de coisa julgada material e/ou de preclusão, podem ser ventiladas a qualquer tempo, desde que não se exija dilação probatória. A temática, vale continuar enfatizado, diz respeito aos limites da cognição realizada na etapa ou no processo autônomo de execução.

ção.(200) Não é a exigência ou não de garantia do juízo que define o cabimento ou não da petição defensiva (defesa endoprocessual), mas sim, além da intangibilidade do princípio do devido processo legal (substancial), os limites e os efeitos da cognição admitida no processo autônomo de execução.(201) Mesmo que o juízo de admissibilidade da petição inicial seja correto, é certo que podem surgir vícios graves após o prazo para a apresentação da defesa típica. Neste caso, a defesa endoprocessual somente não teria sucesso, se a matéria já tivesse sido abordada em decisão de embargos à execução, sabidamente sujeita à autoridade da coisa julgada material (cognição exauriente). Caso os embargos não sejam ajuizados, não há que se falar em preclusão, restando aberta, além da utilização da defesa heterotópica,(202) a via da petição incidental defensiva, vedada, entretanto, por incompatibilidade cognitiva com o processo de execução, a dilação probatória.(203) Observe-se, entretanto, que essa conclusão não prejudica a circunstância de que, como a argüição não ocorreu na primeira oportunidade prevista no ordenamento jurídico (embargos à execução), incidirão, conforme a hipótese, as sanções referidas nos arts. 22 e 267, § 3º, do CPC.(204)

---

(200) Corretamente, afirma *Humberto Theodoro Júnior* que "nem no procedimento incidental do cumprimento da sentença, nem na ação autônoma de execução, restou inviabilizado o recurso à exceção (ou objeção) de pré-executividade (ou de não-executividade)". Como afirma o ilustre processualista mineiro, "dentro dos pressupostos e requisitos da construção doutrinária e jurisprudencial anteriores à reforma da execução forçada, continua cabível a impugnação por simples petição, a qualquer tempo, para impedir a penhora ou pra fazer cessar a execução a que faltem pressupostos processuais ou condições da ação" (*A reforma da execução do título extrajudicial*. Rio de Janeiro: Forense, 2007, pp. 181 e 182, respectivamente). O regime jurídico da defesa endoprocessual, portanto, decorre dos limites cognitivos da cognição na execução e de seus efeitos (não suscitar a questão na primeira oportunidade etc.).

(201) *Cassio Scarpinella Bueno* sustenta que, como a ação incidental de embargos à execução pode ser protocolada independentemente da garantia do juízo (oneração do patrimônio do "devedor" com a penhora ou com o depósito da coisa devida), a defesa endoprocessual (impropriamente chamada de "exceção" ou de "objeção" de pré-executividade) tornou-se *desnecessária*. Entretanto, esse ilustre processualista afirma que "ir além no tema é desnecessário e arriscado, para não transformar o texto em exercício descabido de futurologia. É necessário ver, por ora, como se dará a *vivência* da nova sistemática dos embargos à execução trazida pela Lei n. 11.382/06. Sobre o que ocorrer, caberá tecer renovadas reflexões e buscar o ponto de equilíbrio entre as razões conflitantes que justificam os embargos à execução e as 'exceções e objeções de pré-executividade'" (*A nova etapa da reforma do Código de Processo Civil*. São Paulo: Saraiva, 2007, vol. 3, p. 303).

(202) Conforme preleciona *Cassio Scarpinella Bueno*, "[...] subsiste, no Código de Processo Civil, a regra do art. 585, § 1º, segundo a qual 'a propositura de qualquer ação relativa ao débito constante do título executivo não inibe o credor de promover-lhe a execução'. Extraindo do dispositivo o que interessa para o debate presente, o executado poderá, respeitadas as respectivas regras de prescrição, valer-se de 'quaisquer *ações*' para questionar a legitimidade do crédito reclamado pelo exeqüente independentemente dos 'embargos à execução" (*A nova etapa da reforma do Código de Processo Civil*. São Paulo: Saraiva, 2007, vol. 3, p. 303).

(203) No sentido do texto: WAMBIER, Teresa Arruda Alvim; WAMBIER, Luiz Rodrigues; MEDINA, José Miguel Garcia. *Breves comentários à nova sistemática processual civil, 3*. São Paulo: RT, 2007, pp. 221-227.

(204) WAMBIER, Luiz Rodrigues; WAMBIER, Teresa Arruda Alvim; MEDINA, José Miguel Garcia. *Sobre a impugnação à execução de título judicial (arts. 475-L e 475-M do CPC). Aspectos polêmicos da nova execução, 3: de títulos judiciais, Lei n. 11.232/05*/Coordenação Teresa Arruda Alvim Wambier. São Paulo: RT, 2006, p. 405; WAMBIER, Luiz Rodrigues. *Sentença civil: liquidação e cumprimento*. 3ª ed. rev., atual. e ampl. São Paulo: RT, 2006, pp. 428-429; ASSIS, Araken de. *Cumprimento da sentença*. Rio de Janeiro: Forense, 2006, pp. 308-309.

Sem sombra de dúvidas, as medidas pretendidas pela Lei n. 11.382/06 visam a otimizar o processo de execução, que jamais pode ser um instrumento de favorecimento do devedor inadimplente. As regras processuais anteriores ofereciam meios, para o executado furtar-se à contrição judicial, inviabilizando o atendimento da pretensão do exeqüente. A reforma processual em andamento, por certo, não pode ir de encontro aos princípios do contraditório e da ampla defesa. O que se vê, todavia, é a criação de mecanismos que estimulam o cumprimento das decisões judiciais (p. ex.: par. ún. do art. 652-A do CPC) e desestimulam o uso de expedientes procrastinatórios (p. ex.: par. ún. do art. 740 do CPC). Oferece, portanto, ao sujeito ativo do processo de execução os instrumentos necessários para a obtenção do crédito de forma célere e eficaz. Se houver abuso ou erro judicial nesse desiderato, além dos embargos à execução e da defesa heterotópica, possibilita-se, dentro dos limites cognitivos admitidos, o exercício da defesa endoprocessual.

2.5. PRINCÍPIO DO SINCRETISMO, COGNIÇÃO E DEFESA ENDOPROCESSUAL EXECUTIVA

Como visto no decorrer deste capítulo, inevitável é a conclusão de que a interpenetração dos atos de cognição e execução em um mesmo procedimento está praticamente consagrada no ordenamento jurídico pátrio. Aliás, ainda segundo a doutrina dominante, deve-se perceber, para dissipar quaisquer eventuais dúvidas persistentes, que a classificação das espécies de tutela jurisdicional (conhecimento, execução e cautelar), notadamente em função da natureza e finalidade, também leva em consideração o critério da *predominância* da atividade exercida, de modo que nenhuma delas é ontologicamente pura.(205) Enfim, pode-se dizer, sem medo de errar, que, no contexto científico atual, a despeito do procedimento peculiar ao fim respectivamente proposto,(206) é indiscutível o exercício da atividade cognitiva no âmago do processo (ou fase) de execução.(207)

(205) Tal fato foi brilhantemente constatado por *Adroaldo Furtado Fabrício:* "Como em quase todas as classificações, o critério há de ser o da *predominância* de um desses três componentes, nunca o de sua *exclusividade*. O processo de conhecimento pode agregar elementos de cautela (como o embargo liminar nas ações de nunciação de obra nova) e de execução (ações executivas *lato sensu*: despejo, reintegração de posse etc.). No processo executório, há cognição, mesmo que rarefeita e punctualizada: basta lembrar a chamada exceção de pré-executividade e o exame que se faz da solvência ou não do devedor; elementos cautelares também nele se intrometem, como a caução exigível na execução provisória. De resto, incontáveis situações existem em que se adotam, seja no processo de conhecimento, seja no de execução, *medidas cautelares* sem processo cautelar" (*Breves notas sobre provimentos antecipatórios, cautelares e liminares. Ensaios de direito processual*. Rio de Janeiro: Forense, 2003, p. 192). Atento ao princípio do sincretismo, esclarece *Ovídio A. Baptista da Silva:* "O equívoco que tem levado os juristas a afirmar que a única classificação legítima, do ponto de vista da ciência processual, seria aquela que distingue as ações e sentenças por suas respectivas cargas de eficácia decorre da suposição de que a separação entre o chamado 'processo de conhecimento' e o processo de execução seja um fenômeno apenas processual e que nada tenha a ver com o direito material de que o processo se ocupe, supondo-se que o processualista e o legislador sejam soberanos absolutos neste domínio, podendo fazer e desfazer as coisas, criando ou extinguindo ações condenatórias ou executivas ou declaratórias, ou transformando-as de uma categoria em outra" (*Curso de Direito Processual Civil*. 5ª ed. rev. e atual. São Paulo: RT, 2000, vol. 1, p. 161).

(206) Acerca da temática envolvendo a relação do estabelecimento de um procedimento adequado à finalidade da tutela jurisdicional com a extensão e profundidade da cognição judicial, é imperioso observar a

No particular, assinala com perfeição *Leonardo Greco*:

"Embora na execução a função cognitiva seja sumária e acessória, porque a atividade que lhe é própria é de caráter coativo, tem o devedor o direito de defender-se desses atos coativos, para que o credor não receba senão aquilo que lhe é devido e para que os meios executórios lhe sejam minimamente onerosos. Além disso, o título executivo pode ter defeitos, os atos executórios podem ser ilegais ou abusivos, a dívida constante do título ter-se extinguido, e a lei deve assegurar ao devedor os meios necessários para argüir essas e outras questões e, por esse modo, libertar-se de uma execução injusta."(208)

Para a realização dos atos de coerção patrimonial, preleciona *Estêvão Mallet:*

"O título já é suficiente. Nem por isso, todavia, fica a cognição afastada do processo de execução. Aliás, não há processo algum, de qualquer espécie ou natureza, que não envolva atividade cognitiva. A cognição manifesta-se em todos os processos, por mais tênue, rarefeita e superficial que se mostre."(209)

E como bem percebeu *Carlos Alberto Alvaro de Oliveira*, no atual estágio evolutivo do direito processual,

"[...] o executado não pode ser considerado mero sujeito passivo da execução, cabendo-lhe todo o direito de nela participar para fiscalizar seu andamento, evitando abusos e concorrendo para sua realização de acordo com

---

seguinte lição do mestre *Carlos Alberto Alvaro de Oliveira:* "Visto o problema da adequação ao ângulo estritamente endoprocessual, pode-se ainda falar em correlação entre a *função* processual e a *estrutura* do respectivo procedimento. Dessa maneira, à função de conhecimento, haverá de corresponder uma estrutura adequada ao pleno desempenho da cognição do órgão judicial, de modo a gerar certeza e, assim, coisa julgada material. Na função cautelar, em que se faz mais rarefeito o conhecer do Juiz, compõe-se de forma mais simples a estrutura do procedimento, adequando-se ao juízo de probabilidade e de verossimilhança aí exigido. Esse aspecto é mais frisante na tutela liminar, em que mais rápida deve ser a resposta judicial, com o conseqüente reflexo no nível de conhecimento. Na função executiva, a estrutura amolda-se à atividade material própria desse tipo de processo, reduzindo-se ao mínimo o conhecimento" (*Do formalismo no processo civil*. 2ª ed. rev. e ampl. São Paulo: Saraiva, 2003, p. 120).

(207) *Danilo Knijnik* é enfático e preciso: "Vê-se, destarte, que, também na execução, o juiz exerce cognição. Até aí, o consenso. Todavia, os limites estruturais e funcionais da relação processual em que exercida, evidentemente, lhe dão contornos mais estreitos. À partida, tanto no plano horizontal como no vertical, há cortes, mais ou menos profundos. No *plano horizontal*, os cortes vêm da dimensão *funcional* da execução civil, antes examinada. No *plano vertical*, da dimensão *estrutural* da relação jurídico-processual. Há cortes evidentes em ambas as dimensões e é possível relacionar *horizonte-função* e *vértice-estrutura*. Nega-se tanto a cognição plena como a exauriente, muito embora ela possa ser *suficiente* em alguns casos e, por isso, conduzir à *decisão*. Esta é uma observação importante: a cognição limitada e rarefeita, não raro, será suficiente" (*A exceção de pré-executividade*. Rio de Janeiro: Forense, 2001, p. 113).

(208) GRECO, Leonardo. *O processo de execução*. Rio de Janeiro: Renovar, 2001, vol. 2, pp. 581-582.

(209) MALLET, Estêvão. *Oposição à execução fora dos embargos e sem garantia do juízo. Execução trabalhista: estudos em homenagem ao Ministro João Oreste Dalazen*/Coordenação de José Affonso Dallegrave Neto e Ney José de Freitas. São Paulo: LTr, 2002, p. 113.

os ditames da lei e da justiça, sendo assim indiscutível ocorrer também aí o contraditório. [...] Além disso, o executado pode intervir no próprio processo de execução, não só suscitando questões atinentes às condições da ação *in executivis* e aos pressupostos processuais, mas também aos atos processuais nele realizados, a exemplo da irregularidade da penhora, avaliação do bem penhorado, regularidade da publicação de editais de praça etc., devendo ser deles previamente cientificado para se manifestar em tempo razoável."[210]

Para *Humberto Theodoro Júnior*,

"sendo a execução parte integrante da jurisdição, que corresponde ao poder-dever de realizar concretamente a vontade da ordem jurídica pelo processo para eliminar uma situação litigiosa, é claro que a atividade executiva jurisdicional está subordinada a pressupostos de legalidade e legitimidade. E, por conseqüência, antes de autorizar a agressão patrimonial contra o devedor, terá o juiz de verificar a satisfação desses requisitos jurídicos, praticando uma cognição e fazendo *acertamento* sobre eles."[211]

E não poderia ser diferente, pois, nas lúcidas palavras de *Cândido Rangel Dinamarco*,

"as atividades executivas seriam cegas e possivelmente injustas, se nada competisse ao juiz decidir no processo de execução. Ali, ele profere juízos de valor, desde o início quando verifica se está ou não amparada de título a demanda do exeqüente e a qualquer momento quando fiscaliza a presença das condições da ação executiva, dos pressupostos processuais e dos requisitos de ordem pública para a regularidade do procedimento. Além disso",

prossegue o mestre paulista,

"na execução podem as partes levantar *incidentes*, que integram o processo embora estejam fora do procedimento principal, provocando com isso decisões do juiz. Também nessa atividade decisória, é natural que se paute o juiz por *critérios de probabilidade suficiente*, formando livremente o seu convencimento apesar de não ter chegado à *certeza* quanto à matéria a apreciar. A própria lei deixa margem de discricionariedade ao juiz, correndo o risco de errar, *v. g.*, quando limita a revisibilidade da avaliação do bem penhorado aos casos de erro, dolo ou queda do valor —, cabendo à sensibilidade do juiz, em cada caso, a percepção da ocorrência de alguma das hipóteses legais."[212]

(210) OLIVEIRA, Carlos Alberto Álvaro. *Do formalismo no processo civil*. 2ª ed. rev. e ampl. São Paulo: Saraiva, 2003, p. 121.

(211) THEODORO JÚNIOR, Humberto. *Processo de execução*. 22ª ed. rev. e atual. São Paulo: Leud, 2004, pp. 537-538.

(212) DINAMARCO, Cândido Rangel. *A instrumentalidade do processo*. 8ª ed. rev. e atual. São Paulo: Malheiros, 2000, p. 255.

É também, em outras palavras, a lição de *Rita Dias Nolasco*:

"Os pressupostos processuais e as condições da ação devem ser objeto da cognição do juiz, no juízo de admissibilidade de qualquer processo, inclusive no de execução. O juiz deve examinar de ofício se estão presentes os requisitos indispensáveis para que a ação de execução possa se constituir, se desenvolver e chegar ao fim validamente. Todavia, na prática, os juízes normalmente não realizam esse exame, ou o realizam mal, não detectando a existência da violação de algum desses requisitos. A ausência de eventuais requisitos da execução pode ser argüida através da exceção de pré-executividade."

Demais disso, conclui a mencionada estudiosa paulista:

"Além dessas matérias de ordem pública, o executado poderá, excepcionalmente, levar ao conhecimento do juiz da execução até mesmo matéria de mérito, que independa de dilação probatória, através da exceção de pré-executividade, possibilitando a cognição do juiz no próprio processo de execução."(213)

Assim, constatada a existência de cognição no processo de execução,(214) resta saber o alcance e a profundidade da mesma.(215) Para *Celso Neves*,

"se a atividade do órgão do Poder Judiciário volta-se para a solução da *lide de pretensão resistida* que, independentemente do processo, não foi alcançada, parece claro se lhe deve propiciar o *conhecimento da lide*, em toda a sua limitação subjetivo-objetiva."(216)

---

(213) NOLASCO, Rita Dias. *Exceção de pré-executividade*. 2ª ed. rev., atual. e ampl. São Paulo: Método, 2004, pp. 73-74. Na mesma linha de raciocínio, a qual aderimos, manifesta-se *Lenice Silveira Moreira:* "Somente quando se investe diretamente contra o próprio título por não apresentar as garantias mínimas de certeza, liquidez e exigibilidade ou se invoca matérias de ordem pública, como inexistência das condições de ação ou a não satisfação dos pressupostos processuais ou, ainda, matérias pertinentes ao mérito desde que cabalmente comprovadas mediante prova pré-constituída, como o próprio pagamento, se pode excepcionalmente admitir que essa defesa se faça por simples petição, nos autos do mesmo processo, algumas vezes pelo próprio devedor e sem estar firmada por advogado" (*A exceção de pré-executividade em matéria tributária*. Porto Alegre: Livraria do Advogado, 2001, p. 27).

(214) No particular, *Danilo Knijnik* entende o seguinte: "Pressupostos processuais, condições da ação (compreendendo-se aqui o inadimplemento/adimplemento e título executivo como interesse de agir) e mérito (expedição de atos executivos), eis os componentes que o juiz, necessariamente, conhecerá na execução, *ex suo officio* ou provocado. Há que se aplicar, contudo, à matéria o modelo da *cognição-fenômeno*". E esclarece: "O mérito da execução — entendido a partir do pedido consistente na expedição de atos executivos — tem cognição plena, contraditório adequado e estrutura satisfativa a suas finalidades precípuas" (*A exceção de pré-executividade*. Rio de Janeiro: Forense, 2001, p. 123).

(215) Constatou tal fato, com a percuciência peculiar, *José Miguel Garcia Medina:* "Os temas mais complexos dizem respeito à definição dos limites das atividades que poderão ser realizadas pelo juiz no curso do processo executivo, isto é, se o juiz poderá realizar, na condução deste processo, atos assemelhados àqueles que ordinariamente pratica no processo de conhecimento" (*Execução civil: teoria geral: princípios fundamentais*. 2ª ed. rev., atual. e ampl. São Paulo: RT, 2004, p. 268).

(216) NEVES, Celso. *Estrutura fundamental do processo civil: tutela jurídica, ação, processo e procedimento*. 2ª ed. Rio de Janeiro: Forense, 1997, pp. 32-33.

Esse raciocínio também deve ser desenvolvido no processo (ou na fase) de execução, já que, atentando-se para suas limitações ontológicas, em princípio, todas as questões envolvendo a *pretensão insatisfeita* são solúveis aqui. E quais são essas limitações cognitivas? Eis, portanto, a indagação que se faz oportuna. Em outras palavras, impõe perquirir se a cognição desempenhada no processo de execução, sob o ponto de vista *horizontal*, é parcial ou plena, e, sob o ponto de vista *vertical*, é sumária ou exauriente. O que se quer saber é se todas as matérias passíveis de cognição no processo de conhecimento são também admissíveis no processo de execução, bem como nas que efetivamente o são, se a investigação é aprofundada ou não.

Um primeiro aspecto que transparece sob o ângulo *horizontal* refere-se ao fato de que, pelo menos *em princípio, diante da eficácia abstrata do título executivo,*(217) a cognição aqui exercida não tem por escopo a verificação da efetiva existência ou não do crédito do exeqüente e, em caso positivo, se o mesmo é legítimo ou não à luz dos princípios e valores constitucionais. Assim, via de regra, ensina *José Miguel Garcia Medina*:

> "O juiz cinge-se a verificar se estão presentes os requisitos legais necessários à realização dos atos executivos, e mesmo neste caso a cognição não se destina ao alcance de sua função 'típica', qual seja, a declaração do direito. Ora, nem mesmo a existência do direito de executar é objeto de declaração no curso do processo de execução. Não há, com efeito, execução 'procedente' ou 'improcedente'."(218)

Observa *Danilo Knijnik* que

> "está terminantemente excluída, à partida, uma *cognição plena,* porquanto incompatível com a perspectiva funcional, com o *petitum in executivis*. É isto, em última análise, que decorre do próprio sistema: o art. 736 estabelece que somente através dos *embargos* o devedor poderá opor-se à execução. Se se tratar de execução por título extrajudicial, nos embargos será argüida qualquer matéria 'que lhe seria lícito deduzir como defesa no processo de conhecimento' (art. 745); se tratar de execução por título judicial, somente as matérias relacionadas pelo código (art. 741). Destarte, a *lide material ou originária*, na terminológica de *Carnelutti*, está fora, não é objeto da cognição *in executivis*, o que basta para considerá-la limitada, pelo

(217) Esclarece *Cândido Rangel Dinamarco:* "Desdobramento da função do título executivo na teoria do interesse de agir é a eficácia, de que a lei o dota, de liberar o juiz de qualquer investigação acerca do direito afirmado pelo demandante. Todo juízo de probabilidade da existência do direito, que acompanha os títulos executivos em geral, ao legislador compete e não ao juiz. Proposta a execução e estando fundada em título instituído em lei, não é que a presença deste seja levada em conta pelo juiz para que se convença da efetividade do direito subjetivo afirmado pelo exeqüente. Mais do que isso, ao juiz executivo é vedado pronunciar-se sobre a existência ou inexistência desse direito" (*Execução civil.* 7ª ed. rev. e atual. São Paulo: Malheiros, 2000, p. 471).

(218) MEDINA, José Miguel Garcia. *Execução civil: teoria geral: princípios fundamentais*. 2ª ed. rev., atual. e ampl. São Paulo: RT, 2004, p. 367.

simples fato — e este é o critério científico, por oposição ao político — de não haver ou não poder haver pedido de condenação, constituição ou declaração nesta sede."(219)

É praticamente o mesmo entendimento de *Flávio Cheim Jorge:*

"O que não se comporta no âmbito do processo de execução, e até mesmo porque ao executado já foi dada oportunidade para tanto, é a discussão a respeito do direito material controvertido. Nesse ponto, o legislador permitiu a discussão, mas fora do processo de execução, por meio dos embargos do executado, assegurando-se neste último ampla discussão. O interessante de notar é que, apesar de equivalência entre os títulos judiciais e extrajudiciais, os mesmo possuem cargas de vulnerabilidade diferentes. Isto é, como nos títulos judiciais já foi oportunizado o contraditório ao executado, tendo sido revelada a norma concreta com a sua participação ilimitada, o mesmo terá restrições quanto ao insurgimento da matéria de mérito, prendendo-se a situações taxativas (art. 741 do CPC). Já quanto aos títulos extrajudiciais, como não lhe foi assegurado o contraditório, poderá, mediante os embargos, implementar qualquer discussão a respeito do direito material, possibilitando-se ao Estado que formule norma concreta que desfaça os efeitos constantes do título."(220)

Essa interpretação resulta do sistema jurídico, encontrando, inclusive, ressonância constitucional, eis que discutir a própria relação jurídica material no âmago do processo de execução é desfigurar completamente esta modalidade de prestação de tutela jurisdicional, o que não corresponde ao interesse público. Assim, *no interior do processo de execução* ou *da mera fase executiva*, não se pode questionar acerca da existência ou não do direito que dá conteúdo ao título executivo,(221) pois tal atitude processual revela-se absolutamente incompatível com a sua estrutura e função, devendo a pretensão, se for caso, ser repelida de plano pelo Juiz.(222) Dito com outras palavras, o questionamento a respeito da

(219) KNIJNIK, Danilo. *A exceção de pré-executividade*. Rio de Janeiro: Forense, 2001, p. 114.

(220) JORGE, Flávio Cheim. "Relação processual e contraditório nas diversas espécies de execução". *Revista de Processo*, São Paulo: RT, n. 114, mar./abr. 2004, pp. 307-308.

(221) Observa *Lenice Silveira Moreira:* "Já no processo de execução não mais se questiona sobre a apuração do direito aplicável à controvérsia das partes. O crédito do autor é líquido e certo e a atuação do órgão judicial procura apenas torná-lo efetivo. A atividade jurisdicional é toda exercida em prol do atendimento de um direito já reconhecido anteriormente ao credor no título executivo" (*A exceção de pré-executividade em matéria tributária*. Porto Alegre: Livraria do Advogado, 2001, p. 26).

(222) *José Miguel Garcia Medina* observa que, "com a apresentação do título executivo, dispensa-se o credor de demonstrar se tem, realmente, direito ao recebimento de determinado bem do executado". É a eficácia abstrata do título executivo. Esclarece, com o acerto habitual, o culto processualista do Paraná que "esta concepção, entretanto, não pode ser extremada a ponto de se considerar que o juiz não realiza qualquer atividade cognitiva, quando da apreciação do título executivo. Ora, a atividade do juiz consistente em examinar *se há* título executivo bem como para dele haurir os lindes da execução a realizar *é cognitiva*, embora não se trate de cognição voltada à declaração do direito do exeqüente — declaração que, em princípio, não existe no processo de execução" (*Execução civil: teoria geral: princípios fundamentais*. 2ª ed. rev., atual. e ampl. São Paulo: RT, 2004, p. 224).

relação jurídica de direito material é *ontologicamente inconciliável* com a função e estrutura do processo (e da fase) de execução, o que fatalmente leva à conclusão de que a cognição neste desempenhada, sob o ponto de vista horizontal, é *parcial*.[(223)]

Na verdade, se o título executivo que embasa a execução é extrajudicial, o lugar próprio para o questionamento acerca da existência ou não do direito que lhe dá substrato é a ação incidental de embargos à execução, eis que a relação processual executória tem por estrutura a realização prática de atos materiais de coação estatal com o intento de satisfazer o *inadimplido* crédito do exeqüente. Aliás, neste caso, se não houver o ajuizamento dos embargos ou estes forem extintos sem julgamento do mérito, sequer é vedado o posterior ajuizamento de ação autônoma de repetição de indébito, uma vez que não há formação de coisa julgada material sobre a relação jurídica obrigacional.[(224)]

Observe-se que a ausência de oposição da ação de embargos à execução, em absoluto, significa equiparação aos efeitos da revelia no processo de conhecimento ou aquiescência do executado com o resultado do processo de execução,[(225)] porque sua citação não é para, querendo, apresentar defesa, mas sim pagar a alegada dívida ou nomear bens à penhora.

O não oferecimento da impugnação ao cumprimento da sentença ou dos embargos à execução é fenômeno unicamente *endoprocessual*. Incide, no caso, a preclusão. Mas esse fato não impede que o executado proponha ação declaratória ou desconstitutiva, visando ao reconhecimento da inexistência da dívida ou à desconstituição do título executivo. Ensina *Maria Lúcia L. C. de Medeiros:*

> "Essa ação autônoma pode ser proposta tanto no curso da execução — sem o condão de suspendê-la, como se disse — como, até mesmo, depois de extinto o processo de execução com a satisfação do exeqüente. Nesse caso, a ação será proposta com fundamento no enriquecimento sem

(223) É a conclusão de *José Miguel Garcia Medina:* "A ação de execução fundada em título executivo, assim, é ação fundada em cognição *parcial*, porquanto limitam-se no plano horizontal as matérias que podem ser examinadas em seu curso" (*Execução civil: teoria geral: princípios fundamentais*. 2ª ed. rev., atual. e ampl. São Paulo: RT, 2004, p. 228).

(224) Ensinam *José Miguel Garcia Medina* e *Teresa Arruda Alvim Wambier* que "[...] a sentença que extingue a execução em virtude de ausência de título executivo não impede o ajuizamento de outra ação judicial (condenatória, por exemplo) para a cobrança do crédito eventualmente existente. Isto porque não integra os limites da cognição realizada no processo de execução a existência ou inexistência do direito material, razão pela qual esta questão que não é objeto de decisão, não poderia mesmo ficar acobertada pela autoridade de coisa julgada" (*Coisa julgada na execução e na exceção de pré-executividade. Processo de execução: temas polêmicos e atuais*/Coordenador Gilberto Gomes Bruschi. São Paulo: RCS, 2005, p. 196).

(225) Segundo anota *Sandro Gilbert Martins*, "[...] não há decisão implícita quanto à certeza do direito constante do título executivo, nem mesmo aquiescência do executado com a execução, somente pelo simples fato de não ter o executado oferecido embargos. O não-oferecimento de embargos pode ter outros motivos, como, por exemplo, defeito no ato citatório executivo ou mesmo no ato de intimação da penhora" (*A defesa do executado por meio de ações autônomas: defesa heterotópica*. São Paulo: RT, 2002, p. 143).

causa do exeqüente, podendo o executado pedir, além da devolução do que pagou indevidamente, a condenação do exeqüente das perdas e danos em razão dos prejuízos sofridos."[226]

E o raciocínio não poderia realmente ser diferente, pois, como ensina *Edoardo Garbagnati*, devemos distinguir as duas situações jurídicas que daí decorrem, já que a não-oposição dos embargos à execução gera tão-somente, depois de extinto o processo de execução, a impossibilidade de questionamento a respeito dos atos executivos realizados, mas não impede, por outro lado, que seja ajuizada, mediante pretensa demonstração de inexistência da obrigação que deu suporte ao título executivo, uma ação autônoma de repetição de indébito, a fim de corrigir a suposta injustiça.[227]

Em outras palavras, as hipóteses de preclusão absoluta e formação de coisa julgada material não são dignas de cogitação, visto que, além de a primeira somente produzir efeitos endoprocessuais,[228] não houve nem uma manifesta-

(226) MEDEIROS, Maria Lúcia L. C. de. *A revelia sob o aspecto da instrumentalidade*. São Paulo: RT, 2003, p. 175. Compartilhando o mesmo entendimento, preleciona *Paulo Henrique dos Santos Lucon:* "Extinto o processo de execução com a satisfação do exeqüente e não tendo sido oferecidos embargos à execução no prazo estabelecido pela lei processual, ainda assim o executado terá direito à tutela jurisdicional. Isso porque, na execução injusta e não embargada, se o executado paga dívida ou nela vê seus bens expropriados, em razão da inexistência do direito material do exeqüente, tem o direito de receber o que pagou de modo indevido. Cumulativamente, pode ser pedida a condenação ao pagamento de perdas e danos em razão de eventuais prejuízos sofridos. A demanda proposta pelo executado, de natureza condenatória, tem como *causa petendi* o enriquecimento sem causa do exeqüente". Observa-se que o ajuizamento da impugnação ao cumprimento da sentença ou dos embargos à execução constitui mera *faculdade* do executado, que, se o fizer, em tese, poderá comprovar exaustivamente suas alegações e terá maior possibilidade de suspender a realização dos atos executivos. O prazo para a oposição dos embargos à execução (da mesma forma, da impugnação ao cumprimento da sentença), tal como o de cento e vinte dias para a impetração do mandado de segurança, é decadencial, de modo que, com a ocorrência da preclusão temporal, há tão-somente a impossibilidade da utilização daquela via processual, em nada sendo prejudicado o direito material. É a lição do citado processualista de São Paulo: "Há apenas caducidade com a perda do prazo para o oferecimento de embargos, e tal circunstância não tem o condão de afastar definitivamente a tutela dos direitos do executado. Com o decurso do prazo, a via processual dos embargos não poderá mais ser utilizada e a produção do efeito típico de suspender a execução não ocorrerá, mas isso não afeta o direito material, que continua existindo e sendo suscetível de proteção por outros meios previstos no ordenamento jurídico" (*Embargos à execução*. 2ª ed. rev., atual. e ampl. São Paulo: Saraiva, 2001, pp. 291 e 293, respectivamente).

(227) GARBAGNATI, Edoardo. *Preclusione pro iudicato e titolo ingiuntivo. Scritti scelti*. Milano: Giuffrè, 1988, n. 2, pp. 519-520.

(228) Acertadamente, observou *Cristina Ferraz* que "[...] o instituto da preclusão identifica a perda de faculdade e de questões, decididas expressa ou implicitamente no curso do processo [...]" (*Prazos no processo de conhecimento: preclusão, prescrição, decadência, perempção, coisa julgada material e formal*. São Paulo: RT, 2001, p. 95). O entendimento de que a preclusão somente gera efeitos internos no processo em questão também é adotado pela doutrina estrangeira. Para *Chiovenda*, "a preclusão é um instituto geral com freqüentes aplicações no processo e consistente na *perda* duma faculdade processual por se haverem tocado os extremos fixados na lei para o exercício dessa faculdade no processo ou numa fase de processo" (*Instituições de Direito Processual Civil*. 3ª ed. Campinas: Bookseller, 2002, vol. I, p. 450). É certo, pois, que, temporal, consumativa ou lógica, não importa a modalidade, a incidência da preclusão acarreta a perda de uma faculdade no *interior* do respectivo processo, tão-somente. Conforme preleciona *Humberto Theodoro Júnior,* "não se pode, portanto, invocar a preclusão para justificar um fenômeno externo ao processo, como o de impedir a manipulação da ação ordinária de repetição do indébito após findo o processo executivo não embargado. A preclusão explica a impossibilidade

ção judicial com forte carga declaratória a respeito do mérito processual,[229] qual seja, a pertinência do pedido de realização estatal dos atos executivos de satisfação do crédito. Logo, idêntico raciocínio é aplicável aos casos de extinção da ação de embargos à execução sem julgamento de mérito ou de sua improcedência em matéria processual, que, a não ser na excepcional hipótese de similar fundamento, que pode tipificar litispendência ou até mesmo continência camufladas,[230] não obstam o ajuizamento de ação autônoma de conhecimento.

Em estudo sobre a preclusão judicial, anotou *Daniel Amorim Assumpção Neves:*

> "Se o mérito não for julgado, ou seja, se não for reconhecida pelo juiz a existência ou inexistência do direito alegado pelo exeqüente, parece-nos claro que a discussão persiste. O executado que teve seus embargos rejeitados, sem o julgamento do mérito e, portanto, sem a verificação nesse processo incidental do fenômeno da coisa julgada, poderia discutir em via autônoma a obrigação objeto da execução? A resposta positiva, que em nosso entender é a correta, significaria a impossibilidade de se falar em preclusão *pro iudicato*, conforme será exposto com pormenores em momento oportuno."

Em contrapartida, explica o seguinte:

> "Se o mérito for enfrentado e os embargos julgados definitivamente improcedentes, ou seja, aquela presunção inicial de crédito afirmado pelo credor for confirmada pelo órgão jurisdicional, não mais haverá espaço nem oportunidade para o devedor discutir esse direito novamente, seja naquela relação processual (coisa julgada formal), seja em ação autônoma (coisa julgada material). Aqui, porém, não estamos tratando da ocorrência de preclusão *pro iudicato*, mas da coisa julgada verificada no julgamento de mérito dos embargos à execução."[231]

---

de ajuizar os embargos depois de vencido o termo legal, mas nunca a vedação de uma ação posterior, de cognição, sobre a matéria que nunca sequer foi ventilada no anterior processo executivo" (*Processo de execução*. 22ª ed. rev. e atual. São Paulo: Leud, 2004, pp. 542-543).

(229) Segundo o entendimento doutrinário dominante, o mérito é o próprio objeto do processo, ou seja, a pretensão a um bem da vida, trazida aos órgãos jurisdicionais em busca de satisfação. Em outras palavras, o mérito processual nada mais é que os pedidos imediato e mediato. Sendo assim, resta evidente que existe mérito no processo de execução, visto que, neste, há pretensão à satisfação de um direito abstratamente previsto em um título executivo. Se existe pedido executivo, existe mérito no respectivo processo. Agora, se existe compatibilidade ontológica com o seu julgamento interno, isso é outra discussão, que, ainda que eventualmente se responda negativamente, não implica a ausência de reconhecimento do mesmo.

(230) Na explicação de *Rosalina P. C. Rodrigues Pereira*, observa-se que, "[...] se entre os embargos e a ação declaratória houver fundamentos diferentes, ou seja, se a causa de pedir ou o pedido forem diversos dos ventilados nos embargos, a ação é outra, plenamente autorizada pelo nosso sistema processual. Nesses casos, poderá ser identificada a conexão, podendo haver reunião dos processos para o julgamento em conjunto. Mas, se entre os embargos e a ação autônoma houver identidade quanto aos fundamentos, haverá litispendência, podendo ainda ocorrer a continência ou litispendência parcial, se o objeto de uma for mais amplo que o da outra" (*Ações prejudiciais à execução por quantia certa contra devedor solvente*. São Paulo: Saraiva, 2001, pp. 288-289).

(231) NEVES, Daniel Amorim Assumpção. *Preclusões para o juiz: preclusão* pro iudicato *e preclusão judicial no processo civil*. São Paulo: Método, 2004, p. 73.

Na realidade, como bem esclarece *Rosalina P. C. Rodrigues Pereira,*

"entre a ação de execução e a ação de conhecimento há *prejudicialidade*, porque está presente uma *relação de subordinação* entre ambas. A eficácia abstrata do título permite a realização da execução independentemente da existência do direito alegado pelo exeqüente; mas, uma vez oposta ação de conhecimento questionando a existência desse direito, o seu resultado poderá *influenciar* na ação executiva. A procedência da ação cognitiva, portanto, irá extinguir a ação de execução."(232)

É interessante notar que são vários os *meios* de impugnação aos atos de coerção patrimonial do processo de execução, destacando-se, dentre eles, a *defesa interna* ora estudada pelo fenômeno da cognição judicial. Os meios típicos ou eleitos expressamente como próprios pelo sistema jurídico, entretanto, são a impugnação ao cumprimento da sentença e a ação de embargos à execução. Não obstante, vale notar que existem algumas outras ações impugnativas, tendo cada uma delas efeitos peculiares. Assim, complementando a citada lição doutrinária, pode-se concluir que a extinção da relação processual executiva *nem sempre ocorre* pela procedência de uma ação autônoma, pois existem casos em que esta somente fulmina daquela um ato processual, ainda que complexo. Ilustrativamente, observa-se que a *arrematação* ou a *adjudicação*, quando ocorridas em procedimento eivado de nulidades e não impugnadas pelos respectivos embargos, podem ser objeto de ação anulatória, espécie de ação autônoma de conhecimento.(233)

Nessa sistemática, pois, percebe-se que tanto o débito em execução quanto os atos processuais executivos são passíveis de questionamentos em ações autônomas de conhecimento. O que não pode ocorrer é o primeiro caso, isto é, questionamento a respeito da própria relação jurídica de direito material em execução (por exemplo, questionar a ocorrência ou não de um dano moral ou material em relação ao pedido de pagamento da indenização equivalente), no âmago do processo (ou simplesmente da fase) de execução, por absoluta incompatibilidade ontológica com a eficácia abstrata do título executivo e, por conseqüência, por quebra da própria estrutura e função do processo (ou da fase) de execução.

Se o título é judicial na modalidade de sentença condenatória transitada em julgado, a não ser em casos teratológicos, em que há total repugnância constitucional, a discussão acerca da relação jurídica de direito material somente pode ocorrer por meio de ação rescisória (art. 485 do CPC), observados os seus requisitos legais. Em outras palavras, a referida discussão já se exauriu ou teve possibilidade de ter sido exaurida pelo procedimento dialético, *com força de coisa julgada material*, na relação processual de conhecimento. Assim, em princípio, se a decisão condenou o devedor ao pagamento de um determinado valor a título de

(232) PEREIRA, Rosalina Pinto da Costa Rodrigues. *Ações prejudiciais à execução por quantia certa contra devedor solvente*. São Paulo: Saraiva, 2001, p. 264.

(233) MAGRI, Berenice Soubhie Nogueira. *Ação anulatória: art. 486 do CPC*. 2ª ed. rev. e atual. São Paulo: RT, 2004, p. 283.

indenização por danos morais, ele não pode mais discutir, seja no processo de execução, seja na fase de cumprimento de sentença ou, até mesmo, em ação autônoma de conhecimento, a prática ou não de ato ilícito, com nexo de causalidade em relação ao suposto dano não patrimonial, uma vez que, sobre tais questões, há carga declaratória suficiente, para torná-las juridicamente imutáveis.

Não se pode confundir, na análise dessa temática, o direito material em si com o *inadimplemento* da obrigação que subjaz ao título executivo. A relação de débito ou crédito, como queira, é estranha ao processo ou à fase de execução pelos motivos já apontados. Como se verá oportunamente, entretanto, a discussão a respeito do adimplemento ou não da obrigação que dá substrato ao título executivo, quando não exija dilação probatória ou alta indagação judicial, é inerente ao processo ou à fase (cumprimento de sentença) de execução, visto que é, nos dois casos, pressuposto fático-jurídico e, por que não, filosófico. Afinal, à evidência, não é justo executar uma dívida, quando facilmente se percebe que a mesma já não existe mais pela comprovação do pagamento.

Ainda sob a óptica da cognição horizontal, aproveitando os argumentos da conclusão anterior, pode-se afirmar, com segurança, que o processo de execução, diante da eficácia abstrata do título executivo, é incompatível com a argüição de *questões prejudiciais* internamente.[234] Ao contrário, no processo de conhecimento de cognição *plenária* e *exauriente*, não existem limitações quanto à atividade cognitiva do Juiz. A doutrina é praticamente unânime de que o *percurso* desta inicia com a análise dos pressupostos de existência, passando pelos impropriamente chamados "pressupostos de validade", continuando pela regularidade das condições da ação e, difusamente, dos atos processuais, podendo envolver as eventuais questões prejudiciais, terminando com o julgamento do mérito.[235] Repita-se, porém, no processo de execução, não obstante a polêmica travada no seio da doutrina quanto às outras matérias, não existe espaço para as questões prejudiciais.

A alegação fático-jurídica de uma das partes, quando controvertida ou duvidosa, traduz-se tecnicamente em *questão,*[236] que, por sua vez, pode ser classificada em *preliminar* e *prejudicial*. A questão preliminar normalmente tem por objeto os pressupostos processuais, requisitos de validade e as condições da ação, devendo ser apreciada antes do mérito da demanda, condicionando o julgamento deste ou não. Já a questão prejudicial, na propagada lição de *Antonio Scarance Fernandes,*[237] resta caracterizada em função de ser um antecedente

(234) Idêntico raciocínio, *mutatis mutandis*, é utilizado na fase de cumprimento da sentença.

(235) Na lição de *Celso Neves*, "a cognição alcança, pois, desde o momento em que se estabelece a relação jurídica processual, questões atinentes à sua validade, aos requisitos que definem a propriedade da pretensão, em tese, e à solução da lide, segundo uma seqüência natural de prejudicialidade que tem sido enunciada mediante as figuras dos pressupostos processuais, das condições da ação e do *meritum causae*" (*Estrutura fundamental do processo civil: tutela jurídica processual, ação, processo e procedimento*. 2ª ed. Rio de Janeiro: Forense, 1997, p. 199).

(236) CARNELUTTI, Francesco. *Instituições do processo civil*. Tradução de Adrián Sotero De Witt Batista. São Paulo: Classic Book, 2000, vol. I, p. 86.

(237) FERNANDES, Antonio Scarance. *Prejudicialidade*. São Paulo: RT, 1988, p. 96.

lógico e necessário da questão prejudicada, cuja solução condiciona o próprio teor do julgamento da questão subordinada, trazendo ainda consigo a possibilidade de se constituir em objeto de processo autônomo,[238] como ocorre nos vínculos de emprego em relação aos pedidos trabalhistas e de paternidade em relação à ação de alimentos.[239]

Na realidade, a distinção entre essas espécies de *questões prévias* não reside na natureza das matérias ventiladas, mas sim no vínculo de subordinação ou influência sobre a questão condicionada.[240] Assim, uma questão processual, por exemplo, tanto pode ser objeto de uma questão *prejudicial* como de uma *preliminar*.

No exemplo de *Thereza Alvim*, observa-se que, em uma

> "[...] ação visando à anulação de um ato jurídico, por ter sido praticado por menor, a incapacidade será na lide um ponto ou uma questão prejudicial, em relação à anulação do ato, conforme tenha ou não sido impugnada. Essa mesma incapacidade, contudo, em outro processo qualquer, poderá constituir preliminar em relação à questão de mérito de outra ação."[241]

Portanto, como esclarece *Adroaldo Furtado Fabrício,*

> "o que realmente importa ter-se em conta é *por que* as questões dessa natureza são decididas antes de outras: a anterioridade é lógica antes de ser cronológica. A prejudicial, segundo o sentido em que seja resolvida, *influi* sobre a decisão a ser proferida a respeito da questão prejudicada, seja no sentido de tornar impossível ou desnecessária tal decisão, seja no condicionar-lhe o teor."[242]

---

(238) Em princípio, a questão prejudicial apenas faz parte da seqüência lógica de cognição do Juiz, de modo que não recai sobre ela a autoridade da coisa julgada. A ordem jurídica, contudo, admite esta possibilidade (art. 5º do CPC), com ampliação dos limites objetivos, mas desde que haja pedido explícito em tal sentido. Em outras palavras, na lição de *Celso Agrícola Barbi*, "para que a *conclusão* do Juiz sobre a *questão* examinada como *prejudicial* tenha força de coisa julgada, é necessário que ela seja tomada como *decisão* e não apenas como atividade de simples *conhecimento incidenter tantum*" (*Ação declaratória principal e incidente*. 6ª ed. rev., aum. e atual. Rio de Janeiro: Forense, 1987, p. 203).

(239) Para *Ada Pellegrini Grinover*, "*questão prejudicial*, em sentido amplo, é, assim, qualquer ponto controvertido, que surja no processo e que represente um antecedente lógico pelo qual o juiz deva necessariamente passar no seu *iter* processual". E continua: "Mas já em sentido restrito (que é o que interessa, no tocante à ação declaratória incidental), a moderna doutrina reserva a denominação 'questão prejudicial' àquelas questões que, relativas a outros estados ou relações jurídicas, se apresentam no processo como mero antecedente lógico da questão principal, embora pudessem ser, por si só, objeto de processo autônomo" (*Direito Processual Civil*. São Paulo: Bushatsky, 1974, p. 47).

(240) É a lição de *Thereza Alvim*, quando afirma que o fator de distinção entre as questões preliminares e prejudiciais não é "[...] a natureza da questão vinculada, mas o teor de influência que a questão vinculante terá sobre aquela (vinculada)" (*Questões prévias e limites objetivos da coisa julgada*. São Paulo: RT, 1977, p. 15).

(241) ALVIM, Thereza. *Questões prévias e limites objetivos da coisa julgada*. São Paulo: RT, 1977, p. 24.

(242) FABRÍCIO, Adroaldo Furtado. *Ação declaratória incidental*. Rio de Janeiro: Forense, 1976, p. 62. No mesmo sentido: BARBOSA MOREIRA, José Carlos. *Questões prejudiciais e questões preliminares. Direito Processual Civil: ensaios e pareceres*. Rio de Janeiro: Borsói, 1971, p. 76.

Daí a nossa conclusão de que existe flagrante *incompatibilidade* entre as questões prejudiciais e a execução (etapa de cumprimento da sentença ou processo autônomo). Da mesma forma, existe incompatibilidade entre as questões prejudiciais e a mera fase de cumprimento de sentença, executiva por natureza. Isso não é difícil de perceber, pois, não obstante as questões prejudiciais possam ter por objeto matérias *processuais*, que fatalmente existem nesta modalidade de prestação de tutela jurisdicional (execução), não há espaço aqui para questionamentos que, sendo antecedentes *lógicos* e *necessários*, *condicionem* o *sentido* e o *teor* do *julgamento da questão subordinada*. O título executivo, em sua eficácia abstrata, viabiliza a realização dos atos executivos, sem que haja *necessidade* de questionamentos internos sobre ele, pior ainda, que *condicionem* a sua razão de ser. Demais disso, não há um julgamento principal no processo de execução ou na fase executiva (cumprimento da sentença), senão a mera realização dos atos de coerção patrimonial no intuito de suprir o inadimplemento da obrigação que subjaz ao título executivo. As questões prejudiciais, portanto, podem fazer parte da cognição judicial apenas no processo (ou na fase) de conhecimento, que, sob certa óptica, é um processo de sentença.

Como ensina *Humberto Theodoro Júnior*,

> "com toda certeza não se estabelece o processo de execução com o propósito de debater e acertar o direito material do credor à prestação cujo adimplemento se intenta realizar sobre o patrimônio do devedor. A execução forçada, porém, como qualquer relação processual, compõem-se de uma sucessão de atos, cuja realização se subordina a requisitos legais e que, assim, devem ser praticados sob fiscalização e controle de todos os sujeitos processuais. Os atos executivos, então, não se propõem a resolver problemas ligados à relação jurídica material, e, destarte, não servem para estabelecer qualquer tipo de contraditório a seu respeito."(243)

Enfim, seja pela discussão a respeito da relação jurídica de direito material em si, seja pela argüição interna de questão prejudicial, pode-se afirmar que a cognição na execução, como mera fase ou processo autônomo, não importa, encontra limitação horizontal, o que certamente modela o exercício da defesa endoprocessual.

Resta analisar o problema sob o ponto de vista *vertical*. Para *José Miguel Garcia Medina*,

> "a sumarização da cognição apresenta, no processo de execução, o seu nível máximo. No processo de execução, sequer há juízos de probabilidade (*fumus boni juris* e/ou *periculum in mora*), como sói ocorrer em diversos processos sumários."(244)

---

(243) THEODORO JÚNIOR, Humberto. "Meios de defesa do devedor diante do título não executivo, fora dos embargos à execução. Ações autônomas e argüição de não-executividade". *Revista Dialética de Direito Processual*, n. 15, São Paulo: RT, out. 2004, p. 33.

(244) MEDINA, José Miguel Garcia. *Execução civil: teoria geral: princípios fundamentais*. 2ª ed. rev., atual. e ampl. São Paulo: RT, 2004, p. 224.

Entretanto, com amparo na lição de *Sandro Gilbert Martins*, é imperioso notar que,

"se não é difícil perceber que a racional limitação ao exercício do direito de defesa do executado na própria execução justifica-se pelo alto grau de probabilidade conferido ao título executivo, não é igualmente complicado observar que, por meio da técnica de cognição sumária, pode uma defesa endoprocessual possuir alto grau de probabilidade capaz de ofuscar aquela probabilidade conferida ao título executivo."(245)

Para *Danilo Knijnik*, no processo de execução,

"[...] não se contempla uma indagação ilimitada (exauriente) das questões cognoscíveis. A estrutura da relação processual executiva oferece limites, realmente intransponíveis. A cognição, aqui, todavia, pode apresentar-se *exauriente, sumária* ou *rarefeita*. O processo executivo, com relação a cada grupo de *questões*, administra, segundo critério a ser demonstrado, o nível de atuação no plano da *cognitio*, muito embora possa, não raro, mostrar-se, repita-se, *suficiente*."(246)

Realmente, na lição de *Alberto Camiña Moreira*, deve-se perceber que

"a inserção de cognição no processo de execução é, por vezes, tão acentuada, que faz desaparecer os traços marcantes deste, e, então, a decisão aí proferida adquirirá a força de coisa julgada, pois há descaracterização da tela executiva e presença prioritária da cognição."(247)

Em outras palavras, em casos pontuais, *excepcionalmente*, a cognição desempenhada na tutela executória possui carga declaratória suficiente a ensejar formação da autoridade da coisa julgada material,(248) posto que, como ensina *José Maria Tesheiner*, é de mérito a decisão que nega os "pressupostos" do ina-

(245) MARTINS, Sandro Gilbert. *A defesa do executado por meio de ações autônomas: defesa heterotópica*. São Paulo: RT, 2002, p. 50.

(246) KNIJNIK, Danilo. *A exceção de pré-executividade*. Rio de Janeiro: Forense, 2001, p. 114.

(247) MOREIRA, Alberto Camiña. *Defesa sem embargos do executado: exceção de pré-executividade*. 3ª ed. rev. e atual. São Paulo: Saraiva, 2001, p. 8.

(248) *Teresa Arruda Alvim Wambier* e *José Miguel Garcia Medina*, embora não admitam a argüição de pagamento e prescrição no bojo do processo de execução, sob pena de "flagrante desvirtuamento da estrutura de tal modalidade de processo", afirmam que, adotando-se o entendimento em sentido contrário, "ocorrendo declaração judicial reconhecendo que a dívida foi paga, afirma-se, na doutrina, que 'há, na referida sentença, pronunciamento ou *iudicium* do magistrado', que 'não deixa de ser de mérito'. Semelhantemente, é o que se dá, por exemplo, quanto à sentença que reconhece a ocorrência da prescrição na própria ação de execução. Nesse caso, extraordinária e excepcionalmente, acaba o juiz por manifestar-se acerca da (in)existência *do próprio crédito exeqüendo*". E concluem: "Pensamos que, em tais casos, não se pode negar que terá ocorrido julgamento, embora em sede imprópria, e não há como se afastar, por isso, a ocorrência de coisa julgada. Por tal razão, nesta hipótese caberá, excepcionalmente, desde que preenchidos os demais pressupostos, ação rescisória" (*O dogma da coisa julgada: hipóteses de relativização*. São Paulo: RT, 2003, pp. 113 e 114, respectivamente).

dimplemento e da existência de título executivo. Nas palavras do autor gaúcho, "trata-se de questões de mérito, por que um e outro constituem a causa de pedir da execução. Ora, jamais se duvidou de ter essa natureza a sentença que pronuncia sobre a causa de pedir invocada pelo demandante".(249)

Na realidade, pode-se dizer que, quanto à profundidade, a cognição no processo ou na fase de execução é *secundum eventum probationis*, ou seja, somente são admissíveis as matérias que o Juiz possa imediatamente conhecer no momento da alegação, já que, no âmbito da cadeia procedimental, a possibilidade de dilação probatória está terminantemente vedada. Essa técnica, explica *Eduardo Cambi*,

> "[...] foi utilizada pelo legislador brasileiro em diversos procedimentos, para, em razão da falta ou da insuficiência das provas, impedir que a questão seja decidida — remetendo-se as partes para as 'vias ordinárias' ou para discussão a ser travada em 'ação própria' — ou para permitir que a causa seja decidida sem caráter de definitividade, a fim de que não seja alcançada com a autoridade da coisa julgada material."(250)

Entretanto, com arrimo na lição de *Kazuo Watanabe*, não se pode perder de vista que,

> "desde que exista prova bastante para o desate tranqüilo da controvérsia, deve o juiz decidi-la. Para a remessa das partes à 'ação própria', deve a dúvida ser objetiva, decorrente de controvérsia instaurada com base em prova idônea em tese, não bastando a mera alegação. Aspecto marcante dessa espécie de cognição, que poderá ser exauriente, consiste no fato de estar condicionada a decisão da questão, ou mesmo do *thema decidendum*, à profundidade da cognição que o magistrado conseguir, eventualmente, estabelecer com base nas provas existentes nos autos."(251)

Em outras palavras, a despeito da técnica da cognição *secundum eventum probationis*, se a prova documental assim o permitir, o Juiz poderá decidir uma questão a respeito do adimplemento da obrigação que subjaz ao título executivo, por exemplo, com ares de definitividade. É que mesmo "[...] se a questão for de indagação difícil ou de interpretação polêmica, mas puder ser analisada pelo magistrado, com base nas provas documentais, não deve ser considerada de *alta indagação*".(252) Basta, pois, que o tema seja afeto ao processo ou à fase de execução e a sua comprovação seja por intermédio de documento sem sério

---

(249) TESHEINER, José Maria. *Eficácia da sentença e coisa julgada no processo civil*. São Paulo: RT, 2001, p. 228.

(250) CAMBI, Eduardo. "Coisa julgada e cognição *secundum eventum probationis*". *Revista de Processo*, São Paulo: RT, n. 109, jan./mar. 2003, p. 77.

(251) WATANABE, Kazuo. *Da cognição no processo civil*. 2ª ed. atual. Campinas: Bookseller, 2000, p. 119.

(252) CAMBI, Eduardo. "Coisa julgada e cognição *secundum eventum probationis*". *Revista de Processo*, São Paulo: RT, n. 109, jan./mar. 2003, p. 78.

questionamento a respeito do seu valor de atendibilidade, ou seja, sem impugnação ou da falta de aptidão desta, para destituir a força probatória que deste emerge.(253)

Assim, sob o ponto de vista vertical, em linha de princípio, a cognição exercida na execução, seja simples fase de cumprimento da sentença, seja processo autônomo, é meramente sumária, mas, em contrapartida, é perfeitamente admissível, em situações absolutamente excepcionais, exaurir o conhecimento a respeito de determinadas questões que o sistema atribui a qualidade de tornar o efeito declaratório do provimento respectivo indiscutível.(254)

Em resumo, pode-se afirmar o seguinte: *1)* o princípio do sincretismo flexibilizou, em diversos institutos processuais, a visão da cognição e da execução em compartimentos estanques; *2)* o princípio do sincretismo é um elemento a mais na conclusão de que existe atividade cognitiva no processo de execução; *3)* os limites da cognição no processo de execução fixam o regime jurídico da defesa endoprocessual executiva; *4)* sob o ponto de vista horizontal, ou seja, quanto à extensão, a cognição no processo de execução é meramente parcial, uma vez que, nesta modalidade de prestação jurisdicional, por absoluta incompatibilidade ontológica, notadamente em função da eficácia abstrata do título executivo, é vedado questionar a respeito da relação jurídica de direito material em si ou suscitar questão prejudicial; *5)* sob o ponto de vista vertical, isto é, quanto à profundidade, pode-se afirmar que, em princípio, a cognição desempenhada no processo de execução é meramente sumária, mas, em situações excepcionais, admite-se que a decisão tenha sido precedida de investigação suficiente a tornar o seu efeito declaratório indiscutível, o que também pode ocorrer por previsão legal; *6)* os limites cognitivos do processo autônomo de execução, *mutatis mutandis*, são os mesmos da "etapa" de cumprimento da sentença.

(253) É significativamente importante perceber, na lição de *Júlio César Bebber*, que "a necessidade de produção de prova complementar (testemunhal, pericial *etc.*) do fato, portanto, afasta a possibilidade de conhecimento pelo juiz *(técnica da sumarização documental)*, sob pena de se instalar no feito o tumulto" (*Exceção de pré-executividade no processo do trabalho*. São Paulo: LTr, 2004, p. 130).

(254) A temática da possibilidade de formação de coisa julgada material será mais bem estudada adiante.

3. LIMITES COGNITIVOS DO EXERCÍCIO DA DEFESA ENDOPROCESSUAL EXECUTIVA

3.1. PRESSUPOSTOS DE EXISTÊNCIA E REQUISITOS DE VALIDADE DO PROCESSO DE EXECUÇÃO: UMA DISTINÇÃO METODOLÓGICA NECESSÁRIA

3.1.1. Apresentação do problema e a organização da cognição

É ponto pacífico, na doutrina pátria, que, além do título executivo (que, a rigor, inclui-se no legítimo interesse processual de executar: espécie de condição da ação executiva), a prestação jurisdicional executiva está subordinada, tal como também ocorre nas tutelas de conhecimento e cautelar, àqueles "requisitos" genéricos consistentes nos pressupostos processuais e nas condições da ação.

O surgimento da categoria dos pressupostos processuais é contemporâneo à autonomia do direito processual. Em outras palavras, sua formulação liga-se historicamente à identificação, como entidade autônoma, da propalada relação jurídica processual.(1) Logo, ajuizada uma demanda, estabelece-se entre as partes e o órgão jurisdicional um complexo de vínculos juridicamente disciplinados, o qual se chama, tecnicamente, *relação processual*, inconfundível com a relação material discutida entre os litigantes.

Para o surgimento dessa relação processual, faz-se mister o preenchimento ou a presença de determinados *elementos*, que lhe condicionam, em termos globais, a *existência*, os quais seriam, a rigor, os pressupostos processuais.

A doutrina majoritária atual faz a distinção entre os pressupostos de existência ou de constituição e os pressupostos de desenvolvimento válido e regular da relação processual.(2) Nessa linha de pensamento, os pressupostos *de existência* podem ser resumidos na seguinte frase: a presença de *pedido* deduzido em petição inicial endereçada a um órgão dotado de *jurisdição*, formulado por quem detém *capacidade postulatória*, implicando a *citação* da parte ré. Os cha-

(1) Obtempera *Celso Neves:* "Um *sistema* de Direito Processual Civil só pode ser construído sobre a base da relação jurídica processual e dos pressupostos processuais" (*Estrutura fundamental do processo civil: tutela jurídica processual, ação, processo e procedimento.* 2ª ed. Rio de Janeiro: Forense, 1997, p. 190).

(2) Ilustrativamente, observe-se que, para *Clito Fornaciari Júnior*, "[...] tendo em vista a posição do julgador, o exame dos pressupostos do processo antecede ao das condições da ação, já que essas últimas devem ser examinadas em um processo *existente* e *válido*, o que é aferido em função da regularidade dos pressupostos processuais" (*Da reconvenção no direito processual civil brasileiro.* 2ª ed. ampl. São Paulo: Saraiva, 1983, p. 101).

mados "pressupostos *de validade*", por sua vez, seriam: a *capacidade* das partes, a *competência* do juízo, a *imparcialidade* do órgão jurisdicional e a *inexistência de perempção, litispendência* e *coisa julgada*.

Embora aparentemente se possa ter a noção do contrário, a categoria dos pressupostos processuais é bastante complexa e ainda não encontrou tratamento uniforme por parte da doutrina brasileira. Em verdade, para essa concepção atual do instituto, há rigorosa crítica por parte da doutrina em relação à sua terminologia.

De fato, inicialmente, urge perceber que o vocábulo *pressuposto* exprime aquilo *que deve vir antes, ou é natural que antes se verifique*. Como explica *De Plácido e Silva*, "[...] em face do que é presente, o *pressuposto* revela a certeza de que, necessariamente, lhe antecedeu".(3) Ora, observa-se que a apuração da existência ou não dos aludidos elementos condicionantes ocorre no âmbito da mesma relação processual, de sorte que, ainda na hipótese de sentir-se a ausência de algum, terá existido a relação processual em questão. Sendo assim, não seria adequado considerar *pressuposto* do processo aquilo que já constitui *objeto* da atividade cognitiva nele cumprida. Indaga-se com outras palavras: como falar de pressupostos do processo, se, no processo, eles são examinados? *Hélio Tornaghi* exemplifica a questão:

> "Se falta um pressuposto de existência, *v. g.*, a jurisdição, não há realmente processo em sentido jurídico, não existe aquela atividade relevante para o direito que se chama processo, não há relação jurídica entre as partes e o juiz. Haverá processo em sentido puramente físico, atividade encadeada e progressiva, relação de fato entre sujeitos; se um deles não é juiz, se é pessoa não investida de jurisdição, não há processo. Se, ao invés, falta um pressuposto de validez, *v. g.*, a competência, então há relação processual; o que não há é aquela eficácia jurídica do ato regular e são."(4)

De certo modo, decidindo-se sobre os *pressupostos* na relação processual, consoante preleciona *Barbosa Moreira*, "[...] antes se deveriam inverter os termos da proposição: o processo é que seria o pressuposto".(5) Destarte, em linha principiológica, somente seriam *pressupostos processuais*, na acepção técnica da expressão, ou seja, enquanto *antecedente necessário*, os concebidos como de existência ou de constituição do processo. A doutrina mais recente, formada por processualistas de escol, também já percebeu essa distinção. Para *Jorge Pinheiro Castelo*,

> "[...] os pressupostos processuais indicados pela teoria ampliativa, ou melhor, os requisitos de desenvolvimento válido do processo, tais como a

(3) SILVA, De Plácido. *Vocabulário jurídico.* 13ª ed. Rio de Janeiro: Forense, 1997, p. 636.

(4) TORNAGHI, Hélio. *A relação processual penal.* 2ª ed. São Paulo: Saraiva, 1987, p. 74-75.

(5) BARBOSA MOREIRA, José Carlos. *Sobre pressupostos processuais. Temas de direito processual: quarta série*. São Paulo: Saraiva, 1989, p. 84.

competência, a suspeição e o impedimento do juiz, a capacidade de a parte estar em juízo, a capacidade postulatória, a inépcia da petição inicial e a citação, são examinados para possibilitar o desenvolvimento válido da relação jurídica processual e não mais para verificar a constituição válida do processo. Este já está regularmente constituído e em desenvolvimento. A relação jurídica processual está constituída desde quando se verifica a propositura da demanda, por uma entidade capaz de ser parte em juízo, perante a autoridade jurisdicional. Tanto é que a decisão que declara a extinção do processo por ausência de requisitos de desenvolvimento válido do processo tem validade, justamente por ser proferida num processo validamente constituído."

Na conclusão do mestre paulista, "os requisitos de constituição válida da relação jurídica processual são, assim, distintos dos requisitos de desenvolvimento válido do processo".[6] Já *Paulo Henrique dos Santos Lucon* tem a seguinte opinião:

> "Parece não estar com razão parte da doutrina que defende a ampliação dos pressupostos processuais. Estes antecedem a relação processual, pois referem-se à sua constituição; são requisitos mínimos de admissibilidade do provimento jurisdicional. Dessa forma, por exemplo, a competência não pode ser considerada um pressuposto processual, pois seu exame sempre será após a formação da própria relação jurídica processual."

E define a sua posição a respeito da matéria:

> "Na verdade, os pressupostos processuais não são requisitos para o provimento final de acordo com a pretensão deduzida pelo demandante, mas apenas aqueles requisitos suficientes para o nascimento de um processo válido, que independem da relação de direito material."[7]

Tais *elementos*, portanto, devem pressupor a relação jurídica processual a qual dá os contornos de nascimento.[8] O fato de serem examinados no âmbito do próprio processo não invalida o que estamos dizendo. Realmente, em primeiro lugar, ainda nas lições de *Hélio Tornaghi*, deve-se perceber que a pressuposição de que aqui se trata é *lógica*, não necessariamente cronológica. Aliás, mesmo

(6) CASTELO, Jorge Pinheiro. *O direito processual do trabalho na moderna teoria geral do processo.* 2ª ed. São Paulo: LTr, 1996, pp. 94-95.

(7) LUCON, Paulo Henrique dos Santos. *Embargos à execução.* 2ª ed. rev., atual. e ampl. São Paulo: Saraiva, 2001, p. 154.

(8) Há que se perceber, entretanto, por uma questão de fidelidade intelectual, que existe respeitadíssima doutrina em sentido contrário. Ilustrativamente, preleciona *Ada Pellegrini Grinover* que "[...] os pressupostos processuais não são requisitos de existência da relação processual, de vez que, sem um deles, poderá nascer a referida relação; são, isso sim, requisitos para a constituição de uma relação processual válida, porque, sem eles, a mesma não terá viabilidade para desenvolver-se" (*As condições da ação penal (uma tentativa de revisão)*. São Paulo: José Bushatsky, 1977, p. 22).

sob o aspecto temporal, os requisitos para a existência e validez do processo devem existir antes que ele se instaure. Vale perceber que uma coisa é os pressupostos processuais serem examinados no processo, e outra, bem distinta, é passarem a existir a partir desse exame. O raciocínio é inverso: eles preexistem ao *desenvolvimento* da relação processual. Como se verá, constando-se, pelo exame feito no curso do processo, a ausência de pressuposto de existência, terá havido apenas uma *relação de fato*, mas não uma relação jurídica, enquanto, se faltar um "pressuposto" de validade, a relação processual terá sido nula.(9)

O que importa, pois, é a *organização da cognição* para efeito da aferição *lógica* desses elementos constitutivos do processo. Uma outra distinção ainda se impõe: trata-se da relativa aos *efeitos* da eventual ausência dos chamados "pressupostos" processuais de validade. Juridicamente, *via de regra*, a ausência destes conduz a uma única solução: a extinção do processo *sem* resolução do mérito, como ocorre, ilustrativamente, na presença de litispendência (art. 267, *V*, do CPC). O que não se pode deixar de perceber é que, à luz do ordenamento jurídico em vigor, nem sempre isso ocorre. Faltando competência ou imparcialidade, o mérito não pode ser julgado pelo Juiz em questão, mas o efeito imediato não é a extinção do processo, e sim a substituição do Juiz incompetente ou, uma vez reconhecido o vício, do reputado parcial por outro que não o seja. A incompetência absoluta é declarável de ofício, o que não ocorre em relação à incompetência relativa. Aliás, a ausência de competência absoluta, no curso do processo, consoante prescreve o art. 113, *§ 2º*, do CPC, invalida apenas os atos decisórios. Logo, para resumir, os vários casos dos tradicionalmente chamados (genericamente) "pressupostos" processuais de validade possuem, dentro do sistema jurídico pátrio, um regime *diferenciado,*(10) o que não ocorre em relação aos elementos constitutivos, que, uma vez ausentes, não havendo o cumprimento concomitante da finalidade para o qual foram instituídos, acarretam sempre a declaração de inexistência jurídica dos atos que lhe são posteriores.

Com as duas distinções citadas acima, isto é, com relação à terminologia e aos efeitos, torna-se discutível a significação dos pressupostos processuais, tal como ventilada pela doutrina mais tradicional, como categoria jurídica unificada, aliás, como já reconhecido em doutrina de nomeada.(11) Corretamente, preleciona *Jorge Pinheiro Castelo*:

---

(9) TORNAGHI, Hélio. *A relação processual penal*. 2ª ed. São Paulo: Saraiva, 1987, p. 72.

(10) *Rodrigo da Cunha Lima Freire* percebeu que "[...] não é tarefa simples elencar e classificar todos os pressupostos processuais, pois, apesar de aglutinados sob as mesmas características — são indispensáveis à existência ou ao desenvolvimento válido da relação jurídica processual e a ausência ou a presença de qualquer um deles pode ser pronunciada em qualquer tempo e grau de jurisdição, inclusive de ofício —, trata-se de categorias jurídicas heterogêneas e ontologicamente distintas" (*Condições da ação: enfoque sobre o interesse de agir*. 2ª ed. rev., atual. e ampl. São Paulo: RT, 2001, p. 42).

(11) *José Carlos Barbosa Moreira* defende a seguinte opinião: "A utilidade prática da reunião de várias figuras sob o mesmo rótulo consiste em permitir o tratamento conjunto: o que se disser de substancial acerca de qualquer delas poderá dizer-se de todas. Subsistirão, é óbvio, as diferenças específicas, de alcance, contudo, acidental; nos pontos mais importantes, haverá necessariamente comunhão. Destarte, fixado o regime genérico, bastará afirmar, de tal ou qual espécie, que pertence ao gênero, para que desde logo se saiba a disciplina a que ela se sujeita". E continua: "Quando se diz, porém, que determi-

"No âmbito dos requisitos de desenvolvimento válido do processo, ou, em outros termos, dos requisitos de procedibilidade do processo, verifica-se a existência de várias figuras diferentes entre si e em seus efeitos. Enquanto não vier à tona um estudo que os analise profundamente, julgamos ser conveniente separá-los dos requisitos de constituição da relação jurídica processual, ou seja, dos pressupostos processuais propriamente ditos."(12)

Celso Neves, em posição peculiar, tem a seguinte opinião:

"*Pressuposto processual*, no sentido próprio, de antecedente lógico-jurídico de que depende a *existência* da relação jurídica processual é só o *exercício do direito de ação*. Com ele o processo passa a existir e os problemas atinentes à sua *validade* já pertencem ao plano da sua estrutura, não podendo ser considerados como *pressupostos* seus, mas, isto sim, como *supostos* de que depende o seu desenvolvimento ulterior."(13)

Não concordamos inteiramente com essa lição do emérito Professor da USP, porque a análise *lógica* do processo, aqui entendido enquanto relação jurídica (processual), deve levar em consideração a sua estrutura completa, o que não ocorre com a simples materialização do direito de ação. É inegável, por exemplo, que existirá processo na sua extinção liminar em virtude da apreciação, de ofício, da prescrição (art. 219, *§ 5º*, do CPC) ou da decadência (art. 269, *IV*, do CPC). Embora não haja participação efetiva do réu, há produção de efeitos jurídicos, dentre os quais a formação de coisa julgada material.(14) Essa hipó-

---

nado requisito é um pressuposto processual, a rigor, é pouquíssimo o que se fica sabendo a seu respeito. Que se cuida de matéria referente ao processo, a ser apreciada preliminarmente ao mérito — e só. Quem se acreditar habilitado a extrair mais dos dizeres do art. 267 estará assumindo o risco de comer gato por lebre: o regime do suposto gênero apenas se ajusta a número reduzido de 'espécies'. Sempre se poderá objetar, evidentemente, que se trata de exceções ou argumentar que é normal fenômeno o da prevalência das regras especiais sobre a geral. Se, todavia, as exceções são tantas, e tão importantes que pouco espaço resta à margem delas, alguma desconfiança parece justificar-se". E ilustra o seu pensamento: "O caso da competência é exemplar, porque o requisito consta de todas as enumerações doutrinárias: nenhum autor que se ocupe de pressupostos processuais deixa de incluí-lo no rol. E, no entanto, só à custa de notável dose de alheamento aos dados do direito positivo se ousará sustentar que a validade *do processo* depende realmente dele". Arrematando, diz o mestre fluminense: "Acrescente-se a isso a percepção das divergências entre os vários regimes 'específicos', e ter-se-ão boas razões para encarar com um grão de ceticismo a entronização de categoria tão heterogênea e de tão escassa coesão interna. É cômodo, sem dúvida, falar de 'pressupostos processuais', nos esquemas didáticos; e não apresenta maior inconveniente, desde que se tome o cuidado de pôr os pingos nos is. Menos razoável afigura-se ornar o conceito de notas constantes que a preocupação da simetria inculca a certa arquitetura doutrinária, mas que nenhuma confirmação encontram na realidade do *ius positum*. Confrontado com essa realidade, o conceito revela-se pobre em compreensão. Aceitamo-lo pelo que vale: estaremos a prestar-lhe, na justa medida, a homenagem que merece" (*Sobre pressupostos processuais. Temas de direito processual: quarta série*. São Paulo: Saraiva, 1989, p. 93).

(12) CASTELO, Jorge Pinheiro. *O direito processual do trabalho na moderna teoria geral do processo*. 2ª ed. São Paulo: LTr, 1996, p. 95.

(13) NEVES, Celso. *Estrutura fundamental do processo civil: tutela jurídica processual, ação, processo e procedimento*. 2ª ed. Rio de Janeiro: Forense, 1997, p. 199. Como se vê, para este notável processualista, a cognição judicial tem por objeto um quadrinômio: *pressuposto processual* (entendido como o simples exercício do direito de ação), *supostos processuais*, *condições da ação* e *mérito da causa*.

(14) O art. 285-A do CPC prevê uma situação similar. De acordo com essa regra jurídica, quando a matéria controvertida for unicamente de direito, e, no juízo, já houver sido proferida sentença de total

tese, entretanto, é *excepcional* no sistema, já que, antes mesmo de se completar o *iter* lógico dos elementos constitutivos do processo, encontrou-se no meio do caminho uma preliminar de mérito. O que é digno de deixar evidenciado é o fato de *Celso Neves* ter percebido que existem *pressupostos* e *supostos* do processo em si.

Embora os efeitos da genérica categoria dos "pressupostos processuais" (de constituição e validade: posição que não adotamos) realmente não facilitem uma unificação, é certo que o ponto central na temática diz respeito à distinção em relação à formação ou não da relação jurídica processual (compreendida *virtualmente* em sua estrutura global). Por conseqüência, a essência da temática está na distinção entre os planos de *existência*, *validade* e *eficácia* dos atos processuais.[15] E qual é a finalidade prática disso? Sem dúvida alguma, *facilitar o raciocínio desenvolvido pelo Juiz, quando realiza a sua cognição*, já que a lógica, as inquietações e as indagações do seu pensamento são rigorosamente diferentes. Em outras palavras, a aferição (ou seja, a cognição) dos *pressupostos processuais* é diferente da aferição dos *requisitos* de validade, de sorte que, se isso ocorre, entendemos suficientemente consolidada a causa para uma perspicaz diferenciação.[16] Afinal, na advertência de *José Carlos Barbosa Moreira*, "a nitidez dos conceitos, com o conseqüente emprego de terminologia precisa, é sem dúvida valor inestimável, digno da mais cuidadosa preservação".[17] Assim, para dissipar as eventuais dúvidas, impõe-se analisar a temática com mais acuidade.

Os pressupostos *de constituição*, como o próprio nome sugere, determinam a *existência* da relação jurídica processual, ao passo que os erroneamente cha-

---

improcedência em outros casos idênticos, poderá ser dipensada a citação e proferida a sentença, reproduzindo-se o teor da anteriormente prolatada. Se o autor apelar, é facultado ao Juiz decidir, no prazo de cinco dias, não manter a sentença e determinar o prosseguimento da ação. Caso seja mantida a sentença, será ordenada a citação do réu, para responder ao recurso.

(15) Para *Calmon de Passos:* "Quando se cuida de ato jurídico, ou de tipo, que nada mais é que um ato ou conjunto de atos jurídicos operando, no seu todo, como suposto de uma conseqüência jurídica específica, denominamos de *pressuposto* ao que *precede* ao ato e é para ele juridicamente relevante; qualificamos como *condição* tudo quanto a ele *se segue* e é exigido para a produção dos efeitos específicos que ao ato ou tipo se associam, chamando de *requisitos* tudo quanto integra a estrutura executiva do ato. Pressupostos, requisitos e condições, por sua vez, constituem o que denominamos de *elementos* do ato" (*Esboço de uma teoria das nulidades aplicada às nulidades processuais*. Rio de Janeiro: Forense, 2002, p. 35). Não concordamos com essa classificação do renomado jurista baiano. Para nós, os *pressupostos* formam o conjunto de todos os elementos constitutivos do ato, seja ele singular ou complexo, como é o caso do processo judicial. Em vernáculo, *elemento* significa tudo aquilo que entra na composição de alguma coisa, portanto está no plano da existência. Assim, os pressupostos do ato são todos os elementos que lhe dão aptidão para *existir*. Por sua vez, os requisitos nada mais são que as formalidades que devem ser preenchidas, à luz do princípio da tipicidade, para que o ato tenha *aptidão* de concretizar o fim a que se destina. E, finalmente, os fatores de eficácia são aquelas circunstâncias que devem ser verificadas, para que o ato já não tenha apenas virtual aptidão para produzir os seus efeitos típicos, mas sim para a *realização concreta* dos mesmos.

(16) Deve-se fazer a referida distinção, pois, como preconiza *José Miguel Garcia Medina*, "[...] quanto menor a uniformidade acerca da utilização de um termo jurídico, mais difícil será sua compreensão; conseqüentemente, mais difícil será o seu estudo e aperfeiçoamento" (*Execução civil: teoria geral: princípios fundamentais*. 2ª ed. rev., atual. e ampl. São Paulo: RT, 2004, p. 190).

(17) BARBOSA MOREIRA, José Carlos. *Miradas sobre o processo civil contemporâneo. Temas de direito processual: sexta série*. São Paulo: Saraiva, 1997, p. 57.

mados "pressupostos" *de validade* servem para proporcionar o *desenvolvimento válido e regular* deste. Esta distinção é básica, mas suficiente para se estabelecer uma terminológica díspar, já que implica efeitos metodológicos na cognição judicial.

Observe-se que, na eventualidade de já ter sido prolatada uma sentença, a ausência de um *pressuposto processual*, por si só, possui aptidão para causar a *inexistência* desta mesma sentença, que, via lógica de conseqüência, não possui força para transitar em julgado. Ao revés, a falta de um *requisito processual*, que inclui a presença de impedimento (litispendência, coisa julgada e perempção), torna *nula* aquela hipotética sentença, que pode, ainda assim, ser acobertada pela autoridade da coisa julgada. No primeiro caso, havendo encerramento definitivo do processo, o remédio processual típico, para impedir a produção dos efeitos da sentença inexistente, é a *ação declaratória de inexistência* de relação processual, não sujeita a quaisquer prazos prescricional ou decadencial. Aliás, a bem da verdade, a questão pode ser objeto de defesa interna no próprio processo de execução, em razão da ausência de título executivo. Se o processo não se formou, a "sentença civil condenatória" resultante de sua cadeia procedimental também não chegou a existir, o que, conseqüentemente, leva à conclusão de que a eventual execução nela fundada carece de legítimo interesse processual. Já no segundo caso, o remédio jurídico cabível, para atacar a sentença, é a *ação rescisória*, formalmente submetida ao prazo decadencial de dois anos e ainda submetida à inexistência de litispendência ou coisa julgada.(18) Percebe-se, pois, que a distinção não é meramente cerebrina ou acadêmica.

José Orlando Rocha de Carvalho, em dissertação de mestrado na UFPE,(19) fez a distinção, adotada neste trabalho, entre os *pressupostos* e os *requisitos de validade* do processo. Explica que "pressuposto é sempre o ponto de partida epistemológico, ou o dado apriorístico, de onde parte todo o conhecimento de uma ciência".(20) Já o requisito significa condição que se deve satisfazer para alcançar certo fim.(21) O primeiro encontra-se no mundo do ser, ao passo que o segundo no do dever ser.(22) Enquanto os *pressupostos* se preo-

(18) FREIRE, Rodrigo da Cunha Lima. *Condições da ação: enfoque sobre o interesse de agir*. 2ª ed. rev., atual. e ampl. São Paulo: RT, 2001, pp. 38-39.

(19) CARVALHO, José Orlando Rocha de. *Teoria dos pressupostos e dos requisitos processuais*. Rio de Janeiro: Lumen Juris, 2005.

(20) CARVALHO, José Orlando Rocha de. *Teoria dos pressupostos e dos requisitos processuais*. Rio de Janeiro: Lumen Juris, 2005, p. 65.

(21) *Antonio Junqueira de Azevedo* ensina o seguinte: "A validade é, pois, a qualidade que o negócio deve ter ao entrar no mundo jurídico, consistente em estar de acordo com as regras jurídicas ('ser regular'). Validade é, como sufixo da palavra indica, *qualidade* de um negócio existente. 'Válido' é adjetivo com que se qualifica o negócio jurídico formado de acordo com as regras jurídicas". E conclui: "Os requisitos, por sua vez, são aqueles caracteres que a lei exige (requer) nos elementos do negócio para que este seja válido" (*Negócio jurídico: existência, validade e eficácia*. 4ª ed. atual. São Paulo: Saraiva, 2002, p. 42).

(22) Com louvável incursão no terreno da Teoria Geral e Filosofia do Direito, ensina o notável processualista baiano: "Pressuposto é premissa, é postulado, e, portanto, está no plano do *ser (é conceito ontológico-epistemológicos)*. Validade, ao revés, é critério, é requisito de comprovabilidade posterior e, portanto, está no plano do *dever ser*, sendo, por conseguinte, conceito que se insere no plano *jurídico-*

cupam com o plano da existência, os *requisitos* têm por objeto o plano da validade.(23) Com isso, esclarece o seguinte:

> "Estabelecidas essas premissas, ou seja, de que os *pressupostos* estão no plano da existência e os *requisitos* no plano da validade, torna-se mais fácil o reenquadramento teórico dessas duas entidades jurídicas visando apartá-las e confiná-las, estrutural e metodologicamente, nos escaninhos de sua própria significância, para, desse modo, reconhecer que cada uma dessas entidades (pressupostos e requisitos) constitui formas categóricas genuínas, autônomas e distintas no âmbito da ciência jurídica."

E conclui sua lapidar lição:

> "Esta necessidade se faz ainda mais presente no direito processual, em virtude da prevalência que este ramo jurídico atribui aos denominados pressupostos processuais. E, sobretudo, pela necessidade que se tem de confrontá-los com conceitos virtualmente análogos, como é o caso das condições da ação e das causas de nulidade do processo ou do ato processual e mormente porquanto o reconhecimento judicial — de um ou de outro desses elementos —, traz conseqüências quase semelhantes para o desfecho do processo."(24)

Enfim, pode-se dizer que aferição dos *pressupostos processuais* diz respeito à análise sobre a presença dos *elementos* formadores do processo, entendido como procedimento complexo formado por uma sucessão concatenada de atos processuais, enquanto a aferição dos *requisitos da validade* envolve a veri-

---

axiológico. O plano da existência é descritivo (ser); o da validade é prescritivo (dever ser)". E continua: "Com efeito, se no plano da epistemologia e no plano da ontologia, 'pressupostos' se inserem no mundo da *existência*, obviamente que, também no plano da dogmática jurídica, não poderiam, tais 'pressupostos', estar contidos em outro plano fenomenológico-jurídico que não aquele da existência jurídica". Daí, a sua correta conclusão: "Destarte, demonstrou-se integralmente equivocada qualquer noção jurídicodogmática que pretenda incluí-los no plano da validade. Afinal existência está no plano ontológico enquanto validade está no plano axiológico. Portanto é imperioso salientar que juízos de *existência* e juízos de *valor* pertencem a mundos diversos que não se interpenetram" (*Teoria dos pressupostos e dos requisitos processuais*. Rio de Janeiro: Lumen Juris, 2005, pp. 93-94). Diante dessa lição, é inegável o equívoco sistemático incorrido pelo art. 267, *IV*, do CPC.

(23) *Fredie Didier Jr.* tem o mesmo posicionamento: "*Pressuposto* é aquilo que precede o ato e se coloca como elemento indispensável à sua existência jurídica; *requisito* é tudo quanto integra a estrutura do ato e diz respeito à sua validade [...]. Assim, é mais técnico falar em *requisitos de validade*, em vez de '*pressupostos de validade*'. 'Pressupostos processuais' é denominação que se deveria reservar apenas aos *pressupostos de existência*" (*Pressupostos processuais e condições da ação: o juízo de admissibilidade do processo*. São Paulo: Saraiva, 2005, pp. 105-106).

(24) CARVALHO, José Orlando Rocha de. *Teoria dos pressupostos e dos requisitos processuais*. Rio de Janeiro: Lumen Juris, 2005, pp. 107-108. O ilustre autor sustenta, ao fim e ao cabo, que "os pressupostos processuais somente dizem respeito às circunstâncias ou exigências que se requeiram para a *constituição* ou *existência* do processo; não existem, por conseguinte, pressupostos *de validade*". E arremata: "Os requisitos, conseqüentemente, constituem aqueles atributos que se requer para a *validade* da relação jurídica processual; portanto, os denominados 'pressupostos de validade' devem ter o *nomen iuris* de *requisitos de validade*" (*idem*, p. 109).

ficação de correspondência entre o suporte fático e o modelo juridicamente fixado.[25] Essa distinção não é somente útil, vale perceber, na cognição presente na seqüência lógica que se deve fazer até a realização do fim último a que se destina o processo, inclusive o de execução, mas também no que se refere ao regime jurídico (regras e princípios) aplicável no momento em que eventualmente se constatar a ausência de um desses institutos (pressupostos e requisitos de validade processuais). Como se verá, o reconhecimento de ausência de pressupostos processuais, pela maior gravidade que apresenta, deve exigir, por parte do Magistrado, raciocínio mais rigoroso que o que deve ser desempenhado em relação à ausência de requisito processual.[26]

Por fidelidade ao leitor, deve-se registrar que existe moderna corrente doutrinária que defende a possibilidade de se terminar o processo com sentença de mérito, mesmo ausente algum pressuposto processual. Em outras palavras, nem sempre a ausência de pressuposto processual acarretará a extinção do processo sem resolução de mérito.

O ponto central da tese reside na essência dos princípios da instrumentalidade das formas e da ausência de nulidades sem prejuízo. À exceção da jurisdição e da competência, todos os demais pressupostos processuais e requisitos de validade têm como meta proteger o interesse das partes. Com efeito, percebendo o Juiz, posteriormente, diante da falha no juízo de admissibilidade, que a parte que o pressuposto processual ausente visava a proteger será, à luz do direito material, a vencedora no processo, cumprindo este a sua missão constitucional (método estatal de resolução de conflitos), deverá proferir sentença de mérito.

A respeito, *José Roberto dos Santos Bedaque* preleciona o seguinte:

> "Precisamos deixar de fingir que o instrumento que inventamos é mais importante que o objeto a que ele serve. A relevância do processo está — insisto — na sua aptidão para solução dos conflitos trazidos ao exame do

(25) É o posicionamento de *Humberto Theodoro Júnior:* "A *existência* de um ato jurídico reclama a reunião de todos *elementos essenciais* àquela categoria. A existência de que se cogita, obviamente, é no mundo jurídico. Ou seja, embora vulgarmente no mundo dos fatos algo tenha ocorrido, juridicamente, pode-se dizer que o ato seja inexistente por carência de algum elemento essencial à sua constituição". E arremata sua primorosa lição: "Num segundo plano, (o da validade), para *valer*, o ato, além de existir juridicamente, tem de satisfazer os *requisitos* que a ordem jurídica determina; já no terceiro plano, superados os demais, para atingir a concretude dos efeitos desejados, há de atuar os *fatores* erigidos para a *eficácia*" (*Pareceres: processo civil*. Rio de Janeiro: América Jurídica, 2003, p. 47).

(26) Ilustrativamente, explica *José Orlando Rocha de Carvalho*, "[...] como somente se constituiriam, em pressupostos processuais, tudo o que fosse relacionado à formação ou constituição do processo, somente tais circunstâncias é que poderiam merecer, do juiz, um decreto imediato de extinção do processo sem julgamento do mérito, se não presentes os elementos que ensejariam sua existência". Por outro lado, conclui o seu raciocínio o mencionado processualista da Bahia: "Destacados que seriam os denominados 'pressupostos processuais de validade', para se constituírem em *requisitos do processo*, estes, conseqüentemente, não se submeteriam, de logo, a um decreto extintivo do feito, mesmo que constatada a sua ausência. Sua apreciação judicial seria feita em idênticos moldes com que se examina a matéria processual relativa às nulidades, ou seja, sujeita a seus princípios e suas vicissitudes e os consectários decorrentes do decreto judicial que apreciassem, tais requisitos, teriam a natureza que fosse determinada pelo vício objeto da verificação jurisdicional" (*Teoria dos pressupostos e dos requisitos processuais*. Rio de Janeiro: Lumen Juris, 2005, pp. 158-159).

juiz de modo seguro e rápido. A técnica e as formas previamente concebidas pelo legislador constituem meros meios para possibilitar que esse método de trabalho possa desenvolver-se com segurança. Sua observância, portanto, está diretamente relacionada a esse valor."

Adiante, o ilustre processualista condensa o seu pensamento:

"Em síntese, defendendo-se a idéia de que, embora defeituoso, o instrumento pode atingir o resultado desejado. Sustenta-se a possibilidade de a ausência de pressuposto processual não levar, de forma inexorável, à extinção do processo sem julgamento do mérito. Propõe-se seja conferida à regra do art. 249, §§ 1º e 2º, do CPC abrangência muito maior do que normalmente se lhe atribui. Para tanto, busca-se a razão de ser das exigências formais do processo, o que torna possível ignorar os defeitos que, por não comprometerem valores substanciais do instrumento, tornaram-se irrelevantes."(27)

Esse entendimento, que é correto, não invalida o que foi estudado até aqui. A organização da cognição, através da distinção entre *pressupostos* e *requisitos processuais*, é extremamente importante, pois facilita o raciocínio a ser desenvolvido até a prestação da tutela jurisdicional. Essa operação continua sendo lógica, todavia, quando surgir o problema na prática, deve-se aferir a quem o pressuposto ou o requisito processual visa a atender. Caso seja o interesse público, não havendo possibilidade de sanação, extinguir-se-á o processo sem resolução de mérito. Por outro lado, se for o interesse particular, deve-se aferir, caso haja condições, quem será vencedor no plano do direito material.(28) Para efeito do nosso trabalho, vale ressaltar que, caso essa tese termine por se consagrar vencedora na jurisprudência, a defesa endoprocessual executiva somente terá sucesso, na prática, se o vício envolvendo pressuposto de existência e/ou requisito de validade visava a proteger o executado.

Em nosso sentir, uma breve revisão a respeito da teoria das nulidades, ainda que breve, facilitará a compreensão da temática.

3.1.2. A teoria das nulidades e os seus reflexos no processo de execução

O processo, como relação jurídica formalizada através de um procedimento potecialmente realizado em contraditório, realiza-se mediante uma sucessão de

(27) BEDAQUE, José Roberto dos Santos. *Técnica processual e efetividade do processo*. São Paulo: Malheiros, 2006, pp. 191 e 207, respectivamente.

(28) Para *Luiz Guilherme Marinoni*, "[...] a falta de pressuposto processual apenas impede o julgamento do mérito quando instituído em favor do *interesse público*. Quando o mérito for favorável ao réu, a ausência de pressuposto voltado à sua proteção não retira do juiz o dever de proferir sentença de improcedência, *de modo que a ausência de pressuposto impedirá a tutela do direito material, mas não o julgamento do mérito*. Porém, sendo o mérito favorável ao autor, a concessão da tutela jurisdicional do direito somente será possível quando o pressuposto negado tiver o fim de o proteger" (*Teoria geral do processo*. São Paulo: RT, 2006, p. 476).

atos processuais. A rigor, o estudo dos atos processuais implica todo o estudo do processo, posto que este se constitui, desenvolve-se e se exterioriza por atos que não existem por si só, de maneira isolada, mas dentro de um contexto lógico-procedimental de começo, meio e fim.

Mas há, ainda, uma distinção a ser feita, que se refere à relação entre os *fatos* e os *atos processuais*, à semelhança do que ocorre entre fatos e atos jurídicos. Todo fato, proveniente de ação humana ou não, o qual possui aptidão, para repercutir no processo, é um fato processual, como, ilustrativamente, é o caso da morte da parte, o fechamento imprevisível do Fórum, o que determina o adiamento das audiências ou a prorrogação dos prazos que, nesse dia, iriam se vencer etc. São, também, fatos processuais os atos ou negócios jurídicos que, malgrado tenham o poder de trazer conseqüências para o processo, não têm por escopo a produção de efeitos processuais, como, por exemplo, a alienação da coisa ou do direito litigioso, que acarreta conseqüências processuais, nos termos do art. 42 do CPC, mas a vontade que a determinou não era diretamente dirigida à relação processual.(29)

Por exclusão, o ato processual seria toda manifestação de vontade de um dos sujeitos do processo, dentro de uma das categorias previstas pelo sistema, que tem por fito a criação, a modificação ou a extinção da relação jurídica processual. Segundo *Vicente Greco Filho*, há, assim, a necessidade da presença dos seguintes elementos: a) a manifestação de vontade de um dos sujeitos processuais (Juiz, partes ou auxiliares da justiça); b) observância de um modelo previsto na lei processual; c) a constituição, modificação ou extinção da relação processual, quer no seu aspecto intrínseco — que é a própria existência do vínculo que une o autor, o Juiz e o réu —, quer no seu aspecto extrínseco — que é o procedimento, o conjunto lógico e sucessivo de atos previstos em lei.(30)

Os atos processuais, na prática, devem respeitar os princípios da *tipicidade*, *publicidade* e *instrumentalidade das formas*. O primeiro preceitua que os atos processuais devem corresponder a um modelo previamente traçado pela lei, que dá, senão todos, pelos menos os requisitos básicos. Assim, ao se falar em petição inicial, contestação, embargos à execução, arrematação, adjudicação etc., já se antevê o tipo de ato de que se trata, devendo, em cada um deles, ao ser praticado, assumir a configuração legal. "Pode-se dizer, portanto, que o esquema do desenvolvimento do processo já está todo definido, cabendo aos seus sujeitos a atuação de acordo com ele e suas alternativas".(31)

O princípio da publicidade dos atos processuais, a rigor, não representa apenas uma garantia da parte no processo, mas corresponde a um dos pilares do Estado Democrático de Direito, que, como é curial, não se compraz com o

(29) GRECO FILHO, Vicente. *Direito processual civil brasileiro*. 13ª ed. rev. São Paulo: Saraiva, 1999, vol. 2, p. 6.

(30) GRECO FILHO, Vicente. *Direito processual civil brasileiro*. 13ª ed. rev. São Paulo: Saraiva, 1999, vol. 2, p. 6.

(31) GRECO FILHO, Vicente. *Direito processual civil brasileiro*. 13ª ed. rev. São Paulo: Saraiva, 1999, vol. 2, pp. 7-8.

secreto, como o que não é notório. Segundo o art. 5º, *LX*, da Carta Magna, "a lei só poderá restringir a publicidade dos atos processuais quando a defesa da intimidade ou o interesse social o exigirem". O art. 93, *XI*, também da Lei Maior dispõe, expressamente, que "todos os julgamentos dos órgãos do Poder Judiciário serão públicos [...]". Assim, no sistema vigente, observa-se que a publicidade dos atos processuais é elemento essencial, de modo que, por tabela, após a garantia do direito das partes de peticionar, para provar as suas alegações, obriga o Poder Judiciário, no particular, a prestar contas à sociedade acerca do cumprimento de sua função constitucional típica. Mas, é bom esclarecer, a par disso, que o princípio da publicidade não é absoluto. Reza o art. 5º, *X*, também da CF que são "invioláveis a intimidade, a vida privada, a honra e a imagem das pessoas, assegurando o direito à indenização pelo dano material ou moral decorrente de sua violação". Destarte, o art. 155 do CPC, que, acolhendo o princípio da publicidade dos atos processuais, excetua de sua incidência os atos que digam respeito a casamento, filiação, separação dos cônjuges, conversão desta em divórcio, alimentos, guarda de menores e nas demais causas em que o interesse público o exigir, encontra-se em perfeita sintonia com o regime constitucional pátrio.

De seu turno, o princípio da instrumentalidade das formas dos atos processuais, tal como consagrado nos arts. 154 e 244 do CPC, preceitua que os atos e termos processuais não dependem de forma determinada, senão quando a lei expressamente o exigir, reputando-se válidos os que, realizados de outro modo, preencham-lhe a finalidade essencial e, ainda, que, se a lei prescrever determinada forma, sem cominação de nulidade, o Juiz considerará válido o ato se, realizado de outro modo, restar alcançada a finalidade. Como se vê, aqui, a matéria encontra-se relacionada ao sistema de nulidades e seus efeitos, que entendemos elementar para o nosso estudo, sobretudo na melhor compreensão dos pressupostos processuais e dos requisitos de admissibilidade da petição inicial executiva. Sendo assim, faz-se mister estabelecer uma pausa, para o melhor trato da mesma.

Antes de tudo, porém, revela-se necessário compreender que os atos processuais, enquanto espécies do gênero atos jurídicos, estão vinculados em três planos perfeitamente distintos: o da *existência*, o da *validade* e, por fim, o da *eficácia*. Como esclarece *Roque Komatsu*, em excelente estudo que gerou a sua tese de doutoramento na USP, essas três categorias devem ser compreendidas separadamente, uma vez que o tratamento indistinto delas pode conduzir a equívocos e ambigüidades. Assim, revela-se inadmissível, por exemplo, incluir-se no âmbito da ineficácia ou da invalidade os chamados atos inexistentes. Da mesma forma, como será visto, não tem razão quem relaciona a nulidade e a ineficácia à inexistência, fazendo afirmações como as de que o ato nulo e o ato ineficaz são juridicamente inexistentes, ou dizendo que os atos inexistentes, nulos e anuláveis são categorias de ineficácia do ato jurídico.(32) Trata-se, portanto, de categorias perfeitamente distintas, que convivem harmoniosamente, não obstante o tratamento jurídico diferenciado.

(32) KOMATSU, Roque. *Da invalidade no processo civil*. São Paulo: RT, 1991, p. 41.

Um ato processual existe, quando reúne todos os elementos exigidos pelo sistema jurídico para a sua constituição. Caso falte algum desses elementos, estaremos diante de algo que, não obstante tenha a aparência, em maior ou menor grau, com o modelo tipificado na lei, não o reproduz integralmente. Sendo assim, apresenta-se como oportuna a seguinte indagação: quais são os elementos cuja ausência é inconcebível em um ato processual? A resposta é encontrada na seguinte lição de *Barbosa Moreira*:

"Antes de mais nada, necessariamente tem de haver uma pessoa (ou mais de uma) que o pratique; de outro modo, não se cuidaria sequer de um *ato*. O primeiro elemento, portanto, é o *sujeito* (ou os *sujeitos*); aliás, uma das mais corriqueiras classificações dos atos processuais baseia-se precisamente no critério subjetivo. Atente-se, todavia, em que, não raro, além do *agente*, a estrutura do ato importa ainda a existência de um *paciente*, de alguém que o receba, que seja seu destinatário; nesses casos — entre os quais, como veremos, se inclui justamente o da citação —, ao lado do sujeito *ativo*, há também um sujeito *passivo*.

"Prossigamos. Todo ato processual incide sobre algo que é exterior ao sujeito, que se acha fora (e diante) deste: e aí está o segundo elemento, o *objeto*. Exemplos: a argüição de falsidade incide sobre o documento cuja autenticidade se nega; o recurso, sobre a decisão impugnada; a penhora, sobre o bem que se apreende.

"A operação realizada pelo sujeito com relação ao objeto tem índole muito variável. Essa índole ou natureza determina o *conteúdo* do ato: uma ordem, uma autorização, uma certificação, uma comunicação, uma declaração de vontade ou de ciência, um requerimento, uma constrição... O conteúdo, sinteticamente, é aquilo em que o ato *consiste*; e também constitui elemento essencial dele.

"Todo ato, enfim, deve manifestar-se, exteriorizar-se, deste ou daquele modo. Atos puramente *internos* podem ter relevância psicológica, mas decerto nunca assumirão o caráter de atos processuais. Designamos pela palavra *forma* o modo por que o ato se manifesta, se exterioriza; e tal é, ao nosso ver, o quarto elemento essencial."[33]

Como se vê, considera-se que os elementos que formam a *essência* de um ato processual, normalmente por expressa previsão legal, são os *sujeitos* ativo e passivo, o *objeto* lícito e possível, o *conteúdo* e a *forma*.[34] Perquirir a existência

(33) BARBOSA MOREIRA, José Carlos. *Citação de pessoa falecida. Temas de direito processual: quinta série*. São Paulo: Saraiva, 1994, pp. 81-82.

(34) Como muito bem esclarece *Carlos Alberto Alvaro de Oliveira*, "O requisito do tempo e lugar, geralmente apontado pelos autores como indispensável, perde em regra consistência na espécie, porque inserida a sentença em determinado processo com local certo e juntada aos autos. Trata-se, então, de vício não-essencial, de mera irregularidade, inconfundível com défice, não dizendo respeito a requisito estrutural do ato, incapaz, pois, de atingir, a eficiência do suporte fáctico" ("Execução e título judicial e defeito ou ineficácia da sentença". *Revista de Processo*, São Paulo: RT, n. 80, out./dez. 1995, pp. 65-66).

do ato é indagar a respeito da existência ou não desses elementos.[(35)] Assim, a falta, no suporte fático, de elemento nuclear impede a entrada do ato no mundo jurídico, acarretando inexistência. Mas, é preciso perceber: "*Atos inexistentes juridicamente* podem *produzir efeitos, desde que isto seja possível* material, fática e concretamente".[(36)]

Uma parte da doutrina distingue o fenômeno da inexistência *material* ou *fática* da inexistência meramente *jurídica*. *José Maria Tesheiner*, a nosso ver com razão, não concorda com essa distinção. Sustenta que, quando se fala de ato jurídico existente ou inexistente, já estamos no plano jurídico. Sendo assim, a falada distinção atende apenas à circunstância de que, no primeiro caso, não se realizou nem um elemento da hipótese de incidência normativa, ao passo que, no segundo, algum elemento ocorreu no mundo fático, mas insuficiente, para que se possa haver por concretizado o suporte fático abstrato.[(37)] Como bem perceberam *Teresa Arruda Alvim Wambier* e *José Miguel Garcia Medina*, tratando-se de um defeito de essência, o ato juridicamente inexistente não corresponde a um "nada fático". "Ao contrário. O ato juridicamente inexistente é um 'impostor': pretende fazer passar-se pelo ato 'que queria ter sido'".[(38)]

É preciso perceber que existem atos inexistentes no processo de execução. Imagine-se a situação do *rascunho* do auto de arrematação (art. 693 do CPC). Enquanto mero modelo ofertado ao serventuário, para redigir o documento real, se for juntado ao processo executivo, carece de elemento básico, para existir e entrar no mundo jurídico, ainda que deficiente.[(39)] Idêntica situação exsurge, ao arrepio do que prescreve o art. 694 do CPC, da hipótese de assinatura do auto de arrematação por quem, a despeito de nominado como tal, não se encontra investido de jurisdição.

Existindo o ato processual, incumbe ao intérprete verificar, *no segundo momento da operação lógica*, se ele é válido ou não. Com efeito, pode acontecer que, embora estejam presentes todos os elementos essenciais, algum deles ou mais de um deles mostrem-se desprovidos de atributo indispensável. Para que o ato processual tenha validade no sistema jurídico, não basta o concurso dos

---

(35) Exemplifica *Carlos Alberto Alvaro de Oliveira:* "O elemento relativo ao agente conduz a qualificar como não-sentença, embora com tal aparência, todo ato não referível ao poder jurisdicional, vale dizer, qualquer 'sentença' pronunciada por quem não exiba qualidade de juiz, a exemplo da assinada por tabelião ou oficial de justiça. Se o juiz não age como juiz e não há o pressuposto do processo judicial, igualmente ato sentencial (a 'condenação' feita pelo juiz no café entre amigos, embora escrita no guardanapo servido pelo garçom, sentença não é)". E explica: "O ato sentencial revestir-se-á ainda de *forma escrita* ou deve ser reduzido a escrito (*v. g.*, a sentença ditada em audiência pelo juiz ao escrevente), para que se possa determinar a origem necessariamente estatal" ("Execução e título judicial e defeito ou ineficácia da sentença". *Revista de Processo*, São Paulo: RT, n. 80, out./dez. 1995, p. 66).

(36) WAMBIER, Teresa Arruda Alvim. *Nulidades do processo e da sentença.* 5ª ed. rev., atual. e ampl. São Paulo: RT, 2004, p. 500.

(37) TESHEINER, José Maria. *Pressupostos processuais e nulidades no processo civil*. São Paulo: Saraiva, 2000, pp. 8-9.

(38) WAMBIER, Teresa Arruda Alvim; MEDINA, José Miguel Garcia. *O dogma da coisa julgada: hipóteses de relativização*. São Paulo: RT, 2003, p. 27.

(39) ASSIS, Araken de. *Manual da execução.* 9ª ed. rev., atual. e ampl. São Paulo: RT, 2004, p. 388.

elementos essenciais: revela-se necessário que estes satisfaçam determinados *requisitos* ou, observando-se o fenômeno pelo prisma negativo, não padeçam de certos vícios. Como ensina *José Carlos Barbosa Moreira*, "a ausência de requisito, ou a presença de defeito, é suscetível de comprometer a validade do ato: ele *existe*, mas *não vale*".(40)

A validade de um determinado ato jurídico, como se vê, é uma *qualidade* que se agrega ao mesmo, apresentando-se relacionada ao fato de estar de acordo com as regras jurídicas que o disciplinam. Urge perceber que se trata de fenômeno relativo aos *comportamentos humanos*, atos jurídicos em sentido restritivo e negócios jurídicos, ainda que ligados à forma e ao objeto. Assim, do seu conceito, excluem-se os fatos jurídicos em sentido restrito. Ilustrativamente, observa-se que o nascimento de uma pessoa, o transcurso do tempo, um terremoto etc. não são qualificáveis como válidos ou inválidos, porque a preocupação aí é se ocorreram ou não no mundo fenomênico. Em outras palavras, quanto ao plano da validade, o juízo de valor refere-se apenas aos comportamentos humanos.(41)

A despeito de haver respeitável entendimento em sentido oposto, prevalece o entendimento doutrinário de que a natureza jurídica da *nulidade* é de uma *sanção* proveniente do ato jurídico, no caso em estudo, do ato *processual*, que se desviou do modelo legal, que não se restringe, veja-se bem, à sua forma, posto que alcança esta e todas as demais condições de regularidade do processo. Em suma, para essa corrente, a nulidade, enquanto sanção, não passa de uma *conseqüência* do vício contido no ato jurídico, mas, para que seja declarada ou decretada, necessita de um pronunciamento judicial que o desconstitua com efeitos *retroativos*. Segundo essa concepção, embora uma sentença seja prolatada por Juiz absolutamente incompetente, ela produz todos os efeitos jurídicos que lhe são inerentes, até eventualmente ser anulada em grau de recurso ou rescindida via ação rescisória.(42) Em outras palavras, para a aplicação da sanção (= declaração de nulidade), faz-se mister, a não ser no caso de vício conhecível de ofício, a provocação do interessado,(43) que, no que importa ao nosso estudo, é o sujeito passivo do processo de execução.

Na lapidar lição de *Araken de Assis*, não se pode confundir o ato meramente *irregular* com o ato inválido. Os atos processuais, para que possam ingressar

---

(40) BARBOSA MOREIRA, José Carlos. *Citação de pessoa falecida. Temas de direito processual: quinta série*. São Paulo: Saraiva, 1994, p. 80.

(41) KOMATSU, Roque. *Da invalidade no processo civil*. São Paulo: RT, 1991, pp. 34-35.

(42) TESHEINER, José Maria. *Pressupostos processuais e nulidades no processo civil*. São Paulo: Saraiva, 2000, pp. 13-14. No particular, preleciona *Aroldo Plínio Gonçalves:* "Sanção e vício são conceitos distintos e inconfundíveis e a nulidade não pode ser concebida, ao mesmo tempo, como conseqüência normativa e defeito de um ato. A sanção é uma conseqüência jurídica aplicável ao ato praticado com inobservância da lei, ou sem os requisitos que ela exige. O vício é o defeito, é o desvio, é a qualidade negativa que se contrapõe à perfeição do ato que se concretiza pela sua realização em plena conformidade com seu modelo normativo" (*Nulidades no processo*. Rio de Janeiro: Aide, 2000, p. 18).

(43) *Cândido Rangel Dinamarco* pontifica, com muita propriedade, que "o ato viciado não é um *nada*, ele existe juridicamente e produz os efeitos normais até que uma decisão do próprio Poder Judiciário o declare nulo e lhe subtraia a eficácia" (*Instituições de direito processual civil*. São Paulo: Malheiros, 2001, vol. II, p. 586).

eficientemente no sistema jurídico, reclamam a presença de requisitos *úteis* e *necessários*: estes, pela própria terminologia, são aqueles que, tecnicamente, são indispensáveis à finalidade prática do ato processual, ao passo que aqueles somente têm a função de auxiliar na consecução deste objetivo. Assim, enquanto o requisito necessário é indispensável para o alcance da finalidade do ato processual, o requisito útil apresenta-se como um elemento a mais, uma soma, um elemento auxiliar, na busca desse fim perseguido. Como exemplo, pode-se citar como requisito útil, inclusive com aplicação no processo de execução, o emprego de tinta escura e indelével na redação dos termos processuais, tal como exigida no art. 189 do CPC. Nessa linha de pensamento, a inobservância de requisito útil gera uma simples irregularidade processual, ao passo que a desconformidade do ato com o modelo previamente tipificado, desobedecendo a requisito necessário e, com efeito, levando à ocorrência de vício essencial, resulta em invalidação ou nulidade, malgrado produza efeitos jurídicos. Vale lembrar que a invalidação ou a nulidade não se identifica com o vício que a gerou, já que significa o *estado* ou a *qualidade* inerente ao ato conseqüente à decretação judicial. Ilustrativamente, constitui mera irregularidade a confecção de edital de arrematação (art. 686 do CPC) por leiloeiro, com a presença de todos os requisitos legais, mas sem que haja a publicação (art. 705, *I*, do CPC), prescindindo de invalidação e repetição por apego à forma.[44] *Antônio Janyr Dall'Agnol Júnior*, que também partilha desse entendimento, conclui que as meras irregularidades, portanto, são defeitos que o ato processual apresenta que jamais conduzem à invalidade, isto é, trata-se de mácula irrelevante para o processo e que, por isso, não conduz à ineficácia decorrente da decretação de invalidade.[45]

Teresa Arruda Alvim Wambier esclarece, com razão, que a atribuição de vício de "menor gravidade" ao ato processual meramente irregular, embora pareça ser verdadeiro, consiste em enunciado que não resolve todos os problemas. As irregularidades podem ser enquadradas tanto nas nulidades relativas em sentido amplo como ser objeto de tratamento autônomo. Como regra, são "defeitos" que não interferem na validade do ato e, com efeito, não contaminam os atos que lhe são subseqüentes. Tais "defeitos" não provocam a aptidão para a perda dos efeitos típicos do ato, entretanto, ao contrário das nulidades relativas, "é defeito em relação ao qual não ocorre preclusão, e, se for materialmente possível, pode e deve ser corrigido de ofício". Observa-se, pois, que o regime jurídico das irregularidades é peculiar, gerando conseqüências jurídicas, que, no caso do processo de execução, revelam a possibilidade do exercício de defesa endoprocessual (ainda que de menor gravidade, uma situação de irregularidade pode causar algum prejuízo jurídico ao executado, de sorte que a questão pode ser suscitada por simples petição, encontrando-se, certamente, nos limites cognitivos do processo de execução). No entender da ilustre processualista de São Paulo, na verdade, as meras irregularidades são os defeitos do processo

(44) ASSIS, Araken de. *Manual da execução*. 9ª ed. rev., atual. e ampl. São Paulo: RT, 2004, p. 388.

(45) DALL'AGNOL JÚNIOR, Antônio Janyr. "Invalidades processuais — algumas questões". *Revista de processo*, São Paulo: RT, n. 67, jul./set. 1992, p. 158.

que "[...] não tiverem aptidão para exercer influência alguma sobre a justiça da decisão, ou seja, sobre a relação de adequação entre a norma aplicada, pelo juiz, na sentença, e os fatos (provas) da causa".[46] Se, ao contrário, tal fato ocorrer, estar-se-á diante de um caso de nulidade relativa, exemplificada com a situação processual em que uma testemunha ouça o depoimento da outra antes de sua oitiva, bem como quanto à circunstância de constar dos autos um documento qualquer em língua estrangeira. Em tais casos, cria-se uma situação que potencializa o surgimento de uma decisão judicial em desconformidade com a verdade dos fatos e, via de conseqüência, uma decisão injusta. Esclarece, contudo, a ilustre Professora da PUC-SP,

> "Este risco não existe, pelo menos em tese, quando se pensa na falta de numeração das folhas dos autos, da falta de rubrica ou na circunstância de o juiz exceder um prazo que lhe tenha sido assinalado pela lei (impróprio)."[47]

Galeno Lacerda, em estudo clássico,[48] estabeleceu as premissas básicas para a diferenciação entre nulidade *absoluta*, *relativa* e *anulabilidade*. Segundo o renomado processualista gaúcho, as nulidades absolutas resultam de violação de norma imperativa que visa a atender ao interesse público. Já as nulidades relativas resultam também da violação de norma imperativa, mas, ao contrário daquelas, visam a proteger primordialmente um interesse particular da parte. Finalmente, as anulabilidades resultam da infração de norma dispositiva. Para o notável autor, a violação de normas imperativas, ao contrário do que ocorre com as anulabilidades, deve ser declarada de ofício pelo Magistrado.[49]

Para efeito do nosso trabalho, não adotaremos essa classificação de *Galeno Lacerda*, pois, com todo merecido respeito, gera mais confusão do que facilita a organização da cognição ou do modo de pensar do Juiz. Para nós, os "defeitos" dos atos processuais que influenciam metodologicamente a legitimidade do processo são os de *inexistência*, estudados sucintamente supra, de *nulidade*, sendo a principal classificação que a separa em absoluta e relativa, e de *irregularidade*, que, de certo modo, como foi visto na lição de *Teresa Arruda Alvim Wambier*,[50] estão vinculados aos casos de nulidade relativa. As anulabilidades, nesse contexto, são próprias do Direito Privado, não encontrando espaço em um ramo do Direito (o processual) que, demonstrando o seu caráter *publicista*, visa a materializar a função jurisdicional do Estado.

As nulidades absolutas resultam da violação de normas que visam primordialmente a resguardar o cumprimento regular dessa função jurisdicional. As-

(46) WAMBIER, Teresa Arruda Alvim. *Nulidades do processo e da sentença.* 5ª ed. rev., atual. e ampl. São Paulo: RT, 2004, p. 203.

(47) WAMBIER, Teresa Arruda Alvim. *Nulidades do processo e da sentença.* 5ª ed. rev., atual. e ampl. São Paulo: RT, 2004, pp. 203-204.

(48) LACERDA, Galeno. *Despacho saneador.* 3ª ed. Porto Alegre: Fabris, 1990, pp. 68-75.

(49) LACERDA, Galeno. *Despacho saneador.* 3ª ed. Porto Alegre: Fabris, 1990, p. 160.

(50) WAMBIER, Teresa Arruda Alvim. *Nulidades do processo e da sentença.* 5ª ed. rev., atual. e ampl. São Paulo: RT, 2004, pp. 203-204.

sim, o efeito imediato dessa conclusão é o fato de que, para o Juiz, constitui um dever reconhecer o respectivo vício e decretar, em qualquer tempo, a nulidade absoluta do ato processual e de todos os outros que, se contaminados, forem-lhe conseqüentes (art. 245, *parágrafo único*, do CPC; art. 248 do CPC). Já as causas possivelmente geradoras de nulidades relativas dizem respeito aos interesses exclusivos das partes, de modo que a pretensa decretação depende sempre de requerimento expresso destas, sob pena de preclusão (art. 245, *caput*, do CPC), exigindo-se, contudo, que a parte requerente não tenha originado o vício (art. 243 do CPC) e apresente, por conseguinte, interesse processual na decretação de nulidade (art. 249, *§ 2º*, do CPC).[51] O art. 129 do CPC, que determina que, "convencendo-se, pelas circunstâncias da causa, de que autor e réu se serviram do processo para praticar ato simulado ou conseguir fim proibido por lei, o juiz proferirá sentença que obste aos objetivos das partes", inegavelmente é um exemplo de norma cogente, posto que se evidencia o interesse público a ser tutelado de modo a coibir o processo fraudulento ou simulado, ao passo que os casos de impenhorabilidade relativa (arts. 649 e 650 do CPC), segundo pensamos, são exemplos de nulidade relativa.

A nulidade também pode ser classificada em *cominada* ou *não-cominada*. A primeira espécie transparece, quando a regra jurídica estipula, expressamente, a conseqüência para o ato processual que apresente um determinado vício. À guisa de exemplo, prescreve o art. 246 do CPC que "é nulo o processo, quando o Ministério Público não for intimado para acompanhar o feito em que deva intervir". É oportuno esclarecer, desde já, que o fato de a nulidade ser cominada *não* implica que a regra que prevê a conseqüência seja de ordem pública (nulidade absoluta). Via de regra, isso ocorre, mas existem exceções. Dito de outra maneira, o caráter cogente da regra jurídica não implica cominação de nulidade, não obstante exista essa *possibilidade*, a exemplo do disposto no art. 113, *§ 2º*, do CPC. Há que se observar que existem casos tidos como de nulidade relativa, como a situação prevista no art. 13, *I*, do CPC, os quais, muito embora sejam regulados por normas cogentes, tutelam, preferencialmente, o interesse das partes. Tratam-se, pois, de critérios classificatórios distintos.[52] No processo de execução, o art. 618 do CPC comina nulidades.

Reza o art. 243 do CPC: "Quando a lei prescrever determinada forma, sob pena de nulidade, a decretação desta não pode ser requerida pela parte que lhe deu causa". Essa regra, subsidiariamente aplicável ao processo de execução, requer um estudo cuidadoso, a fim de se evitar interpretações distorcidas, sobretudo a meramente literal. Trata-se, sem dúvida alguma, de hipótese de nulidade cominada. Em linha de princípio, traduz-se na expressão jurídica do brocardo "ninguém pode alegar em juízo, em benefício próprio, a sua própria torpeza". Na eventualidade de se tratar de caso de nulidade *absoluta*, entretanto, não se aplica

---

(51) DINAMARCO, Cândido Rangel. *Instituições de direito processual civil.* São Paulo: Malheiros, 2001, vol. II, pp. 591-596.

(52) KOMATSU, Roque. *Da invalidade no processo civil.* São Paulo: RT, 1991, p. 212; ASSIS, Araken de. *Manual da execução.* 9ª ed. rev., atual. e ampl. São Paulo: RT, 2004, pp. 389-390.

literalmente essa regra, eis que a mesma decorre de vício processual conhecível de ofício. Logo, tratando-se de nulidade absoluta, pouco importa se a própria parte que deu causa à decretação de nulidade foi quem informou o defeito ou a imperfeição do ato processual em juízo, posto que há, no caso, um interesse maior do Estado na regularização da relação processual, instrumento de sua atividade jurisdicional. Este tratamento diferenciado se justifica, uma vez que, embora a suscitação da questão tenha sido feita pelo causador do vício potencialmente gerador da nulidade absoluta, evita-se que o processo prossiga o quanto antes, com inútil dispêndio de energia e tempo, porque, ao fim e ao cabo, será julgado nulo.[(53)]

A doutrina distingue, ainda, as nulidades de *forma* e as nulidades de *fundo*. As primeiras referem-se basicamente aos defeitos relacionados ao rito processual, ao passo que as segundas, aos vícios inerentes aos pressupostos processuais (em sua visão tradicional e genérica) e às condições da ação. Como esclarece *Teresa Arruda Alvim Wambier*, "a tendência das nulidades de forma, no processo civil moderno, é a de não serem absolutas".[(54)] Existem, entretanto, hipóteses de vícios formais com expressa previsão legal de nulidade. Assim, por natureza, as nulidades de forma são relativas, ressalvando-se a eventual previsão legal em sentido contrário. Por outro lado, a ausência de pressupostos processuais, requisitos de validade e/ou das condições da ação, ou seja, a presença de vício de fundo, pode gerar a nulidade absoluta do processo. Trata-se, no caso, de vícios de maior gravidade, que comprometem, algumas vezes, a própria existência da relação processual e, na melhor das hipóteses, evidenciam a ilegitimidade da mesma. Quanto ao regime jurídico (que, naturalmente, reflete no eventual exercício da defesa intraprocessual executiva), é evidente que há uma diferenciação. Tratando-se de nulidade de forma sem previsão legal, somente as partes podem argüi-la e, com efeito, há preclusão. Se houver, porém, previsão legal no que se refere à nulidade de forma, o caso é de nulidade absoluta, de modo que as partes podem argüi-la, bem como o Juiz de ofício, não havendo que se falar em preclusão. Este tratamento jurídico, aliás, é rigorosamente idêntico ao das nulidades de fundo.[(55)]

Ensina *Flávio Chein Jorge* que o sistema de nulidades *processuais*, inerente ao Direito Público, é diferente do sistema de nulidades do Direito Privado, notadamente do Direito Civil. Neste ramo do Direito, os atos anuláveis são atacáveis por meio de ação desconstitutiva, de cunho anulatório, ao passo que os atos nulos são atacáveis por meio de ação declaratória de nulidade. No Direito Processual, a questão já não é assim, porque os atos anuláveis, resultantes de vícios decorrentes da não observância de norma dispositiva, se não argüíveis no momento oportuno para tanto, são passíveis de preclusão, convalidando o vício,

---

(53) KOMATSU, Roque. *Da invalidade no processo civil*. São Paulo: RT, 1991, p. 213.

(54) WAMBIER, Teresa Arruda Alvim. *Nulidades do processo e da sentença*. 5ª ed. rev., atual. e ampl. São Paulo: RT, 2004, p. 199.

(55) WAMBIER, Teresa Arruda Alvim. *Nulidades do processo e da sentença*. 5ª ed. rev., atual. e ampl. São Paulo: RT, 2004, pp. 236-237.

enquanto os atos nulos são desconstituídos, e, finalmente, os inexistentes são declarados como tal. As sentenças nulas produzem coisa julgada. Assim, elas somente são atacadas, quando não mais passíveis de correção recursal, por meio de ação rescisória. Como esclarece o processualista capixaba, ainda que se trate de sentença nula, faz-se mister que, em um primeiro momento, desconstitua-se a "barreira" protetora da coisa julgada, para, em um segundo passo, ela ser atingida diretamente. A sentença inexistente, de sua feita, é atacada pela ação declaratória de inexistência, que, em razão de sua natureza jurídica, não prescreve, nem muito menos, ao contrário da ação rescisória, fica sujeita a prazo decadencial.(56) *Flávio Chein Jorge* chama a atenção para o fato de que as duas ações têm cabimento em hipóteses bem específicas, de modo que carece de legítimo interesse processual a parte que utiliza uma delas em detrimento da outra.(57)

Há que se observar que a doutrina aponta, ainda, a distinção entre nulidade do processo, ou seja, de toda a relação jurídica processual, e nulidade de ato processual. No primeiro caso, não sendo sanado o vício, extingue-se o processo, ao passo que, no segundo, pronunciada a nulidade, o processo continua, embora com a repetição ou retificação dos atos necessários ao seu desenvolvimento regular.(58) Em determinadas hipóteses, a falta de um elemento constitutivo de um ato, a despeito de não invalidar os atos processuais anteriores, acarreta a sua inaptidão, para realizar o seu efeito típico, a exemplo do que ocorre com a sentença tão-somente prolatada por um órgão não dotado de jurisdição e, por conseqüência, não pode servir de base para posterior e eventual processo de execução.(59) É que o vício de fundo pode não ocorrer no limiar da formação do processo e, assim, atingir somente os atos posteriores que encontram, no ato viciado, o seu pressuposto.(60) O que se diz para a ausência de elemento constitutivo de um determinado ato processual pode ser dito, com todas as letras, ao

---

(56) Para *Teresa Arruda Alvim Wambier*, "Acertada é a opinião segundo a qual o meio adequado para retirar definitivamente do mundo jurídico as sentenças inexistentes é o da ação declaratória que, no caso, é imprescritível. Diz-se, quase que unanimemente na doutrina, que as ações declaratórias são imprescritíveis". E conclui: "Isto se justifica porque a *finalidade das ações declaratórias é a de suprimir, do universo jurídico, uma determinada incerteza jurídica.* Segue-se daí que, enquanto existir ou subsistir, e precisamente porque está presente uma determinada incerteza jurídica, não há lugar para a *prescrição* da ação declaratória, cujo objetivo é precipuamente o de pôr fim a essa incerteza" (*Nulidades do processo e da sentença.* 5ª ed. rev., atual. e ampl. São Paulo: RT, 2004, p. 516).

(57) JORGE, Flávio Chein. "Ação rescisória — ausência de citação do réu". *Revista de Processo*, São Paulo: RT, n. 78, abr./jun. 1995, pp. 258-263.

(58) TESHEINER, José Maria. *Pressupostos processuais e nulidades no processo civil.* São Paulo: Saraiva, 2000, p. 3.

(59) É a lição de *Fredie Didier Jr.*: "É possível que, embora exista relação jurídica processual, a um determinado ato processual falte um pressuposto de existência jurídica, como ocorre com a sentença proferida por não-juiz ou que não possua decisão. Nesses casos, a relação jurídica processual existe, mas o ato (sentença) é que não preencheu os elementos mínimos do seu suporte fático, o que impede a sua existência jurídica. Pode-se falar, portanto, em pressupostos de existência de cada um dos atos jurídicos processuais que compõem o procedimento, independentemente da existência da relação jurídica processual" (*Pressupostos processuais e condições da ação: o juízo de admissibilidade do processo.* São Paulo: Saraiva, 2005, p. 107).

(60) Explica, no particular, *Aroldo Plínio Gonçalves:* "Se o ato processual que constitui pressuposto da realização do ato subseqüente é anulado, é lógico que o ato subseqüente estará prejudicado pela ausência de condição prévia de sua regularidade. O que se tem chamado de 'contaminação' do ato poste-

menos ao que se refere ao plano *endo*processual, aos requisitos de validade.(61) Isso ocorre na exata medida em que se percebe que o regime jurídico das *nulidades* (absolutas) não difere do regime jurídico da *inexistência no curso da relação processual*: o vício, seja de nulidade absoluta ou de inexistência, pode ser argüido pelas partes e pelo Juiz, de ofício, não havendo que se falar em preclusão.

Como já foi dito neste trabalho, tanto o ato nulo quanto o inexistente têm uma "vida artificial" até o dia em que seja concretizada a invalidação dos mesmos.(62) Imagine-se uma ação de execução ajuizada com base em sentença nula (neste caso, diante da possibilidade de formação de coisa julgada material, execução *provisória*) ou inexistente, em que não se impede a realização de contrição e alienação patrimonial. Se o vício não for facilmente constatável nos autos, ninguém discute a possibilidade da realização desses atos, a não ser que a própria parte prejudicada suscite pronunciamento judicial acerca da causa da nulidade ou da inexistência. A sentença inexistente é declarável a qualquer tempo, uma vez que a ausência de pressuposto processual ou elemento essencial constitutivo gera vícios gravíssimos e, ao contrário de uma causa de nulidade, não fica sepultada pela autoridade da coisa julgada material.

Uma vertente doutrinária advoga a tese de que o trânsito em julgado converte a *nulidade* em *rescindibilidade*.(63) *Teresa Arruda Alvim Wambier* não concorda com essa corrente, justificando o seu pensamento no fato de que a nulidade é um *estado defeituoso*, ao passo que a rescindibilidade refere-se ao fato de que o ato processual padecente daquele vício pode ser impugnado pela via da ação rescisória. Trata-se, como se vê, de um fundamento de ordem lógica: a possibilidade de se ajuizar ação rescisória não se confunde com o vício que macula o ato processual. Demais disso, esclarece a eminente processualista que nem toda causa de rescindibilidade reside em uma nulidade de ato processual, como, por exemplo, quando, "depois da sentença, o autor obtiver documento novo, cuja existência ignorava, ou de que não pôde fazer uso, capaz, por si só, de lhe assegurar pronunciamento favorável" (art. 485, *VII*, do CPC).

---

rior na cadeia do procedimento, pela nulidade do ato anterior, é apenas um defeito que o atinge, quando aquele que era seu pressuposto perde a eficácia pela declaração de nulidade. A anulação dos atos subseqüentes não decorre do simples reflexo da nulidade do ato viciado. Logicamente, os atos independentes, ou mesmo o ato que possa ser decomposto em partes autônomas, não são afetados em suas condições de regularidade pela declaração de nulidade dos atos anteriores do procedimento ou de partes regulares do próprio ato" (*Nulidades no processo*. Rio de Janeiro: Aide, 2000, p. 57).

(61) É, novamente, a lição de *Fredie Didier Jr.*: "Como todo ato jurídico, o procedimento também tem os seus requisitos de validade: a forma do ato deve ser respeitada, bem como os sujeitos (juiz e partes) hão de ser capazes. O desatendimento dos requisitos de validade de um ato jurídico processual isolado não inviabiliza, a princípio, todo o procedimento; pode dar azo apenas à decretação de nulidade de ato jurídico processual defeituoso. Na verdade, quando se diz 'processo inválido', está-se diante de uma conseqüência (invalidade) que decorre de um defeito no fato jurídico que deu causa à relação processual (demanda inicial) ou de um fato superveniente que diga respeito aos elementos daquele originário e que impeça o prosseguimento do processo para a solução do objeto litigioso" (*Pressupostos processuais e condições da ação: o juízo de admissibilidade do processo*. São Paulo: Saraiva, 2005, p. 107).

(62) WAMBIER, Teresa Arruda Alvim. *Nulidades do processo e da sentença*. 5ª ed. rev., atual. e ampl. São Paulo: RT, 2004, p. 165.

(63) TESHEINER, José Maria Rosa. *Pressupostos processuais e nulidades no processo civil*. São Paulo: Saraiva, 2000, p. 282.

Para completar o ciclo metodológico dos atos jurídicos, em especial dos atos processuais, impõe-se estudar o plano da eficácia. A *eficácia* do ato é a sua aptidão, para produzir efeitos no mundo jurídico. Via de regra, a existência de ato processual válido leva à sua capacidade, para produzir os efeitos atribuídos pelo Direito. São os efeitos *típicos* ou *naturais* do ato jurídico. Excepcionalmente, contudo, como naqueles sujeitos à condição ou termo inicial, apesar de sua existência válida, o ato processual ainda não tem a força necessária, para produzir os seus efeitos jurídicos naturais ou típicos. É preciso compreender, desse modo, que a ineficácia não se constitui em vício do ato. Trata-se de um momento, um instante, em que o ato, por inobservar determinados *fatores*, deixou de produzir aqueles efeitos jurídicos que lhe são esperados. Em outras palavras, a eficácia do ato processual é a sua capacidade de produzir os efeitos jurídicos que lhe são típicos ou inerentes. Um exemplo facilitará a compreensão. Existem situações jurídicas em que um determinado fato depende da ocorrência de outro, para que os seus efeitos sejam desencadeados. O testamento, como se sabe, depende da morte do testador para que produza a sua eficácia natural. Nesse caso, a morte não é o elemento nuclear do testamento, pois ele existe no mundo jurídico independentemente da ocorrência dela, mas, em contrapartida, ela constitui um dado integrante da eficácia do mesmo.(64) Dito de outro modo, o efeito típico, que é a transferência do patrimônio do testador, somente ocorrerá com a sua morte, embora o testamento, antes desse fato, *exista validamente* no mundo jurídico. A morte do testador, neste caso, é o que corriqueiramente se chama de "fator de eficácia".

Há, naturalmente, como se fazer correlação entre a *nulidade* e a *ineficácia* do ato processual. Como afirma *Teresa Arruda Alvim Wambier*, "o *sistema de nulidades existe*, no direito, para *evitar* que o *ato inválido produza efeitos programados*".(65) A nulidade de um ato constitui um estado que o torna passível de deixar de produzir seus efeitos típicos e, em certos casos, de destruir os efeitos já produzidos. Assim, pode-se dizer que os atos nulos *tendem* a converter-se em atos ineficazes. A eiva da nulidade possibilita a declaração de ineficácia, que é, como reiteradamente se disse, a inaptidão para produção dos efeitos próprios do ato processual. Adverte-se, entretanto, para o fato de que a ineficácia de um ato *nem sempre decorre* da sua nulidade. Como sabiamente diz *Roque Komatsu*, ela pode decorrer, em alguns casos, da "[...] inocorrência de algum fator que, sem influir na composição válida, de seus elementos de fato, seja indispensável à realização de todos ou alguns efeitos".(66)

No processo de execução, a alienação de bens em fraude à execução (art. 593 do CPC) não tem eficácia em relação a esse mesmo processo de execução (art. 592, *V*, do CPC), sendo o "fator de eficácia" (dessa alienação) a presença, ainda que superveniente, de outros bens do executado, devedor ou responsável,

---

(64) KOMATSU, Roque. *Da invalidade no processo civil*. São Paulo: RT, 1991, p. 39.

(65) WAMBIER, Teresa Arruda Alvim. *Nulidades do processo e da sentença*. 5ª ed. rev., atual. e ampl. São Paulo: RT, 2004, p. 142.

(66) KOMATSU, Roque. *Da invalidade no processo civil*. São Paulo: RT, 1991, p. 158.

os quais sejam capazes de satisfazer o crédito que dá conteúdo ao título executivo. Outro exemplo mais interessante para o nosso trabalho é o caso da sentença condenatória que, ressalvadas as situações excepcionais estampadas no art. 475, *§§ 2º* e *3º*, do CPC, não se submeteu à *remessa necessária* (art. 475, *caput* e *I*, do CPC). Trata-se de *condição de eficácia da sentença,*(67) que, enquanto não for examinada pelo Tribunal competente, não transita em julgado,(68) sendo, portanto, *ineficaz*. Imagine-se um processo trabalhista envolvendo uma terceirização lícita em que figura, como tomadora da mão-de-obra, uma pessoa jurídica de direito público da Administração Direta (art. 475, *caput* e *I*, do CPC). O entendimento prevalente, considerando a realização dos princípios fundamentais da promoção da dignidade e valorização do trabalho humano (art. 1º, *III* e *IV*, da CF), é o de que o ente público, por incorrer em culpa *in eligendo* e *in vigilando* em relação à empresa que presta serviços de terceirização, deve ser responsabilizado subsidiriamente pelas verbas eventualmente devidas ao obreiro. Mas, se a empregadora não interpuser o recurso ordinário (= apelação da Justiça Comum) perante o TRT competente e nem tenha sido determinada, pelo Juiz do Trabalho, a *remessa necessária*, entendemos que a respectiva sentença condenatória não possui eficácia de título executivo apto a embasar uma execução. A matéria, além da iniciativa oficial, pode ser argüida pelo próprio ente público envolvido, bem como, veja-se bem, pelo Ministério Público. Trata-se, pois, de exercício de defesa endoprocessual, que não estaria precluso em razão da não interposição de recurso ordinário, em virtude do notório *interesse público* envolvido na formação do título executivo.

3.1.3. A ausência dos pressupostos e dos requisitos processuais e os meios de defesa do executado

Estudados os três planos metodológicos dos atos jurídicos (existência, validade e eficácia), vale a pena registrar o desabafo de *Antônio Junqueira de Azevedo*, que, por se tratar de pesquisa desenvolvida na seara da Teoria Geral do Direito, cai como uma luva na temática dos atos processuais e, via lógica de conseqüência, do processo:

> "A nosso ver, o aparentemente insolúvel problema das nulidades está colocado de pernas para o ar. É preciso, em primeiro lugar, estabelecer, com clareza, quando um negócio existe, quando, uma vez existente, vale, e quando, uma vez existente e válido, ele passa a produzir efeitos. Feito isto, a inexistência, a invalidade e a ineficácia surgirão e se imporão à mente com a mesma inexorabilidade das deduções matemáticas."(69)

---

(67) *Nelson Nery Junior* diz expressamente: "Em nosso sentir esse instrumento tem a natureza jurídica de *condição de eficácia da sentença*" (*Teoria geral dos recursos*. 6ª ed. atual., ampl. e refor. São Paulo: RT, 2004, p. 78).

(68) *Nelson Nery Junior* e *Rosa Maria de Andrade Nery* enfatizam: "Enquanto não reexaminada a sentença pelo tribunal, não haverá trânsito em julgado e, conseqüentemente, será ela ineficaz" (*Código de Processo Civil comentado e legislação extravagante*. 8ª ed. rev., ampl. e atual. São Paulo: RT, 2004, p. 891).

(69) AZEVEDO, Antônio Junqueira de. *Negócio jurídico: existência, validade e eficácia*. 4ª ed. atual. São Paulo: Saraiva, 2002, p. 25.

Nesse contexto, vale repetir, *os pressupostos processuais encontram-se, na atividade cognitiva do Juiz, no plano da existência, ao passo que os requisitos processuais, no plano da validade*. Segundo entendemos, não apenas as nulidades absolutas são requisitos de validade. As nulidades relativas também o são, uma vez que, se argüidas tempestivamente, resultam em decretação de invalidade (ainda que seja somente do ato viciado) e, por conseqüência, correção do respectivo vício. A rigor, a *regularidade dos atos processuais* enquadra-se perfeitamente nos *requisitos de validade*, sob a fórmula pura e simples de "ausência de nulidades". *José Maria Tesheiner* tentou diferenciá-los, argumentando que os requisitos de validade podem sempre ser conhecidos pelo Magistrado, enquanto as nulidades "[...] nem sempre, pois algumas dependem de alegação das partes, sujeitando-se por isso à preclusão".(70) Não concordamos com essa lição, pois, para nós, toda questão que envolver a validade do processo (ainda que sujeita a ratificação: nulidade relativa) e, para se distinguir das condições da ação, tenha ligação direta com temas nitidamente processuais (e não com a relação jurídica de direito material, portanto), traduz-se em requisito processual de validade.(71) Enfim, o respeito ao formalismo processual, ou seja, à forma, tempo, lugar e prazos prescritos na legislação para a realização dos atos processuais, é requisito processual da maior amplitude, pois envolve a realização do justo e équo processo, traduzindo-se, ao fim e ao cabo, "[...] na ausência de nulidades e vícios em geral dos atos processuais".(72)

Os pressupostos processuais do processo de execução e os respectivos requisitos de validade, ressalvados os casos de nulidade relativa, a exemplo da incompetência relativa e da suspeição do Juiz, podem ser conhecidos pelo órgão jurisdicional de ofício. Isso é justificado pela própria função desses institutos, que é a de "filtrar", em certa perspectiva, demandas inviáveis sob o ponto de vista formal(73) e, por isso mesmo, revelam-se ilegítimas. Os pressupostos e os requisitos processuais, ao lado das condições da ação que os *sucedem* nesta

---

(70) TESHEINER, José Maria Rosa. *Pressupostos processuais e nulidades no processo civil*. São Paulo: Saraiva, 2000, 29.

(71) Na correta observação de *Paulo Henrique dos Santos Lucon*, "Essas irregularidades ou inobservâncias das determinações contidas na lei, relacionadas com a matéria processual, podem ser alegadas pelo executado no próprio processo de execução, pois se referem especificamente a esse processo. Além disso, as mais das vezes o próprio Estado tem interesse de que sejam respeitadas as regras que disciplinam o *modus* pelo qual a execução se desenvolve; são situações em que se verifica a presença de questões de ordem pública, nas quais o próprio Estado declara não estar disposto a exercer a função jurisdicional. Portanto, o juiz pode e deve conhecê-las *ex officio*" (*Embargos à execução*. 2ª ed. rev., atual. e ampl. São Paulo: Saraiva, 2001, p. 147).

(72) LACERDA, Galeno. *Despacho saneador*. 3ª ed. Porto Alegre: Fabris, 1990, pp. 68-69.

(73) Como observa *Donaldo Armelin*, "[...] uma das formas mais adequadas de propiciar ao processo maior eficiência dentro dos parâmetros traçados para as suas específicas finalidades é a de se evitar, se não a instauração, pelo menos o prosseguimento de processos fadados a um término anormal, por carência de requisitos indispensáveis à colimação daquelas finalidades, centradas na dirimência do conflito mediante a aplicação do direito objetivo ou através da satisfação do direito de uma das partes". Para tanto, segundo o autor, "[...] é indispensável que concorram na formação do processo todos os requisitos que ensejam sua existência e validade, bem assim como que inexistam outros fatores que, atuando negativamente em relação a estes, impedem a sua formação válida" (*Legitimidade para agir no direito processual civil brasileiro*. São Paulo: RT, 1979, p. 31).

empreitada, constituem-se em "requisitos" absolutamente necessários ao exame do mérito do processo,[74] que, no caso do processo de execução, é o pedido de realização dos atos executivos. Em verdade, por este sistema, antes de qualquer medida coativa, a atividade judiciária implicará uma análise e um julgamento sobre o próprio processo de execução. Para que haja a justa composição da lide, fim da atividade jurisdicional, faz-se mister que a relação processual tenha sido criada e desenvolvida de maneira absolutamente correta.

Esse falado controle de ofício implica, para o Juiz, como parece evidente, a possibilidade de reconhecer a falta de pressuposto e/ou requisito processual, sempre que lhe pareça haver nos autos elemento que a revele, independentemente de provocação das partes, que não é excluída, por óbvio. Assim, deparando-se com essa *inequívoca* situação, deve o Juiz dar, de imediato, o efeito processual que o sistema prescreva. Havendo dúvida, no entanto, quanto à suposta ausência, entendemos que o Magistrado deve, antes de tomar qualquer medida processualmente drástica, intimar a parte interessada à sua presença, a fim de que a mesma, se quiser, manifeste-se a respeito. Se não houver manifestação, ou, mesmo com esta, se a dúvida permanecer, deve tomar a medida processual prescrita no sistema, que, *regra geral*, é a extinção do feito sem resolução do mérito. Parece-nos recomendável, mas não necessária, a oitiva da parte contrária em caso de permanência de dúvida quanto à ausência de pressuposto ou requisito de validade processual. Tratando-se de exercício de defesa endoprocessual executiva bem-sucedido, contudo, entendemos que o Juiz, em homenagem ao princípio do contraditório, sempre deve ouvir o exeqüente antes de acolhê-lo.

É preciso deixar bem claro nesta parte do trabalho que o remédio processual idôneo a sanar a ausência de pressuposto e/ou requisito de validade processual é variável de acordo com a oportunidade em que se constata a presença do defeito. Como regra, se isso ocorre no curso do processo (prisma *endo*processual), não se apercebendo o órgão jurisdicional acerca do vício, uma simples petição, promovida pela parte a quem interessa a validação do processo e desde que não tenha sido ela que deu causa ao vício, pode provocar a correção do defeito. No processo de execução, essa petição (defensiva) provoca um incidente que visa a obstar a atividade executiva estatal, mediante provocação a respeito de sua legitimidade. Nesta perspectiva, ou seja, estando o processo em curso, seja em primeiro ou em segundo grau de jurisdição, o meio adequado, para argüir qualquer vício relacionado com os pressupostos e/ou requisitos de

(74) Na lição de *José Carlos Barbosa Moreira*, "O julgamento do mérito, em sentido favorável ou desfavorável ao autor, postula sempre a concorrência dos pressupostos processuais. É firme, na doutrina e na prática, a noção de que a ausência de qualquer deles inibe o órgão judicial de lançar-se à análise do litígio. Com isso não se diz que o processo haja por força de extinguir-se sem o exame do *meritum causae*: reconhecida, por exemplo, a incompetência, remetem-se os autos ao órgão competente, perante o qual prosseguirá sua marcha *o mesmo* feito, com perspectiva de conclusão normal. É evidente, contudo, que a impossibilidade de julgar-se o mérito enquanto subsista o defeito necessariamente condiciona a ordem da atividade cognitiva. Toda questão referente a pressuposto processual é, em qualquer caso, preliminar àquele julgamento" (*Sobre pressupostos processuais. Temas de direito processual: quarta série*. São Paulo: Saraiva, 1989, p. 90).

validade processuais é a objeção feita exigível e preferentemente na primeira oportunidade que a parte tiver, para se manifestar.[75] É claro que, quanto à profundidade da investigação (prisma vertical), devem ser observados os limites cognitivos da espécie de processo em que se discute a matéria. Como se vê, no âmago da relação processual, não há distinção entre pressupostos e requisitos de validade do processo: basta, apenas, que a matéria seja de ordem pública, conhecível de ofício, portanto, imune à preclusão.

Se houve, contudo, o término do processo de conhecimento em que se constata a ausência de algum pressuposto e/ou requisito de validade processual, a solução não será idêntica à anterior. Se a falta é de pressuposto processual, relembre-se de que a sentença daí oriunda também é inexistente, de modo que, como já visto, o instrumento cabível é a *ação declaratória de inexistência* (art. 4º do CPC) e, como tal, *independente de prazo*. Aliás, esse vício é tão grave, que, até mesmo no processo de execução, é possível argüir a carência de uma das condições da ação executiva, o legítimo interesse processual, em virtude da inexistência do título executivo (sentença civil condenatória inexistente). Já se a falta é de requisito de validade, recordando-se que as nulidades daí resultantes são passíveis de trânsito em julgado, o remédio cabível é a *ação rescisória*, que, por força do art. 495 do CPC, deve ser ajuizada no prazo decadencial de dois anos. Segundo pensamos, *se o vício de nulidade absoluta é da sentença civil condenatória, não se pode argüi-lo nos autos do processo de execução, haja vista a incidência sobre ela da autoridade da coisa julgada material*.

É evidente que, tanto na ausência de pressuposto processual quanto de requisito de validade (presença de vício passível de decretação de nulidade), revela-se permitida, preenchidas as condições fático-jurídicas exigidas para tanto, a utilização dos embargos à execução (arts. 741 e 745 do CPC; art. 16 da Lei n. 6.830/80) ou da impugnação ao cumprimento da sentença (art. 475-J, *caput*, do CPC).

Estabelecidas essas premissas, já se pode mergulhar em algumas questões envolvendo os pressupostos e os requisitos de validade do processo, matérias que, sem dúvida alguma, o Juiz deve conhecer no bojo do processo de execução, sendo de suma relevância essa distinção metodológica entre os campos da existência e validade, bem como o da eficácia.

3.2. PRESSUPOSTOS DE EXISTÊNCIA DO PROCESSO DE EXECUÇÃO

Para que haja o surgimento de uma relação jurídica processual, revela-se absolutamente necessário, antes de qualquer coisa, uma *provocação do Estado*, haja vista que "a atividade jurisdicional é uma 'atividade provocada'", motivo pelo qual se pode falar, com todas as letras, que "não há jurisdição sem ação".[76]

---

(75) RODRIGUES, Marcelo Abelha. *Elementos de direito processual civil*. 3ª ed. rev., atual. e ampl. São Paulo: RT, 2003, vol. 1, pp. 290-291.

(76) CARNEIRO, Athos Gusmão. *Jurisdição e competência*. 14ª ed. atual. São Paulo: Saraiva, 2005, p. 9.

No processo civil, essa provocação é feita através de um instrumento técnico denominado *petição inicial*, mas essa provocação não deve apenas ser dirigida ao Estado. É preciso um algo mais. É necessário que o órgão estatal seja munido de um *poder específico de julgar desinteressadamente* na resolução da causa. Como diz *Hélio Tornaghi*, "se esse poder não existe na pessoa física ou no órgão provocado, não nascerá uma relação jurídica, mas, quando muito, uma relação de fato, irrelevante para o Direito judiciário".(77) Tal provocação deve ser feita, ao órgão judiciário, por quem seja *parte* na causa deduzida em juízo, bem como deve ser dirigida, por intermédio desse órgão, à *outra parte* envolvida na contenda.

Nesse compasso, os pressupostos processuais, ontologicamente de *existência* da relação processual, são os seguintes: *1)* uma petição inicial que tenha conteúdo, ao menos, da indicação das partes e de um objeto; *2)* um órgão receptor da petição inicial dotado de jurisdição; *3)* a citação da parte apontada como demandada; *4)* que o autor tenha capacidade postulatória, o que é aferido pela juntada da procuração.

3.2.1. O exercício do direito de ação e a investidura na função jurisdicional

A atividade jurisdicional do Estado necessita de provocação, para que possa ser exercida, visto que a *inércia* é uma de suas características básicas.(78) Há, naturalmente, algumas exceções legais, a exemplo dos arts. 114, *VIII*, da CF, e 878 da CLT, os quais permitem, respectivamente, a iniciativa oficial do processo de execução das contribuições sociais previstas no art. 195, I, *a*, e II, da CF, e das verbas trabalhistas. O poder ou direito de provocar essa atividade chama-se, tecnicamente, *ação*, cujo exercício é materializado pela demanda com o ajuizamento da petição inicial. Para dar *início* à relação processual, não se faz necessário que a mesma esteja constituída de acordo com as regras aplicáveis,(79) já

---

(77) TORNAGHI, Hélio. *A relação processual penal*. 2ª ed. São Paulo: Saraiva, 1987, p. 73.

(78) Segundo *Ada Pellegrini Grinover, Antônio Carlos de Araújo Cintra* e *Cândido Rangel Dinamarco*, "outra característica da jurisdição decorre do fato de que os órgãos jurisdicionais são, por sua própria índole, inertes *(nemo judex sine actore, ne procedat judex ex officio)*. O exercício espontâneo da atividade jurisdicional acabaria sendo contraproducente, pois a finalidade que informa toda atividade jurídica do Estado é a pacificação social e isso viria em muitos casos a fomentar conflitos e discórdias, lançando desavenças onde elas não existiam antes. Há outros métodos reconhecidos pelo Estado para a solução dos conflitos (conciliação endo ou extraprocessual, autocomposição e, excepcionalissimamente, autotutela — sobre os meios alternativos para a eliminação de conflitos e o melhor é deixar que o Estado só intervenha, mediante o exercício da jurisdição, quando tais métodos não tiverem surtido efeitos". Além disso, ponderam com propriedade os cultos processualistas de São Paulo, "[...] a experiência ensina que quando o próprio juiz toma a iniciativa do processo ele se liga psicologicamente de tal maneira à idéia contida no ato de iniciativa, que dificilmente teria condições para julgar imparcialmente. Por isso, fica geralmente ao critério do próprio interessado a provocação do Estado-juiz ao exercício da função jurisdicional: assim como os direitos subjetivos são em princípio *disponíveis*, podendo ser exercidos ou não, também o acesso aos órgãos da jurisdição fica entregue ao poder dispositivo do interessado (mas mesmo no tocante aos direitos indisponíveis a regra da inércia jurisdicional prevalece: *v. g.*, o *jus punitionis* do Estado)" (*Teoria geral do processo*. 20ª ed. rev. e atual. São Paulo: Malheiros, 2004, pp. 134-135).

(79) LUCON, Paulo Henrique dos Santos. *Embargos à execução*. 2ª ed. rev., atual. e ampl. São Paulo: Saraiva, 2001, pp. 242-243.

que este problema é analisado em momento posterior, justamente na análise da presença ou não dos requisitos de regularidade processual. Assim, ainda que a mesma posteriormente seja tachada de inepta, faz-se mister a presença de uma petição inicial, para dar início à formação da relação processual,[(80)] inclusive a de execução, sendo que a respectiva omissão, fora das ressalvas previstas no sistema jurídico, constitui matéria passível de gerar a declaração de inexistência *jurídica* dos atos realizados, mediante argüição por simples petição incidental defensiva.

A ação, enquanto poder ou direito, tem como sujeito passivo o Estado *no exercício* da sua função jurisdicional. Se assim é, não é difícil perceber que o órgão receptor da petição inicial deve estar investido de jurisdição, sob pena de inexistência jurídica do processo,[(81)] instrumento pelo qual se realiza a atividade jurisdicional do Estado. O objeto *imediato* do processo, relembre-se, é a jurisdição. Se esta não existe, já que o órgão receptor da petição inicial não possui *investidura*[(82)] para tanto, é natural que o processo também não exista[(83)], e a questão não é meramente acadêmica. Apenas para se ter uma idéia, imagine-se a prática de "atos processuais" por um Juiz em *disponibilidade compulsória*, tal como a prevista no art. 93, *VII*, da CF, ou, ainda, por Juiz *aposentado*, *afastado* ou de *licença*, tendo a publicação do ato respectivo passado despercebida.[(84)] Tais atos, a despeito de materializados no tempo e espaço, são inexistentes perante o sistema jurídico processual pátrio.[(85)] No caso, como ensina *Hélio Tor-*

---

(80) A idéia de demanda como ato inicial do processo é tão importante, que autores do quilate de *Celso Neves*, em posição que não acompanhamos, pelas razões que serão paulatinamente aduzidas nesta dissertação, defendem-na como o único pressuposto processual, ou seja, como elemento que, por si só, possui aptidão, para formar a relação processual (*Estrutura fundamental do processo civil: tutela jurídica processual, ação, processo e procedimento*. 2ª ed. Rio de Janeiro; Forense, 1997, p. 199).

(81) COMOGLIO, Luigi Paolo; FERRI, Conrado; TARUFFO, Michele. *Lezioni sul processo civile*. 2ª ed. Bologna: Mulino, 1998, p. 243.

(82) A *investidura* constitui princípio inerente à jurisdição e "[...] corresponde à idéia de que a jurisdição só será por quem tenha sido regularmente investido na autoridade de juiz. A jurisdição é um monopólio do Estado e este, que é uma pessoa jurídica, precisa exercê-la através de pessoas físicas que sejam seus órgãos ou agentes: essas pessoas físicas são os juízes. É claro, pois, que, sem ter sido regularmente investida, não será uma pessoa a encarnação do Estado no exercício de uma de suas funções primordiais" (CINTRA, Antônio Carlos de Araújo; DINAMARCO, Cândido Rangel; GRINOVER, Ada Pellegrini. *Teoria geral do processo*. 20ª ed. rev. e atual. São Paulo: Malheiros, 2004, p. 137).

(83) A rigor, de acordo com a sistemática jurídica aplicável, ninguém será privado de seus bens sem o devido processo legal (art. 5º, LIX, da CF). Isso significa dizer que atos de repercussão física, como os atos executórios, somente podem ser realizados por representantes do Estado investidos na função jurisdicional, que é desempenhada em regime de monopólio (art. 5º, *XXXV*, da CF). Logo, entendemos que a alienação extrajudicial de bens hipotecados (art. 6º, *§ 2º*, do Decreto-lei n. 21/66; arts. 30, parte final, 31 a 38 do Decreto-lei n. 70/66) é indiscutivelmente inconstitucional. Observe-se que, ao arrepio do princípio do contraditório, o devedor sequer tem oportunidade de defesa.

(84) BARBOSA MOREIRA, José Carlos. *Sobre pressupostos processuais. Temas de direito processual: quarta série*. São Paulo: Saraiva, 1989, p. 91.

(85) Leciona *Alberto Camiña Moreira:* "Se pretenso processo correu por onde não existia jurisdição, processo não é, e impõe-se o reconhecimento de sua inexistência jurídica. Para que o processo exista deve haver jurisdição. Atos satisfativos comandados por quem não é juiz (escrivão, por exemplo) são atos inexistentes; é inexistente processo que tenha ato praticado por juiz já aposentado" (*Defesa sem embargos do executado: exceção de pré-executividade*. 3ª ed. rev. e atual. São Paulo: Saraiva, 2001, pp. 75-76).

naghi, "haverá processo puramente físico, atividade encadeada e progressiva, relação de fato entre sujeitos; se um deles não é juiz, se é pessoa não investida de jurisdição, não há processo".(86) Conseqüentemente, se de nulidade não se trata, pode-se atacar o vício, inclusive, quando se tratar de sentença civil condenatória, "título executivo" por excelência, a qualquer tempo, independentemente de prazo decadencial e preclusão. Neste caso, conforme dito nesta obra, como faltou um pressuposto ou elemento essencial da sentença, ela sequer tem força para transitar em julgado, podendo esse vício gravíssimo ser argüido na fase de cumprimento ou de satisfação do crédito.

É interessante observar que o princípio do devido processo legal (art. 5º, *LIV*, da CF) reclama que a privação da liberdade ou dos bens de um determinado cidadão ocorra somente após a realização de um procedimento presidido por uma autoridade oficialmente constituída.(87) Infelizmente, não obstante a flagrante *inconstitucionalidade,*(88) por entendimento majoritário do STF, persiste, em nosso sistema jurídico, a possibilidade de particular, em nítida atividade privada, sem a participação do Poder Judiciário (jurisdição estatal), obter a satisfação de seu crédito. É o que sucede, por exemplo, na *execução extrajudicial*, instituída em favor do Banco Nacional de Habitação, a qual é conduzida por um agente fiduciário completamente estranho ao Poder Judiciário e caminha sem possibilidade de embargos ou outro meio de defesa pelo executado, sem avaliação prévia do bem e sem necessidade de correspondência entre o valor da alienação e o valor real (cf. Decreto-lei n. 70, de 21.11.66). Outro claro exemplo de intervenção da ideologia dominante no procedimento instituído em favor dos detentores do capital é o regime jurídico da alienação fiduciária em garantia. Permite-se que as instituições financeiras procedam à *venda extrajudicial*, em caso de inadimplemento do mutuário. Neste caso, o bem é vendido pelo próprio credor, sem limite mínimo de preço e sem que o Estado e o devedor fiscalizem a lisura da venda, apenas se devolvendo a este eventual resíduo (cf. Decreto-lei n. 911, de 1º.10.69).(89)

A petição inicial é o instrumento que inaugura a relação processual, e, com ela, o Estado, no exercício da jurisdição, toma conhecimento, através do pedido

---

(86) TORNAGHI, Hélio. *A relação processual penal*. 2ª ed. São Paulo: Saraiva, 1987, pp. 74-75.

(87) Oportuna a seguinte lição de *Rita Dias Nolasco:* "O devido processo legal constitui garantia às partes de um processo justo, onde os litigantes possam ter um tratamento jurisdicional igualitário, sem que uma parte prevaleça sobre a outra, ao mesmo tempo em que concede ao Poder Judiciário os instrumentos necessários para a busca da verdade. Os contendores têm o direito de se fazerem ouvir, de deduzirem suas pretensões em igualdade de condições e de participarem amplamente na formação do convencimento do juiz". E arremata: "O princípio do devido processo legal exige que se dê às partes a tutela jurisdicional adequada, conferindo aos sujeitos do processo amplas e iguais oportunidades para alegar e provar fatos inerentes à consecução daquela tutela. Concretamente, não se atinge o devido processo legal sem um ordenamento igualitário, no qual o julgador deve fazer cumprir as normas constitucionais para que as partes tenham tratamento paritário no processo" (*Exceção de pré-executividade*. 2ª ed. rev., atual. e ampl. São Paulo: Método, 2004, p. 46).

(88) DINAMARCO, Cândido Rangel. *Execução civil*. 7ª ed. rev. e atual. São Paulo: Malheiros, 2000, n. 191, nota de rodapé n. 36, p. 312.

(89) SHIMURA, Sérgio. *Título executivo*. 2ª ed. atual. e ampl. São Paulo: Método, 2005, nota de rodapé n. 36, p. 35.

ou da pretensão, da relação jurídica de direito material em crise, a fim de poder, mediante a possibilidade de participação da parte contrária, solucionar o problema social. O pedido, nesse contexto, possui relevância fundamental para o processo, eis que, através dele, fixa-se o próprio mérito da demanda e, com efeito, a parcela da sociedade que, estando em litígio, necessita da tutela jurisdicional. Em outras palavras, "é o autor quem, na petição inicial, fixa os limites da lide. É ele quem deduz pretensão em juízo. O réu, ao contestar, apenas se defende do pedido do autor, não deduzindo pretensão alguma".(90)

Certas questões envolvendo o pedido deduzido na petição inicial, ainda que do processo de conhecimento, podem trazer reflexos sobre a cognição desempenhada no processo de execução. Segundo *Ovídio Baptista da Silva*, o princípio da demanda baseia-se no pressuposto da disponibilidade, não da causa posta sob julgamento, mas do próprio direito subjetivo material das partes, de modo que a regra básica define-se como caberá ao titular do direito material decidir livremente se o exercerá ou deixará de exercê-lo. Explica o processualista do Rio Grande do Sul que o caráter compulsório do exercício de uma faculdade legal ou um direito subjetivo contradiz o próprio conceito de direito. Assim, como esclarece o autor, ninguém pode ser obrigado a exercer direitos que, porventura, caibam-lhe, bem como ninguém deve ser compelido, contra a sua própria vontade, a defendê-lo em juízo.(91) Por tal razão, o art. 262 do CPC, acertadamente, prescreve que o processo "[...] começa por iniciativa da parte [...]", não obstante se desenvolva por impulso oficial. Essa visão é perfeitamente aplicável ao processo de conhecimento, em que o autor, através da petição inicial, fixa os limites da lide. Já no processo de execução, o pedido é bem delimitado e é até presumido em razão do título executivo: pede-se a realização dos atos executivos, a fim de satisfazer o crédito que lhe dá conteúdo.

O pedido deduzido na petição inicial, portanto, fixa os próprios limites da lide. Não é à toa que o art. 2º do CPC reza que "nenhum juiz prestará a tutela jurisdicional senão quando a parte ou o interessado a requerer, nos casos e forma legais". Infere-se daí importante conclusão: ressalvadas as exceções legais, se o Juiz, de ofício, determinar que se passe imediatamente à fase de execução, o "processo" que se seguir deve ser considerado juridicamente inexistente. É que o pedido provocador da atividade jurisdicional, enquanto elemento essencial da petição inicial, é pressuposto processual cuja ausência enseja a argüição via defesa interna, já que, na lição de *Alberto Camiña Moreira*, "vício dessa natureza pode ser alegado no próprio processo de execução".(92)

Na esteira do que prescreve o art. 128 do CPC, "o juiz decidirá nos limites em que foi proposta, sendo-lhe defeso conhecer de questões, não suscitadas, a

(90) NERY JÚNIOR, Nelson; NERY, Rosa Maria Andrade. *Código de Processo Civil e legislação processual civil extravagante em vigor*. 6ª ed. rev. São Paulo: RT, 2002, p. 477.

(91) SILVA, Ovídio Baptista da. *Curso de direito processual civil*. 5ª ed. rev. e atual. São Paulo: RT, 2000, vol. I, pp. 63-66.

(92) MOREIRA, Alberto Camiña. *Defesa sem embargos do executado: exceção de pré-executividade*. 3ª ed. rev. e atual. São Paulo: Saraiva, 2001, p. 77.

cujo respeito a lei exige a iniciativa da parte". Se o pedido delimita o litígio, a tutela jurisdicional deve cingir-se a ele. Trata-se do princípio da adstrição da sentença ao provimento jurisdicional pleiteado, conhecido também como princípio da congruência entre o pedido e a sentença, devendo-se observar que o mesmo não é absoluto, de modo que admite exceções previamente tipificadas no sistema processual (art. 294 do CPC), a exemplo do que ocorre com a condenação em custas processuais e honorários advocatícios (art. 20, *caput*, do CPC), bem como a incidência de atualização monetária e juros legais (art. 293 do CPC), que não precisam constar expressamente do pedido. Adotando essa linha principiológica, o art. 460 do CPC prescreve que "é defeso ao juiz proferir sentença, a favor do autor, de natureza diversa da pedida, bem como condenar o réu em quantidade superior ou em objeto diverso do que foi demandado".

José Carlos Barbosa Moreira fundamenta o princípio da congruência entre o pedido e a sentença por diversos *ângulos*. Inicialmente, aponta a possibilidade do exercício amplo do direito de defesa pelo réu. Segundo o citado processualista, esse princípio implica necessariamente um mínimo de *previsibilidade* para o reclamado, que precisa saber, ao ser convocado a juízo, quais são as suas chances no processo, seja para melhor ou pior.(93) O autor, por outro lado, deve ter a segurança de que, desde que satisfeitos os requisitos de validade do processo e haja a presença das condições da ação, o seu pedido será totalmente julgado, seja pela procedência ou pela improcedência, mas será definitivamente julgado. Ao Juiz, assim, é proibido exceder o pedido ou julgar fora do pedido, deve pronunciar-se sobre todo o pedido. Enfim, nada além do pedido, deve pronunciar-se exatamente sobre o pedido. Como afirma *Barbosa Moreira*, o princípio de que a sentença deve ser congruente com o pedido funciona em dois sentidos: mão e contramão. Se assim é, além da impossibilidade de o Juiz *conceder* o que não foi pedido, fica vedada a possibilidade de *negar* o que não foi pedido. Neste caso, ainda que tenha vontade de fazê-lo, seja por que circunstância for, o Juiz deve ter a virtude de silenciar sobre aquilo que não lhe compete dizer naquele momento.(94)

---

(93) O mestre carioca nos dá o seguinte exemplo: "Alguém vai a juízo e oferece uma pensão do valor X. Como se põe, nesse caso, o problema da congruência? Põe-se com os termos invertidos, obviamente. Que significa aquela exigência para o caso que nos interessa? Significa que o resultado do processo não pode ser, para o réu, pior do que aquele que decorrerá do acolhimento *in totum* do pedido. Essa é, creio eu, a razão fundamental de política legislativa de toda essa sistemática: sempre a questão da previsibilidade. É preciso que o réu possa prever quais as piores conseqüências concebíveis para ele no caso de derrota, a fim de orientar-se, de tomar a decisão sobre a atitude que deve assumir em face da propositura da ação". E conclui: "Se se trata de um oferecimento, é claro que temos de raciocinar invertendo os termos da questão. Se o autor ofereceu 400, ao réu deve ficar assegurado de que terá no mínimo 400; não pode ter um resultado pior do que aquele que resultaria da acolhida do oferecimento. Neste caso, o juiz estaria violando o princípio que lhe veda julgar *ultra petita*, se não se fixasse uma quantia superior, e sim, se fixasse uma quantia inferior. Porque neste caso é que ele estaria surpreendendo o réu com um resultado pior do que aquele que decorreria do acolhimento do pedido, tal como formulado" ("Correlação entre o pedido e a sentença". *Revista de Processo*, São Paulo: RT, n. 83, jul./set. 1996, p. 211).

(94) Na lição do autor, também faz parte do princípio estudado a situação de que, se o Juiz se deparar com algo que o impede de julgar o mérito, deve manter o mais absoluto silêncio sobre o mérito. Assim, se acolher uma preliminar por ausência de pressuposto processual ou de carência de ação, deve extinguir

Qual é a conseqüência da violação do princípio que impõe a congruência, a correlação entre a sentença e o pedido? Como se deve considerar uma sentença que viole esse princípio? A doutrina, de um modo geral, caminha na direção da *nulidade*, contudo, como sempre acontece a respeito das discussões jurídicas, há variações. *José Carlos Barbosa Moreira* entende que "[...] a sentença *citra petita*, *ultra petita* ou *extra petita* é sempre, em todas as hipóteses, uma sentença nula" e, com efeito, como acontece com as nulidades da sentença em geral, esta também, após o trânsito em julgado, se o vício não tiver sido corrigido, converte-se em hipótese de cabimento de ação rescisória. O nulo torna-se rescindível. "Por conseguinte", entende o autor,

> "não é possível, por exemplo, alegar em embargos a uma execução que a sentença exeqüenda é nula porque condenou além do pedido. Só é possível corrigir o erro após o trânsito em julgado mediante a competente ação rescisória, fundada, é óbvio, no inc. V do art. 485 do CPC."(95)

Diferentemente e com inegável razão, pensam *Teresa Arruda Alvim Wambier* e *José Miguel Garcia Medina*. Para esses processualistas de escol, cujas lições são, várias vezes, utilizadas nesta modesta obra, a sentença proveniente de violação ao princípio da congruência com o pedido deduzido na petição inicial é *inexistente*, e não simplesmente nula. Assim, para sanar tal vício, cabível, a qualquer tempo, sem que se fale em prazo decadencial ou preclusão, é a *ação declaratória de inexistência jurídica*. O fundamento para essa conclusão é extremamente razoável. A partir do momento em que uma parte, diante do princípio da inafastabilidade da tutela jurisdicional (art. 5º, *XXXV*, da CF), tem o *direito* de pedir o exercício da jurisdição do Estado, para definir o destino de um bem da vida em litígio, surge, correlatamente, o *dever* do o Estado se manifestar acerca do respectivo pedido. O dever estatal de decidir, portanto, surge com o exercício do direito de ação. Com o pedido deduzido na petição inicial, porém, há o *dimensionamento* desse dever de decidir, sob pena de violação ao mencionado princípio da congruência. O ordenamento jurídico (art. 292 do CPC), preenchidas determinadas condições, faculta ao autor a cumulação de pedidos em uma mesma relação processual. Em contrapartida, cada pedido individualmente considerado

---

o processo sem julgamento do mérito, mas, antes disso, deve explicar quais as razões que o levaram a acolher a aludida preliminar. Nada mais. O autor, recordando-se de casos da sua vasta experiência jurídica, mencionou uma situação em que o Juiz, esclarecendo que sabia que, tecnicamente, o mérito deveria ser julgado após as preliminares, advertiu que iria inverter essa ordem. Assim, diretamente, passou a apreciar o mérito, concluiu que o autor não tinha razão e disse que o pedido era improcedente, acrescentando que aí iria voltar às preliminares. Também, contudo, acolheu uma delas, de modo que extinguiu o processo sem julgamento do mérito. Segundo conta *Barbosa Moreira*, essa sentença foi retirada da realidade forense. Destarte, o Juiz deve ter a virtude da autocontenção. Nas palavras do autor, ainda que ele esteja com vontade imensa de dizer que, além de tudo, o autor não tem razão nem uma, defronta-se com uma preliminar que o impede de passar ao mérito, deve fazer um esforço, quiçá, em certos casos, sobre-humano, para guardar dentro de si aquilo que porventura lhe passe pela mente a respeito do mérito ("Correlação entre o pedido e a sentença". *Revista de Processo*, São Paulo: RT, n. 83, jul./set. 1996, p. 211).

(95) BARBOSA MOREIRA, José Carlos. "Correlação entre o pedido e a sentença". *Revista de Processo*, São Paulo: RT, n. 83, jul./set. 1996, pp. 214 e 215, respectivamente.

gera um *dever específico* de julgar ou decidir. Assim, a sentença *citra petita* é juridicamente inexistente por descumprimento do dever específico de julgar. Se houve os pedidos "A" e "B", julgando-se somente com relação ao pedido "B", é inegável a ausência de decisão quanto ao pedido "A". Nas felizes palavras dos autores, "trata-se de um ato que *pretende* ser uma sentença, a que, todavia, falta característica essencial: a decisão propriamente dita. É uma sentença fática e juridicamente inexistente". Raciocínio idêntico, porém, pelo ângulo contrário, aplica-se às sentenças *ultra* e *extra petita*, as quais, na parte que apresentam os vícios respectivos, devem ser consideradas inexistentes exatamente por *ausência de pedido*, ou seja, de petição inicial, que é pressuposto processual e, via lógica de conseqüência, ao menos segundo o nosso entendimento, elemento de *existência* do processo.(96)

Assim sendo, a despeito do cabimento, após o término do processo de conhecimento da ação declaratória de inexistência do suposto título executivo, que é prejudicial à fase executiva, entendemos que nesta (etapa de cumprimento da sentença) é perfeitamente cabível, por intermédio puro e simples de defesa intraprocessual, a suscitação dessas questões, especialmente no que se refere às sentenças *ultra* e *extra petita*, já que não há transgressão aos lindes intransponíveis da cognição judicial. A matéria não se afasta dos limites horizontais, nem muito menos exige dilação probatória, devendo ser apreciada pelo Juiz, inclusive de ofício. Observe-se que, na parte viciada, as sentenças *citra*, *ultra* e *extra petita* não transitam em julgado, já que está ausente pressuposto processual, de modo que, não havendo formação de coisa julgada material, óbice jurídico não existe quanto ao questionamento no processo de execução. Estando evidenciada a ausência de título executivo, notadamente, repita-se, na parte que se refere aos vícios *ultra* e *extra petita*, a fase executiva não se revela legítima, sendo cabível o incidente defensivo.(97)

O art. 463, *I* e *II*, do CPC dispõe que, ao publicar a sentença de mérito, o Juiz cumpre e acaba o ofício jurisdicional, só podendo alterá-la, para lhe corrigir, de ofício ou a requerimento da parte, inexatidões materiais(98) ou lhe retificar

---

(96) WAMBIER, Teresa Arruda Alvim; MEDINA, José Miguel Garcia. *O dogma da coisa julgada: hipóteses de relativização*. São Paulo: RT, 2003, pp. 78-95; WAMBIER, Teresa Arruda Alvim. *Nulidades do processo e da sentença*. 5ª ed. rev., atual. e ampl. São Paulo: RT, 2004, pp. 311-319.

(97) *Teresa Arruda Alvim Wambier*, a respeito da temática, tem o seguinte pensamento: "O mesmo raciocínio que se pode fazer no que diz respeito à execução de título judicial, consistente em sentença condenatória proferida em processo em que não tenha havido citação, pode-se fazer para a execução de sentença *extra* ou *ultra petita*: *não há* título se a decisão foi proferida *fora* do pedido (para o caso de a decisão ser *extra petita*) e *não há título* na parte em que a sentença excede o pedido ou julga pedido que não foi, *além* dos que foram efetivamente formulados". E conclui: "Trata-se de matéria alegável independentemente de embargos, *se demonstrável com facilidade*" (*Nulidades do processo e da sentença*. 5ª ed. rev., atual. e ampl. São Paulo: RT, 2004, p. 347).

(98) Como corretamente ensina *Arruda Alvim*, "o erro material constitui-se em toda discrepância manifestamente perceptível entre o *pensamento real* e a *expressão utilizada*, em que, nesta úlitma, aquele não se encontra retratado". Assim, não resta acobertado pela autoridade da coisa julgada material. Na lição do eminente processualista da PUC-SP, "Sem esse invólucro torna-se possível a revisão, sem macular o decidido; pelo contrário, preserva-o, ajustando-se ao que resultou *mal expressado em relação à real vontade do magistrado*". E arremata: "Não há a possibilidade de ofensa à coisa

erros de cálculo,[99] bem como através do julgamento de embargos de declaração. "Trata-se do princípio da inalterabilidade da sentença pelo juiz".[100] Como esclarece *Carlos Alberto Alvaro Oliveira*, se o Juiz emite o provimento final, deixa de ter jurisdição para atuar na causa, a não ser para retificar ou esclarecer a respeito da sua decisão, ordenar os atos preparatórios do eventual procedimento recursal ou, ainda, mandar praticar algum ato da chamada "execução imprópria", como, por exemplo, registros e anotações cartorárias. Tais atividades, na lição do ilustre processualista gaúcho, são, por assim dizer, "residual, complementar ou retificadora", à margem, portanto, da finalidade principal do processo, que é o julgamento da pretensão deduzida em juízo e a conseqüente satisfação do crédito reconhecido em um título executivo. Assim, diante de tais circunstâncias, o eventual reexame do mérito da demanda, fora dos casos excepcionalmente permitidos pela legislação, acarreta, "[...] sem dúvida, atividade não revestida do selo da jurisdicionalidade e, por conseguinte, inapta para ingressar no mundo jurídico".[101] Destarte, tratando-se de hipótese não tipificada nas exceções legais, exatamente naquela parte diferente da decisão originária no processo de conhecimento, há, *por ausência de jurisdição* do Juiz prolator, inexistência jurídica de título executivo, que, por não demandar alta indagação, é suscetível de questionamento defensivo no processo de execução.

3.2.2. A capacidade de ser parte e a capacidade postulatória

A ação deve ser formulada por e contra entidade provida de *capacidade de ser parte*. É importante, de logo, observar que ela (capacidade de ser parte), por ser exigência genérica de cunho processual, não se confunde com a legitimidade para a causa, pois esta constitui uma das condições da ação, portanto forma aqueles requisitos básicos que, em virtude de conexão com a relação de direito material, devem ser preenchidos, para que o juízo aprecie o mérito processual. Observe-se também que, segundo entendemos, tanto a *capacidade de ser parte* quanto a *capacidade postulatória* (ao menos no que refere à juntada de procuração) possuem a natureza jurídica de pressupostos processuais, ao passo que a *legitimidade (ou a capacidade) processual* encontra-se no regime jurídico dos requisitos de validade do processo. Em razão disso, advertimos que, apenas por uma questão de opção, já que interligadas, todas elas serão apreciadas nesta

---

julgada, pois sobre o *erro material* ela não se assenta. Nem se trata de alegar a preclusão, pois a qualquer tempo tais erros podem ser revisitados" (*Direito processual civil*. São Paulo: RT, 2002, vol. 3, pp. 26 e 28, respectivamente).

(99) A exatidão do cálculo, a rigor, é matéria de ordem pública, portanto pode ser conhecida de ofício pelo Magistrado. Sendo assim, não se exigindo dilação probatória, é inegável o cabimento de defesa intraprocessual executiva a respeito. Pontifica *Arruda Alvim:* "Desta forma, sendo manifesto ou ostensivo o erro cometido na elaboração do cálculo, é certo que tem cabimento a 'exceção' de pré-executividade, devendo o magistrado determinar a correção do defeito, com remessa dos autos ao contador" (*Direito processual civil*. São Paulo: RT, 2002, vol. 3, p. 22).

(100) NERY JÚNIOR, Nelson; NERY, Rosa Maria de Andrade. *Código de Processo Civil comentado e legislação processual civil extravagante em vigor*. 6ª ed. rev. São Paulo: RT, 2002, p. 765.

(101) OLIVEIRA, Carlos Alberto Alvaro. "Execução de título judicial e defeito ou ineficácia da sentença". *Revista de Processo*, São Paulo: RT, n. 80, out./dez. 1995, p. 67.

oportunidade. Veja-se que, para efeito deste trabalho, sob o ponto de vista endoprocessual, essa perspectiva não prejudica totalmente a organização da cognição, haja vista que, ausente qualquer espécie de capacidade no processo de execução, é cabível, sem incidência do instituto da preclusão, o exercício incidental de defesa interna.

A capacidade de ser parte define exatamente *quem pode figurar como parte no processo.*(102) Normalmente, ter capacidade jurídica (art. 2º do CC), isto é, aptidão para contrair direitos e obrigações, resolve a questão.(103) Reza o art. 7º do CPC: "Toda pessoa que se acha no exercício dos seus direitos tem capacidade para estar em juízo". Sabe-se, entretanto, que a jurisprudência é pródiga em reconhecer que alguns entes sem personalidade jurídica (ilustrativamente: massa falida, herança, condomínio, sociedade de fato, Ministério Público, Procons, Casas Legislativas etc.), em situações bem demarcadas (muitas delas em nome de suas prerrogativas institucionais ou funcionais, e outras delas pelo simples fato de serem um agrupamento humano minimamente organizado), podem ser parte, sendo esta a razão pela qual uma parte da doutrina prefere utilizar o termo *personalidade judiciária.*(104) A capacidade de ser parte, portanto, nada mais é que a aptidão genérica conferida pela lei processual à parte, para que ela possa estar em juízo. Em outras palavras, todo aquele que tem personalidade *jurídica* (temática estudada na Parte Geral do Direito Civil) detém capacidade processual. A capacidade ou personalidade *jurídica*, como se sabe, é adquirida pela pessoa física ao nascer com vida, ao passo que, pela pessoa jurídica, com o registro de seus atos constitutivos no órgão competente. Assim, repita-se, quem tem, nestes termos, capacidade jurídica tem, automaticamente, capacidade processual, pois esta, como já se falou, decorre da aquisição pura e simples da personalidade jurídica. Essa é a regra. Como em quase tudo em Direito, porém, há exceções, e aqui é digno de registro o fato de o legislador processual ter avançado em relação ao de direito material. Ilustrativamente, quando for de-

(102) BEBBER, Júlio César. *Exceção de pré-executividade no processo do trabalho*. São Paulo: LTr, 2004, p. 156.

(103) "Por outras palavras", ensina *Arruda Alvim*, "quando há representação e assistência, na órbita do Direito Civil, para fins de integração da capacidade jurídica de exercício de direito (capacidade processual incompleta, a ser completada pela representação ou assistência), também tais fenômenos, simetricamente, ocorrerão, no campo do processo, se o incapaz ingressar em juízo, ativa ou passivamente". E continua o ilustre autor: "O sistema do Direito Civil, neste particular, é de fundamental importância para o processo civil, dado que os casos de *integração subjetiva da capacidade processual* encontram sua razão de ser no Direito Civil, nos pontos em que este diploma se limita, por alguma razão, a capacidade de exercício de direitos, constituindo-se no referencial para o processo civil". Nesse contexto, em linha de arremate, explica o conhecido processualista de São Paulo que "o absolutamente incapaz, de uma forma geral e absoluta, nada pode fazer de válido, quer na esfera civil, quer na esfera do processo. Já, porém, o relativamente incapaz tem a sua capacidade reduzida ou incompleta; não, porém, inexistente. Tanto é assim que o processo em que menor púbere não foi citado pessoalmente, mas tão-somente seu pai, é nulo" (*Manual de direito processual civil*. 7ª ed. rev., atual. e ampl. São Paulo: RT, 2000, vol. 2, p. 32).

(104) É o posicionamento de *José Maria Tesheiner:* "A capacidade de ser parte traduz-se melhor na expressão 'personalidade judiciária' do que por 'personalidade jurídica', porque podem ser partes, no processo, como autores ou réus, entes que não são pessoas, como a massa falida" (*Pressupostos processuais e nulidades no processo civil*. São Paulo: Saraiva: 2000, p. 58).

mandada uma sociedade que não tenha registrado os seus atos constitutivos na repartição competente (portanto uma sociedade sem personalidade jurídica), ela terá capacidade para estar em juízo, mas, em contrapartida, não poderá alegar, em seu favor, a irregularidade de sua constituição (art. 12, § 2º, do CPC).

Fredie Didier Jr. resume bem a questão:

> "Tem capacidade de ser parte, então, todos os entes que tenham personalidade jurídica de direito material, bem como todos os agrupamentos humanos minimamente organizados, de modo que se possa identificar o seu representante, para que a sua capacidade processual fique integrada, e os seus interesses juridicamente tutelados, que dizem respeito à sua finalidade — na expressão utilizada pelo STJ e STF, seus 'direitos-função'. É por isso que se atribui capacidade de ser parte às sociedades não-personificadas, ao MST, ao Ministério Público, às comunidades indígenas etc. É por que a comunidade de pessoas lesadas (titular de direitos difusos e/ou coletivos) não tem capacidade para ser parte, por não ter o mínimo de organização: os seus direitos serão defendidos em juízo por legitimados extraordinários."(105)

É absolutamente inadmissível um processo sem partes.(106) Não é preciso que estas efetivamente participem do processo, contenta-se com a indicação das mesmas na petição inicial, tornando essa participação, em função dos atos processuais de comunicação, meramente potencial. *Calmon de Passos* é taxativo: "A sentença proferida contra quem não foi parte ou não tinha capacidade para ser parte também é sentença inexistente".(107) Pouco adiante, o ilustre processualista baiano esclarece que "[...] é inexistente o ato praticado com absoluta ausência de vontade".(108) Como se percebe, a citação recebida por sujeito absolutamente incapaz, ou seja, por uma pessoa cuja vontade não é reconhecida pela ordem jurídica, implica a inexistência *jurídica* dos atos processuais que lhes são posteriores. É perfeitamente cabível, neste caso, o exercício da defesa endoprocessual.

Metodologicamente, vale observar, a análise deve ocorrer *no plano lógico*, já que o processo, *ao menos em sua visão estrutural completa*, que é a que deve preponderar para efeito de *organização da cognição*, constitui-se em um proce-

---

(105) DIDIER JÚNIOR, Fredie. *Pressupostos processuais e condições da ação: o juízo de admissibilidade do processo*. São Paulo: Saraiva, 2005, p. 123.

(106) *Jorge Luís Dall'Agnol* não concorda com essa afirmação, pois, uma vez proposta a petição inicial, pode o Juiz, já neste primeiro contato com o autor, extinguir o processo por inépcia dessa mesma petição inicial, conceder liminar, que pode resultar em atos de repercussão física, como reintegração e manutenção de posse, e indeferir liminarmente essa petição inicial, quando reconhecer a decadência ou, no caso em que pode ser conhecida de ofício, a prescrição (*Pressupostos processuais*. Porto Alegre: Le Jur, 1988, p. 29).

(107) CALMON DE PASSOS, José Joaquim. *Esboço de uma teoria das nulidades aplicada às nulidades processuais*. Rio de Janeiro: Forense, 2002, p. 102.

(108) CALMON DE PASSOS, José Joaquim. *Esboço de uma teoria das nulidades aplicada às nulidades processuais*. Rio de Janeiro: Forense, 2002, p. 102.

dimento potencialmente em contraditório (prisma extrínseco), que tem como base uma relação jurídica formada por três sujeitos (prisma intrínseco). Qualquer exemplo apontado pela doutrina que não observe essa estrutura deve ser reputado excepcional, ou, se assim preferir, processo parcial (formação angular). Resolver a questão no plano da eficácia, como prefere alguns, não está errado, *desde que se compreenda que o processo em sua estrutura global nunca existiu: para nós, o processo não existe, por falta de uma das partes, e, por conseqüência, é naturalmente ineficaz em relação a ela.*[109] Deve-se estabelecer essa ordem lógica, sob pena de quebrar a organização da cognição.

A rigor, criteriosamente, sabe-se que, para existir um processo judicial, inclusive com possibilidade de ser eficaz, ou seja, com possibilidade de produzir concretamente os efeitos desejados pela ordem jurídica, apenas basta um *pedido de prestação da tutela jurisdicional* a um órgão investido de *jurisdição.*[110] Esses elementos, todavia, por si, não completam o modelo ideal de processo, qual seja, formado pela presença dos três sujeitos, sendo um deles investido na função jurisdicional, imparcial por natureza, havendo possibilidade de debate franco e aberto entre as partes interessadas. Qualquer outra forma de prestação jurisdicional, embora juridicamente admitida, revela-se excepcional. Assim, resumindo, o processo deve metodologicamente sempre ser visto da maneira pela qual o Estado vislumbrou-o, para cumprir a sua função jurisdicional, ou seja, na sua completa visão estrutural (tal como acima mencionada), de sorte que qualquer exemplo em sentido contrário, ainda que produza efeitos jurídicos típicos, trata-se de hipótese acidental e não desejada, ao menos como regra, pelo sistema.[111]

Um exemplo pode ajudar a compreensão do nosso pensamento. É irrefutável que uma pessoa morta não possui capacidade para ser parte.[112] Assim, um

(109) Parece ser o mesmo posicionamento de *Thereza Alvim:* "Se, porventura, for solucionada a lide sem que se tenha formado o litisconsórcio necessário, essa solução terá sido *inutiliter data*, pois, processo não existiu por falta de citação (completa — parte plúrima) e não havendo processo, não poderá ser exercido o direito processual civil de ação e, inexistente esta, não há decisão judicial a transitar em julgado. Qualifica-se essa decisão judicial de 'ineficaz', porque não tem ela o condão de produzir efeitos jurídicos. Pode, é claro, produzir efeitos de fato, se ninguém argüir essa ineficácia" (*O direito processual de estar em juízo.* São Paulo: RT, 1996, pp. 144-145).

(110) MANDRIOLI, Crisanto. *Corso di diritto processuale civile.* 2ª ed. Torino: G. Giappichelli Editore, vol. I, 1978, pp. 39-45.

(111) *José Maria Tesheiner* chega a afirmar que "[...] a inexistência jurídica da petição inicial não determina a inexistência do processo, pois o juiz deverá proferir sentença, decretando sua extinção e condenando o advogado em perdas e danos" (*Pressupostos processuais e nulidades no processo civil.* São Paulo: Saraiva, 2000, p. 60). Não discordamos de que a ausência de petição inicial produza efeitos jurídicos. Afinal, vale relembrar, os atos juridicamente inexistentes podem produzir efeitos, desde que isso seja possível material e concretamente. Agora, o que se quer evidenciar, neste caso, é o fato de que, a despeito desses mencionados efeitos jurídicos, o processo, enquanto logicamente (organização da cognição) concebido em sua visão estrutural, não chegou a juridicamente existir, já que, se não havia petição inicial, não havia partes. E tanto isso é verdade, que a eventual condenação em perdas e danos é feita em desfavor do advogado relapso.

(112) Tem razão *Fredie Didier Jr.*, quando afirma o seguinte: "O processo é o 'campo' do litígio. A batalha no processo deve envolver, na medida do possível, os litigantes. Nem sempre os litigantes são pessoas físicas ou jurídicas, por conta disso, o legislador processual, de há muito, conferiu aptidão para ser

processo de conhecimento em que houve "citação" de pessoa falecida, sem que houvesse posterior sucessão processual (art. 43 do CPC), não apresenta condições, em hipótese alguma, de gerar uma sentença civil condenatória transitada em julgado, por ausência de pressuposto processual (parte ré).(113) No caso, revela-se indiscutível o cabimento, por simples petição e em qualquer tempo, da suscitação da inexistência de título executivo (pretensa sentença civil condenatória) no bojo da execução, devendo esta ser extinta sem realização do mérito (art. 267, *VI*, do CPC).(114)

O importante, para efeito deste trabalho, além do exemplo supracitado (de não rara ocorrência prática), é perceber que a capacidade de ser parte é matéria inegavelmente afeta ao processo de execução, já que a sua existência é reclamada pelo princípio do devido processo legal, que não admite exceções, e a sua aferição é desempenhada mediante atividade cognitiva de fácil percepção. Logo, se uma ação de execução é ajuizada por determinado ente destituído de personalidade judiciária, é inegável o cabimento da defesa intraprocessual executiva antes mesmo da penhora ou em qualquer outro momento posterior.

Já a *capacidade processual*, também conhecida como *legitimatio ad processum*, tem como função, em termos de organização da cognição, definir *quem*

---

parte — personalidade jurídica processual — a entes que não se enquandram nas noções de pessoa física ou pessoa jurídica. Daí a amplitude do rol daqueles que podem ser parte. É muito difícil imaginar um ente minimamente organizado a quem já não se tenha atribuído a aptidão de ser parte. A investigação da capacidade de ser parte assume, na prática, a feição de um falso-problema: as discussões praticamente se restringem aos casos de demanda formulada por ou em face de pessoa já falecida" (*Pressupostos processuais e condições da ação: o juízo de admissibilidade do processo*. São Paulo: Saraiva, 2005, p. 120).

(113) *Fredie Didier Jr.* discorda desse posicionamento. Para este notável processualista, não se exige, para que o processo exista, a capacidade de ser parte do réu, mas tão-somente do autor. A respeito do exemplo citado, preleciona o seguinte: "A existência de réu é fundamental para a eficácia da relação jurídica processual em face de terceiro, não para existência desta mesma relação jurídica. Diante da inexistência de réu, deve o magistrado, sem análise do mérito, extinguir o processo, que já existe, por falta de requisito processual de validade, que é a formulação correta da demanda. A existência do réu é fundamental para a eficácia da sentença contra ele proferida: se o réu já estava morto, e não foi providenciada a sucessão, a sentença será ineficaz para os sucessores". E continua o seu raciocínio: "A existência de réu também é fundamental para a existência do ato processual citação, que o tem como elemento de existência: é pressuposto de existência do ato citação. Se o réu falece após a sua citação, é caso de proceder à sucessão processual, na forma do art. 43 do CPC, respeitada, quando for o caso, a regra da substituição processual pelo advogado, com a morte da parte após o início da audiência de instrução e julgamento (art. 265, § 1º, *a*, do CPC). Tudo o que foi dito aplica-se à extinção de pessoa jurídica, que equivale à sua morte" (*Pressupostos processuais e condições da ação: o juízo de admissibilidade do processo*. São Paulo: Saraiva, 2005, p. 130).

(114) Em parecer sobre a temática, assim respondeu *Humberto Theodoro Júnior:* "Ação intentada contra pessoa morta é, pois, ação contra sujeito passivo *inexistente*, logo, ação a que falta o pressuposto de demandado com *capacidade de agir*. Sua citação é, também, inexistente e de tal vício decorre repercussão sobre a relação processual, cuja conseqüência imediata é o desaparecimento do poder-dever do juiz de prover quanto ao mérito da demanda". Adiante concluiu o seguinte: "Em suma, impossível juridicamente se revela a formação do processo à base de citação de pessoa inexistente. 'Morto não pode ser parte', e, obviamente, não pode ser citado, nem mesmo por edital. Por conseqüência, deve ser acolhido o recurso especial, no caso da consulta, para decretar-se a extinção do processo, sem julgamento de mérito, com base no art. 267, IV, do CPC" (*Pareceres: processo civil*. Rio de Janeiro: América Jurídica, 2003, vol. 2, pp. 53 e 55, respectivamente).

pode, tendo previamente reconhecida a sua qualidade de parte,[115] *praticar válida e eficazmente atos processuais.*[116] Em outras palavras, trata-se de uma aptidão genérica, para agir em juízo, devendo ser observada, inclusive, veja-se bem, pelo próprio executado.[117] Percebe-se que a temática, em princípio, diz respeito aos requisitos de validade processual. Excepcionalmente, entretanto, o iter lógico da cognição pode parar na ausência de um pressuposto processual, como é o caso da citação. Imagine-se a situação em que uma pessoa *absolutamente* incapaz (art. 3º do CC) é citada pessoalmente (portanto sem ser na pessoa do seu representante legal) para o processo de conhecimento. Fatalmente, no caso, não há citação (já que a informação pública que este ato processual teve por escopo não chegou a se aperfeiçoar) e, conseqüentemente, em sua visão integral (a relação processual, incompletamente, permaneceu angular: autor *versus* Estado-juiz), o processo em si. Com efeito, o "título executivo" daí resultante (ou seja, a sentença condenatória) não é eficaz em relação ao réu absolutamente incapaz, podendo a questão vir à baila no próprio processo de execução, através de defesa endoprocessual,[118] por ausência de pressuposto processual (falta de citação = vício na formação do título executivo). Se a ausência de legitimidade processual for constatada na execução (e não no processo gerador do "título executivo"), à medida que deveria ter sido conhecida de ofício pelo Magistrado, a matéria pode ser ventilada pelo executado por simples petição defensiva, esclarecendo-se, entretanto, que a mesma, por ser sanável na forma do art. 13 do CPC,[119] tem aptidão apenas de dilatar o prazo de realização dos atos executivos.[120]

---

(115) A *legitimidade processual* pressupõe a existência de genérica capacidade, para estar em juízo, traduzindo-se em um vínculo entre aquele que a detém e um dado objeto ou a outro determinado sujeito.

(116) Basicamente, a matéria é disciplinada nos arts. 8º e 12 do CPC, entretanto os entes despersonalizados que são admitidos como parte, mas não constam das hipóteses enumeradas neste artigo, serão representados em juízo por aquela pessoa que exerça as funções de administração, gerência, direção, liderança, conforme se constate no caso concreto (ilustrativamente: a Câmara de Vereadores será representada por seu Presidente; a faculdade, por seu Diretor).

(117) Como bem percebeu *Alberto Camiña Moreira*, "se um incapaz for executado sem que esteja com a capacidade integrada, deve o juiz determinar a citação do seu representante legal. Caso isso seja impossível ou, mesmo citado, deixe ele de tomar as providências para comparecimento ao processo, é motivo nomear-se curador especial. Não é possível que o incapaz tenha seus bens excutidos sem ninguém a velar por seus interesses. O Ministério Público deve requer a nomeação de curador especial" (*Defesa sem embargos do executado: exceção de pré-executividade*. 3ª ed. rev. e atual. São Paulo: Saraiva: 2001, pp. 88-89).

(118) TESHEINER, José Maria Rosa. *Pressupostos processuais e nulidades no processo civil*. São Paulo: Saraiva, 2000, p. 62.

(119) Ensina *Fredie Didier Jr.:* "A capacidade processual é requisito de validade dos atos processuais e a sua ausência é sempre sanável, na forma do art. 13 do CPC — em verdade, todo defeito do procedimento é sanável. A não-correção do defeito da incapacidade processual gera conseqüências diversas, conforme se trate do autor (extinção do processo, se for único; em caso de litisconsóricio, exclui-se o autor incapaz, sem extinguir o processo), réu (prosseguimento do processo à sua revelia) e terceiro (exclusão do processo). Não é correto, pois, afirmar, peremptoriamente, que a incapacidade processual da parte implica a extinção do processo. Diante disso, somente a capacidade processual do demandante pode ser vista como requisito processual de todo o procedimento, porque somente a sua ausência tem a aptidão de impedir a análise do objeto litigioso" (*Pressupostos processuais e condições da ação: o juízo de admissibilidade do processo*. São Paulo: Saraiva, 2005, p. 140).

(120) Preleciona *Alberto Camiña Moreira:* "Notado, no processo de execução, qualquer vício concernente à incapacidade, mister seja conferido prazo à parte para regularização; essa verificação pode dar-se

Outra questão digna de registro a respeito da confusão entre pressupostos e requisitos processuais, os quais possuem sabidamente regimes jurídicos distintos, é a que envolve a correta compreensão da *capacidade postulatória*. *Rodrigo da Cunha Lima Freire* entende que a conseqüência jurídica decorrente da ausência de petição inicial, órgão investido de jurisdição ou citação, é muito mais grave que a resultante da ausência de capacidade postulatória, pois, neste caso, a relação processual já estará plenamente constituída. O art. 37 do CPC prescreve que, sem o instrumento de mandato, o advogado não será admitido a procurar em juízo, a não ser quando tenha de evitar a incidência da prescrição ou da decadência e nas situações reputadas urgentes, devendo o advogado, neste caso, independente de caução, exibir o instrumento de mandato no prazo de quinze dias, prorrogáveis por mais quinze dias, por despacho do Juiz. Segundo prescreve o parágrafo único do mencionado dispositivo legal, os atos não ratificados no prazo serão havidos por *inexistentes*, respondendo o advogado por despesas e danos processuais. A Lei n. 8.906/94, contudo, a qual dispõe sobre o Estatuto da Advocacia e a Ordem dos Advogados do Brasil — OAB, em seu art. 4º, *caput* e parágrafo único, reza que são *nulos* os atos praticados no processo por intermédio de alguém que não esteja regularmente inscrito nos quadros da OAB ou que esteja impedido, suspenso, de licença ou mesmo que passe a exercer atividade incompatível com a advocacia. No entender do autor mencionado, tratando-se de norma específica quanto à temática e posterior ao genérico Código de Processo Civil, deve-se admitir, atualmente, que os atos praticados pela parte por meio de advogado, sem a juntada da procuração, são *nulos*, e não inexistentes. Além do mais, insiste o jovem processualista, constatado o vício de representação, deve o Magistrado, suspendendo o processo, conceder prazo razoável para que seja sanada a irregularidade, a teor do art. 13 do CPC. Trata-se, pois, no seu entender, de "pressuposto" *de validade* da relação jurídica processual, e não de existência.[121]

Marcelo Abelha Rodrigues tem o mesmo pensamento. Argumenta que, como a capacidade postulatória não se trata de pressuposto processual vinculado à teoria geral do processo, mas decorrente do direito positivo, a redação do art. 4º da Lei n. 8.906/94 teve o condão de alterar a natureza jurídica do instituto, passando a ser "pressuposto" de *validade* do processo. Alega que a questão não é meramente acadêmica, eis que, de acordo com o seu entendimento, constatada a inobservância de tal requisito, tendo o processo já sido extinto, é a ação rescisória o remédio cabível para atacar o vício, submetida ao prazo decadencial de dois anos (art. 495 do CPC). Se o vício for percebido no curso do processo, não há efeito prático na distinção, porque uma simples petição, diante do caráter de ordem pública do instituto, é suficiente para provocar o Juiz, a fim de que este sane o defeito. Na eventualidade de o processo já ter sido extinto, porém, im-

---

de ofício, pelo juiz, a qualquer tempo, ou por requerimento da parte, por simples petição, independentemente de embargos do executado" (*Defesa sem embargos do executado: exceção de pré-executividade*. 3ª ed. rev. e atual. São Paulo: Saraiva: 2001, p. 88).

(121) FREIRE, Rodrigo da Cunha Lima. *Condições da ação: enfoque sobre o interesse de agir*. 2ª ed. rev., atual. e ampl. São Paulo: RT, 2001, p. 43.

põe-se observar, nessa linha de pensamento, que há a possibilidade de a sentença transitar em julgado, e, conseqüentemente, eventual impugnação deve obedecer ao prazo para o ajuizamento da ação rescisória. Finalmente, alega, em favor de sua tese, que a capacidade postulatória somente é requisito de validade do processo com relação ao autor, já que, com relação ao réu, se não houver a correção do vício no prazo judicialmente estipulado para tanto, será considerado revel (art. 13, *II*, do CPC).(122)

Diferentemente, todavia, pensam *Teresa Arruda Alvim Wambier* e *José Miguel Garcia Medina*. À primeira vista, concordam com o fato de que pode parecer que o art. 4º da Lei n. 8.906/94, por ser posterior ao Código de Processo Civil, teria revogado parcialmente o disposto no art. 37, *parágrafo único*, deste diploma processual. Alertam, contudo, que *são situações ligeiramente diferentes*. Esta regra refere-se à *inexistência jurídica*: se o advogado não juntar a procuração aos autos, não há que se falar em processo.(123) Já o art. 4º da Lei n. 8.906/94 refere-se à *nulidade* dos atos processuais praticados "[...] por alguém que não esteja inscrito nos quadros da OAB, ou por advogado impedido, suspenso, licenciado ou que exerça atividade incompatível com o exercício da advocacia". Dito de outra maneira, a interpretação correta para o caso é aquela que faz a distinção entre a ausência física da procuração nos autos e aquela em que a procuração é juntada por causídico que, por algum dos motivos previstos na legislação, não está habilitado a exercer a advocacia. Nessa óptica, a capacidade postulatória *em si*, realmente, configura-se em pressuposto de existência, ao passo que a *irregularidade* dessa mesma capacidade postulatória constitui-se em requisito de validade do processo. Como esclarecem esses notáveis processualistas, *durante o desenrolar do processo*, sob o ponto de vista prático, a distinção carece de importância, já que o regime jurídico da nulidade é idêntico ao da inexistência: "ausência de preclusão, para o juiz e para as partes, e possibilidade de manifestação judicial *ex officio*". Diferentemente, quando já terminado o processo viciado, há variação nos meios de impugnação dos vícios. Finalmente, com razão, criticam essa situação criada pelo ordenamento jurídico: "considerar como sendo um vício mais grave a ausência de procuração, e, menos grave, a juntada de procuração de quem não é advogado ou não pode exercer a advocacia, quando talvez o inverso fosse mais correto".(124)

---

(122) RODRIGUES, Marcelo Abelha. *Elementos de direito processual civil*. 3ª ed. rev., atual. e ampl. São Paulo: RT, 2003, vol. 1, pp. 280-281.

(123) Para *José Maria Tesheiner*, "no caso de não ser ratificada a inicial, no caso de haver o advogado proposto a ação, sem exibir procuração (CPC, art. 37), a sentença acaso proferida será ineficaz com relação a quem podia ter ratificado a inicial, mas não o fez. Ineficácia declarável a qualquer tempo, independente de ação rescisória" (*Pressupostos processuais e nulidades no processo civil*. São Paulo: Saraiva, 2000, p. 284). Essa posição é acompanhada por *Fredie Didier Jr.*: "A situação não é de inexistência, mas, sim, de ineficácia do processo ou do ato em relação àquele que supostamente seria parte, mas que não outorgou o instrumento de representação" (*Pressupostos processuais e condições da ação: o juízo de admissibilidade do processo*. São Paulo: Saraiva, 2005, p. 143).

(124) WAMBIER, Teresa Arruda Alvim; MEDINA, José Miguel Garcia. *O dogma da coisa julgada: hipóteses de relativização*. São Paulo: RT, 2003, pp. 30-31; WAMBIER, Teresa Arruda Alvim. *Nulidades do processo e da sentença*. 5ª ed. rev., atual. e ampl. São Paulo: RT, 2004, pp. 44-47.

Dispõe a Súmula n. 115 do STJ: "Na instância especial é inexistente o recurso interposto por advogado sem procuração nos autos". Logo, na confirmação do entendimento jurisprudencial dominante, a *capacidade postulatória* realmente é um *pressuposto de existência* dos atos processuais envolvidos. Pela relação de causalidade, decreta-se a inexistência dos "atos processuais" subseqüentes. Isso não quer dizer que não há produção de efeitos jurídicos *atípicos*, ou seja, não desejados pelo modelo ideal de processo traçado pela Constituição. Um exemplo é o fato de o advogado poder ser responsabilizado pelas perdas e danos em razão da extinção do processo instaurado sem que lhe tenha sido outorgada a procuração. Segundo pensamos, não há nada de absurdo nisso, pois a análise dos pressupostos processuais, vale a pena frisar, é *jurídica*, *lógica*, *no plano da organização da cognição*. A inexistência jurídica, nesse caso, implica a ineficácia do(s) ato(s) em relação à parte prejudicada.

A *legitimidade postulatória*, ou seja, a inexistência das situações previstas entre os arts. 27 e 30 da Lei n. 8.906/94,[125] sabidamente é um *requisito de validade*.

Não obstante, à cizânia doutrinária e jurisprudencial mencionada, o certo, para efeito do nosso trabalho, é que o executado, quando patente o seu interesse na argüição, inclusive sob a perspectiva da correta prestação da tutela jurisdicional, pode se valer da defesa endoprocessual em estudo.

3.2.3. Citação

Finalmente, no que toca aos pressupostos processuais, devemos analisar a questão da citação. Uma corrente doutrinária vê, com dificuldade, a inclusão da citação como pressuposto processual de existência do processo, sob o argumento de que este se constitui antes mesmo da sua realização, de maneira linear entre o autor e o Estado-juiz, a ponto de poder ser concedida e executada alguma medida liminar, seja ela cautelar ou antecipatória dos efeitos da tutela de mérito, sem prévio conhecimento da parte contrária, bem como a possibilidade de o autor recorrer da rejeição liminar da petição inicial. Indagam, nessa linha de raciocínio, a respeito do que houve nesse último caso, durante o lapso temporal em que o Juiz ouvia o autor e despachava a inicial, como também a respeito da validade do disposto no art. 263 do CPC, que, categoricamente, considera proposta a demanda, quando a petição inicial é despachada pelo Juiz ou simplesmente distribuída. Além do mais, segundo essa corrente de pensamento, afirmam que o art. 214 do CPC dificulta o entendimento contrário, eis que, expressamente, diz que a citação é indispensável para a *validade* do processo, e não, portanto, para sua existência. A citação inexistente, para a corrente majoritária, gera, por conseqüência, um processo juridicamente inexistente. Para a corrente que estamos estudando, porém, há a situação fática do réu que pode aceitar essa sentença chamada de inexistente. Daí a seguinte indagação: que espécie de inexistência é essa, suscetível de tornar-se existente, por posterior omissão

(125) DIDIER JR., Fredie. *Pressupostos processuais e condições da ação: o juízo de admissibilidade do processo*. São Paulo: Saraiva, 2005, p. 142.

do réu? Como se, em um passe de mágica, o réu teria o poder de tornar retroativamente existente o que até então não existia.[126] Analisam o problema pelo ângulo da *eficácia*, isto é, sendo nula ou inexistente a citação, o processo existiu validamente entre o autor e o Juiz, mas, com relação ao réu, ele é *ineficaz*.[127]

Não obstante o respeito a essa corrente doutrinária, entendemos que a razão está com aqueles que colocam a *citação*, ainda que promovida irregularmente, entre os pressupostos de existência da relação processual. Não discordamos quanto à existência do exercício do direito de ação, antes da citação do réu, com a propositura da demanda. Há aí, sim, um processo, uma relação linear entre o postulante e o Estado-juiz, e, com efeito, possibilidade de produção de efeitos jurídicos.[128] Disso, segundo acreditamos, ninguém discorda. O processo, todavia, ainda não chegou à sua plenitude, que somente ocorre com a inclusão da parte reclamada através da citação. O instituto do processo, enquanto categoria jurídica destinada à realização da atividade jurisdicional do Estado, que visa à resolução dos conflitos de interesses qualificados por uma pretensão resistida ou insatisfeita, somente se forma *completamente* com a participação do réu, ou, pelo menos, com a possibilidade dessa participação, o que somente ocorre com a citação ou com o comparecimento espontâneo em juízo. Como já visto, segundo a corrente dominante, o processo, sob o ponto de vista *intrínseco*, é formado por uma relação jurídica *trilateral*, o que pressupõe a possibilidade de participação do réu, de modo que, *sob o ângulo de sua plenitude*, a citação constitui pressuposto de existência da relação processual. Finalmente, no que concerne à questão da eficácia, concordamos inteiramente com a lição de *Teresa Arruda Alvim Wambier* no sentido de que a eficácia ou a ineficácia de um ato é problema verificável no plano dos *fatos*. "Ser eficaz é produzir efeitos; ser ineficaz é não produzir efeitos". Se não se entendesse assim, somente o réu poderia

---

(126) TESHEINER, José Maria. *Pressupostos processuais e nulidades no processo civil*. São Paulo: Saraiva, 2000, pp. 22-23; DIDIER JR., Fredie. *Pressupostos processuais e condições da ação: o juízo de admissibilidade do processo*. São Paulo: Saraiva, 2005, pp. 169-172.

(127) Para *Gelson Amaro de Souza*, "a questão do vício ou da falta de citação não se coloca no campo da existência ou validade, mas apenas no campo da eficácia. O julgamento poderá ser ou não eficaz em relação ao réu citado. O processo existirá e valerá normalmente, o que poderá não existir é a formação da relação processual em relação ao réu não citado. Nesse caso não haverá a relação processual, daí poder-se falar em inexistência de relação processual em face do réu e nunca em inexistência do processo, porque este existirá mesmo sem a formação da relação processual com a citação". E conclui sua posição: "Por final, em face da atual sistemática processual civil, pode-se dizer que a citação não mais é pressuposto de existência e nem de validade do processo, mas tão somente caso de eficácia ou ineficácia em face do réu não citado" ("Validade do julgamento de mérito sem a citação do réu". *Revista de Processo*, São Paulo: RT, n. 111, jul./set. 2003, p. 79).

(128) "Situação interessante ocorre quando o juiz indefere a petição inicial de plano — portanto, antes da citação — por acolher *ex officio* a decadência. Nesse caso, aplica-se a regra do art. 296 do CPC, permitindo que o autor apele da decisão do juiz que extinguiu o feito. Excepcionalmente nessa hipótese, poderá o juiz fazer *juízo de retratação*, voltando atrás na decisão proferida. Caso não se retrate, e o tribunal ao qual competia o exame de admissibilidade e mérito da decisão mantenha a decadência, terá havido processo, e a coisa julgada terá sido material. Mesmo o réu, não tendo sequer sido citado, será beneficiado pela decisão que fez coisa julgada para o autor, já que este não poderá reclamar no Judiciário o direito que já teria caducado e assim expressa pela coisa julgada material" (RODRIGUES, Marcelo Abelha. *Elementos de direito processual civil*. 3ª ed. rev., atual. e ampl. São Paulo: RT, 2003, vol. 1, p. 276).

suscitar a apreciação do vício, não podendo ocorrer o mesmo com o Juiz, de ofício, e com o próprio autor, que tem o legítimo interesse em sair vencedor em um processo regular e legítimo, o que, como se sabe, não é o caso.(129)

Aprofundando um pouco mais a questão, observa-se que *José Roberto dos Santos Bedaque* defende que a temática deve ser analisada à luz dos princípios da *instrumentalidade das formas* e da *ausência de nulidades sem prejuízo*. Assim, considerando que a citação é um instituto processual que visa a proteger o réu, se ocorresse falha no juízo de admissibilidade, mas, posteriormente, na constatação do vício, convencendo-se o Magistrado de que ele — réu — é a parte vencedora na demanda (direito material), dificilmente o autor teria sucesso no seu pleito. Nesse caso, segundo a correta visão do processualista de São Paulo, não haveria necessidade de se decretar a ineficácia (*inexistência* jurídica, conforme a corrente doutrinária que preferimos) dos atos posteriores à citação, pois o processo já cumpriu a sua missão constitucional (método estatal de solução de controvérsias). Nas palavras do autor:

> "Tratando-se de exigência processual destinada à proteção do interesse das partes, antes de anular atos do processo, ou até extingui-lo, impõe-se a verificação sobre a existência de dano ao interesse tutelado. É perfeitamente possível que, não obstante a falta do pressuposto, não haja prejuízo para o destinatário da proteção. Nesse caso inexiste razão para incidência da sanção prevista para a ocorrência do vício."

Daí, explica o seguinte:

> "Admitida esta tese, muitas vezes terá o juiz de examinar, à luz do direito material, qual das partes tem razão. Só depois — e dependendo da conclusão a que chegar — reconhecerá, ou não, a falha de natureza processual."(130)

De acordo com a teoria defendida por *José Roberto dos Santos Bedaque*, a ausência e a nulidade da citação não tornam necessariamente o processo e a sentença inexistentes, ainda que haja revelia. Embora o réu não compareça, não se pode desconsiderar a possibilidade de ele obter resultado favorável. Nesse caso, na concepção do citado processualista, o vício torna-se tão irrelevante quanto na hipótese de comparecimento. Em ambos os casos, a falta do ato de comunicação processual não impediu que fossem alcançados os objetivos pretendidos pelo legislador ao exigi-lo. O réu deve ser cientificado para poder defender-se e evitar sentença contrária a seus interesses. O que importa, em última análise, é a preservação de sua esfera jurídica. A sentença de improcedência atinge esse objetivo, tornando irrelevante a falta de citação, por isso, na

(129) WAMBIER, Teresa Arruda Alvim. *Nulidades do processo e da sentença*. 5ª ed. rev., atual. e ampl. São Paulo: RT, 2004, pp. 221-222.

(130) BEDAQUE, José Roberto dos Santos. *Efetividade do processo e técnica processual*. São Paulo: Malheiros, 2006, p. 194.

visão de *José Roberto dos Santos Bedaque*, concluir o processo simplesmente pela sua inexistência é impedir o resultado em prejuízo daquele a quem a citação destina-se a proteger.(131)

De todo modo, independentemente da posição doutrinária que se adote a respeito da temática, o importante é frisar, para o efeito do manejo da defesa endoprocessual executiva pelo executado, que a inexistência de citação constitui vício gravíssimo do processo, tornando-o juridicamente inexistente e, por conseqüência imediata, inapto, para gerar os seus efeitos *típicos*. Em outras palavras, a inexistência da citação e, por tabela, do processo acarreta a ineficácia jurídica deste, matéria que pode ser argüida em qualquer tempo e grau de jurisdição pelo executado, quando os atos praticados lhe forem prejudiciais. A sentença civil condenatória, por exemplo, a qual foi oriunda de revelia resultante da inexistência de citação do réu não pode ter o condão de embasar uma execução, justamente por não se tratar de título executivo, visto que a matéria pode facilmente ser objeto de defesa endoprocessual em comento. Com maior razão, isso ocorre, quando o vício for constatado no próprio processo de execução. A única limitação cognitiva, nesse caso, tal como ocorre com os demais vícios que maculam a observância ao princípio do devido processo legal, é que a questão não exija dilação probatória ou demande alta indagação. Assim, a falta de citação deve ser comprovada documentalmente por aquele que está sendo injustamente executado.

3.3. REQUISITOS DE VALIDADE DO PROCESSO DE EXECUÇÃO

Constatada a existência da relação processual, impõe-se verificar os requisitos exigíveis para a sua validade jurídica. De fato, diante da constatação de que o processo é formado por uma série de atos interligados e tendentes à realização de uma finalidade comum, não basta sua constituição, para que a parte possa alcançar seu objetivo final, que é a efetiva prestação da tutela jurisdicional requerida. Isso se verifica, porque a existência de uma relação jurídica é uma realidade, enquanto o seu desenvolvimento, como uma relação que se projeta no tempo, é outra. Não basta, pois, o processo existir, ele deve desenvolver-se em um constante avanço em busca do seu momento final,(132) que é a prolação da sentença e, quando necessária, a realização dos atos executivos de satisfação do crédito. Afinal, a relação jurídica processual, a despeito de formar uma unidade teleológica, possui natureza complexa e dinâmica, já que as partes se sucedem no tempo em posições jurídicas ativas e passivas.(133)

---

(131) BEDAQUE, José Roberto dos Santos. *Efetividade do processo e técnica processual*. São Paulo: Malheiros, 2006, pp. 460-477. No mesmo sentido: DIDIER JR., Fredie. *Pressupostos processuais e condições da ação: o juízo de admissibilidade do processo*. São Paulo: Saraiva, 2005, p. 172.

(132) OLIVEIRA NETO, Olavo de. *A defesa do executado e dos terceiros na execução forçada*. São Paulo: RT, 2000, p. 72.

(133) CINTRA, Antônio Carlos de Araújo; DINAMARCO, Cândido Rangel; GRINOVER, Ada Pellegrini. *Teoria geral do processo*. 20ª ed. rev. e atual. São Paulo: Malheiros, 2004, p. 290.

Os *requisitos* de desenvolvimento válido e regular do processo subdividem-se em *intrínsecos* e *extrínsecos*: estes são analisados no exterior da relação processual, e aqueles, no seu interior, podendo-se chamá-los de requisitos *negativos*, posto que a "presença" de um deles torna nulo o processo respectivo. Nesse sentido, os requisitos de validade *positivos* viabilizam a relação processual, enquanto os *negativos* neutralizam a validade da mesma. Em razão disso, os requisitos de validade negativos também são conhecidos como *impedimentos processuais*, visto que impedem a formação *regular* da relação processual.

Assim, no sistema processual brasileiro, são *requisitos intrínsecos*: *1)* a petição inicial *válida; 2)* a citação *válida; 3) a* competência do juízo*; 4)* a imparcialidade do Juiz*; 5)* a legitimidade processual das partes; *6)* a regularidade na constituição da capacidade postulatória*; 7)* o respeito ao formalismo processual. Por sua vez, são *requisitos extrínsecos, negativos* ou, ainda, *impedimentos processuais*: *1)* a litispendência*; 2)* a coisa julgada material*; 3)* a perempção*; 4)* a cláusula compromissória. Nem todos eles, entretanto, como se verá, são "exigíveis" no processo de execução.

3.3.1. ***O juízo de admissibilidade da petição inicial e a validade da citação***

Conforme visto, para a existência de uma relação processual, é imprescindível que a pretensão do autor seja veiculada através de uma petição inicial. Para que essa relação processual seja *válida*, faz-se mister que a petição inicial preencha os requisitos exigidos pela lei. Havendo lacuna no conjunto de regras específicas que regulamentam o processo de execução, aplicam-se à espécie, por força do art. 598 do CPC, as disposições dos arts. 282 e 283 deste mesmo diploma legal que lhe sejam compatíveis. Não havendo observância destas prescrições legais, inegável é o cabimento do exercício da defesa endoprocessual executiva.

As atividades de cognição, depois de criado o processo autônomo de execução, iniciam-se no juízo de admissibilidade da petição inicial. Realmente, o Juiz, ao recebê-la, deve verificar se estão presentes os requisitos genéricos de admissibilidade e também aqueles específicos relacionados com a prestação jurisdicional pleiteada. Aqui, como expõem, com propriedade, *Teresa Arruda Alvim Wambier* e *Luiz Rodrigues Wambier*,

> "o raciocínio que se faz é decorrente do próprio sistema processual brasileiro, em que, como regra generalíssima, toda matéria que deve ser conhecida pelo juiz, de ofício, pode e deve ser alegada a qualquer tempo pelas partes. Trata-se de um enunciado elaborado em função do processo de conhecimento, mas perfeitamente compatível e harmônico com o sistema do processo de execução. É, na verdade, a aplicação ao processo de execução de regime jurídico muito aproximado àqueles das matérias do art. 301 do CPC."

E justificam:

"Sabe-se que se pode estabelecer analogia entre o processo de conhecimento e o processo de execução, já que o nosso Código de Processo Civil carece de parte geral, no que tange aos demais livros do Código. Esse raciocínio autoriza a conclusão no sentido de que também no processo de execução há um juízo de admissibilidade."

Por conseguinte, arrematam os ilustres processualistas:

"O regime jurídico dos requisitos impostos pela lei para a admissibilidade do processo de conhecimento, tanto no processo de conhecimento como no de execução, é o mesmo."[134]

Em outras palavras, tal como ocorre no processo de conhecimento, já ao receber a petição inicial executiva, o Juiz deve verificar, após a aferição da existência dos *pressupostos processuais*, se estão presentes os *requisitos de validade* e as *condições da ação*, exatamente por serem matérias de ordem pública, que, como é cediço, podem e devem ser conhecidas pelo Juiz a qualquer momento do procedimento e independentemente da manifestação das partes.

Paulo Henrique dos Santos Lucon faz o seguinte resumo:

"No caso de *exigências de ordem pública*, como aquelas relativas às condições da ação e aos pressupostos processuais, o interesse é o do próprio Estado em declarar de ofício que não se dispõe a exercer a função jurisdicional no sentido de outorgar ou negar o *bem da vida* pretendido pelo demandante. As normas que disciplinam esses indeclináveis pressupostos, por serem cogentes, independem da vontade das partes em conflito para serem aplicadas. No processo de execução, como no processo de conhecimento, o juiz deverá conhecê-las a qualquer tempo e de ofício, independentemente da oposição de embargos do executado ou de sua manifestação no processo executivo. Essas matérias extrapolam o poder dispositivo dos sujeitos parciais do processo e são aquelas que se sujeitam à investigação de ofício pelo Estado, como conseqüência natural de ser a ação um direito (ou poder) contra ele exercitável que, por isso e como correspectivo, outorga-lhe o poder de examinar a qualquer tempo, independentemente da provocação das partes, os pressupostos do processo e as condições da ação."[135]

A justificativa para essa sistemática não é de difícil explicação. Sob o prisma socioeconômico, é inegável que a atividade jurisdicional gera reflexos na

---

(134) WAMBIER, Teresa Arruda Alvim; WAMBIER, Luiz Rodrigues. *Sobre a objeção de pré-executividade. Processo de execução e assuntos afins*/Coordenação de Teresa Arruda Alvim Wambier. São Paulo: RT, 1998, pp. 406-407.

(135) LUCON, Paulo Henrique dos Santos. *Embargos à execução*. 2ª ed. rev., atual e ampl. São Paulo: Saraiva, 2001, p. 219.

vida dos litigantes, sobretudo naquele que não é habituado com a rotina forense, posto que, a partir dela, uma série de preocupações passa a surgir, como, por exemplo, a procura de um advogado, se vai sair vitorioso ou não na contenda judicial, quais os reflexos patrimoniais no caso de derrota, qual a repercussão social no caso de ser réu (principalmente nas menores cidades, onde todos se conhecem), dentre outras. Sob o prisma estritamente jurídico-processual, a atividade jurisdicional implica ônus para os litigantes. Basicamente, pode-se resumir da seguinte forma: se o autor não ajuizar o pedido, arrisca-se a jamais ver satisfeita a sua pretensão material; se o réu não se defender, corre o risco de perder a demanda. Desse modo, diante do próprio interesse das partes envolvidas, percebe-se que a atividade jurisdicional possui natureza *onerosa*, sendo, necessariamente, desenvolvida com razoável, para não dizer demorado, *espaço de tempo*, fatores esses que, em soma, representam um custo, um passivo, na busca da melhor solução da lide.

Como se vê, o resultado da prestação da tutela jurisdicional é fruto de uma atividade humana desgastante, exatamente por ser proveniente de despesas de obtenção e prejuízos causados pelo tempo de desuso do bem jurídico em litígio, ou, pelo menos, de não uso pacífico, por parte de seu titular. Esse fenômeno é inevitável: jamais se logrará a realização de atividade jurisdicional perfeita, isentando o resultado de um passivo, material e moral, pelas energias gastas, esperanças desfeitas, paixões incontidas. Sendo assim, a diminuição desse passivo, com a realização mais rápida possível da prestação jurisdicional, sem prejudicar o acerto da decisão judicial, será tender para o ideal de justiça, tudo em flagrante benefício do interesse público e, com efeito, do Estado. Afinal, como já se disse em clássico estudo doutrinário,

> "a função da economia no processo transcende, assim, a mera preocupação individualista de poupar trabalho a juízes e partes, de frear gastos excessivos, de respeitar o dogmatismo dos prazos. Não visa à comodidade dos agentes da atividade processual, mas à ânsia de perfeição da justiça humana — reconhecer e proclamar o direito, com o menor gravame possível."[(136)]

Nesse contexto, a atividade saneadora do Juiz revela-se como o momento culminante dessa aspiração, posto que, ordinariamente, antes mesmo da citação do réu, procura-se com ela aferir a legitimidade da pretensa relação processual, de modo a eliminar, de plano, a pretensão deduzida em demanda que comporta vícios insanáveis ou a determinar o suprimento dos vícios sanáveis, para que não contaminem os atos processuais posteriores, poupando-se tempo, bem como repetições onerosas. Destarte, na esteira do pensamento de *Galeno Lacerda*, "[...] em qualquer dos casos, a atividade do juiz terá *um só fim*: realizar economia processual"[(137)] e, por tabela, tutelar o direito do executado que tem razão ou que, em virtude da ilegitimidade na formação do processo, não pode ter seu patrimônio injustamente invadido.

---

(136) LACERDA, Galeno. *Despacho saneador*. 3ª ed. Porto Alegre: Fabris, 1990, p. 6.
(137) LACERDA, Galeno. *Despacho saneador*. 3ª ed. Porto Alegre: Fabris, 1990, p. 12.

Outro não é o pensamento de *Teresa Arruda Alvim Wambier* e *Luiz Rodrigues Wambier*:

"O juízo de admissibilidade (em geral) é um momento lógico que deve ter o seu correspondente no procedimento, em função de uma exigência gerada pelo princípio da economia processual: tudo o que é inviável deve ser abortado. E isso se aplica a todo e qualquer juízo de admissibilidade no processo civil: de ações, de recursos, de procedimentos especiais, de pedidos em geral. Veja-se, assim, que a única decisão verdadeira e definitiva, no juízo de admissibilidade, é a decisão negativa, que significa, sempre, que o pedido formulado sob a forma de recurso (ou qualquer outra forma) não tem, inequivocamente, chances de prosperar."

E continuam:

"A decisão negativa do juízo de admissibilidade consiste sim numa decisão propriamente dita, baseada no que poderíamos chamar de *cognição exauriente* sobre a inviabilidade do que tenha sido pleiteado. Já a decisão de admissibilidade, no nosso sistema, às vezes nem existe. E sobre a admissibilidade não ocorre a preclusão, nem mesmo que haja decisão expressa a respeito. De fato, quando o juiz determina a citação do réu, ele não está 'decidindo implicitamente' sobre a presença de condições da ação e de pressupostos processuais e sobre a ausência de pressupostos processuais negativos. Está simplesmente considerando *viável* a ação, o recurso, aquele procedimento especial ou seja lá o que for."

Em linha de arremate, pontificam:

"Seria absurdo que o sistema não contivesse freios, consubstanciados nas decisões negativas de admissibilidade, cujo objetivo é o de evitar que prossiga uma etapa procedimental gerada por um pedido fadado ao insucesso. É justamente a isso que se visa possibilitar que o executado alegue certo tipo de 'defesa', mesmo antes da citação, principalmente quando se trata de alegações que, se conhecidas e acolhidas, devem gerar necessariamente a extinção daquilo que nem execução chegou a ser."(138)

Nessa perspectiva, na eventualidade de constatar, após o alerta da defesa intraprocessual ou mesmo de ofício, que a petição inicial executiva apresenta vícios ou irregularidade *sanáveis*, o Juiz, a teor do art. 616 do CPC, deve determinar que a parte exeqüente proceda à emenda da mesma, no prazo de dez dias, sob pena de extinção do processo sem julgamento de mérito. *Não se tratando de*

(138) WAMBIER, Teresa Arruda Alvim; WAMBIER, Luiz Rodrigues. *Sobre a objeção de pré-executividade. Processo de execução e assuntos afins*/Coordenação de Teresa Arruda Alvim Wambier. São Paulo: RT, 1998, pp. 409-410.

nulidade absoluta, portanto, é vedado ao Juiz extinguir liminarmente o processo executivo, de modo que, em atenção aos princípios da instrumentalidade das formas e da economia processual, deve dar oportunidade à parte interessada, para que corrija os vícios porventura existentes.[(139)]

O tratamento diferenciado, consoante já debatido neste trabalho, justifica-se na doutrina. Relembre-se na lição de *Cândido Rangel Dinamarco*:

> "Constituem causas de nulidade absoluta as infrações a exigências estabelecidas com o objetivo de preservar o correto funcionamento dos órgãos e serviços judiciários — e por isso, estando em jogo o *interesse público da Justiça*, o juiz tem o dever de fazer a verificação *motu proprio* e a qualquer tempo ou grau de jurisdição, independentemente de provocação pela parte. Inversamente, a declaração de nulidades relativas depende da iniciativa desta, sempre que a infração à lei seja prejudicial a ela, sem atingir o interesse público. Existem portanto razões políticas diferentes, a dar apoio ao sistema de nulidades e à distinção destas em absolutas e relativas. Aquelas visam a preservar os valores do Estado, de suas instituições ou de seus serviços; estas, a assegurar a plenitude da defesa dos interesses das partes mediante a efetividade de um processo justo e équo e segundo os ditames da garantia constitucional do devido processo legal. Daí a *indisponibilidade da forma* nos casos de nulidade absoluta e a *disponibilidade*, nas relativas."[(140)]

Havendo, portanto, dúvida razoável no espírito do Juiz acerca da pertinência ou não do pedido deduzido através da ação executiva, convirá que ele não indefira, desde logo, a petição inicial e permita que se complete, ao menos, a fase postulatória, ainda mais quando se sabe que não há preclusão judicial no que toca ao exame de admissibilidade do processo. Casos haverá, porém, em que a absoluta inidoneidade do meio escolhido estará evidente, quando, então, será o caso do indeferimento liminar da petição inicial.

Esta peça inicial, aliás, deve vir acompanhada dos documentos que a sistemática jurídica aplicável ao caso considera indispensáveis à sua propositura. No processo de execução, de maneira indiscutível, a petição inicial deve trazer consigo o título executivo, pois, como se sabe, nele estará formalmente documentada a norma jurídica concreta cujo descumprimento ensejou a busca da tutela jurisdicional satisfativa, nela contendo a identificação das partes e do objeto da prestação inadimplida, além de impor limites à atividade executiva e traçar o procedimento adequado para a efetiva entrega do bem tutelado.

---

(139) Ao contrário, consoante preleciona *José Miguel Garcia Medina*, "[...] quando o vício encontrado pelo magistrado é insanável, como ocorre, por exemplo, na hipótese de o documento acostado pelo exeqüente não ser considerado, pelo juiz, como título executivo, ou faltar legitimidade *ad causam*, deverá o juiz, de imediato, indeferir a petição inicial, porquanto a correção de tal vício é inviável" (*Execução civil: teoria geral: princípios fundamentais*. 2ª ed. rev., atual. e ampl. São Paulo: RT, 2004, p. 371).

(140) DINAMARCO, Cândido Rangel. *Instituições de direito processual civil*. São Paulo: Malheiros, 2001, vol. II, pp. 591-592.

Na lição de *Teori Albino Zavascki*:

"São documentos indispensáveis à propositura da ação de execução, fundamentalmente, o instrumento de mandato conferido ao advogado signatário da petição inicial e o título executivo. Nas execuções por quantia certa, poderá ser necessária a juntada da memória de cálculo (arts. 604 e 614, II). Eventualmente, dependendo da condição particular das partes, far-se-á indispensável a prova da sua capacidade para estar em juízo ou da sua adequada representação. O regime jurídico, no particular, é idêntico ao do processo de conhecimento."

Nesse contexto, o eminente Ministro do STJ chama a atenção para o seguinte:

"O mais importante documento que acompanha a inicial é o título executivo, ou seja, a representação documental de uma norma jurídica individualizada, contendo obrigação líquida, certa e exigível, de entregar coisa, ou de fazer, ou de não fazer, ou de pagar quantia em dinheiro, entre sujeitos determinados, e que tem, em virtude de lei, a eficácia específica de viabilizar a tutela jurisdicional executiva. Se o título executivo, ou qualquer outro documento indispensável, não tiver sido juntado, ou tiver sido juntado de modo incompleto, deve o juiz intimar o credor a sanar a omissão, no prazo de dez dias. Se o título foi juntado por cópia, quando deveria ter sido juntado no original, cabe igualmente a sanação. O prazo de dez dias é dilatório, podendo ser prorrogado pelo juiz, a pedido do autor, se houver motivo legítimo."(141)

A presença do título executivo, diante de sua eficácia abstrata, autoriza a prática de atos de constrição patrimonial por parte do Estado, de modo que a atividade cognitiva do Juiz limita-se a averiguar a sua presença, sendo-lhe estranha a perquirição acerca da concreta existência do crédito. Esses atos de agressão patrimonial, viabilizados pela simples presença do título,(142) são prejudiciais à esfera jurídica do executado. Realmente, no que tange aos reflexos diretos, há o desfalque, total ou parcial, dos bens apreendidos, seja pela penhora com remoção ou pelo depósito da coisa litigiosa. Com relação aos reflexos indiretos, pode-se argumentar que estes atos jurídicos podem ensejar, em determinados casos, a fatal e inaceitável paralisação das atividades econômicas do

(141) ZAVASCKI, Teori Albino. *Processo de execução: parte geral*. 3ª ed. rev., atual. e ampl. São Paulo: RT, 2004, pp. 281-282.

(142) Como ensina *Sérgio Shimura*, "[...] o título executivo força o órgão jurisdicional a exercer sua atividade, sem lhe deixar liberdade alguma de apreciação nem quanto ao fato, nem quanto ao direito. O juízo, colocado perante o título executivo, desde que se assegure de que o título satisfaz os requisitos exigidos pela lei para ter eficácia executiva, nada mais precisa averiguar, *nem pode* averiguar: tem de proceder, tem de pôr à mercê do exeqüente os meios executivos". Em outras palavras, conclui o ilustre representante do valoroso Ministério Público do Estado de São Paulo, "[...] o título executivo prende-lhe os movimentos no que respeita à verificação da existência do crédito: não tem liberdade de avaliação dos *fatos*, nem tem o poder de apreciação e aplicação do *direito*" (*Título executivo*. 2ª ed. atual. e ampl. São Paulo: Método, 2005, pp. 125-126).

devedor-executado, e isso com conseqüências indesejáveis pelo ordenamento jurídico, notadamente em face da grande extensão pecuniária que a medida pode acarretar. Por tudo isso, cabe ao julgador examinar, com extremo cuidado, se o requerimento de cumprimento da sentença (art. 475-J do CPC) está, de fato, acompanhado pelo título executivo, quando exigível (*v. g.*: sentença penal condenatória) não só quanto à sua presença física e material, mas também no que toca à sua regularidade.(143)

Via de regra, admite-se apenas o instrumento escrito original do título executivo (art. 614, *I*, do CPC), justamente pelo escopo de proteger o executado da possibilidade de submetê-lo a duas ou mais execuções pelo mesmo crédito. *Leonardo Greco*, com razão, afirma que isso tem dupla finalidade: evitar que outro processo de execução se instaure eventualmente contra algum coobrigado e permitir ao devedor o exame formal minucioso do título, para argüir-lhe eventual falsidade ou outro defeito.(144) Excepcionalmente, em certas circunstâncias, as meras fotocópias autenticadas, cuja força probante é a mesma do documento original (art. 223 do CC; art. 830 da CLT), são admitidas exatamente naqueles casos em que o risco de suportar eventuais execuções repetidas é razoavelmente afastado. Em se tratando de *título de crédito* (tais como os previstos no art. 585, I, do CPC: nota promissória, letra de câmbio, cheque, duplicata e debênture), entretanto, não é cabível a substituição da via original por cópia, já que, sendo documento que materializa o próprio direito (cartularidade), é ele indispensável à reclamação do crédito. Sendo assim, como são facilmente transferíveis por endosso, e a aceitação da fotocópia poderia criar o risco real de o devedor, em função dessa circulabilidade, ter de suportar uma execução por quem já não é mais credor (endossante) ou mesmo uma segunda execução pelo mesmo crédito (uma promovida pelo endossante e outra pelo endossatário), veda-se, por uma questão de cautela, a via executiva, quando *não* se trata de título em instrumento original. Apenas em casos excepcionais, como, por exemplo, quando a cártula estiver juntada em outro processo ou retida no cartório de protestos, admite-se a apresentação de cópia autenticada. Por questões de segurança, pode ser requerido ao Juiz que o título de crédito, em vez de ser juntado aos autos, fique sob custódia, em cartório, em estabelecimento bancário ou com o próprio credor, assegurando-se, a qualquer tempo, que as partes tenham a ele acesso para exame. Nada impede, veja-se, que a cópia dos títulos executivos judiciais autorize a tutela processual executiva, a exemplo do que ocorre com a execução provisória (art. 589 do CPC). A regra fundamental, contudo, é sempre a mesma: se houver perigo de execução injusta contra o executado, veda-se a execução fun-

(143) Essa questão, como não poderia deixar de ser, não passou despercebida por *Cândido Rangel Dinamarco:* "Adquire proporções bastante significativas, na prática e em face do sistema da execução forçada, a apreciação liminar da existência ou inexistência de título executivo. Se o que legitima a imposição de medidas de constrição sobre o patrimônio do executado é a eficácia abstrata desse título, isso deve reforçar a preocupação por impedir que a execução se faça quando ele inexistir. Como invadir esse patrimônio sem segurança quanto à existência do título e, portanto, sem saber se existe ou não a eficácia que permite principiar a execução?" (*Execução civil.* 7ª ed. rev. e atual. São Paulo: Malheiros, 2000, p. 451).

(144) GRECO, Leonardo. *O processo de execução*. Rio de janeiro: Renovar, 2001, vol. II, p. 100.

dada em cópia do título executivo.[145] Essa sistemática, quando não observada, pode ser alvo de defesa intraprocessual, sendo a cognição essencialmente do processo de execução.

A aferição da existência do título executivo, portanto, além da previsão no sistema como tal (princípio da tipicidade), engloba também a presença dos atributos da obrigação que lhe dá conteúdo. Impõe-se observar se a mesma é líquida, certa e exigível.[146] Há que se notar que, se o autor (pretenso exeqüente) protocolar ação executiva com base em documento que pensa ser título executivo, está vedada ao Juiz, por força do art. 295, *V*, do CPC, a possibilidade de conversão do procedimento impróprio, atinente ao processo de execução, para o procedimento próprio, regulado no processo de conhecimento, eis que implicaria troca de estrutura procedimental, devendo a petição inicial ser de logo rejeitada.[147]

Na esteira do inc. II do art. 614 do CPC, nas execuções por quantia certa, quando a apuração do montante devido depender de meros cálculos aritméticos, o requerimento executivo deverá conter no seu bojo (ou vir acompanhado de) um demonstrativo do débito atualizado (art. 475-B do CPC). Tratando-se de execução fundada em título extrajudicial, o demonstrativo deve ser atualizado até a data da propositura da ação executiva. À luz da jurisprudência majoritária, todavia, a falta de apresentação de planilha não é causa de nulidade do processo de execução, posto que o mesmo pode prosseguir pelo débito expresso no título executivo.

Outro dado relevante diz respeito ao fato de que o inc. III do art. 614 do CPC impõe ao exeqüente a juntada, com a petição inicial, da "prova de que se verificou a condição, ou ocorreu o termo", reportando-se ao que prescreve o art. 572 do mesmo diploma legal. No particular, de logo, duas observações relevam-se pertinentes. A primeira, por motivos óbvios, refere-se ao fato de que estamos tratando, aqui, de condição *suspensiva* e termo *inicial*. Trata-se, pois, de execução *diferida*, e não de execução a resolver-se. A segunda observação tem a ver com o fato de que, a despeito da redação do art. 572 do CPC, que sugere limitação do campo de incidência aos títulos judiciais, a regra jurídica em epígrafe também se aplica aos casos de execuções fundadas em títulos executivos extrajudiciais, em vários dos quais perfeitamente se concebe a inserção de condição suspensiva. O entendimento contrário, ensina *Teori Albino Zavascki*,

---

(145) ZAVASCKI, Teori Albino. *Processo de execução: parte geral*. 3ª ed. rev., atual. e ampl. São Paulo: RT, p. 278; DINAMARCO, Cândido Rangel. *Instituições de direito processual civil*. São Paulo: Malheiros, 2004, vol. IV, pp. 205-206.

(146) Na opinião de *Carlos Alberto Alvaro de Oliveira*, não constitui título executivo "[...] a sentença indeterminada quanto ao valor ou a individuação do objeto da condenação. Sentença existe e é válida, no entanto, exibe eficácia não plena. Cuida-se de sentença de eficácia reduzida, *wirkungsgeminderte Urteil*, espécie inconfundível com os casos de ineficácia total: a eficácia executiva será adquirida somente com a liquidação, embora já se tenha verificado a coisa julgada material e formal e encerrada a instância. Se o credor se adianta e afora a execução, pode o devedor argüir a ausência de título líquido e certo (arts. 586, 618, I), pressuposto inarredável da ação *in executivis*" ("Execução de título judicial e defeito ou ineficácia da sentença". *Revista de Processo*. São Paulo: RT, n. 80, 1995, p. 72).

(147) ASSIS, Araken de. *Manual da execução*. 9ª ed. rev., atual. e ampl. São Paulo: RT, 2004, p. 410.

"[...] levaria a necessidade de admitir ou (a) que não tem força executiva o título extrajudicial em que se prevê obrigação condicional ou a termo, ou (b) que a execução de obrigação daquela natureza, quando decorrente de título extrajudicial, pode ser promovida sem a prova da realização da condição ou da ocorrência do termo. O que o legislador quis acentuar, no art. 572, é que *também*, quando o juiz decidir relação jurídica sujeita a condição ou a termo, será indispensável a prova de sua ocorrência para o desencadeamento da ação executiva."(148)

Assim, se o exeqüente não comprovar, preliminarmente, a ocorrência da condição ou o alcance do termo, não há como se prosseguir a execução, pois a obrigação que subjaz ao título executivo carece de exigibilidade, devendo a matéria ser objeto de defesa interna.(149) "A rigor", lembra o mestre *José Carlos Barbosa Moreira*, "a sentença, por si só, não constitui título executivo: este se formará no momento em que se realizar a condição ou sobrevier o termo". Apenas para confirmar a existência de atividade cognitiva do Magistrado nessa aferição, deve-se perceber que o defeito é passível de conhecimento de ofício, de sorte que, se o apontado vício não for prontamente corrigido, o órgão jurisdicional extinguirá o processo de execução, "[...] embora a hipótese não se inclua entre as de extinção, previstas no art. 794: a enumeração aí não é taxativa".(150)

É natural que, se o autor não atender à determinação do Juiz, para que emende ou complete a petição inicial no prazo estipulado, a teor do art. 267, *I*, do CPC, mediante a tipificação de uma das hipóteses previstas no art. 295 do CPC, subsidiariamente aplicável ao processo de execução, a peça vestibular executiva seja indeferida. Não havendo correção a ser feita na petição inicial, contudo, sendo o processo veiculado na Justiça Comum (no Processo do Trabalho, a sistemática é diversa: a citação é automática, ou seja, *a priori*, decorre do simples ajuizamento da petição inicial), deverá o Juiz determinar a citação do executado.

---

(148) ZAVASCKI, Teori Albino. *Processo de execução: parte geral*. 3ª ed. rev., atual. e ampl. São Paulo: RT, 2004, p. 279.

(149) Enfatiza *Carlos Alberto Alvaro de Oliveira:* "Se decidida relação jurídica sujeita a condição ou termo, o credor não poderá executar a sentença sem provar que se realizou a condição ou que ocorreu o termo: sentença existe e, por hipótese, válida, mas ineficaz enquanto não implementada a condição ou ocorrido o termo; tolhe-se por conseqüência o efeito executivo. Aqui também a prova de que se verificou a condição ou ocorreu o termo constitui pressuposto de executividade (art. 614, II)". No caso, na esteira do que estamos defendendo nesta obra, esclarece o processualista do Rio Grande do Sul que "a defesa do executado poderá ser realizada a qualquer tempo, ainda antes de seguro o juízo, nos próprios autos do processo de execução. Acaso instaurada a execução, nula será (art. 618, III)". E arremata sua primorosa lição: "Enquadra-se no mesmo gênero a hipótese prevista no inciso IV do art. 615 do Código: enquanto não provado pelo credor o adimplemento da contraprestação, que lhe corresponde, ou que lhe assegura o cumprimento, se o executado não for obrigado a satisfazer a sua prestação senão mediante a contraprestação do credor, a sentença condenatória terá tolhido o seu efeito executivo" ("Execução de título judicial e defeito ou ineficácia da sentença". *Revista de Processo*. São Paulo: RT, n. 80, out./dez. 1995, p. 71).

(150) BARBOSA MOREIRA, José Carlos. *Execução sujeita a condição ou a termo no processo civil brasileiro. Temas de direito processual: sétima série*. São Paulo: Saraiva, 2001, pp. 117 e 118, respectivamente.

Assim, como não existe, de maneira bem delimitada, uma fase de saneamento no processo de execução, pode-se afirmar que, em linha de princípio, não seria errôneo dizer que há uma indiscutível *concentração* do juízo de admissibilidade na aferição da petição inicial, tendo como limite, se positivo, o ato ordenador da citação do executado. Observe-se que estamos dizendo *em linha de princípio*, pois, como se verá, havendo falhas nesse juízo de admissibilidade, tendo chegado o momento da citação, isto é, na eventualidade de passar despercebido pelo órgão jurisdicional ou pela parte a quem imediatamente interesse, a ausência de pressupostos processuais, requisitos de validade ou de condições da ação, nada impede que, em razão de se tratar de matérias de ordem pública, o controle ocorra no desenrolar da relação processual executiva.

É preciso fazer uma pausa, para deixar bem claro o que entendemos por *juízo de admissibilidade*. De plano, deve-se perceber, como premissa metodológica ou de organização da cognição, que o mesmo é inconfundível com o *juízo de mérito*. A *admissibilidade* é aferida no processo em função de suas características de "complexidade" e "dinamismo", ao passo que o *juízo de mérito*, na lapidar lição de *José Carlos Barbosa Moreira*, apura

> "[...] a existência ou inexistência de fundamento para o que se postula, tirando-se daí as conseqüências cabíveis, isto é, acolhendo-se ou rejeitando-se a postulação. No primeiro, julga-se esta *admissível* ou *inadmissível*; no segundo, *procedente* ou *improcedente*."(151)

Fredie Didier Jr., em lição que acompanhamos integralmente, explica o seguinte:

> "A inadmissibilidade é uma decisão que obsta o prosseguimento da atuação do magistrado, impedindo-o de examinar o mérito do ato postulatório (objeto do ato conclusivo do procedimento), porque não permite o prosseguimento da marcha procedimental, de resto iniciada a partir de uma demanda (inicial ou incidental). A inadmissibilidade incorpora a idéia de obstáculo ao movimento; é figura complexa, que se relaciona com a criação de um impedimento ao ingresso de um ato processual no processo, ou numa fase deste."

O juízo de admissibilidade inclui o respeito ao formalismo processual, que se traduz, de certo modo, na verificação de regularidade dos atos processuais. Acrescenta o processualista baiano:

> "A inadmissibilidade é invalidação do procedimento (ato jurídico complexo), a partir do reconhecimento de defeito que impede a apreciação daquilo que foi postulado (mérito), decisão essa que é o objeto do procedi-

---

(151) BARBOSA MOREIRA, José Carlos. *Comentários ao Código de Processo Civil*. Rio de Janeiro: Forense, 2003, vol. 5, p. 261.

mento (objeto do ato final/conclusivo/típico). É, pois, sanção aplicável ao procedimento, que impede o magistrado de prosseguir o seu exame, enfrentando a questão de mérito posta para a sua decisão."(152)

Conferida a regularidade da petição inicial, impõe-se, a fim de completar a relação processual, a determinação da citação da parte demandada.

Segundo uma vertente doutrinária, o ato ordenador da citação, no processo comum, possui também uma natureza de decisão interlocutória e, como tal, é agravável de instrumento, já que, em tese, a citação possui grau de força apta a causar prejuízo à esfera jurídica do executado.(153) No particular, *Rodrigo da Cunha Lima Freire* assim se manifesta:

> "O ato ordenador da citação no processo de execução é um híbrido de despacho e decisão interlocutória, que pode causar prejuízo jurídico, objetivo e atual, ao demandado, especialmente quando tiver por conseqüência a *invasão da esfera patrimonial do executado, pelo depósito ou pela penhora de bens*.
>
> "Desta forma, cremos que o executado pode interpor agravo de instrumento contra o ato ordenador da citação no processo de execução.
>
> "Para a concessão do efeito suspensivo, deve o agravo de instrumento versar sobre vícios cognoscíveis de ofício (inexistência ou nulidade absoluta), pois, do contrário, admitindo-se a suspensão da execução em toda e qualquer situação, não se estará cumprindo o preceito do Código que condiciona o efeito suspensivo à existência de fundamento jurídico relevante."(154)

Outra corrente de pensamento, não desconhecendo a aptidão para causar prejuízos reais à esfera jurídica do executado, advoga, por outro lado, que o remédio jurídico correto seria o ajuizamento dos embargos à execução ou a argüição, logicamente quando preenchidos os requisitos doutrinários e jurisprudenciais para tanto, do incidente de não-executividade (defesa endoprocessual executiva, "exceção de pré-executividade" etc.), e não a interposição do recurso de agravo de instrumento.

---

(152) DIDIER JR., Fredie. *Pressupostos processuais e condições da ação: o juízo de admissibilidade do processo*. São Paulo: Saraiva, 2005, p. 27.

(153) Preleciona, em tal sentido, *José Miguel Garcia Medina:* "Nada havendo a corrigir, na petição inicial, deverá o juiz determinar a citação do executado. Trata-se, também nesse caso, de decisão interlocutória e, como tal, agravável, porquanto tal pronunciamento é capaz de gerar prejuízo. Nesse caso, se ao recurso de agravo de instrumento for dado provimento, tratar-se-á de decisão que extingue a execução. Se, uma vez interposto o agravo, ocorrer retratação, não há mais de se falar em decisão interlocutória, mas, sim, em sentença" (*Execução civil: teoria geral: princípios fundamentais*. 2ª ed. rev., atual. e ampl. São Paulo: RT, 2004, p. 371).

(154) FREIRE, Rodrigo da Cunha Lima. *É agravável o ato de ordenar a citação na execução. Processo de execução*/Coordenação de Sérgio Shimura e Tereza Arruda Alvim Wambier. São Paulo: RT, 2001, p. 662.

Para nós, essa segunda corrente é a correta. À luz da sistemática jurídica pátria, o despacho que determina a citação do executado não possui natureza jurídica de decisão interlocutória. Trata-se de despacho irrecorrível. Ilustrativamente, impõe-se observar que o art. 113, *§ 2º*, do CPC prescreve que, anulado o processo por vício de incompetência absoluta, somente os *atos decisórios* serão nulos. Ora, neste particular, nunca se sustentou que o ato ordenatório da citação seja, reconhecendo-se a incompetência absoluta, por conseqüência, nulo, de modo que se evidencia, com isso, que não se trata de ato decisório. Aliás, consoante reconhece a melhor doutrina, mesmo quando se anula a citação, o ato citatório se trata de vício reconhecido, e não o despacho que a determinou. Deve-se atentar que admitir recurso de agravo de instrumento contra o despacho ordenatório de citação constitui supressão de instância, eis que a questão não foi debatida no primeiro grau de jurisdição, hipótese que não se justifica. Outro ponto digno de nota refere-se ao fato de que esse tipo de despacho, à luz da sistemática do Direito brasileiro, sempre foi irrecorrível. Para se ter uma idéia, no processo penal, em que está em jogo a liberdade do indivíduo, portanto bem jurídico axiologicamente superior aos ordinariamente tratados no processo civil (via de regra, questões meramente econômicas), não se questiona acerca da irrecorribilidade do despacho citatório. Sendo assim, como o art. 93, *IX*, da CF somente exige fundamentação de decisões e não de despachos, não há que se falar em fundamentação expressa do ato judicial que ordena a citação do executado. Finalmente, não há que se falar em impugnação deste ato por via de mandado de segurança, posto que o sistema jurídico oferece ao executado, seja de maneira positivada ou por criação jurisprudencial, ampla via de insurgência, como, ilustrativamente, a defesa endoprocessual executiva,[(155)] apta a, de maneira rápida e eficaz, quando atendidos os "requisitos" para tanto, é claro, fazer cessar os efeitos desse ato citatório.[(156)]

Observa, de forma percuciente, *José Miguel Garcia Medina*:

> "As matérias relativas à admissibilidade da execução, muito embora devam ser analisadas no exórdio do processo, antes da citação do executado, podem vir a ser conhecidas no curso do processo. Não ocorre preclusão *pro judicato*. Não se há de falar, também, em 'decisão implícita', a respeito, quando o juiz determina a citação do executado. Considerando que todas as decisões devem ser fundamentadas (CF, art. 93, inc. IX), não há decisão quando inexistir manifestação explícita, a respeito."

---

(155) *André de Luizi Correia* é enfático quanto à temática: "Mesmo nos processos de execução, não tem o réu interesse em recorrer da decisão que determina sua citação. Se o caso é de indeferimento da inicial executiva, poderá o réu, independentemente de seguro o juízo, opor-se à execução fazendo uso de objeção de pré-executividade, levantando todas as questões relacionadas ao juízo de admissibilidade da execução. Se a objeção for rejeitada, aí sim, poderá recorrer, mas da decisão que rejeitar a objeção" (*A citação no direito processual civil brasileiro*. São Paulo: RT, 2001, p. 48).

(156) MOREIRA, Alberto Camiña. *Defesa sem embargos do executado: exceção de pré-executividade*. 3ª ed. rev. a atual. São Paulo: Saralva, 2001, pp. 195-204.

E conclui seu pensamento:

"Considerando que a matéria pode ser conhecida de ofício pelo órgão jurisdicional, nada impede que a parte se manifeste no curso do processo de execução, ainda que nos embargos não se tenha realizado tal alegação, e mesmo após o prazo para apresentação de embargos."[(157)]

Marcelo Lima Guerra não pensa diferente:

"Não se pode negar que o despacho liminar seja dotado de um conteúdo decisório, ainda que *mínimo* e, como se vai procurar demonstrar, *irrelevante*. De fato, para 'decidir' se ordena ou não a citação do réu o juiz deve, necessariamente, conhecer questões (em sentido amplo) relativas aos pressupostos processuais (vale dizer, aqueles que devem ser atendidos já com a petição inicial) e às condições da ação. Não é correto, entretanto, considerar que ao proferir despacho liminar deferindo a citação do réu, o juiz profira *decisão implícita* sobre tais questões."

E continua o seu raciocínio o ilustre Juiz do Trabalho cearense:

Poder-se-ia até admitir que, "internamente", no *iter* percorrido "mentalmente" pelo juiz, este tenha tomado decisões sobre aquelas questões, pois a elas, necessariamente, a sua cognição deverá se dirigir, na medida em que são questões "subordinantes" da que diz respeito ao deferimento ou não do pedido de citação do réu. Nunca, porém, é possível que o juiz tenha decidido implicitamente qualquer questão. Somente aqueles pontos sobre os quais, expressamente, se manifestou o juiz em seu pronunciamento podem ser considerados *decididos*.[(158)]

Em outras palavras, pode-se dizer, resumidamente, que, em linha de princípio, o juízo de admissibilidade ocorre no momento da análise da petição inicial executiva, ou seja, em oportunidade imediatamente anterior ao ato ordenador da citação do executado. Mas, nada impede, por outro lado, que esse exame, de modo "excepcional", possa ocorrer *difusamente* no desenrolar da relação processual executiva, quando ocorrerem falhas nessa pseudo "fase de saneamento" ou por atos posteriores que impliquem a ausência de pressupostos processuais, requisitos de validade ou de condições da ação.[(159)] Como percebeu *Marcelo Navarro Ribeiro Dantas*,

(157) MEDINA, José Miguel. *Execução civil: teoria geral: princípios fundamentais*. 2ª ed. rev., atual. e ampl. São Paulo: RT, 2002, pp. 391-392.

(158) GUERRA, Marcelo Lima. *Execução forçada: controle de admissibilidade*. São Paulo: RT, 1995, pp. 140-141.

(159) Achamos que o correto é que o controle de admissibilidade da execução seja, de fato, na análise da própria petição inicial executiva. Temos essa opinião, porém, como dito, apenas em "linha de princípio", eis que a sistemática estabelecida entre os arts. 267, *§ 3º* e 301, *§ 4º*, do CPC autoriza o controle posterior, *difusamente*. Nesse contexto, discordamos *parcialmente* da seguinte lição de *Marcelo Lima Guerra:* "[...] no processo de execução, o controle de admissibilidade se concentra todo na ocasião em que o juiz examina a petição inicial, com vista a, proferindo 'despacho liminar', deferir a citação do

"[...] no processo de execução, há um *primeiro momento* de exame de admissibilidade, quando o juiz despacha a petição inicial, no qual, realmente, em princípio apenas a aparência do título e sua exigibilidade e a existência dos pressupostos processuais mais visíveis são atendidos. Mas há também um *segundo momento*, posterior, em que o executado, ou mesmo o magistrado, de ofício (*ex vi* do § 3º do art. 267 do estatuto processual), poderão sempre verificar se todos os pressupostos e condições estão regulares. Descoberta, então, a falta de qualquer dos requisitos de admissibilidade, principalmente as condições da ação, a execução deverá ser extinta."

Impõe-se observar, ainda nesse contexto, que

"o título sempre será a referência fundamental (ainda que não exclusiva) desse exame de admissibilidade, que, diversamente do que acontece no conhecimento (onde normalmente encerra-se no saneamento), pode estender-se até a prolação da sentença declarativa que põe fim à execução."(160)

---

devedor ou, caso contrário, indeferir a petição inicial (por sentença, é óbvio). Essa característica da 'concentração' do controle de admissibilidade da execução é também reflexo do mencionado 'desfecho único' do processo de execução, pois uma vez regularmente *constituído* tal processo com a citação do devedor, ele deverá se desenvolver inteiramente no sentido da entrega efetiva da tutela executiva, com a satisfação do direito do credor. Em outras palavras, decidir sobre se se deve ou não citar o devedor, significa decidir se deve ou não *ser prestada a tutela executiva*" (*Execução forçada: controle de admissibilidade*. São Paulo: RT, 1995, p. 129). A nossa discordância, como facilmente se pode perceber, refere-se única e exclusivamente no que toca à característica da *concentração* total do controle de admissibilidade na análise da petição inicial executiva. Aliás, é bom mesmo mencionar, o próprio autor cearense, em nota de rodapé da citação transcrita, reconhece uma exceção à sua tese, quando afirma que o controle da *regularidade da citação do devedor* deve ser posterior à análise da peça vestibular executiva, pois, evidentemente, o mesmo só pode ocorrer após a citação efetivamente ter sido realizada. A rigor, a bem da verdade, o que o eminente processualista quer ressaltar, agora sem que haja erro em suas ponderações — e, portanto, discordância de nossa parte —, é o fato da importância, *em virtude da possível gravidade do ato para o executado*, da concentração do controle de admissibilidade da petição inicial executiva. Realmente, em suas palavras, "não se duvida que os requisitos de admissibilidade da execução, por se sujeitarem todos eles ao controle *ex officio* do juiz, podem ser objeto de apreciação a qualquer tempo, não gerando preclusão, a decisão proferida quanto a eles, como ocorre também no processo de conhecimento com as decisões expressas sobre as 'condições de admissibilidade do julgamento do mérito'". E continua o seu raciocínio: "Mas convém lembrar que deferindo a execução, os atos executivos de agressão ao patrimônio do devedor começam a ser praticados e para que esse mesmo devedor possa se opor à execução, deve primeiro se submeter a tais atos e, tempestivamente, apresentar seus embargos. Além disso, o devedor não participa nem influi de forma alguma no controle de admissibilidade da execução feito por ocasião da apreciação da petição inicial, pois ainda nem foi citado e quando for, será para cumprir a obrigação consagrada no título executivo". E arremata dando a devida relevância à concentração do juízo de admissibilidade da execução: "Compreende-se, portanto, que se do ponto de vista do controle de admissibilidade, o despacho liminar tem função e importância análogas ao 'despacho saneador', no processo de conhecimento, do ponto de vista da *gravidade* de suas conseqüências, esse mesmo despacho reveste-se de uma significação ímpar. É imperioso, portanto, que seja proferido com o maior rigor possível" (*Execução forçada: controle de admissibilidade*. São Paulo: RT, 1995, p. 143). Como se vê, sob o ponto de vista da relevância do controle de admissibilidade *prévio* à prática dos atos executivos em sentido restritivo, é correto, em linha de princípio, dizer que há, sim, uma concentração do juízo de admissibilidade da execução na análise de petição inicial executiva. Essa concentração, por óbvio, não exclui, no caso de falha ou por superveniência de fatos, a possibilidade de controle posterior, exatamente por ter por objeto matérias imunes ao instituto da preclusão, de ordem pública, portanto. É de se perceber, ao fim e ao cabo, que as matérias formadoras do juízo de admissibilidade da ação de execução são *logicamente* preliminares ao mérito executivo, o pedido de realização dos atos de coação estatal, motivo pelo qual são "vigiadas" até o último ato da cadeia procedimental, sem que percam a respectiva característica.

(160) DANTAS, Marcelo Navarro Ribeiro. "Admissibilidade e mérito na execução". *Revista de Processo*, São Paulo: RT, n. 47, jul./set. 1987, pp. 32-33.

Similar é a posição de *Araken de Assis*:

"Deferida a inicial, provisoriamente, mandando o juiz citar o executado, não há preclusão quanto ao reconhecimento de defeito, que, à semelhança do que sucede no processo de conhecimento, poderá ser proclamado em momento posterior. Deste modo, lícito se afigura ao devedor suscitar as questões relativas à aptidão da peça vestibular nos embargos ou através da objeção de executividade. De resto, toda e qualquer emenda ficará prejudicada após semelhante argüição; por exemplo, oferecidos embargos, ao juiz não cabe determinar a juntada do título executivo, suprindo sua falta. Apenas nas hipóteses teratológicas, quando se inviabiliza a correção da inicial, calha o indeferimento liminar. Dita extinção é imperiosa, outrossim, não se desincumbindo o credor das emendas no prazo legal (art. 295, VI)."(161)

Deste modo, pode-se dizer que o controle de admissibilidade do processo de execução ocorre em dois momentos perfeitamente distintos, e o primeiro refere-se à análise da petição inicial, sendo, em nosso sentir, essencial por uma questão de economia processual, pois, descobrindo-se o vício no início do processo executivo, evita-se uma série de atos inúteis. Há, contudo, um segundo momento, que, como visto, caracteriza-se pela difusão do controle de admissibilidade no desenrolar do procedimento, ou seja, pode ocorrer durante a realização dos atos preparatórios de entrega do bem da vida tutelado até a efetiva satisfação do crédito. A legítima presença das matérias de ordem pública, quais sejam, os pressupostos processuais, requisitos de validade e as condições da ação, à luz da ordem jurídica vigente, é rigorosamente exigível durante toda a relação processual, e não apenas no momento do ajuizamento da demanda.(162) Não há que se falar, assim, em preclusão judicial com relação à passagem por aquele primeiro momento.

---

(161) ASSIS, Araken de. *Comentários ao Código de Processo Civil*. Rio de Janeiro: Forense, 2004, vol. VI, pp. 355-356.

(162) Em matéria recursal, a doutrina aponta tal fenômeno como sinônimo do *efeito translativo* dos recursos. "O efeito devolutivo do recurso tem sua gênese no princípio dispositivo, não podendo o órgão *ad quem* julgar além do que lhe foi pedido na esfera recursal. Aplica-se na instância recursal o CPC 128 e 460. Caso o órgão destinatário do recurso extrapole o pedido de nova decisão, constante das razões do recurso, estará julgando *extra*, *ultra* ou *citra petita*, conforme o grau e a qualidade do vício que incorrer. Há casos, entretanto, em que o sistema processual autoriza o órgão *ad quem* a julgar fora do que consta das razões ou contra-razões do recurso, ocasião em que não se pode falar em julgamento *extra*, *ultra* ou *citra petita*. Isso ocorre normalmente com as *questões de ordem pública*, as quais devem ser conhecidas de ofício pelo Juiz e não se opera a preclusão (por exemplo, CPC 267 § 3º e 301, § 4º). A translação dessas questões ao juízo *ad quem* está autorizada no CPC 515 §§ 1º a 3º e 516. O exame das questões de ordem pública, ainda que não decididas pelo juízo *a quo*, fica transferido ao tribunal destinatário do recurso de apelação por força do CPC 515 §§ 1º a 3º. Da mesma forma, ficam transferidas para o tribunal *ad quem* as questões dispositivas que deixaram de ser apreciadas pelo juízo de primeiro grau, nada obstante tenham sido suscitadas e discutidas no processo". Por lealdade ao leitor, impõe perceber, contudo, que "Não há o efeito translativo nos recursos excepcionais (extraordinário, especial e embargos de divergência) porque seus regimes jurídicos estão no texto constitucional que diz serem cabíveis das causas *decididas* pelos tribunais inferiores (CF 102 III e 105 III). Caso o tribunal não tenha se manifestado sobre a questão de ordem pública, o acórdão somente poderá ser impugnado por ação autônoma (ação rescisória), já que incidem nas hipóteses os *STF 282* e *356*, que exigem o prequestio-

A propósito, alerta *Luiz Peixoto de Siqueira Filho*:

"Nenhum problema existiria se a atividade, desenvolvida pelo juiz no momento do despacho inicial na execução, fosse infalível. Jamais alguém estaria sujeito a uma invasão do patrimônio que não decorresse de processo executivo, com a estrita observância do princípio do devido processo legal. Entretanto, a realidade é bem outra. Seja em virtude do acúmulo de trabalho, ou do fato de alguns vícios não serem facilmente detectados, não é coisa pouco comum escapar do exame inicial a ausência de algum dos requisitos necessários ao desenvolvimento da atividade executiva."(163)

Ensina, com a didática que já está se tornando peculiar, *Teori Albino Zavascki*:

"Os defeitos da petição inicial, a ausência de pressuposto processual e de condição da ação, a inexistência ou a deficiência do título executivo, quando não detectados pelo exame inicial do juiz, são matérias próprias da ação de embargos de devedor (CPC, art. 741). Todavia, quando a irregularidade se demonstrar evidente a ponto de dispensar dilação probatória a respeito, nada impede que o executado denuncie desde logo, mediante simples petição na própria ação executiva, independentemente de embargos, ou no curso destes, ou até após seu julgamento, se o tema não tiver sido neles proposto. A essa iniciativa costuma-se denominar exceção de pré-executividade, cuja abrangência temática pode avançar sobre a própria nulidade do título executivo, quando evidente e flagrante, isto é, nulidade cujo reconhecimento independa de contraditório ou dilação probatória. Comportam-se no âmbito da exceção de pré-executividade, portanto, as situações de notória falta de certeza, liquidez ou exigibilidade do título, matéria que, nessas circunstâncias, poderia ter sido apreciada até de ofício."(164)

Outra não é a lição de *Cândido Rangel Dinamarco*:

"Com o caráter desenganadamente jurisdicional e publicista da execução forçada não se conciliaria a indiferença do Estado-juiz ante as situações acima descritas; e seria absurdo considerar o juiz obrigado a deferir ao exeqüente a realização do processo executivo, de medidas muito drás-

namento da questão constitucional ou federal suscitada, para que seja reconhecido o recurso constitucional excepcional. Além disso, a lei autoriza o exame de ofício das questões de ordem pública a qualquer tempo e grau de jurisdição (CPC 267 § 3º). Ocorre que a instância dos recursos extraordinário e especial não é ordinária, mas excepcional, não se lhe aplicando o texto legal referido" (NERY JÚNIOR, Nelson. *Teoria geral dos recursos*. 6ª ed. atual., ampl. e reform. São Paulo: RT, 2004, pp. 482-483 e 487-488, respectivamente).

(163) SIQUEIRA FILHO, Luiz Peixoto de. *Exceção de pré-executividade*. 2ª ed. Rio de Janeiro: Lumen Juris, 1998, p. 70.

(164) ZAVASCKI, Teori Albino. *Processo de execução: parte geral*. 3ª ed. rev., atual e ampl. São Paulo: RT, 2004, pp. 285-286.

ticas que as do cognitivo, quando visivelmente a execução não for admissível ou quando ela for mal postulada. Por isso, a inépcia da petição inicial executiva ou a presença de qualquer óbice ao regular exercício da jurisdição *in executivis* constituem matéria a ser apreciada pelo juiz da execução, de ofício ou mediante simples objeção do executado, a qualquer momento e em qualquer fase do procedimento. Da circunstância de ser a execução coordenada a um resultado prático e não a um julgamento, não se deve inferir que o juiz não profira, no processo executivo, verdadeiros julgamentos, necessários a escoimá-los de irregularidades formais e a evitar execuções não desejadas pela ordem pública."

E adiante, em lição que já está se tornando clássica na doutrina, arremata o mestre paulista:

> "É preciso debelar o *mito dos embargos*, que leva os juízes a uma atitude de espera, postergando o conhecimento de questões que poderiam e deveriam ter sido levantadas e conhecidas liminarmente, ou talvez condicionando o seu conhecimento à oposição destes. *Dos fundamentos dos embargos (CPC, art. 741), muito poucos são os que o juiz não pode conhecer de ofício, na própria execução.*"(165)

Assim, corroborando conclusões anteriores, é evidente a existência de cognição no processo de execução relacionada à admissibilidade da demanda executiva, podendo as matérias que lhe dizem respeito, quando não demandarem dilação probatória, servir de objeto de defesa endoprocessual. Destaca-se, nesta oportunidade, a questão da citação *regular,*(166) ou seja, a qual foi realizada em conformidade com o modelo prefixado pelo sistema jurídico, sem dúvida alguma, é um requisito processual de validade. Esse modelo diz respeito ao modo, lugar, tempo e forma de realização da citação e, uma vez descumprido, ocasiona um relevante defeito em virtude do não-atendimento do fim a que esse ato processual se propunha a cumprir (art. 247 do CPC), que pode servir de base para o exercício de defesa endoprocessual executiva. Se o ato ordenador da citação, como visto, pode ser atacado, por simples petição, no bojo do processo de execução, o mesmo pode ocorrer, quando a citação desviar-se do princípio da tipicidade(167)

---

(165) DINAMARCO, Cândido Rangel. *Execução civil*. 7ª ed. rev. e atual. São Paulo: Malheiros, 2000, pp. 450 e 451, respectivamente.

(166) *André de Luizi Correia*, em posição que partilhamos, ensina que a citação no processo de execução, além do que ocorre no processo de conhecimento, que é a formação do processo em si e a implementação do contraditório, informando-lhe sobre a pendência do processo e dando-lhe a oportunidade de reação (principalmente por meio de embargos à execução e através de exceção de pré-executividade), tem a função específica de conceder ao devedor, via de regra, a última oportunidade para adimplir a obrigação que dá conteúdo ao título executivo (*A citação no direito processual civil brasileiro*. São Paulo: RT, 2001, pp. 272-280).

(167) A respeito, *Calmon de Passos* ensina o seguinte: "Todo ato processual é uma realidade no espaço, no tempo e no processo. Mas o ato processual não é um fato qualquer ocorrido no espaço, no tempo e no processo, e sim um fato ocorrido no processo e nas condições preestabelecidas na lei. Estas são as qualidades que o definem. Conseguintemente, há um complexo de elementos necessários e sufi-

e, ainda assim, não atingir a finalidade[168] pela qual foi criada pela ordem jurídica (= *informação* sobre a ação, possibilitando uma *reação*).

Será nula a citação de um militar da ativa, por exemplo, quando ocorrer na unidade em que estiver servindo, a despeito do conhecimento a respeito da residência onde facilmente ele pode ser encontrado (art. 216, *parágrafo único*, do CPC).

Igual vício tem a citação, em situações que não demandem urgência na concretização do ato, que ocorrer em relação a quem estiver assistindo a qualquer ato de culto religioso (art. 217, *I*, do CPC), ao cônjuge ou a qualquer parente do morto, consangüíneo ou afim, em linha reta ou na linha colateral em segundo grau, no dia do falecimento ou nos sete dias seguintes (art. 217, *II*, do CPC), bem como aos noivos, nos três primeiros dias de bodas (art. 217, *III*, do CPC), e aos doentes, enquanto grave o seu estado (art. 217, *IV*, do CPC).

Também é passível de nulidade a citação pessoal do réu demente ou enfermo, quando impossibilitado de recebê-la (art. 218 do CPC).

Nula, ainda, será a citação feita sem despacho judicial (arts. 143, *II*, e 262 do CPC) a ser promovida fora do horário estabelecido pelo CPC ou em dia não útil (art. 172 do CPC).

Da mesma forma, quando o mandado não contiver os requisitos estabelecidos pelo art. 225 do CPC, bem como quando o oficial de justiça não observar o rito do art. 226 também do CPC.

Em se tratando de citação pelo correio, haverá nulidade quando não se utilizar o registro postal com aviso de recepção (art. 223, *parágrafo único*, do CPC) ou quando o ofício do escrivão não for acompanhado de cópia da petição inicial despachada pelo Juiz (art. 223, *caput*, do CPC), e ainda quando a correspondência for entregue a outrem que não o citando (art. 223, *parágrafo único*, do CPC).

Será igualmente eivada de nulidade também a citação do réu, por via postal, quando não se tratar de pessoa domiciliada no Brasil.

Finalmente, será nula a citação por edital fora das hipóteses discriminadas no art. 232 do CPC.

Segundo pensamos, se nele ocorridas, todas essas questões podem ser suscitadas no interior do processo de execução por meio de defesa endoprocessual, haja vista a inexistência de incompatibilidade cognitiva.

---

cientes, legalmente preestabelecidos, para a determinação de um certo efeito típico. São eles os *elementos do tipo*, considerado em si mesmo, ou considerado em suas relações com o contexto em que se situa. Revestem-se de relevância para se aferir a tipicidade do ato, que outra coisa não é senão a adequação do comportamento, no processo, ao modelo de comportamento preestabelecido na norma" (*Esboço de uma teoria de nulidades aplicada às nulidades processuais*. Rio de Janeiro: Forense, 2002, p. 79).

(168) Pontifica *Calmon de Passos:* "A atipicidade, por si só, não acarreta a conseqüência da nulidade, porque a desqualificação se opera mediante uma correlação entre a atipicidade do suposto e a função que a ordem jurídica, na hipótese, atribuiu à vontade do sujeito agente" (*Esboço de uma teoria de nulidades aplicada às nulidades processuais*. Rio de Janeiro: Forense, 2002, p. 38).

Uma observação relevante se faz presente: a citação *nula* no processo de conhecimento, *seguida de revelia* e *causando prejuízo ao réu*, equivale à citação *inexistente*, com todos os efeitos daí decorrentes. No caso, a violação ao princípio constitucional do contraditório é patente, uma vez que o ato citatório não cumpriu a sua finalidade, que é informar ao réu sobre a ação e, conseqüentemente, dar-lhe oportunidade de defesa.[169] Não basta citar "formalmente" o réu, pois a análise, no caso, deve ser exclusivamente *teleológica*. Se a citação encontra-se eivada de nulidade e, em decorrência dessa nulidade, o réu não compareceu ao processo, presume-se que este, em sua visão estrutural completa, não se formou. Existe fisicamente uma citação, mas, vale repetir, não cumpriu a sua finalidade primordial de concretizar o princípio do contraditório, de sorte que a situação equivale a sua não realização. Logo, diante desse defeito gravíssimo, a sentença civil condenatória que eventualmente lhe suceder também será considerada inexistente,[170] não tendo, pois, aptidão para transitar em julgado. Por conseqüência, o processo de execução que a tiver como base, certamente, deverá ser extinto, sem a realização do mérito, em virtude da carência de uma das condições da ação, que é o legítimo interesse processual. Se o "título executivo" não existe, falta ao exeqüente o legítimo interesse processual de executar, sendo a matéria, em razão da desnecessidade de dilação probatória, suscitável por simples petição defensiva no interior do processo de execução.[171]

---

(169) Imagine-se a situação resultante da "citação" de uma pessoa que, à época do ato, já estava falecida. Como ensina *Teresa Arruda Alvim Wambier*, "citação é ato de comunicação. É impossível falar-se em *comunicação* sem que haja alguém, no outro pólo, para receber a comunicação (ser citado)" (*Nulidades do processo e da sentença*. 5ª ed. rev., atual. e ampl. São Paulo: RT, 2004, p. 359). Observe-se que pode existir hipótese em que o "processo" até a "citação" estava no preenchimento de todos os seus pressupostos, inclusive com a presença de uma parte ré, mas, pouco antes da oportunidade da citação, mais precisamente logo após o despacho que a ordenou, o réu veio a falecer, sem que ninguém tenha conhecimento desse fato. É inegável que o vício, ao contrário do que se poderia imaginar, surgiu apenas com a citação, e não com o eventual defeito anterior da ausência de parte. Afinal, à época em que a petição inicial foi recebida pelo órgão jurisdicional, a parte ainda existia. É óbvio que essa questão é mais acadêmica que prática, pois o efeito da ausência de parte e de citação, ou, como entendemos, nulidade de citação, seguida de revelia, é sempre o mesmo: inexistência jurídica, alegável em qualquer tempo, inclusive no processo de execução.

(170) Para *André de Luizi Correia*, "[...] sendo nulo o ato citatório e deixando o réu de comparecer ao processo, não há como deixar de reconhecer a inexistência jurídica do processo e da sentença. *Citar nulamente o réu, que acaba por não comparecer ao processo, em decorrência do vício do ato citatório, equivale a deixar de citá-lo*" (*A citação no direito processual civil brasileiro*. São Paulo: RT, 2001, p. 226). *Teresa Arruda Alvim Wambier* e *José Miguel Garcia Medina*, no particular, afirmam que "[...] uma sentença proferida em processo em que tenha havido citação viciada e em que o réu tenha sido revel é *inexistente*, porque o foi, também, o processo". Pouco adiante, concluem, enfaticamente: "Em nosso entender, como frisamos por diversas vezes, o vício de citação gera ação, processo e sentença inexistentes, já que a relação processual, sem a citação, não se triangularizará e, portanto, não se constitui" (*O dogma da coisa julgada*. São Paulo: RT, 2003, pp. 215 e 217, respectivamente). Por uma questão de fidelidade intelectual, não podemos deixar de observar que existem autores de nomeada que não pensam dessa forma. Para *Adroaldo Furtado Fabrício*, por exemplo, "[...] o *déficit* de que padece o processo onde não se fez citação hábil diz respeito à validade, não à existência, sem embargo do volume e da autoridade das opiniões em contrário. Não deve impressionar o exemplo *ad terrorem* do morto citado por edital, pois aí o caso é mesmo de inexistência do processo e da sentença nele porventura proferida — mas não por defeito ou falta de citação; sim por inexistência de uma das partes (tecnicamente, *incapacidade de ser parte* da pessoa natural que se extinguira pelo óbito)" (*Réu revel não citado,* querela nullitatis *e ação rescisória. Ensaios de direito processual*. Rio de Janeiro: Forense, 2003, pp. 254-255).

(171) Ensina *André de Luizi Correia* que "[...] a nulidade da citação, por gerar processo e sentença inexistentes, pode ser objeto de objeção de pré-executividade ou embargos à execução, que terão por

Para resumir essa questão, vale a pena observar a seguinte lição de *Arruda Alvim*:

"Não há preclusão no que diz com a argüição da falta de citação, ou de sua nulidade (art. 247), desde que o processo tenha corrido à revelia. Mesmo após o transcurso do prazo para a ação rescisória, pode tal vício ser alegado em embargos do devedor na execução de sentença proferida no processo viciado, ou até mesmo por simples petição, ou, se houver *interesse jurídico*, em ação própria (= *ação declaratória* dessa *inexistência*)."(172)

É evidente, portanto, o cabimento da defesa endoprocessual executiva nessa questão.(173) Mas, como se sabe, o juízo de admissibilidade não se restringe à análise da petição inicial e da citação, outras questões importantes devem ser consideradas, conforme se verifica abaixo.

3.3.2. A competência na execução e a imparcialidade do Juiz

No processo de execução, tal como ocorre nos processos de conhecimento e cautelar, exige-se a observância do direito fundamental ao *Juiz natural*. Embora não previsto expressamente na Constituição, ele é inferido da proibição de juízos e tribunais de exceção (art. 5º, *XXXVII*, da CF) e da determinação de que ninguém será processado senão pela autoridade competente (art. 5º, *LIII*, da CF), sendo, portanto, cláusula pétrea decorrente do princípio do devido processo legal. Logo, sob pena de violação a esse megaprincípio, o Juiz do processo de execução deve ser *competente* e *imparcial*, que são, respectivamente, os seus aspectos formal e substancial.(174)

Para que o processo de execução exista validamente, faz-se mister que o órgão jurisdicional seja dotado de competência para apreciar o feito,(175) sob

---

fundamento a inexistência de título executivo judicial e poderão ser apresentados mesmo depois de escoado o biênio decadencial para ajuizamento da ação rescisória" (*A citação no direito processual civil brasileiro*. São Paulo: RT, 2001, p. 242). Afinal, na lição de *Enrico Tullio Liebman*, "[...] todo e qualquer processo é adequado para constatar e declarar que um julgado meramente aparente é na realidade inexistente e de nenhum efeito" (*Nulidade da sentença proferida sem citação do réu. Estudos sobre o processo civil brasileiro*. Araraquara: Bestbook, 2004, p. 121).

(172) ALVIM, Arruda. *Manual de direito processual civil*. 7ª ed. rev., atual. e ampl. São Paulo: RT, 2000, vol. 2, pp. 269-270.

(173) BEDAQUE, José Roberto dos Santos. *Efetividade do processo e técnica processual*. São Paulo: Malheiros, 2006, p. 467.

(174) Na irrepreensível observação de *Fredie Didier Jr.*, "as regras de distribuição servem exatamente para fazer valer a garantia do juiz natural: estabelecem-se critérios prévios, objetivos, gerais e aleatórios para a identificação do juízo que será o responsável pela causa. É por isso que o desrespeito às regras da distribuição por dependência implica incompetência absoluta. Não se desconhecem as tentativas de 'escolha' do juiz, quer com a postulação em períodos de recesso ou em plantões, com a ciência de que tal juiz será o responsável pela decisão, quer com a burla ao sistema informatizado de distribuição" (*Pressupostos processuais e condições da ação: o juízo de admissibilidade do processo*. São Paulo: Saraiva, 2005, p. 148).

(175) Na afirmação de *Fredie Didier Jr.*: "A competência do órgão jurisdicional é requisito de validade do procedimento" (*Pressupostos processuais e condições da ação: o juízo de admissibilidade do processo*. São Paulo: Saraiva, 2005, p. 150).

pena de declaração de nulidade. Deve-se notar que ele se submete tanto ao regime jurídico da competência absoluta, especialmente na espécie *funcional* (art. 575 do CPC), quanto ao de competência relativa (art. 576 do CPC).(176) Vale perceber que, atento ao princípio da economia processual, o ordenamento jurídico pátrio estabeleceu, genericamente, que a invalidade do processo por incompetência absoluta do órgão jurisdicional acarreta apenas a nulidade dos atos *decisórios* que causaram prejuízo para as partes, aproveitando-se os demais. Como o processo de execução não visa preponderantemente a atingir uma decisão, o vício de incompetência absoluta implica a declaração de nulidade de *todos* os atos praticados em prejuízo ao executado. Tratando-se de infração à regra de *competência absoluta*, a questão indiscutivelmente pode ser suscitada nos próprios autos do processo de execução por meio de defesa endoprocessual.(177) Se o vício, por outro lado, for de incompetência relativa, a matéria pode até ser ventilada por defesa interna, pois também diz respeito à validade do processo,(178) desde que o executado o faça na primeira oportunidade de se manifestar nos autos, sob pena de preclusão.

O mesmo tratamento dispensado à competência absoluta é dado com relação à parcialidade(179) do Juiz.(180) A despeito da peculiaridade do procedimento voltado à satisfação de uma obrigação, o Juiz imparcial pode causar, por atos comissivos ou simplesmente omissivos, o desrespeito ao princípio do devido processo legal, com medidas executivas flagrantemente arbitrárias, ou ao princípio da efetividade da prestação da tutela jurisdicional executiva, em função do "desinteresse" em se empenhar na concretização da sanção prevista no título executivo.

---

(176) *Cândido Rangel Dinamarco* faz o seguinte resumo: "A síntese dessas hipóteses é que a competência executiva somente se regerá pelas normas da competência funcional quando o título exeqüendo tiver origem em um *processo realizado no país*. Em todos os demais casos, aplicam-se sempre as regras gerais de competência, levando-se em conta os critérios usuais para a determinação desta" (*Instituições de direito processual civil*. São Paulo: Malheiros, 2004, vol. IV, p. 92).

(177) Para *Patrícia Miranda Pizzol*, "a incompetência absoluta é pressuposto processual de validade, portanto, pode o executado se valer da objeção de pré-executividade. É injusta a exigência de prévia penhora (constrição patrimonial), para que o executado discuta matéria de ordem pública, que deveria ter sido verificada de ofício pelo magistrado" (*A competência no processo civil*. São Paulo: RT, 2003, p. 481).

(178) Observe-se, nas palavras de *Fredie Didier Jr.*, que "[...] a competência é sempre um requisito processual, pouco importa se absoluta ou relativa, distinção essa que não é ontológica, mas apenas de regime jurídico de seu reconhecimento e das conseqüências da falta de competência" (*Pressupostos processuais e condições da ação: o juízo de admissibilidade do processo*. São Paulo: Saraiva, 2005, p. 151).

(179) Deve-se observar que *imparcialidade* não se confunde com *neutralidade*. Sobre esta, tecemos algumas palavras no capítulo primeiro desta dissertação.

(180) No particular, *Alberto Camiña Moreira* ensina o seguinte: "No processo de execução, os atos de agressão ao patrimônio do devedor, a bem da verdade, na maioria das vezes, ocorrem de forma automática. O juiz defere a citação e a penhora ocorre ou por diligência do oficial de justiça, ou por indicação do credor ou do próprio devedor. Não há decisão alguma do juiz, a menos que se discuta a impenhorabilidade do bem ou o preço vil; há quem afirme que a arrematação não é presidida pelo juiz. Mesmo o levantamento do dinheiro não implica apreciação de ordem subjetiva. Imagine-se: proposta a execução, expedido o mandado de citação, sem pagamento pelo devedor, o oficial de justiça penhora-lhes bens e já os avalia, tratando-se de execução fiscal. No leilão, arrematado o bem, logo é levantado o dinheiro pelo credor. É pouca, sem dúvida, a participação do juiz, embora não se prescide dele, nem seja ele autômato" (*Defesa sem embargos do executado: exceção de pré-executividade*. 3ª ed. rev., atual. e ampl. São Paulo: Saraiva, 2001, p. 85).

Se o caso for de *suspensão*, a matéria deve ser argüida na primeira oportunidade de se manifestar nos autos, sob pena de convalidação. Dificilmente, o Juiz do processo de execução averbar-se-á suspeito por iniciativa da parte, mas a tentativa, dependendo do ângulo, é válida.

Já o *impedimento* do Juiz é um vício mais grave e deve ser mencionado por ele de ofício, já que, aí, há uma presunção absoluta que o mesmo não tem condições subjetivas de atuar com imparcialidade. Na esteira do art. 134 do CPC, o Juiz fica *impedido* de atuar em feito de que for parte, bem como se interveio como mandatário da parte, oficiou como perito, funcionou como órgão do Ministério Público ou prestou depoimento como testemunha. Ao Juiz é vedado, ainda, exercer suas funções no processo que conheceu em primeiro grau de jurisdição, tendo-lhe proferido sentença ou decisão, como também no processo que nele estiver postulando, como advogado da parte, o seu cônjuge ou qualquer parente seu, consangüíneo ou afim, em linha reta ou na linha colateral até o segundo grau. Neste último caso, o impedimento só se verifica quando o advogado já estava exercendo o patrocínio da causa, sendo vedado ao causídico, entretanto, pleitear a sua intervenção no processo com o intuito preponderante de criar o impedimento do Juiz (parágrafo único do art. 134 do CPC). Finalmente, não pode o Juiz exercer a sua atividade jurisdicional em processo em que seja cônjuge, parente, consangüíneo ou afim de alguma das partes, em linha reta ou colateral até o terceiro grau, ou, ainda, quando for órgão de direção ou de administração de pessoa jurídica que seja parte na causa.

Quaisquer desses defeitos podem ser suscitados no processo de execução por meio de defesa endoprocessual, independentemente de garantia do juízo.

3.3.3. O respeito ao formalismo processual

Relembre-se que os requisitos de validade também podem ser traduzidos na fórmula "respeito ao formalismo processual", reclamando, de certo modo, na execução, a cognição a respeito da regularidade dos atos executivos em toda sua extensão.[181] *José Frederico Marques* resume bem a questão:

(181) E realmente é o caso de cognição inserida no bojo da execução. Ao aferir, e eventualmente corrigir, a regularidade dos atos de formação do contraditório, a legitimidade da penhora realizada ou que potencialmente venha a ser concretizada, bem como ao decidir a respeito dos incidentes oriundos da hasta pública, o Juiz, inegavelmente, realiza juízos de valor ou, por outras palavras, desempenha atividade cognitiva. É que ele, Juiz, ensina *João Batista Monteiro*, "[...] ao determinar providências desse tipo, de ofício ou a requerimento da parte, desenvolve, inevitavelmente, uma atividade mental de escolha. O juiz não é autômato. Ao ordenar uma providência, haverá que se entender que, antes, pensou sobre a utilidade, a oportunidade e a necessidade da providência, para concluir pelo deferimento ou indeferimento. Ao ordenar a conclusão, poderia ter ordenado que aguardasse o processo; ao ordenar a remessa dos autos ao contador, poderia ter entendido não ser esse o momento processual próprio; ao ordenar a juntada de um documento teve de verificar, mesmo de leve, se esse documento tinha pertinência para os autos. Não nos parece defensável dizer que o juiz, ao tomar qualquer desses provimentos, não terá pensado sobre o que disse ou fez. Existe, em qualquer das provisões judiciais referidas, a atividade mental que culmina na escolha, característica da decisão" ("O conceito de decisão". *Revista de Processo*, São Paulo: RT, n. 23, jul.-set. 1981, p. 79). Ora, havendo atividade mental, escolha, enfim, ato de inteligência somado à experiência de vida do Magistrado, ou seja, somados com atos de natureza não intelectual, a existência de cognição judicial é inequívoca.

"A resistência que o réu pode oferecer, dentro da execução, é limitada, uma vez que a prestação contida no título executivo tem de ser cumprida. Todavia, ainda que no âmbito dessa defesa tão restrita, incidentes podem ser formalizados a exigir, em conseqüência, *decisão* do juiz — o que importa, para este, no exercício da atividade lógica semelhante à da cognição. Abrem-se, por isso, parênteses de cognição incidental, em que o juiz profere decisões, as quais, no entanto, não visam ao título executivo, mas apenas à ordem procedimental da execução. O juiz não profere decisões para compor o litígio, mas para preparar a resolução deste, que só se efetiva pela coação, quando satisfeita a prestação exigida pelo credor."(182)

Para *José Alonso Beltrame*,

"[...] embora as nulidades possam ser vistas nos embargos, nada obsta que sejam objeto de exame nos próprios autos da execução, desde que não envolvam aspectos de alta indagação. Se ao juiz é possível a apreciação, de ofício, das nulidades e ao credor é dado apontá-las, é de se delegar ao devedor, também, a faculdade de provar o exame delas no bojo da execução, embora disponha dos embargos."(183)

"Forma" e "formalismo" são vocábulos que juridicamente não se confundem. *Carlos Alberto Alvaro de Oliveira* explica:

"A *forma em sentido estrito* é o invólucro do ato processual, a maneira como deve este se exteriorizar; cuida-se portanto do conjunto de signos pelos quais a vontade se manifesta e dos requisitos a serem observados na sua celebração."

E distingue o mestre gaúcho:

"O formalismo, ou forma em sentido amplo, no entanto, mostra-se mais abrangente e mesmo indispensável, a implicar a totalidade formal do processo, compreendendo não só a forma, ou as formalidades, mas especialmente a delimitação dos *poderes, faculdades* e *deveres* dos sujeitos processuais, coordenação de sua atividade, ordenação do procedimento e organização do processo, com vistas a que sejam atingidas suas finalidades primordiais."(184)

A regularidade dos atos executivos inicia-se pela própria observância do princípio do contraditório. Assim, se não houve a correta informação a respeito

---

(182) MARQUES, José Frederico. *Manual de direito processual civil.* 9ª ed. Campinas: Millennium, 2003, vol. III, p. 14.

(183) BELTRAME, José Alonso. *Dos embargos do devedor.* 2ª ed. São Paulo: RT, 1983, p. 145.

(184) OLIVEIRA, Carlos Alberto Alvaro de. *Do formalismo no processo civil.* 2ª ed. rev. e ampl. São Paulo: Saraiva, 2003, pp. 5 e 6-7, respectivamente.

do conteúdo, tempo e lugar dos atos processuais, é indiscutível o cabimento da defesa endoprocessual executiva, por ser a temática compatível com a cognição desempenhada.[(185)] A intimação pela imprensa, por exemplo, por ser um método imperfeito e inseguro de comunicação social, deve ser cercada de todas as garantias recomendadas pelo art. 236, *§ 1º*, do CPC, o qual afirma ser "indispensável, sob pena de nulidade, que da publicação constem os nomes das partes e de seus respectivos advogados, suficientes para sua identificação". A propósito, adverte *Eduardo Cambi*:

> "Para que seja possível a identificação do advogado e das partes, é preciso que o *nome* constante da publicação seja escrito corretamente, porque, devido ao grande volume de publicações, a tarefa de leitura dos diários oficiais passou a ser atribuída aos computadores. Todavia, para que a localização eletrônica seja eficaz, é imprescindível que os *nomes* sejam escritos corretamente. Afinal, a troca de uma simples letra conduz à leitura de um outro vocábulo, bem diferente daquele a ser localizado. Para o computador, o nome "*U*mberto", por exemplo, nada tem a ver com a palavra "*H*umberto". Com maior razão, esse problema de identificação ocorre quando se troca um nome inteiro (por exemplo, em vez de intimar o advogado *João* da Silva Oliveira, intima-se *José* da Silva Oliveira)."[(186)]

Portanto, havendo violação ao princípio do contraditório no processo de execução, no que concerne ao aspecto da *informação*, revela-se indiscutivelmente cabível a suscitação da questão, por simples petição defensiva, nos próprios autos, sem que se fale em necessidade de ajuizamento da ação de embargos à execução ou impugnação ao cumprimento da sentença.

Idêntico raciocínio deve ser desenvolvido em relação à penhora de um determinado bem considerado pelo ordenamento jurídico como absoluta ou relativamente *impenhorável*.[(187)] "Os vícios da penhora podem, portanto, ser alegados em petição simples".[(188)]

Rita de Cássia Corrêa de Vasconcelos, no particular, preleciona o seguinte:

> "A impenhorabilidade processual absoluta é matéria de ordem pública, não podendo as partes dela dispor, devendo ser conhecida de ofício pelo

(185) Os vícios decorrentes da informatização do processo judicial (Lei n. 11.419/2006) podem ser suscitados por petição simples. Na fase de execução, naturalmente, não se admite dilação probatória (prova testemunhal, pericial etc.), para comprová-los. Se esta for necessária, o executado deve ajuizar uma ação autônoma específica (impugnação ao cumprimento da sentença, embargos à execução, ação rescisória etc.).

(186) CAMBI, Eduardo. *Direito constitucional à prova no processo civil*. São Paulo: RT, 2001, p. 130.

(187) *Paulo Henrique dos Santos Lucon* é categórico: "Em razão da inobservância de determinado preceito contido na lei, a penhora é passível de ser considerada nula, podendo tal situação ser reconhecida pelo juiz em qualquer grau de jurisdição, independentemente do oferecimento de embargos" (*Embargos à execução*. 2ª ed. rev., atual. e ampl. São Paulo: Saraiva, 2001, p. 149).

(188) WAMBIER, Teresa Arruda Alvim; WAMBIER, Luiz Rodrigues; MEDINA, José Miguel Garcia. *Breves comentários à nova sistemática processual civil, 3*. São Paulo: RT, 2007, p. 223.

juiz. Assim, se a constrição recai sobre os bens elencados no art. 649, é nula de pleno direito, não estando o reconhecimento da nulidade sujeito à preclusão. Mas as outras restrições à responsabilidade patrimonial do devedor são instituídas, em regra, no interesse particular, tratando-se, portanto, de nulidade relativa, devendo ser argüida pelo próprio devedor, através de simples requerimento no curso da execução ou em sede de embargos (CPC, art. 741, V)."(189)

Entende *Gilberto Gomes Bruschi*:

"Caso o executado pretenda comprovar a nulidade da penhora, como, por exemplo, aquela que incidir sobre bem impenhorável, utilizando-se, de prova pré-constituída, desde que exclusivamente documental, e quando se tratar de matéria não sujeita à preclusão, ou seja, de ordem pública, nada obsta de que faça essa argüição, utilizando-se de petição, nos próprios autos da execução."(190)

Para *Rita Dias Nolasco*:

"O veículo natural da insurgência do executado contra a nulidade da penhora reside nos embargos previstos no art. 741, V, *in fine*. Já o terceiro encontra remédio eficaz contra a penhora ilegal nos embargos previstos no art. 1.046 do CPC. No entanto, a nulidade da penhora pode ser alegada por simples petição, nos próprios autos da execução, independentemente da segurança do juízo."(191)

"Decerto", observa *Alberto Camiña Moreira*, "o caso mais corriqueiro de defesa interna ao processo de execução é o da penhora sobre bem impenhorável". Corretamente, conclui o seu raciocínio:

---

(189) VASCONCELOS, Rita de Cássia Corrêa de. *A impenhorabilidade do bem de família: e as novas entidades familiares*. São Paulo: RT, 2002, pp. 37-38.

(190) BRUSCHI, Gilberto Gomes. *Incidente defensivo no processo de execução: uma visão sobre a Exceção de pré-executividade*. São Paulo: Juarez de Oliveira, 2002, p. 78. É de se notar, entretanto, que as causas de impenhorabilidade relativa, a despeito de submetidas ao regime da preclusão, tratando-se de requisitos de validade, podem ser suscitadas no âmago do processo de execução (dentro do prazo, por óbvio), por simples petição defensiva. Observe-se, por oportuno, a seguinte lição de *Rita de Cássia Corrêa de Vasconcelos:* "As causas de impenhorabilidade relativa são instituídas, em regra, no interesse particular. Trata-se, portanto, de nulidade relativa do ato processual, devendo ser argüida somente pelo próprio devedor, através de simples requerimento no curso da execução ou em sede de embargos. A propósito, se rejeitada a argüição feita por simples requerimento, nada obsta a que o executado renove o pedido nos embargos do devedor, cujo prazo ainda não tenha se esgotado. Se, ao contrário, a argüição já tiver sido rejeitada em sede de embargos, não se admite novo pedido, porque violaria a coisa julgada" (*Embargos de terceiro e embargos do devedor: hipótese de fungibilidade. Processo de execução: temas polêmicos e atuais*/Coordenador Gilberto Gomes Bruschi. São Paulo: RCS, 2005, p. 312).

(191) NOLASCO, Rita Dias. *Exceção de pré-executividade*. 2ª ed. rev., atual. e ampl. São Paulo: Método, 2004, p. 230.

"As questões relativas à penhora, entretanto, *não devem* ser discutidas e resolvidas na ação incidental de embargos, mas nos autos da própria execução, podendo a nulidade da penhora ser alegada por simples petição."(192)

A argüição de *impenhorabilidade* de um determinado bem é da essência do processo de execução por quantia certa. Sendo assim, nada mais natural que essa questão seja suscitada no seu plano interno. Nada impede, até mesmo em função de já estar seguro o juízo, que se ajuíze a ação incidental de embargos à execução(193) ou os embargos de segunda fase,(194) mas o que importa frisar é que a temática é indiscutivelmente convergente para o regime jurídico da cognição no bojo do processo de execução.

Além dos *atos processuais de comunicação* (formação do contraditório) e das *impenhorabilidades*, é possível a argüição, pelo executado, por simples petição incidental defensiva, de irregularidades envolvendo a *avaliação dos bens* (preço vil, por exemplo),(195) o excesso de penhora (o valor do bem penhorado, ao arrepio do princípio da razoabilidade, é bem superior ao que é objeto da execução), a *arrematação*(196) (ilustrativamente: quando ocorrer por preço vil; falta

(192) MOREIRA, Alberto Camiña. *Defesa sem embargos do executado: exceção de pré-executividade*. 3ª ed. rev. e atual. São Paulo: Saraiva, 2001, p. 150.

(193) "Como não há eficácia de coisa julgada na execução", preleciona *Araken de Assis*, "o devedor, que teve sua argüição aí repelida, poderá renová-la nos embargos, se o prazo respectivo não se esgotou; o contrário não se mostra verdadeiro, porém: rejeitada a nulidade nos embargos, se configurará o impedimento defluente da coisa julgada, impedindo a renovação do assunto no âmbito da execução, quiçá às vésperas da hasta pública" (*Manual da execução*. 9ª ed. rev., atual. e ampl. São Paulo: RT, 2004, p. 226).

(194) Em razão da proteção da família, célula mater da sociedade, *Rita de Cássia Corrêa de Vasconcelos* esclarece que "o caráter público da Lei n. 8.009/90 também não permite afastar sua incidência pela inércia do devedor, ou seja, quando se deixa de argüir tempestivamente a impenhorabilidade por desconhecimento do benefício legal ou mesmo por descaso. Quando a ausência de argüição tempestiva pelo devedor não puder ser considerada renúncia ao benefício, a jurisprudência tem admitido, predominantemente, a discussão sobre a impenhorabilidade do bem de família até os embargos à arrematação, sendo possível argüi-la nos próprios autos da execução. A melhor orientação, entretanto, é a que permite seja suscitada a invalidade até mesmo em segundo grau de jurisdição, porque considerada a matéria de ordem pública, de grande relevância social" (*Embargos de terceiro e embargos do devedor: hipótese de fungibilidade. Processo de execução: temas polêmicos e atuais*/Coordenador Gilberto Gomes Bruschi. São Paulo: RCS, 2005, pp. 313-314).

(195) Para *Teresa Arruda Alvim Wambier, Luiz Rodrigues Wambier* e *José Miguel Garcia Medina*, "[...] o executado pode até mesmo alegar vícios da penhora nos embargos de segunda fase. Isso pode ocorrer quando a intimação da penhora for posterior ao decurso do prazo dos embargos de primeira fase. Afinal, trata-se de matéria nova em relação àquelas que teriam sido alegáveis naqueles embargos". E continuam a lapidar lição: "Claro está que inexiste necessidade do uso dos embargos de segunda fase para que se faça alegação de vício da penhora. Mas existe essa possibilidade, pensamos. Estes podem ser revelar úteis por permitirem instrução mais aprofundada". À guisa de arremate, afirmam os renomados processualistas da PUC-SP que "o que se disse acima se aplica, *mutatis mutandis*, à avaliação" (*Breves comentários à nova sistemática processual civil, 3*. São Paulo: RT, 2007, p. 224).

(196) *Teresa Arruda Alvim Wambier* e *José Miguel Garcia Medina* prelecionam que "deve o juiz, no curso do processo de execução, atentar para a validade dos atos executivos realizados. Caso, porém, algum ato seja realizado sem a observância de seus requisitos legais, nada impede que o juiz conheça tal questão de ofício, determinando a correção cabível". E exemplificam: "Pode ocorrer, por exemplo, que tenha sido penhorado bem absolutamente impenhorável, ou que se tenha realizado arrematação por

de intimação do devedor; falta de intimação para a praça de herdeiros do devedor falecido; falta de intimação do credor com garantia real sobre o bem penhorado; falta de intimação do cônjuge em relação ao imóvel; realização de leilão em vez de praça; alienação em primeira praça por valor abaixo da avaliação do imóvel; lance oferecido e aceito por quem legalmente é vedado de participar da respectiva hasta pública) e a *adjudicação* (por exemplo, quando ocorrida em primeira praça por valor bem inferior ao da avaliação), pois são matérias flagrantemente pertinentes ao processo de execução, de modo que a cognição daí resultante, nem de longe, tem o condão de desvirtuá-lo em sua estrutura e função.

A cumulação indevida de execuções também é *vício do procedimento*(197) que pode ser suscitado por meio de defesa intraprocessual. Reza o art. 573 do CPC que "é lícito ao credor, sendo o mesmo devedor, cumular várias execuções, ainda que fundadas em títulos diferentes, desde que para todas elas seja competente o juiz e idêntica a forma do processo". Os pressupostos da cumulação, os quais são as unidades de partes, juízo e procedimento, visam exatamente a dar eficiência na administração da Justiça.(198) Ausente um deles, tratando-se de matéria de fácil cognição, inclusive em função da circunstância de dever ser conhecida de ofício(199) pelo Juiz, a temática pode ser ventilada no âmago do processo de execução por simples petição,(200) devendo o processo ser extinto na parte que for de cumulação indevida.(201)

Ainda envolvendo a regularidade dos atos executivos, surge uma questão atualíssima, sobretudo nas execuções de títulos executivos extrajudiciais, em razão da autonomia do procedimento, que é a dos meios idôneos a ensejar a efetividade do cumprimento dos deveres de fazer ou de não fazer (art. 461 do

---

preço vil. Nesse último caso, tem entendido a jurisprudência que se trata de nulidade absoluta, devendo ser conhecida de ofício pelo órgão jurisdicional, podendo a parte, aliás, alegá-la por simples petição, sendo desnecessária a apresentação de embargos à arrematação. Apercebendo-se do fato, deverá o juiz pronunciar, de ofício, a nulidade, determinando, se for o caso, que o ato seja realizado novamente" (*O dogma da coisa julgada: hipóteses de relativização*. São Paulo: RT, 2003, pp. 117-118).

(197) ASSIS, Araken de. *Manual da execução*. 9ª ed. rev., atual. e ampl. São Paulo: RT, 2004, p. 276. Em sentido contrário, manifesta-se *Cândido Rangel Dinamarco*, argumentando que falta ao exeqüente o *legítimo interesse processual de agir*, porque, nessas circunstâncias, não existe interesse do Estado em dar desenvolvimento ao processo e emitir o provimento satisfativo do processo de execução (*Execução civil*. 7ª ed. rev. e atual. São Paulo: Malheiros, 2000, n. 263, pp. 405-406).

(198) BEBBER, Júlio César. *Exceção de pré-executividade no processo do trabalho*. São Paulo: LTr, 2004, pp. 182-184.

(199) LUCON, Paulo Henrique dos Santos. *Embargos à execução*. 2ª ed. rev., atual. e ampl. São Paulo: Saraiva, 2001, p. 177.

(200) *Rosalina P. C. Rodrigues Pereira* entende que "a cumulação indevida de execuções pode ser reconhecida de ofício pelo juiz ou alegada pela parte nos próprios autos de execução ou mediante embargos do executado. Reconhecida a cumulação indevida, deverá o juiz excluir a parte impropriamente cumulada prosseguindo-se com a execução no remanescente, a fim de atender ao princípio da economia processual" (*Ações prejudiciais à execução por quantia certa contra devedor solvente*. São Paulo: Saraiva, 2001, p. 199).

(201) Ensina *Araken de Assis* que "em síntese, do cúmulo ilegal de ações executórias decorrerá, na pior das hipóteses, a 'extinção' parcial do processo — na verdade, o processo em si continua, razão por que o ato decisório representa decisão interlocutória (art. 162, § 2º) —, expungida(s) a(s) ação(ões) indevidamente cumulada(s) por algum credor imprudente" (*Manual da execução*. 9ª ed. rev., atual. e ampl. São Paulo: RT, 2004, p. 277).

CPC; art. 84 do CDC), bem como de dar coisa certa ou incerta (art. 461-A do CPC). O princípio da prestação da adequada tutela jurisdicional, que inegavelmente é visto à luz da melhor realização do direito material, prega, nessa matéria, a atipicidade dos meios executivos, destacando-se, entretanto, enquanto modalidade de ampliação dos poderes executivos do Juiz,[202] a *aplicação de multa diária* (as chamadas *astreintes*) e a *prisão do sujeito que descumpre as ordens judiciais.*[203] Essas medidas, naturalmente, pela gravidade em relação ao destinatário, exigem do Juiz exaustiva motivação.[204] Segundo pensamos, se a aplicação da penalidade pecuniária, viabilizadora da execução indireta,[205] ocorrer fora dos parâmetros normativos, ao arrepio do princípio da proporcionalidade,[206] a matéria pode ser ventilada no bojo do processo de execução, já que, sem dúvida alguma, está dentro dos seus limites cognitivos, mormente em função de envolver o controle da própria atividade executiva. Idêntico raciocínio pode ser aplicado para caso de executado que, na iminência de ser preso no processo de execução, não concordar com a tese de prisão por descumprimento de ordem judicial.[207] Trata-se de matéria estritamente jurídica, que não viola a estrutura e

---

(202) Ensina *Luiz Guilherme Marinoni*: "Se há direito ao meio executivo capaz de dar efetividade ao direito material, e essa efetividade depende das circunstâncias do caso concreto, não é possível aceitar a idéia de que o juiz somente pode admitir o uso de meios executivos previamente estabelecidos em lei. Nessa dimensão, o direito fundamental à tutela jurisdicional efetiva exige que o juiz tenha poder para determinar a medida executiva adequada, afastando o princípio da tipicidade e consagrando o princípio da concentração dos poderes de execução do juiz" ("Controle do poder executivo do juiz". *Revista de Processo*, São Paulo: RT, n. 127, set. 2005, p. 60).

(203) Concordando com a tese, dentre outros: MARINONI, Luiz Guilherme. *A antecipação da tutela*. 8ª ed. rev., atual. e ampl. São Paulo: Malheiros, 2004, pp. 256-264; SHIMURA, Sérgio. *Título executivo*. 2ª ed. atual. e ampl. São Paulo: Método, 2005, p. 171; GUERRA, Marcelo Lima. *Direitos fundamentais e a proteção do credor na execução civil*. São Paulo: RT, 2003, p. 136; ARENHART, Sérgio Cruz. *Perfis da tutela inibitória coletiva*. São Paulo: RT, 2003, p. 384-396; GRINOVER, Ada Pellegrini. "Ética, abuso do processo e resistência às ordens judiciárias: o *contempt of court*". *Revista de Processo*, São Paulo: RT, n. 102, abr./jun. 2001, p. 227; ASSIS, Araken de. "O *contempt of court* no direito brasileiro". *Revista de Processo*, São Paulo: RT, n. 111, jul./set. 2001, pp. 32-35.

(204) No particular, explica *Luiz Guilherme Marinoni*: "A ampliação do poder de execução do juiz, ocorrida para dar maior efetividade à tutela dos direitos, possui, como contrapartida, a necessidade de que o controle da atividade executiva seja feita pela regra hermenêutica da proporcionalidade *e pelo seu indispensável complemento, a justificação judicial*. Em outros termos: pelo fato de o juiz ter *poder* para a determinação da melhor maneira de efetivação da tutela, exige-se dele, por conseqüência, a *justificação das suas escolhas*. Nesse sentido se pode dizer que a justificativa é a *outra face do incremento do poder do juiz*" ("Controle do poder executivo do juiz". *Revista de Processo*, São Paulo: RT, n. 127, set. 2005, pp. 73-74).

(205) A respeito dessa técnica de tutela de direitos, manifesta-se *Paulo Henrique dos Santos Lucon*: "A multa diária é *instrumento acessório e legítimo de pressão psicológica* para que o devedor cumpra suas obrigações. Isso significa que a multa deve ter um valor elevado para o demandado, porque seu escopo é apenas compeli-lo a cumprir a obrigação específica e impedi-lo de negar-se a cumprir a prestação. Todavia, o valor das *astreintes* somente deve se tornar proibitivo no caso de restar acumulado pela desídia ou resistência do devedor quanto ao cumprimento da obrigação" (*Eficácia das decisões e execução provisória*. São Paulo: RT, 2000, p. 280).

(206) GÓES, Gisele Santos Fernandes. *Princípio da proporcionalidade no processo civil: o poder de criatividade do juiz e o acesso à justiça*. São Paulo: Saraiva, 2004, p. 135.

(207) Discordando da tese: MEDINA, José Miguel Garcia. *Execução civil: teoria geral: princípios fundamentais*. 2ª ed. rev., atual. e ampl. São Paulo: RT, 2004, p. 462; TALAMINI, Eduardo. *Tutela relativa aos deveres de fazer e de não fazer: e sua extensão aos deveres de entrega de coisa (CPC, arts. 461 e 461-A, CDC, art. 84)*. 2ª ed. rev., atual. e ampl. São Paulo: RT, 2003, p. 302.

função deste. Aliás, deve-se registrar que, em nosso entender, o executado pode ventilar, no bojo do processo de execução, os motivos pelos quais a sua pretensa prisão, na qualidade de depositário infiel, não corresponde à realidade (furto do bem penhorado, por exemplo). O sucesso dessa defesa endoprocessual, vale sempre repetir, depende da desnecessidade de dilação probatória, para demonstrar o vício ao Magistrado.

3.3.4. Os impedimentos processuais da execução

Resta, agora, a análise dos impedimentos processuais no âmbito do processo de execução. É preciso destacar que alguns doutrinadores de nomeada sustentam que eles[208] ou uma parte deles[209] não são requisitos de validade do processo, mas sim facetas do legítimo interesse processual de demandar ou até mesmo da possibilidade jurídica do pedido.

Em princípio, esse posicionamento é razoável, pois é nítido o fato de que alguns requisitos de validade encontram-se em uma "zona cinzenta" bastante tênue em relação às condições da ação. Aliás, em comum, resumidamente, esses dois institutos têm a função de *filtrar* o exercício do direito de ação, selecionando, normalmente no limiar do processo, as irregularidades que o tornam ilegítimo, sendo que o primeiro deles tem por objeto questões *predominantemente* processuais, ao passo que a aferição do segundo leva em consideração prioritariamente aspectos do direito material tutelado.

O mesmo ocorre, segundo pensamos, em relação ao efeito decorrente da ausência: ambos geram a nulidade do processo, que, todavia, se não impugnada, sana-se com o trânsito em julgado.

Na realidade, no caso em discussão, normalmente há uma investigação sobre um *fato processual* manifestado na existência de um *processo* anterior, julgado ou pendente. Em decorrência do que já foi dito, todavia, tratando-se de dados externos ao processo, em que a sua legitimidade resulta exatamente na ausência (interna) deles, não achamos preocupante a resolução da questão pela óptica da *inutilidade* da prestação da tutela jurisdicional. Tudo se resume, pois, na organização da cognição (quanto à aferição desses dados externos): entendendo-se que *requisito* é uma qualidade que o ato (processo = ato complexo de formação sucessiva) *deve ter*, para cumprir a sua finalidade, os impedimentos

(208) Para *Rodrigo da Cunha Lima Freire*, "a coisa julgada, a litispendência, a perempção e ainda a cláusula compromissória ou *pactum de comprommitendo* são, em verdade, impedimentos fático-jurídicos ao regular exercício do direito de ação, absolutamente extrínsecos à relação processual, constituindo a ausência de tais situações, outra face do interesse de agir" (*Condições da ação: enfoque sobre o interesse de agir*. 2ª ed. rev., atual. e ampl. São Paulo: RT, 2001, p. 107).

(209) *Donaldo Armelin* assevera que "[...] a duplicidade de processos relativamente ao mesmo pedido importa na inutilidade do segundo, mesmo que pendente o primeiro, o que denota manifesta e objetiva carência de interesse para agir do autor" (*Legitimidade para agir no direito processual civil brasileiro*. São Paulo: RT, 1979, p. 42). *Thereza Alvim* entende que somente a litispendência é circunstância obstativa do desenvolvimento do processo. Diz a autora, entretanto, o seguinte: "Havendo coisa julgada material anterior ou estando a ação perempta, resulta inequívoca a falta de interesse para a propositura da ação, além de haver indubitável falta de possibilidade jurídica do pedido" (*O direito processual de estar em juízo*. São Paulo: RT, 1996, p. 56).

processuais deslocam-se para o chamado "interesse de agir"; por outro lado, pensando-se que a ausência dos impedimentos processuais é uma situação ensejadora de sua regularidade, portanto cumprimento de sua missão institucional, eles continuam no campo dos requisitos de validade.

Para os limites deste trabalho, essa distinção, a rigor, não prejudica o exercício do direito de defesa endoprocessual executiva pelo executado, pois a presença de um impedimento processual, seja em que categoria jurídica for, é vício que pode ser apontado durante todo o desenrolar do processo.

De logo, esclareça-se que a *convenção de arbitragem* diz respeito tão-somente ao processo de conhecimento. Ela pode ser constituída por *cláusula compromissória*, que nada mais é que o ajuste pelo qual as partes contratantes comprometem-se a submeter à arbitragem os conflitos oriundos do cumprimento do contrato (art. 4º da Lei n. 9.307/96), e por *compromisso arbitral*, ou seja, o acordo formulado entre as partes, pondo termo em processo judicial, a fim de resolverem o litígio por intermédio da arbitragem (art. 9º da Lei n. 9.307/96). Como o processo de execução essencialmente não tem como foco a resolução das questões meritórias envolvendo a lide, não se vislumbra possibilidade de nele ser formalizado um *compromisso arbitral*.(210) A sentença arbitral condenatória, entretanto, constitui título executivo, que, se viciado, poderá ensejar questionamento defensivo no âmago da relação processual de execução.(211)

A *perempção* nada mais é que a extinção momentânea ou definitiva do exercício da pretensão em virtude de o autor ter provocado a extinção do processo, por três vezes, motivada pelo abandono da causa por mais de trinta dias sem a prática dos atos e diligências que lhe competiam (art. 267, *III*, e *parágrafo único* do CPC). Essa hipótese também tem cabimento no processo de execução, por envolver a sua legitimidade, razão pela qual, não demandando alta indagação ou dilação probatória (normalmente a verificação ocorre por simples análise de documentos), pode ser invocada por meio de defesa endoprocessual. Observe-se que o referido impedimento deve ser conhecido de ofício pelo Magistrado no bojo do *quarto* processo executivo,(212) causando-lhe a extinção, mas deixando incólume o direito que abstratamente subjaz ao título executivo.(213)

(210) *Júlio César Bebber*, no particular, é categórico: "No processo de execução não há resolução da relação jurídica material. Não há espaço nele, portanto, para que seja firmado o compromisso arbitral". (*Exceção de pré-executividade no processo do trabalho*. São Paulo: LTr, 2004, p. 148).

(211) MOREIRA, Alberto Camiña. *Defesa sem embargos do executado: exceção de pré-executividade*. 3ª ed. rev. e atual. São Paulo: Saraiva, 2001, p. 92.

(212) Afirma *Araken de Assis*: "O pressuposto da perempção se conhece de ofício (art. 267, § 3º, 1ª parte) e implica a extinção do quarto (!) processo executivo" (*Manual da execução*. 9ª ed. rev., atual. e ampl. São Paulo: RT, 2004, p. 385).

(213) *Alberto Camiña Moreira* resume bem a sistemática desse impedimento processual: "Verificada a perempção no processo de execução, que a ele é aplicável, o credor somente poderá alegar a compensação do seu crédito em futura execução que lhe for movida, alegação essa que se dá por meio de simples requerimento no processo executivo, sem necessidade de embargos. Atente-se que o juiz pode conhecer de ofício desse assunto, e o executado, da mesma forma, poderá deduzi-lo por simples requerimento na ação executiva" (*Defesa sem embargos do executado: exceção de pré-executividade*. 3ª ed. rev. e atual. São Paulo: Saraiva, 2001, pp. 91-92).

A *litispendência* é a presença de duas (ou mais) ações idênticas concomitantemente em tramitação. A hipótese, indiscutivelmente, é suscetível de cabimento no âmbito do processo de execução, de modo que, se o executado está sendo cobrado nessa circunstância (duplicidade, no mínimo), pode invocar a questão, nos autos do processo posterior, por meio de simples petição (defensiva), uma vez que há um fator de ordem externa que o torna ilegítimo. Ainda que se entenda, restritamente, que *requisito* (de validade) seja uma qualidade que o ato *deve ter,* para alcançar a sua finalidade típica, o fato é que a presença de impedimento processual, que é de ordem externa, é matéria de ordem pública, conhecível de ofício pelo Magistrado. Não é incomum, por erro decorrente de possível falha na organização administrativa da Fazenda Pública, o ajuizamento de duas ações de execução fiscal, a fim de cobrar o mesmo tributo.(214) No caso, indiscutivelmente, até para se evitar o possível "enriquecimento sem causa" da exeqüente, é cabível, por simples petição do executado, o exercício de defesa intraprocessual.

A objeção de *coisa julgada material* pode ser exercida, quando uma ação está tramitando em hipótese rigorosamente idêntica a uma outra ação que já alçou ares de imutabilidade jurídica. Não se tolera, tanto no que concerne à litispendência quanto à coisa julgada material, por inútil, antieconômica e desestabilizadora, a formação de um segundo processo em tudo idêntico ao que já tramita ou já cumpriu seu ciclo.(215) A doutrina, de um modo geral, nega a sua incidência no âmbito do processo executivo.(216) Entendemos, contudo, que a existência de coisa julgada material nele pode ocorrer, ainda que excepcionalmente, ensejando, portanto, o exercício de defesa endoprocessual.(217) Imagine-se o acolhimento da incidência da prescrição quanto ao prazo de ajuizamento da ação de execução fiscal ou da própria exeqüibilidade de um título de crédito (o cheque, por exemplo). Trata-se de matéria perfeitamente cabível no processo de execução, uma vez que envolve a exigibilidade judicial da obrigação contida abstratamente no suposto título executivo. Sendo a questão inegavelmente de mérito (art. 269, *IV*, do CPC), a formação de coisa julgada material constitui decorrência natural.(218) Logo, se uma segunda ação de execução fiscal ou de título de crédito com exeqüibilidade vencida for protocolada em identidade com a anterior, a objeção em tela pode ser argüida no bojo do respectivo processo, por simples petição, antes mesmo da garantia do juízo, devendo o mesmo ser extinto sem a realização do mérito.

(214) MOREIRA, Alberto Camiña. *Defesa sem embargos do executado: exceção de pré-executividade*. 3ª ed. rev. e atual. São Paulo: Saraiva, 2001, p. 90.

(215) FABRÍCIO, Adroaldo Furtado. *"Extinção do processo" e mérito da causa. Ensaios de direito processual.* Rio de Janeiro: Forense, 2003, p. 377.

(216) BEBBER, Júlio César. *Exceção de pré-executividade no processo do trabalho*. São Paulo: LTr, 2004, p. 147.

(217) A matéria será mais detidamente analisada no capítulo quarto desta obra.

(218) Enfatiza *Olavo de Oliveira Neto* que "negar a realidade de que a sentença de mérito proferida no processo de execução produz coisa julgada, [...] será negar a correta natureza do fenômeno empírico por apego ao tradicionalismo, o que não é admissível, sob pena de paralisação da evolução do próprio direito". Daí, conclui o seguinte: "Em resumo, pois *a sentença de mérito proferida no processo de execução produz coisa julgada material*" (*A defesa do executado e dos terceiros na execução forçada.* São Paulo: RT, 2000, p. 86).

Os institutos da *litispendência* e da *coisa julgada* reclamam, como visto acima, a identidade de ações. Sendo assim, antes de finalizarmos o presente tópico, achamos por bem estabelecer algumas palavras sobre os elementos da ação executiva e as questões correlatas, os quais, no fundo, têm pertinência com a cognição no processo de execução e o exercício da defesa endoprocessual.

3.3.5. Questões relevantes envolvendo os elementos da ação executiva

Conforme se extrai do art. 301, *§ 2º*, do CPC, os elementos da ação consistem nas *partes*, na *causa de pedir* e no *pedido*. Todos eles devem ser claramente *indicados na petição inicial*, sob pena de seu indeferimento por *inépcia*. Em razão disso, para efeito da cognição judicial, o que importa é a maneira pela qual são deduzidos no processo, tendo o referencial sociológico apenas função secundária.(219) No que se refere ao processo de execução, a aferição desses elementos, além do conteúdo da petição inicial, também tem como base o título executivo.

Um dos assuntos mais polêmicos na doutrina é a definição do correto conceito de *parte*, espécie da categoria dos *sujeitos do processo*.(220) Com o escopo de se evitar equívocos na interpretação de questões processuais, notadamente na delimitação dos limites subjetivos da coisa julgada, que reflete na extensão subjetiva do título executivo, revela-se extremamente necessário desvendar, tecnicamente, o conceito de parte e, por exclusão, de terceiro.(221)

---

(219) Justifica *Leonardo Greco:* "A cognição do juiz não apreende a realidade da vida em sua totalidade, como também não apreende a relação jurídica de que pode decorrer a apreciação do pedido em sua totalidade, porque o dom da onisciência ultrapassa a capacidade humana e cada uma das partes, por mais ética e leal que seja, tende, ainda que inconscientemente, a expor os fatos e os direitos que a ela interessam, que lhe possam ser proveitosos. Ademais, essa limitação cognitiva é um imperativo democrático, porque através da jurisdição o Estado intervém na vida e nos direitos dos particulares e a sua liberdade assegura-lhes a prerrogativa de definir os limites dessa intervenção" (*A teoria da ação no processo civil*. São Paulo: Dialética, 2003, p. 49).

(220) Não se pode confundir a concepção de *sujeitos processuais* com o conceito de *parte*. Os sujeitos do processo são as partes, que são aqueles que intervêm na relação processual interessados na consecução de um resultado favorável na solução da contenda, e o órgão jurisdicional, que, de seu turno, atua desinteressadamente quanto ao vencedor da demanda, senão no intuito exclusivo realizar os valores consagrados na ordem jurídica e, por conseguinte, no alcance da paz social. Assim, os sujeitos do processo são os parciais e imparciais, sendo, respectivamente, as partes e o órgão jurisdicional. Nessa perspectiva, há bastante tempo se diz que o processo é um *actus trium personarum: judicis, actoris et rei*. Tal concepção, entretanto, traduz-se em um esquema mínimo e simplificado, pois figuram, ainda, na relação processual, na ampla qualidade de sujeitos processuais, os órgãos auxiliares da Justiça, como, por exemplo, o perito e o oficial de justiça, e o Ministério Público como fiscal da Lei.

(221) A problemática da delimitação dos limites subjetivos e objetivos da coisa julgada tem como fundamento os valores políticos representados pela garantia constitucional do contraditório (art. 5º, LV), que, nas lúcidas palavras de *Nelson Nery Junior*, "[...] deve entender-se, de um lado, a necessidade de dar conhecimento da existência da ação e de todos os atos do processo às partes, e, de outro, a possibilidade de as partes reagirem aos atos que lhe sejam desfavoráveis" (*Princípios do processo civil na constituição federal*. 7ª ed. rev. e atual. São Paulo: RT, 2002, p. 137). Esta garantia constitucional do cidadão, no particular, impede que a sentença projete eficácia direta além das partes ou do objeto do processo. Realmente, afrontaria o regime político-constitucional a imposição desmedida dessa eficácia direta a sujeitos que, por não terem sido partes, não cooperaram no procedimento e não puderam exercer sua legítima influência no espírito do Juiz. Como ensina *Aroldo Plínio Gonçalves*, "hoje, a instrumentalidade

Cândido Rangel Dinamarco esclarece que são sutis as diferenças entre os conceitos de parte como sujeito do processo, parte na demanda proposta, parte legítima *ad causam* e parte como elemento identificador da ação. Para o mestre paulista, o primeiro conceito, em si, não apresenta maiores dificuldades, eis que são partes no processo executivo todos aqueles que participam do contraditório, na condição de interessados, perante o Juiz. Ilustrativamente, aponta para o fato de o assistente e de o Ministério Público *custo legis* nada pedirem no processo, nada se pede em nome deles e em face deles: não figuram como parte em demanda alguma, mas aparecem como parte *no processo*, pelo simples fato da titularidade de situações jurídicas processuais que assumem. Assim, a qualidade de parte no processo executivo reside na titularidade das posições jurídicas ativas e passivas que compõem a relação jurídica processual respectiva. As partes *na demanda* executiva seriam o exeqüente, pedindo o provimento, e o executado, que é aquele sujeito sobre cujo patrimônio foi pedida a imposição da sanção executiva. Note-se que as partes da demanda, à medida que esta seja efetivamente proposta, *tendem* a se tornar partes no processo. Por outro lado, para que o ordenamento jurídico aceite essa iniciativa de propor a demanda executiva e se disponha a desencadear medidas coercitivas de satisfação do crédito que subjaz ao título, é preciso que as partes estejam em tal posição, *perante a situação jurídica material concreta*, que possam ser consideradas *legítimas* para tanto. Finalmente, adotando conceito abrangente, o notável processualista entende, descontando as imprecisões acima, com suficiente aproximação do ideal, que são partes, em cada ação que se pretenda identificar, o titular do poder de postular e exigir, em juízo, determinado provimento jurisdicional, mais aquele sobre cuja esfera de direitos esse provimento se destine. Assim, a ação executiva é sempre identificada por um *exeqüente*, titular do poder de exigir o provimento satisfativo, e por um *executado*, pessoa sobre cujo patrimônio será lícito impor medidas de execução.(222)

A doutrina, de um modo geral, enfoca que o vocábulo *parte* é extremamente ambíguo, de forma que não há um consenso acerca do seu significado jurídico, especialmente processual. Com certa freqüência, os autores afirmam que *parte*

---

técnica do processo requer mais do que a garantia de participação das partes. Requer que essa participação se dê em contraditório, com igualdade de oportunidades, e que dela resulte essa conseqüência cujo alcance necessita ser apreendido em toda sua extensão, que é a participação dos destinatários da sentença em sua própria formação" (*Técnica processual e teoria do processo*. Rio de Janeiro: Aide, 2001, p. 174). Na mesma linha, mas, desta feita, por limitação de natureza objetiva, não se revelaria legítimo impor às próprias partes os efeitos de uma sentença projetados sobre bens ou relações jurídicas que não foram objeto da decisão. Em verdade, pode-se até dizer que o problema dos limites subjetivos e objetivos do processo funde-se na resolução de uma só questão, uma vez que os efeitos de uma determinada sentença, ou seja, o modo como esta atua na vida dos que lhe são alcançados, não podem atingir determinadas pessoas em razão do fato de que o bem objeto de cognição do Juiz não lhes dizer respeito. Ora, se isso ocorre, resta evidente que estes não podem sofrer as eventuais conseqüências da prolação da sentença. Não obstante essa constatação, a matéria será tratada aqui pelo ângulo subjetivo, de modo apenas a facilitar a compreensão das partes e terceiros no processo de execução. A relevância prática da distinção entre parte e terceiro, na demanda executória, mostra-se digna de registro em face da contundente diversidade do regime de defesa do devedor e do terceiro.

(222) DINAMARCO, Cândido Rangel. *Execução civil*. 7ª ed. rev. e atual. São Paulo: Malheiros, 2000, pp. 356-360.

é aquele que pede ou contra quem se pede a tutela jurisdicional. Como visto na distinção acima, todavia, tal concepção não é exata, porquanto nem sempre a tutela é pretendida contra o réu, consoante se observa nos casos de legitimação extraordinária, de modo que se deve realmente distinguir o *titular da lide*, sociologicamente falando, isto é, no plano extraprocessual, daquele que, em seu lugar, provoca a atividade jurisdicional e, com efeito, integra a relação processual. Essa perspectiva revela-se necessária diante da autonomia relativa do direito processual, de modo que o conceito de parte não pode estar absolutamente vinculado à relação jurídica de direito material,[(223)] embora esta seja objeto da jurisdição. Assim, deve-se buscar um *conceito puramente processual de parte*.[(224)]

É comum, nos tempos atuais, seguindo os ensinamentos de *Enrico Tullio Liebman*, a concepção de que as *partes* são os sujeitos do contraditório instituído perante o Juiz, ou seja, os sujeitos *interessados* na relação processual.[(225)]

---

(223) Como lembra *Marcelo Navarro Ribeiro Dantas*, jamais se pode perder de vista que "[...] a lide é a que está no processo, e não a que, porventura, esteja fora dele". Afinal, continua o jovem processualista potiguar, "[...] se se buscar um conceito de parte em sentido *substancial*, de acordo com o que pretendem alguns, como o titular do direito material (parte ativa) ou aquele sujeito à obrigação (parte passiva), estar-se-á, de modo mais incoerente, retrocedendo à teoria civilista da ação, ou, quando menos, recaindo num concretismo incompatível com o atual estágio da ciência processual". Aliás, vale perceber, "esse é um dos fortes motivos pelos quais a visão sociológica da lide destoa de um enquadramento abstrato do direito de ação" (*Mandado de segurança coletivo: legitimação ativa*. São Paulo: Saraiva, 2000, pp. 72-73).

(224) No sentido do texto, afirmam *Luiz Guilherme Marinoni* e *Sérgio Cruz Arenhart* que "o conceito de parte é um dos mais problemáticos do direito processual. Toda definição nesse campo demonstrar-se-á como insuficiente e parcial, sendo necessário buscar, arbitrariamente, mas tentando ser o mais fiel possível ao regime atribuído à 'parte' no processo brasileiro, um conceito funcionalmente adequado para operar com os desafios que a figura apresenta". E concluem: "Tal conceito, parta-se dessa premissa, deve ser buscado estritamente no direito processual, sem que seja possível sua influência pelo direito material. Isto porque, embora a noção de *legitimidade*, atributo essencial à condição de parte (da relação jurídica processual) a quem, sem nenhuma razão, mesmo que aparente, postule em juízo a tutela jurisdicional do Estado. É de se ver que, assim como acontece com qualquer relação jurídica, a relação jurídica processual é composta de três elementos: sujeitos, objeto e forma. Estes sujeitos (partes e juiz) existem enquanto sujeitos da relação processual, pouco importando o que aconteça no plano das relações jurídicas materiais. Assim, justifica-se o porquê de buscar a definição de parte estritamente no campo do direito processual" (*Manual do processo do conhecimento: a tutela jurisdicional através do processo de conhecimento*. 2ª ed. rev., atual. e ampl. São Paulo: RT, 2003, p. 185).

(225) Diante da difusão dessas lições na doutrina brasileira, impõem-se observar, na íntegra, algumas palavras do mestre peninsular. Segundo *Liebman*, "sujeitos do processo e da relação processual, além do juiz, são as partes, ou seja: os *litigantes*, as partes *em contenda*, as pessoas que levaram a controvérsia diante do juiz". Na sua concepção, "como nos atos e nas relações jurídicas substanciais se designam como o termo *parte* as pessoas que realizam o ato (cfr. c/c., art. 1.325) ou que são sujeitos da relação (art. 1.260, 2ª parte), da mesma maneira são partes no processo *os sujeitos do contraditório instituído perante o juiz* (os sujeitos do processo diversos do juiz, para os quais este deve proferir o seu provimento). O ajuizamento da petição inicial, como ato constitutivo do processo, determina também as partes: aquela pede ao juiz o seu pronunciamento sobre determinado objeto e esta com relação à qual tal pronunciamento lhe é pedido". Assim, esclarece o mestre, eis "[...] as pessoas que, de um lado, são os sujeitos dos atos de parte e, de outro, destinatários dos efeitos dos provimentos do juiz (e já vimos que partes e juiz são os sujeitos da relação processual: *supra*, n. 20). As partes são os sujeitos contrapostos, na dialética do processo perante o juiz, o qual, por definição, é titular de um poder imparcial". E continua: "Também no processo pode acontecer, todavia, que uma pessoa aja em nome de outra (representação voluntária e representação legal): parte é, nesses casos, como sempre, o representado e não o representante. Deste último, distingue-se o substituto processual, o qual, no entanto, formulando o pedido *em nome próprio* (cfr. CPC, art. 81; *infra*, n. 74, *b*), é parte no processo". Diante do que foi dito,

Cândido Rangel Dinamarco, fiel discípulo do mestre peninsular, entende que as partes são todos aqueles que, tendo proposto uma demanda em juízo (inclusive em processo pendente), tendo sido citados, sucedendo a parte primitiva ou ingressando em auxílio da parte, figuram como titulares das diversas situações jurídicas ativas ou passivas inseridas na dinâmica da relação jurídica processual (poderes, faculdades, ônus, deveres, sujeição). Segundo o processualista de São Paulo, esse conceito puramente processual "[...] é o único capaz de explicar sistematicamente a contraposição parte-terceiro, sem as distorções próprias das inconvenientes ligações com fenômenos de direito substancial ou com o objeto do processo".(226) Não obstante a admiração pelo ilustre autor, discorda-se, em parte, de suas lições, uma vez que o seu conceito é demasiadamente elástico, a ponto de abranger a figura da *assistência simples*, sabidamente não atingida pelos efeitos da sentença, fato este, aliás, reconhecido pelo próprio autor.(227)

O conceito jurídico, como o de *parte*, para ter eficácia metodológica, deve valer no âmbito de todo o sistema. Assim, ainda que, em princípio, a assistência seja um instituto descabido no processo de execução, devemos analisá-lo com o intuito de fincar as raízes do correto conceito de parte. A *assistência* é modalidade de intervenção voluntária de terceiro no feito, a fim de atuar, de forma mais ou menos livre, em favor de uma das partes, que será o assistido, com o objetivo de obter uma decisão jurisdicional favorável a ela e beneficiar-se dos efeitos dessa decisão. Se a intervenção se dá em razão da possibilidade de os efeitos da

---

com muita propriedade, o notável processualista italiano chama atenção para o seguinte: "Todos aqueles que não são partes consideram-se, em relação àquele processo, *terceiros*". Finalmente, esclarecendo o seu propagado conceito, diz que "a noção de parte *em sentido substancial*, que seria o sujeito da 'lide' ou da relação controvertida (e que um setor da doutrina contrapõe à parte *em sentido processual*), é estranha à lei e ao sistema de direito processual. A chamada parte em sentido substancial, quando não coincide com a parte em sentido processual, é apenas *um terceiro*" (*Manual de direito processual civil*. Tradução e notas de Cândido Rangel Dinamarco. 2ª ed. Rio de Janeiro: Forense, 1985, vol. I, pp. 89-90).

(226) DINAMARCO, Cândido Rangel. *Intervenção de terceiros*. 2ª ed. São Paulo: Malheiros, 2000, pp. 16 e 17.

(227) Afirma *Cândido Rangel Dinamarco*: "O que caracteriza todas as espécies de *assistentes* é a absoluta indiferença do objeto do processo ao seu ingresso na relação processual: o *Streitgegenstand* continua tal e qual e em nada se altera pela presença daquele que interveio para auxiliar uma das partes. O que legitima o terceiro a intervir como *assistente* é a titularidade de uma situação jurídica conexa ou dependente da *res in judicium deducta* (p. ex., o devedor principal na causa em que figura como réu o seu fiador), mas quando intervém ele não provoca julgamento *principaliter* sobre qualquer relação jurídica *sua*. Com ou sem essa intervenção, o juiz julgará somente a pretensão do autor perante o réu". Conseqüentemente, reconhece o ilustre autor, "os efeitos substanciais diretos da sentença serão sempre aqueles que ela teria se o terceiro não tivesse ingressado na relação processual. A coisa julgada que sobre esses efeitos se formar terá a mesma delimitação objetiva que teria sem essa intervenção". E conclui seu pensamento: "Do lado subjetivo, diz o art. 55 do Código de Processo Civil que ao terceiro, havendo ingressado como assistente, depois não será lícito discutir a *justiça da decisão*. Isso não significa, em rigor técnico, que ele fique sujeito às vinculações inerentes à coisa julgada. Esta refere-se exclusivamente ao conteúdo da sentença em relação aos eventuais direitos e obrigações entre autor e réu. Somente foi julgada a pretensão daquele em face deste e por isso somente os efeitos sentenciais referentes a essa pretensão é que ficam cobertos pelo julgado. E o *assistente*, que não é sujeito desses direitos e obrigações e não foi o autor da pretensão ou destinatário dos efeitos da sentença, não fica dentro dos limites subjetivos da coisa julgada" (*Intervenção de terceiros*. 2ª ed. São Paulo: Malheiros, 2000, pp. 34-35).

decisão desfavorável ao assistido afetarem diretamente a relação jurídica estabelecida entre ele (assistente) e o assistido, trata-se de assistência *simples*. Neste caso, como se vê, não existe vínculo jurídico entre o assistente e o adversário do assistido que seja, pelo menos para o processo, relevante. Por outro lado, se o assistente intervém no processo, porque mantém com o adversário do assistido a *mesma* relação jurídica material deduzida em juízo, a situação jurídica configura caso de assistência *litisconsorcial*. Neste caso, o assistente goza de todas as prerrogativas para ser *parte* no feito. É relevante notar que, nessas duas modalidades de assistência, há um único objetivo: possibilitar ao assistente uma situação de ausência de decisão desfavorável ao assistido que, indireta ou diretamente, poderá lhe trazer prejuízos de ordem jurídica.[(228)]

Apresenta-se extremamente relevante distinguir os casos de assistência *simples* e *litisconsorcial*. Não se trata de questão meramente acadêmica, já que possui efeitos práticos e concretos. Dependendo do caso, as possíveis condutas do assistente variarão. Comum mesmo é o fato de que o assistente atua sempre de acordo com a vontade do assistido, nunca contra ela. O assistente simples não pode praticar nenhum ato que o assistido não praticaria e não pode também se opor a qualquer ato do assistido, mesmo que seus efeitos possam lhe prejudicar. Diferentemente, o assistente litisconsorcial pode ir além da atividade do assistido, de modo a ser lícita, veja-se bem, a prática de atos que contrariam a vontade manifestada do assistido, tudo porque a sua atuação é a de um verdadeiro litisconsorte.[(229)]

Na assistência simples, o assistente não tem lide sua deduzida em juízo. Ele não formula pedido, e, contra ele, nada é pedido. O direito que serve de objeto da demanda não lhe diz respeito diretamente, posto que a relação jurídica de direito material da qual é titular é apenas dependente ou conexa, atual ou futuramente, à relação entre o assistido e seu adversário. Assim, em relação ao processo, o assistente, inequivocamente, é *terceiro*, de modo que se lhe aplica o disposto no art. 472 do CPC, no sentido de que a sentença faz coisa julgada entre as partes, não beneficiando nem prejudicando terceiros.

Já com relação à assistência litisconsorcial, a doutrina não é unânime. Uma parte entende que se trata de *terceiro*, ao passo que outra parte entende se tratar de caso de *litisconsórcio*. *Cassio Scarpinella Bueno* entende que o assistente litisconsorcial, a despeito de sua relação jurídica de direito material estar sendo discutida em juízo, não é, *pela sua intervenção*, atingido pela coisa julgada, pois o mesmo não é, tecnicamente, *parte*, já que não pede nem tampouco contra ele é pedido algum bem jurídico no processo. Segundo o processualista da PUC/SP, o assistente litisconsorcial é atingido pelos efeitos da sentença não em função da assistência litisconsorcial, mas do litisconsórcio facultativo, que poderia ter se formado desde a propositura da ação, e, sobretudo, como decorrência da

---

(228) BUENO, Cassio Scarpinella. *Partes e terceiros no processo civil brasileiro*. São Paulo: Saraiva, 2003, pp. 135-136.

(229) BUENO, Cassio Scarpinella. *Partes e terceiros no processo civil brasileiro*. São Paulo: Saraiva, 2003, p. 137.

legitimação extraordinária que deriva do sistema. Assim, no seu entender, ainda que o assistente litisconsorcial não tivesse ingressado no processo, sofreria os efeitos decorrentes da coisa julgada em função da hipótese de legitimação extraordinária.

Em resumo, para *Cassio Scarpinella Bueno*,

> "[...] a coisa julgada afeta o assistente litisconsorcial não porque ele é assistente litisconsorcial ou porque poderia ter pretendido ser. Afeta-o, bem diferentemente, porque a relação jurídica de direito material que titulariza está sendo discutida em juízo. Já está posta para discussão, e, por exceção, ele não pode, não pôde ou não precisa estar em juízo para tutelar o *seu* direito."(230)

Assim, observa-se que o assistente simples participa da relação processual, praticando atos processuais e exercendo faculdades, mas sem pedir nada no processo nem contra ele ser pedido, de modo que não é atingido pela coisa julgada. Se isso não ocorre, pode-se dizer, sem medo de errar, que ele não é parte no processo. Logo, ele é o único sujeito que participa do contraditório instituído perante o Estado-Juiz sem ser parte. Trata-se de terceiro que ingressa na relação processual e, ao contrário dos demais, mantém essa qualidade até o final. Outra não é a posição de *Cassio Scarpinella Bueno*:

> "Diferentemente de todos, o único que não é e nunca passa a ser parte, porque nunca pede e nunca nada contra ele é pedido diretamente, é o assistente. É ele, e só ele, o único terceiro a intervir no processo pendente e conservar esta qualidade até o final. O assistente, ao contrário de todos os outros, é o verdadeiro e legítimo *terceiro* a intervir no processo. O mais curioso é que a circunstância de ele ser terceiro é que legitima sua intervenção (senão ele seria litisconsorte), mas a manutenção deste seu *status* é que preserva o instituto."(231)

É claro, por outro lado, que a intervenção do assistente no processo gera efeitos jurídicos. O art. 55 do CPC disciplina a matéria, afirmando que a intervenção do assistente, seja ele simples ou litisconsorcial, leva à impossibilidade de se discutir a "justiça da decisão" em processo posterior, salvo se neste houver a alegação e a prova de que o assistente, pelo estado em que recebera o processo ou pelas declarações e atos do assistido, fora impedido de produzir provas suscetíveis de influir na sentença, bem como desconhecia a existência de alegações ou de provas de que o assistido, por dolo ou culpa, não se valeu. Nesse contexto, a chamada "justiça da decisão", instrumento de estabilidade das relações jurídicas e que, em absoluto, confunde-se com o instituto da coisa julgada, deve ser entendida, na esteira dos ensinamentos de *Cassio Scarpinella Bueno*,

---

(230) BUENO, Cassio Scarpinella. *Partes e terceiros no processo civil brasileiro*. São Paulo: Saraiva, 2003, p. 164.

(231) BUENO, Cassio Scarpinella. *Partes e terceiros no processo civil brasileiro*. São Paulo: Saraiva, 2003, p. 12.

"[...] como a imutabilidade dos *fundamentos* da decisão, vale dizer, os fundamentos jurídicos nos quais o magistrado se baseia para sentenciar a ação em que a assistência teve lugar".(232) Urge perceber que a disciplina do art. 55 do CPC não se confunde com a do art. 474 do mesmo diploma legal. Esta diz respeito às partes do processo, ao passo que aquela, relativa à "justiça da decisão", apenas e tão-somente aos assistentes, que não são partes, porque nada pedem e nada contra eles é pedido em juízo.

Se nem todos aqueles que participam do contraditório instituído perante o órgão jurisdicional são considerados tecnicamente como partes, quem são elas, afinal? *Parte*, na verdade, *é quem postula ou contra quem se postula ao longo do processo*. São, assim, as pessoas que irão sofrer os efeitos da coisa julgada material. Não se trata apenas daquelas pessoas que ocupam um dos pólos da relação jurídica processual, eis que o assistente simples, como já dito, embora seja sujeito do contraditório instituído perante o Estado-Juiz, conserva a sua condição de terceiro interveniente. Como diz *Arruda Alvim*, "o que é relevante para determinar quais sejam as partes é o fato de alguém pedir algo, através do processo, contra outrem".(233) Destarte, para obter, tecnicamente, a qualidade de parte, faz-se mister que a entidade postule, com parcialidade e, portanto, interesse pessoal, algum bem no processo, ou contra ela este mesmo bem seja postulado. Via reflexa, o terceiro torna-se demandante ou demandado, se, respectivamente, algo for postulado por ele ou pedido em face dele.

Embora a distinção aqui pregada seja sutil, há inegável repercussão prática, notadamente naqueles casos relativos à legitimidade do Juiz, do representante do Ministério Público e dos auxiliares da justiça, para recorrerem de decisões prolatadas em *incidentes processuais* que participaram e tenham aptidão, para refletir nos seus patrimônios jurídicos.(234) Afinal, de acordo com o maior ou menor impacto que a decisão imprimir à esfera jurídica da pessoa, seja ela física ou jurídica, ou de entidade despersonalizada, esta conforme autorizado pelo direito, será ela admitida a participar, com maior ou menor intensidade, no processo que se forma para a resolução do conflito, ainda que ele seja meramente incidental, portanto não necessário à solução do conflito de direito material. Esse impacto é medido, via de regra, pelo legítimo *interesse jurídico* tal como demonstrado pela parte diante do litígio trazido a juízo(235) e, especialmente, diante da ação de

---

(232) BUENO, Cassio Scarpinella. *Partes e terceiros no processo civil brasileiro*. São Paulo: Saraiva, 2003, p. 166.

(233) ALVIM, Arruda. *Manual de direito processual civil*. 7ª ed. rev., atual. e ampl. São Paulo: RT, 2000, vol. 2, p. 23.

(234) Esclarece *Fredie Didier Júnior:* "Não é este, no entanto, o conceito de parte previsto no art. 134, I — em que se quis extremar as posições dos sujeitos processuais parciais e imparciais. Mas, tranqüilamente, pode ser este o conceito de parte do art. 499, CPC, a ensejar a legitimidade do juiz, promotor e dos auxiliares de justiça para recorrer de decisões, em incidentes processuais, que reflitam sobre o seu patrimônio jurídico, e dos quais tenham feito ou façam parte. Nem se argumente com a univocidade dos conceitos, pois a promiscuidade de seu manejo no Código de Processo Civil brasileiro — cante em prosa e verso — também aqui se apresenta" (*Recurso de terceiro: juízo de admissibilidade*. São Paulo: RT, 2002, p. 140).

(235) Excepciona essa constatação, no direito pátrio, o art. 5º da Lei n. 9.469/97, que prescreve o seguinte: "A União poderá intervir nas causas em que figurarem, como autoras ou rés, autarquias,

direito material a ser exercida, em caso de procedência da ação processual.[(236)] Não obstante essa relação de especialidade com relação ao litígio de direito material, pode-se dizer que a resolução de um *incidente*, de um desvio de percurso na relação processual influencia no conceito de parte, posto que se trata de decisão prolatada em processo único.[(237)]

---

fundações públicas, sociedades de economia mista e empresas públicas federais". Por sua vez, dispõe o parágrafo único dessa regra jurídica: "As pessoas jurídicas de direito público poderão, nas causas cuja decisão possa ter reflexos, ainda que indiretos, de natureza econômica, intervir, independentemente da demonstração de interesse jurídico, para esclarecer questões de fato e de direito, podendo juntar documentos e memoriais reputados úteis ao exame da matéria e, se for o caso, recorrer, hipótese em que, para fins de deslocamento de competência, serão consideradas partes". A doutrina, de uma maneira geral, critica essa disposição normativa. Isso porque, ressalvada a eventual questão do deslocamento da competência, o dispositivo dispensa a demonstração de interesse *jurídico*, a fim de fundamentar o pedido de intervenção, contentando-se ou com a mera possibilidade de ocorrência de efeitos indiretos e reflexos de natureza *econômica* no patrimônio da pessoa jurídica de direito público ou com o interesse no simples esclarecimento de questões de fato e de direito. Com isso, há, inegavelmente, uma distorção no instituto da assistência, tal como tradicionalmente concebido. Pode-se dizer, assim, que a regra em questão criou uma espécie diferenciada de assistência. Para *Cássio Scarpinella Bueno*, "o que parece de relevo para o instituto, de qualquer sorte, é destacar que a possibilidade de intervenção decorre *imediatamente* da lei, desnecessário que a Administração Pública Federal demonstre qualquer interesse *jurídico concreto*, que decorra, em alguma medida, da relação jurídica material deduzida em juízo. Estão as pessoas administrativas federais legitimadas a intervir porque a lei assim determinou" (*Partes e terceiros no processo civil brasileiro*. São Paulo: Saraiva, 2003, p. 174).

(236) "Todavia, calha observar que, embora a definição a ser utilizada isole o contexto processual do material, inquestionavelmente haverá ela de considerar, mediata e indiretamente, elementos do direito material para, futuramente, outorgar a condição à parte de *legítima* e, então, segregá-la da idéia de terceiro que tem aptidão para intervir no processo. Realmente, como conceito *funcional* que é, conceber a idéia de parte sem relacioná-la, ao menos em princípio, com o direito material, somente poderia explicar o fenômeno da relação processual, sendo, em todos os demais campos, inútil para os fins eminentemente pragmáticos a que o processo se destina. Com efeito, se, como visto, importa para a participação dos sujeitos no processo, ao menos em abstrato, e segundo o conteúdo das pretensões e ações de direito material expostas na petição inicial, o grau de comprometimento de suas esferas jurídicas pela decisão judicial (interesse jurídico) — ainda que posteriormente se veja que esse grau de comprometimento não existe, porque não se confirma a pretensão à tutela do direito buscada pelo autor da demanda —, o direito material informa ao processo sobre os critérios para determinação da parte legítima e sobre quem estará autorizado a ingressar como terceiro interveniente no processo. Mediatamente, portanto, as informações do direito material são relevantes não para a fixação do conceito de parte, mas para a separação que aqui se pretende fazer entre a idéia de parte legítima e terceiro interveniente. É o grau do *interesse jurídico* que atribui ao sujeito a condição de parte *legítima*, de terceiro *interessado* ou, ainda, de terceiro *indiferente*. Esse grau de interesse é medido não com base no direito processual, mas sim de acordo com critérios de direito material, segundo os reflexos da decisão da causa sobre a esfera jurídica do sujeito" (MARINONI, Luiz Guilherme; ARENHART, Sérgio Cruz. *Manual do processo do conhecimento: a tutela jurisdicional através do processo de conhecimento*. 2ª ed rev., atual. e ampl. São Paulo: RT, 2003, pp. 188-189).

(237) A doutrina distingue, com razão, os sujeitos da demanda com os sujeitos do incidente processual. Como esclarece *Fredie Didier Júnior*, "[...] eles até podem ser os mesmos, mas isso não ocorrerá necessariamente" (*Recurso de terceiro: juízo de admissibilidade*. São Paulo: RT, 2002, p. 137). Para *Marcelo Abelha Rodrigues*, "[...] não basta apenas ser sujeito processual para estar legitimado a argüir ou a responder a um incidente processual, porque, como se viu, legitimidade é palavra flutuante que acompanha a posição e a situação jurídica do sujeito no desenvolvimento da relação jurídica complexa e progressiva. Se tomarmos por base o fato de que o fenômeno voluntário da incidentalidade se apresenta sob a forma de pontos, questões e causas, veremos que mesmo quem ainda não é sujeito do processo poderá ser legitimado num incidente processual". "Entretanto", esclarece o ilustre processualista capixaba, "quando o incidente processual resulta de uma questão ou ponto incidental no curso do processo, então, como regra geral, apenas os legitimados dentre os sujeitos processuais é que poderão suscitá-lo". E arremata: "Note-se que nesse rol de legitimados há que se incluir o próprio juiz da causa,

Explica, em sua dissertação de mestrado na UFBA, *Fredie Didier Júnior*:

"O conceito de parte deve restringir-se àquele que participa (ao menos potencialmente) do processo com parcialidade, tendo interesse em determinado resultado do julgamento. Saber se esta participação se dá em relação à demanda, principal ou incidental, ou em relação à discussão de determinada questão, não é algo essencial para o conceito puramente processual de parte. Parte é quem postula ou contra quem se postula ao longo do processo, e que age, assim, passionalmente."

E adiante conclui sua linha de pensamento:

"Assim, a legitimidade do recurso pelo juiz, promotor ou pelos auxiliares será, nos incidentes que reflitam sobre seus interesses, na condição de parte — e não de terceiro. A taxinomia é fundamental para que se evitem deslizes."(238)

Definido que as partes são os sujeitos interessados que postulam e contra quem se postula ao longo do processo, revela-se extremamente importante compreender a distinção entre *responsabilidade* e *obrigação* no processo executivo. Normalmente, esses dois elementos reúnem-se em uma só pessoa: o devedor. Mas, é possível que uma pessoa tenha tão-somente responsabilidade sem ter a "qualidade" de devedor, podendo posteriormente sujeitar-se (= os bens do responsável, naturalmente) aos atos executivos. Embora uma vertente doutrinária defenda que o responsável figure nessa situação na qualidade de *terceiro,*(239) entendemos, diante da correta noção desta categoria jurídica, que ele é parte.(240)

Observe-se que, ressalvada a questão da execução indireta, que envolve atos de pressão psicológica, a fim de forçar o cumprimento voluntário da obrigação pelo devedor, a *postulação* no processo de execução envolve apenas a rea-

---

ora excluído do rol do parágrafo anterior, pela óbvia razão do art. 134 do CPC. Assim, se é fruto de questão ou ponto incidental, a legitimidade para argüir ou responder o incidente processual poderá recair, dependendo da situação jurídica processual, sobre qualquer sujeito do processo" (*Suspensão de segurança — sustação de eficácia de decisão judicial proferida contra o poder público*. São Paulo: RT, 2000, p. 65). Como muito bem leciona novamente *Fredie Didier Júnior*: "Se assim não fosse, não poderíamos explicar como o juiz poderia suscitar o conflito de competência, o incidente de uniformização de jurisprudência ou a declaração incidental de inconstitucionalidade. Nestes incidentes, ele é legitimado ativamente" (*Recurso de terceiro: juízo de admissibilidade*. São Paulo: RT, 2002, p. 138). Tal questão é relevante para o nosso estudo, posto que, além de facilitar a compreensão que entendemos correta para a conceituação de parte, a chamada "exceção de pré-executividade", que é meio de defesa do executado no âmbito interno da relação processual executiva, nada mais é que um incidente criado no processo de execução, e, pelo menos sob essa perspectiva, somente pode ser suscitado pelo executado.

(238) DIDIER JÚNIOR, Fredie. *Recurso de terceiro: juízo de admissibilidade*. São Paulo: RT, 2002, pp. 139 e 143, respectivamente. Nas palavras de *Sandra Lengruber da Silva*, "[...] pode-se afirmar que partes são aqueles que atuam em juízo em nome próprio, agindo ou defendendo-se. São os sujeitos da relação processual, nos termos da lide trazida a juízo, e que serão afetados de alguma forma pela decisão jurisdicional proferida (ainda que não seja pela coisa julgada material)" (*Elementos das ações coletivas*. São Paulo: Método, 2004, p. 67).

(239) SHIMURA, Sérgio. *Título executivo*. 2ª ed. ampl. e atual. São Paulo: Método, 2005, p. 80.

(240) ASSIS, Araken de. *Manual da execução*. 9ª ed. rev., atual. e ampl. São Paulo: RT, 2004, p. 190.

lização de atos de contrição patrimonial, fato que ocorre também com o responsável (art. 592 do CPC). Logo, ele é parte. Terceiro, no processo de execução, é aquele que teve seus bens envolvidos *por engano*, ou seja, quem sofreu penhora em seus bens *sem nunca ter sido apontado como devedor ou responsável*. Em outras palavras, se foi *postulada* a realização dos atos executivos contra determinada pessoa, seja na condição de devedora, seja na condição de mera responsável, ela é, definitivamente, *parte*, e isso, observe-se bem, com todas as prerrogativas a ela inerentes em decorrência do princípio do devido processo legal. Essa visão, com todo respeito, melhor se harmoniza com o conceito puramente processual desta e facilita a organização da cognição.

O conceito processual de parte não pode ser confundido com o conceito de parte *legítima*,(241) especialmente nas *ações individuais*.(242) Embora a temática também diga respeito às condições da ação, reputamos que algumas palavras já devem ser adiantadas, para facilitar a compreensão do elemento da ação (parte) ora estudado. Impõe-se perceber que, pelo simples fato de configurar na relação processual postulando um bem ou contra ela sendo postulado, ainda que ilegitimamente, a parte estará, desde logo, habilitada a praticar validamente atos processuais, a exercer direitos e faculdades, bem como se submeter a deveres e ônus próprios da condição de sujeito ativo ou passivo.(243) "Já a parte *legítima* será aquela que, sendo parte, insere-se no campo subjetivo da lide conforme trazida a juízo".(244) A situação é distinta, portanto. Como ensina *Donaldo Armelin*,

> "[...] a legitimidade no processo ressuma como qualidade jurídica que unge aquele que consta na esfera subjetiva da situação jurídica retratada na inicial, com a peculiaridade de emergir essa qualidade da própria afirmação da situação espelhada na inicial, independentemente de real existência desta."(245)

Veja-se que figurar no processo é um dado menor que restar evidenciado que essa participação se dá em harmonia com uma dada situação, dita "legiti-

(241) É lição de *Liebman:* "A determinação do conceito de parte não tem relação alguma com o problema da legitimação para agir (v. *infra*, n. 74, *b*). Esse problema consiste na identificação das *justas partes*, ou *legítimos contraditores*, com referência a determinado objeto, enquanto que se consideram partes no processo aqueles que, de fato, são os seus sujeitos; e essa qualidade, com todas as conseqüências que dela derivam, independe da circunstância de eles serem ou não, em relação à ação proposta, também as partes legítimas. Naturalmente, se surgirem alegações a propósito, uma das questões preliminares a decidir será justamente essa, ou seja, se o autor ou o réu são, respectivamente, portadores da legitimação para agir ou para defender-se: no caso de decisão negativa, o processo encerra-se sem julgamento do mérito" (*Manual de direito processual civil*. Tradução e notas de Cândido Rangel Dinamarco. 2ª ed. Rio de Janeiro: Forense, 1985, vol. I, p. 90).

(242) Nas ações coletivas, como se sabe, a legitimidade ativa, por influência das *class actions for demages* do direito norte-americano, é aferida, sob o aspecto objetivo, pelo critério da *representatividade adequada*.

(243) ZAVASCKI, Teori Albino. *Processo de execução: parte geral*. 3ª ed. rev., atual. e ampl. São Paulo: RT, 2004, p. 155.

(244) DANTAS, Marcelo Navarro Ribeiro. *Mandado de segurança coletivo: legitimação ativa*. São Paulo: Saraiva, 2000, p. 73.

(245) ARMELIN, Donaldo. *Legitimidade para agir no direito processual civil brasileiro*. São Paulo: RT, 1979, p. 2.

mante", em relação ao direito material. A aferição da legitimidade, enquanto espécie de condição da ação (da situação legitimante), é feita de acordo com as meras alegações deduzidas na petição inicial, cumprindo, assim, a missão do instituto (condição da ação) de filtrar as demandas flagrantemente ilegítimas ou fadadas ao insucesso.

No processo de execução, o título executivo também deve ser pesquisado nessa análise. Através dele, o órgão jurisdicional verifica a situação de débito e/ou responsabilidade patrimonial do executado. Note-se que, ainda que exista divergência entre aquele que é declinado na petição inicial como executado e a situação jurídica estampada no título executivo, ele será considerado, para todos os efeitos, inclusive para ajuizamento de embargos à execução, como *parte*. Afinal, relembre-se, nas palavras de *Araken de Assis*, "[...] partes são todos que, embora flagrante a incongruência relativamente ao título, se acham declinados na petição inicial, quer no pólo ativo, quer no passivo", o que não quer dizer, contudo, que são respectivamente partes legítimas, "[...] eis que nenhuma situação legitimadora lhes confere a condição".[246] Nessa situação hipotética, portanto, o exeqüente e/ou executado são partes, porém ilegítimas. Esta conjuntura possivelmente está no plano extraprocessual. Assim, como sentencia *Cândido Rangel Dinamarco*, "é um erro pueril a alusão à parte legítima como *verdadeira parte*. Quem não está no processo não é parte, simplesmente, ainda quando seja parte legítima".[247] Trata-se, pois, de uma questão de organização cognitiva, que, segundo pensamos, melhor se resolve pela teoria da asserção.

Impõe-se distinguir, ainda que rapidamente, a *substituição processual* da *representação*. A substituição processual constitui modalidade de legitimação extraordinária, é o caso daquele que intervém no processo na defesa de direito *alheio*. Sendo assim, o substituto processual é considerado como parte, para todos os efeitos legais, mas se deve esclarecer que, justamente pela qualidade com que atua em juízo, "[...] é atingido apenas pela coisa julgada formal, e não pela material, que incidirá sobre o substituído, inobstante sua ausência do processo".[248] Diferentemente, na representação, há a intervenção no processo simplesmente em nome alheio. Este, que não figura fisicamente na demanda, mas é o titular da posição jurídica assumida pelo representante, é quem vai sofrer os efeitos da coisa julgada. Sendo assim, "[...] não há identidade de parte quando em uma ação o litigante agiu em nome próprio e em outra, em nome de outrem, como representante".[249]

A pluralidade de partes em uma demanda configura o instituto do litisconsórcio. No processo de execução, a questão não se passa de maneira diferente. *Sérgio Shimura* explica que, quando a relação jurídica de direito material for de caráter pessoal, havendo mais de um credor ou devedor, trata-se de caso de

---

(246) ASSIS, Araken de. *Manual da execução*. 9ª ed. rev., atual. e ampl. São Paulo: RT, 2004, p. 354.

(247) DINAMARCO, Cândido Rangel. *Instituições de direito processual civil*. São Paulo: Malheiros, 2001, vol. II, nota de rodapé n. 5, p. 248.

(248) SILVA, Sandra Lengruber da. *Elementos das ações coletivas*. São Paulo: Método, 2004, p. 65.

(249) SILVA, Sandra Lengruber da. *Elementos das ações coletivas*. São Paulo: Método, 2004, p. 64.

litisconsórcio, que, nesta modalidade de tutela jurisdicional, normalmente será facultativo. Independentemente de haver ou não solidariedade ativa, reconhece-se o direito ao credor de executar a sua parte do crédito separadamente. Há, contudo, situações tidas como de litisconsórcio necessário, como, por exemplo, no pedido de insolvência deduzido pelo devedor, em que, por força do disposto nos arts. 759 e 760, *I*, do CPC, todos os credores devem ser intimados, a fim de participarem do processo. Na verdade, explica o membro do valoroso Ministério Público de São Paulo: "o litisconsórcio, aqui, é *sui generis*, pois os efeitos do concurso a todos atingem, porém cada credor tem a liberdade de ingressar ou não na execução coletiva para participar do rateio da excussão dos bens arrecadados". Aponta, ainda, a execução em que o espólio for parte, quando o inventariante for dativo, já que todos os herdeiros serão partes em litisconsórcio ativo necessário (arts. 12, *V* e *§ 1º*, e 991, *I*, CPC).(250) Para *Araken de Assis*, a execução proposta por ou contra o espólio, por força do art. 12, *§ 2º*, do CPC, aquela promovida contra os sócios de uma sociedade dissolvida e a insolvência civil são casos de litisconsórcio necessário.(251)

Reza o art. 669 do CPC que, "feita a penhora, intimar-se-á o devedor para embargar à execução no prazo de 10 (dez) dias". Por sua vez, prescreve o parágrafo único: "Recaindo a penhora em bens imóveis, será intimado também o cônjuge do devedor". A doutrina e a jurisprudência não convergem quanto à opinião a respeito de se tratar de litisconsórcio necessário ou não. *Sérgio Shimura* entende que a hipótese acima não se trata de litisconsórcio necessário por quatro motivos. O primeiro refere-se ao fato de que não há relação jurídica entre o exeqüente e o cônjuge do devedor, tanto que o credor não pode executar diretamente este último, sob pena de se configurar hipótese de ilegitimidade passiva. O segundo motivo resulta do fato de que a possibilidade de o cônjuge ajuizar embargos à execução não o torna *litisconsorte* do devedor, tanto é verdade, que pode propor ação incidental de embargos de terceiro nesta qualidade. Assim, opina o citado processualista, o fato de poder usar os embargos do devedor não serve de critério para definir ou não a natureza de sua intervenção. O terceiro motivo está relacionado ao fato de que o art. 10, § 1º, *IV*, do CPC prescreve que ambos os cônjuges serão necessariamente citados para as ações que tenham por *objeto* a constituição de *ônus sobre imóveis*. Esclarece o autor, entretanto, que o *objeto* da ação de execução *não é constituir ônus* sobre um imóvel, mas sim o *próprio pagamento* ao credor. Em outras palavras, a pretensão executiva é a satisfação de uma obrigação inadimplida, ao passo que a penhora sobre determinado imóvel do casal constitui apenas um *ato executivo*, não sendo propriamente o objeto do processo de execução. Finalmente, apresenta o quarto e último motivo: o art. 669 simplesmente manda *intimar* o cônjuge. Ocorre que, embora muitas vezes a lei manda intimar um terceiro, isso não o torna *litisconsorte*, muito menos *litisconsorte necessário*.(252)

(250) SHIMURA, Sérgio. *Título executivo*. 2ª ed. atual. e ampl. São Paulo: Método, 2005, pp. 81-85.
(251) ASSIS, Araken de. *Manual da execução*. 9ª ed. rev., atual. e ampl. São Paulo: RT, 2004, pp. 356-357.
(252) SHIMURA, Sérgio. *Título executivo*. 2ª ed. atual. e ampl. São Paulo: Método, 2005, p. 83.

Cândido Rangel Dinamarco esclarece que a jurisprudência, interpretando a regra jurídica em comento junto com o art. 10, § 1º, *I*, do CPC, prefere ver a mencionada *intimação* como verdadeira *citação*, "[...] porque se trata de um litisconsorte necessário e, por isso, trata-se de incluí-lo na própria relação processual executiva como parte, não apenas para dar-lhe ciência da penhora feita".(253) No entendimento de *Araken de Assis*, "[...] a intimação do cônjuge na expropriação imobiliária, em que pesem respeitáveis opiniões divergentes, constitui caso de litisconsórcio obrigatório, consoante a jurisprudência".(254) Referindo-se ao art. 669, *parágrafo único*, do CPC, *Humberto Theodoro Júnior* diz que "a *ratio essendi* da norma é observar o litisconsórcio necessário de ambos os cônjuges, que a lei impõe em qualquer processo judicial que gire em torno de bem imóvel pertencente à pessoa casada [...]".(255) *Excepcionalmente*, na opinião desses processualistas, portanto, a qualidade de parte não é atribuída pela *postulação*, mas pelo legislador processual, tendo em vista a preservação de valores constitucionais relacionados à família. Com efeito, afirma *Araken de Assis*: "Cabível que seja a intimação do cônjuge, sua falta importa nulidade do procedimento a partir da penhora (e da avaliação), legitimando-se o executado a alegar o vício".(256)

Como se vê, definir se esses são casos realmente de litisconsórcio necessário é extremamente relevante, pois, em caso positivo, a ausência de um deles poderá acarretar a *inexistência* jurídica do processo(257) ou, como prefere uma vertente doutrinária, *ineficácia* perante o ausente,(258) matérias que, pela evidente gravidade, facilmente ensejam o exercício de defesa endoprocessual executiva.

Passa-se, agora, ainda que superficialmente, à análise da causa de pedir da ação executiva. Assim como nos processos de conhecimento e cautelar, a causa de pedir, no processo de execução, apresenta-se como a situação fática de que se originou o direito alegado pelo exeqüente, associada ao fundamento

---

(253) DINAMARCO, Cândido Rangel. *Instituições de direito processual civil*. São Paulo: Malheiros, 2004, vol. IV, p. 537.

(254) ASSIS, Araken de. *Manual da execução*. 9ª ed. rev., atual. e ampl. São Paulo: RT, 2004, p. 357.

(255) THEODORO JÚNIOR, Humberto. *Processo de execução*. 22ª ed. rev. e atual. São Paulo: Leud, 2004, p. 339.

(256) ASSIS, Araken de. *Cumprimento da sentença*. Rio de Janeiro: Forense, 2006, p. 285.

(257) *André de Luizi Correia* ensina que "[...] *a relação jurídica processual, no litisconsórcio necessário, é única*, as partes é que são plúrimas". E conclui seu pensamento: "Trata-se de relação jurídica subjetivamente complexa, que somente se forma com a presença de todos os co-legitimados necessários. Faltando qualquer um deles, a relação jurídica processual não se formará e não haverá processo, sendo juridicamente inexistente a sentença que vier a ser proferida" (*A citação no direito processual civil brasileiro*. São Paulo: RT, 2001, p. 251).

(258) *Adroaldo Furtado Fabrício*, referindo-se ao art. 47, parágrafo único, do CPC, entende o seguinte: "A necessidade do litisconsórcio passivo — esta é a idéia que importa fixar — significa também a necessidade da citação de todos os litisconsortes, sob a mesma sanção do parágrafo citado. Desatendida essa necessidade, apresenta-se caso de 'ineficácia absoluta' da sentença que venha a ser proferida, porque essa é a opção legislativa nacional, isso significando que não apenas os interessados cuja citação se omitiu, ou se fez deficientemente, mas também os demais permanecem aptos a resistir à 'execução' (*latíssimo sensu*, significando imposição de efeitos) do julgado, pela via dos embargos, se cabíveis, ou por outras que a essa equivalham, como adiante se há de ver" (*Réu revel não citado,* querela nullitatis *e ação rescisória. In Ensaios de direito processual*. Rio de Janeiro: Forense, 2003, p. 256).

jurídico da pretensão deduzida e à atitude do executado, que violou esse *alegado* direito. Há quem pretenda descobri-la no título executivo, o que não é correto, pois este não tem outra função senão a de tornar *adequada* a via processual executiva como o caminho de que dispõe alguém para a tutela jurisdicional de seu interesse, não declarando a existência de um direito e, muito menos, dando-lhe nascimento.(259) Na realidade, a causa de pedir, no processo de execução, ensejando o legítimo interesse processual do exeqüente, é a *alegação de inadimplemento* da obrigação que dá conteúdo ao título executivo.(260)

Ensina *Cândido Rangel Dinamarco*:

> "A *causa de pedir* executiva inclui também a descrição da situação de *inadimplemento* que dá causa à propositura da demanda e sem a qual falta o interesse de agir. Em casos ordinários essa descrição é de extrema simplicidade, bastando alegar o exeqüente a omissão do obrigado, ou seja, dizer simplesmente que ele não pagou, não entregou, não fez o que devia, não se abstém do que não devia fazer *etc*. Mas em certas situações particulares a existência do inadimplemento depende da demonstração da ocorrência de certos fatos, como a *contraprestação* satisfeita pelo exeqüente ou o implemento de uma *condição* (*supra*, nn. 1.435-1.436); esses fatos devem, portanto, integrar a causa de pedir (CPC, arts. 615, inc. IV, e 618, inc. III)."(261)

Assim, o exeqüente deve alegar na petição inicial, ainda que superficialmente, que houve o inadimplemento, por parte do executado, da obrigação que dá conteúdo ao título executivo. Se isso não ocorrer, pode-se determinar a emenda à petição inicial, haja vista que, da narração dos fatos não decorre a conclusão lógica do pedido (art. 295, parágrafo único, *II*, do CPC), podendo ensejar, se a mesma não for corrigida, a extinção liminar do processo por inépcia. Se esta (inépcia da petição inicial) não for constatada, certamente a cognição cessará na análise do legítimo interesse processual ou interesse de agir, posto que, da análise da petição inicial não se constatará a necessidade da prestação da tutela jurisdicional executiva. De todo modo, segundo pensamos, a alegação de inadimplemento é absolutamente necessária à viabilidade da ação executiva.

Finalmente, o pedido da ação de execução é o conteúdo da demanda, a pretensão processual, o objeto litigioso do processo, enfim, o mérito da causa. É o anseio, a aspiração do demandante, relacionado à parcela da realidade social

---

(259) DINAMARCO, Cândido Rangel. *Execução civil*. 7ª ed. rev. e atual. São Paulo: Malheiros, 2000, p. 361.

(260) Ensina *José Rogério Cruz e Tucci*: "No processo de execução a *situação substancial*, consistente no inadimplemento da obrigação e na respectiva lesão do direito subjetivo do credor, é igualmente introduzida *in limine* em decorrência da prova do título que propicia a execução, sendo que os atos processuais subseqüentes têm por pressuposto a *situação 'de qua agitur'* descrita na inicial" (*A causa petendi no processo civil*. 2ª ed. rev., atual. e ampl. São Paulo: RT, 2001, p. 129).

(261) DINAMARCO, Cândido Rangel. *Instituições de direito processual civil*. São Paulo: Malheiros, 2004, vol. IV, p. 428.

por ele trazida na demanda e que lhe está sendo prejudicial, no sentido de que seja dada a ela uma solução conforme ao Direito, segundo o seu modo de entender. Como explica *Barbosa Moreira*, a *demanda* consiste no ato de requerer ao Estado a prestação da atividade jurisdicional. Ela é o início do direito de ação, já que dá causa à formação do processo, sendo excepcional a hipótese de processo sem demanda que o instaure. Como ensina o mestre carioca, a parte formula um *pedido* através da demanda cujo teor determina o próprio objeto do litígio e, por conseqüência, o âmbito de incidência da atividade jurisdicional no que toca à decisão a respeito da lide. Assim, ao decidir a causa, o Juiz acolherá ou rejeitará, no todo ou em parte, o pedido formulado pelo autor (art. 459 do CPC), de modo que não pode conceder providência diferente da postulada, nem quantidade superior ou objeto diverso do que se pediu, tampouco, diante do princípio da indeclinabilidade da jurisdição, deixar de pronunciar-se sobre o que quer que conste do pedido.(262)

O pedido, a bem da verdade, legitima a atividade jurisdicional, visto que esta somente pode atuar em face de uma lide, entendida aqui como uma controvérsia real e atual deduzida em juízo pela pretensão do demandante. *Leonardo Greco*, em excelente estudo doutrinário, preleciona o seguinte:

> "Em verdade, parece-me que o objeto do processo é o exercício da jurisdição e que é esta que tem por objeto o pedido, a pretensão de direito material formulada pelo autor, para atribuir-lhe ou não o bem da vida, através do acolhimento ou rejeição da providência pleiteada. É em relação ao pedido do autor que o juiz exerce o poder jurisdicional, manifestando a vontade do Estado."

E conclui sua lição o ilustre processualista fluminense:

> "Se o objeto da jurisdição é o pedido, a sua atribuição ou não ao autor está delimitada por outros fatores, um objetivo e outro subjetivo: como fator objetivo, a relação jurídica de direito material que fundamenta o exercício da jurisdição sobre o pedido; e como fator subjetivo, as partes nessa relação jurídica de direito material, sobre as quais vai recair o exercício da jurisdição. Vê-se, pois, que o conjunto amplo de questões que delimitam o exercício da jurisdição é mais amplo do que o objeto da jurisdição, porque, sem a concorrência desses fatores, o exercício da jurisdição seria impreciso, transformando-se num instrumento autoritário de intervenção incontrolada na vida das pessoas, com inteiro desvirtuamento das suas finalidades institucionais de atribuir o bem da vida a quem a ele tenha o direito de acordo com o ordenamento jurídico e de intervir nas relações jurídicas privadas apenas na medida em que solicitado pelos interessados."(263)

---

(262) BARBOSA MOREIRA, José Carlos. *O novo processo civil brasileiro: exposição sistemática do procedimento*. 20ª ed. rev. e atual. Rio de Janeiro: Forense, 2000, pp. 9-10.

(263) GRECO, Leonardo. *A teoria da ação civil no processo civil*. São Paulo: Dialética, 2003, p. 47.

No processo de execução, essa limitação é auxiliada pelo título executivo. Mas, tecnicamente, a razão está com *Leonardo Greco*, quando afirma que o objeto do processo é a realização da atividade jurisdicional. Esta é a finalidade do processo. O processo é o instrumento que o sistema jurídico coloca à disposição dos consumidores da justiça para a concretização da atividade jurisdicional postulada. Esta, sim, tem por objeto a resolução da controvérsia gerada em razão do pedido deduzido pelo autor na petição inicial. Pode-se afirmar, assim, que a finalidade ou o objeto do processo é a realização da atividade jurisdicional pelo Estado, que, por sua vez, tem como escopo a resolução, como terceiro imparcial ou sujeito desinteressado, das questões envolvendo o pedido do autor. Não obstante tal constatação, impõe-se esclarecer que se convencionou utilizar o termo *objeto litigioso do processo* para designar o pedido ou o mérito da causa.

Como já foi dito nesta obra, no processo de execução também há pedido. Como regra, é vedado ao Poder Judiciário o início da atividade jurisdicional executiva, sem que haja um pleito por parte do exeqüente. Sendo assim, este formula pedido de satisfação do seu direito, tal como previsto previamente no título executivo, através de atos e meios estatais destinados à entrega de coisa, ao cumprimento da obrigação ou à realização ou não de um agir. O pedido de realização da atividade executiva destinada à satisfação do crédito é o pedido imediato, ao passo que o bem da vida pleiteado, ou seja, a entrega de uma coisa determinada ou não, o cumprimento de uma obrigação e a realização ou a abstenção de um comportamento jurídico é o pedido mediato do processo de execução.(264)

Araken de Assis entende que, de maneira *mediata*, o exeqüente pleiteia o bem jurídico assegurado no título executivo, sendo, no primeiro momento, aquilo que ele precisa pedir ao órgão judiciário, definindo-o exaustivamente. Adverte, contudo, o processualista gaúcho que, para alcançar o objetivo visado, o exeqüente deve pedir, agora de maneira *imediata*, a atuação de determinado meio executório. Sendo assim, na acertada concepção do autor, revela-se extremamente importante que o exeqüente indique, na petição inicial, qual o meio executório está requerendo, para que haja a concessão do bem da vida que pleiteia, caso a obrigação que subjaz ao título executivo admita mais de um deles. Ao contrário do que ocorre na execução de uma dívida comum de dinheiro, em que basta ao exeqüente pleitear a expropriação dos bens suficientes à satisfação do crédito, promovendo a citação do executado, é o caso das obrigações de fazer fungível, que comporta tanto coerção patrimonial quanto atividades de transformação, de modo que um meio executório exclui o outro. Neste caso, incumbe ao exeqüente esclarecer qual deles utilizará, sob pena de inépcia da petição inicial.(265)

---

(264) MENEZES, Cláudio Armando Couce de. *Teoria geral do processo e a execução trabalhista*. São Paulo: LTr, 2003, pp. 268-269.

(265) ASSIS, Araken de. *Manual da execução*. 9ª ed. rev., atual. e ampl. São Paulo: RT, 2004, pp. 398-399.

3.4. CONDIÇÕES DA AÇÃO EXECUTIVA E ASSUNTOS AFINS

3.4.1. Conceito

Modernamente, a configuração da ação executiva é, de forma inegável, *teleológica*, no sentido de viabilizar o efetivo acesso à ordem jurídica *justa*. Pode-se conceituá-la como o direito ou poder subjetivo público, autônomo, abstrato e genérico de provocar a função jurisdicional do Estado na perspectiva de buscar a efetividade de um direito descrito em um título executivo.

A doutrina majoritária entende que a ação é um *direito subjetivo* do cidadão. *Cândido Rangel Dinamarco* diverge dessa opinião, entendendo que, na verdade, a ação é um *poder* de provocar a atividade jurisdicional do Estado. Para o autor, o direito subjetivo, doutrinariamente caracterizado como uma posição de vantagem do titular de um determinado bem sobre o titular de um interesse contraposto sobre este mesmo bem, pressupõe a existência de um *conflito de interesses*, que é incompatível com a visão publicista do processo. Por conseqüência, não existe posição de vantagem do autor sobre o Estado, pois este também tem interesse na realização da sua atividade jurisdicional na exata medida em que pretende implantar os escopos jurídicos, políticos e sociais do processo. De mais a mais, segundo entende o mestre paulista, se ação é direito, haveria *confusão,* quando o próprio Estado é autor em uma demanda, ou seja, cria-se uma situação em que o titular ativo de um "direito" confunde com o seu titular passivo.[266]

Em nosso sentir, sendo a um só tempo *direito subjetivo* e *poder*, a ação, como (aliás) ocorre em diversos institutos jurídicos, possui natureza *híbrida*. Os fins públicos do processo justificam realmente essa conotação de poder em relação ao instituto da ação. Não se pode perder de vista, todavia, que a atividade jurisdicional provocada pela ação é uma *função* estatal. Na lição de *Celso Antônio Bandeira de Mello*, "existe função quando alguém está investido no *dever* de satisfazer dadas finalidades em prol do *interesse de outrem*, necessitando, para tanto, manejar os poderes requeridos para supri-las".[267] Por conseqüência, a função jurisdicional é *indeclinável*, uma vez que o Estado não pode se eximir de desempenhá-la, quando preenchidos os seus elementos de legitimação. Já a questão da confusão é mais aparente que real, segundo pensamos, pois o Estado é dividido em órgãos que detêm, em sua grande maioria, personalidade jurídica própria e exercem funções distintas, não se confundindo entre si.

A ação é um poder ou direito subjetivo *autônomo*, "[...] porque distinto da relação jurídica cuja definição ou realização objetiva", e também *genérico*, "[...] porque sempre o mesmo [...]".[268] É, igualmente, *abstrato*, pois pode ser exercido independentemente de seu titular ser detentor do direito material discutido

(266) DINAMARCO, Cândido Rangel. *Execução civil*. 7ª ed. rev. e atual. São Paulo: Malheiros, 2000, pp. 351-354.

(267) MELLO, Celso Antônio Bandeira de. *Curso de direito administrativo*. 13ª ed. rev., atual. e ampl. São Paulo: Malheiros, 2001, p. 32.

(268) TUCCI, Rogério Lauria. *Teoria do direito processual penal: jurisdição, ação e processo penal (estudo sistemático)*. São Paulo: RT, 2002, p. 79.

em juízo. O mesmo ocorre em relação à ação executiva, porquanto o seu exercício, diante da alegação de inadimplemento e da apresentação do título executivo, independe da efetiva titularidade da obrigação insatisfeita.

Na lição de *Cândido Rangel Dinamarco*:

> "Quem admite que o título executivo tem a função de provar a existência do direito substancial deveria ser levado a afirmar o caráter concreto da ação executiva, pois não se faz execução sem que haja título e, portanto, dependeria esta da comprovada existência do direito. Mas nem o mais idôneo dos títulos executivos, que é a sentença condenatória civil, seria capaz de fazer essa prova, isto é, de demonstrar que o direito material existe no momento do início da execução: ele pode muito bem ter sido extinto ou modificado após a formação do título executivo, seja por adimplemento, novação, compensação, transação, prescrição (CPC, art. 741, inc. VI)."(269)

Deve-se compreender também que o exercício do direito à jurisdição é *público*, pois o sujeito passivo do direito de ação é *invariavelmente* o Estado. Neste, e não aos particulares, pede-se a prática dos atos jurisdicionais. Por conseqüência, revela-se tecnicamente incorreto dizer que se ajuizou uma ação *contra* determinada pessoa. A ação é ajuizada *contra* o Estado e *em face* da parte adversa. Embora o Juiz seja responsável pelos danos que, por dolo ou culpa grave, causar às partes (art. 133 do CPC), ele também não é o sujeito passivo da ação,(270) uma vez que, no exercício da função jurisdicional, é apenas um agente político representante do Estado,(271) não se confundindo necessariamente com este.(272)

O que são as chamadas condições da ação? Qual a relevância prática na utilização dessa categoria jurídica? Qual a profundidade da cognição judicial desempenhada para aferi-las? Em nosso sentir, para a adequada obtenção das respostas, faz-se necessária uma brevíssima revisão sobre a própria concepção e natureza jurídica do direito ou poder de ação, advertindo-se, de logo, diante dos limites do presente trabalho, que isso ocorrerá tão-somente na exata medida de facilitar a melhor compreensão dos pressupostos teóricos das duas teorias que dominam o cenário jurídico hodierno, quais sejam, a *eclética* e a da *asserção*, também chamada de abstrata reelaborada do direito de agir.(273)

---

(269) DINAMARCO, Cândido Rangel. *Execução civil*. 7ª ed. rev. e atual. São Paulo: Malheiros, 2000, p. 364.

(270) Em sentido contrário: CARNELUTTI, Francesco. *Instituições do processo civil*. Tradução de Adrián Sotero De Witt Batista. São Paulo: Classic Book, 2000, p. 366.

(271) Para *Oreste Nestor de Souza Laspro*, "[...] se a atividade jurisdicional é considerada essencial à própria soberania, é lógico que os agentes competentes pelo seu exercício serão considerados como verdadeiros representantes do Estado, agindo por conta deste" (*A responsabilidade civil do juiz*. São Paulo: RT, 2000, p. 173).

(272) DINAMARCO, Cândido Rangel. *Execução civil*. 7ª ed. rev. e atual. São Paulo: Malheiros, 2000, pp. 350-351.

(273) Neste trabalho, diante da delimitação da temática, não há realmente espaço para um estudo aprofundado a respeito da natureza jurídica da ação. Na realidade, este assunto, apesar de corriqueiro nos Manuais de Processo Civil, é extremamente complexo e possui uma infinidade de teorias a respeito,

Para a teoria imanentista, a primeira a abordar o assunto, a ação seria o direito de perseguir, em juízo, aquilo que nos é devido, ou seja, uma qualidade de todo o direito ou o próprio direito em movimento, reagindo a uma violação.[274] O processo, na esteira do direito romano, era mero capítulo ou emanação do direito privado, de modo que dizer que alguém tinha ação contra outrem era a mesma coisa que afirmar que tinha direito em relação a este. Com efeito, a ação tinha como sujeito passivo o próprio adversário do autor.[275]

Essa visão do problema é inconcebível atualmente, "[...] a não ser que tenhamos em mente que o que 'nos é devido pelo Estado' seja a *atividade jurisdicional*".[276] Há aí, como facilmente se observa, uma fusão entre os planos de direito material e processual, que se situam em momentos distintos, além de conferir à ação, na sua "força" restauradora da integridade primitiva do direito, uma feição de vingança privada, que é vedada pela ordem jurídica.[277] Demais disso, embora existam laços de instrumentalidade, deve-se observar que existem direitos sem ação, como é o caso dos direitos humanos fundamentais, e ação sem direito material, como é o caso da ação declaratória negativa. Em conseqüência, percebe-se claramente que essa teoria não conseguiu explicar o fenômeno da ação *improcedente*.

Após a célebre polêmica travada entre *Windscheid* e *Muther*, a doutrina inclinou os seus estudos para a autonomia do direito de ação. Na realidade, essa modificação de pensamento, que até então tinha como base o direito romano, tem data marcada, o ano de 1856, quando *Windscheid* publicou a monografia intitulada "A Ação do Direito Civil Romano do Ponto de Vista do Direito Atual".[278] Em síntese, para este autor, a ação nada mais é que o próprio direito material violado. "Da violação do direito subjetivo nasce a inclinação de sujeitar ao interesse próprio o interesse alheio, ou seja, a pretensão *(Anspruch)*".[279] Em 1857, *Theodor Muther* publicou, à guisa de contra-argumentação ao estudo de *Windscheid*, uma obra intitulada *Sobre a teoria da action romana, do moderno direito de queixa, da litiscontestação e da sucessão singular nas obrigações.*[280] Resu-

---

podendo facilmente ser objeto de um estudo específico. Por essa razão, *Leonardo Greco* afirma que "[...] o *direito de ação* é um dos conceitos mais equívocos do Direito de Processo científico" (*A teoria da ação no processo civil*. São Paulo: Dialética, 2003, p. 9).

(274) CINTRA, Antônio Carlos de Araújo; DINAMARCO, Cândido Rangel; GRINOVER, Ada Pellegrini. *Teoria geral do processo*. 20ª ed. rev. e atual. São Paulo: Malheiros, 2004, pp. 249-250.

(275) CASTELO, Jorge Pinheiro. *O direito processual do trabalho na moderna teoria geral do processo*. 2ª ed. São Paulo: LTr, 1996, pp. 105-108.

(276) SILVA, Ovídio Araújo Baptista da. *Curso de processo civil*. 5ª ed. rev. e atual. São Paulo: RT, vol. 1, 2000, p. 94.

(277) ASSIS, Araken de. *Cumulação de ações*. 4ª ed. rev. e atual. São Paulo: RT, 2002, p. 56.

(278) WINDSCHEID, Benhard. "La actio del derecho civil romano, desde el punto de vista del derecho actual". *In Polémica sobre la Actio*. Trad. Tomás A. Banzahaf. Buenos Aires: Ediciones Jurídicas Europa-América, 1974.

(279) ASSIS, Araken de. *Cumulação de ações*. 4ª ed. rev. e atual. São Paulo: RT, 2002, pp. 57-58.

(280) MUTHER, Theodor. "La doctrina de la actio romana, del derecho de accicionar actual, arítica del librío de windscheid la actio del derecho civil romano, desde el punto de vista del derecho actual". *In Polémica sobre la Actio*. Trad. Tomás A. Banzahaf. Buenos Aires: Ediciones Jurídicas Europa-América, 1974.

midamente, o argumento básico é a existência de um direito subjetivo público "[...] perante o Estado, de obter tutela jurídica, diversa do direito material, seja quanto ao sujeito passivo, aqui o Estado, seja quanto ao conteúdo".[(281)] No mesmo ano, *Windscheid*, através da obra *Réplica ao Dr. Theodor Muther*, apesar de responder com veemência, acolheu várias das ponderações de *Muther.*[(282)] Na verdade, com os conceitos de pretensão e direito subjetivo público contra o Estado, os dois estudos, ao invés de se repelirem, *completaram-se*, abrindo os caminhos para a autonomia do direito de ação.[(283)]

Bülow afirma que não existe ação antes do juízo, ou seja, somente com a demanda nasce o direito de obter uma sentença justa.[(284)] *Köhler* diz que a ação é uma emanação dos direitos da personalidade. *Degenkolb*, que foi praticamente o primeiro a preconizar a teoria abstrata de agir (1877),[(285)] ensina que a ação é o direito subjetivo público de ser ouvido em juízo e obrigar o adversário a apresentar-se, correspondente a todo aquele que, de boa-fé, creia ter razão. *Plósz*, eminente processualista húngaro, acompanhando essa linha de raciocínio, acrescenta que esse direito subjetivo público é de caráter abstrato, pois se dirige a obter uma sentença, independente de o peticionário ter ou não um direito subjetivo privado.[(286)] Para a teoria abstrata, mesmo que a demanda seja temerária, não há como se negar o exercício do direito de ação. Basta que o autor mencione um interesse seu, para que surja o direito a uma decisão, seja ela favorável ou não.

Cronologicamente, a teoria abstrata *precedeu* à teoria concreta da ação. *Adolph Wach*, com a publicação do "Manual de Direito Processual Civil" (1885) e "Pretensão de Declaração" (1888), considerando a ação como um direito autônomo, separado do direito material invocado em juízo, foi quem, com o exemplo da ação declaratória negativa,[(287)] praticamente selou o problema da autonomia.

---

(281) ASSIS, Araken de. *Cumulação de ações*. 4ª ed. rev. e atual. São Paulo: RT, 2002, p. 58.

(282) ALVIM, José Eduardo Carreira. *Teoria geral do processo*. 10ª ed. rev., atual. e ampl. Rio de Janeiro: Forense, 2005, p. 122.

(283) CINTRA, Antônio Carlos de Araújo; DINAMARCO, Cândido Rangel; GRINOVER, Ada Pellegrini. *Teoria geral do processo*. 20ª ed. rev. e atual. São Paulo: Malheiros, 2004, p. 250.

(284) Na linha da autonomia, preleciona *Oskar Von Bülow:* "Se o processo é, portanto, uma relação jurídica, apresentam-se na ciência processual problemas análogos aos que surgiram e foram resolvidos, a respeito das demais relações jurídicas. A exposição sobre uma relação jurídica dever dar, antes de tudo, uma resposta à questão relacionada com os requisitos a que se sujeita a origem daquela. É necessário saber entre quais pessoas pode ter lugar, a qual objeto se refere, que fato ou ato é necessário para seu surgimento, quem é capaz ou está facultado para realizar tal ato" (*Teoria das exceções e dos pressupostos processuais*. Tradução e notas de Ricardo Rodrigues Gama. Campinas: LZN, 2003, p. 8). Segundo o notável autor alemão, a relação jurídica processual distingue-se da relação jurídica material deduzida em juízo por três aspectos: *sujeitos*, *objeto* e *pressupostos*.

(285) CINTRA, Antônio Carlos de Araújo; DINAMARCO, Cândido Rangel; GRINOVER, Ada Pellegrini. *Teoria geral do processo*. 20ª ed. rev. e atual. São Paulo: Malheiros, 2004, p. 251.

(286) ALVIM, José Eduardo Carreira. *Teoria geral do processo*. 10ª ed. rev., atual. e ampl. Rio de Janeiro: Forense, 2005, pp. 122-125.

(287) Segundo *Ovídio Baptista da Silva*, "este resultado tornava evidente a existência de uma relação processual legitimamente formada e idônea a conduzir a uma sentença de mérito, sem que houvesse uma relação de direito material posta em causa pelo demandante, ou sem que este se servisse do processo para protegê-la, desde que o processo se formara, neste caso, para que o juiz declarasse a inexistência de uma dada relação jurídica" (*Curso de direito processual civil*. 5ª ed. rev. e atual. São Paulo: RT, 2000, vol. 1, p. 95).

Diz que a ação é autônoma em relação ao direito material, porém, *à exceção da possibilidade de ajuizamento da ação declaratória negativa*, dele há de decorrer, sempre e necessariamente.[(288)] Daí a sua concepção de que a ação é o direito daquele a quem se deve a tutela jurídica. Dito de outro modo, embora distinto do direito material, a ação pressupõe a existência deste, consistindo, ao final, no direito a uma sentença favorável. Para os concretistas, portanto, a ação é concebida como um direito autônomo, exercido contra o Estado, a uma tutela jurídica favorável.[(289)]

Chiovenda, em 1903, proferindo conferência na Universidade de Bolonha sobre o tema "A ação no sistema dos direitos", concebeu a ação como um *direito potestativo*, de sorte que o adversário do autor deve apenas se *sujeitar* ao seu exercício. Em outras palavras, na concepção de *Chiovenda*, a ação é um direito distinto e autônomo em relação ao direito material, tendo como sujeito passivo o adversário do autor (diferentemente de *Adolph Wach*), sem a obrigação correlata, e como finalidade a realização da vontade concreta da lei.[(290)] Concretista, o ilustre mestre italiano diz que tal direito, embora não pressuponha o direito material, somente existe quando a sentença é favorável ao autor.[(291)] Embora reconheça a existência de uma relação jurídica de caráter público entre o Estado e o cidadão, entende que, no caso da ação, ela é meramente instrumental em relação a certos efeitos contra o adversário do autor.[(292)]

A teoria de *Adolph Wach* teve o mérito de demonstrar que a ação não se confunde com o direito material, podendo haver o exercício daquela independente da existência deste. Já a teoria de *Chiovenda* foi importante, em razão de ter demonstrado a existência de um novo direito, distinto do direito material,

---

(288) GOMES, Fábio; SILVA, Ovídio Araújo Baptista da. *Teoria geral do processo civil*. 2ª ed. rev. e atual. São Paulo: RT, 2000, p. 104.

(289) ALVIM, José Eduardo Carreira. *Teoria geral do processo*. 10ª ed. rev., atual. e ampl. Rio de Janeiro: Forense, 2005, pp. 125-126; CINTRA, Antônio Carlos de Araújo; DINAMARCO, Cândido Rangel; GRINOVER, Ada Pellegrini. *Teoria geral do processo*. 20ª ed. rev. e atual. São Paulo: Malheiros, 2004, pp. 250-251.

(290) *Ovídio Baptista da Silva* explica o raciocínio: "Em regra, a execução da lei se dá no campo das relações sociais pela espontânea observância de seus preceitos por parte dos integrantes da comunidade jurídica. Todavia, nem sempre é assim, pois em muitos casos não têm os particulares o poder de realizar, ou de atuar, a vontade da lei por sua própria iniciativa, no âmbito privado, função esta que fica reservada a um órgão público que ou age *ex officio* ou terá de agir, para atuação da vontade da lei, somente quando provocado pelo interessado. Neste caso, a 'atuação da lei' fica na dependência de uma condição, qual seja a manifestação de vontade do particular interessado. A esta manifestação de vontade, capaz de pôr em movimento o órgão jurisdicional do Estado, é que se dá o nome de 'ação' processual. A 'ação', pois, tal como os demais *direitos potestativos*, é um poder jurídico, por meio do qual se realiza a condição necessária para a atuação da vontade da lei, no caso concreto" (*Curso de direito processual civil*. 5ª ed. rev. e atual. São Paulo: RT, vol. 1, 2000, pp. 96-97).

(291) ALVIM, José Eduardo Carreira. *Teoria geral do processo*. 10ª ed. rev., atual. e ampl. Rio de Janeiro: Forense, 2005, pp. 126-128; CINTRA, Antonio Carlos de Araújo; DINAMARCO, Cândido Rangel; GRINOVER, Ada Pellegrini. *Teoria geral do processo*. 20ª ed. rev. e atual. São Paulo: Malheiros, 2004, p. 251.

(292) GOMES, Fábio; SILVA, Ovídio Araújo Baptista da. *Teoria geral do processo civil*. 2ª ed. rev. e atual. São Paulo: RT, 2000, p. 106; ASSIS, Araken de. *Cumulação de ações*. 4ª ed. rev. e atual. São Paulo: RT, 2002, p. 60.

capaz de criar uma condição para a atuação da chamada vontade da lei.[293] Essas teorias concretistas, todavia, como facilmente se percebe, não conseguem explicar o fenômeno da ação *improcedente*, em que inegavelmente há a prestação da atividade jurisdicional.[294]

Por tal motivo, a teoria abstrata goza de maior prestígio na doutrina. *Eduardo Couture* vislumbra a ação enquanto expressão do direito de petição, tal como consagrado nas Constituições. *Ugo Rocco*, de sua feita, concebe a ação na categoria dos direitos cívicos, constituindo uma relação obrigatória de direito público. Para este autor, o direito de ação tem como destinatário o Estado no exercício da sua função jurisdicional, para a declaração de certeza ou a realização coativa de interesses, sejam materiais ou processuais, tutelados em abstrato pelas normas do direito objetivo. Por conseqüência, possuindo natureza constitucional e sendo inerente a todo ser humano, para a teoria abstrata *pura*, há incompatibilidade entre o direito de ação e as chamadas condições da ação.

Nesse resumido contexto, surge a teoria *eclética*, de *Enrico Tullio Liebman*, que goza de grande prestígio no Brasil.[295] Trata-se de uma posição intermediária entre a teoria concreta e a abstrata pura. Inicialmente, o mestre peninsular concebe a existência dos direitos constitucional e processual de ação, sendo o primeiro, a despeito de genérico e incondicionado,[296] mero fundamento ou pressuposto do segundo,[297] que, por sua vez, para ter relevância prática,[298] refere-se "[...] a uma espécie fática concreta, ou melhor, coordenado a uma concreta razão deduzida em juízo".[299] Na lição de *Dinamarco*,

> "A movimentação do aparelhamento judiciário custa energias e despesas ao Estado e também por isso não seria razoável dotar as pessoas, inutilmente, do poder de provocar o exercício da função jurisdicional até o momento culminante da declaração da vontade da lei ou de sua atuação;

(293) SILVA, Ovídio Araújo Baptista da. *Curso de processo civil*. 5ª ed. rev. e atual. São Paulo: RT, vol. 1, 2000, p. 97.

(294) GOMES, Fábio; SILVA, Ovídio Araújo Baptista da. *Teoria geral do processo civil*. 2ª ed. rev. e atual. São Paulo: RT, 2000, p. 105; SILVA, Ovídio Araújo Baptista da. *Curso de direito processual civil*. 5ª ed. rev. e atual. São Paulo: RT, vol. 1, 2000, p. 97.

(295) A teoria eclética surgiu na célebre preleção, proferida na aula inaugural, da Universidade de Turim, em 24.11.1949, em torno da ação (*L'azione nella teoria del processo civile*. Napole: Edizione Morano, 1962). Essa aula do mestre italiano foi proferida cerca de três anos após o seu regresso do Brasil.

(296) SILVA, Ovídio Araújo Baptista da. *Curso de processo civil*. 5ª ed. rev. e atual. São Paulo: RT, vol. 1, 2000, p. 101.

(297) CINTRA, Antônio Carlos de Araújo; DINAMARCO, Cândido Rangel; GRINOVER, Ada Pellegrini. *Teoria geral do processo*. 20ª ed. rev. e atual. São Paulo: Malheiros, 2004, p. 253.

(298) Para *Dinamarco*, "a ação é dotada de muito maior relevância prática do que o mero poder de demandar, em sua regulamentação e nos requisitos de sua existência, razão pela qual desperta muito mais atenção da doutrina. O poder de demandar, justamente porque incondicionalmente concedido a todos, existe sempre; por isso dispensa maior elaboração doutrinária, embora não possa ser desconhecido, nem afastado da teoria do direito processual" (*Execução civil*. 7ª ed. rev. e atual. São Paulo: Malheiros, 2000, p. 374).

(299) CASTELO, Jorge Pinheiro. *O direito processual do trabalho na moderna teoria geral do processo*. 2ª ed. São Paulo: LTr, 1996, p. 136.

esses requisitos, que são as *condições da ação*, limitam a prestação integral do serviço jurisdicional em cada caso concreto, evitando desperdício de atividades inúteis ou desnecessárias."(300)

Liebman critica a teoria concreta principalmente em razão desta enfatizar a relação entre o demandante e o Estado, "[...] ou a existência do poder de obter um provimento jurisdicional capaz de tutelar o seu direito, que não é produzido pelo interessado, mas pelo juiz".(301) Diz que ação tem por objeto imediato o provimento do Juiz, que produz efeitos sobre o autor e o réu. A ação, então, passa a ser o direito ao *meio* e não ao fim, ou seja, é um direito *instrumental* no sentido de viabilizar a obtenção da tutela jurisdicional.

Criticando a teoria abstrata pura, *Liebman* afirma que o direito de ação não compete a qualquer pessoa, mas apenas àqueles que preencherem requisitos mínimos de legitimidade. A ação, por desencadear a atividade jurisdicional do Estado, interessa a ele também, e não apenas ao autor. Embora abstrata, a ação é *instrumentalmente conexa* ao direito material, de modo que a realização da atividade jurisdicional, por intermédio do processo e da conseqüente concatenação dos atos processuais, deve ficar à mercê de uma viabilidade mínima. Consoante observa *Moacyr Amaral Santos*,

> "[...] o direito de agir, o direito de ação, se converteria em abuso se, desde que exercido, tivesse o poder de exigir do Estado a realização dos atos processuais destinados a uma sentença de mérito, ainda quando desde logo, mas sempre antes dessa sentença, se possa prever a carência daquele direito, a ilegitimidade do seu exercício."(302)

Daí o surgimento das condições da ação, que, na concepção de *Enrico Tullio Liebman*, em virtude da inexistência do exercício da jurisdição, nada mais são que os requisitos para a própria *existência* desta.(303) Ora, se a ação nunca existiu, jamais se provocou atividade jurisdicional do Estado. "Assim sendo", na observação de *Fábio Gomes*, "conclui-se que, para esta doutrina, a atividade

---

(300) DINAMARCO, Cândido Rangel. *Execução civil*. 7ª ed. rev. e atual. São Paulo: Malheiros, 2000, p. 368.

(301) CASTELO, Jorge Pinheiro. *O direito processual do trabalho na moderna teoria geral do processo*. 2ª ed. São Paulo: LTr, 1996, p. 133.

(302) SANTOS, Moacyr Amaral. *Primeiras linhas de direito processual civil*. 19ª ed. rev., atual. e ampl. por Aricê Moacyr Amaral dos Santos. São Paulo: Saraiva, 1997, vol. I, p. 168.

(303) Para *Liebman*, as condições da ação "[...] são requisitos de existência da ação, devendo por isso ser objeto de investigação no processo, preliminarmente ao exame do mérito (ainda que implicitamente, como se costuma ocorrer)" (*Manual de direito processual civil*. Tradução e notas de Cândido Rangel Dinamarco. Rio de Janeiro: Forense, vol. I, 1984, pp. 153-154). Em outra obra, diz o autor que, "[...] mancando uma di queste condizioni, si há quella che, com esatta espressione tradizionale, di qualifica di carenza di azione, e il giudice deve rifiutarsi di provvedere sul mérito della domanda. In questo caso non c'è vero esercizio della giurisdizione, ma soltanto uso delle sue forme per fare quel vaglio preliminare (affidato per necessità agli stessi magistrati), che serve ad escludere in partenza quelle cause nelle quali fanno difetto lê condizioni che si rechiodono per l'esercizio della potestà giurisdizionale" (*L'azione nella teoria del processo civile. Problemi del processo civile*. Morano, 1962, p. 47).

desenvolvida pelo juiz, ao perquirir sobre as condições da ação, não terá natureza jurisdicional",(304) fato que, segundo pensamos, revela-se absolutamente inaceitável à luz do nosso sistema processual, já que, do respectivo provimento existe, ainda que no plano meramente *formal*, formação de coisa julgada, fenômeno tipicamente jurisdicional.(305)

Embora com pequenas variantes, *Cândido Rangel Dinamarco* opta pela teoria eclética, pois, na sua concepção, é a mais aderente à visão instrumentalista de coordenação entre os planos material e processual. Para este notável Professor da USP,

> "a posição de Liebman é marcadamente instrumentalista, porque associa a ação às situações concretas de direito material e pensa nela como o poder que em cada caso concreto surge, em benefício de uma pessoa determinada. Não deixa de ser uma teoria *abstratista*, porque desconsidera a existência ou inexistência do direito subjetivo material e define a ação (cognitiva) como direito à sentença de mérito — favorável ou desfavorável. Mas é concretamente considerada com referência a cada caso e daí o seu inegável mérito instrumentalista. Os laços dessa estreita instrumentalidade são as condições da ação, que, como no texto vem afirmado, são iniludivelmente categorias de direito processual, mas cuja implementação depende sempre da concreta situação de direito substancial."(306)

A nosso ver, equivocadamente, sustenta este autor que é *aprofundada* ou *exauriente* a cognição judicial, para aferir a existência ou não das condições da ação. Em outras palavras, na sua concepção, a declaração de carência de ação importa em sentença de mérito e, conseqüentemente, tratando-se de ação de conhecimento, em reconhecimento da autoridade da coisa julgada material, visto que as condições da ação são questões muito próximas ao mérito, e, no direito material, vai-se perquirir a presença delas. Dizer que ocorrem condições da ação, para *Cândido Rangel Dinamarco*, significa dizer que a solução de direito substancial pretendida existe no ordenamento jurídico pátrio (possibilidade jurídica), que ocorre a exigibilidade do objeto do alegado direito (interesse-necessidade) e que as partes são titulares dos interesses em conflito (legitimidade para a causa).(307) Eis a sua lição a respeito da temática:

---

(304) GOMES, Fábio; SILVA, Ovídio Araújo Baptista da. *Teoria geral do processo civil*. 2ª ed. rev. e atual. São Paulo: RT, 2000, p. 116; SILVA, Ovídio Araújo Baptista da. *Curso de processo civil*. 5ª ed. rev. e atual. São Paulo: RT, vol. 1, 2000, p. 100.

(305) Equivocada, portanto, a expressão "carência *de ação*". Se o direito de ação foi exercido, ainda que não plenamente, não há que se falar em sua carência. Logo, com razão, *Rodrigo da Cunha Lima Freire* explica: "Carência significa falta, privação ou ausência, e, desta forma, melhor seria falar em carência de condição da ação" (*Condições da ação: enfoque sobre o interesse de agir*. 2ª ed. rev. atual. e ampl. São Paulo: RT, 2001, p 76).

(306) DINAMARCO, Cândido Rangel. *Execução civil*. 7ª ed. rev. e atual. São Paulo: Malheiros, 2000, n. 242, nota de rodapé n. 64, p. 375.

(307) DINAMARCO, Cândido Rangel. *Execução civil*. 7ª ed. rev. e atual. São Paulo: Malheiros, 2000, n. 296, p. 454.

"Essas considerações acerca da ação e suas condições demonstram como se trata de questões que têm em comum com as de mérito a circunstância de antecederem à formação do processo, sendo exteriores a ele. Por isso, é preciso que a decisão a respeito se projete também para fora do processo, como sucede com as de mérito, tendo eficácia que não se restrinja às finalidades do processo instaurado e adquirindo imutabilidade. A solução inversa conduziria ao incômodo inconveniente de permitir infinitas reiterações de pedidos em juízo, quando o demandante já tivesse sido julgado carecedor da ação; em cada novo processo se poderia debater, provar, argumentar, tentando a sorte até que algum juiz houvesse por admissível o julgamento do mérito."(308)

Ovídio Baptista da Silva, que se diz não partidário da teoria eclética, fazendo a sua conhecida distinção entre ação material e ação processual, entende que as condições da ação, não se podendo constituir em terceira categoria jurídica, são o próprio mérito processual. Em sua opinião, quando o Juiz declara inexistente uma das "condições da ação", ele está, em verdade, declarando inexistente a própria pretensão do autor contra o réu, sendo a respectiva sentença de mérito. O que importa, segundo sustenta, é o conflito de interesses existente fora do processo, ou seja, a lide, que, sob o ponto de vista sociológico (tal como concebido pelo direito material), é o verdadeiro e único objeto da atividade jurisdicional. Sendo assim, diante da formação de coisa julgada material naquela sentença, existindo identidade, ainda que no prisma da descrição da petição inicial, impede-se o ajuizamento de uma nova ação.(309)

Galeno Lacerda entende que a sentença que perceber a falta da *possibilidade jurídica* ou da *legitimação para a causa* resolverá o pedido negativamente, portanto a lide. Logo, no seu entender, a decisão, nesses dois casos, será de mérito e terá aptidão, para ser tutelada pela autoridade da coisa julgada material.(310) Já no que concerne ao *interesse jurídico*, o ilustre mestre gaúcho sustenta que a sentença de carência de ação não impede o ajuizamento posterior de idêntica ação.(311)

Adroaldo Furtado Fabrício tem praticamente o mesmo entendimento. Entende o autor que "[...] pelo menos as sentenças de carência fundadas em im-

(308) DINAMARCO, Cândido Rangel. *Execução civil.* 7ª ed. rev. e atual. São Paulo: Malheiros, 2000, n. 296, pp. 454-455.

(309) SILVA, Ovídio Araújo Baptista da. *Curso de processo civil.* 5ª ed. rev. e atual. São Paulo: RT, vol. I, 2000, pp. 108-109.

(310) LACERDA, Galeno. *Despacho saneador.* 3ª ed. Porto Alegre: Fabris, 1990, p. 88.

(311) O ilustre processualista exemplifica com a situação fático-jurídica do capricho na propositura da ação: "O autor pede contra o réu cinqüenta centavos. O juiz repele a ação por falta de interesse real, já que o valor do objeto não guarda proporção com o custo e incômodos da demanda, o que induz capricho. E note-se que a repele, apesar da legitimidade das partes e da possibilidade jurídica, em tese, do pedido. Essa decisão nada pronuncia sobre a *res*, não resolve o pedido. Aquilo que possa parecer capricho em determinado momento, talvez não o seja em outras circunstâncias. A decisão será terminativa, por faltar uma das condições da ação, mas não versará sobre o mérito" (*Despacho saneador.* 3ª ed. Porto Alegre: Fabris, 1990, p. 91).

possibilidade e ilegitimidade fazem, sim, coisa julgada material, com todas as decorrências daí extraíveis".[312] Sustenta, entretanto, que as condições da ação não são o próprio e todo o mérito. Segundo sua lição, o exame delas não esgota necessariamente o *meritum causae*, mas é, com certeza, *um passo que se dá dentro do mérito*. Nas suas palavras,

> "Poder-se-ia usar em referência a elas, ainda que com certo temor a sua ambigüidade, a designação 'preliminar de mérito', no sentido de que sua resolução não esgota as questões de mérito, mas pode tornar desnecessário o exame de outras delas, tal como ocorre com a prescrição, a decadência e, em geral, as denominadas 'exceções substanciais'."[313]

José Maria Tesheiner, outro processualista gaúcho de nomeada, defende, por sua vez, que a presença ou a ausência das condições da ação deve ser afirmada ou negada tendo-se em conta a verdade dos autos, excepcionando-se, todavia, a questão da legitimidade, bastando, neste caso, a afirmação da titularidade de um direito subjetivo, em face de uma determinada pessoa, para que se legitimem ativa e passivamente o autor e o réu.[314] Em posicionamento, de certo modo, contraditório, defende que as condições da ação constituem parcela do mérito, pois não dizem respeito à relação processual, mas (parcela) dele (mérito) *recortada*, já que possuem denominação e tratamento jurídico diferenciado, visto que a decisão sobre elas é imune à coisa julgada.[315]

Ada Pellegrini Grinover é enfática:

> "Não é possível rotular a mesma circunstância, ora como condição de admissibilidade da ação, ora como mérito, qualificando as decisões de uma ou de outra forma consoante o momento procedimental em que forem proferidas. Não acolhemos a teoria da *prospettazione*: as condições da ação não resultam da simples alegação do autor, mas da verdadeira situação trazida a julgamento."[316]

O nosso pensamento, porém, é diferente. A teoria eclética, bem como outras que eventualmente lhe são derivadas, cometeu dois equívocos básicos, e o primeiro deles deriva do entendimento de que as condições da ação, enquanto pressupostos de existência desta, se ausentes, acarretam, necessariamente, a

---

(312) FABRÍCIO, Adroaldo Furtado. *"Extinção do processo" e mérito da causa. Ensaios de Direito Processual*. Rio de Janeiro: Forense, 2003, pp. 390-391.

(313) FABRÍCIO, Adroaldo Furtado. *"Extinção do processo" e mérito da causa. Ensaios de Direito Processual*. Rio de Janeiro: Forense, 2003, p. 393.

(314) TESHEINER, José Maria. *Eficácia da sentença e coisa julgada no processo civil*. São Paulo: RT, 2001, p. 19.

(315) TESHEINER, José Maria. *Eficácia da sentença e coisa julgada no processo civil*. São Paulo: RT, 2001, p. 32.

(316) GRINOVER, Ada Pellegrini. *As condições da ação penal — uma tentativa de revisão*. São Paulo: Bushatsky, 1977, p. 126.

inexistência do direito de ação e, por tabela, do próprio processo, sendo mero fato a atividade materialmente produzida, de modo que não haveria aí verdadeiro exercício da atividade jurisdicional. O segundo equívoco diz respeito ao entendimento de que as condições da ação devem ser aferidas de acordo com o que vier a ser efetivamente comprovado no processo, após o exame das provas (seja quais delas for),[317] em vez desta aferição ser efetuada apenas tendo em conta as alegações deduzidas abstratamente (*in statu assertiones*) pelo autor na petição inicial. Pela visão eclética, as condições da ação somente são preenchidas à luz de uma situação de fato efetivamente existente, ainda que essa demonstração exija ampla dilação probatória, com o que não concordamos.

3.4.2. A reelaborada teoria abstrata do direito de agir (teoria da asserção) e a função das condições da ação

Na presente obra, adotamos, para todos os efeitos, o que *Jorge Pinheiro Castelo*, em dissertação de mestrado na USP, denominou de *reelaborada teoria abstrata do direito de agir,*[318] que, respeitando a instrumentalidade do processo em relação ao direito material, é a que melhor explica a função das diversas categorias processuais (portanto não somente das condições da ação) no sistema.

As condições da ação funcionam como ponto de conexão *lógica* (não prática) e *abstrata* entre o plano processual e o plano material, respeitando a instrumentalidade com a ação especificamente individualizada na petição inicial e funcionando como elemento de economia processual,[319] à medida que, na ausência de uma delas, não admite a realização de atos processuais inúteis. A função metodológica das condições da ação no sistema processual, portanto, é analisar se a ação, ainda que *hipoteticamente*, é admissível. Nas palavras de *Rodrigo da Cunha Lima Freire*,

> "As condições da ação são, portanto, *condições para um exercício regular da ação no âmbito processual*, possibilitando, se preenchidas, o exame do mérito pelo juiz, desde que exista uma relação jurídica processual válida, não se podendo dizer que tais condições sejam requisitos para a existência ou não da ação."[320]

---

(317) *Liebman* diz expressamente: "A carência da ação, que provém da falta de legitimação de uma das partes litigantes, isto é, não ser sujeito ativo ou passivo da relação jurídica discutida, é assunto que deve se resolvido na sentença". E explica o seu raciocínio: "Motivos de ordem prática justificam a solução dada: havendo necessidade de produção de provas para se resolver a alegada carência de ação (como no caso acima) é evidente que se deve realizar audiência de instrução e julgamento" (*Estudos sobre o processo civil brasileiro*. Araraquara: Bestbook, 2004, p. 104).

(318) CASTELO, Jorge Pinheiro. *O direito processual do trabalho na moderna teoria geral do processo*. 2ª ed. São Paulo: LTr, 1996, pp. 141-158.

(319) WATANABE, Kazuo. *Da cognição no processo civil*. 2ª ed. atual. Campinas: Bookseller, 2000, p. 80.

(320) FREIRE, Rodrigo da Cunha Lima. *Condições da ação: enfoque sobre o interesse de agir*. 2ª ed. rev. atual. e ampl. São Paulo: RT, 2001, p 58.

Cremos que a distinção entre as condições da ação e o mérito processual, aqui entendido no amplo sentido de objeto litigioso do processo, para efeito de sentença com aptidão à formação de coisa julgada material, reside exatamente na perspectiva metodológica desempenhada na *aferição* de cada uma dessas categorias jurídicas, o que vem a ocorrer através do grau de *cognição.*[(321)] A *profundidade* desta define em que campo se está trabalhando. Definitivamente, essa ausência de percepção causa, sem dúvida alguma, um estado de perplexidade nos operadores do direito, o qual chega a ponto de se pregar extinção ou banimento do instituto em apreço.[(322)] Conforme dito, entretanto, é preciso perceber, de uma vez por todas, que as condições da ação e as questões de mérito, ainda que tenham o mesmo "substrato material", físico ou de fundo,[(323)] são categorias jurídicas distintas, porque, sob o ponto de vista metodológico, o *grau de cognição* desempenhado na *aferição* de cada uma delas é necessariamente inconfundível, ou seja, tudo não passa de uma questão de organização metodológica da cognição.[(324)] O divisor de águas, em nosso entender, é o exercício de cognição, ainda que provocada por petição defensiva, eventualmente amparada por documentos, em condições similares a de uma decisão oriunda da verificação da questão de ofício pelo Magistrado.

Conforme leciona *Kazuo Watanabe* em sua tese de doutoramento,

> "As 'condições da ação' são aferidas no *plano lógico* e da *mera asserção* do direito, e a *cognição* a que o juiz procede consiste em simplesmente confrontar a afirmativa do autor com o esquema abstrato da lei. Não se procede, ainda, ao acertamento do direito afirmado."[(325)]

---

(321) Para a maioria dos adeptos da teoria eclética, como visto, a sentença que decreta a carência de condições da ação produz coisa julgada material. *José Roberto dos Santos Bedaque* defende, com razão, o seguinte: "Talvez não seja aconselhável essa imutabilidade projetar-se para fora do processo, no plano substancial, exatamente em razão da natureza da cognição feita pelo juiz. O exame das circunstâncias inerentes à relação material, pelo qual verifica-se a ausência de uma das condições da ação, é sumário. Seria temeroso atribuir a esses efeitos a qualidade de imutáveis" (*Direito e processo — influência do direito material sobre o processo.* 2ª ed. São Paulo: Malheiros, 2001, p. 84).

(322) É, dentre outros, o entendimento de *Fredie Didier Jr.*: "O mais correto seria proscrever as condições da ação da dogmática jurídica e, por tabela, do sistema jurídico, pois, ou compõem o próprio mérito da causa, ou podem ser enquadradas na categoria dos 'pressupostos processuais' ou dos requisitos de admissibilidade do processo" (*Pressupostos processuais e condições da ação: o juízo de admissibilidade do processo.* São Paulo: Saraiva, 2005, pp. 215-216).

(323) Para *Fredie Didier Jr.*, "o legislador utilizou-se de expressões diferentes para identificar situações materialmente iguais: a sentença que reconhece a carência de ação (por ilegitimidade de parte e impossibilidade jurídica do pedido, ao menos) é ontologicamente igual àquela que julga o pedido improcedente" (*Pressupostos processuais e condições da ação: o juízo de admissibilidade do processo.* São Paulo: Saraiva, 2005, p. 220). Ressalvamos, entretanto, a questão da profundidade da cognição no momento da prolação das respectivas sentenças, o que as diferencia.

(324) Em sentido contrário, com repúdio à teoria da asserção, manifesta-se *Cândido Rangel Dinamarco*: "Não basta que o demandante descreva formalmente uma situação em que estejam presentes as condições da ação. É preciso que elas existam realmente. Uma condição da ação é sempre uma *condição da ação* e por falta dela o processo deve ser extinto sem julgamento do mérito, quer o autor já descreva uma situação em que ela falte, quer dissimule a situação e só mais tarde os fatos revelem ao juiz a realidade. Seja ao despachar a petição inicial, ou no julgamento conforme o estado do processo (arts. 329-331) ou em qualquer outro momento intermediário do procedimento — ou mesmo afinal, no momento de proferir sentença — juiz é proibido de julgar o mérito quando se convence de que a condição falta" (*Instituições de direito processual civil.* São Paulo: Malheiros, 2001, vol. II, n. 553, pp. 313-314).

(325) WATANABE, Kazuo. *Da cognição no processo civil.* 2ª ed. atual. Campinas: Bookseller, 2000, p. 94.

Observe-se que não se trata de um juízo de mérito. Nas palavras de *Leonardo Greco*:

"É um juízo sobre questões de direito material, mas não de mérito, que parte da situação fática concreta relatada pelo autor para fundamentar a sua pretensão e do qual decorre, em caso positivo, a mera admissibilidade do julgamento do direito material."(326)

Trata-se apenas de uma verificação prévia, por razões de economia processual, da viabilidade do direito material, mas de uma verificação que, ocorrendo no plano lógico e abstrato, *prima facie* e *in statu assertiones*, contenta-se tão-somente com as alegações deduzidas na petição inicial, admitindo-as como verdadeiras provisoriamente(327) e em via hipotética. Novamente na lição de *Kazuo Watanabe*, deve-se perceber que

"Ser verdadeira, ou não, a asserção do autor não é indagação que entre na cognição do juiz no momento dessa avaliação. O exame dos elementos probatórios que poderá, eventualmente, ocorrer nessa fase preambular dirá respeito, basicamente, a documentos cuja apresentação seja exigência da lei."(328)

É o que ocorre, por exemplo, com o próprio título executivo no processo de execução. Em outras palavras, na anotação de *Rodrigo da Cunha Lima Freire*, importa perceber que

"o exame a ser realizado pelo juiz a respeito das condições da ação deve ser feito abstratamente, consoante as afirmações do autor e os documentos que acompanham a inicial, prescindindo, em princípio, de produção de provas, ao menos daquelas destinadas a demonstrar a existência ou inexistência dos fatos constitutivos do direito afirmado em juízo."(329)

Através do conteúdo da petição inicial, o qual é abstrato, já que a verificação de sua pertinência *real* ocorre somente com o eventual exercício do direito de defesa e após a instrução do feito, o Juiz avaliará a presença das condições da ação. Ora, ultrapassada esta análise processual, mediante procedimento de cognição sumária, superficial e perfunctória, pelo simples confronto entre o con-

---

(326) GRECO, Leonardo. *Teoria da ação no processo civil*. São Paulo: Dialética, 2003, p. 23.

(327) Para *Luiz Machado Guimarães*, "deve o juiz, aceitando provisoriamente as afirmações feitas pelo autor — *si vera sint exposita* — apreciar preliminarmente a existência das condições da ação, julgando, na ausência de uma delas, o autor carecedor da ação; só em seguida apreciará o mérito principal, isto é, a procedência ou improcedência da ação" (*Carência de ação. Estudos de direito processual civil*. São Paulo: Jurídica e Universitária, 1969, p. 73).

(328) WATANABE, Kazuo. *Da cognição no processo civil*. 2ª ed. atual. Campinas: Bookseller, 2000, p. 86.

(329) FREIRE, Rodrigo da Cunha Lima. *Condições da ação: enfoque sobre o interesse de agir*. 2ª ed. rev. atual. e ampl. São Paulo: RT, 2001, p. 54.

ceito de cada uma das condições da ação e o que foi alegado pelo autor na petição inicial, a temática passa a ser referente ao mérito,[330] notadamente em função de que, na larga maioria dos casos, será necessário conhecer os novos dados decorrentes de uma defesa e posterior eventual dilação probatória.

Segundo a citada teoria reelaborada abstrata, a extinção *liminar* do processo, *sem* julgamento do mérito, só resta concretizada, se a ausência das condições da ação ficar demonstrada de forma *evidente*, *escancarada*,[331] no bojo da própria petição inicial. Assim, se da análise superficial desta verifica-se que a parte é flagrantemente ilegítima, o autor carece de legítimo interesse processual, ou há impossibilidade jurídica do pedido, não resta alternativa ao Juiz senão a extinção do processo sem julgamento de mérito, a teor do art. 267, *VI*, do CPC. Inegavelmente, à luz da dogmática jurídica, essa é a melhor solução hermenêutica.

Kazuo Watanabe exemplifica, com a lucidez habitual, a distinção entre a reelaborada teoria abstrata do direito de agir e a teoria eclética:

> "1. *Suponha-se* uma ação de cobrança em que "A" se diz credor de "B" de determinada quantia, proveniente de *dívida de jogo*. A origem da dívida é expressamente afirmada. O juiz, evidentemente, indeferirá a petição inicial por ausência de possibilidade jurídica (art. 295, parágrafo único, III, do CPC). Ambas as correntes assim concluiriam; 2. Pense-se, porém, que o mesmo "A" proponha a ação de cobrança alegando que a dívida é proveniente de contrato de mútuo. A possibilidade jurídica, examinada *in statu assertiones*, está presente para a teoria abstratista. Se o réu alegar, em contestação, que a dívida é de jogo e não decorrente de mútuo, e se a instrução vier a evidenciar que a razão está realmente com ele, réu, o que o juiz irá julgar, para os abstratistas, é que, à vista da prova colhida, o *direito que o autor afirmou existir* (dívida de empréstimo) na verdade não existe, pois é esse o *objeto litigioso do processo*. Portanto, a ação deverá ser julgada pelo mérito e a conclusão da sentença será no sentido da *improcedência*, e não da carência. O reconhecimento de que a dívida efetivamente é de jogo, e não de mútuo, ficará restrito ao âmbito da motivação, servindo apenas para o efeito de julgamento do mérito da causa, para o reconhecimento da existência ou não do direito alegado pelo autor. Para os defensores da teoria eclética, porém, a conclusão última deverá ser de ca-

(330) Segundo *José Roberto dos Santos Bedaque*, "[...] se o autor alega ser titular de uma relação jurídica, indicando como sujeito passivo o réu, a sentença que, após cognição adequada, negue tal situação, afirmando ser outro devedor, estará julgando *o mérito*, ou seja, decidindo a lide trazida pelo autor. Ainda que, equivocadamente, conclua-se pela carência da ação, tal sentença é passível de rescisória" (*Direito e processo — influência do direito material sobre o processo*. 2ª ed. São Paulo: Malheiros, 2001, pp. 80-81).

(331) *Leonardo Greco* preleciona que, "se as condições da ação decorrem de um juízo de admissibilidade hipotética, em face das afirmações do autor e dos elementos de convicção por ele inicialmente apresentados, *a manifesta ilicitude* da pretensão de direito material *deve ser repudiada de plano* pelo juiz não como questão de mérito, mas como questão preliminar" (*A teoria da ação no processo civil*. São Paulo: Dialética, 2003, p. 30) (sem grifos no original).

rência da ação, pois o que se evidenciara, após a instrução e exame das provas, é que a dívida reclamada é resultante de jogo de azar e por isso é juridicamente impossível a pretensão do autor."[332]

É evidente que esse posicionamento (teoria eclética) aproxima-se bastante da teoria concreta da ação, seguramente ultrapassada. Prolatar uma sentença de "carência de ação", após ampla dilação probatória, em termos práticos, significa afirmar que somente tem ação quem tenha titularidade do direito material,[333] o que não corresponde à autonomia do direito processual. Assim, conforme preleciona *Jorge Pinheiro Castelo*,

"[...] a correlação entre o plano material e o plano processual deve ser feita de forma lógica e abstrata pelas condições da ação, que são apenas requisitos para o julgamento do mérito. Nestes termos, respeita-se a instrumentalidade, com a ação especificamente individuada, e adequadamente se explica que a atividade exercida pelo órgão judiciário, quando extingue o processo sem julgamento do mérito, é jurisdicional e decorre do direito de ação."[334]

José Roberto dos Santos Bedaque defende, com absoluta razão, que as condições da ação devem ser analisadas *em tese*, ou seja, sem adentrar ao exame do mérito, sem que a cognição do Juiz se aprofunde na situação de direito material. Esse exame, feito na condicional, normalmente ocorre, por simples asserção, em face da petição inicial. Apenas por exceção, concebe-se essa análise após esse momento: é que, algumas vezes, não há elementos para que tal situação ocorra naquele instante. Explica o ilustre Desembargador do TJSP, com a perspicácia que lhe é peculiar, que, desde que a cognição permaneça nos limites formulados, ou seja, análise em tese, no plano meramente condicional, ainda se estará no âmbito das condições da ação. No particular, portanto, revela-se importante o momento procedimental da propositura da demanda. Devem ser analisadas à luz da afirmação do direito substancial, abstraindo-se da sua efetiva existência. Reside aí, segundo *José Roberto dos Santos Bedaque*, a grande vantagem da concepção dessa categoria jurídica, que se coloca entre o processo e a relação material, pois impede o prosseguimento inútil da relação processual, por aplicação inconteste do princípio da economia, sendo conseqüência do método instrumentalista. Arremata, afirmando que feita essa análise da petição inicial, pode o Juiz concluir que, à primeira vista, o processo tem condições de prosseguir e culminar com a prolação do provimento jurisdicional. Procederá, então, a cognição completa da relação material, para acolher ou rejeitar o pedido.

---

(332) WATANABE, Kazuo. *Da cognição no processo civil.* 2ª ed. atual. Campinas: Bookseller, 2000, pp. 86-87.

(333) CÂMARA, Alexandre Freitas. *Lições de direito processual civil.* 12ª ed. rev. e atual. Rio de Janeiro: Lumen Juris, vol. I, 2005, p. 132.

(334) CASTELO, Jorge Pinheiro. *O direito processual do trabalho na moderna teoria geral do processo.* 2ª ed. São Paulo: LTr, 1996, p. 161.

Se, no curso do processo, ficar evidenciado, mediante cognição não exauriente, que o exame mais profundo da relação material será inútil, o Juiz poderá extingui-lo sem essa cognição completa.[335]

O argumento da possibilidade de se ajuizar novamente a mesma ação, no caso de sentença reconhecendo uma anterior situação de carência das condições da ação, não é motivo suficiente, para não se fazer esse corte metodológico. Em primeiro lugar, porque dificilmente se estará diante de duas ações idênticas: a nova, por mínimo que seja, trará algo novo, seja no pedido, na causa de pedir ou em relação às partes. Em segundo lugar, o ordenamento jurídico já fornece instrumentos (penalidades por litigância de má-fé ou simplesmente responsabilização civil pelos eventuais danos causados) idôneos a ensejar a rigorosa coibição à utilização maliciosa do processo ou para fins escusos. É preciso apenas a conscientização da Magistratura para a efetiva utilização desses instrumentos, a fim de evitar o exercício abusivo do direito de ação, o que inclui, obviamente, a intenção de provocar prejuízos, em quaisquer de suas especificações, ou uma situação vexatória em relação ao demandado. As condições da ação, portanto, são extremamente necessárias ao sistema processual, já que servem de ponte para o plano material, sendo a aferição das mesmas, vale repetir, uma questão de organização metodológica da cognição.

Isso significa que a aferição das condições da ação, nas palavras de *Flávio Luiz Yarshell*,

> "[...] nada mais é do que um exame, apriorístico e superficial, da própria relação material ou de dados relevantes colhidos no plano substancial. Trata-se de um juízo formulado com base em cognição não exauriente da controvérsia que, desde logo, pode antecipar o insucesso do pleito deduzido pelo demandante."[336]

Na irretocável lição de *Leonardo Greco*,

> "As condições da ação são o filtro mínimo por que deve passar o postulante da tutela jurisdicional para assegurar-lhe o mais amplo acesso a essa tutela, com todas as suas conseqüências, inclusive a coisa julgada se for o caso, e, ao mesmo tempo, evitar que o adversário seja submetido a um processo manifestamente temerário ou injusto, que lhe retira ou limita o pleno gozo dos seus direitos e ainda pode causar-lhe prejuízos irreparáveis."[337]

Logo, as condições da ação nada mais são que requisitos intimamente ligados ao direito material os quais tornam viável o exame ou a realização do mérito do processo. Impõe-se, dessa forma, perquirir a respeito deste instituto, o mérito, no âmago do processo de execução.

---

(335) BEDAQUE, José Roberto dos Santos. *Pressupostos processuais e condições da ação. Justitia*, 156, out./dez. 1991, pp. 48-66.

(336) YARSHELL, Flávio Luiz. *Tutela jurisdicional*. São Paulo: Atlas, 1999, p. 103.

(337) GRECO, Leonardo. *Teoria da ação no processo civil*. São Paulo: Dialética, 2003, p. 28.

3.4.3. *O mérito no processo de execução*

A existência de mérito no processo de execução é extremamente polêmica na doutrina. Antes de enfrentar essa questão, revela-se necessário, porém, definir o que seja, tecnicamente, o *mérito* de um processo, enfim, o objeto da atividade jurisdicional. Essa definição é de suma importância, pois se traduz na decisão do Juiz, que projetará eficácia para fora do mundo do processo e obterá a autoridade da coisa julgada material.(338) Em resumo, cinco posições dividem a opinião dos autores no que concerne ao conceito de mérito: a) o mérito como sinônimo de *questões de mérito*; b) o mérito associado à *demanda*; c) o mérito como sinônimo da *relação jurídica de direito material*; d) o mérito como sinônimo de *lide*; e) o mérito como sinônimo de *pretensão processual*.(339)

Para a primeira corrente, o mérito seriam todas as questões que constituem o objeto de conhecimento do órgão judicial.(340) Tecnicamente, *questão* é um *ponto* controvertido. O *ponto*, por seu turno, consiste em qualquer afirmação processual ou de direito material que seja relevante ao deslinde da causa. Não há como dar guarida a essa corrente, posto que concebe o mérito através de um conteúdo demasiadamente amplo, de modo a não definir, com precisão, aquilo que, de fato, representa a finalidade principal da atividade jurisdicional. Demais disso, deve-se perceber que nem todo julgamento de *questões* no âmbito do processo possui aptidão para formar, ao contrário da decisão sobre o mérito, coisa julgada material.(341)

A segunda corrente associa a idéia de mérito com o conceito de demanda. Esta, vale observar, não se confunde com o direito de ação, que é aquele constitucionalmente previsto em favor do cidadão, a fim de invocar a atividade jurisdicional do Estado. A demanda, em verdade, é a materialização desse direito a partir do ajuizamento da petição inicial, contudo, assim como a teoria anterior, essa concepção de mérito também é bastante ampla, já que a demanda é formada pelos elementos partes, pedido e causa de pedir, sendo facilmente compreendido, portanto, que não é a junção de todos eles a atividade principal do exercício da jurisdição.

Como fala *Jorge Pinheiro Castelo*, "a terceira posição doutrinária é a que se vale de situações externas trazidas ao processo pela demanda, para enunciar o conceito de mérito".(342) Em outras palavras, para os seus adeptos, o mérito nada

---

(338) DINAMARCO, Cândido Rangel. "O conceito de mérito em processo civil". *Revista de Processo*, São Paulo: RT, n. 34, abr./jun. 1984, p. 21.

(339) CASTELO, Jorge Pinheiro. *O direito processual do trabalho na moderna teoria geral do processo*. 2ª ed. São Paulo: LTr, 1996, p. 379.

(340) Afirma *Liebman:* "O conhecimento do juiz é conduzido com o objetivo de decidir se o pedido formulado no processo é procedente ou improcedente e, em conseqüência, se deve ser acolhido ou rejeitado". Assim, no seu entender, "Todas as questões cuja resolução possa direta ou indiretamente influir em tal decisão, formam, em seu complexo, *o mérito da causa*" (*Manual de direito processual civil*. Tradução e notas de Cândido Rangel Dinamarco. 2ª ed. Rio de Janeiro: Forense, 1985, vol. I, pp. 170-171).

(341) DINAMARCO, Cândido Rangel. "O conceito de mérito em processo civil". *Revista de Processo*, São Paulo: RT, n. 34, abr./jun. 1984, p. 27.

(342) CASTELO, Jorge Pinheiro. *O direito processual do trabalho na moderna teoria geral do processo*. 2ª ed. São Paulo: LTr, 1996, p. 379.

mais é que a relação jurídica de direito material que se encontra em crise. Tal concepção, contudo, também se revela bem ampla, já que nem todas as questões vinculadas à relação de direito material chegam ao conhecimento do Poder Judiciário. Trata-se, portanto, de concepção meramente *sociológica*, o que não satisfaz o conceito de um instituto jurídico, como é o de mérito.

Conforme muito bem esclarece *Enrico Tullio Liebman*,

"[...] o conflito de interesses não se torna objeto do processo em sua realidade sociológica e natural, tal como surgiu entre as partes. Ele é apenas o substrato material do objeto do processo, entrando para este só depois de moldado pelas partes e vasado no pedido formulado ao juiz, transformando assim de entidade sociológica em figura propriamente jurídica. É, pois, para o pedido que instaura o processo que se devem voltar os olhos ao querer identificar o objeto do processo."[343]

Galeno Lacerda, em estudo clássico na doutrina processual pátria, defende o seguinte:

"A distinção entre lide e conflito de interesses extraprocessual nada vale juridicamente, pela razão muito simples de que o último pertence à esfera subjetiva das partes, e só será considerado processualmente através de sua formulação nos pedidos judiciais contraditórios. Neste sentido, o conflito só existe no pedido, porque não possui outra maneira jurídica de expressão.

"Por isto, não cabe falar em inadequação do primeiro com o segundo. Para o direito processual, interessa somente o conflito tal como se apresenta nos pedidos. Este é que é julgado. O mérito só a ele se refere. Se acaso o litígio real foi mal formulado, pouco importa. Qualquer retificação tendente a traduzir com acerto a contenda extraprocessual, através de outra ação, será representação de novo conflito, diverso do anteriormente ajuizado, de mérito inconfundível com o deste."

E arremata, como de costume, com penada de mestre:

"A controvérsia fora do processo é desprovida, assim, de relevância, quer para caracterizar o mérito, quer para definir as condições da ação, os quais só no pedido podem ser buscados."[344]

A quarta concepção, bastante prestigiada na doutrina, vê o mérito como sinônimo de *lide*.[345] Esta, em conceito amplamente difundido, é o conflito de

(343) LIEBMAN, Enrico Tullio. *Processo de execução*. Araraquara: Bestbook, 2003, p. 81.

(344) LACERDA, Galeno. *Despacho saneador*. 3ª ed. Porto Alegre: Fabris, 1990, pp. 85-86.

(345) No sistema do CPC, *mérito* e *lide* são expressões sinônimas, embora tal sinonímia não seja rigorosamente observada ao longo de todo o seu texto, a exemplo do que consta nos arts. 329 e 330.

interesses qualificado por uma pretensão resistida ou insatisfeita. A pretensão, de seu turno, nada mais é que a exigência de subordinação do interesse alheio ao próprio. Afirma *Enrico Tullio Liebman*:

> "Lide é, portanto, o conflito efetivo ou virtual de pedidos contraditórios, sobre o qual o juiz é convidado a decidir. Assim modificado, o conceito de lide torna-se perfeitamente aceitável na teoria do processo e exprime satisfatoriamente o que se costuma chamar de mérito da causa. Julgar a lide e julgar o mérito são expressões sinônimas que se referem à decisão do pedido do autor para julgá-los procedente ou improcedente e, por conseguinte, para conceder ou negar a providência requerida."(346)

Mas, mesmo em relação aos dados trazidos ao processo, é preciso fazer uma sutil distinção para delimitar o verdadeiro conceito de mérito. Deve-se compreender que o *objeto do processo* não se confunde com o *objeto litigioso do processo*. A relação entre eles, respectivamente, é de gênero para espécie.(347) Enquanto o primeiro caso (objeto do processo) abrange a totalidade de questões que são apreciadas pelo Juiz, o segundo (objeto litigioso do processo) "[...] cinge-se a um único tipo de questão, a questão principal, o mérito da causa, a pretensão processual".(348) O *objeto do processo*, portanto, são todas as questões que o Juiz genericamente pode conhecer,(349) ao passo que o *objeto litigioso* é o mérito propriamente dito, ou seja, na consagrada concepção de *Karl Heinz Schwab*, é o *pedido* do autor.(350)

---

(346) LIEBMAN, Enrico Tullio. *O despacho saneador e julgamento do mérito. Estudos sobre o processo civil brasileiro*. Araraquara: Bestbook, 2004, p. 91. Adotando esta teoria no processo de execução, preleciona *Gelson Amaro de Souza:* "Como todo e qualquer processo visa solucionar a lide, quando aquele for extinto por solução desta é porque foi julgado. Assim também há de ser no processo de execução. O processo de execução, como qualquer outro, somente deve iniciar-se quando houver uma lide e perdurar enquanto esta não for solucionada. No momento em que a lide é solucionada, cumpre-se o objeto do processo e com isso este deve ser extinto com julgamento de mérito. Quando a lide do processo de execução é solucionada, esta deve ser extinta com julgamento de mérito" (*Mérito no processo de execução. Processo de execução e assuntos afins*/Coordenação de Teresa Arruda Alvim Wambier. São Paulo: RT, 1998, p. 257).

(347) Explica *Sydney Sanches* que "*objeto do processo*, *em seu aspecto global* de instrumento institucional da jurisdição, é toda a matéria que nele deva ser apreciada pelo juiz, seja em termos de simples *cognitio*, seja em termos de *judicium*, envolvendo, pois, os pressupostos processuais, as chamadas condições da ação e o próprio mérito; quanto a este examinará também a defesa do réu e do reconvindo, do chamado ao processo e do litisdenunciado (inclusive questões prévias)". Fazendo a referida distinção, diz que "*só uma parte do 'objeto do processo'* constitui o 'objeto litigioso do processo': é o mérito, assim entendido o *pedido do autor* formulado na inicial ou nas oportunidades em que o ordenamento jurídico lhe permita ampliação ou modificação" ("Objeto do processo e objeto litigioso do processo". *Revista de Processo*, n. 13, São Paulo: RT, jan./mar. 1979, p. 47).

(348) DIDIER JR., Fredie. *Pressupostos processuais e condições da ação: o juízo de admissibilidade do processo*. São Paulo: Saraiva, 2005, p. 56.

(349) Afirma *Kazuo Watanabe:* "Em suma, no âmbito do mérito, o juiz deve conhecer de todas as questões suscitadas pelas partes e também daquelas que por ofício lhe caiba conhecer, cumprindo assim, por inteiro, a atividade cognitiva que deverá servir de fundamento à decisão a ser proferida" (*Da cognição no processo civil*. 2ª ed. atual. Campinas: Bookseller, 2000, p. 110).

(350) SCHWAB, Karl Heinz. *El objeto litigioso em el proceso civil*. Buenos Aires: Ejea, 1968, p. 244.

Assim, a *pretensão processual*, indiscutivelmente, é o mérito de uma causa. O objeto da atividade jurisdicional, nesse contexto, não deixa de ser a relação jurídica de direito material em crise, mas, observe-se bem, a trazida aos autos pela petição inicial. Se a relação de direito material, tal como deduzida em juízo, é o que interessa à atividade jurisdicional, é incontestável que a causa de pedir compõe, também, o conceito de mérito.(351) Em outras palavras, o mérito, que tende a ficar protegido pela coisa julgada, é a pretensão processual, formada pelo pedido e pela causa de pedir.(352) Tal concepção, deve-se perceber, é a única compatível com a teoria da substanciação adotada pelo direito brasileiro no que toca à causa de pedir, bem como com o princípio da congruência do pedido e a sentença.

Indaga-se: há um mérito no processo de execução? Não obstante a existência de posicionamento em sentido oposto,(353) a resposta revela-se *positiva*. Na esteira do ensinamento de *Araken de Assis*, "[...] jamais se conceberia a aberração, implícita na negativa, de uma demanda 'oca'".(354) Afinal, conforme esclarece *Marcelo Navarro Ribeiro Dantas*, "[...] se mérito é pedido, há mérito na execução, porque nele há pedido. Pede-se, *in executivis*, a satisfação dos direitos do credor. Os atos, portanto, praticados no processo executório, para a satis-

---

(351) Afirma *Sydney Sanches:* "Parece-nos que *a causa de pedir* (fatos e fundamentos jurídicos do pedido) *se ajunta ao pedido* para com este formar, em nosso sistema, o chamado objeto litigioso do processo, pelo menos na maioria dos casos" ("Objeto do processo e objeto litigioso do processo". *Revista de Processo*, São Paulo: RT, n. 13, jan./mar. 1979, p. 46). Para *Thereza Alvim*, "[...] lide, pedido e mérito são expressões fundamentalmente coincidentes". Entende, ainda, que, "embora as *causa petendi não façam parte* do pedido, enquanto expressão equivalente a mérito, a objeto litigioso, a pretensão, elas, tanto a próxima quanto a remota, se vinculam à lide na medida em que a *identificam*" ("Notas sobre alguns aspectos controvertidos da ação rescisória". *Revista de Processo*, São Paulo: RT, n. 39, jul./set. 1985, pp. 8 e 9, respectivamente). É também o pensamento de *José Rogério Cruz e Tucci*: "O objeto litigioso do processo, portanto, identifica-se com a circunstância jurídica concreta deduzida em juízo *in statu assertionis*, que aflora individualizada pela situação de fato contrária ao modelo traçado pelo direito material" (*A* causa petendi *no processo civil*. 2ª ed. rev., atual. e ampl. São Paulo: RT, 2001, p. 131).

(352) Esclarece *Jorge Pinheiro Castelo:* "O material processual que ficará coberto pela coisa julgada é representado, pois, pelo pedido e pela causa de pedir. O restante do material processual deduzido pelas partes através da demanda e outros possíveis pedidos, bem como, os demais estados de coisas da situação jurídica material da qual foi extraída a pretensão processual, que não integraram o material processual do episódio da vida (da específica relação jurídica) apreciado e julgado, não ficam cobertos pela coisa julgada material". Explica melhor: "[...] o alcance da coisa julgada é correspondente ao da pretensão processual (do mérito da demanda), não atingindo a globalidade (ou a disciplina global) da situação jurídica material da qual foi extraída a pretensão processual, mas apenas aquilo que foi deduzido e o que poderia ser dedutível com relação ao acontecimento da vida determinado que constituiu o material processual fundamental para a exata individuação da pretensão processual específica que foi julgada". E conclui: "[...] a pretensão processual é uma petição dirigida a obter uma decisão com respeito à determinada conseqüência jurídica, conduta ou coisa específica reclamada e extraída de determinado acontecimento da vida" (*O direito processual do trabalho na moderna teoria geral do processo*. 2ª ed. São Paulo: LTr, 1996, p. 417).

(353) *Marcelo Porpino Nunes* entende "[...] não haver mérito, ou apreciação de mérito, no processo de execução, sendo a sentença do art. 795 meramente declaratória, que visa apenas produzir efeitos processuais perante a execução" ("A sentença do art. 795 do CPC". *Revista de Processo*, São Paulo: RT, n. 72, out./dez. 1993, p. 280). Logo, no entendimento desse autor, não há formação de coisa julgada material no processo de execução, e, por conseguinte, a sentença que o extingue não é atacável por ação rescisória.

(354) ASSIS, Araken de. *Manual da execução*. 9ª ed. rev., atual. e ampl. São Paulo: RT, 2004, p. 1.185.

fação desse direito, constituem o *mérito* da execução",[355] mas não é só. Embora o mérito do processo de execução não se confunda com o mérito do processo de conhecimento, inclusive da ação de embargos à execução,[356] acompanhamos o posicionamento daqueles que defendem que as questões envolvendo o adimplemento ou não da obrigação que dá conteúdo ao título executivo também compõem o mérito do processo de execução. Como também esclarece *Sandro Gilbert Martins*,

> "[...] a atividade jurisdicional de compor o mérito do processo executivo é completamente diversa daquela realizada no processo de conhecimento, pois enquanto neste o juiz *emite um julgamento* afastando as incertezas presentes, naquele o juiz atua *na busca de um resultado prático igual ou equivalente ao cumprimento espontâneo da obrigação*, ou seja, visa *à satisfação do direito do credor*.
>
> "No entanto, ao se reconhecer que na execução existe um mérito que é composto por uma lide de inadimplemento, insatisfação ou realização, há que se reconhecer também que esta lide não se limita aos atos executivos voltados à satisfação. Isto é, há que se levar em consideração, ainda, que pode ser que o direito representado pelo título executivo não exista, o que também compõe essa lide de insatisfação."

E conclui adiante o ilustre advogado paranaense:

> "Desta forma, o mérito na execução, em face da finalidade eminentemente prática desse processo, é composto tanto pela realização de atos em prol da satisfação do exeqüente como pelas eventuais oposições ao inadimplemento que alegue o executado, pois tudo isso delimita a atividade do juiz na execução."[357]

Essa percepção tem inegável função metodológica no que diz respeito à organização da cognição. O mérito é formado pela junção do pedido com a sua causa de pedir. A mera *alegação de inadimplemento*, implícita nesta última (causa de pedir), tem por escopo revelar a *necessidade* de se invocar a jurisdição, traduzindo o *legítimo interesse processual* de demandar, sabidamente uma das

---

(355) DANTAS, Marcelo Ribeiro Navarro. "Admissibilidade e mérito na execução". *Revista de Processo*, São Paulo: RT, n. 47, jul./set. 1987, p. 34.

(356) Como esclarece *Marcelo Navarro Ribeiro Dantas*, "[...] os embargos são ação própria, e, portanto, têm mérito próprio, e não um mérito emprestado da execução. O mérito dos embargos é pedido de desconstituição do título executivo. É curial que esse mérito refere-se à execução, porquanto os embargos são um processo incidental ao processo executivo. Mas é inegavelmente um mérito próprio, diferenciado. Vê-se, então, quão atécnico é afirmar que o mérito do processo principal se discute no processo incidente". Assim, conclui o eminente processualista potiguar, "cada um deles, tanto a execução, como os embargos, têm mérito e juízo de admissibilidade próprios e inconfundíveis" ("Admissibilidade e mérito na execução". *Revista de Processo*, São Paulo: RT, n. 47, jul./set. 1987, p. 38).

(357) MARTINS, Sandro Gilbert. *A defesa do executado por meio de ações autônomas: defesa heterotópica*. São Paulo: RT, 2002, pp. 62-63.

condições da ação executiva. Ultrapassada a fase de análise das meras alegações, a questão envolvendo o inadimplemento da obrigação passa a ser efetivamente de mérito, eis que, constatada a sua inexistência, resulta na *cessação da eficácia do pedido de realização dos atos executivos*. Assim, a alegação de inadimplemento está no campo das condições da ação, enquanto o inadimplemento em si já se encontra no terreno do mérito do processo.[358]

Rosalina P. C. Rodrigues Pereira entende que não se pode confundir o mérito do processo executivo com os seus requisitos de admissibilidade. No processo de execução, preleciona a autora, o mérito é a realização dos atos satisfativos, individualizados pelos fatos e fundamentos jurídicos que estão consubstanciados no título descumprido. A liquidez, a certeza e a exigibilidade são requisitos do título executivo, de modo que são inerentes à admissibilidade do processo de execução, e não ao seu mérito. Assim, se a obrigação que subjaz ao título não é líquida, certa e exigível, não se poderá praticar os atos satisfativos de coação estatal, pois se estará diante de questão envolvendo a admissibilidade da execução.[359]

Para esta autora,

"[...] embora haja o conhecimento na execução, este não ocorre na sua plenitude porque não há *questões de mérito* a decidir, já que o mérito são os atos executivos, e destes só se pode discutir a regularidade, sua conveniência ao interesse do credor e sua gravosidade (que deve ser a menor possível) ao patrimônio do devedor."

E conclui:

"Mérito da execução é a satisfação do direito que está incorporado no título. Portanto, como o direito a ser extinto está consubstanciado no título, tanto a admissibilidade quanto a fundamentação da execução são inferidas do exame *do título executivo*. Isso porque, no processo de execução, o título executivo é suficiente para levar a execução ao seu término normal, nada se discutindo em relação ao direito nele incorporado, pois o processo de execução se restringe à efetivação de atos materiais tendentes à satisfação do direito do credor."[360]

A doutrina moderna, de um modo geral, embora reconhecendo a existência de mérito no processo de execução manifestado no pedido individualizado, entende que, sobre este, não há espaço para decisão no processo executivo.[361]

---

(358) *Leonardo Greco* também entende que o inadimplemento em si seja "[...] questão de direito material (CPC, art. 580), mas a sua afirmação preenche a condição da ação do interesse processual" (*O processo de execução*. Rio de Janeiro: Renovar, 1999, vol. 1, p. 326).

(359) PEREIRA, Rosalina Pinto da Costa Rodrigues. *Ações prejudiciais à execução por quantia certa contra devedor solvente*. São Paulo: Saraiva, 2001, p. 96.

(360) PEREIRA, Rosalina Pinto da Costa Rodrigues. *Ações prejudiciais à execução por quantia certa contra devedor solvente*. São Paulo: Saraiva, 2001, p. 95.

(361) Ilustrativamente, observe-se a seguinte lição de *Cândido Rangel Dinamarco*: "O juiz executivo não presume a existência do direito, ele simplesmente aceita o título em sua eficácia e dá seguimento à

Em outras palavras, essa linha de pensamento defende que não há nem uma sentença acerca desse mérito, como se dá no processo de conhecimento. Tal questão será mais bem analisada em tópico específico adiante. Por ora, resta saber que, como regra, entendemos que o ato judicial que extingue o processo de execução possui a natureza jurídica de *sentença*, posto que, embora não esteja *julgando* o mérito, está extinguindo a relação processual executiva. Se não é despacho nem decisão interlocutória, somente pode ser sentença. Tanto isso é verdade, que, indiscutivelmente, a parte inconformada com ela pode protocolar recurso de apelação. A carga declaratória desta sentença, também como regra geral, é mínima, tênue e superficial. Assim, não forma coisa julgada material e, por conseqüência, não é passível de servir de objeto de eventual ação rescisória.(362)

Dessa regra geral, observe-se, não discordamos. *Excepcionalmente*, contudo, em casos pontuais, admitimos a possibilidade de essa decisão que extingue o processo de execução poder ser acobertada pelo manto da coisa julgada material e, por conseguinte, abrir ensejo ao seu ataque por meio de ação rescisória. É o caso da alegação de adimplemento da obrigação que subjaz ao título executivo, com comprovação documental de fácil percepção, em que o Juiz, em procedimento de cognição exauriente, *decide* acerca do pagamento ou não. O mesmo se diga com relação à prescrição, que sabidamente é questão de mérito. Pode-se dizer que, nesses ilustrativos casos, trata-se de sentença de mérito, em que, notadamente no primeiro deles, existe julgamento similar ao proferido em processo de conhecimento, em que a atividade judicial resulta em carga declaratória suficiente à formação de coisa julgada.

Mas, enfim, a par dessa discussão, que será abordada adiante, interessa frisar que existe mérito no processo de execução, tal como estampado no pedido (e, de certo modo, na sua causa de pedir) de realização dos atos de constrição

---

execução, sem lhe ser lícito pôr em dúvida o crédito afirmado pelo exeqüente. Não havendo lugar para julgamento sobre a situação jurídico-substancial, é natural que os procedimentos executivos não ofereçam qualquer momento para a instrução a respeito". E conclui seu pensamento o ilustre processualista da USP: "Isso quer dizer, apenas, que no processo de execução não é próprio nem eficaz suscitar qualquer questão de mérito; e que, nele próprio, o mérito não será julgado. O executado que queira opor resistência à pretensão do exeqüente, terá o ônus de ofertar embargos, fora da relação processual e do procedimento da execução" ("O conceito de mérito em processo civil". *Revista de Processo*, São Paulo: RT, n. 34, abr./jun. 1984, p. 37).

(362) Para *Marcelo Navarro Ribeiro Dantas*, não há sentença de mérito no processo de execução forçada. Justifica o seu pensamento: "Isto porque, no processo de conhecimento, em princípio, o mérito, ou seja, o pedido do autor, é: ou uma declaração do Judiciário a respeito de dada situação jurídica; ou a constituição/desconstituição de outra determinada relação; ou, ainda, a condenação de alguém a certa prestação. Então o pedido (mérito), só poderá ser atendido mediante uma *sentença*, que declarará, constituirá/desconstituirá, ou condenará, na forma da pretensão deduzida, ou contrariamente a tal pretensão". E continua: "Em contrapartida, no processo de execução, igualmente em princípio, o mérito, isto é, o pedido do autor (exeqüente), é a satisfação concreta do direito que ele ostenta através de seu título. Então, o pedido (mérito) não será atendido mediante uma sentença, mas sim com a prática de *atos*, os quais efetivamente realizem a pretensão". Como resume, entretanto, o ilustre Desembargador Federal da 5ª Região, "o fato de não haver sentença de mérito na execução (visto que a sentença que a encerra é meramente terminativa, declarando que o processo chegou ao fim), não implica que no processo executivo não exista mérito" ("Admissibilidade e mérito na execução". *Revista de Processo*, São Paulo: RT, n. 47, jul./set. 1987, p. 35).

patrimonial ou de pressão psicológica, e as condições da ação executiva, nesse contexto, enquanto integrantes do juízo de admissibilidade, têm como finalidade filtrar ou selecionar as demandas que contêm um mínimo de legitimidade, para que seja deferido o início da realização desses atos executivos.(363)

3.4.4. A natureza jurídica da sentença prolatada sem a presença das condições da ação

Uma outra grande discussão travada na doutrina, também fundamental para a organização da cognição, é a que diz respeito à natureza da decisão judicial prolatada em processo em que se constatou, posteriormente, a ausência das condições de admissibilidade da demanda. Trata-se, sem dúvida alguma, de questão com irrefutável efeito prático, já que, dependendo do posicionamento tomado, haverá a definição acerca do meio de impugnação, e, por conseguinte, saber-se-á a respeito de eventual submissão a prazo decadencial ou não. Uma vertente doutrinária, adotando a teoria eclética de *Enrico Tullio Liebman*, sustenta que essa decisão é juridicamente *inexistente*, portanto não se encontra acobertada pela autoridade da coisa julgada. Parte-se da concepção de que somente há verdadeiro exercício do direito de ação, quando preenchidas todas as condições de admissibilidade. Assim, se não houve esse preenchimento, ação não existiu, havendo simples exercício do direito de petição, sendo esse vício elidível por mera ação declaratória de inexistência, sem prazo para o ajuizamento, portanto.(364) A *terminologia* do Código de Processo Civil reforça as bases dessa corrente, pois o vocábulo *carência* significa *falta* ou *ausência*.

Adotam esse posicionamento *Teresa Arruda Alvim Wambier* e *José Miguel Garcia Medina*:

> "Sob este prisma, a sentença que acusa a ausência de uma condição da ação é, a rigor — e embora se diga estar diante de sentença que extingue o processo sem julgamento de mérito —, *algo até mais grave, perante*

---

(363) Para auxiliar na delimitação do contexto em que estão inseridas as condições da ação, observe-se a seguinte lição de *Fredie Didier Jr.*: "Todo procedimento, como visto, possui um *objeto litigioso*, que é o tema a ser resolvido pelo ato final, do qual todos os demais atos que o compõem são preparatórios. O *objeto litigioso* de cada procedimento é definido pelo seu ato inaugural, normalmente uma demanda formulada por uma das partes. O exame de admissibilidade do procedimento nada mais é do que o exame da possibilidade de o *objeto litigioso* ser apreciado. Isso serve a qualquer procedimento, e não apenas ao procedimento principal: há *objeto litigioso* no recurso, na exceção de incompetência relativa, na exceção de suspeição, na reconvenção etc. As questões de admissibilidade são questões que pertencem ao *objeto de conhecimento* do magistrado, e não ao *objeto de decisão*: serão resolvidas incidentemente, como etapa preliminar à solução da questão principal, e sobre cuja solução não recairá a imutabilidade da coisa julgada material, reservada que é à decisão da questão principal" (*Pressupostos processuais e condições da ação: o juízo de admissibilidade do processo*. São Paulo: Saraiva, 2005, pp. 58-59). *Mutatis mutandis*, essa lição é inteiramente aplicável ao processo de execução.

(364) Preleciona *Marcelo Abelha Rodrigues:* "Findo o processo, entendemos que o vício da ausência de condições da ação não está sequer submetido ao prazo decadencial da ação rescisória. A gravidade do vício faz com que a relação jurídica processual seja eivada do vício de inexistência, podendo em qualquer época ser proposta ação declaratória de inexistência de relação jurídica, visando extirpar, com efeito *ex tunc*, o referido vício" (*Elementos de direito processual civil*. 3ª ed. rev., atual. e ampl. São Paulo: RT, 2003, vol. 1, pp. 254-255).

o ordenamento jurídico, que a sentença que julga improcedente o pedido. A sentença terminativa aí proferida declara *que a ação sequer poderia ter sido proposta*, porquanto ausentes os requisitos minimamente exigidos pelo sistema, para que isso ocorresse, consoante já sustentou um dos autores deste estudo.

"A sentença que, equivocadamente, julga o 'mérito' quando, a rigor, encontram-se ausentes as condições da ação, é arremedo de sentença, pois a questão submetida ao juiz sequer poderia ter sido apreciada (*v. g.*, no caso de sentença proferida entre partes ilegítimas)."

E justificam o posicionamento:

"Observe-se que a adoção desta teoria resolve antiga polêmica que se travou no plano da doutrina, com alguma repercussão na prática, acerca de se saber qual das duas coisas julgadas deveria prevalecer, no caso de existirem duas sentenças transitadas em julgado, já se tendo esgotado o biênio decadencial dentro do qual poderia ter sido proposta a ação rescisória.

"Os pressupostos processuais negativos, se existentes, acabam por gerar situação que se subsume à categoria da falta de interesse de agir. De fato, se o interesse de agir é noção que repousa sobre o binômio necessidade-utilidade, já tendo sido formulado o pedido em idêntica ação anterior que, ou está em curso (= litispendência) ou já terminou, tendo a sentença transitado em julgado, não há como negar ser o autor da segunda ação carente de interesse de agir."(365)

Com todo respeito, pelos motivos já expostos nesta obra, não é possível aceitar a teoria eclética de *Enrico Tullio Liebman*. De fato, ainda que o Juiz verifique a ausência das condições da ação, é evidente que terá havido processo. Tanto isso é verdade, que, à luz do art. 267, *VI*, do CPC, extingue-se o processo sem resolução de mérito. Segundo diz *Eduardo Ribeiro de Oliveira*, "a aceitar-se integralmente a doutrina de Liebman, ter-se-ia processo sem ação, muito embora não iniciado de ofício".(366)

Tudo dependerá da *metodologia* aplicada na análise da matéria. Em outras palavras, saber o que se entende por condições da ação. Como já esclarecido neste trabalho, adotamos a reelaborada teoria abstrata do direito de agir, a fim de solucionarmos as diversas questões processuais que nos são trazidas à baila. Há que se distinguir os momentos de verificação acerca das condições da ação. Estando-se na fase do mero juízo de admissibilidade, a aferição das condições da ação é dada no plano lógico e abstrato das alegações deduzidas na petição inicial. Não há, pois, análise efetiva das peculiaridades do caso concreto, de

(365) WAMBIER, Teresa Arruda Alvim; MEDINA, José Miguel Garcia. *O dogma da coisa julgada: hipóteses de relativização*. São Paulo: RT, 2003, pp. 32-33.

(366) OLIVEIRA, Eduardo Ribeiro de. "Condições da ação: a possibilidade jurídica do pedido". *Revista de Processo*, São Paulo: RT, n. 46, abr./jun. 1987, p. 39.

modo a ensejar, por exemplo, uma solução definitiva acerca da possibilidade jurídica do pedido, do interesse processual e da legitimidade para a causa. Assim, a cognição é sumária, superficial, sem profundidade, portanto. Com efeito, não há que se falar em coisa julgada material, sendo a sentença meramente terminativa. Ultrapassado o momento de admissibilidade, contudo, já havendo elementos probatórios nos autos, especialmente os de ordem testemunhal, a cognição já será exauriente, portanto aprofundada, de forma a propiciar, em virtude da elevada carga declaratória que carrega, uma decisão acobertada pelo manto da coisa julgada. A decisão, no caso, a despeito de eventual e equivocadamente vir a ser denominada "carência de ação", julga o mérito da demanda, ou seja, a pretensão deduzida em juízo. Cabível é o ajuizamento da ação rescisória, a fim de se contestar algum vício. Com efeito, há um prazo, sim, no sistema processual para o ajuizamento desta ação, que é o de dois anos, tal como previsto no art. 495 do CPC.(367) Enfim, a sentença que foi prolatada na ausência de alguma das condições da ação é *nula*, e não inexistente.(368) Entender-se o contrário, com o devido respeito, além de ferir a sistemática da reelaborada teoria abstrata do direito de agir, abre a possibilidade de se repetir indefinidamente o processo, através da mesma ação, fato que não se justifica em razão do princípio da segurança das relações jurídicas.

Relembre-se de que as condições da ação possuem finalidade bem delineada no ordenamento jurídico: visam apenas a dar um controle a respeito do exercício do direito de ação, mas, ao contrário dos requisitos de validade, à luz dos elementos de *direito material*. Feito esse controle no juízo de admissibilidade, cumprida a finalidade ontológica, portanto, passa-se a outra fase: o exame do mérito. Não se pode perder de vista que pressupostos processuais, requisitos de validade, condições da ação e mérito, apesar de conexos, são institutos diferentes. Cada um deles possui a sua finalidade no sistema, e isso não pode deixar de ser considerado, sob pena de se chegar a conclusões juridicamente absurdas. Como se falar em existência de processo, sem que tenha havido o exercício do direito de ação? Lógico, não se desconhece a existência de exceções ao princípio da

---

(367) Como afirma *Rodrigo da Cunha Lima Freire*, "[...] se o órgão julgador, ao analisar o processo, passou do juízo de admissibilidade, mesmo sem perceber, ao juízo de mérito, apreciando o objeto litigioso — formulando um juízo sobre o pedido do autor —, e não existe mais possibilidade de se interpor recurso de qualquer espécie, para impugnar tal decisão, impõe-se o trânsito em julgado, havendo, entretanto, o biênio legal para que se possa promover ação rescisória". E conclui: "No mesmo sentido, pode-se dizer que, havendo o magistrado se referido à ausência de condição da ação ou *carência de ação*, mas tendo rejeitado a presença do direito controvertido no processo, não se aplica o disposto no art. 268 do CPC, que possibilita a propositura novamente da mesma ação, uma vez comprovado o pagamento dos honorários advocatícios e de todas as despesas processuais" (*Condições da ação: enfoque sobre o interesse de agir*. 2ª ed. rev., atual. e ampl. São Paulo: RT, 2001, pp. 103-104).

(368) Como se verá adiante, o título executivo é categoria jurídica que se enquadra no legítimo interesse processual, espécie de condição da ação executiva. Sendo assim, reputamos correto o art. 618, *I*, do CPC, que reza que é *nulo* o processo de execução, se o título executivo não contiver obrigação líquida, certa e exigível. Em sentido contrário: DINAMARCO, Cândido Rangel. *Execução civil*. 7ª ed. rev. e atual. São Paulo: Malheiros, 2000, n. 277, p. 422; LUCON, Paulo Henrique dos Santos. *O controle dos atos executivos e a efetividade da execução: análises e perspectivas. Processo de execução e assuntos afins*/Coordenação de Teresa Arruda Alvim Wambier. São Paulo: RT, 1998, p. 344.

inércia da jurisdição, mas a regra, com toda certeza, é a de que, se houve um processo, ainda que o mesmo tenha sido extinto sem julgamento de mérito (a exemplo da constatação de ausência de uma das condições da ação no juízo de admissibilidade), existiu o exercício do direito de ação. Afinal, a atividade jurisdicional do Estado foi provocada, e houve uma resposta a essa provocação. É certo que não houve tutela jurisdicional, já que o pedido (o mérito) não foi apreciado, mas a provocação da atividade jurisdicional foi desempenhada. Dizer que houve mero exercício do direito de petição não resolve a questão, porque este pode ser exercido para a provocação estatal em quaisquer de suas funções: executiva, legislativa e jurisdicional. Com o direito de ação, diferentemente, provoca-se o Estado, para que ele exerça especificamente a sua função *jurisdicional*. Há, pois, uma resposta estatal através de um órgão dotado de jurisdição. Demais disso, malgrado se possa fazer uma correlação entre os institutos processuais, é inegável que os impedimentos processuais ou requisitos de validade negativos não se confundem com o interesse processual de agir, que é uma das condições da ação. Se os requisitos da validade não ultrapassaram o juízo de admissibilidade judicial, sequer se chega à aferição das condições da ação, posto que este é um momento *posterior* na análise das questões processuais. Não temos dúvidas, pois, de que a sentença prolatada diante da eventual ausência de uma das condições da ação está eivada de vício de *nulidade*, já que a mesma resultou de uma decisão fortemente declaratória quanto ao mérito e, com efeito, transitou em julgado.

Teresa Arruda Alvim Wambier, que adota o entendimento de que se trata de caso de inexistência jurídica, indaga a respeito da situação jurídica gerada pelo casamento entre homem e mulher que não são e que nunca foram cônjuges. Indaga, também, qual seria a situação de uma sentença que, aos cônjuges verdadeiros, concedesse o divórcio antes que este instituto fosse acolhido pelo direito positivo brasileiro. Finalmente, pergunta a respeito da situação jurídica resultante da partilha de bens de pessoa viva, no caso de a certidão de óbito de um homônimo, equivocadamente, ter sido juntada aos autos.(369) Indiscutivelmente, os atos processuais daí gerados são juridicamente *inexistentes*, mas, observe-se bem, tal conclusão não invalida o que dissemos acima. Tais casos assemelham-se à situação da sentença impossível, notadamente por seu objeto violar os valores constitucionais mais básicos. Imagine-se a conjuntura gerada por uma sentença penal que condenasse o réu à morte ou a sentença trabalhista que condenasse o trabalhador à prestação de serviços em regime de escravidão. Explicam-se, pois, os casos apontados pela processualista com respaldo na teoria do ato jurídico inexistente. Não há como se equiparar tais casos, excepcionais e distintos que são, a uma situação de sentença condenatória prolatada contra quem não era parte legítima, para figurar no pólo passivo do feito. Neste caso, a eventual injustiça, depois de ultrapassado o prazo decadencial de ajuizamento da ação rescisória, pode ser corrigida por meio de ação de repetição de indébito.

(369) WAMBIER, Teresa Arruda Alvim. *Nulidades do processo e da sentença.* 5ª ed. rev., atual. e ampl. São Paulo: RT, 2004, p. 354.

É de se observar, também, que muitas dessas questões que causam perplexidade à doutrina podem ser resolvidas pela teoria da coisa julgada inconstitucional. Embora autores de nomeada dela discordem totalmente,(370) em especial tendo em vista o princípio da segurança jurídica, a resolução da questão pelos mecanismos já previstos no sistema jurídico(371) e a possibilidade do regresso ao infinito,(372) ou apenas em parte,(373) entendemos que a mesma, desde que seja observada a devida cautela, encontra ressonância no sistema jurídico pátrio. O problema do regresso ao infinito não existe, já que somente se admite

---

(370) *Nelson Nery Junior* é enfático em sua posição: "Fora das hipóteses de ação rescisória, a sentença de mérito transitada em julgado, proferida em desapropriação, não pode ser modificada por decisão judicial posterior, sob fundamento de sua *injustiça* e com a argumentação sofista de que a CF prevê que a indenização, no caso de desapropriação, deve ser *justa*. O juízo de valor da justiça da sentença, feito *posteriormente*, para que se a tenha como acobertada ou não pela coisa julgada material, por ser instrumento e mecanismo do totalitarismo, violenta frontalmente o Estado Democrático de Direito (CF 1º *caput*) e, portanto, não tem substrato de sustentação no sistema constitucional brasileiro. O magistrado da segunda ação, posterior (que pode até ser um juiz substituto, recém-ingressado na carreira), seria o juiz da justiça ou da injustiça da sentença anterior, que pode até ter sido prolatada pelo STF! Maior arbítrio do que esse? Impossível" (*Teoria geral dos recursos*. 6ª ed. atual., ampl. e refor. São Paulo: RT, 2004, p. 520).

(371) *José Ignácio Botelho de Mesquita* afirma que a questão é um falso problema constitucional. Afirma o ilustre autor que, "[...] para a hipótese de ocorrer incompatibilidade entre o conteúdo de uma sentença transitada em julgado e alguma regra ou princípio constitucional, a solução constitucionalmente prevista é o recurso à ação rescisória, para cujo processo e julgamento a Constituição confere competência originária aos tribunais por ela mesma organizados, não se configurando conflito entre princípios ou entre normas constitucionais, para cuja solução fosse necessário recorrer aos princípios mais altos como os da proporcionalidade, da razoabilidade ou os fundados no direito natural". E conclui o seu pensamento, dizendo que, "[...] transcorrido em branco o prazo para exercer o direito de propor a ação rescisória, a sobrevivência da aludida incompatibilidade não decorrerá de conflito entre princípios constitucionais; terá por causa, sim, mero ato omissivo da parte a quem poderia interessar a rescisão da coisa julgada, sem vinculação alguma com qualquer princípio ou regra de direito, e menos ainda de direito constitucional" (*Coisa julgada*. Rio de Janeiro: Forense, 2004, pp. 122-123).

(372) Para *Sérgio Nojiri*, "[...] não faz o menor sentido se falar em inconstitucionalidade de um instituto de natureza constitucional. Uma decisão que transitou em julgado, só por esse fato, já se torna constitucional, uma vez que foi um órgão judicial, com competência outorgada pela Constituição Federal, que assim decidiu". Adiante, confirmando sua repulsa à teoria, diz o seguinte: "A tese da relativização da coisa julgada, ao que tudo indica, visa uma reabertura dos processos já decididos, objetivando uma *reinterpretação* desses casos à luz de um outro contexto. O problema é que não há garantia alguma de que essa nova interpretação, que é contrária a atual sistemática jurídico-constitucional, proporcione mais 'justiça' para as partes. Abrir mão da segurança jurídica em troca de uma nova decisão judicial baseada em outros valores, diversos daqueles utilizados no primeiro julgamento, sob o argumento de que serão aplicados 'princípios constitucionais' é, no mínimo, temeroso" ("Crítica à teoria da relativização da coisa julgada". *Revista de Processo*, São Paulo: RT, n. 123, maio de 2005, pp. 132 e 135, respectivamente).

(373) *Sérgio Gilberto Porto*, por exemplo, não discorda em relação ao conteúdo da teoria da coisa julgada inconstitucional, mas apenas quanto ao modo de se relativizar a coisa julgada. Eis a lição do ilustre processualista gaúcho: "Desta forma, a ampliação das hipóteses de cabimento da demanda de cunho rescisório, a dilação do prazo decadencial para a interposição destas e a supressão deste para hipóteses excepcionalíssimas, vez que portadoras de vícios inconvalidáveis, parece ser uma bem temperada fórmula de pacificação jurídica. Portanto, *maxima venia*, o desafio não é — simplesmente — relativizar de qualquer modo, a qualquer tempo e por qualquer juízo a coisa julgada, em verdadeiro desprestígio aos óbvios motivos que ensejaram sua criação, mas sim prestigiá-la, com um sistema, dentro da ordem jurídica, compatível com a realidade deste início de século" ("Cidadania processual e relativização da coisa julgada". *Revista de Processo*, São Paulo: RT, n. 112, out./dez. 2003, p. 32).

uma decisão sobre o caso julgado inconstitucional, evitando-se contradição.[374] É preciso perceber que, assim como ocorrem com os atos típicos dos Poderes Executivo e Legislativo, as decisões judiciais devem observar os valores estampados na Constituição da República,[375] sob pena de serem declaradas nulas e, neste caso, conseqüentemente, *ineficazes*. Observe-se que, em um Estado Democrático de Direito, nem mesmo as decisões judiciais são absolutas, devendo passar pelo crivo, ainda que mínimo após o trânsito em julgado, da constitucionalidade.[376] Mas, não se trata de simples injustiça da decisão, é preciso que a inconstitucionalidade seja gritante, evidente, por violar um valor constitucional cuja reparação seja exigência superior à manutenção da segurança jurídica.[377] Em outras palavras, diante do inegável conflito de valores constitucionais envolvidos nesta teoria, somente se deve declarar, mediante decisão devidamente fundamentada, a inconstitucionalidade da decisão judicial transitada em julgado em casos teratológicos, ao menos de acordo com o homem médio. No caso, em virtude da gravidade do vício, pode-se suscitar a questão em qualquer tempo, inclusive por meio de defesa endoprocessual executiva,[378] já que o título executivo é ineficaz em relação ao executado.[379] Sendo assim, as situações aventadas pela doutrina, para justificar a inexistência do processo resultante da ausência de uma das condições da ação, portanto, podem perfeitamente recair nos pressupostos da teoria em tela,[380] de modo que

(374) O objeto do segundo processo é a declaração de inconstitucionalidade do conteúdo da sentença transitada em julgado, que, naturalmente, teve outro objeto. Assim, não há perigo de regressão ao infinito.

(375) Afirma *Paulo Otero* que, "[...] como sucede com os outros órgãos do poder público, também os tribunais podem desenvolver uma actividade geradora de situações patológicas, proferindo decisões que não executem a lei, desrespeitem os direitos individuais ou cujo conteúdo vá ao ponto de violar a Constituição" (*Ensaio sobre o caso julgado inconstitucional*. Lisboa: Lex, 1993, p. 32).

(376) É também lição de *Paulo Otero* que, "[...] num Estado de Direito material, tal como a lei positiva não é absoluta, também não o são as decisões judiciais. Absoluto, esse sim, é sempre o Direito ou, pelo menos, a idéia de um DIREITO JUSTO" (*Ensaio sobre o caso julgado inconstitucional*. Lisboa: Lex, 1993, p. 10).

(377) *Humberto Theodoro Júnior* e *Juliana Cordeiro de Faria*, no particular, prelecionam o seguinte: "Pode, é certo, a coisa julgada ser elidida em razão de ulterior declaração de inconstitucionalidade da lei aplicada na sentença. Entretanto, o principal foco de cogitação, quando se trata de relativizar a autoridade da *res iudicata* é justamente o cotejo entre o conteúdo da sentença e os valores tutelados pela Constituição. Não se pode ter como absoluta a intangibilidade da coisa julgada, no caso concreto, quando dentro da sistemática constitucional 'houver sido trasngredido um valor de nível mais elevado que a segurança jurídica'" ("O tormentoso problema da inconstitucionalidade da sentença passada em julgado". *Revista de Processo*, São Paulo: RT, n. 127, set. 2005, p. 37).

(378) No particular, *Daniel Carneiro Machado* diz o seguinte: "Diante da nulidade da sentença inconstitucional, entendemos ser cabível também, como mecanismo processual de controle, a chamada exceção de pré-executividade — incidente não previsto na legislação, mas extremamente acolhido pela jurisprudência e doutrina pátrias" (*A coisa julgada inconstitucional*. Belo Horizonte: Del Rey, 2005, pp. 137-138).

(379) Observe-se que, no caso em apreço, tal como ocorre com a regra geral do regime das nulidades, a decisão nula transitou em julgado, mas, em razão da *inconstitucionalidade*, vício de maior gravidade no ordenamento jurídico, a imutabilidade, relativizada por decisão do STF (na larga maioria dos casos), não produziu os seus efeitos típicos. Portanto, o eventual título executivo resultante dessa circunstância é *ineficaz*, pondendo o defeito ser suscitado em qualquer tempo, inclusive no processo de execução.

(380) *José Augusto Delgado* preleciona o seguinte: "A sentença não pode expressar comando acima das regras postas na Constituição, nem violentar só caminhos da natureza, por exemplo, determinando que alguém seja filho de outrem, quando a ciência demonstra que não o é. Será que a sentença, mesmo

mantemos o entendimento no sentido de que a questão das condições da ação está no plano *da validade*(381) dos atos processuais.(382)

Em resumo, a sentença prolatada na ausência de uma das condições da ação encontra-se eivada de *nulidade*, portanto somente pode ser saneada até dois anos após o seu trânsito em julgado, exatamente por meio da ação rescisória, a não ser que se trate de situação tipificadora da teoria da coisa julgada inconstitucional, quando, então, pode ser discutida em qualquer tempo. O raciocínio desenvolvido, no caso da regra geral, é similar aos requisitos de validade, já que a função das condições da ação, embora com perspectiva distinta, voltada, preponderantemente, para o direito material(383) é idêntica: filtrar demandas

---

transitada em julgado, tem valor maior que a regra científica? É dado ao juiz esse 'poder' absoluto de contrariar a própria ciência? A resposta, com certeza, é de cunho negativo". E continua: "A sentença transitada em julgado, em época alguma, pode, por exemplo, ser considerada defintiva e produtora de efeitos concretos, quando determinar, com base exclusivamente em provas testemunhais e documentais, que alguém é filho de determinada pessoa e, posteriormente exame de DNA comprove o contrário". Pouco adiante, o digno Ministro do STJ conclui o seguinte: "A sentença não pode modificar laços familiares que foram fixados pela natureza" (*Efeitos da coisa julgada e os princípios constitucionais. Relativização da coisa julgada material. Coisa Julgada Inconstitucional*/Coordenador Carlos Valder do Nascimento. 5ª ed. rev. e ampl. Rio de Janeiro: América Jurídica, 2005, pp. 48-49).

(381) Observe-se que o processo, nessas circunstâncias (carência de condições da ação), não poderia realmente estar no plano da existência, pois reúne todos os elementos mínimos de formação. Da mesma forma, não poderia estar no plano da eficácia, haja vista que, enquanto não apontado o defeito, e isso até o limite do prazo decadencial para ajuizamento da ação rescisória, produzirá todos os seus efeitos típicos.

(382) A respeito da regra estampada no art. 741, *parágrafo único*, do CPC, *Teresa Arruda Alvim Wambier* e *José Miguel Garcia Medina* afirmam o seguinte: "Não se trata, segundo o que nos parece, de atribuir aos embargos à execução função 'rescidente', já que, rigorosamente, em casos assim, nada haverá a rescindir-se, pois que decisão que se baseia em 'lei que não era lei' (porque incompatível com a Constituição Federal) não terá transitado em julgado porque, em princípio, terá faltado à ação uma de suas condições: a possibilidade jurídica do pedido" (*O dogma da coisa julgada*. São Paulo: RT, 2003, p. 73). Discordamos dessa posição, com todo merecido respeito, pois há uma confusão generalizada de conceitos. Soa, no mínimo, estranha uma condição da ação de um processo, envolvendo a relação jurídica de direito material em si, ser aferida após cognição exauriente a respeito desta. Trata-se, sem dúvida alguma, de matéria de mérito, por envolver a própria *obrigação* que subjaz ao título executivo. A fase de aferição das condições da ação, relembre-se, já restou ultrapassada, via de regra, com a análise da petição inicial. As condições da ação devem ser vistas, ao menos em princípio, em razão de sua função no ordenamento jurídico, que é filtrar, à luz dos dados colhidos preponderantemente no direito material, a legitimidade mínima da demanda. Se houve manifestação do réu no processo *e dilação probatória*, a questão, *a não ser que se trate de matéria com viés processual*, já é de mérito. Um processo de execução, por exemplo, promovido com base em documento que, posteriormente, descobriu-se que não era título executivo é *nulo*. A questão, no caso, não tem substrato meritório, pois o título executivo em si, a despeito de ser parte integrante do legítimo interesse processual de executar, tem feição preponderantemente processual. Terminado o processo de execução, a questão não pode ser mais atacada, a não ser, desde que preenchidos os pressupostos específicos para tanto, por meio de ação de repetição de indébito.

(383) Ensina *Paulo Henrique dos Santos Lucon*: "Na verdade, essas condições estão intimamente relacionadas com a situação substancial afirmada, razão pela qual constituem importante técnica normativa que aproxima o direito material do processo, com a finalidade precípua de racionalizar a prestação jurisdicional. Eis aí a perspectiva instrumental das denominadas condições da ação. O pronunciamento jurisdicional, que reconhece a carência de ação, projeta efeitos internos e externos ao processo, pois não há como negar o estreito vínculo existente entre as condições da ação e os elementos da relação substancial. No entanto, em prol da racionalização mencionada, realiza-se cognição não exauriente, acerca da situação substancial, no momento em que o juiz decreta a carência de ação. Por esse motivo e, conseqüentemente, com a óbvia finalidade de não sacrificar interesses maiores, a imutabilidade dos efeitos dessa decisão não se projeta para fora do processo, ou seja, a decisão não faz coisa julgada material" (*Embargos à execução*. 2ª ed. rev., atual. e ampl. São Paulo: Saraiva, 2001, p. 157).

flagrantemente ilegítimas ou racionalizar a prestação jurisdicional. Isso pode ocorrer tanto no limiar do processo — aliás, é o que se busca em termos do controle de admissibilidade —, quanto difusamente, quando este controle estiver incorrido em falha.

3.4.5. O momento de aferição das condições da ação executiva

O normal é que a análise das condições da ação, ainda que no plano lógico e abstrato das alegações deduzidas na petição inicial, ocorra depois da aferição dos pressupostos e requisitos de validade do processo. A regularidade *da relação processual* é pressuposta no juízo realizado a respeito das condições da ação. Em outras palavras, o exame dos pressupostos e requisitos processuais deve anteceder ao das condições da ação. Realmente, partindo-se da premissa de que a relação processual encontra-se legitimada, as condições da ação têm o escopo de servir de ponte entre a demanda concretizada e a relação jurídica de direito material, de modo a viabilizar, diante da presença de todas elas, a apreciação do mérito pelo Juiz (= no processo de execução: pedido de realização dos atos executivos). Enfim, os dados reclamados para a análise da *viabilidade* do exercício do direito de ação são *estritamente processuais*, enquanto os dados reclamados para a viabilidade da apreciação do mérito resultam do cotejo do direito de ação concretamente exercido com a viabilidade *abstrata* da pretensão de *direito material*.[384]

Trazendo tais conceitos para o processo de execução, diante de suas peculiaridades, pode-se afirmar que o Juiz, no seu juízo de admissibilidade da petição inicial, aferirá, de acordo com as alegações deduzidas na petição inicial e com os documentos que lhe acompanham, a presença ou não das condições da ação executiva. Essa atividade, aliás, diante do evidente interesse público, *persiste até o último ato do processo*, mormente porque o processo de execução, em sua estrutura e função, não tem como meta um acertamento sobre o direito material. O que se quer dizer é que, mesmo ultrapassada a admissibilidade inicial, a vigilância judicial quanto à presença das condições da ação persiste com a realização dos atos executivos, visto que raramente se encontrará, no processo de execução, uma sentença de mérito (essa hipótese existe, mas, como já dito alhures, em situação absolutamente excepcional), seja no início do procedimento, seja posteriormente. Enfim, para que seja autorizada a realização dos atos de constrição patrimonial ou de pressão psicológica sobre o executado, as condições da ação executiva devem ser previamente preenchidas.

A bem da verdade, deve-se perceber, na irrepreensível lição de *Alberto Camiña Moreira*, que

(384) *Crisanto Mandrioli* ensina que "as condições da ação se referem à ação, como direito processual determinado por afirmações de direito substancial, enquanto os pressupostos processuais são inteiramente determinados pelo direito processual, sem qualquer referência ao direito substancial" (*Pressupposti processuali. Novíssimo Digesto Italiano*. Torino: Utet, vol. XIII, 1980, p. 795). Observe-se que o mestre italiano não faz a distinção, adotada nesta obra, entre pressupostos processuais e requisitos de validade.

"a verificação das condições da ação *in statu assertionis* é obrigação do juiz e, no processo de execução, essa verificação deve ser feita com mais rigor do que no processo de conhecimento, pois ataca o patrimônio alheio. Na fase preambular, basicamente, o juiz verificará a existência de título executivo, sem, entretanto, indagar se é verdadeira ou não a asserção do autor. Traduz inegável economia processual e ato de justiça extinguir o processo de execução, sem embargos, se ausentes as condições da ação."(385)

Dito de outro modo, se a resposta do respectivo juízo de admissibilidade for negativa, não havendo possibilidade de emenda à petição inicial, extinguir-se-á o processo sem a realização da pretensão ou do mérito do processo de execução, que, ao fim e ao cabo, nada mais é que a prática (após formulação de pedido, naturalmente) dos atos estatais de coação patrimonial e que têm por escopo a satisfação do crédito que subjaz ao título executivo.(386) Por outro lado, se a resposta for positiva, deve-se determinar a citação do executado, para cumprir a obrigação ou nomear bens à penhora. Daí a sua importância fundamental, os atos executivos somente podem ser realizados, se estiverem presentes todas as condições da ação executiva, razão pela qual podem servir a todo instante ao executado como objeto de defesa endoprocessual. Faz-se mister, portanto, estabelecer algumas palavras sobre cada uma de suas espécies.

3.4.6. **A possibilidade jurídica** ***da execução***

As condições da ação executiva são a *possibilidade jurídica*, o *legítimo interesse processual* e a *legitimidade para a causa*. Embora também sejam exigidas nas ações de conhecimento e cautelar, elas apresentam, naturalmente, peculiaridades no processo de execução, que passaremos, ainda que rapidamente, a relatar.

Tal como ocorre no processo de conhecimento,(387) o Juiz do processo de execução deve aferir, à luz dos dados deduzidos na petição inicial, bem como nos documentos que lhe acompanham, se existe possibilidade jurídica do pedido executivo ou não. É inegável que a análise da causa de pedir, nesse contexto, é

---

(385) MOREIRA, Alberto Camiña. *Defesa sem embargos do executado: exceção de pré-executividade*. 3ª ed. rev., atual. e ampl. São Paulo: Saraiva, 2001, p. 98.

(386) Afinal, na lição de *Ada Pellegrini Grinover*, as condições da ação são "[...] elementos ou requisitos que limitam o *exercício* do direito de ação, em cada caso concreto; elementos ou requisitos estes *para que se exerça, de maneira concreta, na espécie*, o direito de obter provimento jurisdicional: a sentença de mérito, no processo de conhecimento, e o provimento satisfativo, no processo de execução" (*Condições da ação penal — uma tentativa de revisão*. São Paulo: Bushatsky, 1977, pp. 26-27). Equivocada, assim, a seguinte manifestação de *Marcelo Lima Guerra:* "Nessa ordem de idéias, tendo em vista a colocação *ex definitione* das condições da ação como requisitos do julgamento de mérito, não é desarrazoado duvidar da pertinência ou da aplicabilidade de tais 'categorias lógico-jurídicas' à ação executiva, na medida em que a esta é totalmente estranho o julgamento de mérito" (*Execução forçada: controle de admissibilidade*. São Paulo: RT, 1995, p. 118).

(387) É relevante abordar a possibilidade jurídica da demanda, principalmente no processo de conhecimento, na perspectiva do princípio da inafastabilidade da jurisdição, que, a teor do art. 5º, *XXXV*, da CF, prescreve que "a lei não excluirá da apreciação do Poder Judiciário lesão ou ameaça a direito". Assim, as hipóteses de impossibilidade jurídica devem ser absolutamente excepcionais.

fundamental, pois, muitas vezes, nos fundamentos do pedido, percebe-se a sua repulsa jurídica. A possibilidade jurídica, em sua feição negativa, é a inexistência de vedação abstrata no ordenamento jurídico a respeito do pedido formulado pelo autor. Ao revés, sob o ponto de vista positivo, quando se está diante de ações cujo objeto está vinculado ao princípio da tipicidade, a possibilidade jurídica é a existência de previsão na ordem jurídica a respeito da pretensão. Como lembra *Eduardo Ribeiro de Oliveira*, em determinados temas, a falta de previsão legislativa tem conseqüências jurídicas idênticas à proibição. Se a lei estabelece que determinadas situações de fato geram conseqüências jurídicas em hipóteses taxativamente arroladas, haverá proibição de qualquer outra, tanto quanto fosse o veto explícito para as situações não prescritas.(388)

Ainda para o citado autor, o Magistrado deve sempre examinar a ordem jurídica em seu conjunto, valendo-se dos procedimentos de integração, a fim de aferir se determinado pleito é admissível ou não. Sua tarefa será facilitada, obviamente, se o texto escrito da norma jurídica excluir a situação pleiteada. Em sua opinião, entretanto, ainda que assim não seja, resultando a conclusão pela admissibilidade ou não depois de demoradas pesquisas, esgotados os recursos às fontes, a natureza do provimento não será diversa. Em suma, para o citado processualista, não havendo admissão pelo ordenamento jurídico da pretensão do autor, seja porque expressamente o veda, seja porque não o prevê, a conseqüência jurídica é a mesma, e a substância da sentença, quanto ao aspecto que se examina, será idêntica.(389)

Embora não concordemos, em razão dos postulados da teoria da asserção, com a afirmação de que, mesmo depois da ocorrência de dilação probatória, a temática ainda permaneça no campo da possibilidade jurídica, o fato é que ela, *no que se refere ao processo de execução*, é válida, pois, a não ser excepcionalmente, não há espaço nele para decisões sobre o mérito. Dito de outra forma, se restar constatado, ainda que na iminência da realização da hasta pública (ou seja, quando o procedimento executivo já está praticamente no seu final), que o processo de execução visa a encobrir uma situação que viole frontalmente a ordem pública ou os mais básicos valores constitucionais, permanece-se no terreno das condições da ação. Se estivéssemos na seara do processo de conhecimento, a solução certamente já seria meritória. Não se está, com isso, quebrando a unidade da Teoria Geral do Processo, mas tão-somente se atentando para a peculiaridade do processo de execução.

Uma parte da doutrina entende que a aferição da possibilidade jurídica, enquanto condição da ação, deve ocorrer *fora do* título executivo, pois a eventual inserção de disposição flagrantemente contrária ao sistema jurídico implica sua ineficácia, para viabilizar o processo de execução.(390) Pensamos de maneira dife-

(388) OLIVEIRA, Eduardo Ribeiro de. "Condições da ação: a possibilidade jurídica do pedido". *Revista de Processo*, São Paulo: RT, n. 46, abr./jun. 1987, pp. 41-42.

(389) OLIVEIRA, Eduardo Ribeiro de. "Condições da ação: a possibilidade jurídica do pedido". *Revista de Processo*, São Paulo: RT, n. 46, abr./jun. 1987, p. 39.

(390) ARMELIN, Donaldo. *Legitimidade para agir no direito processual brasileiro*. São Paulo: RT, 1979, p. 75.

rente. É recorrente em doutrina que a aferição de possibilidade jurídica *precede* a das demais condições da ação. O título executivo que contém obrigação incompatível com a ordem jurídica *existe*, por ser tipificado como tal (imagine-se documento assinado pelo devedor e por duas testemunhas reconhecendo uma prestação imoral: art. 585, *II*, do CPC), mas, em contrapartida, é *nulo*, por ausência de uma das condições da ação, a possibilidade jurídica. Essa nulidade gera a sua ineficácia, ou seja, a sua inaptidão para produzir o seu efeito típico: tornar adequada a via executiva. Logo, o título executivo *também* é fonte de investigação da possibilidade jurídica. Esse posicionamento a mantém em consonância com a sua natureza jurídica de condição da ação: visa a racionalizar a prestação da tutela jurisdicional, aferindo uma legitimidade mínima da demanda, de acordo com a análise das alegações deduzidas na petição inicial *e os documentos que a acompanham.*[(391)]

Ilustrativamente, deve-se extinguir o processo de execução, por impossibilidade jurídica, nas seguintes hipóteses: *a)* na execução de obrigação de fazer fisicamente impossível; *b)* na execução de obrigação de fazer envolvendo afronta à moral e aos bons costumes; *c)* na execução que estiver baseada em documento assinado pelo devedor e por duas testemunhas reconhecendo uma dívida de jogo;[(392)] *d)* na execução por expropriação contra a Fazenda Pública;[(393)] *e)* quando a pretensão de execução de crédito recair diretamente na pessoa do devedor;[(394)] *f)* no pedido de execução por quantia certa, quando o título somente permitir postulação de execução por coisa incerta[(395)]; *g)* na execução de dívida baseada em título reconhecendo prestação de serviço ilícito, como o pagamento pela prática de um crime.[(396)]

O executado, independentemente de outros efeitos jurídicos que essa conduta possa lhe causar, pode ventilar, nesses e noutros admissíveis casos, por simples petição defensiva, o defeito de impossibilidade jurídica da ação executiva, devendo o Juiz do processo de execução extingui-lo, sem a continuidade na realização dos atos executivos.

3.4.7. **O interesse processual** ***na execução: a presença de título executivo regularmente constituído e a alegação de inadimplemento da obrigação***

Outra condição da ação executiva é o legítimo interesse processual, sabidamente aferido, em razão do caráter público da Jurisdição, em função da *utili-*

---

(391) Cf.: WATANABE, Kazuo. *Da cognição no processo civil.* 2ª ed. atual. Campinas: Bookseller, 2000, p. 86; GRECO, Leonardo. *A teoria da ação no processo civil.* São Paulo: Dialética, 2003, p. 39; FREIRE, Rodrigo da Cunha Lima. *Condições da ação: enfoque sobre o interesse de agir.* 2ª ed. rev., atual. e ampl. São Paulo: RT, 2001, p. 151.

(392) MOREIRA, Alberto Camiña. *Defesa sem embargos do executado: exceção de pré-executividade.* 3ª ed. rev., atual. e ampl. São Paulo: Saraiva, 2001, p. 127.

(393) MOREIRA, Alberto Camiña. *Defesa sem embargos do executado: exceção de pré-executividade.* 3ª ed. rev., atual. e ampl. São Paulo: Saraiva, 2001, p. 127.

(394) MOREIRA, Alberto Camiña. *Defesa sem embargos do executado: exceção de pré-executividade.* 3ª ed. rev., atual. e ampl. São Paulo: Saraiva, 2001, p. 128.

(395) NEGRÃO, Teothonio; GOLVÊA, José Roberto Ferreira. *Código de Processo Civil e legislação processual em vigor.* 36ª ed. atual. São Paulo: Saraiva, 2004, p. 359.

(396) PEREIRA, Rosalina Pinto da Costa Rodrigues. *Ações prejudiciais à execução por quantia certa contra devedor solvente.* São Paulo: Saraiva, 2001, p. 107.

dade da prestação da tutela jurisdicional. Isso ocorre, quando ela absolutamente é *necessária* para a resolução do conflito, e a via eleita pela parte é a que o Estado reputa *adequada*.(397) No processo de execução, a *necessidade* resta configurada pela *alegação* de inadimplemento da obrigação, ao passo que a sua *adequação* resulta da apresentação de documento com eficácia de título executivo.(398) Impõe-se, pois, estabelecer algumas palavras sobre esses institutos.

De logo, relembre-se de que as *questões processuais*, como é o caso dos pressupostos processuais, dos requisitos de validade e das condições da ação, apresentam-se como uma categoria distinta do *mérito* da causa.(399) *Como regra geral*, acreditamos que a aferição do inadimplemento da obrigação que subjaz ao título executivo deve ser feita à luz das questões processuais, notadamente no que tange à regularidade da petição inicial. Assim, no juízo de admissibilidade inicial da demanda executiva, incumbe ao Juiz observar, no plano lógico e abstrato das alegações deduzidas na petição inicial, se há a *alegação* de falta de cumprimento daquela obrigação. Evidenciado, pelas meras alegações da petição inicial, que não há *alegação* de inadimplemento, deve o Juiz determinar a emenda da petição inicial, sob pena de extinção do processo sem a realização dos atos coativos em virtude da flagrante inépcia.

Por se tratar de exigência necessária ao desenvolvimento de qualquer execução (art. 580 do CPC), incumbe ao Juiz aferir a alegação de inadimplemento no requerimento de cumprimento da sentença (art. 475-J do CPC),(400) em raciocínio analógico ao da admissibilidade da petição inicial executiva.

Como pressuposto fático, a manifestação do exeqüente quanto ao inadimplemento encontra-se na causa de pedir da petição inicial executiva ou, conforme o caso, do requerimento de cumprimento da sentença. Se ela, *alegação* de ina-

(397) Ensinam *Luiz Guilherme Marinoni* e *Sérgio Cruz Arenhart* o seguinte: "No que diz respeito ao interesse de agir, este repousa sobre o binômio necesssidade-adequação. A parte tem a 'necessidade' quando seu direito material não pode ser realizado sem a intervenção do Estado. Contudo, além da 'necessidade', exige-se a 'adequação'. Se a parte requer providência jurisdicional incapaz de remediar a situação por ela narrada na fundamentação de seu pedido, também falta o interesse de agir. O exemplo costumeiramente apontado é o do cidadão que requer sentença mandamental, em mandado de segurança, mas narra que tem direito a receber determinado valor em dinheiro" (*Manual do processo do conhecimento: a tutela jurisdicional através do processo do conhecimento*. 2ª ed. rev., atual. e ampl. São Paulo: RT, 2003, p. 67).

(398) Ensina *José Rogério Cruz e Tucci* que "o *interesse processual* deve ser aferido em função da *necessidade* da tutela jurisdicional e da *adequação* do remédio judicial eleito pelo autor. A *necessidade* da tutela jurisdicional, que conota o *interesse*, deflui, como já mencionado, da exposição fática consubstanciada na *causa petendi remata*". Pouco adiante, explica que, "[...] no que se refere ao processo de execução, por força do título executivo, se simplifica a declinação da *causa petendi*, que o art. 282, III, "decompôs na forma analítica 'fatos e fundamentos jurídicos do pedido'", resumindo-se na exibição do título e na afirmação da ocorrência do inadimplemento" (*A* causa petendi *no processo civil*. 2ª ed. rev., atual. e ampl. São Paulo: RT, 2001, pp. 173 e 175, respectivamente).

(399) Deve-se perceber que as questões processuais são, sim, categorias distintas do mérito, mas não existe separação absoluta entre elas. Há, impõe-se observar, uma *relação de conexão*. Afinal, os institutos processuais, como é o caso das condições da ação, possuem um nexo de *instrumentalidade* com relação à situação da vida deduzida em juízo a que as partes visam resolver.

(400) JORGE, Flávio Chein; DIDIER JR., Fredie; RODRIGUES, Marcelo Abelha. *A terceira etapa da reforma processual civil*. São Paulo: Saraiva, 2006, pp. 126-127.

dimplência, *que indiretamente inclui a alegação de exigibilidade da obrigação que subjaz ao título executivo,*[(401)] não existe, presume-se, ao menos em princípio, que não há necessidade de se invocar a prestação da tutela jurisdicional executiva.[(402)] Logo, o processo de execução eventualmente daí resultante seria *inútil,*[(403)] devendo ser liminarmente extinto. Deve-se dizer, pois, o motivo pelo qual se requer a tutela executiva, senão, equivocadamente, comparando-o com uma máquina, deve-se conceber o processo de execução como mera sucessão concatenada de atos executivos, sem a mínima realização de juízos de valor, o que não se admite absolutamente.

Não concordamos com a opinião doutrinária de que o legítimo interesse processual, no processo de execução, esteja tão-somente na apresentação do título executivo.[(404)] Para nós, vale repetir, ele é formado pela alegação de inadimplemento deduzida na petição inicial *e* pela apresentação de documento que tenha efetivamente a eficácia de título executivo.

Por outro lado, deve-se notar, ainda que não seja a maioria dos casos da prática forense, que existem determinadas situações processuais relacionadas ao inadimplemento, especialmente quando se evidencia o cumprimento da obrigação no curso do processo,[(405)] em que a solução, sem dúvida alguma, toca o coração *do mérito* da demanda executiva, de modo que não mais se trata de resolução de mera questão processual, e sim de fundo.

(401) Uma parte da doutrina prefere ver o legítimo interesse processual *apenas* no título executivo, documento que, para ter tal eficácia, deve ter, em seu conteúdo, uma obrigação com os atributos da liquidez, certeza *e exigibilidade*. A alegação de inadimplemento, deduzida na causa de pedir, inclui, ainda que indiretamente, a atualidade da dívida. Aliás, esse fato é até relativamente presumido, pois o normal é que se cobre uma dívida judicialmente após a data do cumprimento da obrigação ter se expirado. Logo, apesar da alegação do inadimplemento, se restar evidenciado na petição inicial que a dívida tem vencimento futuro, deve-se extinguir liminarmente o processo de execução, por ausência de título executivo.

(402) *Rodrigo da Cunha Lima Freire* entende que, "[...] na ação de execução, a necessidade da jurisdição decorrerá da mera afirmação do inadimplemento do devedor, desde que se apresente um título executivo a evidenciar *prima facie* certeza, liquidez e exigibilidade" (*Condições da ação: enfoque sobre o interesse de agir*. 2ª ed. rev., atual. e ampl. São Paulo: RT, 2001, p. 177).

(403) Em sentido contrário ao texto, manifesta-se *José Maria Tesheiner:* "A alegação de inadimplemento sem dúvida integra a causa de pedir: o credor precisa alegar que o devedor não pagou, para pedir a execução. Não há coincidência entre o ônus de alegar e o de provar. Embora o credor tenha o ônus de *alegar* o inadimplemento para pedir a execução, é do réu o ônus de *provar* o inadimplemento. Observe-se, também, que é de mérito o juízo que se faça a respeito da causa de pedir. Julga o mérito a sentença que afirma que ocorreu ou que não ocorreu pagamento". E conclui o seu raciocínio o ilustre jurista do Rio Grande do Sul: "Sendo, como é, de mérito a alegação de pagamento, não se pode considerar a alegação de inadimplemento como condição da ação. Nem se pode qualificá-la como integrante da causa de pedir passiva, entendida esta como o fato constitutivo do interesse de agir. Não é o interesse de agir que está em causa. É o mérito" ("Execução civil um estudo fundado nos comentários de *Araken de Assis*". *Revista de Processo*, São Paulo: RT, n. 102, abr./jun. 2001, p. 36).

(404) Para *Donaldo Armelin*, "em suma, o interesse de agir está embutido no título executivo com aquelas caraterísticas que o habilitam a embasar um processo de execução" (*Legitimidade para agir no direito processual civil brasileiro*. São Paulo: RT, 1979, p. 78).

(405) Afirma *Sérgio Shimura* que "quem já recebeu o que era devido já não tem o direito material que alega ter, e isso é matéria ligada ao mérito da pretensão. Aquele que já recebeu o que lhe era devido não pode receber pela segunda vez, seja pela via executiva, seja por qualquer outra" (*Título executivo*. 2ª ed. atual. e ampl. São Paulo: Método, 2005, p. 89).

Teori Albino Zavascki preleciona o seguinte:

"Pode-se imaginar, com efeito, hipótese de execução de título de crédito ainda não vencido, caso em que, extinto o processo, poderia o credor, no futuro, vencido o prazo e não pago o valor do débito, repetir a ação. É situação em que o inadimplemento não havia ocorrido, mas poderia vir a ocorrer. No entanto, outra é a situação jurídica quando se promove a execução de um título de crédito já pago. Nessa hipótese não há inadimplemento, de modo que, muito mais que a falta de interesse de agir, há, no caso, improcedência da ação executiva, que certamente não poderá ser repetida. Idêntica seria a solução para eventual demanda, em ação de conhecimento, em que se formulasse pedido condenatório de dívida já paga. Em casos tais, ninguém se aventuraria a contestar que o inadimplemento é tema relacionado com a própria existência do direito, ou seja, é questão de mérito, e não de processo."[406]

Assim, na lição de *Cândido Rangel Dinamarco*,

"é inexato afirmar que o interesse é dado pelo *inadimplemento*, ou pela lesão ao direito, como a doutrina freqüentemente assevera, pois aí já se passa para o terreno do mérito. O inadimplemento é causa de extinção da obrigação e motivo de improcedência da demanda, não de carência de ação. Quem recebeu o que lhe era devido já não tem o direito material que alega e isso é matéria atinente ao mérito de sua pretensão; ocorrido o adimplemento, quem era credor já não o é mais e a sua pretensão a receber pela segunda vez não merece ser satisfeita pela via executiva nem por qualquer outra, em qualquer tempo."[407]

Logo, segundo entendemos, o inadimplemento em si *diz respeito* ao mérito do processo de execução. Não é o mérito propriamente dito, visto que este é o pedido de realização dos atos executivos tendentes a satisfazer uma obrigação, mas, certamente, refere-se a ele, já que, se não vier a existir (o inadimplemento), essa mesma obrigação, que dá substrato ao título executivo, terá idêntico destino. O que demonstra o legítimo interesse processual, repita-se, é a *alegação de inadimplemento*, o que é algo bem distinto.[408]

Ensina *Marcelo Abelha Rodrigues*:

"Sendo o inadimplemento uma situação de fato resultante de um ato comissivo ou omissivo do devedor, ele (o inadimplemento) não faz parte do

(406) ZAVASCKI, Teori Albino. *Processo de execução: parte geral*. 3ª ed. rev., atual. e ampl. São Paulo: RT, 2004, p. 241.

(407) DINAMARCO, Cândido Rangel. *Execução civil*. 7ª ed. rev. e atual. São Paulo: Malheiros, 2000, p. 414.

(408) A seguinte lição de *Júlio César Bebber* é cristalina: "O inadimplemento não é condição da ação. A afirmação de sua ocorrência é que é" (*Exceção de pré-executividade no processo do trabalho*. São Paulo: LTr, 2004, p. 179).

título executivo, sendo, pois, algo que lhe é extrínseco. Sendo algo extrínseco ao título executivo, este não faz prova de que o mesmo aconteceu, e, portanto, não poderia ser o inadimplemento um requisito ou pressuposto para a instauração ou desenvolvimento da tutela executiva. Ora, fosse realmente a demonstração do inadimplemento um requisito necessário para a instauração e desenvolvimento da tutela executiva, tal exigência entraria em contradição lógica com a eficácia *abstrata* imanente ao título executivo. É que se fosse necessário demonstrar o inadimplemento para propositura e atuação executiva, não haveria a denominada eficácia abstrata do título, que ficaria condicionada à existência da situação do inadimplemento."

E, de forma clara, conclui:

"Assim, por isso, quando se fala que o inadimplemento é um requisito necessário para a obtenção da tutela executiva, o que se quer dizer é que o exeqüente deve sustentar (afirmar, aduzir, alegar) em sua petição inicial que não ocorreu o adimplemento, que sua *pretensão* está insatisfeita, e, por isso, é *necessária* a tutela jurisdicional executiva para trazer-lhe a satisfação pretendida. Sob os olhos do exeqüente, portanto, a tutela executiva deve ser instaurada com a presença do título executivo, afirmando que a sua pretensão está insatisfeita, e que é resultante de uma situação jurídica de inadimplemento causada pelo executado."(409)

Em resumo, a *alegação* de inadimplemento da obrigação demonstra a existência da *necessidade* de se invocar a prestação da tutela jurisdicional executiva, uma vez que está vedada a autotutela. Trata-se de aferição nos termos da teoria da asserção, em que a demonstração do efetivo cumprimento ou não da obrigação pertence a outro momento da organização da cognição, o mérito do processo, que, não obstante possa ser questionado no âmbito interno da execução,(410) desde que evidenciado de plano, normalmente é enfrentado na ação incidental de embargos à execução ou, se for o caso da etapa do cumprimento da sentença, na impugnação de que trata o art. 475-J, *§ 1º*, do CPC.

Para efeito de melhor acomodar a organização da cognição, impõe-se observar que o interesse a ser perseguido, enquanto condição da ação, é o interesse meramente *processual*,(411) relacionado à utilidade da prestação jurisdicional, seja pela óptica do Estado,(412) seja pela visão do autor, e não, como equivocada-

---

(409) JORGE, Flávio Chein; DIDIER JR., Fredie; RODRIGUES, Marcelo Abelha. *A terceira etapa da reforma processual civil*. São Paulo: Saraiva, 2006, pp. 127-128.

(410) Para *Cândido Rangel Dinamarco*, "como a existência do crédito, de entremeio com o tema do *inadimplemento*, é pressuposto de admissibilidade da tutela jurisdicional, esse pagamento poderá ser levado em conta, ao menos em certos casos e somente para fins executivos, no processo executivo mesmo e não necessariamente nos embargos eventualmente opostos pelo executado" (*Instituições de direito processual civil*. São Paulo: Malheiros, 2004, vol. IV, pp. 172-173).

(411) COMOGLIO, Paolo; FERRI, Corrado; TARUFFO, Michele. *Lezioni sul procsso civile*. 2ª ed. Bologna: Il Mulino, 1998, p. 245.

(412) A visão de *Cândido Rangel Dinamarco* acerca da temática é perfeita: "Falar em interesse processual, ou interesse de agir, é falar em interesse *legítimo*; e a legitimidade do interesse, como está dito,

mente pensam alguns,(413) no campo do direito material. Mas, o que importa frisar, para efeito do nosso trabalho, é que, se a petição inicial executiva ou o requerimento da etapa de cumprimento da sentença não trouxerem, em seus conteúdos, a alegação de inadimplemento da obrigação, os mesmos podem ser alvos da defesa endoprocessual tratada neste trabalho, por carência de uma das condições da ação executiva: o legítimo interesse processual.

Resta, agora, estabelecer algumas palavras a respeito do instituto fundamental do processo de execução: o título executivo.

Para que haja uma melhor compreensão do princípio da vedação da execução sem a existência de título executivo, revela-se necessário relembrar o fenômeno da concretização da ordem jurídica. Como ensina, com propriedade, *Teori Albino Zavascki*, a atividade de atuação das normas no plano social comporta três momentos bem delineados: primeiro, o da formulação abstrata dos preceitos normativos; segundo, o da definição da norma para o caso concreto; e terceiro, o da execução da norma individualizada.(414) O primeiro momento, relacionado à fixação das normas abstratas, constitui função *típica* do Poder Legislativo e função *atípica* dos Poderes Executivo e Judiciário.(415) O segundo momento, da definição da norma jurídica regulamentadora do caso concreto, bem como o terceiro, da efetivação dessa norma jurídica individualizada, não exigem, neces-

---

consubstancia-se na coincidência entre a utilidade que pode ser esperada pelo demandante e a disposição do Estado a dispensar-lhe o provimento pretendido, na situação lamentada. Quando o sistema jurídico repele uma via e oferece outra (e especialmente quando nega a execução e oferece a cognição em caso de falta de título executivo), o interesse que o demandante possa ter *existe, mas não é legítimo*. Por isso é que, nesse caso, ele carecerá da ação executiva" (*Execução civil*. 7ª ed. rev. e atual. São Paulo: Malheiros, 2000, n. 263, nota de rodapé n. 109, p. 406).

(413) GUERRA, Marcelo Lima. *Execução forçada: controle de admissibilidade*. São Paulo: RT, 1995, pp. 84-85.

(414) ZAVASCKI, Teori Albino. *Processo de execução: parte geral*. 3ª ed. rev., atual. e ampl. São Paulo: RT, 2004, pp. 255-258.

(415) Na lição de *Celso Antônio Bandeira de Mello*, "[...] ninguém duvida que o Poder Legislativo, além dos atos tipicamente seus, quais os de fazer leis, pratica atos notoriamente administrativos, isto é, que não são nem gerais, nem abstratos e que não inovam inicialmente na ordem jurídica (por exemplo, quando realiza licitações ou quando promove seus servidores) e que o Poder Judiciário, de fora parte proceder julgamentos, como é de sua específica atribuição, pratica estes mesmos atos administrativos a que se fez referência. Acresce que, para alguns, o processo e julgamentos dos crimes de responsabilidade, atividade posta a cargo do Legislativo, é exercício de função jurisdicional, irrevisível por outro Poder, de sorte que o referido corpo orgânico, além de atos administrativos, e de par com os que lhe concernem normalmente, também praticaria atos jurisdicionais. Outrossim, conforme opinião de muitos, o Judiciário exerceria atos de natureza legislativa, quais, os seus regimentos internos, pois neles se reproduziriam as mesmas características das leis: generalidade e abstração assim como o atributo de inovarem inicialmente na ordem jurídica, ou seja, de inaugurarem direitos e deveres fundados unicamente na Constituição, tal como ocorre com as leis. De seu turno, o Poder Executivo expede regulamentos, atos que materialmente são similares às leis e, na Europa, muitos destes regulamentos inovam inicialmente na ordem jurídica, tal como o fazem as leis. É certo, ainda, que o Executivo também decide controvérsias. É o que faz, *exempli gratia*, nos processos que tramitem perante o Conselho Administrativo de Defesa Econômica (CADE) destinados a apurar e reprimir os comportamentos empresariais incursos em 'abuso de poder econômico' ou nos processos de questionamento tributário submetidos aos chamados 'Conselhos de Contribuintes'. É verdade que tais decisões só são definitivas para ela própria Administração, imutabilidade esta que alguns denominam de 'coisa julgada administrativa'" (*Curso de direito administrativo*. 17ª ed. rev. e atual. São Paulo: Malheiros, 2004, pp. 31-32).

sariamente, a intervenção do Estado. De uma maneira geral, essas atividades ocorrem espontaneamente no seio da sociedade, sem que os participantes da relação jurídica sequer tenham plena consciência, ainda que potencialmente tenham como obtê-la da incidência normativa pela subsunção de seus comportamentos no preceito regulamentador. Em alguns casos, notadamente nas ações constitutivas de direitos, por força de prévia disciplina legal, há a participação estatal, mas, observe-se, não coativa. Casos existem, todavia, igualmente, em que a identificação da norma jurídica que irá reger a situação fática concreta, bem como a sua execução, não ocorre de maneira voluntária pelos membros da sociedade, de modo que a intervenção do Estado, através da sua função jurisdicional, revela-se absolutamente necessária, a fim de restabelecer o equilíbrio quebrado.

Teori Albino Zavascki apresenta um exemplo:

> "O choque entre dois automóveis, com danos recíprocos, é suporte fático para a incidência da norma de responsabilidade (CC, art. 186; CC/16, art. 159): ocorrido o fato, a incidência do preceito normativo abstrato é automática, de modo que independentemente da vontade dos envolvidos, surge norma jurídica concreta, estabelecendo relação obrigacional de reparação dos prejuízos. A *identificação* de tal norma supõe imputação da culpa, com conseqüente posicionamento dos envolvidos nos pólos ativo e passivo da relação obrigacional, e apuração dos danos e do seu montante, que é a prestação devida. Nem sempre haverá entre os interessados consenso a respeito de todos esses pontos. Nem sempre haverá, portanto, espontaneidade de identificação da norma individualizada. Estabelecendo-se controvérsia a respeito de qualquer dos aspectos assinalados, estará instalada *crise de identificação* da norma, a demandar, para a sua solução, intervenção estatal. Mediante atividade cognitiva, o Poder Judiciário definirá, por sentença, o conteúdo da norma concretizada, indicando os elementos da relação jurídica dela decorrente, seus sujeitos e sua prestação."

Mas não é só. Como esclarece o ilustre Ministro do STJ:

> "Definida a norma concreta, a atividade jurisdicional poderá ser mais uma vez convocada se o seu cumprimento sofrer percalço, seja pela inércia do obrigado, seja por sua resistência, seja pelo atendimento insatisfatório da prestação. Nasce, aí, a pretensão à execução forçada."(416)

Impõe-se esclarecer, contudo, que essa execução forçada, por se tratar de atos estatais extremamente agressivos ao patrimônio do sujeito passivo da relação jurídica, pressupõe, necessariamente, que a norma a ser efetivada esteja perfeitamente individualizada, fato que não ocorre com a execução espontânea.

(416) ZAVASCKI, Teori Albino. *Processo de execução: parte geral*. 3ª ed. rev., atual. e ampl. São Paulo: RT, 2004, pp. 257-258.

Essa individualização (norma jurídica concreta), cuja presença revela-se imprescindível, para que o seu conteúdo seja demonstrado ao Juiz do processo de execução com certo grau de certeza, é o título executivo.

A palavra *título* possui várias significações na esfera jurídica, de modo que não pertence, com exclusividade, ao direito processual, muito menos ao processo de execução, daí decorrendo a dificuldade em reduzir o seu conceito a um denominador comum. *Sérgio Shimura*, em um dos mais completos estudos acerca da temática, na tentativa de sistematizar a utilização desse vocábulo (título), dividiu-o em dois sentidos: o substancial e o instrumental. No primeiro sentido, a palavra *título* pode referir-se à qualidade, ao atributo, à condição ou mesmo a um nome a respeito do direito que representa, como, ilustrativamente, justo título, quanto à aquisição de propriedade. No segundo sentido, o título refere-se ao documento, papel ou peça escrita que instrumentaliza ou formaliza o direito material. Como explica o ilustre processualista de São Paulo, as duas acepções se completam, eis que não se pode pensar em um título, enquanto documento, que não contenha, intrinsecamente, um direito assegurado a seu possuidor e, conseqüentemente, uma obrigação de terceiro.(417)

O título sempre representa um direito material, seja ele concebido como um atributo ou qualidade, seja como instrumento. Do título sempre se extrai um direito a uma prestação que corresponde, no outro lado da relação jurídica, a uma obrigação de atender àquela prestação. Da sentença trabalhista procedente, por exemplo, extrai-se o direito de o empregado receber os valores relativos às horas extras prestadas e não pagas, e o dever ou a obrigação de o empregador efetuar o pagamento daqueles valores. Neste caso, percebe-se que o título representa, em seu aspecto substancial, uma relação jurídica de que resulta a "vontade" do sistema normativo, disciplinando o regime de trabalho em sobrejornada na relação de emprego, bem como, desta feita em seu aspecto formal ou instrumental, o documento que contém essa relação jurídica, que, no exemplo dado, é a sentença trabalhista condenatória.

Mas, é preciso compreender que existem direitos sem título. Neste caso, ainda que constante em documento, o direito material precisa ser demonstrado por todos os meios probatórios admitidos pelo sistema jurídico. Já os direitos *com título*, também consubstanciados em um documento, têm a prova facilitada, muito embora, é bom que se diga, não possam dispensar outros meios supletivos. *Sérgio Shimura*, com um exemplo de fácil compreensão, explica melhor:

> "O credor que extraviou uma nota promissória tem o crédito (direito), mas não o documento (título). A perda do título não acarreta o desaparecimento do direito. Embora o direito guarde profunda conexão com o documento, não tem sua existência estritamente condicionada ao mesmo. Em verdade, o direito é algo imaterial e essa imaterialidade extrapola os limites do título."

(417) SHIMURA, Sérgio. *Título executivo*. 2ª ed. atual. e ampl. São Paulo: Método, 2005, pp. 111-114.

Conclui dizendo o seguinte:

"Esse mesmo credor da cambial, se a dívida for paga e o documento não for entregue ao devedor, tem o direito (título), mas não ostenta a qualidade de credor. No primeiro caso, há um direito sem título; no segundo, um título sem direito."[418]

Reza o art. 583 do CPC que "toda execução tem por base título executivo, judicial ou extrajudicial". Impõe-se, contudo, logo perceber que nem todo título possui eficácia executiva. Pelo que dispõe o art. 585, *II*, do CPC, observa-se que se considera título executivo extrajudicial o documento particular assinado pelo devedor e por duas testemunhas. Se o referido documento, entretanto, não contiver as assinaturas das testemunhas, estar-se-á diante de um título sem eficácia executiva.

O estudo da natureza jurídica do título executivo já rendeu à doutrina muitas noites de sono. Trata-se de questão ontológica, relacionada precisamente a saber o que é, de fato, um título executivo. Quatro, basicamente, são as principais teorias apresentadas: do acertamento, a documental, do ato jurídico e, por fim, a eclética.

A teoria do *acertamento da situação jurídica material*, de autoria de *Carlos Furno*, prega que o título executivo certifica o direito material,[419] de modo a afastar uma apreciação jurisdicional plena e completa acerca do mesmo, ocorrendo esse acertamento em momento imediatamente anterior ao processo de execução. Assim, a avaliação normativa de certeza opera-se no campo do direito material,[420] conferindo à ação uma aptidão potencial ao exercício da via executiva. Em outras palavras, para esta teoria, o ato de acertamento do direito material constitui-se no antecedente necessário do processo executivo,[421] de modo que o título, assim, não seria gerador da ação executiva, mas mera condição do seu exercício.

Essa teoria, como facilmente se percebe, é passível de críticas, o que se demonstra de logo. O acertamento da relação de direito material, ou seja, a sua delimitação objetiva e subjetiva não constitui elemento essencial do conceito de título executivo. Tanto isso é verdade, que o sistema processual pátrio (arts. 587, 588 e 589 do CPC) admite a possibilidade de prática de atos executivos, quando a sentença condenatória, título executivo por excelência, estiver sendo questionada em recurso com efeito meramente devolutivo, fato que, indiscutivelmente, atesta que o direito do suposto credor não está *acertado* ou *certifi-*

---

(418) SHIMURA, Sérgio. *Título executivo*. 2ª ed. atual. e ampl. São Paulo: Método, 2005, p. 113.

(419) FURNO, Carlo. *Contributo alla teoria della prova legale*. Padova: Cedam, 1940, p. 166 e ss.

(420) Segundo *Carlo Furno*, "[...] la legge non accorda la tutela esecutiva, se non in ordine a rapporti che risultino di fronte ad essa accertati in modo particolarmente sicuro" ("Condanna e titolo esecutivo". *In Revista Italiana per le Scienze Giuridiche*, Milão, 1937, p. 113).

(421) FURNO, Carlo. *Disegno sistematico delle opposizioni nel processo esecutivo*. Firenze: Barberà, 1942, p. 45.

cado.[422] Além do mais, como se sabe, a ação executiva possui caráter abstrato, de modo a autorizar a prática dos atos pertinentes à execução forçada, *independentemente da existência do direito subjetivo substancial*. Aceitando essa teoria, teríamos de admitir que o poder de exercer a ação executiva, tal como originário do título, pode vir a existir *antes* mesmo da própria existência dessa ação executiva que se vai exercer, o que é inadmissível, além de condicionar excessivamente a admissibilidade da execução à existência do direito subjetivo material do exeqüente, contrariando, veja-se bem, a realidade do direito vigente, incorrendo no pecado de aproximar a sentença condenatória à meramente declaratória, forçando, ao final, o entendimento de que, também nos títulos extrajudiciais, haveria um acertamento.[423]

A teoria documental do título executivo, de *Francesco Carnelutti*, defende a idéia de que o título executivo nada mais é que um documento que prova o direito substancial a ser efetivado na execução forçada. O título executivo teria, assim, uma *função probatória*. Essa teoria, pelo que se percebe, inspirou-se na finalidade de se evitar, à medida do possível, execuções não razoáveis ou injustas, no sentido de que somente têm direito à prática dos atos coativos estatais aqueles que são realmente titulares do crédito.[424]

Não se pode aceitar essa teoria. Em primeiro lugar, no nosso sistema jurídico, a ação executiva, viabilizada pela presença de título que a lei tipifica como *executivo*, possui natureza abstrata em relação ao direito material a ser satisfeito, ou seja, *a realização dos atos estatais de coação patrimonial independe da concreta comprovação do crédito inadimplido.*[425] Ora, se a eficácia executiva do título surgisse apenas depois da comprovada existência do direito material, por efeito lógico, a ação executiva não nasceria desse título, mas sim do ato certificador do crédito insatisfeito, fato que, certamente, derrubaria a tese da sua autonomia, tese essa, veja-se bem, defendida ferrenhamente pelo próprio *Carnelutti*. Há que se perceber que, para efeitos exclusivos *no âmbito interno do processo de execução*, portando o exeqüente título previsto na lei com eficácia executiva, ainda que, na realidade rica dos fatos, não tenha direito ao crédito que lhe dá conteúdo, realiza-se a atividade executiva como se o direito efetivamente existisse. A execução, nos dois casos, é real, e não aparente, durando enquanto a força executiva do título subsistir. Por outro lado, em segundo lugar, deve-se observar, ainda, que a teoria de *Carnelutti* confunde a *prova* do ato jurídico com

(422) Para *Carlo Furno*, "[...] L'atribuizione che la legge fa a certi atti della qualità di titolo esecutivo si ricollega allá *efficacia certificativa* riconosciuta a quegli atti rispetto al rapporto che ne constituisce il contenuto" ("Condanna e titolo esecutivo". *In Revista Italiana per le Scienze Giuridiche*, Milão, 1937, p. 116).

(423) DINAMARCO, Cândido Rangel. *Execução civil*. 7ª ed. rev. e atual. São Paulo: Malheiros, 2000, pp. 469 e 481.

(424) CARNELUTTI, Francesco. *Diritto e processo*. Nápoles: Morano, 1958, pp. 286-300.

(425) Ensina *Sérgio Shimura* que "proposta a ação de execução fundada em título executivo, ao juiz fica vedado pronunciar-se sobre a existência ou inexistência do direito subjetivo afirmado pelo exeqüente. Falar em eficácia abstrata do título executivo é atestar que este conduz o juiz a prescindir-se de qualquer comprovação do crédito, bastando-lhe o título como fator legitimante dos atos executivos, sem nada julgar quanto ao mérito" (*Título executivo*. 2ª ed. atual. e ampl. São Paulo: Método, 2005, p. 144).

a sua *forma*. De fato, alguns atos jurídicos só são *válidos* mediante forma específica: a escrita. Os efeitos jurídicos provenientes desses atos, contudo, não resultam do documento escrito em si, mas sim da própria relação jurídica que lhe dá conteúdo. Finalmente, em terceiro lugar, sob o ponto de vista técnico, não se afigura correto falar em prova de *direito*. À luz da melhor doutrina, sabe-se que o que se prova são as *alegações fáticas* pertinentes ao deslinde de alguma *questão*. Veja-se que os fatos em si também não são provados, posto que estes simplesmente existem ou não existem. O que podem ser verdadeiras ou falsas, nessa linha de raciocínio, são as alegações acerca dos fatos da causa. O direito objetivo, cujo conhecimento de toda sociedade se pressupõe (arts. 3º e 5º da LICC e art. 126 do CPC), nesse contexto, somente pode ser comprovado de maneira absolutamente *excepcional*, como ocorre no caso do teor e da vigência do direito municipal, estadual, estrangeiro ou consuetudinário, havendo determinação judicial para tanto (art. 137 do CPC; art. 14 da LICC).(426)

Não há que se falar em função probatória do título executivo em relação ao direito material. Realmente, nem o mais idôneo dos títulos executivos, que é a sentença condenatória civil, seria capaz de fazer essa prova, visto que, posteriormente, a teor do art. 741, *VI*, do CPC, ele pode ser extinto ou modificado após a formação do título executivo, seja por adimplemento, novação, compensação, transação ou prescrição, por meio da ação incidental de embargos à execução, que figura, nesse contexto, como fator de restrição ao caráter abstrato da ação executiva.(427)

A teoria de *Francesco Carnelutti* foi criticada por *Enrico Tullio Liebman*,(428) para quem o título executivo seria o *ato jurídico* que incorpora uma *sanção*, isto

---

(426) SHIMURA, Sérgio. *Título executivo*. 2ª ed. atual. e ampl. São Paulo: Método, 2005, pp. 123-129.

(427) DINAMARCO, Cândido Rangel. *Execução civil*. 7ª ed. rev. e atual. São Paulo: Malheiros, 2000, pp. 364-365.

(428) *Cândido Rangel Dinamarco* explica, com a clareza habitual, a polêmica entre *Liebman* e *Carnelutti* acerca da natureza jurídica e função do título executivo. Inicialmente, conta da personalidade polêmica deste processualista, quando enfrentava os seus "adversários" nas letras jurídicas. Sua combatividade era notável. Quando opinava sobre trabalhos alheios, não omitia uma observação, não poupava uma crítica sequer, em nome de normas de convivência ou para evitar atritos com colegas ou com os jovens. Fazia questão, como observou *Allorio*, outro grande processualista italiano, de dar a última e professoral palavra sobre todos os assuntos e o que os outros escreviam *era inútil*, porque era mera repetição disfarçada de suas teorias, ou *absurdo*, porque discordante de suas teorias. *Carnelutti* morreu em 1965, com 86 anos. Na advocacia, mantendo escritórios simultaneamente em Roma, Milão e Veneza, a combatividade e a pena ardorosa era a mesma. Segundo *Dinamarco*, conta-se que não raro era suceder que, em uma discussão em audiência, *Carnelutti* se voltasse ao advogado adversário e, censurando as opiniões deste como se estivesse diante do mais bisonho dos seus alunos, fizesse a observação: "o colega certamente não se lembra do que eu ensino em meus livros sobre esse assunto". Diante dessa personalidade forte, com atitudes intransigentes diante das opiniões alheias, era natural que ele se envolvesse, como realmente ocorreu, em inúmeras polêmicas. Na que travou com *Enrico Tullio Liebman* sobre a natureza jurídica e função do título executivo, *Carnelutti* já estava com mais de 50 anos, ao passo que aquele com menos de 30. *Carnelutti*, na época dessa polêmica, já era consagrado professor na prestigiada escola de Pádua e autor de várias obras jurídicas, dentre as quais se destaca as *Lezioni di diritto processuale civile* e a *Prova civile*. *Liebman*, por outro lado, era simples professor contratado na Universidade de Sassari, escrevia seu primeiro livro, intitulado *Le opposizioni di merito nel processo d'esecuzione*, que, no Brasil, foi traduzido com o título *Embargos do executado*, justamente o que veio a dar ocasião à polêmica em 1931. *Carnelutti* sustentava a teoria documental do título

é, representa uma vontade do Estado na realização de uma execução.(429) No particular, faz-se mister observar sua lição na íntegra:

> "A doutrina procurou de vários modos explicar este conceito, inclinando-se em geral a atribuir ao título eficácia probatória ou certificadora do crédito. Entretanto, quando é feito o pedido da execução, a sentença já não é capaz de fornecer, como se disse acima, a certeza ou a prova do direito

---

executivo, o qual teria a função de provar ao juiz da execução ostentado pelo exeqüente. *Liebman*, na obra citada, bateu-se contra essa teoria, afirmando que título executivo não é um documento puro e simples, mas um ato jurídico cuja eficácia consiste na aplicação da sanção processual e conseqüentemente criação da ação executiva, da qual ele é a fonte imediata e autônoma. No mesmo ano, *Carnelutti* apresentou a sua réplica em um artigo publicado na *Rivista* ("Titolo esecutivo"), dizendo que se lhe fosse dada a fortuna de ter em sua escola um excelente estudioso como certamente era *Liebman*, este o teria visto muitas vezes mostrar os autos de um processo e perguntar "o que é isso?" — pergunta com que, segundo conta *Cândido Rangel Dinamarco*, costumava obrigar os alunos a tomar contato com a realidade. Insinuou, com ironia, que *Liebman* não teria a vivência prática do processo e que ele jamais tivera, na prática, o problema de saber o que é que o oficial de justiça exige, para citar o executado no processo de execução ou para fazer uma penhora: ele exige um documento, e esse documento é, segundo ele *(Carnelutti)*, o título. Ainda ironicamente, questionava que talvez *Liebman* não soubesse também que, sem o documento em mãos, o oficial de justiça não crê na afirmação de que existe uma sentença, de modo que, no seu entender, foi extremamente desaconselhável ter *Liebman* escrito um livro sobre processo de execução, sem antes passar por essas humildes dificuldades práticas. Continuando a polêmica, entretanto, *Liebman* respondeu às objeções de *Carnelutti*, em 1934, a convite, observe-se, deste, que era co-diretor da *Rivista*, com um artigo intitulado "Il titolo esecutivo riguardo ai terzi". Quanto à natureza jurídica do título executivo, *Liebman* insiste na diferença entre prova e forma de um negócio jurídico, dizendo que não passa de ilusão a crença na relevância ou pertinência da prova do ato a que a lei dá força executiva, pois, na realidade, no seu entender, o que é decisivo é a forma como o ato se constitui. Vale observar, contudo, que *Liebman* não enfrenta a questão posta por *Carnelutti* acerca da eficácia executiva: advém do documento em si, ou se cai no absurdo de afirmar que vem do negócio jurídico, ou seja, da própria vontade das partes. Com relação à função do título executivo, explica *Dinamarco*, *Liebman* diz, entre outras coisas, que *Carnelutti* perde a noção unitária deste, ao associar a eficácia executiva da sentença condenatória à circunstância de ela conter o acertamento de uma responsabilidade — coisa que o título extrajudicial evidentemente não faz. *Liebman* afirma, ainda, que *Carnelutti* violentou o conceito de prova (indagou: *que prova seria essa, que demonstra também o direito?*) e que, com ele, *monta um quebra-cabeça só pelo gosto de resolvê-lo com um elegante estrategema... Dinamarco* diz que *Carnelutti*, revoltado com as palavras de *Liebman*, dando um "basta" na situação, respondeu dizendo que não levaria as coisas avante, mas nem por isso deixou de replicar e censurar o adversário (e o fez no mesmo número da *Rivista*, em *postilla*). *Dinamarco* lembra, porém, que, a despeito do lado pessoal dessa polêmica, os contendores nunca passaram dos limites da ética e da boa-educação. Com relação à intolerância de *Carnelutti* pelas idéias alheias, lembra que os ataques despendidos por este não foram provocados por alguma atitude menos respeitosa ou reverente, mas simplesmente pelo fato de algum jovem ousar dissentir da opinião de um consagrado mestre do direito. Na sua opinião, entretanto, a falha do veterano jurista foi a falta de diálogo tolerante com o novo processualista que nascia, de ver com bons olhos as novidades com que pretendia contribuir para o progresso da ciência. Felizmente, finaliza *Cândido Dinamarco*, os excessos e incompreensões de *Carnelutti* foram perdoados por Liebman (DINAMARCO, Cândido Rangel. *Fundamentos do processo civil moderno*. 5ª ed. São Paulo: Malheiros, 2002, vol. I, pp. 290-301).

(429) Nas palavras do próprio *Liebman*, a sanção civil visa a "[...] anular os efeitos do ato ilícito, isto é, conseguir por outros meios o mesmo resultado, ou pelo menos outro, quanto mais possível equivalente ao que teria decorrido da espontânea observância do imperativo originário. Sua finalidade é reparatória, satisfativa: propõe-se restabelecer e satisfazer, à custa do responsável, o direito subjetivo que o ato ilícito violou. Isso nem sempre é materialmente possível; mas a sua tendência tem sempre esta direção e todo esforço é feito para atingir tal resultado. O restabelecimento da ordem jurídica mediante a satisfação integral do direito violado, conseguido com todos os meios ao alcance dos órgãos judiciários, eis o escopo da sanção; e este é justamente um dos fins máximos do processo civil" (*Processo de execução*. Araraquara: Bestbook, 2003, pp. 16-17).

do credor; além disso, quem fala de prova supõe um juiz incumbido de julgar, apreciando as provas oferecidas por ambas as partes. Mas na execução não há nada disso. O juiz não tem de examinar provas, nem formar sua convicção e sim, unicamente, deferir o pedido que se apresenta fundamentado em título competente. Este não é só necessário, é também suficiente para este efeito; quer dizer, ele traz consigo, digamos assim, acumulada e consolidada toda a energia necessária para que o credor possa eficazmente exigir e o órgão público possa efetivamente desenvolver a atividade destinada a atingir o resultado que o próprio título indica ser conforme ao direito. No título e somente nele se encontra agora a indicação do resultado a que deve tender a execução e, portanto, a sua legitimidade, seu objeto e seus limites. O que foi discutido no processo e em geral a situação verdadeira de direito material, isto é, a existência ou inexistência atual do crédito, não podem influir diretamente sobre o desenvolvimento da execução, que recebe do título, como postulado indiscutível, a regra de sua disciplina formal, desvinculada de qualquer dependência das relações de direito material. Só indiretamente, por meio de adequada ação incidente de cognição (embargos do executado) pode o devedor, demonstrando a extinção do crédito, invalidar a eficácia executória da sentença. Enquanto isso não se verifica, conserva ela inteira a sua força no plano do processo de execução."

E continua o notável mestre italiano:

"Este resultado, que simplifica extraordinariamente a execução, livrando-a de sempre novas discussões acerca de sua legitimidade substancial, consegue-o a lei atribuindo à regra sancionadora contida na sentença eficácia formal independentemente. O juiz formulou a regra sancionadora em conseqüência de ter constatado e declarado existente o direito do credor; esta é a justificação substancial, a causa jurídica dessa regra. A lei, porém, abstrai agora da sua causa e lhe reconhece eficácia própria, desligando-a, isolando-a de seu fundamento. Por conseguinte, o título não é prova do crédito, porque desta prova não há necessidade. O crédito é motivo indireto e remoto da execução, mas o fundamento direto, a base imediata desta é o título e só ele. Nisto reside a autonomia da ação executória que decorre do título, que não é condicionada nem pela existência, nem pela prova do crédito. Sem dúvida, a lei atribuiu esta eficácia tornando sumamente provável a existência do ato. Este é, pois, o motivo político da eficácia do título, não é porém seu conceito jurídico, uma vez que o modo como ele funciona exclui qualquer possibilidade que o órgão encarregado da execução remonte a investigar a existência do crédito."

E arremata:

"Podemos assim completar o conceito do título executório dizendo que ele é fonte *imediata, direta e autônoma* da regra sancionadora e dos efeitos jurídicos dela decorrentes. A eficácia abstrata reconhecida ao título é que explica seu comportamento na execução; aí está o segredo que o torna o instrumento ágil e expedito capaz de permitir a realização da execução sem depender de qualquer nova demonstração da existência do crédito."(430)

Como se percebe, para *Enrico Tullio Liebman*, o título executivo tem *função constitutiva* da ação de execução, traduzindo-se em condição suficiente para sua existência. Em outras palavras, constitui a fonte imediata, direta e autônoma da ação executiva, cuja eficácia independe da existência concreta do direito material a ser satisfeito. Assim, na concepção do famoso autor italiano, o Juiz do processo de execução não necessita examinar provas, nem formar a sua convicção, mas sim, unicamente, deferir o pedido que se apresente fundamentado em título competente, já que nele, e somente nele, encontra-se a indicação dos limites objetivos e subjetivos do processo executivo. Afinal, se assim não fosse, ou seja, nos casos em que fosse realizar atos executivos tendentes à satisfação de um direito material, se impusesse ao exeqüente o encargo de demonstrar a existência efetiva desse direito, a posição de credor tornar-se-ia deveras penosa; o processo de execução, que possui finalidade distinta do processo de cognição, estaria sujeito a demoras e complicações intoleráveis, já que a sua realização procedimental seria constantemente prejudicada com indagações próprias desta última modalidade de tutela jurisdicional. Para se evitarem esses percalços, o ordenamento jurídico abstrai do título executivo a questão da efetiva existência da relação jurídica que lhe dá conteúdo, atribuindo direta e exclusivamente à sanção, integrada no título, o efeito de tornar a realização dos atos executivos perfeitamente possível. Enfim, para *Enrico Tullio Liebman*, basta apresentar o título, que a execução se torna viável ao credor.(431)

Essa teoria também não possui imunidade quanto às críticas. A primeira delas refere-se ao fato de que, quando se fala em *ato jurídico*, pode-se entender a *vontade das partes*, veja-se bem, como quem dá ensejo à ação executiva, quando, em verdade, a lei atribui eficácia executiva ao título.(432) Dito de outro modo, quem gera a eficácia executiva é a lei, que, assim, *tipifica* e delimita todas as hipóteses cabíveis.(433) Observe-se que o ânimo do sujeito que declara

---

(430) LIEBMAN, Enrico Tullio. *Processo de execução*. Araraquara: Bestbook, 2003, pp. 37-39.

(431) SHIMURA, Sérgio. *Título executivo*. 2ª ed. atual. e ampl. São Paulo: Método, 2005, pp. 118-122.

(432) Explica *Cândido Rangel Dinamarco* que o que qualifica determinados atos na condição de título executivo é o elevado grau de probabilidade deles decorrentes no sentido da existência do crédito, bem como do fato de originarem do Estado ou de ato do próprio devedor. No primeiro caso, ou seja, quando o ato sofre intervenção estatal, o juízo de probabilidade decorre da presunção de legitimidade dos atos administrativos. No segundo, quando há uma declaração de vontade do devedor reconhecendo a dívida, a *lei*, veja-se bem, e essa é a sua justificação política, reconhece a elevadíssima probabilidade de existência do crédito e, em função disso, autoriza a execução forçada. Isso não significa, como advertido, que foi a vontade do devedor que gerou a possibilidade de utilização do processo de execução. Quem atribui eficácia executiva a determinados atos jurídicos documentados é o *legislador*, e somente ele. Tudo isso está dito, segundo *Cândido Rangel Dinamarco*, ainda que não tão explicitamente, na formulação da teoria do título executivo como ato jurídico. A débito dessa teoria, conclui o processualista do Largo do São Francisco, lança-se apenas o engano de chamar de *ato* jurídico o que, em alguns casos, é mero *fato jurídico* (*Execução civil*. 7ª ed. rev. e atual. São Paulo: Malheiros, 2000, pp. 460-461 e 479, respectivamente).

(433) No particular, *Cândido Rangel Dinamarco* esclarece o seguinte: "A severidade dessa reserva legal, associada à própria exigência de um título para executar, decorre da gravidade das medidas exe-

ser devedor e diz que pagará não é, em si mesmo, o fator que qualifica o ato como título executivo, mas sim um critério levado em conta pelo legislador, para instituir a eficácia executiva ao documento em que aquela manifestação de vontade está inserida.(434) A segunda crítica está relacionada ao fato de a teoria do ato ser mais adequada aos títulos executivos *judiciais*, notadamente em relação à sentença civil condenatória, revelando-se incompatível com os títulos *extrajudiciais*, em que não há um ato judicial que aprecie e declare o eventual crédito. Assim, para se aferir a admissibilidade da tutela jurisdicional executiva, indaga-se se existe, no caso concreto, um ato jurídico a que a lei atribua a eficácia de título executivo. Presente o ato jurídico, que pode ser um negócio jurídico ou não, como a sentença penal condenatória, torna-se aberta ou adequada a via executiva, sem que, para isso, tenha concorrido, ainda que sutilmente, a vontade das partes.(435)

A verdade é que, se é correto afirmar que o *ato jurídico* constitui elemento formador do título executivo, não é menos correto afirmar que este somente se forma com a sua *documentação*, que constitui exigência feita com a intenção de conferir a sua maior idoneidade e segurança. Em outras palavras, ainda que haja uma relação jurídica subjacente, o título executivo somente aparece quando o documento se forma. Ilustrativamente, se houver uma declaração de reconhecimento de dívida (relação jurídica), mas, ao arrepio do art. 585, *II*, do CPC, sem a assinatura de duas testemunhas, de modo a não se *formalizar* nos moldes da sistemática aplicável, não há que se falar em título executivo.(436) Finalmente, é de se observar que o título não é fonte autônoma da ação executiva: ele figura como mero portador da adequação da tutela executiva, requisito integrante do legítimo interesse processual, sabidamente condição da ação. Assim, a verdadeira função do título executivo é a de permitir que, para a atuação da "vontade" do direito material referente à determinada situação jurídica concreta, lance-se mão das medidas executivas.(437)

Seja como for, convém deixar bem claro que valorizar o título exclusivamente sob o aspecto da obrigação que lhe subjaz ou da forma documental é equivocado, porquanto existe incindível unidade desses elementos.(438) *Italo*

---

cutivas que o título autoriza, as quais podem conduzir ao desapossamento ou mesmo à expropriação de bens do executado, contra sua vontade e a dano de seu patrimônio. É também inerente ao sistema que, tratando-se de um elemento capaz de abrir caminho a uma tutela jurisdicional que sem ele seria inadequada, não tenham os particulares o poder de criar títulos e, com isso, escolher previamente qual espécie de tutela será acessível para a solução de seus negócios; estamos no campo da *ordem pública do processo* e, como se dá com todos os pressupostos de ordem pública, nessa área não há espaço para o poder dispositivo dos particulares" (*Instituições de direito processual civil.* São Paulo: Malheiros, 2004, vol. IV, pp. 192-193).

(434) DINAMARCO, Cândido Rangel. *Instituições de direito processual civil.* São Paulo: Malheiros, 2004, vol. IV, p. 195.

(435) DINAMARCO, Cândido Rangel. *Execução civil.* 7ª ed. rev. e atual. São Paulo: Malheiros, 2000, p. 479.

(436) SHIMURA, Sérgio. *Título executivo.* 2ª ed. atual. e ampl. São Paulo: Método, 2005, pp. 129-133.

(437) DINAMARCO, Cândido Rangel. *Execução civil.* 7ª ed. rev. e atual. São Paulo: Malheiros, 2000, p. 470.

(438) ASSIS, Araken de. *Manual da execução.* 9ª ed. rev., atual. e ampl. São Paulo: RT, 2004, p. 137.

Andolina observa que o título executivo não é prova legal do crédito, porque o processo de execução não se destina ao julgamento acerca da definição do direito material. Observa, ainda, o ilustre jurista de Catania, que o título executivo não é título legal, posto que a eficácia formal do título não equivale à soma da eficácia própria da prova legal com a eficácia do ato jurídico. Assim, na estrutura do título executivo, é possível vislumbrar, concomitantemente, a presença do ato jurídico e do documento.(439) Deste modo, à luz de sua teoria, com o título executivo *em sua perspectiva documental*, autoriza-se ao credor a solicitação dos atos executivos, ao passo que, por outro lado, *na perspectiva da relação jurídica que lhe subjaz*, possibilita-se o controle de eventual vício desse ato jurídico no âmago do processo de execução.(440)

Essa teoria eclética, segundo entendemos, melhor explica a natureza jurídica do título executivo, apenas com a observância — necessária à luz do ordenamento jurídico pátrio — de que a obrigação que lhe dá conteúdo seja líquida, certa e exigível.(441) Através dos pressupostos da teoria eclética de *Italo Andolina*, portanto, deve ser metodologicamente organizada a cognição no processo de execução. Na verdade, extrinsecamente, o título executivo é um *documento* que, sob o ponto de vista intrínseco, contém uma *relação jurídica* que lhe dá conteúdo. Resumindo, concomitantemente, o título executivo é documento e ato jurídico.(442) Estes, pois, são os seus elementos essenciais.(443)

Tal constatação não possui efeito meramente acadêmico. Na prática forense, constata-se, por exemplo, que, na eventualidade de o documento desaparecer, nem por isso a relação jurídica que lhe dava conteúdo deixa de surtir efeito. Realmente, à luz do sistema jurídico, esta pode ser comprovada por qualquer meio admitido em direito, contudo, nessa situação, ou seja, sem o documento, o eventual crédito não pode ser exigido *em processo executivo*, e sim pleiteado em processo de conhecimento. Como se vê, na espécie, a relação jurídica persiste, mudando apenas a via judicial eleita pelo sistema para a tutela imediata

---

(439) Para *Italo Andolina*, "[...] la efficacia propria del titolo esecutivo va ricollegata non all'*atto giuridico materiale, ma al documento*: più esattamente, ad uma *rappresentazione documentale tipica del credito*, la qual se inserisce nella esperienza del fonomeno esecutivo como un *atto del processo di esecuzione forzata*" (*Contributo alla dottrina del titolo esecutivo*. Milano: Giuffrè, 1982, p. 130).

(440) ANDOLINA, Italo. *Contributo alla dottrina del titolo esecutivo*. Milano: Giuffrè, 1982, pp. 93-96.

(441) GUERRA, Marcelo Lima. *Execução forçada: controle de admissibilidade*. São Paulo: RT, 1995, p. 116.

(442) Essa delimitação da natureza jurídica do título executivo tem inegáveis reflexos sobre o direito de defesa pelo executado. Explica *Rosalina Pinto da Costa Rodrigues Pereira* que "são dois momentos: ajuizamento da execução e julgamento do direito substancial. Enquanto documento, pela aparência de certeza que origina para o ato jurídico que nele está consubstanciado, o título oferece todos os meios para a execução iniciar-se, processar-se, e ultimar-se até ser satisfeita a pretensão do credor. Enquanto ato, o título permite que o devedor atinja-lhe a eficácia, livrando-se da execução" (*Ações prejudiciais à execução por quantia certa contra devedor solvente*. São Paulo: Saraiva, 2001, p. 122).

(443) *José Miguel Garcia Medina* defende, em obra resultante de sua tese de doutoramento na PUC-SP, que o título executivo é tão-somente "[...] o *suporte fático reconhecido pela norma jurídica (tipicidade legal) como condição de atuação da sanção executiva no processo de execução, independentemente da averiguação da existência do direito que contém (abstratação ou eficácia abstrata)*" (*Execução civil: teoria geral: princípios fundamentais*. 2ª ed. rev., atual e ampl. São Paulo: RT, 2004, p. 174).

do direito do credor. Isso revela como o documento faz falta para o processo de execução, independentemente da existência ou não do ato jurídico no mesmo consagrado. A situação inversa também confirma a tese da teoria eclética do título executivo. Se o ato jurídico nunca existiu ou não mais existe, em razão da extinção da obrigação por um dos modos previstos em direito, isso não impede o exercício da execução forçada, se bem que pode ser frustrada, via de regra, pela ação incidental dos embargos do executado (se for o caso, pela impugnação ao cumprimento da sentença) ou, excepcionalmente, pelas ações autônomas prejudiciais à execução (defesa heterotópica) ou pela própria defesa endoprocessual aqui estudada. Observa-se, na primeira hipótese, que o documento desapareceu, mas subsistiu o ato jurídico, ao passo que, ao contrário, na segunda hipótese, o documento restou incólume, mas desapareceu o ato jurídico. Trata-se de casos com regimes jurídicos diversos: no primeiro, resta a tutela de conhecimento, para amparar ou reconhecer o crédito do autor; no segundo, possibilita-se a execução, mas, em contrapartida, a eficácia desta pode restar prejudicada em razão do exercício do direito de defesa pelo executado.

A correta compreensão do título executivo passa pelo conhecimento da sua justificação política. Segundo esclarece *Cândido Rangel Dinamarco*, o fator que orienta o legislador na sua atividade (política) de qualificar um ato ou fato jurídico como título executivo, legitimando-o a viabilizar a realização dos atos executivos, é a *probabilidade de existência* do crédito que lhe dá conteúdo.(444) Não seria prudente, na eventual ausência dessa probabilidade, expor o patrimônio de um cidadão aos rigores de uma execução forçada, com o ilegítimo risco de o crédito não existir, ensejando, assim, uma flagrante injustiça ou arbitrariedade. Mas risco sempre há em Direito, ainda mais nesse caso, quando a *probabilidade* constitui um juízo inferior ao de *certeza*. Assim, como repara o citado processualista, algum risco de desacerto sempre existe, ou porque o legislador errou ao erigir, em título executivo, um ato que não fosse tão idôneo quanto parecia, ou porque, no curso da vida e dos negócios, alguma circunstância concreta demonstre que o crédito não existe, apesar de formalmente consubstanciado em um título. Em contrapartida, ciente desse risco, o sistema processual deve oferecer remédios eficazes, mediante as possibilidades, franqueadas ao executado, de alegar que o crédito foi modificado ou que se extinguiu, de modo a se safar da pretensão do exeqüente. O legislador constantemente encontra-se nesse conflito de valores, envolvendo um jogo de certezas, probabilidades e riscos, sendo isso da essência de todo o sistema processual: é legítimo arriscar, confiando em uma probabilidade, não obstante se tenha consciência dos riscos assumidos, sempre que isso concorra para uma oferta de uma atividade jurisdicional mais rápida e efetiva, sem prejuízo da previsão dos instrumentos capazes de remediar os eventuais erros. Finalmente, esclarece *Cândido Rangel Dinamarco*, com muita propriedade, que a criação legal dos títulos executivos com base em um juízo de probabilidade quanto à existência do crédito, *somado aos meios processuais de*

(444) *Gian Franco Ricci* preleciona que os títulos executivos "[...] sono ritenute dalla legge idonee ad assicurare uma sufficiente certeza al diritto, tale da legittimare l'intervento degli organi esecutivi" (*Principi di diritto processuale generale*. 2ª ed. Torino: G. Giappichelli, 1998, p. 112).

corrigir erros, faz parte do conjunto de normas e idéias que compõe o *devido processo legal*, que, como se sabe, estabelece um sistema de limitações ao exercício do poder estatal.(445) Logo, como bem percebeu *José Miguel Garcia Medina*, a atividade criativa do legislador não é arbitrária, devendo "[...] balizar-se em parâmetros decorrentes da incidência de alguns princípios erigidos como fundamentais pela Constituição Federal e que tutelam o executado". A harmonização desses valores, segundo ele, dar-se-á em atenção ao princípio da proporcionalidade, em perfeita relação de adequação ao legítimo fim que se almeja.(446)

Como se vê, a correlação entre a justificação política do título executivo e os meios de controle pelo executado é o que dá o equilíbrio necessário, para se garantir a observância do devido processo legal. Essa questão passa, naturalmente, pela *delimitação* da obrigação exeqüenda. De acordo com o art. 586 do CPC, a obrigação que dá conteúdo ao título executivo deve ser *certa*, *líquida* e *exigível*, para que seja desencadeada a atividade executiva.(447)

A *certeza* da obrigação, que, em hipótese alguma, significa a existência do crédito,(448) mas é, por outro lado, pressuposto dos outros dois predicados dessa mesma obrigação,(449) diz respeito aos seus *elementos* constitutivos, ou seja, a sua *natureza*, os *sujeitos* envolvidos e o *bem da vida* perseguido.(450) Nem sempre isso ocorre, mas normalmente os lindes da responsabilidade patrimonial, isto é, o procedimento executivo, a legitimidade das partes e a variedade dos meios executivos são definidos pela análise meramente documental desses elementos.(451) O que se deve compreender, porém, com espeque na lição de *Teori Albino Zavascki*, é que

(445) DINAMARCO, Cândido Rangel. *Instituições de direito processual civil*. São Paulo: Malheiros, 2004, vol. IV, pp. 193-194.

(446) MEDINA, José Miguel Garcia. *Execução civil: teoria geral: princípios fundamentais*. 2ª ed. rev., atual. e ampl. São Paulo: RT, 2004, pp. 234-235.

(447) Afirma *Cândido Rangel Dinamarco*: "As qualidades de liquidez, certeza e exigibilidade não se referem ao título em sentido formal, ao ato jurídico dotado de eficácia executiva, mas ao seu *conteúdo*, ou seja, ao direito subjetivo atestado" (*Execução civil*. 7ª ed. rev. e atual. São Paulo: Malheiros, 2000, p. 487).

(448) "Na verdade", preleciona *Sérgio Shimura*, "não se pode falar em existência do *crédito*, como requisito para executar. Nem o mais idôneo dos títulos executivos — sentença civil condenatória passada em julgado — seria capaz de atestar a existência do *crédito* no momento da execução. O lapso que medeia entre a sua prolação possibilita a extinção do crédito pelo próprio adimplemento, por prescrição, novação etc. Nenhum direito é matematicamente certo. Não haveria como nem por que exigir a segura existência do direito, como requisito indispensável para executar, sob pena de inutilizar-se ou esvaziar-se toda função dos embargos à execução". E arremata sua primorosa lição: "Quando a lei exige que o título seja certo, não se pode entender que o direito substancial exista efetivamente. A função do título, em verdade, não está em *provar* o direito subjetivo substancial, sob pena de incorrer no pecado de conceituar a ação de execução como poder concreto" (*Título executivo*. 2ª ed. ampl. e atual. São Paulo: Método, 2005, pp. 194-196).

(449) *Teori Albino Zavascki* ensina que "[...] é possível imaginar-se obrigação certa (= existente), embora ilíquida (= sem valor ou objeto determinado) ou inexigível (= exigível apenas no futuro); mas não se pode, logicamente, conceber obrigação incerta, líquida ou exigível. A força executiva do título supõe, de qualquer modo e em qualquer caso, a conjunção dos três predicados: obrigação certa *e* líquida *e exigível*" (*Processo de execução: parte geral*. 3ª ed. rev., atual. e ampl. São Paulo: RT, 2004, p. 349).

(450) MEDINA, José Miguel Garcia. *Execução civil: teoria geral: princípios fundamentais*. 2ª ed. rev., atual. e ampl. São Paulo: RT, 2004, pp. 202-203.

(451) Quando não é possível identificar os limites objetivos e subjetivos da responsabilidade patrimonial a partir da mera análise do título executivo, este, sem dúvida alguma, ainda assim, será o ponto de partida da investigação do Magistrado.

"certeza não é sinônimo de incontestabilidade. O título executivo atende ao requisito da certeza quando for apto, por si mesmo, a representar, documentalmente, uma norma jurídica individualizada da qual decorra a obrigação de alguém de prestar a outrem uma coisa, uma quantia, um fato ou uma omissão. Embora contestáveis, em tese, os elementos subjetivos e objetivos dessa norma, ainda assim estará presente o requisito da certeza sempre que o título for, em si, intrinsecamente incontestável, ou seja, sempre que a eventual contestabilidade não decorrer de insuficiência ou de contradição (= *dicção contra*) interna ao título, mas depender de elementos extrínsecos."[452]

A *liquidez* da obrigação, requisito exigível apenas àquelas que envolvem coisas fungíveis, significa a sua quantificação e a delimitação do seu objeto. *Sérgio Shimura* entende que a dívida é líquida, quando há determinação de todos os seus elementos de quantidade (dinheiro), qualidade, natureza, peso, volume, espécie e quantidade (coisas diversas do dinheiro). O valor do título, para cumprir o requisito em tela, não precisa necessariamente estar declinado em moeda corrente nacional. Aliás, é suficiente que a quantia seja *determinável* por indicativos suficientes (ORTN, OTN etc.) a demonstrar, por simples operação aritmética, o valor correspondente, ocorrendo o mesmo em relação à necessidade de incidência de juros e atualização monetária.[453]

Humberto Theodoro Júnior resume bem a questão:

> "A liquidez do título deve estar não somente na expressão numérica do valor devido, mas sim e também nos elementos que o integram e conduziram à formação daquele valor. Em outros termos, se numa composição de débito faz-se referência a um indexador que será elemento determinante do *quantum* devido, para que essa composição seja título executivo, o indexador seja certo, determinado e líquido, do conhecimento de ambas as partes e não sujeito a questionamento de legalidade quanto à sua fonte e forma de apuração. Do contrário, o crédito será ilíquido e sujeito a acertamento, o que somente é realizado pela via cognitiva do processo de conhecimento, jamais pela execução direta."[454]

---

(452) ZAVASCKI, Teori Albino. *Processo de execução: parte geral*. 3ª ed. rev., atual. e ampl. São Paulo: RT, 2004, pp. 349-350.

(453) SHIMURA, Sérgio. *Título executivo*. 2ª ed. ampl. e atual. São Paulo: Método, 2005, pp. 198-199. *Cândido Rangel Dinamarco* preleciona o seguinte: "Os títulos extrajudiciais não lograrão jamais eficácia executiva quando não se referirem à importância líqüida, porque inexiste, quanto a eles, qualquer meio judicial de liquidação. Mas não se entenda por *liquidez* somente a precisa indicação nominal do valor, em moeda: havendo elementos suficientes para encontrar esse valor sem investigações de fato *aliunde* tal determinabilidade basta" (*Execução civil*. 7ª ed. rev. e atual. São Paulo: Malheiros, 2000, p. 498). Em complemento, observe-se a seguinte lição de *Humberto Theodoro Júnior*: "A operação só é aritmética quando efetuada em torno de valores adrede estipulados de maneira certa. Do contrário, se há fatos a serem pesquisados para determinar os números sobre os quais o cálculo será levado a efeito, a operação será, antes de tudo, de 'acertamento' e não de mera apuração de saldo. Esse tipo de operação não é compatível com o título executivo extrajudicial. Pode acontecer em face da sentença judicial genérica; jamais em relação ao documento extrajudicial" (*Pareceres: processo civil*. Rio de Janeiro: América Jurídica, 2003, vol. 2, p. 192).

(454) THEODORO JÚNIOR, Humberto. *Pareceres: processo civil*. Rio de Janeiro: América Jurídica, 2003, vol. 2, p. 200.

A *exigibilidade* da obrigação, de sua feita, refere-se à atualidade da dívida, o que ocorre com o implemento do termo inicial ou da condição suspensiva (art. 572 do CPC).[(455)] Em outras palavras, refere-se ao *vencimento da dívida*, portanto caracterizando a necessidade concreta do exercício da atividade jurisdicional: ao *momento* a partir do qual o exeqüente pode exigir o pagamento.[(456)]

Delimitado o conteúdo do título executivo, impõe-se perquirir acerca da sua forma. A eficácia executiva de um título decorre sempre da observância dos requisitos formais estabelecidos pela legislação processual. Por outro lado, cada título executivo tem suas peculiaridades estruturais delineadas pela respectiva área jurídica a que pertence. Ilustrativamente, observa-se que a sentença civil condenatória, instituto tipicamente processual e título executivo por excelência, para ser concebida como tal, deve apresentar estrutura formal composta por relatório, fundamentação e dispositivo (art. 458 do CPC), precisando resultar, para ser válida, de um procedimento compatível com os ideais do devido processo legal. Uma nota promissória, por exemplo, deve conter previamente, para ser reconhecida como título executivo, os elementos essenciais discriminados pelo direito cambiário (arts. 2º e 76 da Lei Uniforme), como a nomeação do emitente e do beneficiário, a indicação do valor e a data do vencimento.[(457)] Vale compreender que esses "processos" de formação dos títulos executivos, se irregulares, poderão ser objeto de defesa endoprocessual, desde que os eventuais vícios sejam facilmente evidenciados e não recaia sobre os mesmos anterior eficácia de coisa julgada material.

A despeito da variedade de elementos estruturais, sabe-se que existe um elemento formal comum a todos os títulos executivos: a *forma escrita*. Isso inclui o fato de a instrumentalização documental ser redigida *em vernáculo*.[(458)] Mas,

---

(455) ASSIS, Araken de. *Manual da execução*. 9ª ed. rev., atual. e ampl. São Paulo: RT, 2004, p. 143.

(456) *Sérgio Shimura* defende, na doutrina, que "[...] a *exigibilidade* não é elemento intrínseco do título executivo, como o são a liquidez e a certeza". Exemplifica com a hipótese da duplicata: "Embora ainda não vencida, portanto, ainda não é exigível, não deixa de configurar título executivo". Em contrapartida, afirma que pode existir uma dívida vencida, portanto, exigível, e não ser postulável por meio do processo executivo, como é o caso de um contrato de mútuo, não subscrito por duas testemunhas, cujo vencimento já ocorreu (*Título executivo*. 2ª ed. ampl. e atual. São Paulo: Método, 2005, pp. 202-203).

(457) DINAMARCO, Cândido Rangel. *Instituições de direito processual civil*. São Paulo: Malheiros, 2004, vol. IV, pp. 203-204.

(458) DINAMARCO, Cândido Rangel. *Execução civil*. 7ª ed. rev. e atual. São Paulo: Malheiros, 2000, pp. 483-484. Sendo o título executivo um *documento* integrado por um ato jurídico, poder-se-ia supor que é tautológico afirmar que o mesmo deva ser *escrito*. Nada mais equivocado. Tecnicamente, *documento*, na lição de *Cândido Rangel Dinamarco*, supõe a composição de uma ou mais superfícies portadoras de símbolos capazes de transmitir idéias e demonstrar a ocorrência de fatos. Esses símbolos podem ser letras, palavras, frases, algarismos e números, imagens ou *sons gravados* e registros magnéticos em geral. O que há de comum entre eles é o fato de expressarem idéias de uma pessoa, a serem captadas e interpretadas por outras. Diz o mestre paulista: "Os seres que trazem em si esses símbolos transmissores de comunicação visual, sonora ou mesmo sensitiva (vibrações) são ordinariamente *coisas* e, mais corriqueiramente *papéis*; mas também uma *pessoa* pode ser tomada como tal, sempre que traga em si a inscrição ou gravação de símbolos, como é o caso de *tatuagens* que eventualmente demonstrem a ocorrência de fatos" (*Instituições de direito processual civil*. São Paulo: Malheiros, 2004, vol. III, p. 565). Vê-se, portanto, que a predicação *escrita*, antes e bem pelo contrário, não é desnecessária.

não é só isso. O título executivo deve apresentar-se de maneira clara e elucidativa acerca das questões que lhe tocam, contendo os requisitos da certeza, liquidez e exigibilidade da obrigação que lhe dá conteúdo, nele não se admitindo, ao menos como regra geral, rasuras, rasgões e/ou emendas que comprometam a sua função.[459] Se não houver essa observância, certamente o executado poderá se valer da defesa endoprocessual, a fim de resguardar a integridade de seu patrimônio.

A exigência de que o título executivo seja expresso em um documento é feita com a finalidade de conferir maior segurança e idoneidade ao ato material que lhe dá conteúdo. Mas, o título executivo, repita-se, não tem função probatória, especialmente em relação à obrigação exeqüenda. Diante da sua eficácia abstrata, o art. 614, *I*, do CPC deve ser lido na perspectiva de que a petição inicial deve ser instruída com a prova documental da *existência do título* em si, e não do crédito. Em outras palavras, a função do título executivo, e essa deve ser a visão metodológica a respeito do mesmo, é viabilizar o processo de execução, sob pena de, estando ausente, caracterizar uma situação de carência de uma das condições da ação executiva, qual seja, o interesse processual.

À luz dessas considerações e de acordo com o direito brasileiro, pode-se formular um conceito mais completo de título executivo: é a representação documental de norma jurídica individualizada, contendo, de maneira abstrata e redigida em vernáculo, obrigação líquida, certa e exigível de entregar uma coisa, ou de fazer, ou de não fazer alguma atividade, ou de pagar quantia em dinheiro, entre sujeitos determinados, e que, diante da probabilidade da real existência dessa mesma obrigação, tem a eficácia específica de viabilizar a tutela jurisdicional executiva.[460]

Sendo a pedra angular do processo de execução, é natural que os eventuais vícios que maculam o título executivo, tanto no aspecto formal, envolvendo o documento em si, quanto no substancial, ou seja, em relação ao direito material que lhe dá conteúdo, podem servir de objeto de defesa endoprocessual, desde que evidenciados de plano pelo Juiz.[461] O que merece realce, no particular, é a inexistência de dilação probatória, de modo que a matéria não seja de complexidade incompatível com o processo de execução.

---

(459) Explica *Alberto Camiña Moreira:* "Os títulos executivos são documentos formais e deles exige-se a integridade suficiente para expressar o crédito. O documento que contiver rasgões, emendas ou rasuras torna-se imprestável como título executivo. Mas não é toda e qualquer rasura que torna imprestável o título, somente a que atinja pontos substanciais. A rasura que incide sobre ponto não substancial do documento não compromete sua integridade. Já se decidiu que é inexigível o cheque nominal com rasura para substituição do nome do beneficiário pelo do portador" (*Defesa sem embargos do executado: exceção de pré-executividade*. 3ª ed. rev., atual. e ampl. São Paulo: Saraiva, 2001, p. 132).

(460) ZAVASCKI, Teori Albino. *Processo de execução: parte geral*. 3ª ed. rev., atual. e ampl. São Paulo: RT, 2004, p. 270.

(461) Para *Paulo Henrique dos Santos Lucon*, "[...] quando o título não existe ou quando a sua própria existência é posta em discussão, seria uma ilegalidade exercer constrição sobre o patrimônio do obrigado, justamente porque para tanto falta o elemento legitimador possível, ou seja, o título executivo" (*O controle dos atos executivos e efetividade da execução: análises e perspectivas. Processo de execução e assuntos afins*/Coordenação de Teresa Arruda Alvim Wambier. São Paulo: RT, 1998, p. 335).

Em relação à previsão de título executivo, o nosso sistema jurídico é do tipo fechado, sendo esta questão fundamental quanto ao exercício da defesa,[462] e é assim, porque o principal vício do processo de execução, sem dúvida alguma, é a própria inexistência do título executivo,[463] sendo, no mínimo, uma arbitrariedade impedir que o injustamente executado possa suscitar essa questão no interior do processo de execução.[464] *José Miguel Garcia Medina*, distinguindo os requisitos relativos à admissibilidade do título executivo e os requisitos relativos ao dever nele abstratamente contido, entende que as operações que devem ser realizadas pelo Juiz, a fim de aferir a presença ou não de um título executivo, podem ser resumidas da seguinte maneira: *a)* verificação se o documento que o "credor" ostenta como título executivo é, em tese, juridicamente tipificado como tal; e *b)* verificação se os requisitos legais *do ato* que constitui título executivo estão ou não presentes. Neste caso, o notável processualista paranaense esclarece que os requisitos legais do ato não são apenas os de *validade*, mas também os de existência, quando, então, na eventualidade de ausência dos mesmos, o "título executivo" terá o mesmo destino.[465] Nessa perspectiva, pois, analisar-se-ão os vícios envolvendo o título executivo.

Inicia-se a observação dos vícios pela sentença civil condenatória, que, mesmo sem trânsito em julgado, pode servir de base para um processo de "execução provisória", instituto que, urge notar, pode causar, inclusive mediante penhora com remoção, prejuízos ao executado. Na realidade, em razão dos atos de constrição patrimonial, o executado pode até mesmo paralisar as suas atividades econômicas, motivo pelo qual a decisão que viabiliza a realização dos mesmos (atos executivos) deve se cercar de todos os parâmetros juridicamente exigidos para a sua formação. A sentença, portanto, enquanto título executivo por excelência, gerada a partir de uma atividade dialética legitimada pela possibilidade do contraditório travado entre as partes, deve observar os seus elementos essenciais e requisitos de validade, de modo a se evitar que o executado tenha o seu patrimônio injustamente turbado em razão de título executivo formado sem a observância do devido processo legal, o que inclui a sua sintonia com o princípio da tipicidade.

---

(462) *José Miguel Garcia Medina* preleciona o seguinte: "Pensamos que a opção por um sistema fechado, tal como mencionado acima, deve vir acompanhada por um maior grau de variabilidade de mecanismos de 'defesa' do executado, estipulados pela própria norma jurídica em atenção a cada espécie de título executivo. Um sistema aberto, por sua vez, ante a grande diversidade de títulos executivos suscetíveis de surgirem no tráfego jurídico, exige mecanismos de defesa igualmente mais gerais passíveis de acomodação ao título executivo que se busca atacar" (*Execução civil: teoria geral: princípios fundamentais*. 2ª ed. rev., atual. e ampl. São Paulo: RT, 2004, p. 182).

(463) *José Alberto dos Reis* é muito claro em sua lição: "O juiz, antes de se embrenhar na via executiva ou de consentir que o exeqüente comece a percorrê-la, tem de certificar-se de que se vai entrar num caminho cujo acesso não está vedado; e para se certificar disto, tem de verificar cuidadosamente se o título exibido pelo exeqüente é, na realidade, um título executivo" (*Processo de execução*. Coimbra: Coimbra, 1985, vol. 1º, p. 192).

(464) Categoricamente, diz *José Maria Tesheiner*, que "já não se põe em dúvida a admissibilidade da denominada 'exceção de pré-executividade', que é defesa oferecida pelo devedor, antes e independentemente da penhora, nos casos de execução indevida por ausência de título executivo hábil" (*Pressupostos processuais e nulidades no processo civil*. São Paulo: Saraiva, 2000, p. 242).

(465) MEDINA, José Miguel Garcia. *Execução civil: teoria geral: princípios fundamentais*. 2ª ed. rev., atual. e ampl. São Paulo: RT, 2004, pp. 187-188.

De uma maneira geral, a doutrina aponta os vícios de que pode padecer uma sentença nas seguintes situações jurídicas: *1)* ausência de relatório; *2)* ausência de fundamentação; *3)* deficiência de fundamentação; *4)* ausência de correlação entre fundamentação e decisório; e *5)* ausência de dispositivo ou conclusão.

Dispõe o art. 458 do CPC:

"Art. 458. São requisitos essenciais da sentença:

"I — o relatório, que conterá o nome das partes, a suma do pedido e da resposta do réu, bem como o registro das principais ocorrências havidas no andamento do processo;

"II — os fundamentos, em que o Juiz resolverá as questões de fato e de direito;

"III — o dispositivo, em que o Juiz resolverá as questões, que as partes lhe submeterem."

Barbosa Moreira, corretamente, esclarece que esse dispositivo carece da melhor técnica redacional, a começar pelo uso do vocábulo "requisitos", que são qualidades, atributos que se expressam mediante adjetivos. Na verdade, a regra jurídica mencionada trata de *elementos*, de partes que devem integrar a estrutura da sentença, a saber: o relatório, os fundamentos ou motivação e o dispositivo ou conclusão. Afirma, ainda, que a parte final do inciso III não foi bem concebida, em que se diz que o Juiz resolverá as questões *que as partes lhe submeterem*, eis que, como se sabe, o Juiz não resolve somente essas questões, a exemplo da decadência, perfeitamente pronunciável de ofício. Finalmente, ensina que o vocábulo "questões" está empregado de maneira ambígua, induzindo a equívoco, pois tem um sentido no inciso II e outro no inciso III. Enquanto no primeiro caso refere-se aos fundamentos, à análise das questões de fato e de direito, ou seja, dos pontos duvidosos a respeito delas, terminando o Juiz por *resolvê-las*, enunciando o seu convencimento, no segundo caso, no dispositivo da sentença, ele apenas se *pronuncia* sobre o pedido. Em outras palavras, na fundamentação, o Juiz analisa e resolve as questões fático-jurídicas que lhe são submetidas, ao passo que, no dispositivo da sentença, há somente o pronunciamento judicial a respeito da decisão tomada: não se resolve aqui o que já foi resolvido na fundamentação, apenas se pronuncia acerca da procedência ou não do pedido.(466)

O relatório não passa de uma narração, de modo que, se é assim, deve revestir-se, à medida do possível, de caráter objetivo. Nele, o Juiz não deve demonstrar como vai decidir a respeito dos pedidos ou da impressão que ficou diante das questões deduzidas perante ele no processo. É necessário que demonstre discernimento, para, de um lado, não omitir dados relevantes e, de outro, não se perder em digressões inúteis. O relatório somente deve conter os dados necessários ao cumprimento de sua finalidade, tão-somente.(467) Mas, é preciso compreender, inobstante o que se disse, que o relatório é uma espécie

(466) BARBOSA MOREIRA, José Carlos. *O que deve e o que não deve figurar na sentença. Temas de direito processual: oitava série*. São Paulo: Saraiva, 2004, pp. 117-118.

(467) BARBOSA MOREIRA, José Carlos. *O que deve e o que não deve figurar na sentença. Temas de direito processual: oitava série*. São Paulo: Saraiva, 2004, p. 119.

de pré-fundamentação. "Trata-se de elementos que têm por escopo *situar* a fundamentação, circunstancializando-a, em certa medida. *A fundamentação só ganha sentido no contexto do relatório*".(468)

A motivação, nesse contexto, possui dois aspectos: um *fático* e outro *jurídico*. "Quem sentencia, em última análise, aplica norma jurídica a determinado fato ou conjunto de fatos. A conclusão deve resultar da conjugação entre a norma aplicável e o fato concreto e singular que está posto diante do juiz". O fundamento fático, via de regra, é decisivo, pois, apenas de maneira excepcional, o Juiz se deparará com uma causa que será julgada à luz de meras questões de direito. "O que normalmente mais importa é a análise dos dados de fato, à luz das provas", diz novamente *José Carlos Barbosa Moreira*. Duas exigências devem ser observadas: a *extensão* da fundamentação e a sua *profundidade*. A primeira diz respeito ao fato de que *todas* as provas devem ser levadas em consideração pelo julgador, ao prolatar a sua decisão. Assim, deve apreciar a prova "[...] não somente a produzida pelo autor, senão também a produzida pelo réu e a colhida *ex officio*". A segunda exigência, relativa à profundidade da motivação, repele referências genéricas e injustificadas, do tipo: "a prova produzida pelo autor não convence", "as alegações do réu não ficaram comprovadas" ou "indefiro a liminar por falta dos pressupostos legais". Com esse tipo de expressões, o Juiz, em absoluto, desincumbiu-se do seu dever de motivar. Afinal, ele deve explicar o motivo pelo qual a prova produzida pelo autor não lhe foi convincente, ou as razões pelas quais as alegações do réu não o convenceram, ou ainda justificar o asserto de que os pressupostos legais da liminar não estão presentes.(469) Não o fazendo, considera-se que a decisão, ao arrepio do texto constitucional, carece de motivação (art. 93, *IX*, da CF), é nula de pleno direito.(470)

---

(468) WAMBIER, Teresa Arruda Alvim. *Nulidades do processo e da sentença*. 5ª ed. rev., atual. e ampl. São Paulo: RT, 2004, p. 335.

(469) Igualmente, manifesta-se *Nelson Nery Junior*: "O mau vezo em que incorrem alguns juízes e tribunais de não fundamentarem suas decisões acarreta hoje nulidade por infringência à CF. Não é incomum os juízes indeferirem pretensões das partes argumentando com o jargão de que o fazem 'por falta de amparo legal'. Esse tipo de decisão é exemplo clássico de ausência de fundamentação da decisão judicial (jurisdicional e administrativa), que a torna írrita e ineficaz. O juiz deverá indicar o porquê do indeferimento, já que se não houver vedação expressa na lei, o juiz não poderá deixar de apreciar o pedido, preenchendo eventual lacuna pelos mecanismos indicados no art. 5º, da LICC, no art. 126 do CPC e no art. 7º do CDC. Sua conclusão poderá até ser pelo indeferimento, mas deverá dizer quais as razões pelas quais assim decidiu". Esclarece, ainda, o seguinte: "Outro fato comum, que ocorre amiúde no foro, é a ausência de motivação das decisões concessivas ou denegatórias de liminar, em mandado de segurança, cautelares, possessórias e ações civis públicas. A locução 'presentes os pressupostos legais concedo a liminar', ou, por outra, 'ausentes os pressupostos legais denego a liminar', são exemplos típicos do vício aqui apontado. O ministro, desembargador ou juiz tem necessariamente de dizer por que entendeu presentes ou ausentes os pressupostos para a concessão ou denegação da liminar, isto é, ingressar no exame da situação concreta posta à sua decisão, e não limitar-se a repetir os termos da lei, sem dar razões de seu convencimento" (*Princípios do processo civil na Constituição Federal*. 7ª ed. rev., atual. e ampl. São Paulo: RT, 2002, pp. 184-185).

(470) Esclarece *Nelson Nery Junior* que é "interessante observar que normalmente a Constituição Federal não contém norma sancionadora, sendo simplesmente descritiva e principiológica, afirmando direitos e impondo deveres. Mas a falta de motivação é vício de tamanha gravidade que o legislador constituinte, abandonando a técnica de elaboração da Constituição, cominou no próprio texto constitucional a pena de nulidade" (*Princípios do processo civil na Constituição Federal*. 7ª ed. rev., atual. e ampl. São Paulo: RT, 2002, p. 184).

Observe-se que a invocação, pelo Juiz, de outra peça dos autos (ilustrativamente, o parecer do representante do Ministério Público) como sustentáculo de sua decisão "[...] pode ser admitida, por amor à economia processual,[471] em hipóteses de rotina, quando haja realmente nos autos peça bem elaborada, que abranja todos os pontos relevantes". Deve, entretanto, constituir exceção, jamais regra. Finalmente, "o juiz deve ter como lema examinar todas as questões de direito relevantes, e só essas". Dito de outra maneira, as questões que devem ser analisadas pelo Juiz são somente aquelas que forem pertinentes e relevantes, ou seja, aquelas que puderem influir, de alguma maneira, na decisão.[472]

Por sua vez, o dispositivo consiste na decisão em si, ou seja, é a resposta do Estado-juiz à demanda do autor. "A parte dispositiva é o local em que o juiz afirma se acolhe ou não o pedido do autor e, em caso de procedência, o que deve ser feito para que o direito material seja efetivamente realizado".[473] Deve ser claro e preciso, exatamente para que o jurisdicionado compreenda o que foi decidido. Através dele, aliás, define-se a natureza jurídica preponderante da sentença. Note-se que, via de regra, o dispositivo é o componente da sentença que transita em julgado. Enfim, trata-se do elemento essencial da sentença mais importante, visto que a outorga da tutela jurisdicional ocorre através dele.[474]

Quais as conseqüências jurídicas da ausência desses elementos essenciais da sentença? *Ovídio A. Baptista da Silva,*[475] *Nelson Nery Junior* e *Rosa Maria de*

---

(471) Diferentemente não pensa *Nelson Nery Junior*, quando afirma que "[...] é fundamentada a decisão que se reporta a parecer jurídico constante dos autos, ou às alegações das partes, desde que nessas manifestações haja exteriorização de valores sobre as provas e questões submetidas ao julgamento do juiz. Assim, se o juiz na sentença diz acolher o pedido 'adotando as razões do parecer do Ministério Público', está fundamentada a referida decisão, se no parecer do *Parquet* houver fundamentação dialética sobre a matéria objeto da decisão do magistrado" (*Princípios do processo civil na Constituição Federal*. 7ª ed. rev., atual. e ampl. São Paulo: RT, 2002, p. 183).

(472) Esclarece *Barbosa Moreira* que "a regra segunda a qual a análise para a motivação fática deve abranger a totalidade das provas comporta atenuações, por amor à economia processual. Um exemplo: em ação de cobrança, se desde logo se verifica que procede a alegação do réu, de haver sido paga a dívida, como demonstra o recibo junto aos autos, o juiz não precisará perder tempo com outras considerações; poderá dispensar-se da análise de outras provas e julgar improcedente o pedido com fundamento na comprovação do fato extintivo. O critério que deve nortear o comportamento do juiz na motivação é basicamente o seguinte: nada que não seja necessário, mas tudo que o seja. Destarte, se a sentença é logicamente íntegra com a simples análise de uma prova, isso pode bastar". Por outro lado, referindo-se a fundamentação *jurídica*, faz a seguinte crítica: "Algo muito comum, na motivação de direito, é a invocação pura e simples da jurisprudência. Há juízes que se dão por satisfeitos com o dizer que a jurisprudência se orienta neste ou naquele sentido. A menos que alguma norma legal a declare suficiente, com semelhante referência o juiz não se desincumbe do dever de motivar. É claro que ele deve levar em conta a jurisprudência, sem prejuízo da possibilidade, que em princípio tem, de discordar da orientação predominante, mas em qualquer caso tem de expor as razões pelas quais adere ou não adere a ela. Pode fazê-lo sucintamente, quando segue jurisprudência consolidada; todavia, não há de esquecer que o que mais importa é seu próprio convencimento. E, mesmo quando se baseia na jurisprudência, precisa documentar o asserto de que ela é na verdade predominante" (*O que deve e o que não deve figurar na sentença. Temas de direito processual: oitava série*. São Paulo: Saraiva, 2004, pp. 120 e 121-122, respectivamente).

(473) MARINONI, Luiz Guilherme; ARENHART, Sérgio Cruz. *Manual do processo do conhecimento: a tutela jurisdicional através do processo do conhecimento*. 2ª ed. rev., atual. e ampl. São Paulo: RT, 2003, p. 444.

(474) DINAMARCO, Cândido Rangel. *Instituições de direito processual civil*. 2ª ed. rev. e atual. São Paulo: Malheiros, 2001, vol. II, pp. 662-663.

(475) SILVA, Ovídio Araújo Baptista da Silva. *Curso de processo civil*. 5ª ed. rev. e atual. São Paulo: RT, 2004, p. 405.

Andrade Nery,[476] dentre outros, entendem que o caso é de nulidade. Na opinião de *José Carlos Barbosa Moreira*, contudo, com a qual compartilhamos em sua totalidade, "[...] há algo que não pode deixar de existir numa sentença: o dispositivo". Em seu entendimento, "sentença que não contenha dispositivo não será, a rigor, sentença; a falta desse elemento não torna a sentença apenas inválida, torna-a *inexistente*". Sentença sem dispositivo é uma "não-sentença", nunca poderá aspirar a transitar em julgado, até porque o Juiz, desincumbido da sua missão constitucional, *não chegou a julgar*. Idêntico raciocínio, aliás, aplica-se à hipótese de ausência de sua assinatura pelo Juiz.[477] Para o Desembargador aposentado do TJRJ, a falta dos demais elementos (relatório e fundamentação) não gera conseqüência tão drástica, de modo que essa ausência leva à nulidade da sentença e, com efeito, à sua rescindibilidade.[478] *Arruda Alvim* tem esse mesmo pensamento.[479]

Segundo entendemos, são questões que, se facilmente perceptíveis,[480] podem ser ventiladas por meio de defesa endoprocessual executiva, desde que

---

(476) NERY JUNIOR, Nelson; NERY, Rosa Maria de Andrade. *Código de Processo Civil comentado e legislação extravagante*. 8ª ed. rev., atual. e ampl. São Paulo: RT, 2004, p. 851.

(477) Corretamente, observam *Ada Pellegrini Grinover*, *Antonio Scarance Fernandes* e *Antônio Magalhães Gomes Filho:* "A falta de assinatura do juiz na sentença caracteriza verdadeira inexistência material do ato, pois não se estará diante de ato jurisdicional, mas de simples trabalho datilográfico" (*As nulidades no processo penal*. 8ª ed. rev. e atual. São Paulo: RT, 2004, p. 260). *Cândido Rangel Dinamarco*, outro processualista de escol, faz o seguinte resumo: "São juridicamente inexistentes (a) a sentença *não-assinada*, porque não é portadora do atestado de vontade do Estado-juiz, (b) a sentença desprovida de *dispositivo*, porque neste é que reside o concreto preceito portador da tutela jurisdicional, (c) *as sentenças que pretendam impor um* resultado material ou juridicamente impossível" (*Instituições de direito processual civil*. 2ª ed. rev. e atual. São Paulo: Malheiros, 2001, vol. III, p. 681).

(478) BARBOSA MOREIRA, José Carlos. *O que deve e o que não deve figurar na sentença. Temas de direito processual: oitava série*. São Paulo: Saraiva, 2004, p. 118. *Michele Taruffo* entende que a sentença não motivada é inexistente por dois motivos. Em primeiro lugar, ante a previsão constitucional de sua obrigatoriedade, ela, motivação, passa a ser elemento estrutural necessário dos provimentos em que se exercita a jurisdição. Em segundo lugar, a ausência de motivação impossibilita o controle da sentença (*La motivazione della sentenza civile*. Padova: Cedam, 1975, pp. 463-464). É preciso perceber, entretanto, que o plano da existência está relacionado aos pressupostos fático-jurídicos que o ato deve preencher, para, em virtude desses elementos mínimos, cumprir a finalidade para o qual foi pensado. Na afirmação de *Maria Thereza Gonçalves Pero*, "tanto assim, que a inexistência de motivação não acarreta necessária e automaticamente a ineficácia da sentença, não impedindo inclusive que a parte vencida espontaneamente venha a cumpri-la ou que a parte vencedora promova sua execução" (*A motivação da sentença civil*. São Paulo: Saraiva, 2001, p. 123).

(479) Diz o notável Professor da PUC-SP: "Em síntese, podemos dizer que a falta de qualquer dos elementos analisados, que denominamos, em conformidade com a lei, de *essenciais*, acarreta a nulidade do ato decisório, devendo outro ser proferido em substituição ao nulo, mercê de provimento de recurso interposto pelo interessado. Se a sentença de mérito tiver transitado em julgado, caberá ação rescisória (art. 485, V)". E conclui: "Parece-nos, entretanto, que a falta *absoluta* de 'decisório' faz com que a sentença seja *juridicamente inexistente, e não nula*, o que implica não *estar sujeita à* possibilidade de sua *vulneração* ao prazo decadencial de dois anos da ação rescisória" (*Manual de direito processual civil*. 7ª ed. rev., atual. e ampl. São Paulo: RT, 2000, vol. I, pp. 654-655).

(480) Explica *Teresa Arruda Alvim Wambier*: "Essa perceptibilidade *prima facie* é verificável toda vez que for possível ao juiz detectar a existência de vício que inviabilize a execução *a partir do próprio material constante do processo*, com o qual o credor, aliás, instrui a execução. Nesses casos, teria sido possível e correto o indeferimento da inicial e seria absurdo não permitir que o executado simplesmente apontasse o vício para que o juiz se apercebesse de sua existência e o decretasse, encampando, por exemplo, um raciocínio sugerido pelo executado, com o que o juiz, a princípio, não tivesse atinado" (*Nulidades do processo e da sentença*. 5ª ed. rev., atual. e ampl. São Paulo: RT, 2004, pp. 345-346).

observadas algumas circunstâncias. Para resumir: *a)* a ausência de dispositivo gera a *inexistência jurídica* da sentença,[(481)] e a matéria pode ser argüida em qualquer tempo,[(482)] uma vez que não há o trânsito em julgado formador do título executivo; *b)* a ausência de relatório e/ou fundamentação, se causarem prejuízo,[(483)] resulta em *nulidade*[(484)] da sentença, podendo-se argüir a matéria até o término do prazo decadencial para o ajuizamento da ação rescisória (art. 495 do CPC), haja vista a inexistência de incompatibilidade cognitiva. Nesse último caso, muito pelo contrário, ataca-se o próprio título executivo, matéria afeta ao processo de execução, questionando a sua legitimidade. Se as referidas questões podem ser ventiladas no processo de execução "definitiva", com maior razão se admitirá que o mesmo ocorra em relação à execução dita (impropriamente) "provisória", em que o título executivo não transitou em julgado. Da mesma forma, a questão pode ser ventilada no interior da etapa de cumprimento da sentença.

---

(481) Na mesma linha de pensamento, manifesta-se *Carlos Alberto Alvaro de Oliveira:* "Sem comando determinado (condenar, constituir, declarar, mandar, executar; só o primeiro, ressalte-se, permite execução em sentido próprio) não há sentença. Trata-se de aspecto peculiar desse tipo de provimento jurisdicional, por expressar o resultado do juízo. O parecer, mesmo do juiz, não configura ato imperativo estatal, passível de ser caracterizado como sentença: não condena, apenas opina". E continua sua lição: "A seu turno, a demonstração de que a sentença foi proferida de acordo com o sistema jurídico em que se insere o órgão judicial tem lugar na fundamentação, representativa do processo lógico do raciocínio desenvolvido pelo juiz, de sorte a permitir o seu controle por parte do jurisdicionado. Assinale-se, porém que tanto a falta de motivação quanto de relatório provocam apenas a nulidade da sentença (correta a qualificação da Constituição Federal, art. 94, IX a propósito daquela), em razão da deficiência quanto a elementos complementares do suporte fáctico, no referente à forma estabelecida nos dois primeiros incisos do art. 458 do CPC". Esclarece, ainda, com a lucidez habitual: "Em todas as hipóteses, em que falta algum elemento nuclear do suporte fáctico da categoria jurídica 'sentença', vista a questão do ponto de vista do processo de execução, a falsa sentença (o direito alemão cunhou a expressão *Schinurteil*, sentença aparente) conduz *ipso facto* à inexistência do título executivo judicial. A decisão judicial, reconhecedora da inexistência, revestir-se-á então de conteúdo tipicamente declaratório negativo, com eficácia *ex tunc*". E finaliza, referindo-se ao meio de defesa do réu diante da ausência de um dos elementos essenciais da sentença: "No concernente à defesa do executado, a ausência do título determina a impossibilidade do processo de execução e, como pressuposto de procedibilidade, pode ser alegada a qualquer momento, independente da ação incidental de embargos de devedor, no próprio processo de execução, e até em mandado de segurança" ("Execução de título judicial e defeito ou ineficácia da sentença". *Revista de Processo*, São Paulo: RT, n. 80, out./dez. 1995, pp. 67-68).

(482) Afirma *Teresa Arruda Alvim Wambier* que "sentenças inexistentes podem ser impugnadas a *qualquer momento* e por *qualquer meio*: neste caso, não *há título*". Logo, em sua opinião, "trata-se, até mesmo, de matéria alegável por meio de exceção de pré-executividade" (*Nulidades do processo e da sentença.* 5ª ed. rev., atual. e ampl. São Paulo: RT, 2004, p. 340).

(483) *Calmon de Passos*, no particular, resume bem a questão: "[...] a simples argüição da falta ou defeito do relatório ou da motivação, sem que se demonstre o erro da conclusão, é de todo irrelevante. Faltaria o fundamento do prejuízo, indispensável para autorizar a decretação da invalidade do decisório recorrido. Nem se pode contornar o problema falando-se em *prejuízo presumido*, porque contra isso fala claramente o teor do § 2º do art. 249" (*Esboço de uma teoria das nulidades aplicada às nulidades processuais*. Rio de Janeiro: Forense, 2002, pp. 150-151).

(484) Para *José Rogério Cruz e Tucci*, "[...] o ato decisório privado da devida motivação estará intrinsecamente viciado e, portanto, *nulo*" (*A motivação da sentença no processo civil*. São Paulo: Saraiva, 1987, p. 139). *Sérgio Nojiri*, tratando especificamente da ausência de fundamentação em sua dissertação de mestrado na PUC-SP, defende, com bastante propriedade, que o instrumento para desconstituir a sentença carente de fundamentos, após o seu trânsito em julgado, é a ação rescisória. Em um país que se diz implantar o Estado Democrático de Direito, não basta que a sentença esteja fundamentada, exige-se que essa manifestação judicial esteja *devidamente* fundamentada. Assim, na opinião do autor, afrontam o disposto no art. 93, IX, da CF não somente as decisões judiciais carentes de fundamentação

A sentença estrangeira,(485) para que seja considerada como título executivo judicial no ordenamento jurídico pátrio, reclama homologação(486) pelo STJ (art. 104, *I*, da CF),(487) a qual não é exigida, entretanto, quando se trata de título extrajudicial. Neste caso, para ter eficácia executiva, o título tem de satisfazer os requisitos de formação exigidos pela lei do lugar de sua celebração e indicar o Brasil como o lugar de cumprimento da obrigação (art. 585, *§ 2º*, do CPC(488)).

---

como também aquelas insuficientemente fundamentadas. Partindo dos ensinamentos da Teoria Pura do Direito, o ilustre Juiz Federal de São Paulo entende que, mesmo contendo esse vício de fundamentação, a decisão judicial proferida não pode simplesmente ser considerada nula ou inexistente, pois, ao entrar no universo jurídico, ela adquire um certo *status* de validade, exatamente no sentido de que, enquanto não surgir um determinado ato jurídico ou norma jurídica que tenha força para expurgá-la, ela possui eficácia. Nesse contexto, considerá-la nula ou inexistente seria uma contradição em termos, já que a mesma permanecerá válida, enquanto não expulsa por meio de ato normativo específico. Em outras palavras, na opinião do citado autor, "a decisão judicial sem fundamentação, apesar do vício de extrema gravidade, é válida, até ser declarada nula". Assim, se a parte não atacar tempestivamente a decisão pelos meios legais, haverá o trânsito em julgado dessa decisão, de modo a tornar-se imutável após os dois anos decadenciais para o ajuizamento da ação rescisória. "Decorrido o lapso temporal, a decisão não mais poderá ser modificada, passando a integrar definitivamente o ordenamento jurídico positivo". Tal conclusão, observe-se bem, não contradiz o que se disse no início do parágrafo. Nas palavras do citado processualista: "Mesmos cientes da importância do dever de fundamentar as decisões judiciais, como consectário do Estado Democrático de Direito, entendemos que o mesmo, quando em confronto, deve ceder perante o *princípio da segurança jurídica*". Este, como se sabe, "implanta no seio da comunidade um sentimento de previsibilidade quantos aos efeitos jurídicos da regulação da conduta". Como se pode ver, na espécie, trata-se de colisão de princípios jurídicos constitucionais, quais sejam, "o postulado da fundamentação das decisões judiciais, que controla o arbítrio e obriga os magistrado a justificarem seus provimentos, e, de outro, o princípio da segurança jurídica", que, como se disse, possibilita a disciplina do regramento dos comportamentos sociais, com o escopo de eliminar as eventuais incertezas na aplicação da lei. No caso, a solução dada pelo sistema amolda-se perfeitamente ao princípio constitucional da proporcionalidade (*O dever de fundamentar as decisões judiciais*. 2ª ed. rev., atual. e ampl. São Paulo: RT, 2000, pp. 108-114).

(485) Preleciona *José Carlos Barbosa Moreira:* "A sentença estrangeira pode vir a ser invocada para mais de um fim. É possível que o interessado queira unicamente fazer valer-lhe a autoridade em processo em curso perante a Justiça nacional, por exemplo para fundamentar uma defesa preliminar de coisa julgada. Também é possível que ele queira promover, no território nacional, atos materiais tendentes à realização prática do que se decidiu no outro país, *v. g.*, a apreensão e a alienação forçada de bens pertencentes ao devedor, lá condenado ao pagamento de certa importância". E explica: "Trata-se, como é intuitivo, de diferentes manifestações da eficácia da sentença, ou, noutras palavras, de diferentes efeitos desta. No último grupo de casos, o que está em jogo é o efeito *executivo*, peculiar, como ninguém ignora, às sentenças condenatórias. Nos restantes, outros serão os efeitos que se pretende fazer produzir no território nacional — para repetir fórmula sugestiva, que se pretende 'importar'" ("Notas sobre reconhecimento e execução de sentenças estrangeiras". *Revista de Processo*, São Paulo: RT, n. 124, jun. 2005, p. 19).

(486) É importante observar que, normalmente, não se discute, no processo de homologação, a relação de direito material subjacente mediante a reabertura da instância nem se reexamina o mérito da sentença estrangeira, ou seja, a aplicação correta do direito estrangeiro pelo Juiz competente não é objeto de apreciação pela autoridade judiciária interna. A sentença estrangeira somente não será reconhecida, quando *ferir frontalmente valores de ordem pública*, violando princípios fundamentais da ordem jurídica interna.

(487) *Margareth Leister*, em recente estudo doutrinário, disse o seguinte: "Consoante o sistema brasileiro, o pronunciamento do Judiciário é requisito para o reconhecimento de qualquer sentença estrangeira no país, que somente será eficaz perante a ordem jurídica brasileira após a sua homologação pelo Supremo Tribunal Federal" (*Execução de decisões estrangeiras. Processo de execução: temas polêmicos e atuais*/ Coordenador Gilberto Gomes Bruschi. São Paulo: RCS, 2005, p. 268). Atualmente, em virtude da EC/45, de 8 de dezembro de 2004, essa atribuição é do *Superior Tribunal de Justiça* (art. 104, *I*, da CF).

(488) Deve-se observar que o art. 585, *§ 2º*, do CPC não é uma regra de competência, mas sim fonte delimitadora dos títulos extrajudiciais que recebem do nosso sistema jurídico a outorga de *força executiva*, a fim de poderem servir de base para o processo de execução no âmbito do Poder Judiciário brasileiro.

Segundo pensamos, a demonstração de que não houve a devida[489] homologação pelo STJ, no caso de sentença estrangeira, ou de que não há indicação do Brasil como o lugar do cumprimento da obrigação, em relação ao título extrajudicial, normalmente não demanda dilação probatória, de modo que pode ser argüida em defesa endoprocessual executiva. Em outras palavras, essa verificação, por simples petição defensiva, de que o documento não é título executivo é matéria que faz parte dos limites cognitivos do processo de execução.

Atenção especial merece a Certidão da Dívida Ativa da Fazenda Pública, sabidamente título executivo extrajudicial. É corriqueiro, na prática forense, o fato de a ação de execução fiscal, em flagrante arrepio ao direito de defesa do executado,[490] ter sido ajuizada sem que esse documento tenha preenchido previamente os seus requisitos legais (art. 2º, *§ 6º*, da Lei n. 6.830/80). É comum, também, o referido documento resultar de processo administrativo fiscal completamente irregular. Segundo pensamos, esses fatos retiram-lhe a qualidade de título executivo, devendo a matéria, por ser de fácil cognição, servir de objeto de defesa endoprocessual.

Humberto Theodoro Júnior preleciona o seguinte:

> "Estabelecida a discussão sobre o conteúdo da Certidão de Dívida Ativa, a primeira preocupação há de ser com os dados e termos do procedimento administrativo. Se eles forem claros e convincentes, pouco restará a ser apurado em juízo. Se, entretanto, apresentarem lacunas, e se apoiarem em simples conjecturas e suposições, ou em elementos pouco relevantes, terá o juiz de franquear diligências probatórias mais amplas ao executado,

---

(489) *Sérgio Shimura* entende que seria cabível a alegação de vício ou nulidade de citação no procedimento homologatório nos embargos à execução (art. 741, *I*, do CPC). Justifica o ilustre professor paulista: "Se o devedor não teve oportunidade de manifestar-se na fase de deliberação, lícito se nos afigura permitir que, em momento executivo, se lhe conceda a oportunidade de alegar a objeção. Parece-nos razoável aplicar o mesmo argumento utilizado para permitir a invocação de tal defesa quando, no processo penal, o feito correu-lhe à revelia. Não é difícil supor que o autor tenha fornecido endereço falso, justamente para ter a vantagem de uma ação sem defesa" (*Título executivo*. 2ª ed. atual. e ampl. São Paulo: Método, 2005, p. 345). Aproveitando os argumentos do autor, não temos dúvida, ao afirmar que a matéria, se não demandar dilação probatória para sua demonstração, pode ser argüida nos próprios autos do processo de execução, por meio de incidente defensivo. Vale repetir, os vícios graves ocorridos nos procedimentos geradores dos títulos executivos, não havendo sobre eles formação de coisa julgada material, podem ser questionados, com sucesso, no bojo do processo de execução, eis que a temática lhe é pertinente.

(490) Explica *Cláudia Rodrigues:* "O título executivo, como já dito anteriormente, tem a função de delimitar a pretensão do exeqüente. É ele que identifica as partes e o objeto da prestação, impondo os limites necessários para que a execução se desenvolva dentro do indispensável para realizar a prestação devida, isto é, o sacrifício a ser imposto ao patrimônio do executado deve ser o estritamente necessário ao cumprimento da obrigação consubstanciada no título". E conclui o seu correto raciocínio a estudiosa paranaense: "É com base nos elementos constantes do título executivo que o executado deduz sua defesa. Por essa razão, não é admitido que a Certidão da Dívida Ativa não consigne todos os elementos sobre os quais o exeqüente fundamenta sua pretensão, pois do contrário funcionaria como uma armadilha para o executado que ignoraria os reais fundamentos da pretensão fazendária e, portanto, ficaria impedido de defender-se amplamente" (*O título executivo na execução da dívida ativa da Fazenda Pública*. São Paulo: RT, 2002, pp. 157-158).

lembrando-se sempre que a dívida ativa inscrita desfruta apenas de presunção relativa de liquidez e certeza, não podendo sua simples presença transformar-se numa barreira instransponível à busca da verdade real."

A doutrina aponta exemplos de atos que, se sustentados e provados pelo executado, podem refutar a referida presunção: *a)* que o órgão que fez a inscrição da dívida não tinha, nem lhe sobreveio, competência para fazê-lo; *b)* que não houve inscrição da dívida; *c)* que a CDA não preenche os requisitos essenciais estabelecidos pela LEF, dentre os quais se destaca a ausência do nome do devedor ou do responsável, bem como do valor, do termo inicial, da forma de calcular os juros, a origem, a natureza e fundamento, as indicações sobre a correção e seu fundamento, o número do processo em que se baseou a inscrição; *d)* que inexiste o procedimento ou auto de infração a que se refere a CDA.[491]

(491) CAIS, Cleide Previtalli. *O processo tributário*. 4ª ed. rev., atual. e ampl. São Paulo: RT, 2004, pp. 566-567. Muitas vezes, o executado pode insurgir-se contra a forma de cálculo dos juros moratórios e de atualização monetária. A despeito de suas respectivas previsões na CDA, ele, executado, pode não concordar com os critérios adotados pela Fazenda Pública. Não é incomum, no processo de execução fiscal, o questionamento sobre a utilização da Taxa *SELIC*. São vários os motivos: *1)* A referida taxa não foi criada para fins tributários, motivo pelo qual a utilização do art. 3º, *§ 4º*, da Lei n. 9.250/95 é inconstitucional; *2)* Tratando-se de tributos, em que há uma coação patrimonial por parte do Estado, os critérios para aferição de atualização monetária e dos juros devem ser definidos com clareza pelo ordenamento jurídico; *3)* A Taxa *SELIC* não vem sendo aplicada corretamente, pois, em um momento, atua como sucedâneo dos juros moratórios, em outro dos juros remuneratórios, sem prejuízo de sua conotação de correção monetária; *4)* A Taxa *SELIC* tem natureza remuneratória de títulos, conceito inconfundível com o de tributos; *5)* Não pode haver equiparação de contribuintes aos aplicadores do mercado, pois, enquanto os aplicadores do mercado praticam atos voluntários, os contribuintes são submetidos coativamente a ato de império; *6)* A Taxa *SELIC*, se aplicada no processo de execução fiscal, cria a anômala figura do tributo rentável: os títulos podem gerar renda, mas os tributos, em si considerados, certamente, não; *7)* Desprezando-se os índices oficiais, com a utilização da Taxa *SELIC*, institui-se, ao arrepio do art. 150, *I*, da CF, aumento de tributo, a par de ofender também os princípios da anterioridade, da indelegabilidade de competência tributária e da segurança jurídica; *8)* Se tais pechas contaminam a arrecadação, igual defeito existira nas hipóteses de compensação ou arrecadação de tributos; *9)* Ainda que a legislação ordinária dispusesse, expressamente, que a referida taxa deve ser utilizada para fins tributários, a interpretação que melhor se afeiçoa ao art. 161, *§ 1º*, do CTN, diploma que possui natureza de Lei Complementar, é a de que o índice a ser fixado deve ser igual ou inferior a 1% mensal. Não se afigura juridicamente razoável que uma Lei que exige quórum qualificado para sua aprovação estabeleça a taxa máxima, e uma Lei Ordinária, sabidamente de quórum simples, venha a apresentar um percentual maior; *10)* Para que a Taxa *SELIC* pudesse ser albergada para fins tributários, havia imperiosa necessidade de lei estabelecendo os critérios para sua exteriorização, por ser notório e até vetusto o princípio de que o contribuinte deve, de antemão, saber como será apurado o da obrigação tributária. A Taxa *SELIC* está longe, muito longe, de ser um instituto jurídico a dispensar melhor dilucidação, razão pela qual era de rigor sua conceituação legal, para penetrar no campo do Direito Tributário. Ainda assim, existem máculas decorrentes da impossibilidade de se aferir atualização monetária por mera estimativa do que poderá vir a ocorrer; *11)* Existe duplicidade na utilização concomitante da Taxa *SELIC* e índice de atualização monetária; *12)* A fixação da Taxa *SELIC* acontece após a ocorrência do fato jurídico gerador da obrigação tributária por ato unilateral do Poder Executivo, em matéria de atribuição exclusiva do Poder Legislativo, que não fixou os critérios para sua mensuração, o que fere, além do princípio da indelegabilidade da competência, o da anterioridade; *13)* A quantia a ser recolhida, seja a título de tributo, seja a título de atualização monetária ou de juros incidentes sobre o tributo, não pode ficar na dependência de fixação unilateral do Banco Central, ainda que assim o faça em nome do mercado financeiro, atrelado às regras da oferta e da procura. Esse raciocínio é perfeitamente válido e eficaz no que toca à plena autonomia do Banco Central na gestão dos títulos públicos e de sua remuneração, mas não oferece nem um respaldo, por mais tênue que seja, para a cobrança de tributos vinculados aos princípios da legalidade (art. 150, III, da CF), da anterioridade (art. 150, III, *b*, da CF), da indelegabilidade

Em nosso entendimento, essas matérias podem ser suscitadas pelo executado no âmbito interno do processo de execução fiscal, ensejando incidente defensivo.[492] A compatibilidade cognitiva reside exatamente na desnecessidade de dilação probatória a fim de comprová-las. Ora, se isso ocorre, não portando o documento eficácia de título executivo, não vemos motivos sérios, para se exigir que a demonstração da ilegitimidade do processo de execução ocorra somente por meio de embargos à execução. No particular, impõe-se uma crítica à Magistratura que, não atenta à atual concepção dos princípios constitucionais dentre os quais se destaca o do devido processo legal e presa à interpretação simploriamente topográfica do art. 16 da Lei n. 6.830/80, não encontra soluções criativas e justas para as situações flagrantemente desarrazoadas nos processos de execução fiscal.

Sabe-se que constitui título executivo extrajudicial o documento assinado pelo devedor e por duas testemunhas (art. 585, *II*, do CPC). Até pouco tempo, havia uma grande celeuma doutrinária e jurisprudencial a respeito da possibilidade de o contrato de abertura de crédito inserir-se (ou não) nessa regra.[493] Deve-se perceber que o título executivo, enquanto categoria jurídica, encontra sua justificação política na *probabilidade* da existência do direito material que lhe dá conteúdo, o que ocorre quando há esse prévio reconhecimento por um *ato estatal* idôneo, como a sentença judicial ou inscrição da dívida ativa, ou pelo próprio devedor,[494] não sendo o caso em tela, pois os extratos de conta corrente são confeccionados unilateralmente pela instituição financeira. Normalmente, no momento da celebração do referido contrato, não existe débito em favor desta. A futura liquidez é situação incompatível com a definição de título executivo, além do que, dificilmente, com a simples análise da petição e dos extratos, apura-se a maneira pela qual se chegou ao valor indicado, mormente em relação aos encargos e juros aplicados.[495] O entendimento majoritário do STJ (Súmula

---

de competência tributária (arts. 48, I, e 150, I, da CF) e da segurança jurídica (como se infere dos vários incisos do art. 5º da CF). Segundo pensamos todos ou quaisquer desses argumentos podem ser ventilados pelo executado nos autos do processo de execução fiscal, a fim de demonstrar que os valores cobrados estão acima do permitido pelo sistema jurídico.

(492) É também o pensamento de *Lenice Silveira Moreira:* "Caso a Fazenda Pública promova execução com base em Certidão de Dívida Ativa que não atende aos requisitos legais, desprovida de algum de seus elementos essenciais, o executado pode opor-se à execução independentemente da garantia do juízo nos próprios autos da ação executiva" (*Exceção de pré-executividade em matéria tributária.* Porto Alegre: Livraria do Advogado, 2001, p. 123).

(493) Para *Humberto Theodoro Júnior*, "Nada há no sistema do Código de Processo Civil que impeça o reconhecimento ao contrato de abertura de crédito da qualidade do título executivo, desde que se refira a um valor definido, a ser utilizado e reposto pelo creditado e este subscrito por este e por duas testemunhas". E conclui sua posição sobre a temática: "O extrato da respectiva conta é o demonstrativo gráfico de como o crédito foi utilizado. É elemento integrante do próprio contrato e não documento unilateral criado pelo creditador" (*O contrato de abertura de crédito e sua natureza de título executivo. Processo de execução e assuntos afins*/Coordenação de Teresa Arruda Alvim Wambier. São Paulo: RT, 1998, p. 292).

(494) DINAMARCO, Cândido Rangel. *O contrato de abertura de crédito e a teoria do título executivo. Processo de execução e assuntos afins*/Coordenação de Sérgio Shimura e Teresa Arruda Alvim Wambier. São Paulo: RT, 2001, vol. 2, p. 81.

(495) Ensina *Cândido Rangel Dinamarco*: "Os contratos de abetura de crédito são celebrados para que a instituição financeira ponha à disposição do correntista, sempre que preciso, o numerário eventual-

n. 233), atualmente, é o de que "o contrato de abertura de crédito, ainda que acompanhado de extrato da conta-corrente, não é título executivo". A matéria, por ser mais jurídica que fática, comporta alegação por meio de defesa endoprocessual executiva, devendo o processo de execução ser liminarmente extinto por carência de uma de suas condições de admissibilidade, que é o legítimo interesse processual, em virtude da ausência de título executivo.(496)

As obrigações "embutidas" nos títulos executivos judiciais e extrajudiciais devem ser sempre *líquidas*. A sentença condenatória carece de atenção especial, porque, muitas vezes, precisa, para ter eficácia executiva, ser previamente liquidada. Antes do ajuizamento da ação executiva, faz-se mister, nesse caso, a fixação do objeto da condenação, na sua determinação quanto ao valor, quantidade e espécie. Na prática, significa dizer que há três *processos* autônomos, conquanto ligados por um nexo de prejudicialidade: o condenatório, o de liquidação de sentença e o de execução.

Embora a doutrina dominante entenda que a liquidação seja um mero *incidente procedimental*,(497) entendemos, com amparo nas lições de *Luiz Rodrigues Wambier*,(498) que ela é dotada de *autonomia*.(499) De pronto, não se pode confundir,

---

mente faltante para a cobertura de cheques, dentro dos limites ajustados pelas partes. No momento de contratar, o correntista não declara nem reconhece a existência de débito algum, simplemente porque nesse momento o valor devido é *zero*: só no futuro é que, à medida que os aportes à conta vierem a ser feitos, surgirão débitos para um crédito e para outro". E arremata, com o brilho habitual: "Em conseqüência disso, tais contratos não podem ser assimilados ao conceito de título executivo. Consideradas as exigência de *tipicidade e liquidez*, estudadas acima, a primeira delas pode estar presente, desde que esses contratos sejam consubstanciados em documento particular e ordinariamente assinados pelas partes e duas testemunhas instrumetárias; mas a segunda delas, a *liquidez*, não há. Os demonstrativos feitos pela instituição financeira *são atos seus e não daquele a quem competia fazer o reconhecimento da dívida e do valor* que é o correntista. Por mais idônea que fosse a demonstração feita em lançamentos contáveis, ainda assim esse não é um ato do obrigado e portanto não satisfaz aquele fundamento mais profundo da eficácia dos títulos executivos, que é a suficiente probabilidade da existência do crédito" (*O contrato de abertura de crédito e a teoria do título executivo. Processo de execução e assuntos afinsl* Coordenação de Sérgio Shimura e Teresa Arruda Alvim Wambier. São Paulo: RT, 2001, vol. 2, p. 83).

(496) Cf.: RAMOS, Glauco Gumerato. "Exceção de pré-executividade em execução baseada em contrato de crédito em conta corrente". *Revista de Processo*, São Paulo: RT, n. 105, jan./mar. 2002, pp. 303-307.

(497) CÂMARA, Alexandre Freitas. *A nova execução de sentença*. Rio de Janeiro: Lumen Juris, 2006, pp. 77-87; MONTENEGRO FILHO, Misael. *Cumprimento da sentença e outras reformas processuais*. São Paulo: Atlas, 2006, pp. 21-22; THEODORO JÚNIOR, Humberto. *As novas reformas do Código de Processo Civil*. Rio de Janeiro: Forense, 2006, pp. 185-186; CARNEIRO, Athos Gusmão. *Do cumprimento da sentença, conforme a Lei n. 11.232/2005. parcial retorno ao mediavalismo? Por que não? Aspectos polêmicos da nova execução, 3: de títulos judiciais, Lei n. 11.232/2005*/Coordenação Teresa Arruda Alvim Wambier. São Paulo: RT, 2006, p. 60; SHIMURA, Sérgio. *A execução de sentença na reforma de 2005 (Lei n. 11.232/2005). Aspectos polêmicos da nova execução, 3: de títulos judiciais, Lei n. 11.232/2005*/Coordenação Teresa Arruda Alvim Wambier. São Paulo: RT, 2006, p. 552.

(498) Cf.: WAMBIER, Luiz Rodrigues. *Sentença civil: liquidação e cumprimento*. 3ª ed. rev., atual. e ampl. São Paulo: RT, 2006, pp. 79-111.

(499) *Araken de Assis* tem a mesma conclusão, embora com fundamentação diversa. Segundo esse autor, "a liquidação incidental dos provimentos judiciais ilíquidos, prevista no art. 475-A, *caput*, representa ação que corresponde àquela pretensão e objeto do 'requerimento' mencionado no art. 475-A, § 1º". Pouco adiante, o eminente professor gaúcho resume o seguinte: "Parece inequívoca a intenção do legislador de transformar a liquidação, nas modalidades do arbitramento e dos artigos, em ação incidental, inserida no processo já pendente, em alguns casos processada em autos apartados (art. 475-A, § 2º)" (*Cumprimento da sentença*. Rio de Janeiro: Forense, 2006, pp. 104 e 106, respectivamente).

para melhor entender a temática, *processo* com *procedimento*: este, em sua feição dialética, é parte integrante daquele, cuja essência é ser um método estatal dinâmico e complexo de resolução de conflitos. Em outras palavras, embora procedimentalmente unificada com a ação condenatória — que lhe é anterior — e com a de execução — que lhe é posterior —, a liquidação de sentença *civil* não perdeu propriamente sua autonomia, especialmente em razão de ter *objeto específico*: a apuração do *quantun debeatur*. Ao contrário do que ocorre no processo trabalhista, em que a iniciativa oficial prepondera (art. 878 da CLT), na esfera cível, o início da ação de liquidação de sentença se dá pela "demanda de liquidação" (art. 475-A, § 1º, do CPC). Embora a legislação faça alusão à "intimação" do réu (art. 475-A, § 1º, do CPC), substancialmente, trata-se de *citação*. A sistemática probatória depende da espécie de liquidação. Ao final do procedimento, há decisão judicial a respeito do possível valor devido, que comporta recurso de agravo de instrumento (art. 475-H do CPC). Enquanto não for proferida essa decisão, a ação de liquidação estará em curso, e a ação de execução não terá tido início. Semelhante ao que ocorre com a ação de liquidação, a expedição de mandado de penhora depende de provocação do exeqüente (art. 475-J, *caput*, do CPC), uma vez que a execução se realiza no seu exclusivo interesse. Como facilmente se vê, diante da distinção de objetos e da vinculação ao princípio da inércia da jurisdição (art. 2º do CPC), a liquidação e o cumprimento da sentença civil não são meras "fases" de uma mesma ação judicial, mas sim "ações" autônomas.

Quando a determinação do valor da condenação depender apenas de cálculo aritmético, o exeqüente deverá apresentar, junto com a petição inicial ou o requerimento de cumprimento da sentença (art. 475-B do CPC), a memória discriminada e atualizada do mesmo. Far-se-á, entretanto, liquidação por arbitramento, isto é, por meio de perito nomeado pelo Juiz, quando for determinado pela sentença, convencionado pelas partes ou a natureza do objeto da obrigação assim o exigir. Neste caso, apresentado o laudo, sobre o qual poderão as partes manifestar-se no prazo de dez dias, o Juiz proferirá a decisão ou, antes disso, designará audiência de instrução, se necessário (art. 475-D, *parágrafo único*, do CPC). Finalmente, a liquidação será por artigos quando, para determinar o valor da condenação, houver necessidade de se alegar e provar fato novo (art. 475-E do CPC), o que ocorrerá em processo idêntico ao de conhecimento (art. 475-F do CPC).

Não é incomum a liquidação por simples cálculo do credor apresentar problemas na execução. O principal deles diz respeito à homologação dos cálculos apresentados pelo exeqüente, de maneira flagrantemente equivocada, pelo Magistrado, em situação que causa nítido *excesso de execução*. Não é justo o executado ter de submeter o seu patrimônio aos prejudiciais atos de constrição, ao arrepio do princípio do devido processo legal, para ter de demonstrar que está sendo executado além do que determina o título executivo. Na realidade, no que toca ao excesso, atividade executiva realmente não deve existir, pois se está diante de uma situação de *ausência* de título executivo. Logo, a argüição dessa matéria — carência de uma das condições da ação executiva (legítimo interesse processual) — de ordem pública pode ocorrer por meio de defesa endoprocessual,[500] desde que o vício seja evidente, sob pena de desnaturar a etapa de execução com dilação probatória.

Uma parte da doutrina, por exemplo, alega que a demonstração de falsidade da assinatura subscrita no título executivo extrajudicial, causando sua inexistência jurídica, poderia ser comprovada por *prova pericial* nos autos do processo de execução.[501] Embora seja matéria afeta ao processo de execução, não concordamos com esse entendimento, embora saibamos que a intenção de quem o defenda seja efetivamente realizar a justiça. A questão deve ser decidida, como temos reiterado nesta obra, de acordo com os limites cognitivos a que está submetido o processo de execução. O exercício de defesa fora dos embargos do devedor ou das ações heterotópicas depende única e exclusivamente *da evidência do vício*. Assim, se a simples visualização do título executivo, aliada a outros elementos de prova constantes nos autos, for capaz de convencer o Juiz de que a assinatura que consta naquele documento é falsa, a defesa endoprocessual executiva pode e deve ter efetivamente sucesso.[502] Do contrário, exigindo-se produção de prova pericial, a discussão deve ser remetida para as vias ordinárias, com todas as suas implicações, sob pena de comprometer a estrutura e função do processo executivo.[503]

O referido raciocínio aplica-se ao excesso de execução.[504] No caso de o credor pleitear quantia superior à da obrigação que subjaz ao título executivo

---

(500) Para *Paulo Henrique dos Santos Lucon*, "por ser matéria de ordem pública, essa carência de ação, decorrente do excesso de execução, deve ser reconhecida de ofício e em qualquer grau de jurisdição. Por se relacionar com o processo de execução, pode também ser reconhecida nos seus próprios autos, independentemente do oferecimento de embargos pelo executado". E adiante justifica o ilustre processualista de São Paulo: "O interesse de evitar desde o início discussões inúteis é também do juiz, por isso, sendo visível o excesso, deve de imediato determinar a retificação do cálculo. Em tais casos, constitui a exatidão do cálculo na petição inicial executiva matéria de ordem pública, que pode e deve ser conhecida de ofício pelo juiz" (*Embargos à execução*. 2ª ed. rev., atual. e ampl. São Paulo: Saraiva, 2001, pp. 179 e 184, respectivamente).

(501) Ilustrativamente, manifesta-se *Gilberto Gomes Bruschi:* "Em se tratando de falsidade de assinatura no título extrajudicial, a qual exige a realização de prova pericial grafotécnica, pode-se utilizar o incidente defensivo, uma vez que a falsidade da assinatura implica na inexistência do título executivo, pela falta da certeza, o que à luz dos arts. 586 e 618, I, do CPC leva à nulidade da execução e pode ser considerada como falta de uma das condições da ação executiva, justificando-se assim, a dilação probatória" (*Incidente defensivo no processo de execução: uma visão sobre a exceção de pré-executividade*. São Paulo: Juarez de Oliveira, 2002, p. 41).

(502) Concluindo o célebre parecer envolvendo a Companhia Siderúrgica Mannesmann, assim se pronunciou *Pontes de Miranda:* "Se o juiz já conhece o fato de ser falsa a assinatura de um dos diretores, não pode deferir pedido de execução contra a empresa, que não foi presentada por um órgão: o órgão, para a atividade negocial específica, tinha de ser de elemento dúplice (dois diretores)" (*Dez anos de pareceres*. Rio de Janeiro: Francisco Alves, 1975, vol. 4, p. 139).

(503) GUERRA, Marcelo Lima. *Execução forçada: controle de admissibilidade*. São Paulo: RT, 1995, pp. 152-153.

(504) No resumo de *Humberto Theodoro Júnior*, "[...] temas como a iliqüidez do título e o excesso de execução, que somente podem ser apreciados e dirimidos depois de perícias e outras complicadas provas para se definir o conteúdo e o alcance da sentença transitada em julgado, não se comportam em simples objeções de pré-executividade, isto é, não podem ser deduzidos em juízo por meio de petição avulsa dentro do processo de execução e, ao contrário, somente merecem cognição se produzidas adequadamente pela ação incidental de embargos do devedor" (*Pareceres: processo civil*. Rio de Janeiro: América Jurídica, 2003, vol. 2, p. 373).

(art. 743, *I*, do CPC), tolera-se até uma rápida consulta ao contador do juízo, a fim de rapidamente se corrigir a conta, mas, se a questão for realmente complexa, como o emprego de determinado índice de atualização em vez de outro, exigindo-se uma perícia mais apurada, não se deve admitir a defesa intraprocessual executiva.(505) Nas palavras de *Eduardo Talamini*, "a resposta ao problema envolve a exata definição dos limites da cognição — e, em decorrência, do contraditório — na execução".(506) Sendo manifesto o erro de cálculo,(507) o cabimento de defesa endoprocessual executiva é patente. O erro material neste caso, situação que jamais transita em julgado,(508) é matéria de ordem pública que pode facilmente ser argüida por meio de defesa endoprocessual, já que não foge aos limites cognitivos do processo de execução. A situação tem uma série de implicações a respeito da correta aplicação do princípio do devido processo legal,(509) devendo o Magistrado estar sempre atento ao fato de que o processo de execução, em consonância com o princípio da proporcionalidade, deve ser manejado de forma menos onerosa ao devedor.

Cassio Scarpinella Bueno resume bem a questão:

"Critério de valia parece ser o relativo ao grau de transparência de facilidade, de imediatismo, da constatação do vício que macula o início da execução. Quanto maior seja esta transparência, mais evidente o *dever*

---

(505) MALACHINI, Edson Ribas; ASSIS, Araken de. *Comentários ao Código de Processo Civil*. São Paulo: RT, 2001, vol. 10, p. 564.

(506) TALAMINI, Eduardo. *A determinação do valor do crédito por simples cálculo. Atualidades sobre liquidação de sentença*/Coordenação de Teresa Arruda Alvim Wambier. São Paulo: RT, 1997, p. 171.

(507) O erro de cálculo é a falsa noção a respeito deste. Trata-se de manifestação de vontade viciada, envolvendo operações aritméticas equivocadas, distorcendo o resultado perseguido.

(508) Para *Carlos Valder do Nascimento* que, "[...] se a coisa julgada visa a permitir a estabilização da ordem social, não pode servir de manto para, em nome de um formalismo exacerbado, tornar perpétua e imutável uma sentença estribada em equivocada percepção da realidade fática, prolatada em cima de sustentáculo ilegítimo. Seria a consagração da injustiça, legada ao silêncio do universo jurídico". E continua sua lapidar lição: "O argumento segundo o qual a matéria nessa fase, encontra-se preclusa, porquanto não foi questionada por ocasião da impugnação ou dos embargos, além de insustentável, revela predisposição para o acolhimento da tese do enriquecimento ilícito, em detrimento do interesse maior da coletividade". E arremata: "Por conseguinte, se constatado o erro material na liquidação após o acertamento definitivo das contas, há de adequar-se o título à nova realidade, ajustando-o ao valor efetivamente devido. De fato, o *quantum debeatur*, por veicular valor irreal, gerou uma relação de incerteza, em razão de sua duvidosa delimitação quantitativa, redundando a parcela excedente em pagamento indevido" (*Execução contra a Fazenda Pública: sua inversão no pólo processual em razão de erro material*. Rio de Janeiro: Forense, 2000, pp. 47-48).

(509) Ensina *Luiz Rodrigues Wambier:* "A primeira delas é o risco que apresenta, no sentido de subverter o sistema processual, ao inserir procedimento assemelhado ao do processo de conhecimento, no processo de execução. Sob esse enfoque, certamente há de se reprovar a utilização das objeções de pré-executividade, porque, ao se permitir a abertura de atividade cognitiva em sede de execução, pode ocorrer, ao nosso ver, eventualmente, violação do princípio constitucional do devido processo legal". E conclui: "Por outro lado, permitir-se que prossiga o processo de execução, ainda que somente até os embargos do executado, em que pelo menos parte do crédito apontado pelo exeqüente não está lastreado em título executivo, também configura brutal violação do princípio do devido processo legal, pois o devedor tem direito de ser executado, e de se submeter aos atos constritivos próprios desse tipo de processo, somente nos exatos limites em que deve" (*Liquidação de sentença*. 2ª ed. rev. e atual. São Paulo: RT, 2000, p. 182).

de atuação *ex officio* do Magistrado e, conseqüentemente, na mesma medida, a legitimidade da intervenção do executado nos autos do processo de execução, independentemente de qualquer constrição (indevida) em seu patrimônio para afastar a perseguição de valores abusivamente ou patentemente errados."

E conclui seu correto raciocínio:

"Inversamente, quanto menor a transparência deste vício, quando, por exemplo, a hipótese versar não um *evidente* equívoco de cálculo, mas, sim, a *forma* e os *critérios* tomados como premissa de sua elaboração para os fins do art. 604 do CPC, maior a vedação da atuação oficiosa do Magistrado e, conseqüentemente, a imprescindibilidade de prévio depósito ou penhora para legitimar a oportunidade de resistência do devedor à pretensão executiva, em sede de embargos à execução (= desconstituição parcial ou total do título executivo)."[510]

Essa sistemática também deve ser aplicada, quando o processo de execução tiver por objeto coisa diversa daquela declarada no título (art. 743, *II*, do CPC) ou tiver ocorrendo de modo diferente do que foi determinado na sentença (art. 743, *III*, do CPC). Da mesma forma, quando o credor, sem cumprir a prestação que lhe corresponde, exigir o adimplemento da contraprestação do devedor (art. 582 c/c o art. 743, *IV*, do CPC), ou não provar que a condição suspensiva se realizou (art. 743, *V*, do CPC), tipifica-se excesso de execução, que, se facilmente perceptível, pode ensejar o exercício de defesa endoprocessual executiva.

Enquanto não ocorrido o processo de liquidação, a sentença condenatória[511] não é título executivo, mas é preciso dizer mais: esse processo de liquidação, que, *funcionalmente*, possui natureza jurídica *constitutivo-integrativa*, ao passo que, de maneira *substancial*, *declaratória* da sentença condenatória,[512]

---

(510) BUENO, Cassio Scarpinella. *O art. 604 do CPC comporta objeção de pré-executividade? (o "excesso abusivo de execução" na nova disciplina da liquidação por cálculo). Atualidades sobre liquidação de sentença*/Coordenação de Teresa Arruda Alvim Wambier. São Paulo: RT, 1997, pp. 132-133.

(511) É preciso compreender que outras sentenças de conhecimento podem, ainda que excepcionalmente, ter "vocação" para formação de título executivo. O que define a questão, segundo pensamos, é a "carga" condenatória das mesmas, tão-somente. Existem, em quaisquer modalidades de sentença, os chamados "provimentos condenatórios secundários", como ocorre com a pretensão ao pagamento de custas e honorários advocatícios, suscetíveis de gerar um processo de execução.

(512) Na correta lição de *Teori Albino Zavascki*, "Não há dúvida de que, olhada em sua funcionalidade, a sentença que julga a liquidação é integrativa. Integrar significa fazer parte, ser complemento, e essa sua destinação é, certamente, inquestionável. Mas, como em qualquer ser composto, a natureza *integrativa* não é característica exclusiva de uma das partes, mas de cada uma das partes que compõem o todo. Sob este aspecto, a sentença de liquidação é tão integrativa quanto a da condenação. Ambas são partes integrantes do título executivo. Por outro lado, apurados, na sentença liquidanda, os elementos essenciais da norma jurídica individualizada, não há como negar a natureza preponderantemente declaratória da sentença que, (a) com eficácia *ex tunc* (e não apenas *ex nunc*, como é a regra nas sentenças constitutivas), (b) destina-se a, simplesmente, identificar e precisar alguns de seus elementos secundários, notadamente os contornos da prestação, sem comprometer, de forma alguma, o conteúdo do

para cumprir fielmente essa sua missão, precisa observar os ditames do princípio do devido processo legal (art. 5º, *LIV*, da CF). Assim, os vícios que eventualmente macularam o processo de liquidação podem ser alvo de defesa endoprocessual executiva, já que esta ataca um dos requisitos intrínsecos do título executivo, que é a regular liquidação da obrigação. Imagine-se que o processo de liquidação por artigos tenha ocorrido sem a citação do devedor. Como visto nesta obra, trata-se de vício que conduz à inexistência do processo e à ineficácia dos atos praticados em relação ao réu. A "decisão" daí resultante sequer existe. Logo, o processo de execução, que tem como base a sentença condenatória integrada por esse "processo de liquidação", encontra-se eivado de nulidade,(513) por ausência de título executivo. Se isso for constatável de plano, sem exigência de dilação probatória, é inegável a compatibilidade da argüição no bojo do processo de execução.(514)

Outro defeito do título executivo que, se de fácil percepção, pode servir de objeto de defesa endoprocessual é a inexigibilidade da obrigação que lhe dá conteúdo. Já comentamos, neste trabalho, que, se esta não for atual, ou seja, se não ocorreu o termo inicial ou a condição suspensiva (art. 572 do CPC), bem como o credor não realizou a sua contraprestação (arts. 582, 615, *IV*, e 743, *IV*, do CPC), não se está diante de documento com eficácia de título executivo, podendo a matéria ser ventilada, nos autos do processo de execução, por simples defesa endoprocessual.(515)

Mas, há um caso especial que merece ser tratado, ainda que superficialmente, nesta oportunidade. À luz do art. 741, *parágrafo único*, do CPC, deve-se considerar também inexigível *o título judicial fundado em lei ou ato normativo declarados inconstitucionais pelo Supremo Tribunal Federal ou em aplicação ou interpretação tidas por incompatíveis com a Constituição Federal*. Não se trata de inexigibilidade do título, já que não está em discussão a atualidade da dívida,

---

que já foi decidido (CPC, art. 610). Assim, embora *funcionalmente* constitutiva integrativa, a sentença que julga a ação de liquidação tem, *substancialmente*, natureza declaratória" (*Processo de execução: parte geral*. 3ª ed. rev., atual. e ampl. São Paulo: RT, 2004, pp. 408-409).

(513) Lembre-se de que, para nós, ao contrário da larga maioria da doutrina, as condições da ação, em que se enquadra a presença do título executivo, encontram-se, assim como ocorre com os requisitos processuais, no plano da validade. As questões abordadas pela doutrina, para afastar essa conclusão, segundo pensamos, são facilmente resolvíveis pela teoria da coisa julgada inconstitucional. A distinção entre as condições da ação e os requisitos processuais, relembre-se, está no fato de que a aferição liminar de legitimidade da demanda ou de racionalização da prestação jurisdicional realizada pelas condições da ação tem como alvo *preponderantemente* o direito material, enquanto a efetivada pelos requisitos processuais, questões meramente de ordem processual.

(514) *Humberto Theodoro Júnior* enfatiza: "Se não havia esse ato formal, que é a sentença prolatada em processo específico de liquidação, e se sequer existiu o processo liquidatório válido e regular, a execução iniciada e processada com base em sentença condenatória genérica é nula, nos termos do art. 618, I, do CPC, porque não é apoiada em *título executivo líquido, certo e exigível*". Adiante, conclui o ilustre processualista de Minas Gerais: "O caso é típico de veiculação por meio de exceção ou objeção de pré-executividade, uma vez que a iliqüidez que nulifica o título exeqüendo não depende, para sua verificação, de qualquer esforço probatório maior. O título é ilíquido e nulo por si mesmo, deixando a execução forçada totalmente carecedora da condição imprescindível de cabimento da ação executiva" (*Pareceres: processo civil*. Rio de Janeiro: América Jurídica, 2003, vol. 2, pp. 164 e 208, respectivamente).

mas sim de *ineficácia* do mesmo (= ausência de produção de efeitos típicos),[516] em virtude da flagrante inconstitucionalidade que o macula. Embora uma parte da doutrina considere que sempre deve existir na espécie um precedente do STF,[517] entendemos que o dispositivo, teleologicamente, contempla duas situações distintas: na primeira delas, o "título executivo" tem como fundamento uma lei reputada pelo STF, por meio de controle concentrado ou difuso de constitucionalidade, como *inconstitucional*; diferentemente, na segunda hipótese, não havendo mais possibilidade jurídica do controle de constitucionalidade pelo STF, basta que o "título executivo" contemple uma obrigação que viole, de maneira evidente e indiscutível, um valor supremo estampado na Constituição,[518] valor esse que, no caso concreto, em nome do interesse público, reclame o afastamento do princípio da segurança jurídica. Em outras palavras, a exigência de precedente do STF é a regra geral, mas existem situações que permitem a aplicação da teoria da coisa julgada inconstitucional independentemente de prévia manifestação daquela Corte.[519] No caso, pelo que se infere da referida norma

(515) A respeito, *Cândido Rangel Dinamarco* ensina o seguinte: "Tratando-se de pressuposto relacionado com a ordem pública, porque ao Estado não interessa nem convém a prodigalização de tutelas jurisdicionais sem necessidade, é dever do juiz fiscalizar desde o início a satisfação do requisito da exigibilidade, extinguindo o processo executivo tão precocemente quanto possível, ou, ainda, *em qualquer tempo ou grau de jurisdição* (CPC, art. 267, § 3º — *supra*, n. 850). Isso será feito nos embargos que o executado opuser à execução (art. 741, inc. III) ou mesmo fora deles e ainda que não hajam sido opostos; é dever do juiz pronunciar-se a respeito no próprio processo executivo, com ou sem iniciativa do executado (art. 618, incs. I e III — *supra*, ns. 1.341-1.342 e *infra*, ns. 1.767 e 1.793 ss.)" (*Instituições de direito processual civil*. São Paulo: Malheiros, 2004, vol. IV, p. 173).

(516) Como observa *Araken de Assis*, "não se cuida da atualidade do crédito, relacionada com o inadimplemento do condenado, mas à inexeqüibilidade do próprio título". E explica pouco adiante: "A remissão do parágrafo único ao inc. II do art. 741 esclarece que o juízo de inconstitucionalidade da norma, na qual se funda o provimento exeqüendo, atuará no plano da eficácia: em primeiro lugar, desfaz a eficácia de coisa julgada, retroativamente; ademais, apaga o efeito executivo da condenação, tornando inadmissível a execução" (*Eficácia da coisa julgada inconstitucional. Coisa julgada inconstitucional*/Coordenador Carlos Valder do Nascimento. 5ª ed. rev. e ampl. Rio de Janeiro: América Jurídica, 2005, pp. 252-253).

(517) Para *Eduardo Talamini*, é indispensável que a consideração de incompatibilidade funde-se em pronunciamento do STF. O dispositivo deveria estar redigido nos seguintes termos: "[...] título judicial fundado em lei ou ato normativo declarados inconstitucionais pelo STF ou em aplicação ou interpretação tidas, *por aquela mesma Corte*, por incompatíveis com a Constituição Federal" ("Embargos à execução de título judicial eivado de inconstitucionalidade (CPC, art. 741, par. ún.)". *Revista de Processo*, São Paulo: RT, n. 106, abr./jun. 2002, p. 57). Na mesma linha de raciocínio, manifesta-se *Sérgio Shimura:* "Quando se fala em 'aplicação ou interpretação tidas por incompatíveis com a Constituição Federal', não se está querendo indicar que a inconstitucionalidade possa ser pronunciada por outro juízo (ex: Superior Tribunal de Justiça ou outro tribunal). Se fosse possível a declaração por qualquer tribunal, seria dispensável a menção ao Supremo Tribunal Federal" (*Título executivo*. 2ª ed. ampl. e atual. São Paulo: Método, 2005, p. 290).

(518) *Sérgio Bermudes* observa que "Nenhuma pessoa de bem concordará, por exemplo, com a sentença que imponha a condenação de mais de R$ 1 bilhão como ressarcimento de inexistentes, ou minúsculos danos morais, para citar um caso efetivamente ocorrido". E conclui: "Situações haverá de frontal desrespeito da coisa julgada à Constituição da República. Nessa hipótese, admitida a tese da coisa julgada inconstitucional, não será difícil acolher, para todos os fins, a alegação da nulidade da sentença porquanto, como qualquer outro ato do poder público, ela deve ser conforme com a carta política" (*Sindérese e coisa julgada inconstitucional. Coisa julgada inconstitucional*/Coordenador Carlos Valder do Nascimento. 5ª ed. rev. e ampl. Rio de Janeiro: América Jurídica, 2005, pp. 273-274).

(519) Exemplificam *Humberto Theodoro Júnior* e *Juliana Cordeiro de Faria:* "Imagine-se o caso da lei flagrantemente inconstitucional que vem a ser revogada antes de o STF julgar a ação de inconstitucio-

processual, são três os vícios de inconstitucionalidade(520) os quais podem incorrer o título executivo: *a)* a aplicação de lei inconstitucional; ou *b)* aplicação da lei à situação considerada inconstitucional; ou, ainda, *c)* a aplicação da lei com um sentido (= uma interpretação) tido por inconstitucional.(521) Essas situações traduzem, sem dúvida alguma, a evolução do sistema jurídico em relação ao dogma da coisa julgada, devendo o Juiz do processo de execução conhecê-las, além de outros instrumentos cabíveis (a exemplo dos embargos à execução e da impugnação ao cumprimento da sentença), por meio de defesa endoprocessual,(522) já que, ao menos como regra geral, não se exige dilação probatória.

---

nalidade. Jamais se obterá o pronunciamento da Suprema Corte a seu respeito, porque segundo jurisprudência assentada a revogação da lei prejudica a apreciação da argüição de afronta à Constituição. No entanto, em caso concreto, a lei inconstitucional foi aplicada e a sentença nela fundada se acha sob a força da coisa julgada. Seria absurdo recusar-se à parte o direito de excepcionar a nulidade do decisório, nos moldes do parágrafo único do art. 741, somente porque o STF não chegou a pronunciar-se sobre a inconstitucionalidade gritante na espécie. A invalidade da lei e, conseqüentemente, da sentença que a aplicou, é irrecusável, e não pode deixar de ser reconhecida sob pena de colocar-se acima da Constituição um simples ato judicial". E complementam essa primorosa lição: "Não seria menos absurda a situação do ato administrativo que confiscasse bens de contribuinte, afrontando a vedação constitucional e que acabasse acobertado por sentença transitada em julgado, por falta de defesa adequada em juízo. O tema jamais teria precedente do STF para ser argüido nos embargos de que trata do parágrafo único do art. 741 do CPC. É evidente, contudo, a invalidade do decisório a inviabilizar sua execução forçada e a justificar a exceção de inexigibilidade" ("O tormentoso problema da inconstitucionalidade da sentença passada em julgado". *Revista de Processo*, São Paulo: RT, n. 127, set. 2005, pp. 28-29).

(520) A doutrina diverge quanto à natureza jurídica desses vícios. *Teresa Arruda Alvim Wambier* e *José Miguel Garcia Medina*, no particular, afirmam o seguinte: "A norma jurídica tida posteriormente como inconstitucional, portanto, é, para nós, norma inexistente juridicamente. É, pura e simplesmente, um *fato jurídico*, cujos efeitos às vezes devem ser mantidos em nome de outras normas jurídicas (normas-princípios) e, hoje, além dos princípios, tem-se o apoio expresso e explícito do art. 27 da Lei n. 9.868/99" (*O dogma da coisa julgada* São Paulo: RT, 2003, p. 47). Em sentido contrário, manifesta-se *Daniel Carneiro Machado:* "Não concordamos com essa posição, uma vez que a sentença nessas condições possui relatório, motivação e dispositivo, além de conter um comando emanado da autoridade judiciária competente. Ora, não se pode negar que o ato jurídico exista. O cerne da questão reside em saber se ele é válido. Validade esta, consubstanciada na aptidão para produzir efeitos no mundo jurídico" (*A coisa julgada inconstitucional*. Belo Horizonte: Del Rey, 2005, p. 124).

(521) Como já habitual, explica, de maneira clara e inequívoca, *Teori Albino Zavascki:* "Há um elemento comum às três hipóteses: o da *inconstitucionalidade da norma aplicada* pela sentença. O que as diferencia é, apenas, a técnica utilizada para o reconhecimento dessa inconstitucionalidade. No primeiro caso (aplicação de lei inconstitucional), supõe-se a declaração de inconstitucionalidade com redução de texto. No segundo (aplicação de lei em situação tida por inconstitucional), supõe-se a técnica da declaração de inconstitucionalidade parcial sem redução de texto. E no terceiro (aplicação de lei com um sentido inconstitucional), supõe-se a técnica da interpretação conforme a Constituição" ("Embargos à execução com eficácia rescisória: sentido e alcance do art. 741, parágrafo único do CPC". *Revista de Processo*, São Paulo: RT, n. 125, julho de 2005, p. 83).

(522) Para *Teresa Arruda Alvim Wambier* e *José Miguel Garcia Medina*, "sobre tal questão deverá o órgão jurisdicional manifestar-se *ex officio*, indeferindo a petição inicial ante a ausência de título executivo. Não o fazendo, nada impede que o executado o provoque, através de mecanismo que tem sido chamado, na praxe forense, de exceção de pré-executividade" (*O dogma da coisa julgada*. São Paulo: RT, 2003, p. 73). *Alexandre Freitas Câmara* preleciona que "[...] a ineficácia da sentença inconstitucional transitada em julgado poderá ser reconhecida por qualquer meio idôneo, ou seja, por qualquer meio capaz de permitir que essa questão seja suscitada em outro processo, como questão principal ou como questão prévia" (*Relativização da coisa julgada material. Coisa julgada inconstitucional*/ Coordenador Carlos Valder do Nascimento. 5ª ed. rev. e ampl. Rio de Janeiro: América Jurídica, 2005, p. 151).

3.4.8. A legitimidade *na execução*

Finalmente, devemos tecer breves comentários a respeito da legitimidade no processo de execução. Já mencionamos nesta obra que a legitimidade para a causa traduz-se em uma *qualidade jurídica* da parte em relação à situação de direito material narrada na petição inicial.(523) Essa *situação legitimante*, pois, confere à parte a qualificação de legítima, para figurar em um dos pólos do processo,(524) que, no de execução, além das alegações deduzidas na petição inicial, é aferida através do título executivo, que é a sua fonte imediata.(525) Ultrapassada essa análise sumária, a temática passa a ser referente ao mérito(526) processual, cuja cognição, certamente, é distinta (= visa-se a aferir se a parte legítima é devedora ou responsável pela obrigação contida no título executivo).(527)

Podem promover a execução forçada: *a)* o credor a quem a lei confere título executivo (art. 566, *I*, do CPC); *b)* o Ministério Público, nos casos prescritos em lei (art. 566, *II*, do CPC). Também podem promovê-la ou nela prosseguir: *a)* o espólio, os herdeiros ou os sucessores do credor, sempre que, por morte deste, for-lhes transmitido o direito resultante do título executivo (art. 567, *I*, do CPC); *b)* o cessionário, quando o direito resultante do título executivo lhe foi transferido por ato entre vivos (art. 567, *II*, do CPC); *c)* o sub-rogado, nos casos de sub-rogação legal ou convencional (art. 567, *III*, do CPC).

Por outro lado, são sujeitos passivos do processo de execução: *a)* o devedor, reconhecido como tal no título executivo (art. 568, *I*, do CPC); *b)* o espólio, os herdeiros ou os sucessores do devedor (art. 568, *II*, do CPC); *c)* o novo deve-

---

(523) ARMELIN, Donaldo. *Legitimidade para agir no direito processual civil brasileiro*. São Paulo: RT, 1979, pp. 11-12. Para *Cândido Rangel Dinamarco*, "legitimidade é uma qualidade do sujeito em função de ato jurídico realizado ou a realizar" (*Execução civil*. 7ª ed. rev. e atual. São Paulo: Malheiros, 2000, n. 278, p. 422).

(524) DANTAS, Marcelo Navarro Ribeiro. *Mandado de segurança coletivo: legitimação ativa*. São Paulo: Saraiva, 2000, p. 73.

(525) Explica *Donaldo Armelin:* "Mesmo nos casos em que a legitimidade é de se perquirir fora do título executivo, deriva ela deste, seja em função de sucessão operada, seja em decorrência de circunstâncias jurídicas estritamente conotadas, como os que nele figuram como devedor ou credor. Assim, se o título não é sempre a fonte reveladora imediata da legitimidade para a ação executiva, seguramente o é mediante, mesmo nas hipóteses de legitimidade extraordinária, em que o substituto atua em nome do substituído que figura como credor no título" (*Legitimidade para agir no direito processual civil brasileiro*. São Paulo: RT, 1979, p. 161).

(526) Conforme preleciona *Marcelo Navarro Ribeiro Dantas*, "[...] a legitimidade, sob o ponto de vista do processo, há de ser reconhecida como figura de natureza processual; é a legitimidade para a ação, para aquela ação em particular, por isso serve e deve ser apurada no processo através do qual flui, em face da afirmação das partes e da situação retratada nos autos, enfim, da lide processual, independentemente de correspondência ou não com uma lide pré-processual pertencente ao campo sociológico, real ou virtual, e da existência efetiva do direito substancial invocado". Na irretocável conclusão do autor: "Como imperativo lógico de um sistema processual que a erige em condição para a sentença de mérito, a legitimidade há de ser aceita como hipótese de trabalho, válida para cada processo em particular, que pode ser reduzida à seguinte premissa: se existir o direito afirmado pela parte, ela será a titular dele. A existência ou não do direito é problema a ser decidido na sentença de mérito" (*Mandado de segurança coletivo: legitimação ativa*. São Paulo: Saraiva, 2000, p. 78).

(527) Observa *José Alberto dos Reis* que "[...] *figurar* no título *como* credor não é o mesmo que *ser* credor; ter no título a *posição* de devedor é coisa diversa de ser realmente devedor" (*Processo de execução*. Coimbra: Coimbra, 1985, vol. 1º, p. 219).

dor que, com o consentimento do credor, assumiu a obrigação resultante do título executivo (art. 568, *III*, do CPC); *d)* o fiador judicial (art. 568, *IV*, do CPC); *e)* o responsável tributário, assim definido na legislação específica. Também são sujeitos passivos do processo de execução, já que seus bens a ele ficam vinculados, o sucessor a título singular, tratando-se de execução de sentença promovida em ação fundada em direito real (art. 592, *I*, do CPC), o sócio, nos termos da legislação (art. 592, *II*, do CPC), e o cônjuge, nos casos em que os seus bens próprios, reservados ou de sua meação respondem pela dívida (art. 592, *IV*, do CPC).

Da incidência ou não dessas regras processuais, podem surgir inúmeras situações de ilegitimidade para a causa. Uma questão interessante diz respeito à legitimidade, para emitir certidão da dívida ativa da Fazenda Pública. Uma Autarquia Federal, por exemplo, que atua como instituição financeira, realizando empréstimos, não pode emitir o referido documento com o escopo de pleitear a realização da execução forçada do valor mutuado, visto que tal atividade não se tipifica entre aquelas disciplinadas na Lei de Execução Fiscal. Deparando-se o Juiz com essa situação, deve indeferir, de plano, a petição inicial, por ausência de título executivo.[528] Não é parte passiva legítima do processo de execução fiscal um cidadão cujo nome não conste da inscrição da dívida ativa. Carece também de legitimidade para a execução aquela pessoa apontada como devedora de nota promissória emitida por quem não tinha poderes para tanto.[529] O fiador também não pode ser considerado responsável por ato jurídico resultante de declaração do afiançado sem sua participação. Como dito, são várias as situações geradoras de ilegitimidade, de modo que apenas ilustramos algumas delas.

O que importa notar é que, em todos esses casos, não havendo necessidade de dilação probatória, quando a aferição da questão não exigir atividade cognitiva complexa ou de alta indagação, a ausência de legitimidade pode ser suscitada por meio de defesa endoprocessual. A incompatibilidade cognitiva, em tais situações, somente existe, se a demonstração de ausência de débito ou de responsabilidade perante ele exigir designação de audiência, para ampla produção de prova oral, quando, então, a temática deve ser remetida à via ordinária, com todas as suas implicações.

Observe-se que o substrato material da legitimidade para a causa não é necessariamente idêntico ao do mérito, pois aquela se infere basicamente à luz da situação virtualmente relatada na petição inicial. Mas, é preciso perceber que, ainda que a questão seja argüida por meio de petição defensiva, eventualmente amparada por documentos, ela ainda permanece no campo das condições da ação, já que não foi necessária uma verticalização da cognição no mo-

(528) WAMBIER, Teresa Arruda Alvim; MEDINA, José Miguel Garcia. *Coisa julgada na execução e na exceção de pré-executividade. Processo de execução: temas polêmicos e atuais*/Coordenador Gilberto Gomes Bruschi. São Paulo: RCS, 2005, p. 195.

(529) WAMBIER, Teresa Arruda Alvim; MEDINA, José Miguel Garcia. *Coisa julgada na execução e na exceção de pré-executividade. Processo de execução: temas polêmicos e atuais*/Coordenador Gilberto Gomes Bruschi. São Paulo: RCS, 2005, p. 195.

mento da prolação da decisão. O cerne da temática, segundo pensamos, reside exatamente no enquadramento da situação na hipótese de o Juiz apreciá-la de ofício: se a petição apenas aponta a falha no juízo de admissibilidade, permanece-se no terreno das condições da ação; do contrário, a mesma já se refere ao mérito. Em outras palavras, a despeito da petição defensiva do executado, a situação deve ser similar ao conhecimento da matéria de ofício pelo Juiz. Assim, o defeito de legitimidade, para permanecer no âmbito das condições da ação executiva, deve ser *evidente*, sob pena de se incorrer em incoerência lógica em relação à teoria da asserção, que é abstrata por natureza. Esse raciocínio, aliás, deve ser aplicado às outras duas mencionadas condições da ação executiva.

3.5. QUESTÕES DE MÉRITO: CABIMENTO DA DEFESA ENDOPROCESSUAL EXECUTIVA

3.5.1. Apresentação da temática: adimplemento da obrigação

Segundo entendemos, o processo de execução não é inteiramente incompatível com o conhecimento de questões de mérito. A doutrina, no particular, encontra-se dividida. A corrente mais tradicional somente admite a defesa do executado pela ação incidental dos embargos à execução, e isso com a conseqüente prévia segurança do juízo. Ilustrativamente, vejamos, na integralidade, o raciocínio de *Enrico Tullio Liebman*:

> "Como vimos, o processo de execução é construído na suposição de não haver matéria litigiosa a discutir e decidir, e com a definida intenção da lei de evitar que sejam suscitadas questões, que só retardariam e complicariam o andamento do processo. Para conseguir este resultado é que a lei recorreu à figura do título executório, cuja eficácia abstrata permite promover e percorrer a execução sem depender de demonstração da existência do direito. O título adquire eficácia autônoma e independente da relação jurídica que constitui a sua causa — o direito do credor — isto é, a lei abstrai dessa causa para dar força e valor somente à sanção incorporada no título, dando caminho livre à ação que dele se origina.
>
> "Contudo, isto não exclui inteiramente a possibilidade de controvérsias. Em primeiro lugar, elas podem surgir do próprio processo de execução; com efeito, seu desenvolvimento deve ocorrer de conformidade com as disposições legais respectivas, que, visando embora o rápido e eficaz andamento da execução, representam ao mesmo tempo garantia para o executado de não ser prejudicado além do que for necessário para aquele fim: por isso a lei faculta ao executado exigir a observância das formas e limites estabelecidos por aquelas disposições e reclamar, quando for prejudicado ilegalmente.
>
> "Em segundo lugar, não é nem poderia ser absoluta a independência da execução em face da verdadeira situação jurídica material existente entre as partes. A dívida pode não mais existir por pagamento, prescrição,

ou qualquer outro fato extintivo, e nesse caso seria inadmissível prosseguir-se na execução. Para tornar rápido e desembaraçado o processo, a lei achou poder atribuir a mencionada eficácia abstrata ao título executório, considerando que ele é constituído por sentença condenatória transitada em julgado e proferida em processo contraditório regular, no qual o devedor teve ampla oportunidade de se defender; mas também não pode descuidar a possibilidade, por pouco freqüente que possa parecer, de que o direito do credor tenha sido extinto sucessivamente e que o credor, apesar disso, tenha promovido a execução. O problema se resolve atribuindo ao título eficácia abstrata e independente no plano da execução, estritamente entendida, e conferindo ao mesmo tempo ao executado o poder de reagir indiretamente, tirando ao título a sua força por meio de processo de cognição incidente, em que possa demonstrar a inexistência do direito do credor. Desse modo, a causa justificativa da execução e do título — a relação jurídica substancial — posta provisoriamente de lado, readquire agora sua importância e impõe afinal suas exigências sobre a criação formal do título: extinta a causa, também o título deve perder a sua eficácia.

"Isso tudo torna claro que o devedor não pode defender-se diretamente na execução invocando qualquer espécie de defesa, inclusive os fatos extintivos do crédito, que constituem neste plano armas sem gume. Por exemplo, quando citado inicialmente para a execução, não pode apresentar-se ao juiz e querer provar que pagou a sua dívida. O juiz não o pode ouvir e deve mandar prosseguir a execução. O único meio de que o executado dispõe são os embargos, que poderão ser promovidos em tempo e forma devida e, para maior garantia do exeqüente, só depois de seguro o juízo pela penhora ou depósito da quantia devida (art. 737, do CPC)."(530)

Há, ainda, aqueles que somente analisam a possibilidade da defesa endoprocessual executiva pela *matéria* eventualmente ventilada, ou seja, independentemente da profundidade da cognição exercida no processo de execução. Para se ter uma idéia, observe-se a seguinte lição de *Estêvão Mallet*:

"Nenhuma relevância tem que a oposição, fundada no questionamento da obrigação, esteja amparada em prova documental, pré-constituída, de fácil exame. Não importa a profundidade da cognição. Importa sim a matéria a ser examinada. Se é preciso desconstituir o título, os embargos tornam-se inevitáveis. Permitir a discussão em torno da subsistência da obrigação no próprio processo de execução, com possibilidade de desconstituição do título executivo, seria aberrante e desnaturaria a ação de execução, reduzindo-a, injustificada e desnecessariamente, a mera reiteração da ação condenatória, com características da *actio judicati* romana."(531)

---

(530) LIEBMAN, Enrico Tullio. *Processo de execução.* Araraquara: Bestbook, 2003, pp. 261-263.

(531) MALLET, Estêvão. *Oposição à execução fora dos embargos e sem garantia do juízo. Execução trabalhista: estudos em homenagem ao Ministro João Oreste Dalazen*/Coordenação de José Affonso Dallegrave Neto e Ney José de Freitas. São Paulo: LTr, 2002, pp. 117-118.

Entendemos, ao contrário do respeitado mestre peninsular, que não existe incompatibilidade entre a eficácia abstrata do título executivo e a alegação de satisfação do crédito no âmbito da própria execução. Basicamente, dois são os motivos. Em primeiro lugar, a busca pela satisfação do crédito do exeqüente, com a conseqüente pacificação social, base de todo o sistema, é a finalidade maior do processo executivo.(532) Assim, no processo de execução de quantia certa contra devedor solvente, a extinção *normal* deste é dada com o pagamento da quantia devida,(533) seja por meio dos atos de coerção estatal, seja por ato do próprio devedor ou até mesmo de terceiros.(534) Em outras palavras, vale notar o seguinte:

> "A *satisfação do* crédito costuma ser indicada pela doutrina como o resultado típico do processo executivo, ou o seu produto acabado, em contraposição ao do cognitivo, que se representa pela declaração imperativa contida na sentença de mérito e destinada a produzir efeitos sobre a vida dos sujeitos nele envolvidos. O resultado jurídico visado através do processo de execução é a *atuação da vontade concreta do direito*."(535)

---

(532) Afirma *Cândido Rangel Dinamarco*: "A destinação unilateral diferencia profundamente o processo de execução do cognitivo, onde tudo se predispõe ao exame e julgamento do mérito e todas as atividades convergem a este, o qual no entanto pode ser favorável a *qualquer* das partes. O processo de conhecimento terá cumprido sua finalidade quando o mérito tiver sido julgado, sem importar em que sentido (procedência ou improcedência da demanda). O de execução, apenas quando o credor estiver satisfeito" (*Execução civil*. 7ª ed. rev. e atual. São Paulo: Malheiros, 2000, p. 153).

(533) Segundo leciona o mestre *Cândido Rangel Dinamarco*, "para considerar o que é extinção *normal* e o que é extinção *anormal* em cada espécie de processo, basta pôr as vistas no objetivo de cada um e concluir que anormalmente qualquer deles se extingue quando não chega a atingir dito objetivo. Resumidamente, dir-se-á então que o processo executivo se extingue *normalmente* quando o credor é satisfeito e *anormalmente* quando ele não o é" (*Execução civil*. 7ª ed. rev. e atual. São Paulo: Malheiros, 2000, p. 154).

(534) A lição do Professor *Cândido Rangel Dinamarco* é completa: "Como a execução se destina a produzir a satisfação do titular de um direito, consistindo nisso a tutela jurisdicional executiva, é natural que aquela se extinga quando esse objetivo houver sido atingido. Segundo as concepções modernas do processo executivo, ele se propõe a oferecer a satisfação do credor não só mediante *atividades sub-rogatórias* impostas pela autoridade judiciária, capazes de produzir esse resultado independentemente da vontade do obrigado, mas também exercendo sobre este algumas espécie de pressão *(coerção)* para que saia da situação de inadimplente, adimplindo (execução por sub-rogação ou por coerção). O inc. I do art. 794 do Código de Processo Civil abre caminho para a tomada de consciência desses dois modos de obter a satisfação do credor, que se resolvem em duas técnicas executivas diferentes: a entrega do bem por ato do Estado-juiz ou a satisfação voluntária pelo devedor ou mesmo por terceiro. Diz aquele dispositivo: 'extingue-se a execução quando (...) o devedor satisfaz a obrigação'. Fazendo alusão ao *devedor que cumpre*, ele dá a impressão de que abrange exclusivamente a satisfação voluntária, mas, quando lido no contexto da execução forçada e de suas finalidades, vê-se que ali reside a determinação de que a execução se extinga *sempre que a obrigação haja sido satisfeita*, o que acontece (a) quando as medidas executivas chegaram ao fim, sendo o bem imperativamente retirado do patrimônio do devedor e entregue ao credor por ato do juiz e seus auxiliares, (b) quando o executado cumpre a obrigação, entregando a coisa devida, pagando o dinheiro cobrado pelo exeqüente ou realizando a conduta que lhe é exigida (fazer ou não-fazer), ou ainda (c) quando um terceiro cumpre a obrigação em lugar do obrigado. A primeira dessas hipóteses configura o caso típico da extinção normal do processo executivo pela outorga direta da tutela jurisdicional; essa é a causa extintiva *ordinária*, porque a tutela jurisdicional assim oferecida consiste precisamente na retirada forçada do bem ao patrimônio do obrigado e entrega ao credor" (*Instituições de direito processual civil*. São Paulo: Malheiros, 2004, vol. IV, pp. 792-793).

(535) DINAMARCO, Cândido Rangel. *Execução civil*. 7ª ed. rev. e atual. São Paulo: Malheiros, 2000, p. 151.

Desse modo, a alegação de pagamento (adimplemento da obrigação) — sendo este o resultado esperado pela norma jurídica que contém uma obrigação a ser satisfeita — não revela incompatibilidade, mas sim ato jurídico normal e, mais ainda, visado pelo processo de execução. Consoante assinala *Danilo Knijnik*, o sistema processual pátrio estabeleceu, como pressupostos da ação executiva,

"[...] a necessidade do *inadimplemento*, de um lado, e, de outro, a existência de um *título executivo* líquido, certo e exigível. Seria por demais contraditório — e à cultura cabe evitá-lo — que se reclamassem pressupostos não sindicáveis pelo executor da norma: é premissa básica a de que todo aquele que é chamado a cumprir a norma jurídica deve cotejar sua incidência no caso concreto para poder agir. Logo, o reclame pelo inadimplemento e pelo título executivo traz para a *cognitio* do juiz a questão do 'adimplemento', de um lado, e dos atributos do título executivo, de outro (liquidez, certeza e exigibilidade); trá-los, sem ruptura, não obstante, com sua estrutura e função."

Adiante, afirma que

"[...] haveria, no mínimo, uma incoerência imanente à ordem processual e um irrealismo absoluto da própria norma-matriz da execução: a que exige a presença do título executivo. Dever-se-ia supor que o juiz não poderia, sequer, conhecer dos pressupostos do próprio agir, o que, realmente, seria tremendo contra-senso. Há, pois, já não se diz juridicamente, mas *logicamente*, uma contradição intrínseca à visão negativista: se, para executar, o juiz precisa de título executivo e inadimplemento — o que vem aceito —, como negar-se que esse mesmo juiz, *in executivis*, possa aferir título executivo e inadimplemento?"(536)

É inegável que não se pode incorrer nesse erro crucial. Mas, não é só. Existem mais elementos que indicam que a argüição de adimplemento da obrigação não é só cabível, como é da essência do sistema processual executivo, inclusive da etapa de cumprimento da sentença. Deve-se observar que, *sob o prisma horizontal*, isto é, quanto à extensão ou amplitude, segundo entendemos, existe apenas uma limitação de ordem jurídica ou ontológica no processo executivo: o questionamento interno acerca da existência ou não do direito material que subjaz ao título executivo. Trata-se, como já restou esclarecido nesta obra, de cognição *parcial,*(537) mas não se vislumbra, fora esse caso, nenhuma outra

---

(536) KNIJNIK, Danilo. *A exceção de pré-executividade*. Rio de Janeiro: Forense, 2001, pp. 122 e 154, respectivamente.

(537) *Teresa Arruda Alvim Wambier* e *José Miguel Garcia Medina*, reconhecendo a existência de cognição no processo executivo, ressalvam que "*o objeto* da percepção do sujeito cognoscente (juiz), no caso do processo de execução, é diverso daquele que lhe é submetido à apreciação no processo de conhecimento. Por isso, parece-nos que o processo de execução pode ser catalogado entre aqueles em que a cognição é *parcial*, pois somente alguns temas podem nele ser analisados (p. ex., existência ou inexistência de título executivo), com exclusão de outros, relacionados à relação jurídica de direito ma-

restrição quanto às possíveis matérias alegáveis no âmbito interno da relação processual executiva. Assim, tanto as questões de ordem pública, como é o caso dos pressupostos processuais, requisitos de validade e as condições da ação executiva, que, de certo modo, também estão relacionadas ao sistema de nulidades, quanto às matérias de mérito, como é o caso do pagamento ou o mero cumprimento da obrigação, podem ser trazidas à baila no processo de execução, e tudo isso sem que se fale em restrição ao debate das partes ou à cognição horizontal do Juiz.(538)

Mas, até mesmo para corroborar o que estamos dizendo, é relevante notar que essas questões de mérito alegáveis no processo de execução, em verdade, estão intimamente relacionadas a alguma matéria processual de ordem pública. Ilustrativamente, observe-se que o pagamento está diretamente relacionado ao inadimplemento, que, como já várias vezes ressaltado, é "pressuposto" para o ajuizamento da demanda executiva ou, se for caso, para o início da fase executiva. Assim, à evidência, faz parte do plano de discussão no processo de execução.

Teori Albino Zavascki preleciona o seguinte:

> "O inadimplemento, na verdade, é instituto do domínio do direito material e o questionamento a seu respeito integra o objeto litigioso da ação executiva, ou seja, o seu próprio mérito. Inadimplemento não é condição da ação de execução, mas condição para realizar legitimamente os atos executivos, ou, em outras palavras, condições para uma ação executiva *procedente*."(539)

Nessa linha, preleciona *Araken de Assis*:

> "O meio natural para aflorar a questão da inexistência do inadimplemento é a ação de embargos, como deflui do art. 741, II e IV, do CPC, em homenagem ao regime geral de oposição do devedor à execução injusta. Têm os embargos, sem dúvida, a finalidade de prevenir o desenvolvimento da agressão patrimonial injusta. Constitui exagero, todavia, vedar o exame do mérito da ação executiva no seu próprio processo. Esta paradoxal restrição, na medida em que os embargos ostentam mérito diverso, seja qual for o critério adotado para defini-lo e o conceito utilizado, não decorre de norma explícita. É lícito, assim, o executado argüir a matéria através da exceção de pré-executividade."(540)

---

terial que envolve exeqüente e executado. Embora seja limitada, no plano horizontal, a cognição é exauriente, no plano *vertical*, em relação às questões que neste processo podem ser examinadas" (*O dogma da coisa julgada: hipóteses de relativização*. São Paulo: RT, 2003, pp. 97-98).

(538) *Sandro Gilbert Martins*, ao contrário da doutrina majoritária, entende pela plenitude da cognição no âmbito *horizontal*: "Na execução, tem-se que, no plano horizontal, a cognição é plena, visto não haver qualquer restrição legal à extensão das matérias discutíveis" (*A defesa do executado por meio de ações autônomas: defesa heterotópica*. São Paulo: RT, 2002, p. 48).

(539) ZAVASCKI, Teori Albino. *Processo de execução: parte geral*. 3ª ed. rev., atual. e ampl. São Paulo: RT 2004, p. 242.

(540) ASSIS, Araken de. *Comentários ao Código de Processo Civil*. 2ª ed. rev. e atual. São Paulo: RT, vol. VI, 2004, p. 139.

Em outras palavras, o meio típico de insurgência do executado, quando alega o adimplemento da obrigação (pagamento), conforme o caso, é o ajuizamento dos embargos à execução (arts. 741 e 745 do CPC; art. 880 da CLT; art. 16 da Lei n. 6.830/80) ou da impugnação ao cumprimento da sentença (art. 475-J, *caput*, do CPC). Isso, entretanto, atipicamente, observando-se o regime jurídico peculiar, não impede a argüição do tema em sede de defesa endoprocessual.

Relembre-se de que a eficácia abstrata do título executivo limita, em forte linha de princípio, a cognição no processo de execução *no plano vertical*. Sendo assim, a análise das questões, na eventualidade de ser feita na estrutura interna da relação processual executiva, não pode ser aprofundada exaustivamente, pois, do contrário, desvirtuar-se-ia a finalidade do processo de execução, ensejando um desequilíbrio na harmonia do sistema e afastando-se, assim, da efetividade da tutela jurisdicional que se preza e se almeja alcançar.(541) No particular, obtempera *Carlos Alberto Alvaro de Oliveira*:

> "Em face da peculiaridade estrutural dessa função processual, trata-se de um contraditório *parcial* quanto aos temas submetidos ao diálogo entre as partes e, além disso, *atenuado*, porque limitados os poderes probatórios e de asserção das partes e restritos os provimentos do juiz, devendo o processo se efetivar de modo rápido e informal, direcionado à melhor celeridade e imediatidade na atuação executiva."(542)

Não obstante, entendemos que essa premissa constitui-se apenas em regra geral, pois, se houver alegação de cumprimento da obrigação exeqüenda (ou outro fato extintivo da obrigação inerente ao título executivo) *demonstrável do plano*, mediante juízo de cognição com grau razoavelmente elevado ou exauriente para o caso, cessa a eficácia autorizadora da prática de atos estatais de invasão patrimonial do executado.(543)

---

(541) MARTINS, Sandro Gilbert. *A defesa do executado por meio de ações autônomas: defesa heterotópica*. São Paulo: RT, 2002, p. 46.

(542) OLIVEIRA, Carlos Alberto Alvaro. *Do formalismo no processo civil*. 2ª ed. rev. e ampl. São Paulo: Saraiva, 2003, pp. 121-122.

(543) Acerca dos limites probatórios no processo de execução, socorremo-nos, mais uma vez, da lição de *Danilo Knijnik:* "Comprovada a existência de cognição em geral rarefeita, à luz dos cortes probatórios, bem como sua limitação manifesta, mostra-se natural afirmar que o paradigma próprio das decisões *in executivis* é o do *direito líquido e certo*, vale dizer, das questões jurídicas puras, exceto no que diz respeito ao mérito do executivo, *em relação ao qual realmente existem meios probatórios disponíveis — à luz daquela noção de adequação*. No tangente ao inadimplemento, às 'qualidades' do título executivo (liquidez, certeza e exigibilidade), aos 'pressupostos' dos pressupostos processuais e aos 'pressupostos' das condições da ação, a cognição, por rarefeita, exige o paradigma indicado". Assim, continua o autor, "a respeito dos supostos fáticos em que se assentam as questões *in executivis* — notadamente, condições da ação (aqui englobados o inadimplemento e os atributos do título) e os pressupostos processuais, não há disponibilidade de qualquer atividade recognitiva ao plano probatório, ao menos no sistema positivo nacional. Portanto, se esta houver, exorbitará — e representará violência aos princípios. Cientificamente, destarte, é válido incorporar ao campo da *cognição rarefeita*, que se definiu como limite *in executivis*, os *standards* relacionados com o mandado de segurança e assim controlar a ultrapassagem ou não dos limites recognitivos assinados a cada questão" (*A exceção de pré-executividade*. Rio de Janeiro: Forense, 2001, p. 125).

Haveria, por assim dizer, um conflito entre as *probabilidades* inerentes ao título executivo(544) e à satisfação da obrigação que lhe dá conteúdo, de modo que, à luz do princípio constitucional do devido processo legal, a ordem jurídica, tendo em vista as exigências de um valor maior de Justiça no desenvolvimento das relações sociais, dá prevalência a esta última, isto é, ao convencimento acerca da provável quitação do dever jurídico até então imposto, eis já cumprida a finalidade do processo de execução.

José da Silva Pacheco é incisivo:

> "O pagamento da dívida ou o cumprimento da obrigação discutidas na ação e objeto da sentença que se executa tornam sem objeto a execução. Comprovados, suficientemente, podem ser alegados a qualquer tempo, ainda que fora do prazo. Por mais que se queiram complicar as questões simples, como, amiúde, faz a doutrina, não se pode deixar de reconhecer que à falta de objeto a execução não pode prosseguir. Provado, a qualquer tempo, torna-se sem objeto a ação, que deve ser extinta."(545)

Entende *Flávio Luiz Yarshell:*

> "[...] que, em muitas circunstâncias, o juiz é chamado, no processo de execução, a investigar a própria relação material ainda no bojo do processo de execução, sem a necessidade de embargos do devedor. Tal é o que ocorre, por exemplo, nos casos de prova literal de pagamento (sem que haja oposição do exeqüente) ou de outra forma de extinção da obrigação que possa ser feita por prova pré-constituída."(546)

---

(544) Diz *Cândido Rangel Dinamarco*: "A exigência de título executivo, sem o qual não se admite a execução, é conseqüência do reconhecimento de que a esfera jurídica do indivíduo não deva ser invadida, senão quando existir uma situação de tão elevado grau de *probabilidade* de existência de um preceito jurídico material descumprido, ou de tamanha *preponderância* de outro interesse sobre o seu, que o risco de um sacrifício injusto seja, para a sociedade, largamente compensado pelos benefícios trazidos na maioria dos casos. A personalidade humana não deve ficar exposta a atos arbitrários, com os quais se violem as mais sagradas prerrogativas do ser humano ou se lhe diminua o patrimônio, requisito indispensável ao livre exercício destas na sociedade capitalista; e o arbítrio seria inevitável, se a invasão da esfera jurídica não estiver na dependência de uma razão muito forte, exigida pela lei como requisito necessário — e que é o título executivo" (*Execução civil.* 7ª ed. rev. e atual. São Paulo: Malheiros, 2000, pp. 457-458). Na opinião de *José Miguel Garcia Medina*, "está-se, novamente aqui, diante do penoso e notório dilema pelo qual passa o legislador, dilema este tão discutido nas épocas mais recentes. Trata-se de optar entre a certeza e a urgência, de eleger um dos valores como principal norteador da criação de provimentos jurisdicionais executivos. Obviamente, confrontam-se, em relação a tal embate, os interesses de demandante e o demandado: o primeiro esperando atendimento à sua pretensão pelo modo mais rápido possível; o segundo, buscando, antes de (eventualmente) sucumbir àquela pretensão, cognição o mais intensa possível acerca do direito afirmado pelo credor, bem como sobre sua defesa" (*Execução civil: parte geral: princípios fundamentais.* 2ª ed. rev., atual. e ampl. São Paulo: RT, 2004, p. 149).

(545) PACHECO, José da Silva. *Tratado das execuções.* Rio de Janeiro: Borsói, 1959, vol. 3, p. 265. Na mesma esteira, posiciona-se *Amílcar de Castro:* "Embargos de pagamento, acompanhados logo de documento aparentemente verdadeiro, probatório da quitação alegada, ainda que sejam apresentados fora do prazo legal, devem ser admitidos por imposição de iniludível justiça" (*Comentários ao Código de Processo Civil de 1973.* 3ª ed. São Paulo: RT, 1983, vol. 8, p. 398).

(546) YARSHELL, Flávio Luiz. *Ação rescisória e decisões proferidas no processo de execução. Execução civil (aspectos polêmicos)*/Coordenação de João Batista Lopes e Leonardo José Carneiro da Cunha. São Paulo: Dialética, 2005, p. 150.

Observa *Sérgio Shimura*: "se o devedor apresenta recibo passado pelo credor, inútil seria ter de proceder à penhora e movimentar toda máquina judiciária, burocratizando o procedimento apenas por amor à forma".(547) Logo, vale repetir nas palavras de *Araken de Assis*, "nada obstante o meio natural de alegar a ausência de inadimplemento, que é a ação de embargos, o executado poderá fazê-lo na própria execução, mediante petição avulsa".(548)

Alerta, entretanto, *José Roberto dos Santos Bedaque*:

> "Ainda que admissível essa extensão, é preciso estabelecer limites, sob pena de transformar-se a execução em verdadeiro cognitivo. Por isso, a possibilidade de o juiz conhecer de aspectos da relação material deve ficar restrita a questões cuja solução não demande produção de prova. Pode-se até invocar a idéia de direito *líquido* e *certo*, ou seja, aquele identificado de plano, mediante documentos."

Corretamente, resume:

> "Essa ampliação do âmbito da atividade cognitiva na execução deve ser considerada excepcional. Só defesas substanciais altamente verossímeis, cujo exame independa de instrução mais complexa, podem ser examinadas internamente. Em princípio, deve prevalecer a eficácia abstrata do título e a probabilidade do direito nele consubstanciado."(549)

Não se trata, portanto, de negar validade à eficácia abstrata do título executivo,(550) uma vez que não se está discutindo, na execução, se o direito material exeqüendo existe ou não, mas, em contrapartida, de demonstração *prima facie* e inequívoca sobre a satisfação da obrigação embutida no título executivo,

---

(547) SHIMURA, Sérgio. *Título executivo.* 2ª ed. ampl. e atual. São Paulo: Método, 2005, p. 107.

(548) ASSIS, Araken. *Comentários ao Código de Processo Civil.* 2ª ed. rev. e atual. Rio de Janeiro: Forense, 2004, vol. VI, p. 139.

(549) BEDAQUE, José Roberto dos Santos. *Cognição e decisões do juiz no processo executivo. Processo e Constituição: estudos em homenagem ao professor José Carlos Barbosa Moreira*/Coordenação de Luiz Fux, Nelson Nery Jr. e Teresa Arruda Alvim Wambier. São Paulo: RT, 2006, pp. 369 e 372, respectivamente.

(550) Afirma *José Miguel Garcia Medina*: "Dir-se-ia que tal eficácia abstrata não existe, já que é possível ao executado discutir a existência do crédito nos embargos à execução. Tal possibilidade, no entanto, segundo pensamos, apenas confirma o caráter abstrato do título executivo, porque referida abstração consiste na indiscutibilidade intrínseca — isto é, do direito material que está 'dentro' — do título executivo *na ação de execução*" (*Execução civil: parte geral: princípios fundamentais.* 2ª ed. rev., atual. e ampl. São Paulo: RT, 2004, p. 147). Na mesma linha de pensamento, manifesta-se *Cândido Rangel Dinamarco*: "Constituem limitação à eficácia abstrata dos títulos executivos em geral os *embargos à execução*. Se opostos os chamados embargos de mérito (negando a existência do crédito), abre-se ao juiz vasto campo para conhecer e julgar acerca do crédito. Nem poderia ser de outra maneira, dados os próprios objetivos da execução (realização efetiva dos direitos) e a necessidade de oferecer aos litigantes um resultado final em consonância com a situação jurídico-material concretamente existente. A eficácia abstrata do título executivo e a possibilidade de embargar a execução constituem os dois pesos de um indispensável equilíbrio no sistema da execução forçada" (*Execução civil.* 7ª ed. rev. e atual. São Paulo: Malheiros, 2000, p. 472).

que, sem dúvida alguma, provoca reflexos no desenvolvimento desta forma de tutela jurisdicional, posto que um dos seus "pressupostos" deixa de existir: o inadimplemento. Com o pagamento, a execução simplesmente perde o seu objeto, tornando-se juridicamente dispensável, já que, diante da extinção da obrigação,[(551)] não há mais o que executar.

Foge à lógica do razoável que o Poder Judiciário, diante da evidente prova do pagamento da dívida, ignore-a, para exigir novo pagamento e, posteriormente, a repetição dele. Afinal, deve-se ter em mente que o Juiz deve evitar, a todo custo, eivas comprometedoras de todo o possível trabalho desenvolvido. Demais disso, observe-se que, havendo o pagamento do débito exeqüendo, desaparece uma das características da Jurisdição, que é a *substitutividade*. Com a sua ocorrência, não há o que substituir, de modo que a execução se torna inviável.

Se a alegação de pagamento, todavia, depender de dilação probatória, isto é, de uma comprovação mais complexa, como a perícia ou a oitiva de testemunha, o caminho é somente o ajuizamento tempestivo dos embargos à execução (ou da impugnação ao cumprimento da sentença, se for o caso) e sua conseqüente instrução ilimitada.[(552)] Enfim, "[...] tudo dependerá da profundidade da cognição do juiz",[(553)] já que a sistemática defensiva no processo de execução é *secundum eventum probationis*.

Olavo de Oliveira Neto afirma que,

> "No tocante à matéria relativa ao mérito da execução, a prova trazida aos autos pelo executado deve permitir que o juiz efetue, de plano, cognição exauriente acerca da questão suscitada. Não basta, aqui, um juízo de probabilidade, como acontece com a antecipação de tutela, mas sim um juízo de convicção que impõe o imediato reconhecimento do direito do executado."

---

(551) Questiona *Donaldo Armelin:* "O adimplemento *in casu* atua como condição negativa de admissibilidade ou diz respeito à extinção do direito material incorporado no título, e pois, constitui-se matéria de 'mérito' na execução?" E respondeu: "Sem embargo, inadimplemento diz respeito ao direito incorporado ao título" (*Legitimidade para agir no direito processual civil brasileiro*. São Paulo: RT, 1979, pp. 76-77).

(552) *José Miguel Garcia Medina*, que não admite argüição de matérias de mérito através da impropriamente chamada "exceção de pré-executividade", conclui pela inexistência de dilação probatória no processo de execução. Vejamos, na íntegra, a sua lição: "Como já se disse, há cognição no processo de execução, embora não se trate de cognição voltada à criação de condições que autorizem o pronunciamento de uma decisão judicial voltada à definição da existência ou inexistência do direito que subjaz ao título executivo. Se a defesa do executado tem sob mira semelhante questão, deve ela, em princípio, ser deduzida em ação autônoma de conhecimento — normalmente, os embargos à execução, nada impedindo, entretanto, que se recorra a ação de conhecimento autônoma, antes, concomitantemente ou depois de finda a demanda executiva. A exceção de pré-executividade, em atenção a este princípio, não pode servir à argüição de matérias que demandem instrução probatória (por exemplo, falsidade da assinatura constante do título executivo), pois isso contraria toda a sistemática do processo de execução, tal como estabelecida no Código de Processo Civil" (*Execução civil: parte geral: princípios fundamentais*. 2ª ed. rev., atual. e ampl. São Paulo: RT, 2004, p. 283). *Sérgio Shimura*, que admite o exame de matéria de mérito no processo de execução, no particular, afirma o seguinte: "É imperioso relembrar que, se o fato alegado depender de um exame mais aprofundado, máxime no que tange à prova, a análise deve ser feita pelos meios próprios, que são os embargos do devedor" (*Título executivo*. 2ª ed. ampl. e atual. São Paulo: Método, 2005, p. 108).

(553) ASSIS, Araken. *Comentários ao Código de Processo Civil*. 2ª ed. rev. e atual. Rio de Janeiro: Forense, 2004 , vol. VI, p. 138.

"Assim sendo", continua o brilhante autor,

"parece-nos correto afirmar que a defesa do executado, em hipóteses especiais, pode ser feita fora do âmbito dos embargos do devedor e sem que o juízo esteja seguro pela penhora, desde que o direito invocado em sua defesa seja, para utilizar expressão corrente, líquido e certo ou, em outros termos, se apresente '... *manifesto na sua existência, delimitado na sua extensão e apto a ser exercido no momento*...' em que for alegado."

E finaliza, enfocando que a temática diz respeito aos limites da inserção da cognição no processo de execução:

"Nesse passo, torna-se imperiosa a conclusão de que o âmbito de incidência da exceção ou da oposição de pré-executividade não diz respeito à matéria que ela veicula, já que tanto poderá tratar-se de matéria atinente ao juízo de admissibilidade quanto à matéria atinente ao juízo de mérito da execução. O que importa é que o conteúdo da exceção, seja defesa processual, seja defesa de mérito, possa ser provado de plano pelo executado, sem a necessidade de produção de qualquer tipo de prova, a não ser que a que estiver instruindo o pedido ou puder ser de pronto requisitada pelo juízo da execução."(554)

Na mesma linha de raciocínio, que, aliás, adotamos integralmente, manifesta-se *Teori Albino Zavascki*:

"Em regra, a ausência de requisito do adimplemento deve ser alegada pela via de embargos (art. 741, II, e art. 745, do CPC). Porém, em certas circunstâncias, sendo notório o adimplemento ou a inexigibilidade (e por notório há de se entender o fato cuja comprovação independe de dilação probatória), nada impede que o juiz conheça a matéria de ofício. E sendo conhecível de ofício, nada impede que o próprio executado suscite, independentemente de penhora ou de embargos, por simples petição, mediante via que se convencionou denominar *exceção de pré-executividade*."(555)

Na escorreita lição de *Cândido Rangel Dinamarco*, observe-se que,

"sempre que o juiz reconhecer a ocorrência de algum fato extintivo da obrigação do executado, será imperioso extinguir também o processo executivo, porque sem direito a ser satisfeito a execução não tem razão de ser; a existência do crédito é um dos requisitos para a tutela jurisdicional executiva, embora a esse respeito o juiz da execução não possa desenvolver atividades de tanta amplitude como no processo de conhecimento."

(554) OLIVEIRA NETO, Olavo. *A defesa do executado e dos terceiros na execução forçada*. São Paulo: RT, 2000, pp. 116-117.

(555) ZAVASCKI, Teori Albino. *Processo de execução: parte geral*. 3ª ed. rev., atual. e ampl. São Paulo: RT, 2004, pp. 244-245.

E, pouco mais adiante, afirma o digníssimo autor:

"Por disposição expressa do art. 581 do Código de Processo Civil, a execução não deve ter início quando antes dela houver sido feito o adimplemento voluntário (pagamento do dinheiro, entrega da coisa, realização de uma atividade); ela deve ser extinta se o adimplemento ocorrer na sua pendência. A verificação desse pressuposto negativo da execução forçada é feita nos embargos ou, quando não seja necessária uma dilação probatória para a verificação de fatos, no próprio curso da execução — de ofício ou no julgamento de uma objeção de pré-executividade."(556)

Rosalina P. C. Rodrigues Pereira, em tese de doutorado em Direito Processual Civil pela PUC-SP, igualmente, não pensa diferente:

"A extinção da obrigação mediante o pagamento é matéria atinente ao mérito, pois diz respeito à satisfação do direito incorporado ao título, e, por isso mesmo, pode ser reconhecido de ofício pelo juiz, porque o direito que está consubstanciado no título já foi satisfeito. Nesse caso, apenas *indiretamente* se poderia dizer que a execução foi extinta por falta de condição da ação, especificamente, por falta de interesse processual, por se ter atingido a certeza do título. Na realidade, no pagamento, o que é atingido é a *própria extinção da obrigação*, que está elencada como mérito da execução no art. 794."

E continua:

"Ressalte-se que, pelo fato de o art. 580 do Código de Processo Civil incluir o inadimplemento entre os requisitos para realizar qualquer execução, parte da doutrina o identifica com a exigibilidade, e, assim, aponta o adimplemento como condição de admissibilidade da execução, qualificando-o como característica do interesse de agir. No entanto, o pagamento diz respeito à satisfação do próprio direito material que está consubstanciado no título. Se, pelo pagamento, o direito se extingue por estar satisfeito, é porque é matéria que diz respeito, conforme estatui expressamente o art. 794, que elenca as formas de extinção do processo de execução, está dentro do seu desenvolvimento normal."

Em sua conclusão:

"Pagamento é matéria que diz respeito ao direito substancial consagrado no título, podendo ser liminarmente reconhecido pelo juiz, pois, como causa de extinção da obrigação, mostra-se injustificável a contrição do pa-

---

(556) DINAMARCO, Cândido Rangel. *Instituições de direito processual civil*. São Paulo: Malheiros, 2004, vol. IV, p. 795.

trimônio do devedor. Se o devedor apresenta um recibo passado pelo credor, seria inútil ter de proceder à penhora e movimentar toda a máquina judiciária."(557)

Humberto Theodoro Júnior, com a precisão de sempre, diz o seguinte:

"O importante, a respeito desses fatos extintivos ou impeditivos da obrigação, são as condições fáticas de sua verificação. Realmente, se sua admissão depender de provas ainda por produzir, por serem incompletas ou pouco claras as apresentadas pelo devedor com sua argüição liminar, o caso somente merecerá consideração judicial se veiculado por meio de embargos à execução. Desde, porém, que o motivo legal de indeferimento da petição inicial ou de extinção do processo sem apreciação do mérito se comprove de plano e de forma inequívoca, não haverá razão para exigir que sua argüição somente ocorra por via de embargos à execução.

"Assim, se o inadimplemento é apontado como requisito legal da execução forçada (CPC, art. 580) e se a ocorrência do pagamento impede o deferimento da inicial ou provoca a extinção do processo executivo (art. 581), não se pode negar que a questão em torno de tal requisito envolve uma condição de procedibilidade e, portanto, se apresenta para o juiz como questão de ordem pública.

"O problema, destarte, em torno da argüição de pagamento, não diz respeito à natureza da questão, mas apenas à sua prova. A qualquer momento a lei quer que a execução seja impedida em virtude do pagamento, pois este elimina uma das condições específicas da ação executiva — o inadimplemento. O que vai tornar sua averiguação sujeita ou não ao procedimento dos embargos é a maior ou menor complexidade da respectiva comprovação.

"Desde que se disponha de prova unívoca e suficiente nos autos, o pagamento, como fato extintivo do débito exeqüendo, será acolhido pelo juiz para decretar a extinção do processo, como preconiza o art. 581."(558)

No mesmo sentido, obtemperam *Nelson Nery Júnior* e *Rosa Maria Andrade Nery*:

"O devedor se libera da obrigação quando esta é adimplida, o que ocorre normalmente com a execução do contrato ou da obrigação: satisfeita a prestação, deixa de existir a obrigação. Quando a obrigação se extingue por esse modo denomina-se, tecnicamente, de *pagamento*, que é a forma

(557) PEREIRA, Rosalina P. C. Rodrigues. *Ações prejudiciais à execução por quantia certa contra devedor solvente*. São Paulo: Saraiva, 2001, pp. 428-429.

(558) THEODORO JÚNIOR, Humberto. "Meios de defesa do devedor diante do título não executivo, fora dos embargos à execução. Ações autônomas e argüição de não-executividade". *Revista Dialética de Direito Processual*, São Paulo: Dialética, n. 15, out. 2004, p. 49.

mais comum de extinção das obrigações. Há outros modos de extinção das obrigações, que têm o efeito do pagamento: confusão, novação, consignação em pagamento, remissão, sub-rogação e dação em pagamento. Ocorrendo uma dessas situações e tendo o devedor prova pré-constituída da existência desse fato, pode opor exceção de executividade, sem que haja necessidade de segurar previamente o juízo pela penhora ou depósito."(559)

Como se vê, a alegação de pagamento ou adimplemento da obrigação (inerente ao título executivo) no âmbito da própria relação processual de execução, em absoluto, pode ser tachada de medida incompatível com o sistema jurídico em vigor. Antes e pelo contrário, desde que haja prova inequívoca e convincente, o incidente trata de matéria que, no fundo, faz parte da temática executiva.(560) Em outros termos, a alegação de pagamento, desde que acompanhada de prova que não exija alta indagação, faz parte dos lindes da cognição desempenhada no bojo do processo de execução.(561)

No particular, anota *Cândido Rangel Dinamarco*:

"Admitem-se em princípio, pela via da objeção de pré-executividade, todas as defesas fundadas nos requisitos da execução que o juiz deveria conhecer de ofício (*supra*, n. 1.795) — porque, como é óbvio, tudo que o juiz pode e deve decidir espontaneamente ele pode decidir quando provocado pela parte. O pagamento está incluído nessa possibilidade, porque dele o juiz poderia conhecer até mesmo ao apreciar a petição inicial executiva (art. 581 — *supra*, n. 1.354)."(562)

A perspectiva do Magistrado, repita-se, a despeito do conhecimento acerca da tutela executória, enquanto tutela jurisdicional tendente à satisfação do crédito do exeqüente, *é a realização da justiça do caso concreto.*(563)

---

(559) NERY JÚNIOR, Nelson; NERY, Rosa Maria Andrade. *Código de Processo Civil e legislação processual civil extravagante em vigor*. 6ª ed. rev. São Paulo: RT, 2002, p. 1.040.

(560) Afinal, como lembra *Calmon de Passos*, são, "Adimplemento e execução, dois vocábulos distintos usados para expressar, em última análise, as duas faces de uma única realidade. Pelo adimplemento, executa-se voluntariamente o querer socialmente desejável; e pela execução, esse mesmo querer também se realiza, mediante o adimplemento, pelo órgão público, de seu dever jurídico, atribuindo ao sujeito o bem da vida necessário à satisfação do interesse que o ordenamento julgou merecedor da tutela". Ou seja, são, "Adimplemento e execução, dois momentos inelimináveis da vida do direito, mediante os quais se efetiva a apropriação dos bens para satisfação de necessidades" (*Comentários ao Código de Processo Civil*. São Paulo: RT, 1984, vol. X — tomo I, p. 23).

(561) Na lição de *Lenice Silveira Moreira:* "O importante para que a questão possa ser resolvida no juízo de admissibilidade é a desnecessidade de dilação probatória. Se a causa extintiva do crédito resulta evidente da prova documental que o executado oferece, pode e deve o juiz dela tomar conhecimento no juízo de admissibilidade da execução" (*Exceção de pré-executividade em matéria tributária*. Porto Alegre: Livraria do Advogado, 2001, p. 123).

(562) DINAMARCO, Cândido Rangel. *Instituições de direito processual civil*. São Paulo: Malheiros, 2004, vol. IV, pp. 716-717.

(563) Alerta *Alf Ross:* "Esse papel, sem dúvida alguma, é importante. A justiça, concebida desta maneira como um ideal para o juiz (para todo aquele que tem que aplicar um conjunto determinado de regras ou padrões), é uma idéia poderosa na vida social. Representa o que se espera de um bom juiz e é aceita

Segundo *Liebman*,

"[...] o devedor, por mais provas que possua do pagamento da obrigação, não tem meios para trancar essa atividade a não ser pela instauração com as formas e no tempo devido de competente processo de cognição visando tirar à sentença aquela eficácia."(564)

Não podemos concordar com a literalidade dessa lição, pois enaltece a técnica processual em detrimento do valor "justiça". Não se pode esquecer de que o processo é o meio estatal de realização do direito material, e não um fim em si mesmo. A técnica processual, pois, muito embora também tenha o escopo de conferir segurança jurídica às partes, deve servir ao direito material.(565) Ora, se assim é, qual a razão de ter de submeter o devedor aos transtornos eventualmente causados pela penhora,(566) a fim de demonstrar que já cumpriu a obrigação? Com todo respeito, defender a ferro e fogo a técnica processual sem a preocupação com a justiça do caso concreto já não mais corresponde aos anseios

---

pelo próprio juiz como padrão profissional supremo. No que toca a isto a idéia de justiça faz sentido" (*Direito e justiça*. Bauru: Edipro, 2000, p. 330). Mas, não é só. Adverte *Luiz Fernando Coelho:* "A justiça não é algo que possa ser reduzido a uma manifestação setorial do humano: ela não pode ser reduzida a um conceito, uma virtude, uma norma, um valor, um critério. Ela é um sentimento, uma emoção, uma paixão, algo que as pessoas vivenciam e que permeia tudo isso". E conclui o eminente jusfilósofo: "A justiça é uma vivência ao mesmo tempo subjetiva e intersubjetiva que adquire sentido numa comunidade; e se existe uma finalidade da justiça, ela se resume no binômio dignidade/solidariedade, o que vale tanto para o homem comum, o cidadão que sente a injustiça na própria carne, quanto para aqueles a quem a sociedade delegou a tarefa de distribuição da justiça, o que importa em torná-la efetiva em todos os setores da vida humana individual e coletiva" (*Saudade do futuro*. Florianópolis: Fundação Boitex, 2001, p. 147). *Rui Portanova*, também adepto da Teoria Crítica do Direito, arremata a questão: "A justiça existe no processo histórico e tem valor relativo extraído a partir da realidade vigente. Verifica-se no caso concreto e emerge do cotejo das classes em luta, das necessidades pessoais objetivadas dos litigantes e até das psicológicas. A decisão não será neutra. Será prolatada a partir da ideologia do julgador. Aplicar a lei não implica justiça ou injustiça, o que define é a aplicação do fato concreto ante uma postura ideológica. Importante é não se estabelecerem *a priori* critérios tidos como definitivos para aplicação do justo: o justo deve emergir do debate como os valores do caso concreto" (*Motivações ideológicas da sentença*. 5ª ed. Porto Alegre: Livraria do Advogado, 2003, p. 129).

(564) LIEBMAN, Enrico Tullio. *Processo de execução*. Araraquara: Bestbook, 2003, p. 37.

(565) Segundo *José Roberto dos Santos Bedaque*, "a técnica procesual tem dois grandes objetivos: a) conferir segurança ao instrumento, no sentido de proporcionar absoluta igualdade de tratamento aos sujeitos parciais do processo, possibilitando-lhes influir substancialmente no resultado; b) garantir seja a tutela jurisdicional, na medida do possível, resposta idêntica à atuação espontânea da regra de direito material, quer do ponto de vista da justiça da decisão, quer pelo ângulo da tempestividade". E conclui sua lúcida lição: "De nada adianta um processo seguro e justo, mas demorado; também não pode ser cultuada apenas a celeridade, gerando risco de decisões injustas. É preciso buscar o *tempo razoável* a que se refere o art. 5º, LXXVIII, da CF, suficiente par conferir segurança e eficácia prática ao resultado. Afinal de contas, a efetividade da tutela jurisdicional constitui direito fundamental, assegurado também em sede constitucional" (*Efetividade do processo e técnica processual*. São Paulo: Malheiros, 2006, pp. 77-78).

(566) Para a apresentação do meio de defesa *típico* na etapa de cumprimento da sentença (impugnação ao cumprimento da sentença) e no processo de execução fiscal (embargos à execução fiscal), exige-se a prévia garantia do juízo. Com a vigência da Lei n. 11.382/2006, esse gravame não é mais exigido para a oposição de embargos à execução de título executivo extrajudicial. Segundo pensamos, a discriminação reside na participação do Estado — cujos atos gozam de presunção de legitimidade — na formação do título executivo.

da sociedade no tocante ao cumprimento da função jurisdicional pelo Estado. Indagamos: será que o Juiz, diante da prova inequívoca da quitação do débito em execução, notadamente se este for de elevado valor, dormiria tranqüilo após determinar a prática de todos os procedimentos direcionados à efetividade daquele débito que já foi pago? Exceções à parte, o bom senso recomenda que a resposta seja negativa. Afinal, o sentimento de justiça deve nortear o Magistrado ciente da função meramente instrumental do processo.

Entendemos que, por se tratar de matéria de ordem pública, o pagamento pode ser alegado no bojo do processo de execução ou da etapa de cumprimento da sentença, sem que se fale em preclusão, mas, em face da estrutura e função dessa modalidade de prestação jurisdicional (execução), tal alegação sofre uma limitação ontológica, de modo que a comprovação acerca do mesmo (o pagamento) deve ser indene de dúvidas.(567) Em outras palavras, não há como não se admitir a dilação probatória de pagamento no processo de execução fiscal ou na etapa de cumprimento da sentença sem a prévia garantia do juízo.(568) Exigir a submissão prévia do gravame da penhora ou do depósito do bem litigioso em favor da técnica processual, com todo respeito, fere a lógica do razoável, que, no caso, diante da comprovação robusta acerca da quitação da obrigação exeqüenda, exige apreço maior ao princípio da instrumentalidade do processo e, com isso, enaltecimento ao valor supremo da justiça e do respeito à dignidade da pessoa humana do devedor.

Dito de outra maneira, na situação em epígrafe, o princípio da legalidade a ferro e fogo (que, aqui, prega que a defesa do executado seja feita somente através dos embargos à execução fiscal ou da impugnação ao cumprimento da sentença e, conseqüentemente, de prévia segurança do juízo) cede espaço ao princípio do devido processo legal (entendido, para a situação em tela, como sinônimo de barreira em relação à realização de execuções flagrantemente in-

---

(567) No mesmo sentido: "139045974 — EXCEÇÃO DE PRÉ — EXECUTIVIDADE — SUA ADMISSÃO POR CONSTRUÇÃO DOUTRINÁRIA E PRETORIANA — HIPÓTESES DE SUA ADMISSIBILIDADE — Embora se trate de forma de defesa não legalmente prevista, a exceção de pré-executividade tem sido admitida pela doutrina e jurisprudência, permitindo ao devedor invocá-la para alegar a inviabilidade ou nulidade da execução, ao invés de fazê-lo via embargos. Todavia, a exceção de pré-executividade somente é admitida em hipóteses excepcionais, ou seja, quando se mostra evidente a ausência de título hábil, quando ocorrer prescrição, ou ainda, quando há prova de quitação do débito. (TJMG — AG 000.276.634-3/00 — 4ª C.Cív. — Rel. Des. Hyparco Immesi — J. 22.5.2003) (Ementas no mesmo sentido)". "133176217 — PROCESSUAL CIVIL — AGRAVO DE INSTRUMENTO — EXCEÇÃO — PRÉ-EXECUTIVIDADE — OPOSIÇÃO — EMBARGOS — IMPOSSIBILIDADE — 1. A exceção de pré-executividade não tem previsão em Lei. Trata-se de construção doutrinário-jurisprudencial admissível antes da interposição de embargos e aplicável em casos excepcionais (vícios formais do título executivo e objeções como decadência, prescrição e pagamento). 2. Agravo de instrumento não provido. (TRF 1ª R. — AG 01000330492 — MG — 7ª T. — Rel. Des. Fed. Tourinho Neto — DJU 19.3.2004 — p. 89)".

(568) Para *José Eduardo Carreira Alvim*, não existe impedimento ao exeqüente que, "[...] em circunstâncias especiais, alegue também questões de interesse privado (particular), como, *v. g.*, a prescrição, o pagamento, a novação (exceções substanciais), porquanto, estando o executado numa dessas circunstâncias, seria um *non sense* a penhora de seus bens tão-somente para que o juiz, conhecendo da sua defesa, extinguisse o processo de execução" (*Teoria geral do processo*. 10ª ed. rev., atual. e ampl. Rio de Janeiro: Forense, 2005, p. 352).

justas).[569] Vale dizer que, não obstante o exigível equilíbrio entre os valores constitucionais da *justiça* e da *segurança jurídica*, no confronto direto entre o direito material e o direito processual, deve-se resolver pela prevalência do primeiro sobre o segundo.[570] A propósito, com o brilho habitual, anota *Teresa Arruda Alvim Wambier*:

> "O processo, embora *ciência autônoma, com conceitos, regras, 'ambiente terminológico', princípios próprios, é instrumento* e nem pode, portanto, servir para criar direitos a que as partes já não tenham, em função das suas relações de direito material. É por isso, p. ex., que os erros materiais eventualmente cometidos pelo juiz não ficam acobertados nem pela preclusão, nem pela coisa julgada. O processo, instrumento que é, não se pode prestar, como regra, a atribuir às partes *mais* ou *menos* direitos do que aqueles que elas efetivamente tenham."[571]

E o procedimento defensivo, no caso, é bem simples. Em primeiro lugar, argüido o incidente, possibilita-se o contraditório ao exeqüente com a sua intimação. Havendo concordância ou reconhecimento da quitação por parte deste, se o adimplemento for total, extingue-se o processo de execução. Sendo parcial, este prossegue em relação ao saldo remanescente. Da mesma forma, permanecendo o exeqüente silente, a despeito de ter sido regularmente intimado a se manifestar, convencendo-se o Juiz diante da prova pré-constituída, extinguem-se o processo de execução e, com efeito, a obrigação que dá conteúdo ao título.[572] Discordando o exeqüente, mas, ainda assim, havendo convencimento judicial, diante dessa citada prova pré-constituída, extingue-se o processo executivo. Por outro lado, não havendo convencimento do Juiz, haja vista que a situação exige dilação probatória, rejeita-se o incidente, eis que a matéria deve ser tratada no âmago do processo de embargos à execução. Finalmente, verificado o uso abusivo e meramente protelatório do citado incidente de não-executividade

(569) Alerta *Carlos Alberto Alvaro de Oliveira:* "Vencida a época das certezas e dos dogmas, a modernidade está cônscia dos conflitos de valores, cada vez mais complexos, que permeiam a aventura humana: tudo que é sólido desmancha no ar, já dizia o velho *Marx*, embora em contexto totalmente diverso. O direito processual não pode fugir a esse destino porque, como vimos, não se resume a simples técnica, embebido como está em inafastáveis vertentes axiológicas. Mostra-se preciso, portanto, aprender a lidar com essas antinomias e procurar meios e critérios para resolvê-las." E arremata o mestre gaúcho: "Esse relativismo encontra justificativa, além das peculiaridades próprias a cada situação de vida trazida ao conhecimento e decisão do órgão judicial, na admissão de conflitos de valores entre direitos fundamentais, próprios a todo problema humano, e na aptidão do direito para resolvê-los" (*Do formalismo no processo civil*. 2ª ed. rev. e ampl. São Paulo: Saraiva, 2003, p. 115).

(570) NEVES, Daniel Amorim Assumpção. *Preclusões para o juiz: preclusão pro iudicato e preclusão judicial no processo civil*. São Paulo: Método, 2004, p. 84.

(571) WAMBIER, Teresa Arruda Alvim. *A sentença que extingue a execução. Processo de execução e assuntos afins*/Coordenação de Teresa Arruda Alvim Wambier. São Paulo: RT, 1998, p. 401.

(572) Para *Hugo de Brito Machado*, "[...] se o executado, citado, comparece perante o juiz e apresenta prova inequívoca do pagamento, o juiz deve ouvi-lo. Deve examinar a prova que lhe é apresentada, e determinar que sobre a mesma se manifeste o exeqüente. Não estará, com isto, recebendo embargos, mas oferecendo ao exeqüente uma oportunidade para desistir da execução" ("Execução fiscal e ação anulatória". *Revista de Processo*, São Paulo: RT, n. 24, out./dez. 1981, p. 112).

(defesa endoprocessual executiva), impõe-se ao Juiz a aplicação das penalidades decorrentes da litigância de má-fé, sendo oportuno, aqui, lembrar que a alegação de pagamento deve ocorrer na primeira oportunidade em que o executado puder falar nos autos, sob pena de ter de responder pelas despesas do retardamento.

Idêntico raciocínio, nunca é demais repetir, é perfeitamente aplicável à sistemática da fase de cumprimento da sentença. Afinal, segundo entendemos: *a)* processo autônomo ou não, a execução possui os mesmos pressupostos, motivo pelo qual os limites cognitivos são os mesmos; *b)* a impugnação ao cumprimento da sentença possui a mesma natureza jurídica dos embargos à execução: ação autônoma, de cognição exauriente, incidental à execução.

É inegável que essa sistemática atende ao desígnio maior do processo moderno, que é a sua efetividade enquanto expressão da justa aplicação da ordem jurídica. Adverte *Humberto Theodoro Júnior*:

> "O processo, hoje, não pode ser visto como mero rito ou procedimento. Mas igualmente não pode reduzir-se a palco de elucubrações dogmáticas, para recreio de pensadores esotéricos. O processo do nosso final de século é sobretudo um instrumento de realização efetiva dos direitos subjetivos violados ou ameaçados. E de realização pronta, célere e pouco onerosa. Enfim, um processo a serviço de metas não apenas legais, mas, também, sociais e políticas. Um processo que, além de legal, seja sobretudo um instrumento de justiça."(573)

Em outro excelente estudo, esclarece o citado processualista de Minas Gerais:

> "Muito mais importante para o processo moderno é ser um 'processo justo' e isto só se atinge quando o procedimento se revele apto a gerar para o titular do direito subjetivo lesado um remédio de efeitos práticos e enérgicos. A construção de conceitos e instituições de bela elaboração intelectual perde cada vez mais terreno para a tarefa de apetrechar a parte e o juiz, de instrumentos de acesso à composição dos conflitos jurídicos de maneira simples, prática e eficiente."(574)

É o caso da defesa endoprocessual executiva. Ainda que o sistema processual somente faça previsão, expressamente, de que a alegação de pagamento ou adimplemento da obrigação só pode ser efetivada através da incidental ação de embargos à execução ou da impugnação ao cumprimento da sentença, sendo

---

(573) THEODORO JÚNIOR, Humberto. *Processo de execução*. 22ª ed. rev. e atual. São Paulo: Leud, 2004, p. 41.

(574) THEODORO JÚNIOR, Humberto. "O procedimento interdital como delineador dos novos rumos do direito processual civil brasileiro". *Revista de Processo*, São Paulo: RT, n. 97, jan./mar. 2000, p. 238.

este o procedimento padrão, digamos assim; não se pode esquecer, igualmente, do princípio hermenêutico que deve embasar a atividade do aplicador do direito processual, o já falado princípio da instrumentalidade do processo. Nessa perspectiva, a preocupação fundamental é com os resultados a serem eficazmente produzidos no plano do direito material, assumindo enorme importância outro princípio, que é o da adaptabilidade do procedimento às necessidades da causa, também denominado princípio da elasticidade processual, aplicado ao processo de execução naquilo que lhe for compatível.

Ora, no caso de executado *flagrantemente adimplente*, portanto cumpridor da obrigação que subjaz ao título executivo, exige-se uma proteção estatal, para a tipificação do processo justo, vinculada ao princípio maior de todos os ordenamentos jurídicos: o princípio da dignidade da pessoa humana.(575) Enfim, nesta hipótese de não rara ocorrência, o Estado tem a incumbência constitucional, diante da assunção do monopólio da Jurisdição (art. 5º, *XXXV*, da CF), de prestar, de maneira rápida, adequada e efetiva, a tutela jurídica ao executado que tem razão.

E observe-se que a temática, se ela mesma não o for, toca diretamente matéria de ordem pública. No caso, por se tratar de matéria de mérito, a aproximação é com uma das condições da ação executiva. Conforme foi visto, o título executivo possui a natureza de um *negócio jurídico documentado* que viabiliza o processo de execução.(576) Se essa relação jurídica que subjaz ao título executivo extinguiu-se pelo adimplemento, é inegável que o documento, ficando sem conteúdo, perde essa citada característica inicial. Logo, se de título executivo não se trata mais, é, no mínimo, questionável, *se não houver necessidade de uma decisão que defina a questão*, a superveniência de uma situação de carência de uma das condições da ação: o legítimo interesse processual.

---

(575) Esclarece *Chaïm Perelman* que, "[...] se é o respeito pela dignidade humana a condição para uma concepção jurídica dos direitos humanos, se se trata de garantir esse respeito de modo que se ultrapasse o campo de que é efetivamente protegido, cumpre admitir, como corolário, a existência de um sistema de direito com um poder de coação. Nesse sistema, o respeito pelos direitos humanos importará, a um só tempo, a cada ser humano — tanto no que concerne a si próprio quanto no que concerne aos outros homens — e ao poder incumbido de proteger tais direitos a obrigação de respeitar a dignidade da pessoa. Com efeito, corre-se o risco, se não se impuser esse respeito ao próprio poder, de este, a pretexto, de proteger os direitos humanos, tornar-se tirânico e arbitrário. Para evitar esse arbítrio, é, portanto, indispensável limitar os poderes de toda autoridade incumbida de proteger o respeito pela dignidade das pessoas, o que supõe um Estado de direito e a independência do poder judiciário. Uma doutrina dos direitos humanos, que ultrapasse o estágio moral ou religioso é, pois, correlativa de um Estado de Direito". E continua sua lição o conhecido jusfilósofo: "Se é o respeito pela dignidade humana que fundamenta uma doutrina dos direitos humanos, esta pode, da mesma maneira, ser considerada uma doutrina das obrigações humanas, pois cada um deles tem a obrigação de respeitar o indivíduo humano, em sua própria pessoa bem como na das outras". Finalmente, enfatiza a responsabilidade estatal nesse contexto: "Assim também o Estado, incumbido de proteger esses direitos e fazer que se respeitem as ações correlativas, não só é por sua vez obrigado a abster-se de ofender esses direitos, mas tem também a obrigação positiva da manutenção da ordem. Ele tem também a obrigação de criar as condições favoráveis ao respeito à pessoa por parte de todos os que dependem de sua soberania" (*Ética e direito*. Tradução de Maria Ermantina Galvão. São Paulo: Martins Fontes, 2002, pp. 400-401).

(576) ANDOLINA, Italo. *Contributo alla dottrina del titolo esecutivo*. Milano: Giuffrè, 1982, n. 6, p. 93.

3.5.2. Decadência e prescrição

Outros exemplos demonstram o cabimento de matérias de mérito no processo de execução. O prisma metodológico é sempre o mesmo: os limites da cognição judicial. Da mesma forma, essas outras matérias tocam, de perto, o legítimo interesse processual de executar, demonstrando, tal como dissemos oportunamente nesta obra, a correlação entre as condições da ação e o mérito.

Iniciemos pela decadência, sabidamente matéria de mérito (art. 269, *IV*, do CPC). O Direito Tributário e o sistema executivo fiscal, ainda que excepcionalmente,[577] esclarecem bem a questão. Resumidamente, materializada a hipótese de incidência tributária, com o respectivo fato jurídico gerador, nasce a obrigação tributária. A partir daí, a Fazenda Pública tem o dever de proceder ao lançamento, no prazo de cinco anos (art. 173 do CTN), a fim de tornar exigível o cumprimento dessa obrigação. Se o referido ato administrativo vinculado não for exercido no mencionado prazo legal, revela-se inegável que a certidão da dívida ativa eventualmente daí decorrente padece de vício incorrigível. Dito de outro modo, se o procedimento de formação do título executivo não obedeceu ao padrão legalmente estabelecido, este não possui aptidão, para desencadear os atos de constrição patrimonial ou psicológica em relação ao pretenso executado.

Explica *Cláudia Rodrigues*:

> "Deixando a Fazenda Pública de formalizar o crédito tributário pelo lançamento no prazo legal, os efeitos de seu direito são extintos e, portanto, sem crédito não há dívida e, tampouco, pode-se formar título executivo por ausência de fato jurídico que autorize."[578]

Nas palavras de *Cleide Previtalli Cais:*

> "Uma vez transcorridos os cinco anos sem que a autoridade fiscal venha a se manifestar, expressamente, sobre a apuração antecipadamente feita

(577) É entendimento consagrado em doutrina que somente as ações *constitutivas*, que, regra geral, estão vinculadas ao exercício de direitos potestativos, são submetidas a prazo decadencial (merece especial atenção a ação de mandado de segurança: há um prazo decadencial de 120 dias para o seu ajuizamento; a decadência refere-se ao direito de escolha do procedimento adequado, tão-somente; tanto isso é verdade, que, sendo acolhida, extingue-se o processo *sem* julgamento de mérito). O direito em si e a ação que eventualmente visará proteger à sua integridade, ao contrário das demais espécies de ações de conhecimento, da ação cautelar e da ação executiva em sentido restritivo, nascem a um tempo. Tal como reconhece *Alberto Camiña Moreira*, "a rigor, pois, no processo de execução, não há vez para reconhecimento de decadência". Mas, reconhece o citado autor: "No campo do direito tributário, porém, o direito positivo reconhece a decadência como forma de extinção do crédito (art. 172 do CTN); assim, esse meio extintivo pode ter repercussão no processo de execução fiscal" (*Defesa do executado sem embargos: Exceção de pré-executividade*. 3ª ed. rev., atual. e ampl. São Paulo: Saraiva, 2001, p. 176). É preciso deixar claro que, ainda que a temática seja excepcional no processo de execução, no que diz respeito à cognição nele desempenhada, ela faz parte do sistema jurídico, portanto não pode ser desprezada. Resta verificar apenas os efeitos da decadência no processo de execução.

(578) RODRIGUES, Cláudia. *O título executivo na execução da dívida ativa da Fazenda Pública*. São Paulo: RT, 2002, p. 224.

pelo contribuinte, opera-se a decadência do direito de a Fazenda Pública lançar o crédito tributário, e, por conseqüência, opera-se a extinção do crédito, nos termos do art. 156, V, do CTN."[579]

Sendo assim, não existindo o crédito tributário, o mesmo destino tem o título executivo, devendo o processo de execução ser extinto sem realização do mérito, ou seja, sem realização do pedido de concretização dos atos executivos, haja vista que a situação de carência de legítimo interesse processual resta evidenciada de plano, por intermédio de uma simples análise documental, sem exigir, por parte do Juiz, alta indagação. Em outros termos, trata-se de matéria que, nas circunstâncias mencionadas, não é incompatível com a cognição no processo de execução, portanto pode ser objeto de defesa endoprocessual.

Idêntico raciocínio deve ser empregado em relação à prescrição. Embora o direito pátrio, tradicionalmente, sempre tenha vedado o conhecimento *ex officio* dessa matéria, é certo que esse problema não mais ocorre. De acordo com a nova redação do art. 219, *§ 5º*, do CPC, "o juiz pronunciará, de ofício, a prescrição" (Lei n. 11.280/06).[580] Logo, *à luz do direito processual*, a decadência e a prescrição recebem o mesmo tratamento jurídico.[581] Trata-se, pois, de regra de ordem pública, que tem como substrato ideológico imprimir maior celeridade à resolução de processo cujo exercício do direito de ação se deu além dos prazos previstos no ordenamento jurídico.[582] Para decidir com maior segurança, entretanto, faz-se mister que o Juiz intime o autor da ação, a fim de se certificar a respeito da ocorrência ou não de causa de interrupção ou suspensão do prazo

---

(579) CAIS, Cleide Previtalli. *O processo tributário*. 4ª ed. rev., atual. e ampl. São Paulo: RT, 2004, p. 697.

(580) Em sentido contrário à alteração legislativa. THEODORO JÚNIOR, Humberto. *As novas reformas do Código de Processo Civil*. Rio de Janeiro: Forense, 2006, pp. 41-69. Em síntese, esse ilustre processualista afirma que, a despeito de não mais existir regra proibitiva da iniciativa oficial, existe um sistema de direito material que não autoriza a imediata extinção do direito do credor ao termo final do prazo de prescrição. Ao contrário, esse conjunto de regras está todo comprometido com a livre disponibilidade da prescrição consumada. Em outras palavras, somente por força da vontade autônoma do beneficiário da regra prescricional, esta será autuada. Para corroborar, observe-se que cabe ao devedor renunciar à prescrição já consumada, de forma expressa ou tácita (art. 191 do CC). O devedor, por exceção, pode alegar a prescrição em qualquer grau de jurisdição (art. 193 do CC). O devedor não pode reaver o que foi pago, para solver dívida prescrita (art. 882 do CC). No instituto da decadência, vale observar, inexiste empecilho à iniciativa oficial, pois este não é uma simples defesa do devedor, mas sim uma forma de extinção completa da obrigação. Nos casos de decadência, previstos no ordenamento jurídico, o direito material nasce trazendo consigo, desde a origem, uma limitação de tempo peremptória e inexorável. Em razão desse raciocínio, *Humberto Theodoro Júnior* justifica a admissão excepcional da decretação *ex officio* da prescrição tributária. Esta, diferentemente do que se passa com a obrigação civil, constitui causa de extinção do próprio crédito tributário (art. 156, V, CTN). Como se nota, a prescrição tributária não se apresenta apenas como faculdade de resistência do devedor, aproximando-se bastante da decadência.

(581) WAMBIER, Luiz Rodrigues; WAMBIER, Teresa Arruda Alvim; MEDINA, José Miguel Garcia. *Breves comentários à nova sistemática processual civil 2*. São Paulo: RT, 2006, p. 42.

(582) MONTENEGRO FILHO, Misael. *Cumprimento da sentença e outras reformas processuais*. São Paulo: Atlas, 2006, p. 158; BUENO, Cassio Scarpinella. *A nova etapa da reforma do Código de Processo Civil*. São Paulo: Saraiva, 2006, vol. 2, 98; MAZZEI, Rodrigo e outros. *Reforma do CPC*. São Paulo: RT, 2006, p. 432; GARCIA, Gustavo Filipe Barbosa. *Terceira fase da reforma do Código de Processo Civil*. São Paulo: Método, 2006, vol. 2, p. 63.

prescricional.(583) Aliás, como entende uma parte da doutrina,(584) antes de prolatar a decisão, deve o Juiz intimar também o réu, pois, embora com remota probabilidade de ocorrência, ele pode renunciar os efeitos decorrentes da prescrição.

É preciso perceber que a prescrição da dívida que dá substrato ao título executivo não se confunde com a prescrição da *eficácia executiva* do próprio título executivo. Ilustrativamente, observe-se o caso do cheque com eficácia executiva prescrita. Aqui, sem dúvida alguma, a obrigação encontra-se destituída da imediata exigibilidade judicial, de modo que, tratando-se de matéria de ordem pública, pode ser conhecida a qualquer tempo, independente de provocação da parte interessada.(585) Ora, se assim é, não se pode negar, sob o ponto de vista defensivo, a possibilidade de ventilação dessa matéria no bojo da própria relação processual executiva.(586)

Explica *Humberto Theodoro Júnior*:

"A execução pressupõe título revestido de exigibilidade. A prescrição, como qualquer outra causa extintiva de direito material, faz extinguir justamente a *exigibilidade* da obrigação. Uma vez argüida, mediante prova nos autos, não há necessidade de sujeitar o executado aos condicionamentos dos embargos à execução, porque o tema quase nunca reclama dilação probatória."(587)

Na mesma linha de raciocínio, em lição exarada à luz da ordem jurídica anterior, manifesta-se *Rosalina P. C. Pereira Rodrigues*:

"A alegação de prescrição, por si só, atinge a própria executoriedade do título, seja porque o título não pode ser objeto da execução, seja porque

(583) WAMBIER, Luiz Rodrigues; WAMBIER, Teresa Arruda Alvim; MEDINA, José Miguel Garcia. *Breves comentários à nova sistemática processual civil* 2. São Paulo: RT, 2006, p. 45.

(584) MAZZEI, Rodrigo *et al. Reforma do CPC*. São Paulo: RT, 2006, p. 432.

(585) Um exemplo jurisprudencial revela-se oportuno: "69002144 — EXECUÇÃO POR TÍTULO EXTRAJUDICIAL — Exceção de pré-executividade. Cabimento por se enquadrar nos casos de recebimento da exceção, tais como ausência de condições da ação ou prescrição do título executivo. Rejeição afastada. Recurso provido para o fim de acolher a exceção de pré-executividade, reconhecida a prescrição dos cheques, e extinta a execução. (1º TACSP — AI n. 1.216.414-6 — São Paulo — 8ª C. — Rel. Juiz Franklin Nogueira — J. 19.11.2003)".

(586) Para *Sérgio Shimura*, "[...] se o juiz verificar que já se passaram mais de sete meses da data de emissão do cheque, fustigado por petição do devedor, não vemos como não possa o magistrado reconhecer tal defesa, independentemente e até antes da realização da penhora". E, convergindo para a nossa posição em relação ao tema, conclui o seu lúcido pensamento: "Se salta aos olhos, de forma imediata e óbvia, a ocorrência da prescrição, ao simples exame do título executivo, parece-nos que o sistema não proíbe o uso da *exceção* antes mesmo do ato propriamente executivo (penhora)" (*Título executivo*. 2ª ed. ampl. e atual. São Paulo: Método, 2005, pp. 106-107). A justificativa dessa posição reside no entendimento, aqui manifestado nas palavras de *Nelson Nery Júnior* e *Rosa Maria de Andrade Nery*, de que "[...] a prescrição da eficácia executiva do título [...] torna a via executiva inadequada, fazendo com que o credor careça de interesse processual em obter a tutela executiva, sendo causa de extinção do processo sem exame do mérito [...]" (*Código de Processo Civil comentado e legislação extravagante*. 8ª ed. rev., ampl. e atual. São Paulo: RT, 2004, p. 1.146).

(587) THEODORO JÚNIOR, Humberto. "Meios de defesa do devedor diante do título não executivo, fora dos embargos à execução. Ações autônomas e argüição de não-executividade". *Revista Dialética de Direito Processual*, São Paulo: Dialética, n. 15, out. 2004, p. 50.

não há mais o direito jurídico de pagar. Desse modo, embora o juiz não possa conhecer de ofício a prescrição, a sua simples alegação já é suficiente para inibir a ação executiva."[588]

Observemos a correlação entre a decadência e a prescrição da ação de execução fiscal. *Cláudia Rodrigues* preleciona o seguinte:

"Deixando a Fazenda Pública de formalizar o crédito tributário pelo lançamento no prazo legal, os efeitos de seu direito são extintos e, portanto, sem crédito não há dívida ativa e, tampouco, pode-se formar título executivo por ausência de fato jurídico que autorize. Depois de formalizado definitivamente o crédito tributário, dispõe de prazo para exigir sua cobrança através da ação de execução fiscal, sendo que, se se quedar inerte nesse lapso temporal, sua pretensão não mais poderá ser exigida, porquanto sua eficácia fica encoberta e, conseqüentemente, o título executivo torna-se imprestável para sustentar a execução."[589]

De acordo com o art. 174 do CTN, a ação para cobrança do crédito tributário prescreve em cinco anos, contados da data da sua constituição definitiva. Já do art. 2º, *§ 3º*, da Lei n. 6.830/80 infere-se que a inscrição da dívida suspenderá a incidência do prazo prescricional por 180 dias ou até a distribuição da ação de execução fiscal, se esta ocorrer antes de findo aquele lapso temporal. Resumindo, a prescrição da ação de execução fiscal ocorre em cinco anos, se não foi tomada alguma medida por parte da Fazenda Pública, mas, se esta, pelo menos, efetuar a inscrição da dívida, a prescrição ocorrerá em cinco anos e cento e oitenta dias. Embora exista certa cizânia doutrinária e jurisprudencial a respeito do início da contagem do prazo prescricional (aliás, o mesmo ocorre em relação à decadência), é certo que a aferição de sua incidência ocorre em função do cotejo de dados cronológicos hauridos do processo de execução com o calendário, não havendo, portanto, incompatibilidade cognitiva. Logo, parece evidente o cabimento da defesa endoprocessual executiva.[590]

É o entendimento de *Lenice Silveira Moreira:*

"Nos termos do art. 156, inciso V, do Código Tributário Nacional, a prescrição e a decadência extinguem o crédito tributário. Se extinto o cré-

---

(588) PEREIRA, Rosalina Pinto da Costa Rodrigues. *Ações prejudiciais à execução por quantia certa contra devedor solvente.* São Paulo: Saraiva, 2001, p. 426.

(589) RODRIGUES, Cláudia. *O título executivo na execução da dívida ativa da Fazenda Pública.* São Paulo: RT, 2002, p. 224.

(590) Essa posição, paulatinamente, está se consolidando no STJ: "116045089 — TRIBUTÁRIO — PROCESSUAL CIVIL — EXECUÇÃO FISCAL — EXCEÇÃO DE PRÉ-EXECUTIVIDADE — ARGÜIÇÃO DE PRESCRIÇÃO — POSSIBILIDADE — A possibilidade de verificação de plano, sem necessidade de dilação probatória, delimita as matérias passíveis de serem deduzidas na exceção de pré-executividade, independentemente da garantia do juízo. 2. É possível a argüição de prescrição por meio de exceção de pré-executividade, sempre que demonstrada por prova documental pré-constituída. 3. Recurso Especial improvido (STJ — REsp n. 537.617 — PR — 1ª T. — Rel. Min. Teori Albino Zavascki — DJU 8.3.2004 — p. 00175)".

dito, inexistente este, portanto, é evidente que a execução não pode ser admitida. Tal circunstância pode também ser alegada no juízo de admissibilidade, independentemente de penhora."[591]

É possível, ainda, a argüição da prescrição intercorrente, exigível em nome da segurança jurídica, a qual repele a perpetuação indefinida dos litígios. O raciocínio, por óbvio, é o mesmo. Se o processo de execução, por inércia exclusiva da Fazenda Pública, mantiver-se paralisado durante um qüinqüídio, a contar do último ato processual do Juiz, de algum órgão auxiliar da Justiça ou até do figurante que aproveitaria a interrupção, pode haver a decretação da prescrição intercorrente, mediante provocação do executado por simples petição defensiva. A despeito de possíveis equívocos decorrentes da interpretação meramente literal do art. 40 da Lei n. 6.830/80,[592] a jurisprudência sinalizava pela existência da prescrição intercorrente na ação de execução fiscal, bem como pela sua alegação nos próprios autos do processo de execução.[593] Atualmente, a matéria não comporta maiores questionamentos, pois o art. 40, *§ 4º*, da Lei n. 6.830/80 (na redação da Lei n. 11.251/04), estabelece que, "se da decisão que ordenar o arquivamento tiver decorrido o prazo prescricional, *o juiz, depois de ouvida a Fazenda Pública, poderá, de ofício, reconhecer a prescrição intercorrente e decretá-la de imediato*".

Na execução trabalhista, para que não haja incidência da prescrição intercorrente, faz-se mister que o exeqüente proceda à liquidação da sentença (por artigos) no prazo de dois anos e efetive a intimação e a citação do executado.[594] Caso o devedor não seja localizado, nem bens de sua propriedade que suportem

(591) Art. 40 da Lei n. 6.830/80: "O Juiz suspenderá o curso da execução, enquanto não for localizado o devedor ou encontrados bens sobre os quais possa recair a penhora, e, nesses casos, não correrá o prazo de prescrição. § 1º Suspenso o curso da execução, será aberta vista dos autos ao representante judicial da Fazenda Pública. § 2º Decorrido o prazo máximo de 1 (um) ano, sem que seja localizado o devedor ou encontrados bens penhoráveis, o Juiz ordenará o arquivamento dos autos. § 3º Encontrados que sejam, a qualquer tempo, o devedor ou os bens, serão desarquivados os autos para prosseguimento da execução".

(592) MOREIRA, Lenice Silveira. *Exceção de pré-executividade em matéria tributária*. Porto Alegre: Livraria do Advogado, 2001, p. 120.

(593) Ilustrativamente: "69000959 — PRESCRIÇÃO INTERCORRENTE — Execução fiscal — Transcurso de mais de cinco anos da notificação feita do lançamento fiscal sem a citação da parte devedora — Existência de despacho que ordenou a citação do executado — Circunstância que não produz, por si só, o efeito de interromper a prescrição — Arts. 8º, § 2º, da Lei n. 6.830/80, 219, § 4º, do Código de Processo Civil e 174, parágrafo único, do Código Tributário Nacional — Inconfundibilidade da morosidade do sistema judicial com a ausência de fiscalização da Fazenda Pública, quanto ao andamento dos seus processos — Súmula n. 160 do E. Superior Tribunal de Justiça — Lapso prescricional do crédito tributário reconhecido — Extinção do processo decretada — Recurso provido para esse fim. Execução fiscal — Exceção de pré- executividade — Argüição de prescrição intercorrente — Matéria que, não obstante de mérito, pode ser alegada a qualquer tempo e grau de jurisdição e tem vínculo direto com a exigibilidade do título executivo extrajudicial — Possibilidade de ser argüida nos próprios autos da execução — Recurso provido (1º TACSP — AI n. 1.228.450-3 — São Paulo — 5ª C. — Rel. Juiz Antônio Carlos da Cunha Garcia — j. 22.10.2003) JLEF.8 JLEF.8.2 JCPC.219 JCPC.219.4 JCTN.174 JCTN.174.PUN".

(594) OLIVEIRA, Francisco Antonio de. "A nova reforma processual — reflexos sobre o processo do trabalho — Leis ns. 11.232/2005 e 11.280/06". *Revista LTr*, São Paulo: LTr, ano 70, vol. 12, dez. 2006, p. 1.425.

a efetivação da penhora, e esgotados os meios possíveis para consecução dessa finalidade, deverá ser suspensa a execução pelo prazo máximo de um ano, após o que deverá ser determinado o arquivamento provisório dos autos (art. 889 da CLT; art. 40 da Lei n. 6.830/80). Durante a suspensão da execução, naturalmente, não correrá prazo prescricional. Transcorrido, todavia, o prazo máximo de um ano, a partir daí passará a fluir o prazo prescricional de dois anos(595) (art. 7º, *XXIX*, da CF). Se o exeqüente permanecer inerte no mencionado prazo de dois anos, o executado poderá utilizar, mesmo depois do momento de embargar a execução, a defesa endoprocessual executiva.(596)

3.5.3. Outros temas envolvendo a existência ou a exigibilidade da obrigação

Embora a doutrina seja rigorosamente contrária, entendemos que a *compensação* pode ser objeto de defesa endoprocessual executiva. Trata-se de modalidade de extinção anormal da obrigação que subjaz ao título executivo, que tem como pano de fundo um "acerto de contas" entre o exeqüente e o executado, à medida que são reciprocamente credores e devedores de obrigação certa, líquida e exigível. O raciocínio aqui desenvolvido dá prevalência à justa solução do direito material (instrumentalidade do processo) em detrimento do formalismo excessivo, que, como se sabe, prega que essa matéria somente seja argüida na ação incidental de embargos à execução, observados todos os seus "pressupostos", naturalmente.

O elemento nuclear da questão, tal como estamos defendendo ao longo desta obra, é a delimitação da cognição no processo de execução. Nesta forma de prestação da tutela jurisdicional, não há espaço para discussões em torno da obrigação exeqüenda em si, mas, em contrapartida, existe, sim, campo para conhecimento de questões que podem ocasionar a extinção dessa mesma obrigação. Assim, a compensação pode obter sucesso no processo de execução em situações perfeitamente delineadas pela facilidade da cognição judicial em relação à matéria.

Rita Dias Nolasco diz o seguinte:

> "Entendemos que a compensação (forma de extinção de obrigações) pode ser alegada a qualquer tempo, através da exceção de pré-executividade, desde que haja demonstração inequívoca da existência de créditos compensáveis, isto é, sem a necessidade de dilação probatória."(597)

Logo, nessa linha de pensamento a que aderimos, se a dúvida persistir após o contraditório, não se olvide que a temática deve ser remetida à via ordi-

---

(595) Como o contrato de trabalho normalmente não está em vigor, o prazo prescricional deve ser de 2 (dois) anos (art. 7º, *XXIX*, da CF).

(596) SERAFIM JÚNIOR, Arnor. *A prescrição na execução trabalhista*. São Paulo: LTr, 2006, pp. 152-157.

(597) NOLASCO, Rita Dias. *Exceção de pré-executividade*. 2ª ed. rev., atual. e ampl. São Paulo: Método, 2004, p. 241.

nária, com possibilidade de ampla produção de provas.[598] Essa é a tônica da cognição no processo de execução. Se a matéria puder ser apreciada satisfatoriamente sem a necessidade de dilação probatória e estiver imune à coisa julgada material ou à preclusão, deve-se conceder o destino almejado pelo direito material, restabelecendo, sem maiores sacrifícios, a paz social.

Alberto Camiña Moreira, e com razão, defende que

> "essa possibilidade não ofende o princípio da eventualidade, contido no art. 300 do Código de Processo Civil, que exige a concentração da defesa na contestação, e, por paralelismo, nos embargos do devedor, porque o art. 303 admite dedução de alegações depois da contestação quando por expressa autorização legal puderem ser formuladas em qualquer tempo e juízo (inciso III), autorização legal essa que nada mais é que a própria conformação, entre nós, do instituto da compensação; é inerente a ela a dedução a qualquer tempo, pois os devedores 'a bem dizer não eram mais reciprocamente obrigados'. Não se pode esquecer que a compensação é instituto bastante próximo do pagamento."[599]

Percebe-se que a compensação não necessita de um acordo de vontades, visto que se trataria de transação. A compensação legal opera imperativamente tão logo ocorra a reciprocidade de dívidas certas, líquidas e exigíveis. Havendo a coexistência dos créditos e débitos, imediatamente se opera a compensação, extinguindo-se a obrigação exeqüenda dentro dos limites dos valores compensados.[600] *Alberto Camiña Moreira* entende que

---

(598) Observe-se o seguinte entendimento jurisprudencial: "128009505 — AGRAVO DE INSTRUMENTO — EXECUÇÃO — EXCEÇÃO DE PRÉ-EXECUTIVIDADE — MATÉRIA DE ORDEM PÚBLICA — DILAÇÃO PROBATÓRIA — ICMS — 1. A matéria suscitável por exceção de pré-executividade restringe-se às questões de ordem pública, que são apreciáveis de ofício pelo juiz. 2. É inadmissível, em sede de exceção de pré-executividade, discutir matéria imprescindível de dilação probatória como a compensação de débitos e créditos acumulados do ICMS (TJPE — RAG 835.38-5/01 — Rel. Des. Etério Galvão — DJPE 10.10.2003)". No mesmo sentido: "100537974 — PROCESSUAL CIVIL — EXECUÇÃO FISCAL — EXCEÇÃO DE PRÉ-EXECUTIVIDADE — NÃO CABIMENTO — ANTES DA REALIZAÇÃO DA PENHORA — MATÉRIA A SER ALEGADA EM EMBARGOS DO DEVEDOR — AGRAVO IMPROVIDO — AGRAVO REGIMENTAL PREJUDICADO — 1. Resta prejudicado o agravo regimental, em que se discutem os efeitos em que o recurso foi recebido, em face do julgamento do agravo de instrumento. 2. As matérias que podem ser alegadas na exceção de pré-executividade dizem respeito à prescrição da ação, decadência do direito do exeqüente, nulidades formais, pagamento da dívida mediante juntada da guia comprobatória, ilegitimidade ativa do exeqüente, ou seja, questões que prescindem da realização de provas. 3. Na hipótese, a agravante sustenta que houve decisão que lhe assegurou a compensação dos valores indevidamente recolhidos. Há necessidade de dilação probatória, para demonstrar o valor da contribuição indevidamente recolhida o qual deverá ser deduzido daquele objeto da execução; o que deve ser realizada em sede de embargos do devedor, garantido o juízo. 4. Agravo improvido. Agravo regimental prejudicado (TRF 3ª R. — AG n. 103.698 — (2000.03.00.010302-9) — 5ª T. — Rel. Des. Fed. Ramza Tartuce — DJU 29.6.2004 — p. 223)".

(599) MOREIRA, Alberto Camiña. *Defesa do executado sem embargos: Exceção de pré-executividade.* 3ª ed. rev. e atual. São Paulo: Saraiva, 2001, pp. 187-188.

(600) MOREIRA, Alberto Camiña. *Defesa do executado sem embargos: Exceção de pré-executividade.* 3ª ed. rev. e atual. São Paulo: Saraiva, 2001, p. 187.

"[...] quem admite que o juiz conheça a decadência de ofício deve, por semelhança de raciocínio, reconhecer que o juiz pode conhecer de ofício da compensação, pois, se a decadência, segundo o entendimento majoritário, representa a perda do direito do exeqüente (e essa é a razão do conhecimento de ofício), também a compensação representa a perda do direito material por força de lei."(601)

No processo do trabalho, imagine-se uma hipótese de ação trabalhista tendo como resposta, além da contestação, naturalmente, uma reconvenção. O trabalhador obteve em seu favor, na primeira ação, uma importância de R$ 5.000,00 (cinco mil reais), a título de horas extras. Já o empregador, no seu contra-ataque, obteve em seu favor uma indenização por danos morais no importe de R$ 10.000,00 (dez mil reais), em razão de o empregado, injusta e levianamente, no momento da despedida, ter-lhe agredido a honra e reputação. Houve o trânsito em julgado das duas ações, sem que a compensação fosse alegada pelo trabalhador. Pergunta-se: ao ser citado para pagar a importância de R$ 10.000,00 ou nomear bens a penhora, ele poderia argüir, com sucesso, a referida exceção substancial? Acreditamos, em homenagem aos princípios processuais da instrumentalidade e da economia, que a resposta deva ser positiva. Violaria também o princípio da proporcionalidade, aqui entendido como o que determina que a execução se processe de maneira menos gravosa ao executado, ter de realizar, ainda que nos mesmos autos, duas atividades executivas distintas, quando se poderia resolver satisfatoriamente o litígio com mais eficiência e menos prejuízos, sejam estes de que ordem forem. Assim, processar-se-ia tão-somente uma execução em desfavor do trabalhador, mas apenas sobre bens que garantam a importância de R$ 5.000,00 (cinco mil reais).

O art. 10, § 3º, da Lei n. 6.830/80 veda, expressamente, a argüição de compensação no âmbito do processo de execução fiscal. Como esclarecem *Vittorio Cassone* e *Maria Eugenia Teixeira Cassone*, entretanto,

"se o tributo objeto da execução, anteriormente à propositura da ação de execução fiscal, foi devidamente compensado, sendo que a execução foi aforada por erro da Administração Pública, que não atualizou os seus registros, caberá petição expositiva da exceção de pré-executividade, tendo em vista que o tributo, anteriormente devido, já se acha pago. Tal fato, contudo, deve ser provado de plano, sem dilação probatória."(602)

Na realidade, vendo a questão por outro ângulo, como o fez *Cleide Previtalli Cais,*

"na medida em que o art. 66 da Lei n. 8.383/91 admite expressamente a compensação na hipótese em que o direito do contribuinte resulte de

(601) MOREIRA, Alberto Camiña. *Defesa do executado sem embargos: Exceção de pré-executividade.* 3ª ed. rev. e atual. São Paulo: Saraiva, 2001, p. 189.

(602) CASSONE, Vittorio; CASSONE, Maria Eugenia Teixeira. *Processo tributário: teoria e prática.* 6ª ed. rev. e reform. São Paulo: Atlas, 2005, p. 465.

reforma, anulação, revogação ou rescisão de decisão condenatória, é cabível o exercício desse direito quando em seu favor tenha transitado em julgado sentença proferida em ação de repetição do indébito tributário, compensando-se o respectivo valor com valores vincendos de créditos tributários de responsabilidade do contribuinte."

Essa medida, além de não desnaturar o processo de execução, evita a expedição de precatório, apontado por muitos como sistema anacrônico de satisfação dos débitos da Fazenda Pública, ensejando, assim, plena efetividade à tutela jurisdicional. Daí a conclusão da ilustre processualista de São Paulo:

> "Em sendo assim, cabe ao autor da ação de repetição de indébito, que se encontrar em fase de execução de sentença favorável transitada em julgado, requerer ao juízo da execução autorização para que seja efetivada a compensação de crédito incontroverso — valores objeto da execução — com valores de créditos vincendos de titularidade da Fazenda Pública, mediante ofício a ser expedido à Secretaria da Receita Federal determinando-lhe a adoção das providências administrativas pertinentes. No caso concreto, conforme o estágio dos autos, deve ser requerida a citação da ré para oposição dos embargos, nos termos do art. 730 do CPC. Em havendo saldo favorável ao contribuinte, deve ser requerida a expedição do precatório."(603)

As hipóteses de suspensão da exigibilidade do crédito (art. 151 do CTN) também podem servir de objeto de defesa endoprocessual executiva. No particular, merece destaque o *parcelamento* (art. 151, *VI*, do CTN). Não é incomum a sua ocorrência administrativa juntamente com o requerimento da Fazenda Pública solicitando a continuidade incondicional do processo de execução fiscal. Esse requerimento, a despeito de amparado na eficácia abstrata do título executivo, não é razoável: ou o executado cumpre a obrigação *voluntariamente*, mediante acordo com a própria Fazenda Pública, ou a satisfação do crédito ocorrerá de maneira *forçada*. São atos, portanto, incompatíveis entre si, de sorte que, como o acordo de parcelamento normalmente ocorre após o ajuizamento da execução fiscal, é de se entender que o mesmo prevalece sobre esta. Deve-se perceber, entretanto, que a defesa endoprocessual, neste caso, ao menos de imediato, não tem o condão de extinguir o processo de execução fiscal. Esta deve persistir enquanto o acordo de parcelamento estiver sendo cumprido regularmente. O efeito imediato é a suspensão dos atos executivos, haja vista que a obrigação que subjaz ao título executivo não porta exigibilidade.(604) Enfim, viola-

---

(603) CAIS, Cleide Previtalli. *O processo tributário*. 4ª ed. rev., atual. e ampl. São Paulo: RT, 2004, pp. 465 e 467, respectivamente.

(604) É a lição de *Cláudia Rodrigues:* "O parcelamento do crédito tributário não o extingue, visto que constitui mera dilação do prazo de pagamento. Portanto, se já constituída a dívida ativa e o título executivo estiver em execução, esta não se extingue antes do adimplemento da última parcela no prazo consignado no parcelamento. A Certidão da Dívida Ativa continua sólida a sustentar a execução até que se extinga a dívida que é o fato jurídico que lhe dá subsistência, podendo dá continuidade à execução pelo saldo, se o parcelamento não for cumprido integralmente pelo sujeito passivo" (*O título executivo na execução da dívida ativa da Fazenda Pública*. São Paulo: RT, 2002, p. 226).

ria o princípio da proporcionalidade, que, no particular, prega que a execução se processe de maneira menos onerosa ao executado (art. 620 do CPC), exigindo que este, para demonstrar causa de suspensão da exigibilidade do crédito tributário, tenha de interpor a ação incidental de embargos à execução, mediante o prévio depósito da importância exeqüenda, normalmente de elevada monta.

Sendo cabível o manejo de defesa endoprocessual executiva envolvendo causas de extinção e suspensão da exigibilidade do crédito tributário, com maior razão é de se admiti-la, quando se tratar de hipótese de exclusão do mesmo. Aliás, em determinados casos, o crédito sequer chega a se constituir, uma vez que o sistema jurídico elimina um dos elementos da regra matriz de incidência tributária.(605) Sob o prisma metodológico dos lindes da cognição, por serem evidenciadas pela simples análise documental, tais questões facilmente podem ser suscitadas no bojo do processo de execução fiscal. Não havendo dilação probatória em relação a essas causas que fulminam o âmago do título executivo (relação jurídica obrigacional tributária), as mesmas podem servir de objeto de defesa endoprocessual. As hipóteses de não incidência constitucional (imunidade) ou legalmente (isenção) qualificadas,(606) bem como as de perdão da penalidade tributária (anistia), se não percebidas no juízo inicial de admissibilidade, podem ser ventiladas no interior do processo de execução fiscal a qualquer tempo, já que normalmente não necessitam de cognição exauriente para verificação.

Observe-se que todas essas questões não estão sujeitas a prazo preclusivo, visto que, por terem como escopo a verificação da existência, validade e/ou eficácia do título executivo — matérias de ordem pública por excelência no processo de execução —, podem ser argüidas em qualquer tempo. A única limitação é a ocorrência de suscitação das questões via embargos à execução, se houver, sobre elas, formação de coisa julgada material. Não sendo este o caso, pela importância resultante no cumprimento das exigências do princípio do devido processo legal, deve-se possibilitar a ventilação das mesmas através de incidente defensivo.

Como muito bem percebeu *Júlio César Bebber*, nada impede que a alegação de causas extintivas da obrigação ocorra por intermédio da defesa endoprocessual executiva, *desde que supervenientes à formação do título executivo*. O conhecimento dessas matérias, porém, dependerá da circunstância de não emergir controvérsia, ou de restar demonstrada a causa extintiva por meio de prova pré-constituída,(607) não demandando, assim, por parte do Magistrado, alta indagação.(608)

---

(605) CARVALHO, Paulo de Barros. *Teoria da norma tributária*. 3ª ed. São Paulo: Max Limonad, 1998, pp. 77-178.

(606) COELHO, Sacha Calmon Navarro. *Teoria geral do tributo e da exoneração tributária*. Belo Horizonte: Del Rey, 1999, pp. 141-232.

(607) No sentido do texto: "100539273 — PROCESSUAL CIVIL — EXECUÇÃO FISCAL — EXCEÇÃO DE PRÉ-EXECUTIVIDADE — CONCEITO — REQUISITOS — GARANTIA DO JUÍZO — DEVIDO PROCESSO LEGAL — 1. A exceção de pré-executividade é uma espécie excepcional de defesa específica do processo de execução, ou seja, independentemente de embargos do devedor, que é ação de conhecimento incidental à execução, o executado pode promover a sua defesa pedindo a extinção do processo, por falta do preenchimento dos requisitos legais. É uma mitigação ao princípio da concentra-

Gilberto Gomes Bruschi tem a mesma opinião:

"Causas impeditivas, modificativas ou extintivas da execução, como o pagamento, já mencionado, a novação, compensação com outra execução aparelhada, transação ou prescrição de título executivo extrajudicial ou se for judicial, desde que superveniente à sentença, por retirarem do título executivo sua condição de liquidez, exigibilidade e certeza, portanto obstando o prosseguimento da execução, podem ser utilizados pelo instituto ora estudado."(609)

Observa *Maria Elizabeth de Castro Lopes:* "É certo que o pagamento, a transação, a prescrição devem normalmente ser alegados em embargos à execução, mas esta forma de defesa obriga a segurança do juízo com os problemas daí decorrentes". "Diante disso", conclui a ilustre advogada paulista,

"é razoável admitir que, além da falta de pressupostos processuais, condições da ação e questões formais também possam ser argüidas através desse 'novo' instituto processual (exceção de pré-executividade) a extinção da obrigação pelo pagamento, transação, novação, etc., desde que provados de forma precisa mediante o oferecimento de documento incontroverso."(610)

Na realidade, no que concerne à defesa endoprocessual executiva, a solução da questão, conforme perspicazmente percebido por *Geraldo da Silva Batista Júnior*, "[...] não está na existência de matérias alegáveis e não alegáveis por esta via, e, sim, na necessidade ou não da dilação probatória para a comprovação das alegações",(611) ou seja, como estamos reiteradamente sustentando, a temática diz respeito ao alcance e à limitação da cognição no processo de execução, tão-somente. Sendo assim, com todo merecido respeito, não temos dúvida

---

ção da defesa, que rege os embargos do devedor. 2. Há possibilidade de serem argüidas também causas modificativas, extintivas ou impeditivas do direito do exeqüente (*v. g.* pagamento, decadência, prescrição, remissão, anistia etc.) desde que desnecessária qualquer dilação probatória, ou seja, desde que seja de plano, por prova documental inequívoca, comprovada a inviabilidade da execução. 3. Sendo indiscutível a necessidade de ampla dilação probatória, com oferta e conferência de fórmulas e cálculos pelas partes adversas, resta evidenciada a inadequação da via processual eleita. 4. No caso dos autos, a apreciação da nulidade do título, nesta via excepcional, mostra-se impossível, o que, no entanto, poderá ser feito por meio da propositura dos embargos à execução, após garantido o juízo. 5. Agravo de Instrumento improvido (TRF 3ª R. — AG n. 152.042 — (2002.03.00.012264-1) — 4ª T. — Rel. Juiz Conv. Manoel Alvares — DJU 30.6.2004 — p. 376)".

(608) BEBBER, Júlio César. *Exceção de pré-executividade no processo do trabalho*. São Paulo: LTr, 2005, pp. 222-224.

(609) BRUSCHI, Gilberto Gomes. *Incidente defensivo no processo de execução: uma visão sobre a exceção de pré-executividade*. São Paulo: Juarez de Oliveira, 2002, p. 91.

(610) LOPES, Maria Elizabeth de Castro. *O princípio do contraditório no processo de execução. Execução civil: aspectos polêmicos*/Coordenadores João Batista Lopes e Leonardo Carneiro da Cunha. São Paulo: Dialética, 2005, p. 326.

(611) JÚNIOR, Geraldo da Silva Batista. *Exceção de pré-executividade: alcance e limites*. 2ª ed. Rio de Janeiro: Lumen Juris, 2004, p. 44.

ao afirmar que *Danilo Knijnik*, quando erige a prévia submissão de *lacuna* no sistema jurídico como pressuposto de admissibilidade da defesa endoprocessual,[(612)] e *Marcos Valls Feu Rosa*, quando defende que a matéria necessariamente deve ser conhecida *de ofício* para idêntica hipótese,[(613)] estão equivocados. Metodologicamente, deve-se perceber que o próprio processo de execução, em sua estrutura e finalidade, define as matérias que, respeitando os princípios do contraditório e da ampla defesa, podem ser ventiladas no seu âmago.

Na lição de *Humberto Theodoro Júnior*,

> "O que não se deve permitir é o abuso da exceção de pré-executividade, verificável quando o devedor pretenda formular defesa complexa, só solucionável mediante dilação probatória, e queira fazê-lo sem se sujeitar às condições legais dos embargos à execução, isto é, sem a prévia segurança do juízo."[(614)]

Observe-se, por final, que não há necessidade de que essas causas extintivas da obrigação sejam inferidas (logicamente meditáveis) tão-somente pelo título executivo, como defende *Danilo Knijik,*[(615)] posto que a prova documental pré-constituída poderá trazer informação suficiente a ensejar, em homenagem ao princípio da menor onerosidade possível da execução,[(616)] a finalidade do sistema processual, realizando, ao fim e ao cabo, os valores humanísticos que norteiam a atual concepção do processo executivo.[(617)] Entender o contrário é pregar que o processo de execução, ao arrepio do princípio da instrumentalidade, seja um fim em si mesmo, desprezando a visão moderna de que, não sendo mero procedimento ou concatenação sucessiva de atos executivos, tem por escopo a satisfação de um crédito estampado em um título executivo, mas isso sempre ocorre tal como nos processos de conhecimento e cautelar, na perspectiva da realização dos fins jurídicos, sociais e políticos da Jurisdição.

---

(612) KNIJNIK, Danilo. *A exceção de pré-executividade*. Rio de Janeiro: Forense, 2001, p. 194.

(613) ROSA, Marcos Valls Feu. *Exceção de pré-executividade: matérias de ordem pública no processo de execução.* 4ª ed. atual. Porto Alegre: Fabris, 2003, p. 65.

(614) THEODORO JÚNIOR, Humberto. *Lei de execução fiscal: comentários e jurisprudência*. 9ª ed. São Paulo: Saraiva, 2004, p. 128.

(615) KNIJNIK, Danilo. *A exceção de pré-executividade*. Rio de Janeiro: Forense, 2001, p. 184.

(616) *Roberto Rosas* defende que, a rigor, a defesa intraprocessual executiva ("exceção de pré-executividade", na sua denominação) é uma imposição do princípio da proporcionalidade, pois se apresenta como forma mais adequada e menos gravosa de se demonstrar a presença de certos vícios no processo de execução ("Exceção de pré-executividade e devido processo legal". *Revista Dialética de Direito Tributário*, São Paulo: Dialética, n. 1, abr. 2003, p. 175).

(617) De acordo com o art. 620 do CPC, "quando por vários meios o credor puder promover a execução, o juiz mandará que se faça pelo modo menos gravoso para o devedor". Trata-se de norma jurídica que tem a nítida finalidade de evitar atos executivos *desnecessariamente* onerosos ao executado. A interpretação meramente literal é muito pobre, haja vista que se trata de norma representativa de uma postura ideológica que deve nortear o "aplicador" do sistema processual, e isso, na perspectiva de que é ilegítimo sacrificar o patrimônio do executado além do indispensável, para satisfazer o crédito que subjaz ao título executivo.

4. TEMAS CORRELATOS

4.1. *JUSTIFICAÇÃO DA DENOMINAÇÃO* DEFESA ENDOPROCESSUAL EXECUTIVA*: ENFOQUE DECORRENTE DA ADEQUADA COGNIÇÃO NA EXECUÇÃO*

De pronto, vale a pena observar a seguinte lição de *José Rogério Cruz e Tucci*: "Um dos fatores que mais complicam, sob vários aspectos, o estudo do direito é a imprecisão terminológica".[(1)]

Na justificativa de *José Maria Tesheiner*,

> "[...] a diversidade terminológica dificulta a comunicação, porque a cada passo é preciso traduzir a linguagem de um para a de outro, como se falassem línguas estrangeiras. Por isso, não é desprezível o esforço de se justificar a terminologia adotada, para que outros se convençam de que a nossa é melhor, ou para abandoná-la, se outra expressa melhor os fenômenos que se descreve."[(2)]

Afinal, novamente nas palavras de *José Rogério Cruz e Tucci*: "O nível de desenvolvimento de uma ciência afere-se pelo refinamento do respectivo vocabulário".[(3)]

Uma questão que tem tomado tempo de boa parte dos estudiosos da temática acerca dos meios de defesa do executado refere-se à nomenclatura correta da impugnação exercida no bojo da própria relação jurídica processual executiva. Naturalmente, a questão está intimamente ligada às possíveis matérias argüíveis neste meio de defesa, pois, pelo que se percebe nos estudos doutrinários, tratando-se apenas de aceitar matérias *processuais* e de ordem pública, sendo praticamente incontroversa essa possibilidade, a denominação seria uma, ao passo que, admitindo-se a argüição de matérias de *mérito* no processo de execução, questão mais polêmica, a denominação seria outra.

Uma coisa, entretanto, é certa e logo deve ser dita: o termo *exceção de pré-executividade* ganhou a simpatia da prática forense e está praticamente consagrada nos meios jurídicos. Não obstante, estamos fazendo um estudo doutri-

(1) TUCCI, José Rogério Cruz e. *Tempo e processo: uma análise empírica das repercussões do tempo na fenomenologia processual (civil e penal)*. São Paulo: RT, 1997, p. 41.

(2) TESHEINER, José Maria Rosa. *Pressupostos processuais e nulidades no processo civil*. São Paulo: Saraiva, 2000, p. 20.

(3) TUCCI, José Rogério Cruz e. *Tempo e processo: uma análise empírica das repercussões do tempo na fenomenologia processual (civil e penal)*. São Paulo: RT, 1997, p. 42.

nário e científico, motivo pelo qual não podemos fugir dessa questão da terminologia correta. Aliás, já é bom que se diga, é indiscutível a importância de usar precisamente uma terminologia adequada aos institutos jurídicos, e um dos motivos é o fato de saber, pela simples denominação, qual é a natureza jurídica daquele instituto com que se está lidando no momento, ou seja, qual é a sistemática das regras jurídicas aplicáveis à espécie. Assim, achamos que a terminologia e a natureza jurídica dos institutos disciplinados pelo Direito estão intimamente ligadas, mas, advirta-se, desde que a nomenclatura seja tecnicamente correta.

Infelizmente, alguns operadores do Direito não se dão conta desse fato, de modo que sequer notam a relevância de saber, por exemplo, que a ação rescisória[(4)] ou o mandado de segurança não se tratam de recurso e, por conseqüência, quais são os efeitos práticos dessa constatação. Qual é a importância de saber, por exemplo, que a reconvenção possui natureza jurídica de ação? Ninguém discute isso, a relevância é tanta que, muitas vezes, pode ser vital para o sucesso da causa sob apreciação. Com efeito, o uso da terminologia correta, para o estudioso do Direito perspicaz e criterioso, define qual é a sistemática das normas jurídicas aplicáveis ao instituto examinado, e, somente por isso, o seu estudo continua e continuará sempre atual.[(5)]

Nesse contexto, pergunta-se: a terminologia *exceção de pré-executividade* é ou não adequada? Em outras palavras, tal expressão se coaduna ou não com a sistemática jurídica atualmente em vigor? Acreditamos, salvo melhor juízo, que a terminologia é incorreta.[(6)] Antes de expressarmos nossas razões, contudo, achamos por bem registrar que existem autores de nomeada que defendem tal denominação.[(7)]

---

(4) Sobre a ação rescisória, manifesta-se *Coqueijo Costa:* "Tem natureza de ação, e não de recurso, antes do mais por exclusão e classificação, pois não está catalogada como recurso e sim como ação; tem prazo preclusivo muito maior do que o desse, e admite a produção de prova. Além do mais, impõe petição inicial e citação, revestidas de todos os requisitos processuais. Instaura outro processo, com nova relação processual, e, como ação, demanda as condições desta (admissibilidade no direito objetivo, pertinência subjetiva e interesse de agir, este decorrente, na rescisória, do trânsito em julgado da decisão rescidenda)" (*Ação rescisória*. 7ª ed. rev. e atual. por Gustavo Lanat Pedreira Cerqueira. São Paulo: LTr, 2002, p. 32).

(5) Acerca da matéria, já está se tornando clássica a seguinte lição de *José Carlos Barbosa Moreira:* "Não nos estamos pronunciando, neste ensejo, sobre o mérito da questão. Não se cuida, aqui e agora, de saber se realmente merece adesão, e em que medida, a tese da impugnabilidade da execução pelo devedor, fora do âmbito dos embargos. Preocupa-nos tão-só o aspecto terminológico do problema: queira-se ou não se queira aceitar a proposta, convém adotar outra nomenclatura. 'Exceção de pré-executividade' é expressão, para dizer o menos, gritantemente inadequada. Está claro que o ponto não interessará a quem não dê importância à terminologia — a quem suponha, digamos, que em geometria tanto faz chamar triângulo ou pentágono ao polígono de três lados, e que em anatomia dá na mesma atribuir ao fígado a denominação própria ou a de cérebro... Mas — digamos com franqueza — tampouco interessará muito o que esses pensem ou deixem de pensar" (*Exceção de pré-executividade: uma denominação infeliz. Temas de direito processual civil: sétima série*. São Paulo: Saraiva, 2001, p. 119).

(6) Sem querer antecipar alguma conclusão, observe-se que *Edson Ribas Malachini* indaga e, ao mesmo tempo, responde o seguinte: "Por que entendemos ser inadequado o nome 'exceção de pré-executividade' para a defesa do executado no próprio processo de execução? Haveria, de início, a tentação de parodiar: porque nem é *exceção* nem, necessariamente, defesa *prévia* (que justificasse o prefixo *pré*), nem é de executividade" (*Comentários ao Código de Processo Civil*. São Paulo: RT, 2001, vol. 10, pp. 169-170).

(7) BEBBER, Júlio César. *Exceção de pré-executividade no processo do trabalho*. São Paulo: LTr, 2004, p. 117.

Alberto Camiña Moreira, por exemplo, entende que o termo

> "'exceção' assume o caráter de dedução, pelo executado, de defesa interna ao processo de execução, sem subordinação ao gravame da penhora. É simples petição, de conteúdo limitado a certas matérias, endereçada ao juízo da execução, efetivando a participação do executado no processo de execução e a garantia constitucional do contraditório."

E continua:

> "A palavra *pré-executividade* (formada pelo prefixo latino *pre-* mais o substantivo *executividade*, que por sua vez vem de *executivo* [adjetivo] mais o sufixo *-dade*) pretende significar a possibilidade de dedução da exceção antes mesmo do início da atividade executória, que se abre, verdadeiramente, segundo Pugliati, com a penhora, conquanto não se limite a esse momento, pode ser alegada até mesmo depois dos embargos do devedor e da arrematação, em ataque aos atos de instrução do processo de execução."

O ilustre representante do Ministério Público de São Paulo finaliza, todavia, advertindo o seguinte:

> "Pré-executividade não significa, por evidente, pré-processo de execução, o que representaria atividade extrajudicial, mas sim possibilidade de defesa antes da penhora, antes do gravame, antes da constrição, antes, enfim, dos atos marcantemente executivos. Esse é o significado da expressão; mas é defesa intraprocesso, evidentemente."[8]

Na realidade, entendemos que a solução da temática, ainda que parcial, depende da opção do estudioso no que se refere à visão do instituto à luz da Teoria Geral do Processo ou do sistema jurídico-processual em vigor. Deveras, principalmente no que toca ao termo "exceção", dependendo da opção tomada, a nomenclatura será considerada correta ou incorreta. Dizemos isso, porque este vocábulo possui um significado *ampliado* no âmbito da Teoria Geral do Processo e outro mais *restrito* na sistemática adotada pelo Código de Processo Civil, por exemplo.

Sob o aspecto doutrinário, como dito, à luz da Teoria Geral do Processo, utiliza-se o vocábulo "exceção" para significar, de maneira ampla, a *defesa do réu.*[9] Para se ter uma idéia precisa acerca dessa concepção, faz-se mister observar as lições de *Antônio Carlos de Araújo Cintra*, *Ada Pellegrini Grinover* e *Cândido Rangel Dinamarco*:

---

(8) MOREIRA, Alberto Camiña. *Defesa sem embargos do executado: exceção de pré-executividade*. 3ª ed. rev. e atual. São Paulo: Saraiva, 2001, pp. 37 e 39.

(9) *Pontes de Miranda* prefere a expressão *oposição de exceção pré-processual* ou *processual* (*Dez anos de pareceres*. Rio de Janeiro: Francisco Alves, 1975, vol. 4, p. 138).

"Diante da ação do autor, fala-se da 'exceção' do réu, no sentido de contradizer. Exceção, em sentido amplo, é o poder jurídico de que se acha investido o réu e que lhe possibilita opor-se à ação que lhe foi movida. Por isso, dentro de uma concepção sistemática do processo, o tema da exceção é virtualmente paralelo ao da ação."

E explicam:

"A ação, como direito de pedir a tutela jurisdicional para determinada pretensão fundada em direito material, tem, assim, uma espécie de réplica na exceção, como o direito de pedir que a tutela jurisdicional requerida pelo autor seja denegada por não se conformar com o direito objetivo. O autor, através do exercício da ação, pede justiça, solicitando a rejeição do pedido. Tanto como o direito de ação, a *defesa é um direito público subjetivo* (ou poder), constitucionalmente garantido como corolário do *devido processo legal* e dos postulados em que se alicerça o sistema contraditório do processo. Tanto o autor, mediante a ação, como o réu, mediante a exceção, têm um direito ao processo."

E arrematam essa primorosa lição os ilustres mestres paulistas:

"Entre a liberdade de ir ao juiz, por parte do autor, e a liberdade de defender-se, do réu, existe um paralelo tão íntimo, que o binômio ação-exceção constitui a própria estrutura do processo. O autor aciona. Ao fazê-lo, exerce um direito que independe da existência do direito material alegado, já que só a sentença dirá se seu pedido é fundado ou não. O réu defende-se: só a sentença dirá se sua defesa é fundada ou não. Pela mesma razão pela qual não se pode repelir de plano o pedido do autor, não se pode repelir de plano a defesa. Pela mesma razão pela qual se devem assegurar ao autor os meios de reclamar aos juízos e tribunais, também se devem assegurar ao réu os meios de desembaraçar-se da ação."(10)

Fredie Didier Jr., considerando o caráter polissêmico do vocábulo "exceção", ensina que ele tem três sentidos: pré-processual, processual e material. No primeiro deles, significa o direito abstrato de defesa, de fundo constitucional. Já no segundo, a exceção significa o meio pelo qual o demandado se defende em juízo, representando o exercício concreto do direito de defesa. Finalmente, no terceiro sentido, a exceção relaciona-se com a própria pretensão do autor, sendo uma argüição que pretende neutralizar sua eficácia.(11) Enquanto expressão de direito de defesa, explica o ilustre processualista baiano:

---

(10) CINTRA, Antônio Carlos de Araújo; GRINOVER, Ada Pellegrini; DINAMARCO, Cândido Rangel. *Teoria geral do processo*. 20ª ed. rev. e atual. São Paulo: Malheiros, 2004, pp. 271-272.

(11) DIDIER JR., Fredie. "Teoria da exceção: a exceção e as exceções". *Revista de Processo*, São Paulo: RT, n. 116, jul./ago. 2004, pp. 54-56.

"Do mesmo modo que se fala do direito de ação como o direito de provocar a atividade jurisdicional, relacionando-o com o autor (demandante), fala-se da exceção como o direito do réu de resistir à postulação que lhe foi formulada, de ser ouvido e de ter, como conseqüência, uma decisão que aprecie a postulação do autor. Ambos são assegurados constitucionalmente (art. 5º, XXXV e LV, da CF/88)."

E conclui:

"Tem o réu, uma vez demandado, tanto quanto o autor, direito à decisão de mérito; a necessidade de o autor não poder prescindir do consentimento do réu para desistir da demanda, se já tiver havido apresentação da resposta, é sinal inequívoco nesse sentido. No entanto, do mesmo modo que se entende o direito de ação como um direito abstrato — desvinculado da existência ou não do direito material alegado —, também a exceção se apresenta como um direito abstrato: tem direito de defesa mesmo aquele que, afinal, se mostre sem razão."(12)

Como facilmente se percebe, os eminentes autores citados utilizam o termo "exceção" como sinônimo irrestrito de defesa. Conceito amplo do vocábulo, portanto.(13) Segundo a doutrina, seja a clássica ou a moderna, a defesa do réu pode ser contra a *admissibilidade do processo*(14) ou contra o *mérito*. Nesse contexto, a defesa contra a *admissibilidade do processo* pode ser *peremptória* ou *dilatória*. A primeira visa a extinguir a relação jurídica processual, tendo por fundamento, via de regra, a ausência de pressupostos processuais, requisitos de validade ou de condições da ação. Por sua vez, a exceção dilatória visa a distender ou procrastinar o curso do procedimento, geralmente por circunstâncias que lhe são exteriores. Já a defesa contra o *mérito* se dirige contra a pretensão do autor e pode ser classificada como *direta* ou *indireta*. É *direta*, quando se dirige contra o pedido deduzido na petição inicial, nos seus fundamentos fáticos e jurídicos. Pode-se traduzir na negação geral desses ou na admissão dos mesmos, mas, certamente, na negação das conseqüências que lhe são atribuídas na peça vestibular do processo. É *indireta*, quando o réu opõe fatos extintivos, modificativos ou impeditivos do direito do autor.

---

(12) DIDIER JR., Fredie. "Teoria da exceção: a exceção e as exceções". *Revista de Processo*, São Paulo: RT, n. 116, jul./ago. 2004, p. 56.

(13) Trata-se de opção doutrinária, pois, como não poderia deixar de ser, reconhecem a existência do significado restritivo do vocábulo, quando, estudando a classificação das exceções, prelecionam que, "Por outro ângulo (o conhecimento da defesa pelo juiz) fala-se em *objeção*, para indicar a defesa que pode ser conhecida de ofício (p. ex., incompetência absoluta, coisa julgada, pagamento) e em *exceção em sentido estrito*, para indicar a defesa que só pode ser conhecida quando alegada pela parte (incompetência relativa, suspeição, vícios de vontade — v. CPC, art. 128, parte final). No tocante à primeira, o réu tem o ônus relativo de alegá-la; quanto à segunda, o ônus é absoluto" (*Teoria geral do processo*. 20ª ed. rev. e atual. São Paulo: Malheiros, 2004, p. 274).

(14) É preferível dizer "defesa *contra a admissibilidade do processo*" em vez de "defesa *processual*". Uma defesa de mérito pode ter por objeto exclusivamente uma questão processual, a exemplo do que ocorre com uma ação rescisória ajuizada com base em impedimento ou absoluta incompetência do Juiz prolator da decisão (art. 485, *II*, do CPC).

É óbvio que, se entendido neste conceito amplo de defesa, o termo *exceção* é correto para expressar o incidente defensivo no bojo do processo de execução.[15] O Código de Processo Civil utilizou, entretanto, outra sistemática para o vocábulo, utilizando-o como sinônimo de defesa contra a admissibilidade do processo, de natureza dilatória, envolvendo tão-somente questionamentos a respeito da competência relativa do juízo e a suspeição do Juiz (art. 304 do CPC). Neste caso, é evidente, à luz do que foi visto nesta obra, o desacerto da expressão. As matérias que, não demandando alta indagação ou dilação probatória, podem ser conhecidas no processo de execução e, por conseqüência, servir de objeto da defesa intraprocessual, vale repetir, são os pressupostos processuais (alguns deles do próprio processo de conhecimento gerador da "sentença" exeqüenda), requisitos de validade, condições da ação e questões de mérito. Se no âmbito da Teoria Geral do Processo, portanto, o vocábulo *exceção* é correto, o mesmo não ocorre em relação ao direito positivo.

No sentido restritivo, *exceção*, opondo-se ao termo *objeção*, significa a matéria que somente pode ser suscitada pela parte interessada.[16] A maior parte da doutrina vislumbra somente a possibilidade de se argüir, no bojo do processo de execução, matérias que o Juiz deveria conhecer de ofício[17] e que, por falha no seu juízo de admissibilidade, não o fez.[18] Outra vertente doutrinária,[19] entretanto, dependendo da possibilidade ou não de conhecimento de ofício da maté-

---

(15) Parece ser esse o entendimento de *Rosalina P. C. Rodrigues Pereira:* "Em suma, atendo-se à sistemática adotada pelo Código, é pertinente a crítica que se faz à terminologia 'exceção'. Entendendo-se, não obstante, como o que aqui se adota, que pela exceção de pré-executividade se possam argüir não apenas as matérias que devam ser conhecidas de ofício pelo juiz, e levando em conta o sentido amplo da palavra 'exceção', afigura-se devido o termo" (*Ações prejudiciais à execução por quantia certa contra devedor solvente*. São Paulo: Saraiva, 2001, p. 412).

(16) *Fredie Didier Jr.* explica o seguinte: "Exceção é sinônimo de defesa, isso já foi visto. Chama-se, porém, de *exceção* (em sentido estrito) a alegação de defesa que, para ser conhecida pelo magistrado, precisa ter sido argüida pelo interessado". Por outro lado, ainda na lição do citado processualista: "Considera-se *objeção* a matéria de defesa que pode ser conhecida *ex officio* pelo magistrado" ("Teoria da exceção: a exceção e as exceções". *Revista de Processo*, São Paulo: RT, n. 116, jul./ago. 2004, pp. 60 e 61, respectivamente).

(17) Para *Helena de Toledo Coelho Gonçalves*, por exemplo, "[...] sem sombra de dúvida o termo objeção de pré-executividade é o mais adequado para tratar do tema porque primeiro não se confunde com nenhum outro instrumento processual legalmente previsto, segundo porque se trata de argumento de defesa, ou seja, contrário à executividade do título, ou, melhor ainda, verdadeira contestação prévia ao direito do credor, tendo em consideração matérias de ordem pública. O termo objeção, portanto, é perfeito" (*Objeção de pré-executividade — uma análise principiológica. Processo de execução e assuntos afins*/Coordenação de Sérgio Shimura e Teresa Arruda Alvim Wambier. São Paulo: RT, 2001, vol. 2, p. 454).

(18) Na hipótese, admitindo a chamada "exceção de pré-executividade", ensina *Teori Albino Zavascki:* "Se o juiz, inadvertidamente, der andamento ao processo apesar de ser defeituosa a petição inicial ou de estar desacompanhada de documento indispensável, ou com evidente ausência de pressuposto processual ou de condição da ação, não fica impedido de, mais tarde, decidir a respeito. Tratando-se, como se trata, de matéria sujeita a conhecimento de ofício, em qualquer tempo ou grau de jurisdição (CPC, art. 267, § 3º), deve o juiz, assim que se perceber da deficiência, prover a respeito. Se sanável a irregularidade, determinará que o exeqüente, em dez dias, a corrija. Se insanável ou não sanada no prazo, extinguirá o processo (CPC, art. 267, IV e VI)" (*Processo de execução: parte geral.* 3ª ed. rev., atual. e ampl. São Paulo: RT, 2004, p. 285).

(19) Por todos: SHIMURA, Sérgio. *Título executivo*. 2ª ed. atual. e ampl. São Paulo: Método, 2005, p. 96.

ria pelo Juiz, ora denomina o instituto de objeção de pré-executividade, ora de exceção de pré-executividade.[20] A crítica é a mesma: a defesa endoprocessual executiva tem como pressuposto a admissibilidade do conhecimento a respeito da mesma, o que, segundo foi deduzido neste modesto estudo, pode ocorrer tanto em relação a questões envolvendo a admissibilidade do processo quanto ao seu próprio mérito. Em outras palavras, o cerne da temática não reside na possibilidade do conhecimento da matéria de ofício pelo Magistrado, mas sim na evidência do vício em questão ou na sua fácil perceptibilidade (cognição *sucundum eventus probationis*) no que toca ao controle de *legitimidade* do processo de execução.[21]

Demais disso, o complemento *pré-executividade* não reflete a realidade do fenômeno, motivo pelo qual a denominação que o contém, ao menos nesta parte, está incorreta.[22] Ensina *Edson Ribas Malachini*:

> "O prefixo *pré-*, equivalente a *pre-*, denota 'anterioridade' (ex.: preexistir); e *executividade* significa: qualidade, caráter, atributo de *executivo*; o que é próprio, o modo de ser da *ação executiva*, da *execução*; e poderíamos acrescentar: a *possibilidade de executar* (*executoriedade*, *executabilidade* ou *exeqüibilidade*); e a *eficácia executiva*."

---

(20) Ilustrativamente, vale a pena observar a seguinte lição de *Eduardo Arruda Alvim:* "Na realidade, a 'exceção' de pré-executividade foi idealizada principalmente para tratar de matérias cognoscíveis de ofício. Por isso, parece mais apropriado denominá-la de objeção de pré-executividade, sempre que por meio dela se pretender levantar matéria cognoscível de ofício. Esta afirmação leva-nos a uma outra importante conclusão, qual seja, a de que, se não há preclusão para alegar estas matérias, não há prazo fatal para o ingresso de objeção de pré-executividade, conforme já reconhecido pela jurisprudência". E conclui o ilustre advogado paulista: "Sem prejuízo disso, é de ressaltar que a objeção de pré-executividade tem campo fértil não apenas nos casos em que a execução se revele patentemente nula (hipóteses do art. 618, I a III, do CPC), mas também em outros casos em que, independentemente de qualquer espécie de dilação probatória (para o que a sede própria seriam inelutavelmente os embargos), percebe-se que a execução não pode prosseguir. Nessas últimas hipóteses, a denominação casual — *exceção de pré-executividade* — se nos afigurara mais adequada" (*Exceção de pré-executividade. Processo de execução e assuntos afins*/Coordenação de Sérgio Shimura e Teresa Arruda Alvim Wambier. São Paulo: RT, 2001, vol. 2, pp. 215-216).

(21) Explicam *Teresa Arruada Alvim Wambier* e *Luiz Rodrigues Wambier:* "Essa perceptibilidade *prima facie* é verificável toda vez que for possível ao juiz detectar a existência de vício que inviabilize a execução a partir do próprio material constante do processo, com o qual o credor, aliás, instrui a execução. Nesses casos, teria sido possível e correto o indeferimento da inicial e seria absurdo não permitir que o executado simplesmente apontasse o vício para que o juiz se apercebesse de sua existência e o decretasse, encampando, por exemplo, um raciocínio sugerido pelo executado, com o que o juiz, a princípio, não tivesse atinado" (*Sobre a objeção de pré-executividade. Processo de execução e assuntos afins*/ Coordenação de Teresa Arruda Alvim Wambier. São Paulo: RT, 1998, p. 411).

(22) Ilustrativamente, é a opinião de *Olavo de Oliveira Neto:* "Ora, se não é a matéria veiculada no remédio jurídico utilizado, mas sim a forma de cognição, que permite ao juiz decidir independentemente dos embargos e da segurança do juízo, então não podemos adotar a classificação proposta quanto à defesa do executado e aceitar suas três espécies (exceção, objeção e embargos), porque a exceção e a objeção constituem apenas um incidente processual que surge e deve ser resolvido no próprio bojo do processo de execução. É por isso que não há necessidade de se discutir acerca da denominação do instituto (exceção x objeção) e é por isso que sua denominação correta deve ser incidente de pré-executividade, como temos utilizado desde o início deste trabalho" (*A defesa do executado e dos terceiros na execução forçada*. São Paulo: RT, 2000, p. 118).

E conclui seu correto raciocínio:

> "Assim, no único sentido gramatical, lógico, *exceção de pré-executividade* só poderia significar: exceção que se opõe para sustentar, defender, argüir a *executividade prévia*. E o que poderia ser executividade prévia, ou pré-executividade? Só poderia ser, evidentemente, executividade, exeqüibilidade — ou seja, possibilidade de execução — existente *antes* do processo (pré-processual); isto é, nada senão aquilo que é conferido pelo *título executivo*, que sempre foi exigido exatamente para se demonstrar liminarmente tal possibilidade (*Nulla executio sine titulo*)."[23]

Como se percebe, o termo não retrata bem a realidade da defesa endoprocessual executiva, pois, consoante foi visto ao longo desta obra, pode ser suscitada durante todo o procedimento executivo, já que tem apenas como pressuposto a *possibilidade* de a matéria ser deduzida com sucesso nesta modalidade de processo. Dito de outro modo, o incidente defensivo pode ocorrer após o início da realização dos atos executivos, depois da citação e da realização da penhora, o que, no mínimo, autoriza a crítica que se faz à referida expressão.

Cândido Rangel Dinamarco prefere a expressão *objeção de não-executividade*. O mesmo processualista, porém, esclarece o seguinte:

> "Em alguns casos a parte tem a faculdade de levantar defesa mediante simples petição, em uma autêntica *exceção*, não objeção. Assim é em relação às *nulidades relativas*, como a impenhorabilidade do bem, que o juiz não deve conhecer de ofício mas também o executado não tem a necessidade de alegar mediante embargos (*supra*, n. 1.773); assim também o excesso de penhora."[24]

Muitas vezes, o nome vem associado inconscientemente a uma causa ou a um efeito. Acreditamos que o termo "exceção de pré-executividade" está vinculado ao exercício de defesa no processo de execução, mas sem a constrição patrimonial prévia,[25] fato que pode gerar um raciocínio equivocado no trato da matéria, como, por exemplo, a inexistência de campo para o seu exercício na execução dos deveres de fazer e/ou de não fazer. Não é a exigência ou não de

(23) MALACHINI, Edson Ribas; ASSIS, Araken de. *Comentários ao Código de Processo Civil*. São Paulo: RT, 2001, vol. 10, pp. 178-179.

(24) DINAMARCO, Cândido Rangel. *Instituições de direito processual civil*. São Paulo: Malheiros, 2004, vol. IV, p. 715.

(25) Para *José Augusto Rodrigues Pinto*, "[...] dentro do senso mais amplo que o processo comporta, a pretensão do devedor é de *defender-se* da ação contra ele aparelhada, sem os inconvenientes da indisponibilidade patrimonial a que o reduz a garantia ou a penhora. Em suma, seu propósito é de formular *defesa sem constrição patrimonial*". E arremata: "Provamos, então, o encontro da *natureza com a denominação* da figura jurídica de que estamos tratando, chamando-a pelo que ela, efetivamente, é. Para quem preferir a síntese, simplesmente *defesa sem constrição*" (*Execução trabalhista: estática — dinâmica — prática*. 10ª ed. rev., atual. e ampl. São Paulo: LTr, 2004, p. 226).

penhora, segundo pensamos, que é o núcleo da questão: é a possibilidade de inserção da cognição na execução, e isso analisado sempre à luz do princípio fundamental do devido processo legal.

De mais a mais, a expressão "exceção de pré-executividade" gerou um certo preconceito em relação ao instituto, sobretudo em razão da perspectiva de que a sua utilização normalmente é procrastinatória. *Araken de Assis* relata bem o problema:

> "Uma nota curiosa serve muito bem para encerrar a apresentação sumária da exceção de pré-executividade. É inegável a estatura hoje alcançada pelo referido meio de defesa. No entanto, a experiência ainda revela que, pretendendo o executado provocar a apreciação do juiz alguma exceção ou objeção, e desejando incutir aura neutra à iniciativa, na esperança de induzir boa vontade no espírito do magistrado, sempre se mostrará preferível omitir-lhe a designação notória e antipática. Quer dizer, a simples e irrelevante menção à 'exceção de pré-executividade', no requerimento porventura apresentado ao juiz, corre o risco de melindrar o órgão judiciário, pouco inclinado a introduzir, numa execução aparentemente purificada dessas questiúnculas, matéria que lhe exigirá a emissão de um juízo positivo e negativo. Aos litigantes em geral, sensíveis a tais sutilezas, a prática recomenda chamar de petição, ou termo equivalente, à argüição."[26]

Sendo assim, as expressões que conseguem satisfatoriamente desvincular esse conceito prévio a respeito do instituto são *defesa endo ou intraprocessual executiva* ou, ainda, *incidente defensivo no processo de execução*, as quais são adotadas, indistintamente, nesta obra. Entendemos que elas, a um só tempo, ilustram a natureza jurídica do instituto, desvinculando-o da constrição patrimonial, e, por conseqüência, dão ênfase ao aspecto cognitivo. É preciso compreender, de uma vez por todas, que a defesa endoprocessual é um instrumento relacionado à efetividade da execução, uma vez que, obedecendo aos lindes cognitivos desta espécie de tutela jurisdicional, visa a controlar a sua legitimidade, em flagrante economia de tempo e gasto público.[27]

4.2. O PROCEDIMENTO RELATIVO AO EXERCÍCIO DA DEFESA ENDOPROCESSUAL EXECUTIVA

O procedimento do exercício da defesa endoprocessual executiva não apresenta dificuldades. Embora até possa ser argüido pelo juridicamente interessado

(26) ASSIS, Araken de. *Cumprimento da sentença*. Rio de Janeiro: Forense, 2006, p. 300.

(27) Revela-se oportuna a seguinte lição de *Olavo de Oliveira Neto:* "O incidente de pré-executividade, portanto, deve ser observado com maior atenção pelos nossos juristas, à medida que também tem por finalidade o escopo das modernas tendências do Direito Processual Civil, que é a busca da efetividade do processo. Assim como não há direito de ação sem o respectivo direito de defesa, que segundo se entende é a outra face de uma mesma moeda, também não existirá a verdadeira efetividade no processo se a preocupação limitar-se à efetivação do direito da parte ativa, esquecendo-se que o direito da parte passiva também há de ser protegido pelo sistema" (*A defesa do executado e dos terceiros na execução forçada*. São Paulo: RT, 2000, p. 103).

(que pode ser o executado, inclusive quando for a Fazenda Pública[28] ou um terceiro[29]), em audiência (art. 599 do CPC), o normal é que esse incidente seja suscitado por simples petição, que deve vir instruída com os documentos necessários à comprovação do vício alegado.[30] Se esse requerimento for aprovado em um prévio e mínimo juízo de admissibilidade judicial,[31] prestigiando-se o princípio do contraditório, corolário do megaprincípio do devido processo legal, deve-se imediatamente intimar o exeqüente, a fim de que o mesmo se manifeste a respeito e, caso entenda necessário, apresente também as suas provas,[32]

(28) O art. 1º-E da Lei n. 9.494/97 dispõe que "são passíveis de revisão, pelo Presidente do Tribunal, de ofício ou a requerimento das partes, as contas elaboradas para aferir o valor dos precatórios antes de seu pagamento". Em outras palavras, a Fazenda Pública pode, por simples petição defensiva, suscitar o evidente erro de conta no cálculo do valor do precatório. *Cassio Scarpinella Bueno*, ao menos em parte, discorda da referida regra jurídica. Diz o notável Professor paulista: "O dispositivo parece desconhecer a existência de *preclusões* ou da *coisa julgada* relativa à formação do título executivo. Daí admitir a 'revisão' — inclusive de ofício — dos valores requisitados *antes* do pagamento. Certamente que a inspiração da regra é salutar. Se existe um 'erro de conta' que acarreta um pagamento maior pela Fazenda, é a própria sociedade como um todo que, em última análise, suportará esse ônus. No entanto, mesmo que bem inspirada, mister que a inovação das regras processuais obedeça ao sistema constitucional (art. 5º, XXXVI) e ao sistema processual preexistente, que protege a *coisa julgada*" (*O poder público em juízo*. 2ª ed. rev., atual. e ampl. São Paulo: Saraiva, 2003, p. 257).

(29) *Alberto Camiña Moreira*, a nosso ver corretamente, admite que o credor do executado possa peticionar no processo de execução, para argüir a prescrição da eficácia executiva do título. Diz o ilustre autor: "A prescrição, naturalmente, será reconhecida entre as partes litigantes, entre o exeqüente e o executado. Mas o atuar do terceiro, credor comum (não exeqüente), beneficia diretamente o executado. O terceiro ajuda o executado a obter êxito; é atividade de auxiliar, para usar a palavra do art. 52 do Código de Processo Civil. É atividade de assistente que, segundo a melhor doutrina, pode argüir prescrição. É certo que, em certas circunstâncias, pode o credor-terceiro até ter mais interesse na decretação da prescrição que o devedor renunciante, por exemplo. Mas isso não o transforma em parte" (*Defesa sem embargos do executado: exceção de pré-executividade*. 3ª ed. rev. e atual. São Paulo: Saraiva, 2001, pp. 72-73). Para *Araken de Assis:* "Também os terceiros, no sentido próprio desta condição, legitimam-se a oferecer a exceção de pré-executividade. É o caso de alguém que, nada obstante estranho ao processo, sofre constrição patrimonial: admite-se o exame da invalidade objetiva da penhora por essa via" (*Manual da execução*. 9ª ed. rev., atual. e ampl. São Paulo: RT, 2004, p. 1.026). Como ensina *Marcos Valls Feu Rosa*, "não se trata, aqui, de intervenção de terceiros na acepção processual do termo, mas, sim, de um aviso, ao juiz, de que a execução não pode prosseguir, porquanto ausentes os requisitos para o início ou para o prosseguimento da mesma" (*Exceção de pré-executividade: matérias de ordem pública no processo de execução*. 4ª ed. atual. Porto Alegre: Fabris, 2003, p. 61).

(30) NOLASCO, Rita Dias. *Exceção de pré-executividade*. 2ª ed. rev., atual. e ampl. São Paulo: Método, 2004, p. 209.

(31) JÚNIOR, Geraldo da Silva Batista. *Exceção de pré-executividade: alcance e limites*. 2ª ed. Rio de Janeiro: Lúmen Juris, 2004, p. 65; KNIJNIK, Danilo. *A exceção de pré-executividade*. Rio de Janeiro: Forense, 2001, p. 196.

(32) Ensina *Paulo Henrique dos Santos Lucon:* "Por conseqüência natural, aceita a prova pré-constituída, devem ser observados a garantia constitucional do contraditório (CF, art. 5º, LV) e o disposto no art. 398 do Código de Processo Civil, permitindo que o exeqüente se manifeste acerca da prova encartada aos autos da execução. Além disso, deve ser ao exeqüente facultada a possibilidade de encartar outras provas, sob pena de cometer grave *error in procedendo* e violar frontalmente o princípio do contraditório. Tudo isso só vem *implodir* o processo executivo na exata medida em que tal expediente acaba por verdadeiramente *truncar o procedimento*". E conclui: "Na realidade, mesmo quando uma das partes alega matéria de ordem pública, deve o contraditório ser observado pelo juiz, concedendo oportunidade de a parte contrária manifestar-se e, com isso, permitindo que esta participe ativamente da futura decisão. Essa atividade é benéfica aos sujeitos do processo, pois só vem legitimar o provimento jurisdicional por meio de um procedimento desenvolvido em efetivo contraditório" (*Embargos à execução*. 2ª ed. rev., atual. e ampl. São Paulo: Saraiva, 2001, p. 229).

que, por simetria, devem ser documentais. Se o vício for sanável, o Magistrado deve conceder um prazo, para que o exeqüente faça a devida correção. Se o vício não for sanável, ou, embora sendo, o exeqüente não o corrija no prazo judicialmente concedido, deve-se, mediante decisão razoavelmente motivada, extinguir o processo de execução, naturalmente sem a realização dos atos executivos. A competência para apreciação do incidente é *funcional* (portanto, de caráter absoluto), já que é vinculada ao juízo em que se processa a execução. Aliás, o raciocínio é idêntico ao que se estabelece para a delimitação da competência para o julgamento dos embargos à execução, inclusive em relação aos atos executivos realizados por carta precatória (art. 747 do CPC).

Questão mais polêmica diz respeito ao momento de argüição do incidente defensivo. Como se sabe, o processo, até mesmo pela etimologia da palavra, tende a desenvolver-se, evitando paradas desnecessárias, à medida que tem um fim a realizar em espaço razoável de tempo. Nesse contexto, indaga-se: há um prazo limite para a suscitação do incidente defensivo no processo de execução? *Alberto Camiña Moreira* é taxativo, ao responder:

> "Ainda que prazo houvesse sido marcado pela lei, não seria preclusivo, pois a natureza das matérias possíveis de ser alegadas não se subordina à peremptoriedade inerente à preclusão. Questões processuais, de ordem pública, podem ser alegadas a qualquer tempo; da mesma forma a prescrição, a decadência, o pagamento e a compensação."[33]

Idêntico raciocínio pode ser feito no que se refere à fase de cumprimento da sentença (art. 475-J, § 1º, do CPC). No particular, opina *Humberto Theodoro Júnior*:

> "A lei assinala um prazo de 15 dias (art. 475-J, § 1º), após a intimação da penhora, para o executado impugnar a execução. Trata-se de previsão inócua, já que as defesas contra o cumprimento de sentença envolvem pressupostos processuais e condições da ação, temas insuscetíveis de preclusão. A parte pode alegá-los a qualquer tempo e o juiz deve apreciá-los até mesmo de ofício."

E complementa, com a clareza habitual, a sua lição:

> "A não ser quanto à escolha do bem penhorado e sua avaliação, que podem incorrer eventualmente em preclusão, as demais questões suscitáveis em impugnação não se extinguem pelo transcurso dos quinze dias previstos no art. 475-J, § 1º."[34]

---

(33) MOREIRA, Alberto Camiña. *Defesa sem embargos do executado: exceção de pré-executividade*. 3ª ed. rev. e atual. São Paulo: Saraiva, 2001, p. 63.

(34) THEODORO JÚNIOR, Humberto. *As novas reformas do Código de Processo Civil*. Rio de Janeiro: Forense, 2006, p. 46.

Em posição acertada, exemplifica *Ernane Fidélis dos Santos*:

> "Para que se defira a execução, basta que o título, em aparência, revele a liquidez, a certeza e a exigibilidade. Se tal não ocorrer, isto é, se o título for incerto, ilíquido ou inexigível e, mesmo assim, a execução for deferida, é lógico que o executado poderá alegar o vício, em grau de impugnação. Mas não necessariamente, pois se o juiz, em qualquer fase do processo, deve reconhecer de ofício a nulidade, pode também fazê-lo por meio da provocação das partes."(35)

Tal opinião, contudo, não é uniforme na doutrina. Para *Rosalina P. C. Rodrigues Pereira*, a chamada "exceção de pré-executividade" é uma defesa, admitida pela sistemática jurídica pátria, cujo objeto é a argüição de matérias que afastam a executoriedade do título executivo, sendo esta, portanto, a razão pela qual se admite a sua argüição antes da oposição dos embargos à execução, que é o meio normal de defesa do executado, e, com efeito, sem a garantia do juízo com a penhora ou o depósito do bem perseguido em juízo. Diante disso, defende a processualista paraense que a admissibilidade do instituto cessa com o término do prazo para a oposição da ação de embargos à execução, pois aquilo a que se visa, afinal, é evitar a injusta constrição patrimonial, que, após o prazo para embargos, provavelmente já teria ocorrido.(36) No particular, vale a pena conferir as palavras da eminente autora:

> "O que se admite com a exceção de pré-executividade, e o que se objetiva, principalmente, é a possibilidade de uma defesa sem a penhora, sem o ato de constrição do bem. Assim, a exceção de pré-executividade

(35) FIDÉLIS DOS SANTOS, Ernane. *As reformas de 2005 do Código de Processo Civil: execução dos títulos judiciais e agravo de instrumento*. São Paulo: Saraiva, 2006, p. 62.

(36) *Nelson Nery Junior* e *Rosa Maria de Andrade Nery* distinguem a *exceção* da *objeção* de não executividade, inclusive no que se refere ao prazo para o ajuizamento. Com relação à primeira, afirmam: "O *dies ad quem* para a oposição da exceção de executividade coincide com o término do prazo para a oposição dos embargos do devedor: ultrapassado o prazo para a oposição dos embargos, o devedor não mais poderá opor a exceção de executividade. Isso porque as matérias que podem ser argüidas na exceção são as mesmas que podem fundamentar os embargos, vale dizer, são de direito disponível, que dependem de alegação do devedor para que o juiz possa decidir, e, portanto, devem obedecer o prazo legal para tanto, que é o do CPC 738, salvo se o objeto da exceção for a prescrição". Já com relação à segunda modalidade de defesa intraprocessual, prelecionam o seguinte: "Pode ser oposta a partir do ajuizamento da execução. O *dies a quo* do prazo, portanto, é a data do ajuizamento da execução. O devedor pode opor objeção mesmo antes da citação. Intervindo no processo, contudo, dá-se por citado. Como seu conteúdo são as matérias de ordem pública, que não são alcançáveis pela preclusão, a objeção de executividade pode ser oposta enquanto pendente a execução. Mesmo já tendo sido opostos os embargos do devedor, as matérias de ordem pública podem ser alegadas a qualquer tempo e em qualquer grau ordinário de jurisdição. Portanto, nada obstante tenha havido sentença nos embargos, o devedor pode opor objeção de executividade alegando nela as matérias de ordem pública. Podem ser alegadas, pela primeira vez, em apelação (CPC 513) e em embargos infringentes (CPC 530). Nos recursos excepcionais (RE e REsp), as matérias de ordem pública não podem ser alegadas na primeira vez, pois a CF 102 III e 105 III exige, para a admissibilidade dos RE e Resp, que a matéria tenha sido 'decidida' pelas instâncias ordinárias" (*Código de Processo Civil comentado e legislação extravagante*. 8ª ed. rev., ampl. e atual. São Paulo: RT, 2004, pp. 1.147 e 1.047-1.148, respectivamente).

pode ser oposta a partir do ajuizamento da execução até o término do prazo para a oposição dos embargos. Ou seja, antes da penhora, do ajuizamento da ação até o prazo de 24 horas a partir da citação; ou até a oposição dos embargos, porque nesse caso, mesmo já se tendo realizado o ato constritivo, a decisão do juiz extinguindo o processo geraria a desconstituição da penhora, evitando os danos decorrentes desta, o que, por certo, a oposição dos embargos acarretaria."(37)

A partir da Lei n. 11.382/06, o prazo para o cumprimento da obrigação constante em título executivo *extrajudicial* é de 3 (três) dias (art. 652 do CPC), e o prazo para a oposição da ação incidental de embargos à execução é de 15 (quinze) dias, contados da data da juntada aos autos do mandado de citação (art. 738 do CPC).

Helena de Toledo Coelho Gonçalves, de seu turno, embora não desconheça que as matérias alegáveis na chamada "objeção de pré-executividade" sejam de ordem pública e, por conseqüência, alegáveis a qualquer momento, entende que somente haverá o afastamento dos efeitos danosos da contrição patrimonial e de seus reflexos no direito de personalidade do executado, se houver argüição no prazo atribuído pelo art. 652 do CPC ao pagamento ou à nomeação de bens à penhora.(38) Segundo a estudiosa paranaense, com a citação, o executado toma conhecimento de um processo de execução ilegítimo contra ele, e, a partir dela, restou violado o seu direito de somente ser executado por meio de processo que preencheu todos os pressupostos de constituição, os requisitos de validade e as condições da ação. Se isso não ocorre, a citação do executado para o processo de execução inviável, por si só, "[...] causa violação à sua privacidade e tranqüilidade moral, em flagrante afronta às garantias constitucionais de inviolabilidade da vida privada, proteção ao patrimônio e devido processo legal".(39)

Não obstante também tenha como objetivo evitar um ato estatal de agressão patrimonial injusto e ilegítimo, deve-se observar que o exercício do direito de defesa no âmbito interno do processo de execução, tendo como pressuposto os limites cognitivos desta forma de prestação jurisdicional, tem como função alertar o Juiz acerca da ausência de pressupostos processuais, requisitos de validade, incluindo a "presença" de impedimentos e das condições da ação, bem como a respeito de fatos que o tornem desnecessário, em virtude de não mais

---

(37) PEREIRA, Rosalina Pinto da Costa Rodrigues. *Ações prejudiciais à execução por quantia certa contra devedor solvente*. São Paulo: Saraiva, 2001, p. 437.

(38) É também o entendimento de *Pontes de Miranda:* "O despacho do juiz, na petição inicial, com o prazo de vinte e quatro horas, é *revogável*, e tem de ser revogado, se a alegação é procedente. Se, ao ser pedida a execução, há prova, que o juiz conheça, ou se há razão para que o juiz ordene verificação, é dever do juiz indeferir o próprio pedido inicial" (*Dez anos de pareceres*. Rio de Janeiro: Francisco Alves, 1975, vol. 4, p. 138). Relembre-se de que, a partir da Lei n. 11.382/06, o prazo para cumprimento da obrigação constante em título executivo *extrajudicial* passou a ser de 3 (três) dias (art. 652 do CPC).

(39) GONÇALVES, Helena de Toledo Coelho. *Objeção de pré-executividade — uma análise principiológica. Processo de execução*/Coordenadores Sérgio Shimura e Teresa Arruda Alvim Wambier. São Paulo: RT, 2001, p. 459.

existir o crédito que dá conteúdo ao título executivo. Tais matérias, inegavelmente, são de ordem pública, já que são intimamente ligadas à legitimidade da função jurisdicional do Estado, motivo pelo qual são argüíveis em qualquer fase do procedimento, inclusive *após a penhora.*(40) Aliás, não é difícil a constatação de que as matérias alegáveis na defesa endoprocessual executiva não só podem surgir a partir desta data, ou seja, depois de realizado o ato de contrição patrimonial, como também após o prazo para ajuizamento dos embargos à execução.(41) Assim, não há como se restringir o uso do meio de defesa intraprocessual em comento, até porque tudo depende do nível de cognição que a mesma irá provocar,(42) sendo o termo final para o seu exercício a própria extinção do processo de execução. Afinal, vale sempre repetir, *não é o afastamento da constrição patrimonial o fim último a ser atingido, mas sim velar pela regularidade desta forma de prestação de tutela jurisdicional, tornando-a legítima à luz dos valores implantados pelo sistema constitucional.*(43) É sempre esse, pois, o raciocínio a ser empreendido na análise do instituto.

A seguinte lição de *Rita Dias Nolasco* é perfeita:

> "A exceção de pré-executividade visa à execução, e não à penhora especificamente, que é atingida por via indireta, já que não se pode efetivar nenhum ato em processo constituído de forma irregular."

---

(40) Ensina *Eduardo Talamini* que "[...] há a determinação de que a execução se desenvolva do modo menos sacrificante possível para o executado. Trata-se de decorrência dos princípios constitucionais da proporcionalidade e da razoabilidade, que prevaleceria ainda que o art. 620 do CPC não a especificasse no âmbito da execução. Seria desarrazoado e desproporcional — e portanto incompatível com os fundamentos mesmos da garantia do menor sacrifício — que o executado não pudesse propugnar por sua observância no próprio processo de execução. Imagine-se que o bem penhorado recebe avaliação inferior à correta. Exigir-se que o executado aguarde até a arrematação para só então poder argüir o defeito através de embargos significaria dizimar aquela garantia" (*A determinação do valor do crédito por simples petição. Atualidades sobre liquidação de sentença*/Coordenação de Teresa Arruda Alvim Wambier. São Paulo: RT, 1997, pp. 171-172).

(41) Na lapidar lição de *Sérgio Shimura*, "por serem matérias não-sujeitas à preclusão, mesmo passado o momento para o aforamento dos embargos, o executado pode suscitá-las, seja por petição nos autos da execução, seja em embargos à arrematação" (*Título executivo*. 2ª ed. atual. e ampl. São Paulo: Método, 2005, p. 101).

(42) Afirma *Cláudia Rodrigues*: "Na verdade, o incidente de pré-executividade é a via hábil para atacar todo defeito do título ou da execução, desde que não dependa de prova a ser produzida ou, se precisar de prova, que seja unicamente a documental, como ocorre no caso do mandado de segurança" (*O título executivo na execução da dívida ativa da Fazenda Pública*. São Paulo: RT, 2002, p. 238).

(43) *Sandro Gilbert Martins* parece que também compreende o instituto de acordo com o que consta no texto principal. Diz o autor: "A exceção de pré-executividade generalizou-se como forma (exótica) de defesa à disposição do executado, cujo objetivo é alertar o juiz quanto à existência de vícios ou falhas relacionados com a admissibilidade da execução e, com isso, obter a extinção do feito executivo, fulminando a pretensão do exeqüente de invadir a esfera patrimonial do executado. Na verdade, esta tendência em aceitar a exceção de pré-executividade como outra forma de defesa é tentativa de *romper*, ou ao menos *minimizar*, a rigidez do sistema do CPC, que prevê apenas os embargos com este fim". E arremata sua lição do culto processualista paranaense: "O núcleo, portanto, da utilização deste instrumento é impedir que se inicie (com a realização de atos executivos) ou que se prossiga uma execução que não está em conformidade com os ditames legais" (*A defesa do executado por meio de ações autônomas: defesa heterotópica*. São Paulo: RT, 2002, pp. 84-85).

E completa:

"Entendemos que a finalidade da exceção de pré-executividade é evitar a efetivação de um processo executivo constituído de forma irregular ou infundada e, via de conseqüência, podendo evitar a efetivação da penhora. Com efeito, impedir a efetivação da penhora é uma possível conseqüência, e não objetivo da exceção de pré-executividade, não podendo constituir-se em óbice à sua utilização."[(44)]

É razoável cogitar-se, entretanto, a ausência de legítimo interesse processual para a argüição do incidente em tela, quando, já estando garantido o juízo pela penhora, esteja em aberto o prazo para o ajuizamento da ação de embargos à execução (arts. 738 e 741 do CPC; art. 16 da Lei n. 6.830/80; art. 884 da CLT) ou da impugnação ao cumprimento da sentença (art. 475-J, § 1º, do CPC). Ora, se há a possibilidade da utilização do meio de defesa típico, que são estas ações incidentais, carece o executado de interesse para se defender endoprocessualmente. Afinal, não haveria limitações envolvendo a cognição judicial, inclusive com possibilidade de formação de coisa julgada material, o que, como regra, não ocorre no processo (ou na mera fase) de execução. Assim, por uma interpretação sistemática, pode-se afirmar que essa seria a única situação de limitação ao exercício do direito de defesa no âmbito interno da execução, mas, observe-se bem, apenas no que concerne aos vícios presentes (conhecidos) no momento do ajuizamento das ações incidentais de embargos à execução e impugnação ao cumprimento da sentença. Em outras palavras, se outro vício surgir após o lapso temporal para o ajuizamento destas ações, sendo de fácil percepção,[(45)] é perfeitamente possível o exercício de defesa endoprocessual executiva.[(46)]

Atualmente, não há previsão legislativa de prazo limite para a argüição de incidente defensivo no processo de execução. Sendo assim, não há que se falar em prazo peremptório de três dias após a citação (art. 652 do CPC). Da mesma forma, revela-se incabível atribuir conotação de peremptoriedade aos prazos de quarenta e oito horas após a citação no processo trabalhista (art. 880 da CLT) e de cinco dias após a citação no processo de execução fiscal (art. 8º da Lei n.

---

(44) NOLASCO, Rita Dias. *Exceção de pré-executividade*. 2ª ed. rev., atual. e ampl. São Paulo: Método, 2004, p. 198.

(45) Nas palavras de *José Miguel Garcia Medina*, "[...] a constatação da nulidade deve se dar por via *direta*, decorrente do próprio título executivo, e não por via oblíqua. Diante disso, não se pode permitir, por exemplo, no curso do processo executivo, a oitiva de testemunhas para se demonstrar que a cambial executada foi emitida mediante coação, pois tal dilação probatória é incompatível com o processo executivo" (*Execução civil: teoria geral: princípios fundamentais*. 2ª ed. rev., atual. e ampl. São Paulo: RT, 2004, pp. 383-384).

(46) Explica *Sandro Gilbert Martins*: "Como se percebe, o direito de defesa do executado e o princípio do contraditório não podem nunca ser preteridos, mas, sempre que o contraditório possa ser assegurado por um *simples requerimento*, essa via que permitirá colmatar as lacunas das normas que regulam a defesa do executado, com as vantagens da maior simplicidade do meio (princípio da economia processual) e da não-violação dos limites inerentes ao processo de execução — propriamente os ligados à cognição" (*A defesa do executado por meio de ações autônomas: defesa heterotópica*. São Paulo: RT, 2002, p. 91).

6.830/80). Tal ponto de vista, com todo respeito, não se compatibiliza com a natureza das matérias que podem ser veiculadas por intermédio do referido instituto. São questões como a *inexistência* de ato fundamental do processo ou *nulidades de fundo* que possuem aptidão para extinguir a relação jurídica processual, diante da gravidade do vício que a macula, tornando-a, por conseqüência, flagrantemente ilegítima. Tais questões, endoprocessualmente, podem ser suscitadas em qualquer tempo, por simples petição, em virtude do notório interesse estatal na legitimidade da sua forma de resolução de conflitos.[47]

Indaga-se, por outro lado: quais seriam os efeitos processuais resultantes do fato de a matéria eventualmente não ter sido argüida na primeira oportunidade em que o executado possa se manifestar nos autos? Ainda que não haja prazo limite para a argüição de defesa endoprocessual, o executado deve manejá-la na primeira oportunidade imediatamente subseqüente ao conhecimento da causa que torna o processo de execução flagrantemente ilegítimo. Se isso não ocorrer, haverá incidência do art. 267, *§ 3º*, do CPC, ocasião em que o executado "responderá pelas custas do retardamento", se estas houver, já que, basicamente, restringem-se ao pagamento de diligências efetuadas no período dilatado pela procrastinação. Na lição de *Alberto Camiña Moreira*, "[...] o executado que pretenda valer-se do remédio ora em estudo não pode fazê-lo por conta-gotas, senão em dose única, sob pena de pagamento das custas de retardamento".[48]

Como regra geral, a primeira oportunidade para o executado se manifestar é o ajuizamento dos embargos à execução ou, se for o caso da fase de cumprimento da sentença, da impugnação. Como já afirmamos, todavia, a causa fático-jurídica que pode extinguir o processo de execução pode surgir somente depois de ultrapassado o prazo para o ajuizamento dessas ações incidentais. Basta imaginar a situação de adimplemento da obrigação que subjaz ao título executivo. Se este ocorreu extrajudicialmente após a penhora e o prazo para o ajuizamento das mencionadas defesas *típicas*, havendo prova documental a respeito (recibo), inegável é o cabimento do instituto. Nesse caso, não se pode vedar o legítimo exercício da defesa endoprocessual executiva,[49] que, se procedente, implica

---

(47) Enfatiza *Eduardo Arruda Alvim*: "De outra sorte, afigura-se-nos inexistir, como regra, prazo para o oferecimento da objeção, porque por meio dela se levantam matérias cognoscíveis *ex officio* pelo juiz (e, portanto, não sujeitas à preclusão — art. 267, § 3º, do CPC), ou matérias a respeito das quais há autorização expressa para que sejam argüíveis a qualquer tempo, tais como a prescrição (art. 162 do CC)". E conclui sua lição: "Outra conseqüência importante decorrente do fato de que, por meio da objeção de pré-executividade, levantam-se apenas matérias de ordem pública ou que podem ser suscitadas a qualquer tempo é de que não há qualquer exigência formal para sua apresentação, podendo ser levantada *a exceção* por simples petição nos autos ou mesmo oralmente, caso exista esta possibilidade" (*Exceção de pré-executividade. Processo e execução*/Coordenadores Sérgio Shimura e Teresa Arruda Alvim Wambier. São Paulo: RT, 2001, p. 225).

(48) MOREIRA, Alberto Camiña. *Defesa sem embargos do executado: exceção de pré-executividade*. 3ª ed. rev. e atual. São Paulo: Saraiva, 2001, p. 64.

(49) Para *Araken de Assis*, "Dispensada a exigência da constrição prévia, o requerimento do devedor não se cinge ao prazo de vinte e quatro horas do art. 652, na execução por quantia certa, e aos prazos de cumprimento nos demais procedimentos, nem se vincula ao prazo dos embargos". Contudo, esclarece o autor, "[...] não alegando o executado o vício 'na primeira oportunidade em que lhe caiba falar nos autos', responderá 'pelas custas do retardamento' (art. 267, § 3º, parte final). Por exemplo, ao alegar

rápida solução ao problema, em notória vantagem em relação à opção do ajuizamento de ação autônoma declaratória de inexistência da obrigação de direito material.(50) Sendo assim, a argüição do incidente não pode penalizar o executado, que, no caso, não ocasionou, intencional e maliciosamente, a realização sucessiva de atos processuais.(51) O caso concreto, portanto, ditará a responsabilidade ou não do executado com a argüição tardia.

Reza o art. 22 do CPC:

> "Art. 22. O réu que, por não argüir na sua resposta fato impeditivo, modificativo ou extintivo do direito do autor, dilatar o julgamento da lide, será condenado nas custas a partir do saneamento do processo e perderá, ainda que vencedor na causa, o direito de haver do vencido honorários advocatícios."

Discute-se se esse dispositivo seria aplicável ao processo de execução. Entendemos que sim. Imagine-se a hipótese de inexistência de título suficiente para a execução, por já estar prescrita a eficácia executiva. Nesse caso, tendo havido penhora, com depósito particular, de bem do executado, bem como já expirado o prazo para o ajuizamento dos embargos à execução (ou da impugnação ao cumprimento da sentença, se for o caso), o exercício do direito de defesa endoprocessual executiva, na iminência da realização da hasta pública, acarreta, para o executado, o dever de pagamento das despesas realizadas após a data em que deveria ter protocolado a defesa típica, bem como, ainda que o incidente

---

ilegitimidade passiva após a publicação dos editais de praça, o executado, caso seja vitorioso, pagará tal despesa". Assim, no entender do mestre gaúcho: "Não há termo final para deduzir a exceção de pré-executividade. Ressalva feita aos casos de preclusão, a exemplo do que acontece com a impenhorabilidade, e sem embargo da responsabilidade pelas despesas derivadas do retardamento (art. 267, § 3º) — e, assim mesmo, se a argüição ocorrer após o prazo para embargos —, ao executado se mostra lícito excepcionar em qualquer fase do procedimento *in executivis*, inclusive na final: na realidade, permanece viva tal possibilidade enquanto o juiz não extinguir a execução" (*Manual da execução*. 9ª ed. rev., atual. e ampl. São Paulo: RT, 2004, p. 1.027).

(50) Diferentemente, manifesta-se *Paulo Henrique dos Santos Lucon*: "Para quem aceita a possibilidade de o executado suscitar matéria de mérito na própria execução, parece claro que essa matéria, por meio de tal incidente, deva ser apresentada na primeira oportunidade, ou seja, logo após a citação. Após a constrição, como é usual, o executado poderá oferecer embargos a fim de discutir matéria relativa ao mérito. Se deixar de opor embargos, essa matéria poderá somente ser apresentada por meio da propositura de demanda cognitiva autônoma, visando à declaração da inexistência do direito material pelo qual se executa. Aceitar a apresentação de incidente relativo ao mérito da execução após a constrição significa, de um lado, *implodir* a execução civil, que tem como único objetivo o *desfecho unívoco* consistente na satisfação; de outro, sendo esse incidente verdadeira *exceção (de pré-executividade)*, é inerente a idéia de disponibilidade, o que impõe sua alegação na primeira oportunidade" (*Embargos à execução*. 2ª ed. rev., atual. e ampl. São Paulo: Saraiva, 2001, p. 228).

(51) Na opinião de *Marcos Valls Feu Rosa*: "Se, citado, o devedor não argüir a ausência dos requisitos da execução imediatamente, antes mesmo da penhora, preferindo fazê-lo nos embargos, não poderá, por tal comportamento, responder pelas custas de retardamento, pois a primeira oportunidade em que lhe cabe falar nos autos são, exatamente, os embargos. Inaplicável neste caso, por isto, a parte final do parágrafo terceiro do art. 267 do Código de Processo Civil". Haverá, entretanto, a incidência dessa norma, segundo sustenta o autor, "[...] ao devedor que não argüiu a ausência dos requisitos da execução nos embargos , que é a primeira oportunidade em que lhe cabe falar nos autos, deixando para fazê-lo posteriormente, após o julgamento dos embargos, na própria execução, a não ser que os requisitos digam respeito a matérias posteriores aos embargos" (*Exceção de pré-executividade: matérias de ordem pública no processo de execução*. 4ª ed. atual. Porto Alegre: Fabris, 2003, p. 59).

seja acolhido e extinga a execução, a perda do direito ao pagamento dos honorários advocatícios.[52] Para se eximir desse efeito, o executado tem de demonstrar que a argüição tardia não se deu com intuito protelatório.

4.3. A POSSIBILIDADE DE SUSPENSÃO DOS ATOS EXECUTIVOS PELO EXERCÍCIO DA DEFESA ENDOPROCESSUAL

A relação jurídica processual possui natureza dinâmica, portanto, tende a desenvolver-se até a sua extinção, alcançado o objetivo final, que, no caso do processo de execução, é a satisfação do crédito "reconhecido" no título executivo. Excepcionalmente, porém, há a paralisação dos atos processuais diante dos casos previstos no sistema jurídico. Uma parte da doutrina, mediante uma postura legalista e dogmática, entende que as hipóteses de suspensão do procedimento estão vinculadas ao princípio da tipicidade e, com efeito, não havendo previsão legal, a suspensão resta vedada ao Juiz. Diante dessas premissas, impõe-se uma indagação: a defesa endoprocessual executiva possui aptidão, para suspender o andamento do procedimento do processo de execução? A doutrina, como se verá, encontra-se bem dividida.

De logo, faz-se mister relembrar a atual perspectiva em torno do próprio instituto *processo*. Ele mudou, a perspectiva em torno dele mudou, de modo a influenciar, inclusive, os meios de defesa do executado. Atualmente, como técnica, o processo só serve ao sistema jurídico, enquanto apto a satisfazer as exigências do direito material. Para *Luiz Guilherme Marinoni*,

> "[...] o processo deve ser estruturado de acordo com as necessidades do direito material, além de ter que ser compreendido, pelo juiz, *como instrumento capaz de dar proteção às situações carentes de tutela*. Nesse sentido, o juiz não pode se conformar com uma interpretação que aponte para a incapacidade de o processo atender ao direito material, pois isso seria o mesmo que negar valor ao direito fundamental à tutela jurisdicional efetiva, que espelha ao dever de o Estado prestar a devida tutela jurisdicional."

Afinal, esclarece o ilustre Professor da UFPR,

> "a idéia de adequação do processo ao direito material exige, em um primeiro momento, que o processo seja visto como técnica processual destinada à

---

(52) No que se refere à etapa do cumprimento da sentença, vale a pena conferir a lição de *José Miguel Garcia Medina*, *Luiz Rodrigues Wambier* e *Teresa Arruda Alvim Wambier*: "Caso o executado não tenha apresentado impugnação, nada impede que a ausência de requisitos para a execução ou a invalidade de atos executivos seja argüida através de exceção de pré-executividade mesmo após o prazo estabelecido no art. 475-J, § 1º, do CPC". E complementam no sentido do texto principal: "Caso, no entanto, o executado deixe de alegar tais vícios na primeira oportunidade em que lhe incumbe falar nos autos (que, no caso, é a impugnação referida no art. 475-L), incidirão as sanções referidas nos arts. 22 e 267, § 3º, do CPC, conforme o caso" (*Sobre a impugnação à execução de título judicial (arts. 475-L e 475-M do CPC). Aspectos polêmicos da nova execução, 3: de títulos judiciais, Lei n. 11.232/05*/Coordenação Teresa Arruda Alvim Wambier. São Paulo: RT, 2006, pp. 404-405).

efetividade dos direitos, para depois se compreender que o processo, como técnica indiferente ao direito material, é fechado em si mesmo, e, portanto, algo inservível."

Daí ser perfeita a sua observação:

> "Nessa linha de raciocínio, torna-se fácil perceber que, se o processo ficar limitado à legislação processual ou, melhor dizendo, tiver a sua feição escravizada à lei, muitas vezes ele poderá ficar distante das necessidades dos direitos e da vida."(53)

Como já foi ventilado neste trabalho, o Juiz não deve ter uma postura meramente passiva diante da lei, exigindo-se particular atenção no que diz respeito à possibilidade de suspensão dos atos processuais. *Carlos Alberto Álvaro de Oliveira* preleciona o seguinte:

> "Ainda que a lei processual busque imprimir desejável uniformidade, a regra só indica o caminho, mas não o passo do caminhante. O subjetivismo, outrossim, revela-se ainda mais presente no próprio conhecer do juiz, na sua atitude epistemológica em face dos fatos, a variar infinitamente conforme sua capacidade intelectual com vistas a compreender, selecionar e combinar as informações e delas extrair as devidas inferências. O mesmo sucede, provavelmente com maior intensidade, na avaliação do material recolhido, tarefa em que, nada obstante a vinculação axiológica do sistema, passam a pesar, ainda que de modo inconsciente, também os próprios valores do órgão judicial, desempenhando papel importante com sua sensibilidade pessoal às nuanças do caso."

E, com a perspicácia habitual, arremata sua lição:

> "Esse constante trabalhar do órgão judicial com a incapacidade de previsão pela lei de todas as hipóteses possíveis, com a generalidade da regra e ainda com fatores fáticos incertos e inconstantes, agravado pelos

(53) MARINONI, Luiz Guilherme. *Técnica processual e tutela de direitos*. São Paulo: RT, 2004, p. 28. Na mesma linha de pensamento, ou seja, partindo-se da premissa de que o processo é uma técnica de realização do direito material, manifesta-se *Aroldo Plínio Gonçalves*: "O procedimento jurisdicional, como atividade disciplinada por uma estrutura normativa voltada para a preparação do provimento, com a participação, em contraditório, de seus destinatários, é uma técnica criada pelo ordenamento jurídico, e trabalhada pela ciência do Direito Processual, que, em sua função de formular conceitos, categorias e institutos concernentes a toda a atividade da jurisdição, deve se esmerar em fornecer o melhor instrumental teórico para que o processo se torne a técnica mais idônea possível no cumprimento de sua finalidade". É que, conforme esclarece o mestre mineiro, "uma técnica é valorada segundo sua idoneidade para realização de suas finalidades. Será uma boa ou má técnica, conforme seja hábil a cumprir os seus fins, ou conforme se revele ineficaz para esse objetivo. De qualquer modo, a avaliação deve ser feita pela ciência, como atividade consciente e capaz para a produção do conhecimento e a correção de seus pontos de estrangulamento. A responsabilidade da ciência do Direito Processual, em relação ao processo, não é, portanto, pequena" (*Técnica processual e teoria do processo*. Rio de Janeiro: Aide, 2001, pp. 168 e 169-170, respectivamente).

diversos graus de sua capacidade pessoal, tanto na coleta do material probatório quando na sua seleção e avaliação, evidencia de forma bastante clara os riscos sempre presentes de um conflito entre o valor do formalismo e o da justiça na solução do caso trazido a consideração. Aliás, a questão torna-se exatamente problematizada na passagem do abstrato ao concreto, quando se podem criar situações-limite, não previstas expressamente em lei, capazes de romper com o sentimento de justiça."[54]

Para *Rosalina P. C. Rodrigues Pereira*, o instituto em análise, por ser uma criação doutrinária e não legislativa[55] e, com efeito, contrariamente aos embargos à execução, não se tratar de ação incidental, não pode suspender o procedimento da execução. Ainda que eventualmente, no caso de acolhimento, possa interferir significativamente no sistema, a simples interposição dessa defesa endoprocessual executiva, no entender da ilustre processualista paraense, não pode gerar a suspensão do procedimento da execução. Afinal, tal hipótese não é expressamente contemplada na legislação aplicável, de modo que, ao Juiz, não se concede poder discricionário para tanto.[56] Sendo assim, para a referida autora, se o executado quiser gozar dos benefícios da suspensão do procedimento executório, não logrando êxito no incidente de não executividade (defesa endoprocessual executiva) quanto ao mérito da argüição, deve ajuizar, sob pena de preclusão,[57] a ação incidental de embargos à execução,[58] com a respectiva garantia do juízo (art. 739-A, *§ 1º*, do CPC).[59]

---

(54) OLIVEIRA, Carlos Alberto Álvaro. *Do formalismo no processo civil*. 2ª ed. rev. e atual. São Paulo: Saraiva, 2003, p. 126.

(55) *Sérgio Nojiri* é categórico: "Não há previsão legal em nosso atual *ordo juris* para sua utilização. A exceção de pré-executividade não nasceu da discussão legislativa, mas da prática judiciária. Ela é uma autêntica *criação judicial*, em sentido forte" (*A interpretação judicial do direito*. São Paulo: RT, 2005, p. 154).

(56) Aparentemente, também parece ser a opinião de *Alberto Camiña Moreira*: "O Código de Processo Civil especifica os casos em que pode haver suspensão do procedimento (arts. 13, 51, inc. I, 60, 64, 72, *caput*, 79, 110, 120, 265, 338, 294, 582, parágrafo único, 741, *caput*, 791, 881 e 1.052). Como anota *Antonio Scarance Fernandes*, nosso estatuto 'não traz contudo norma genérica que dê ao juiz a possibilidade de, se reputar conveniente, determinar a suspensão fora dos casos previstos', apesar de a prática forense ignorar essa realidade. Taxativas, assim, as hipóteses de suspensão do procedimento, que a todo o custo deve ser evitada" (*Defesa sem embargos do executado: exceção de pré-executividade*. 3ª ed. rev. e atual. São Paulo: Saraiva, 2001, p. 192).

(57) No mesmo sentido, manifesta-se *Araken de Assis*: "O oferecimento da exceção não trava a marcha do processo executivo. E isso, porque os casos de suspensão do processo, em geral (art. 265), e da execução, em particular (art. 791), encontram-se taxativamente previstos. A suspensão do processo não equivale à simples paralisação de fato, gerada pela sobrecarga ou pelo mau funcionamento da burocracia judiciária, e requerimento das partes. Naturalmente, o protocolo da exceção, no juízo da execução, provocará transtorno dessa natureza, que não se confunde com o efeito suspensivo *ex vi legis*. É expresso, ademais, o art. 791, I, do CPC, outorgando efeito suspensivo tão-só aos embargos. Entre nós, ao contrário do que acontece em outros ordenamentos, existe enumeração taxativa dos casos em que pode se suspender a execução". Pouco adiante, adverte o ilustre processualista gaúcho: "Por conseguinte, em homenagem ao princípio da eventualidade, o executado deverá tomar as providências que lhe competem na defesa de interesses subsidiários, forrando-se da perda de outros direitos, na hipótese de rejeição da exceção" (*Manual da execução*. 9ª ed. rev., atual. e ampl. São Paulo: RT, 2005, p. 1.028 e 1.029, respectivamente).

(58) Segundo *Paulo Henrique dos Santos Lucon*: "Exatamente por não haver previsão legal, esse incidente não tem o condão de suspender a execução". Para esse estudioso de São Paulo: "A suspensão

Em posicionamento diametralmente oposto, manifesta-se *Marcos Valls Feu Rosa*. Para este autor, se a defesa endoprocessual executiva for recebida expressamente pelo Juiz, ou seja, não for liminarmente rejeitada por ele, haverá a suspensão do procedimento executório.(60) Em outras palavras, segundo entende esse ilustre Magistrado capixaba, se a suscitação do incidente for séria, isto é, não manejada com fins meramente protelatórios, haverá a suspensão do procedimento executivo,(61) o que inclui o prazo para ajuizamento de embargos à execução.(62) O fundamento reside no princípio constitucional do devido processo legal, que veda a prática de atos de invasão patrimonial em processos despidos de seus requisitos básicos de admissibilidade. Explica o Magistrado do Espírito Santo:

> "[...] a execução consiste numa série de atos tendentes à desapropriação de bens. Nestas condições, cada passo de sua marcha representa uma violação ao patrimônio do devedor, e aproxima o ato final expropriatório. Não se pode, por isto, aguardar fase processual alguma para se discutir a presença dos seus requisitos. Havendo fundadas razões para tanto, deve a

---

do processo é fenômeno absolutamente *excepcional*, cuja importância cede espaço à *celeridade* e à busca da tutela jurisdicional efetiva e tempestiva, princípios esses inerentes ao sistema processual da atualidade. Daí a razão pela qual existe a limitação da suspensão constante dos parágrafos do próprio art. 265 do Código de Processo Civil" (*Embargos à execução*. 2ª ed. rev., atual. e ampl. São Paulo: Saraiva, 2001, pp. 225-226).

(59) PEREIRA, Rosalina Pinto da Costa Rodrigues. *Ações prejudiciais à execução por quantia certa contra devedor solvente*. São Paulo: Saraiva, 2001, pp. 438-439.

(60) Também é o entendimento de *Cleide Previtalli Cais*: "Muito embora o tema não seja pacífico na doutrina, pensamos que a apresentação da exceção de pré-executividade pelo executado tem o poder de suspender o curso da execução, até sua efetiva apreciação pelo juízo. Deveras, caso prosseguisse a execução, seria forçado o executado a oferecer bens à penhora para garantia do juízo, quando, então, ofereceria embargos, e, em conseqüência, o instituto da exceção de pré-executividade se revelaria inútil, na medida em que seu objetivo é travar, de plano, execução que não poderá culminar com desfecho favorável ao exeqüente" (*O processo tributário*. 4ª ed. rev., atual. e ampl. São Paulo: RT, 2004, pp. 644-645).

(61) Para o autor, "[...] caso não se entenda que a argüição dos requisitos da execução suspende o seu curso, tudo o que foi dito acerca da impossibilidade de privação de bens sem observância, em todos os seus termos, do princípio do devido processo legal, seria relegado ao olvido". Assim, no seu entender, "[...] razões de ordem técnica e prática tornam impositivo o recebimento expresso, pelo juiz, da argüição da ausência dos requisitos da execução, para que, só então, possa ser considerada suspensa a execução". E conclui: "Em qualquer caso, e qualquer que seja o procedimento adotado, a execução ficará suspensa até a decisão do juiz" (*Exceção de pré-executividade: matérias de ordem pública no processo de execução*. 4ª ed. atual. Porto Alegre: Fabris, 2003, pp. 90 e 96, respectivamente).

(62) Segundo entende *Marcos Valls Feu Rosa*: "Uma vez que a argüição suspende o próprio processo de execução, parece óbvio que o prazo para embargos também é suspenso". Assim, "decidida que seja a argüição, recomeçará a correr o prazo para embargos a partir da intimação da decisão" (*Exceção de pré-executividade: matérias de ordem pública no processo de execução*. 4ª ed. atual. Porto Alegre: Fabris, 2003, p. 97). No mesmo sentido, adverte *Eduardo Arruda Alvim*: "Enquanto pendente de decisão a exceção de pré-executividade, deve-se suspender o curso da execução, bem como o prazo para oferecimento de embargos do devedor. Caso assim não se entendesse, o incidente de exceção de pré-executividade restaria esvaziado, verdadeiramente inócuo, pois o executado certamente não correria o risco de ver a sua exceção afastada e, ainda, perder o prazo para interposição de embargos" (*Exceção de pré-executividade. Processo de execução*/Coordenação de Sérgio Shimura e Teresa Arruda Alvim Wambier. São Paulo: RT, 2001, pp. 226-227).

execução ser suspensa a fim de ser verificada a regularidade processual. Somente assim teremos expropriação de bens com observância, em todos os seus termos, do devido processo legal."[63]

Geraldo da Silva Batista Júnior entende que a defesa endoprocessual tem o condão de suspender o processo de execução, seja pelo seu fundamento infraconstitucional ou pelo constitucional. Quanto ao primeiro, esclarece que o objeto da chamada "exceção de pré-executividade" são *questões* preliminares e prejudiciais, que, em razão dessa natureza, devem ser analisadas previamente ao mérito do processo de execução, que é a realização prática e efetiva dos atos de constrição patrimonial tendentes à satisfação do crédito contido no título executivo. Quanto ao segundo fundamento, diz que os princípios constitucionais do contraditório, da ampla defesa e do devido processo legal "[...] impedem a excussão de qualquer bem sem a prévia análise dos argumentos de defesa capazes de influenciar na decisão que a determina".[64]

Olavo de Oliveira Neto possui entendimento peculiar sobre o tema. No seu entender, a despeito da ausência de previsão legal, se o incidente for suscitado *antes da penhora*, a execução deve ser suspensa, sob pena de desperdício de realização de atos processuais. "Isso porque a matéria a ser decidida seria, ao menos em parte, idêntica à matéria que poderia ser suscitada mediante embargos, o que infringe o princípio da economia processual". Se, entretanto, ocorrer o contrário, ou seja, se for proposto *após* a realização da penhora, segundo entende o autor, não há possibilidade de suspensão da execução, eis que já se encontra ultrapassada a primeira oportunidade de se defender, a qual foi exatamente antes da penhora ou mediante embargos à execução.[65]

A nosso ver, com todo merecido respeito, a razão não está com nenhum dos autores citados, conforme será visto nos breves fundamentos que se seguem.

Conforme foi rapidamente estudado neste trabalho, a Lei n. 11.232/05, vigorando desde 22 de junho de 2006, criou a figura do incidente de *impugnação* (art. 475-L do CPC) no que se refere à fase de cumprimento da sentença. Dispõe o art. 475-M, *caput*, do CPC: "A impugnação não terá efeito suspensivo, podendo o juiz atribuir-lhe tal efeito desde que relevantes seus fundamentos e o prosseguimento da execução seja manifestamente suscetível de causar ao executado grave dano de difícil ou incerta reparação". De acordo com o art. 475-M, *§ 1º*, do CPC, "ainda que atribuído efeito suspensivo à impugnação, é lícito ao exeqüente requerer o prosseguimento da execução, oferecendo e prestando caução suficiente e idônea, arbitrada pelo juiz e prestada nos próprios autos".

(63) ROSA, Marcos Valls Feu. *Exceção de pré-executividade: matérias de ordem pública no processo de execução.* 4ª ed. atual. Porto Alegre: Fabris, 2003, p. 93.

(64) JÚNIOR, Geraldo da Silva Batista. *Exceção de pré-executividade: alcance e limites.* 2ª ed. Rio de Janeiro: Lúmen Júris, 2004, p. 62.

(65) OLIVEIRA NETO, Olavo. *A defesa do executado e dos terceiros na execução forçada*. São Paulo: RT, 2000, pp. 127-128.

A Lei n. 11.382/06, que trata *preponderantemente* do processo de execução de título executivo *extrajudicial*, instituiu o art. 739-A no CPC, cuja redação é a seguinte: "Os embargos do executado não terão efeito suspensivo". Na mesma linha do regime jurídico da impugnação ao cumprimento da sentença, "o juiz poderá, a requerimento do embargante, atribuir efeito suspensivo aos embargos quando, sendo relevantes seus fundamentos, o prosseguimento da execução manifestamente possa causar ao executado grave dano de difícil ou incerta reparação, e desde que a execução já esteja garantida por penhora, depósito ou caução suficientes"(66) (art. 739-A, § 1º, do CPC). "A decisão relativa aos efeitos dos embargos poderá, a requerimento da parte, ser modificada ou revogada a qualquer tempo, em decisão fundamentada, cessando as circunstâncias que a motivaram" (art. 739-A, § 2º, do CPC).

No particular, essa alteração legislativa parece ter seguido a orientação de *José Miguel Garcia Medina*, defendida em sua tese de doutoramento na PUC-SP:

> "A opção feita pelo CPC pátrio por um esquema fechado, que somente permite a apresentação de embargos se houver penhora, não se coaduna com os preceitos constitucionais que garantem a proteção do patrimônio do executado. Ora, exigir-se, em hipóteses como a ora analisada, que se realize penhora para que sejam admitidos embargos, significaria impor ao executado um sacrifício desmedido de seu patrimônio, o que, segundo pensamos, não pode ser admitido."

E conclui o notável Professor paranaense:

> "*De lege ferenda*, pois, sugere-se que os mecanismos de 'defesa' do executado sejam alterados, para: (a) permitir a apresentação de embargos à execução independentemente de penhora ou depósito; (b) afastar o efeito suspensivo 'automático' dos embargos à execução, salvo na hipótese de o executado oferecer caução idônea — sobre a qual incidiria a penhora, na hipótese de rejeição dos embargos — bem como nos casos em que ocorram graves motivos que justifiquem a suspensão imediata da execução. Desse modo, caso os embargos não sejam precedidos de caução, não terão efeito suspensivo. Por outro lado, se, no curso do processo de execução, forem localizados bens penhoráveis, a penhora não possibilitará, também, a suspensão da execução."(67)

Como facilmente se percebe, a suspensão da execução, que antes era *ope legis*, hoje é *ope judicis*, ou seja, depende de motivada decisão judicial a respeito

---

(66) Para *Leonardo Ferres da Silva Ribeiro*, "a nova exigência tem pertinência, apresentando-se até mesmo como necessária, porquanto os embargos agora podem se manejados sem a prévia garantia do juízo. Cogitar de suspensão da execução sem que a execução esteja garantida, seria subvalorizar demasiadamente o título executivo, 'ordinarizar'o processo de execução e opor ao exeqüente um grande risco de inefetividade da tutela executiva" (*Nova execução de título extrajudicial: Lei n. 11.382/06, comentada artigo por artigo*/Leonardo Ferres da Silva Ribeiro organizador. São Paulo: Método, 2007, p. 220).

(67) MEDINA, José Miguel Garcia. *Execução civil: teoria geral: princípios fundamentais*. 2ª ed. rev., atual. e ampl. São Paulo: RT, 2004, pp. 389-390.

dos fundamentos apresentados pelo executado, os quais devem ser relevantes, notadamente no sentido de que o prosseguimento da execução seja manifestamente suscetível de causá-lo grave dano de difícil ou incerta reparação (art. 475-M, *caput*, do CPC). Em outras palavras, o critério genérico e, muitas vezes, injusto ao exeqüente, já que lhe atribuía o ônus do tempo do processo, foi substituído pela suspensividade em razão das exigíveis peculiaridades do caso concreto, aproximando-se bastante do critério estabelecido no art. 624 do CPC italiano.[68] Valer perceber que, a título de inovação legislativa, que, ainda que atribuído efeito suspensivo à impugnação, é lícito ao exeqüente requerer o prosseguimento da execução, oferecendo e prestando caução suficiente e idônea, arbitrada pelo Juiz e prestada nos próprios autos (art. 475-M, *§ 1º*, do CPC). Procedimentalmente, por uma questão de economia processual, observa-se que, deferido o efeito suspensivo, a impugnação será instruída e decidida nos próprios autos e, caso contrário, em autos apartados (art. 475-M, *§ 2º*, do CPC).

Essa, sem dúvida alguma, é a tendência moderna: retirar a aptidão para suspender o procedimento executório dos embargos à execução ou da impugnação ao cumprimento da sentença, admitindo-a em hipóteses excepcionais, mas, em contrapartida, para que isso ocorra, a prévia garantia do juízo revela-se necessária.

Entendemos que, *como regra*, diante do princípio da tipicidade e, por conseguinte, do respeito ao princípio da legalidade, inerente a qualquer Estado Democrático de Direito, somente há possibilidade de suspender o procedimento, se houver prévia autorização legal. O Direito, todavia, não se resume à mera previsão abstrata de condutas, sua essência está na realidade da vida, que é multifacetada, e na realização dos valores constitucionais que o caso em questão reclama. As peculiaridades do caso concreto vão ditar ao Juiz, segundo sua persuasão racional, se há a necessidade ou não da suspensão do procedimento, notadamente para se evitar uma situação de flagrante injustiça ou de comprometimento da própria efetividade na prestação da tutela jurisdicional. Aceitar o dogma de que não há possibilidade de suspensão do procedimento fora dos casos taxativamente delimitados no sistema jurídico, segundo entendemos, é não admitir que o Juiz, na condução do processo, realize constantemente juízos de valor, buscando sempre velar pela realização prática do direito material, finalidade maior da tutela jurisdicional, o que é inaceitável.

Não estamos desprezando, com essa interpretação, o princípio da legalidade, antes e bem pelo contrário, estamos apenas pregando que ele deve ser interpretado à luz do dever constitucional do Estado em prestar uma tutela jurisdicional adequada. O legislador estabelece os casos que, em tese, necessitam da paralisação do procedimento, a fim de resguardar algum valor jurídico importante. Essa previsão abstrata, entretanto, revela-se insuficiente diante da infinidade de casos

(68) Segundo o art. 624 do CPC italiano, quando houver a apresentação da *oposição à execução*, o Juiz pode suspendê-la, concorrendo graves motivos. Vale esclarecer, entretanto, que, ao contrário da nossa impugnação (art. 475-M do CPC), a apresentação da oposição italiana não é condicionada à "segurança do juízo".

que são trazidos à baila perante o Juiz. Tais casos têm suas peculiaridades a ponto de, para assegurar a utilidade da prestação jurisdicional, algum deles reclamar a suspensão do procedimento, e somente o Juiz, face a face com a situação, possui aptidão para decidir a respeito. Afinal, o legislador não tem a função de estabelecer casuísmos. Na verdade, estes devem ser apreciados pelo Juiz de acordo com a sua presumível capacidade de discernimento quanto à melhor solução para a eficaz prestação jurisdicional.[69] A regra da tipicidade, portanto, admite exceções sempre que elas tenham em mira a efetividade do processo e, por conseqüência, estejam em consonância com o princípio da instrumentalidade.[70]

Em outras palavras, segundo entendemos, nem a autorização, nem a vedação absoluta, quem ditará a possibilidade de suspensão do procedimento é o caso concreto e suas circunstâncias. Essa regra, limitando a eficácia abstrata do título executivo[71] e que tem como fundamento o princípio da efetividade do processo, corolário do princípio constitucional da universalidade da jurisdição (art. 5º, *XXXV*, da CF/88), vale, inclusive, para *qualquer proposta legislativa* que pretenda vedar, expressamente, a suspensão da execução pelo exercício da defesa endoprocessual. Ainda que isso ocorra, se as circunstâncias fático-jurídicas exigirem, deve o Juiz, em homenagem ao dever estatal de prestação de tutela jurisdicional adequada, vencer a barreira legislativa e suspender o procedimento, protegendo o direito material da parte que tem razão. É perfeitamente cabível, segundo entendemos, mediante interpretação tópico-sistemática, o exercício do poder geral de cautela do Juiz.[72]

---

(69) Como esclarecem *Luiz Edson Fachin* e *Carlos Eduardo Pianovski Ruzyk*, "[...] em vez de uma problematização tópica que busque, na ordem principiológica constitucional, a melhor solução, à luz dos direitos fundamentais, não raro se busca a solução mecanicista de subsunção do fato à solução preestabelecida pelo modelo de relação jurídica codificado". É o caso da vedação absoluta do Juiz apreciar, diante das peculiaridades do caso concreto, se é cabível a suspensão do procedimento fora das hipóteses previamente autorizadas pela lei. Segundo os ilustres autores: "Tal proceder pode gerar ofensa a direitos fundamentais decorrentes da cega aplicação da 'solução' positivada no modelo ou, mesmo, da ausência de modelos excluindo a possibilidade de reconhecimento de direitos onde estes se fazem necessários". E concluem criticamente: "É um dos modos pelos quais o direito pode gerar vítimas, afastando-se de uma direção antecipatória" (*Direitos fundamentais, dignidade da pessoa humana e o novo Código Civil: uma análise crítica. Constituição, direitos fundamentais e direito privado* — organizador Ingo Wolfgang Sarlet. Porto Alegre: Livraria do Advogado, 2003, pp. 99-100).

(70) Segundo *José Roberto dos Santos Bedaque*: "A partir do momento que se aceita a natureza instrumental do direito processual, torna-se imprescindível rever seus institutos fundamentais, a fim de adequá-los a essa nova visão. Isso porque toda a construção científica se deu na denominada fase autonomista, em que, devido à necessidade de afirmação de independência do direito processual, se valorizou demasiadamente a técnica. Passou-se a conceber o instrumento pelo próprio instrumento, sem a necessária preocupação com seus objetivos, que, obviamente, lhe são externos. Em nenhum momento pode o processualista esquecer de que as questões internas do processo devem ser solucionadas de modo a favorecer os resultados pretendidos, que são exteriores a ele" (*Direito e processo: a influência do direito material sobre o processo*. 2ª ed. São Paulo: Malheiros, 2001, p. 13). Assim, a possibilidade de suspensão do procedimento, que é indiscutivelmente uma questão interna do processo, deve ser analisada pelo Juiz com os olhos voltados para a correta e efetiva prestação da tutela jurisdicional e, com efeito, para a proteção do direito material da parte que tem razão.

(71) MEDINA, José Miguel Garcia. *Execução civil: teoria geral: princípios fundamentais*. 2ª ed. rev., atual. e ampl. São Paulo: RT, 2004, pp. 247-248.

(72) A respeito da temática, a seguinte lição de *Júlio César Bebber* é perfeita: "A suspensão do curso do processo de execução, em nosso sentir, é possível de ser adotada nos próprios autos como forma protetiva da jurisdição, garantindo-se, com isso, efetividade. Referida suspensão, entretanto, não se opera automaticamente, ou seja, não se opera pela simples apresentação da exceção de pré-executivi-

A situação, aliás, é similar ao que ocorre com a *opposizione all'esecuzione* do Direito italiano. Como dito acima, esse instituto não provoca automaticamente a suspensão da execução. Isso somente ocorre quando for intentada medida cautelar, que, diante da relevância dos seus argumentos e do risco da lesão, possui aptidão para resguardar o resultado útil do processo. Em outras palavras, no Direito italiano, a suspensão da execução constitui tema afeto aos provimentos cautelares,(73) raciocínio que perfeitamente pode ser exercido em relação ao instituto ora em estudo.

Esse nosso ponto de vista, observe-se, em absoluto, permite a conclusão de que o exercício da defesa endoprocessual seja utilizado como instrumento que emperre o processo de execução.(74) Nas palavras de *Eduardo Arruda Alvim*,

> "[...] ao contrário, em grande parte das vezes que é utilizado, evita o prosseguimento de um processo de execução fadado ao insucesso, bem como a restrição patrimonial de quem está sendo executado indevidamente. Ademais, como na exceção de pré-executividade não há dilação probatória, mas somente a intimação para que o exeqüente a seu respeito se manifeste, em atenção ao princípio do contraditório, a decisão do juiz deverá ser rápida, pois este deverá de plano aferir se as razões que lhe foram apresentadas são ou não procedentes."(75)

Nas palavras de *Edson Ribas Malachini*,

> "[...] excepcionalmente se tem de admitir tal sobrestamento pelo juiz. Assim, quando a *petitio* é apresentada *antes* de ser realizada a penhora, a busca-

---

dade. Tem de haver expresso pronunciamento judicial, que poderá ser emitido *ex officio* (CPC, art. 615, III c/c art. 797) ou em análise a requerimento do executado (CPC, art. 615, inc. III). A atuação *ex officio* do juiz, no caso, não importa quebra dos princípios da demanda ou da isonomia. Além de ser permitido pelo sistema legal, a adoção de tutela cautelar atípica não invade a esfera do direito material engastado no patrimônio das partes, limitando-se, unicamente, a garantir eficácia de instrumento de prestação da tutela jurisdicional satisfativa. Como se pode notar, trata-se de aplicação do poder geral de cautela (CPC, art. 797). Extraindo-se da exceção de pré-executividade a razoabilidade dos fatos e do direito afirmado *(fumus boni juris)* e presente o perigo de dano que a demora em decidir poderá acarretar *(periculum in mora* ou *periculum damnum irreparabile)*, cumprirá ao juiz suspender o processo de execução (suspensão que perdurará até o momento em que for decidido o incidente). Tal raciocínio 'coaduna-se perfeitamente com a regra imposta ao juiz de zelar pelo regular andamento do feito, velando pela rápida solução do litígio' (CLT, art. 765; CPC, art. 125, inc. II), bem como com a atual visão publicista do processo que impõe 'encará-lo como forma de preservação de interesses públicos, tais como a ordem social, econômica, jurídica, política e constitucional. Essa sim a finalidade última do processo'" (*Exceção de pré-executividade no processo do trabalho*. São Paulo: LTr, 2004, pp. 245-248).

(73) ANDOLINA, Ítalo. *"Cognizione" ed "esuzione forzata" nel sistema della tutela giurisdizionale*. Milano: Giuffrè, 1983, n. 34, p. 122; CAPONI, Remo; PISANE, Andrea Proto. *Lineamenti di diritto processuale civile*. Nápoles: Jovene, 2001, p. 348.

(74) Como salienta *Geraldo da Silva Batista Júnior*: "Não se argumente no sentido de que tal entendimento conduz a um processo mais lento e menos efetivo em desfavor do credor, porque este raciocínio, apesar de algum respaldo prático, não tem base teórica. Ademais, não sendo admitida a dilação probatória no processo de execução, a suspensão não traz maiores prejuízos para o credor, já que o exame do juiz sobre a questão pode ser feito de forma muito rápida, logo após a oitiva do credor, que também é uma exigência do contraditório" (*Exceção de pré-executividade: alcance e limites*. 2ª ed. Rio de Janeiro: Lúmen Juris, 2004, p. 63).

(75) ARRUDA ALVIM, Eduardo. *Exceção de pré-executividade. Processo de execução*/Coordenadores Sérgio Shimura e Teresa Arruda Alvim Wambier. São Paulo: RT, 2001, p. 228.

e-apreensão da coisa móvel ou a imissão na posse do imóvel, e constatando o juiz desde logo a procedência da alegação, provada documentalmente (por exemplo, em casos de falta de título, de pagamento ou prescrição, ou de impenhorabilidade absoluta do bem indicado para a penhora na própria petição inicial executiva), seria iníquo que ele determinasse tal ato de agressão ao patrimônio do executado; assim, também quando constatasse isso na iminência de ser o bem penhorado levado à alienação em hasta pública (aí com possíveis conseqüências mais graves)."

E complementa o mestre paranaense:

"Não se pode ter, em tal matéria, regra absolutamente rígida, que eventualmente não se ajustaria a certas situações imprevisíveis e instantes. Afinal, é preciso lembrar que o art. 615, III, faculta ao exeqüente 'pleitear medidas acautelatórias urgentes' — devendo haver a contrapartida em favor do executado —, e que os arts. 797 e 798 instituem o que se costuma chamar 'poder geral de cautela' do juiz, tendo o Simpósio de Processo Civil, realizado em Curitiba, em 1975, assentado, em sua conclusão LXIV, que 'o juiz pode determinar de ofício medidas provisórias no curso do processo'."[(76)]

Assim, nessa linha de raciocínio que acompanhamos de perto, como regra, o incidente defensivo não possui força suficiente, para suspender o andamento do procedimento executório, já que, além de sua natureza jurídica em si, aparentemente incompatível com a suspensão do procedimento,[(77)] não possui lei autorizadora em tal sentido. Por outro lado, contudo, se a situação fático-jurídica assim o exigir, principalmente tendo em conta a realização do valor constitucional da efetividade da tutela jurisdicional, de modo absolutamente excepcional,[(78)] deve o Juiz, de ofício ou a requerimento do suscitante, em decisão razoavel-

(76) MALACHINI, Edson Ribas; ASSIS, Araken de. *Comentários ao Código de Processo Civil*. São Paulo: RT, 2001, vol. 10, pp. 361-362.

(77) Preleciona *Antonio Scarance Fernandes*: "O tema da incidentabilidade, devido às repercussões que o incidente causa no caminho procedimental, deve também ser examinado sob a ótica da efetividade do processo. Nessa visão, a preocupação deve ser o melhor tratamento legal do incidente processual e a valorização do trabalho do juiz, permitindo-se que, na maioria das vezes, possa ele resolver desde logo a questão incidental, evitando-se assim que o processo se perca em seu desenvolvimento" (*Incidente processual*. São Paulo: RT, 1991, p. 153).

(78) É, também, o pensamento de *Cândido Rangel Dinamarco*: "O fator responsável pela aceitabilidade das exceções de pré-executividade é a ausência de efeito suspensivo; oposta uma defesa desta ordem, em princípio a execução prossegue ordinariamente, exercendo-se constrições sobre bens e realizando-se os demais atos do processo. Associa-se a esse elemento a exigência de que uma objeção de pré-executividade, para ser apreciada, precisa trazer em si toda a clareza suficiente para propiciar um julgamento sem a necessidade de qualquer *dilação probatória* — porque, quando fosse admissível abrir uma série de atividades para a produção de prova, o prosseguimento da execução ficaria prejudicado e a tutela jurisdicional, indevidamente retardada. Mas em casos extraordinariamente graves a jurisprudência admite a suspensão do processo executivo e mesmo uma instrução incidente, desde que também a fundamentação do executado seja bem consistente e muito verossímeis os fatos que alega" (*Instituições de direito processual civil*. São Paulo: Malheiros, 2004, vol. IV, p. 717).

mente *fundamentada,*[79] determinar a paralisação dos atos processuais de execução e, se for o caso, na mesma decisão, determinar a sustação de eventual prazo para ajuizamento dos embargos à execução[80] ou da impugnação ao cumprimento da sentença. Ressalte-se que essa decisão, por possuir natureza jurídica interlocutória, não é recorrível de imediato no processo trabalhista, mas, nos demais casos, comporta revisão por meio de agravo de instrumento.

4.4. SISTEMÁTICA RECURSAL

O exercício de defesa endoprocessual executiva não apresenta dificuldade quando o assunto refere-se aos recursos[81] eventualmente cabíveis. Segundo entendemos, deve-se analisar a questão por dois ângulos: o do acolhimento da defesa e o da rejeição. Se for este caso, como não há extinção do processo de execução, mas sim mera resolução de incidente processual, o recurso cabível é o agravo de instrumento. Tal hipótese, aliás, está expressamente prevista no art. 745-A, *§ 2º*, do CPC, do projeto de alteração legislativa proposto pelo IBDP: "Da decisão de rejeição caberá agravo". Em caso de acolhimento de defesa intraprocessual, todavia, há que se distinguir duas situações: quando há extinção do processo executivo e, ao contrário, quando isso não ocorre. No primeiro caso, indiscutivelmente, é cabível o recurso de apelação perante o Tribunal de Justiça ou Tribunal Regional Federal, conforme a competência material. Por outro lado,

(79) *Cândido Rangel Dinamarco* ensina o seguinte: "Sempre a bem do desejável equilíbrio no processo de execução, porém, não se devem fechar as portas para que, em casos verdadeiramente extraordinários, seja agregada eficácia suspensiva à objeção de pré-executividade ou às demandas autônomas. Sendo notavelmente forte a probabilidade de estarem veiculando defesas procedentes (mais que mero *fumus boni iuris*) e estando o executado exposto a perigos extraordinariamente graves, impostos pela execução, será legítimo valer-se o juiz do *poder geral de antecipação de tutela*, instituído pelo art. 273 do código de Processo Civil, e, para evitar males assim macroscópicos e injustiças repugnantes mas prováveis, determinar a suspensão da execução. Mas somente em casos extraordinariamente graves! Liberalizar as suspensões seria comprometer ainda mais o sistema executivo, já tão desgastado em razão de sua notória ineficiência. As decisões concessivas dessas suspensões excepcionais devem ser precisamente motivadas, com a pontual indicação das peculiaridades da situação examinada (CF, art. 93, inc. IX, e CPC, art. 131), sob pena de nulidade; comportam *agravo de instrumento*, que é a via pela qual os tribunais farão a censura do acerto ou erro do juiz de primeiro grau (art. 522)" (*Instituições de direito processual civil*. São Paulo: Malheiros, 2004, vol. IV, p. 789).

(80) No particular, *Rita Dias Nolasco* preleciona o seguinte: "Recebida a exceção no efeito suspensivo, o prazo dos embargos também fica suspenso até julgamento do incidente, reiniciando o prazo após a intimação da decisão às partes. Todavia, protocolada a exceção de pré-executividade, antes da penhora, caso não seja recebida ou caso o juiz não determine a suspensão do procedimento, o executado precisa estar atento e obediente ao prazo legal do art. 652, CPC, para nomear bens, porque se sujeita à preclusão temporal" (*Exceção de pré-executividade*. 2ª ed. rev., atual. e ampl. São Paulo: Método, 2004, p. 272).

(81) A respeito desse instituto, *Nelson Nery Júnior* ensina o seguinte: "Após havermos discutido as principais idéias que se formaram em torno da natureza jurídica do recurso, já nos sentimos em condição de adotar aquela que o entende como um prolongamento, dentro do mesmo procedimento, do exercício do direito de ação, compreendido este em seu sentido mais amplo, abrangendo, também, os procedimentos de jurisdição voluntária" (*Teoria geral dos recursos*. 6ª ed. rev., ampl. e refor. São Paulo: RT, 2004, p. 232). Outro não é o entendimento de *Flávio Cheim Jorge*: "O que existe é um prolongamento, uma continuação, do direito de ação já exercido, em nova fase procedimental" (*Teoria geral dos recursos cíveis*. 3ª ed. rev., ampl. e atual. São Paulo: RT, 2007, p. 22).

embora a defesa seja acolhida, se não houver a extinção do processo de execução, tratando-se de decisão interlocutória, o recurso cabível novamente é o agravo de instrumento.(82)

Se o feito for processado perante a Justiça do Trabalho, a questão é um pouco diferente. Por força do art. 899 da CLT, as decisões interlocutórias são irrecorríveis. Sendo assim, somente a decisão que acolhe a defesa e extingue o processo de execução é recorrível por agravo de petição (art. 897 da CLT).(83)

Uma pergunta: sendo a defesa endoprocessual acolhida e, com efeito, extinguindo-se o processo de execução fiscal, é aplicável o art. 475 do CPC, que regulamenta a remessa obrigatória? Entendemos que a razão está com aqueles que fazem distinção acerca da matéria que, servindo de base à argüição da defesa, causou a extinção do processo. Assim, tratando-se da constatação de ausência de pressupostos processuais, requisitos de validade ou de condições da ação, por serem matérias de ordem pública e não impedirem, com a correção do vício, o ajuizamento posterior da execução fiscal, não há razão para o reexame necessário. Afinal, as questões formais, que são perfeitamente corrigíveis em outra demanda, não fazem parte da essência do interesse público tutelado no instituto em estudo. Por outro lado, se o "mérito da defesa" enfocou o crédito tributário em si ou sua exigibilidade em juízo, como é o caso do pagamento ou da incidência de prazos prescricionais e/ou decadenciais, deve o Juiz remeter os autos para apreciação em instância superior, sob pena de avocação.(84)

Questão interessante refere-se ao eventual fato de o Juiz não querer processar o incidente de não executividade. Não rara é a justificativa relacionada à exigência prévia de garantir o juízo, seja com a penhora ou o depósito. Como já visto neste trabalho, porém, tal fundamento significa, em outras palavras, nada mais nada menos que negar a existência de defesa endoprocessual executiva, inferida por interpretação sistemática das regras processuais em vigor. Uma parte

---

(82) *Rita Dias Nolasco* resume bem a questão: "Não conhecida ou não acolhida a exceção de pré-executividade, prosseguir-se-á normalmente a execução, tendo o ato judicial natureza de decisão interlocutória; assim, o recurso cabível será o agravo de instrumento. A decisão que acolhe a exceção de pré-executividade e extingue a execução é sentença, impugnável por recurso de apelação. Mas, se acolhê-la, mas não extinguir a execução, é decisão interlocutória, impugnável pelo recurso de agravo de instrumento" (*Exceção de pré-executividade*. 2ª ed. rev., atual. e ampl. São Paulo: Método, 2004, pp. 273-274).

(83) *Estêvão Mallet* explica melhor: "Rejeitada a oposição, prossegue a execução, evidenciando-se o caráter interlocutório do pronunciamento. Não cabe de imediato, portanto, recurso algum. O art. 897, alínea *b*, da CLT, não faz recorrível toda e qualquer decisão proferida em execução. As interlocutórias permanecem irrecorríveis, nos termos da regra geral do art. 893, § 1º, da CLT, como, aliás, acertadamente já se proclamou, tanto em doutrina, como em jurisprudência, em hipótese envolvendo exatamente oposição à execução". E continua: "Acolhida a oposição, extinguindo-se, em conseqüência, a execução, cabe agravo de petição". Em linha de arremate, ensina o ilustre Professor da USP: "Se a oposição é acolhida apenas em parte, a decisão tomada reveste-se de caráter interlocutório, na medida em que não extingue a execução. Sua impugnação fica, pois, *protraída*, sem que ocorra preclusão" (*Oposição à execução fora dos embargos e sem garantia do juízo. Execução trabalhista: estudos em homenagem ao Ministro João Oreste Dalazen*/Coordenação de José Affonso Dallegrave Neto e Ney José de Freitas. São Paulo: LTr, 2002, pp. 129-130).

(84) MOREIRA, Alberto Camiña. *Defesa sem embargos do executado: exceção de pré-executividade*. 3ª ed. rev., atual. e ampl. São Paulo: Saraiva, 2001, pp. 211-212.

da doutrina entende que, caracterizando-se erro *in procedendo*, é admissível a utilização da correição parcial.[85] Entendemos que a matéria permanece no campo do sistema recursal, podendo-se admitir, em situação de extrema urgência, a utilização da ação mandamental do mandado de segurança.

4.5. POSSIBILIDADE DE FORMAÇÃO DE COISA JULGADA MATERIAL NA EXECUÇÃO

Uma das questões mais intrincadas na doutrina refere-se à natureza da decisão judicial que, acolhendo a defesa endoprocessual (incidente de não executividade; objeção de não-executividade; exceção de pré-executividade; oposição de não-executividade), extingue o processo de execução. Na verdade, a questão é ainda mais ampla: a sentença que extingue o processo autônomo de execução produz coisa julgada material? Eis a pergunta que, embora sucintamente, procuraremos responder agora.

Observa-se que a temática diz respeito à profundidade da cognição desempenhada no processo de execução. Em outras palavras, conforme esclarece *Sérgio Gilberto Porto*, "a questão da cognição se encontra intimamente ligada ao instituto da coisa julgada, máxime em face das técnicas de sumarização das demandas".[86]

Embora exista doutrina de peso pregando que a coisa julgada material seja uma qualidade dos efeitos da sentença[87] ou o seu próprio conteúdo,[88] acompanhamos o entendimento de que a essência do referido instituto está na elevada *carga declaratória* decorrente da cognição (investigação fático-jurídica) difundida na prolação do respectivo julgamento. É que o *efeito declaratório* deste, tal como resultante de um *juízo de certeza* (algo além de um juízo de probabilidade, certamente) *no tocante à relação jurídica de direito material* em crise, é o único *imutável* e *indiscutível* por natureza.[89] Os demais efeitos da sentença, especialmente quando

---

(85) MOREIRA, Alberto Camiña. *Defesa sem embargos do executado: exceção de pré-executividade*. 3ª ed. rev., atual. e ampl. São Paulo: Saraiva, 2001, p. 213.

(86) PORTO, Sérgio Gilberto. *Coisa julgada civil*. 3ª ed. rev., atual. e ampl. São Paulo: RT, 2006, p. 97.

(87) É de *Liebman* a lição de que "[...] a autoridade da coisa julgada não é efeito da sentença, como postula a doutrina unânime, mas, sim, modo de manifestar-se e produzir-se dos efeitos da própria sentença, algo que a esses efeitos se ajunta para qualificá-los e reforçá-los em sentido bem determinado". Daí, conclui o processualista italiano o seguinte: "Caem todas as definições correntes no erro de substituir uma qualidade dos efeitos da sentença por um efeito seu autônomo" (*Eficácia e autoridade da sentença*; tradução de Alfredo Buzaid e Benvindo Aires; tradução dos textos posteriores à edição de 1945 e notas relativas ao direito brasileiro vigente, de Ada Pellegrini Grinover. 3ª ed. Rio de Janeiro: Forense, 1984, p. 40). Seguindo os ensinamentos de *Liebman*, manifesta-se *Ada Pellegrini Grinover*: "A coisa julgada é qualidade da sentença e de seus efeitos. Não é efeito da sentença. A coisa julgada consiste, pois, em uma qualidade; a imutabilidade da sentença e de seus efeitos" (*Direito processual civil*. São Paulo: Bushatsky, 1974, p. 85).

(88) Para *José Carlos Barbosa Moreira*, a essência da coisa julgada material reside na "[...] imutabilidade da *situação jurídica concreta* sobre a qual versou o pronunciamento judicial [...]" (*Direito processual civil: ensaios e pareceres*. Rio de janeiro: Borsói, 1971, p. 143).

(89) Conforme ensina *Ovídio A. Baptista da Silva*, "[...] o que transita em julgado é apenas a declaração que o magistrado faz na sentença de que tal ou qual preceito de lei incidiu, transformando-se na 'lei do

o direito versado for de natureza *disponível*,(90) ao menos no plano dos fatos,(91) podem ser modificados por convenção das partes.(92) Esse entendimento explica, por exemplo, o motivo pelo qual, *como regra geral*, o processo cautelar(93) e o próprio processo de execução não possuem aptidão, para formar decisão abarcada pela autoridade da coisa julgada material.

---

caso concreto'" (*Curso de processo civil*. 5ª ed. rev. e atual. São Paulo: RT, 2000, vol. 1, p. 498). Em outra obra de peso, afirma que, "[...] se os efeitos constitutivos ou condenatórios podem desaparecer sem ofensa à coisa julgada, parece lógico concluir que a imutabilidade só tenha referência ao que foi declarado, à eficácia declaratória da sentença". Adiante, lembra o ilustríssimo processualista do Rio Grande do Sul: "[...] a circunstância que nunca pode ser esquecida, de que as sentenças podem ter múltiplas eficácias e o fato de que a *imutabilidade* que protege a decisão jurisdicional, identificável com a coisa julgada material, só se refere ao *efeito declaratório*, jamais atingindo aos terceiros que não participaram do processo" (*Sentença e coisa julgada: ensaios e pareceres*. 4ª ed. rev. e ampl. Rio de janeiro: Forense, 2003, pp. 80 e 81, respectivamente).

(90) Na lição de *Sérgio Gilberto Porto*, "[...] cumpre notar que, em determinadas circunstâncias, não há como modificar certos efeitos produzidos pela sentença, *verbi gratia*: na demanda investigatória de paternidade julgada procedente, um dos vários efeitos produzidos é a expedição de mandado de retificação do assento de nascimento do investigante, para que nele se inclua o nome do pai. Ora, não há como impedir a produção deste resultado no sistema brasileiro, sendo, portanto, imodificável o efeito, razão pela qual se tem por incorreta a afirmação genérica de que os efeitos são modificáveis — pois nem sempre o serão. Contudo, cumpre reconhecer que, se o direito posto em causa for disponível, poderão as partes, por livre vontade, deliberar de maneira diversa daquela disciplinada pela decisão, através de um ato negocial. Assim, se a sentença condenou Tício a pagar o equivalente a 1.000, nada impede que Caio (credor de Tício) receba 500 e dê quitação do débito ou mesmo perdoe a totalidade da dívida, pois esta integra seu círculo de disposição". Adiante, o culto Professor gaúcho conclui que, "[...] independentemente da natureza do direito a ser acertado pela decisão — e independentemente também se a autoridade da coisa julgada se projeta apenas contra novo julgamento ou contra as mil outras circunstâncias da vida —, parece irrebatível que o elemento declaratório da decisão, em momento algum, poderá vir a ser modificado, haja vista que nem um outro ato de julgar e nem mesmo um novo negócio jurídico serão capazes de alterar a declaração feita pelo juízo anterior, após o trânsito em julgado da decisão antes proferida" (*Coisa julgada civil*. 3ª ed. rev., atual. e ampl. São Paulo: RT, 2006, pp. 77 e 78, respectivamente).

(91) *Celso Neves*, em estudo clássico e peculiar acerca da matéria, preleciona o seguinte: "Nas sentenças de conteúdo heterogêneo — *condenatórias e constitutivas* — que a par da atividade típica do processo de cognição apresentam, também, elementos de jurisdição executória, a executividade interior, tal como a consecutiva, é estranha à coisa julgada. Pode dizer-se, à vista disso, que só há um tipo de ação de conhecimento: a *declaratória*. As demais, são declaratórias em que se incluem elementos de execução. E porque esse elemento executório caracteriza uma tutela apta a realizar as conseqüências práticas a que tende o julgado, passa a determinar o esquema de classificação das ações". E conclui sua primorosa lição o ilustre Professor do Largo do São Francisco: "Assentado que a coisa julgada reveste, apenas, o conteúdo declaratório da sentença, os demais elementos aparecem como conseqüência do que se decidiu, já no plano da realização prática de seus efeitos processuais, reservado à atividade executória do juiz. Daí por que os elementos resultantes da atividade jurisdicional constitutiva, posteriores à coisa julgada, não interferem no problema de sua limitação e explicam as suas extensões pela eficácia própria da constituição" (*Coisa julgada civil*. São Paulo: RT, 1971, pp. 503-504).

(92) Exemplifica *José Carlos Barbosa Moreira*: "Se se julgou que A devia a B certa importância, nada obsta a que, antes ou depois do trânsito em julgado, A pague a dívida, ou B a remita, e assim se extinga a relação de crédito declarada pela sentença. Tal circunstância em nada afeta a autoridade da coisa julgada que esta porventura haja adquirido. A norma sentencial permanece imutável, enquanto norma jurídica concreta referida a uma determinada situação [...]" (*Direito processual civil: ensaios e pareceres*. Rio de janeiro: Borsói, 1971, p. 143).

(93) Explica *Ovídio A. Baptista da Silva* que "[...] a inaptidão da sentença cautelar para alcançar a estabilidade peculiar à coisa julgada material decorre da ausência de qualquer declaração sobre relações jurídicas que possam ser controvertidas na demanda cautelar. O juiz, ao decidir a causa, limita-se à simples *plausibilidade* da relação jurídica de que o autor se afirma titular e à existência de uma *situação de fato* de perigo. Ora, como se sabe, o juízo sobre fatos jamais adquire o selo da indiscutibilidade,

pois sobre eles não se estende a coisa julgada (art. 469, CPC). E não havendo declaratoriedade relevante, na sentença, não haverá espaço para estabelecer-se a coisa julgada material" (*Do processo cautelar*. 3ª ed. Rio de Janeiro: Forense, 2001, p. 185). A título de exceção, somente há formação de coisa julgada material no processo cautelar, e isso por força do que dispõe a parte final do art. 810 do CPC, tendo em vista o princípio da economia processual, quando a respectiva sentença "acolher a alegação de decadência ou de prescrição do direito do autor".

Segundo o art. 794 do CPC, extingue-se o processo de execução, quando: *a)* o devedor satisfaz a obrigação; *b)* o devedor obtém, por transação ou qualquer outro meio, a remissão total da dívida; e *c)* o credor renunciar ao crédito. É óbvio, de acordo com o que já foi estudado neste ensaio, que esse rol é meramente *exemplificativo*, bastando-se citar, para comprovar, as hipóteses de extinção do processo de execução por ausência de pressupostos processuais, requisitos de validade ou de condições da ação executiva.[94] Por outro lado, dispõe o art. 795 também do CPC que "a execução só produz efeito quando declarada por sentença". Se esta, declarando expressamente a extinção do processo, não chegar a existir, este permanecerá "vivo", podendo haver, não obstante o seu escopo já ter sido atingido, a incidência da objeção de litispendência.[95] Em outras palavras, somente há a extinção do processo de execução por ato decisório do Juiz.

Boa parte da doutrina, diante desse art. 795 do CPC, não vislumbrando a existência de mérito no processo de execução, pelo menos nos moldes do processo de conhecimento, diz que sequer de sentença se trata. Consoante já visto neste trabalho, entretanto, o mérito do processo de execução apresenta-se na pretensão do exeqüente em satisfazer materialmente o crédito que subjaz ao título executivo. O pedido imediato do exeqüente é a *atuação dos meios executivos*, e o mediato é a *entrega ou a fruição do bem da vida* apto a satisfazer a sua premente necessidade. São esses, portanto, os objetos da atividade jurisdicional

(94) Obtempera *Cândido Rangel Dinamarco*: "Os numerosos pressupostos sem os quais a execução não deve ser realizada resolvem-se em um número igualmente alentado de causa de extinção desta, uma vez que, quando instaurada sem a satisfação de um deles, ela não pode prosseguir. A grande maioria desses pressupostos, sendo matéria de ordem pública sobre a qual as partes não têm disponibilidade, comporta controle *ex officio* pelo juiz, o qual extinguirá o processo em razão de sua falta, independentemente de provocação do executado (*supra*, ns. 1.1794-1.795); esses poderão também ser invocados nos *embargos à execução* e, presentes os pressupostos, também mediante as *objeções de pré-executividade* (*supra*, n. 1.796)". E conclui sua primorosa lição: "Incluem-se nessa ampla categoria das causas de extinção do processo executivo (a) a falta de título executivo, (b) a iliqüidez do crédito, (c) sua inexigibilidade, (d) a ilegitimidade *ad causam* ativa ou passiva, (e) a não-implementação do litisconsórcio necessário, (f) a litispendência, (g) a ausência de outros pressupostos gerais da execução, como a investidura do juiz, a tríplice capacidade do demandante, a personalidade jurídica do executado e a regularidade do procedimento, (h) a desistência da ação executiva, (i) o abandono unilateral ou bilateral do processo, (j) a morte do exeqüente em caso de direito personalíssimo, (k) a cessação do interesse pelo objeto da execução, (l) a impossibilidade de executar, (m) a confusão entre o exeqüente e o executado, (n) a morte do exeqüente, não se habilitando os sucessores em tempo hábil, e (o) a *colusão* entre as partes com o objetivo de fraudar terceiro ou a lei. Algumas dessas causas extintivas são peculiares à execução forçada, como a ausência de título ou a iliqüidez do crédito. Outras são gerais, com peculiaridades referentes à execução forçada, como a inexigibilidade do crédito ou a desistência da ação. Muitas outras, a maioria delas, são também causas gerais de extinção processual, sem peculiaridades que legitimem seu exame no trato da execução forçada" (*Instituições de direito processual civil*. São Paulo: Malheiros, 2004, vol. IV, pp. 796-797).

(95) MEDINA, José Miguel Garcia. "O art. 795 do CPC". *Revista de Processo*, São Paulo: RT, n. 88, out./dez. 1997, p. 242.

desempenhada no processo de execução. Demais disso, de sentença se trata mesmo, e tanto isso é verdade, que dela cabe o recurso de apelação.[96]

Discutem os doutrinadores se a extinção do processo de execução, tal como delineada pelo art. 795 do CPC, seria de mérito, bem como se teria o condão de formar coisa julgada material. A questão, vale esclarecer, inegavelmente tem repercussão prática, já que, em caso positivo, abre-se espaço para o ajuizamento posterior, desde que logicamente preenchidos os requisitos exigidos pela legislação aplicável, de ação rescisória, ao passo que, em contrapartida, sendo a resposta negativa e ultrapassado o prazo recursal, a decisão torna-se indiscutível.

Em regra geral, pode-se dizer que não há manifestação judicial na execução quanto ao crédito inerente ao título executivo.[97] Ocorrendo alguma das hipóteses legalmente previstas de extinção do processo de execução, há uma simples declaração de que a relação jurídica processual não mais existe. Esse ato judicial, na larga maioria dos casos, não produz coisa julgada material em virtude da ausência de decisão. Há, apenas, uma *tênue* declaração,[98] de modo que, em princípio, nada existe para tornar-se imutável.[99]

A finalidade do processo de execução, portanto, não é a definição de uma determinada relação jurídica, mas sim a realização prática do direito material que dá conteúdo ao título executivo.[100] Diante da eficácia abstrata deste, não há

(96) Se a execução estiver sendo processada na Justiça do Trabalho, o recurso cabível é o *agravo de petição* (art. 897, *a*, da CLT).

(97) Na lição de *Márcia Conceição Alves Dinamarco*, "[...] no processo de execução o contraditório é restrito, na medida em que não é dado ao executado discutir acerca do direito material, que já se encontra preestabelecido no título" (*Ação rescisória*. São Paulo: Atlas, 2004, p. 52).

(98) Para *Araken de Assis*, "[...] convém fugir do excesso, induzido pelo texto transcrito do art. 795, de outorgar a semelhante sentença com força declaratória. Claro está que, neste provimento, haverá tênue carga declarativa, mas insuficiente para produzir eficácia de coisa julgada [...]" (*Manual da execução*. 9ª ed. rev., atual. e ampl. São Paulo: RT, 2004, p. 435). Há que se perceber que há doutrina em sentido diretamente contrário. Segundo *Olavo Oliveira Neto*, o ilustre mestre gaúcho não conseguiu, pelo menos até a presente data, explicar o que seja "carga declaratória tênue". Assim, na opinião do ilustre Juiz de Direito de São Paulo, "trata-se de sentença declaratória de extinção de obrigação, assim como ocorre numa ação declaratória de inexistência de relação cambial, produzindo ambas a mesma eficácia". Na sua opinião, "[...] se se trata de sentença declaratória e se tal tipo de sentença produz coisa julgada, então não há como negar que a sentença de mérito proferida no processo de execução opera coisa julgada entre as partes, não mais podendo ser acionado o Poder Judiciário para que sejam praticados novos atos executivos" (*A defesa do executado e dos terceiros na execução forçada*. São Paulo: RT, 2000, p. 85).

(99) Explica *Teresa Arruda Alvim Wambier* que, "se o pedido que se faz na execução equivale a seu 'mérito' (que seja satisfeita a obrigação nos moldes que consta do título) e se a sentença 'declara' que o que foi pedido foi satisfeito, nesse sentido e nessas dimensões pode-se dizer que há 'mérito' e 'sentença' na execução". Entretanto, não há formação de coisa julgada material, porque esta, esclarece a processualista de São Paulo, "[...] é a qualidade de marcante *estabilidade* que se agrega aos efeitos da sentença, quando esta *define* uma situação jurídica. Esta estabilidade consiste em *tendência vocacionada à imutabilidade* e só atinge *enunciados* a respeito dos quais tem sentido falar-se em *durabilidade no tempo*, já que *dispõem* algo a respeito de certa relação jurídica, o que, em que pesem abalizadas opiniões em contrário, inocorre no processo cautelar e na execução" (*A sentença que extingue a execução. Processo de execução e assuntos afins*/Coordenação de Teresa Arruda Alvim Wambier. São Paulo: RT, 1998, p. 402).

(100) Novamente nas palavras de *Márcia Conceição Alves Dinamarco*, "[...] o processo de execução caracteriza-se por atos coercitivos praticados na esfera patrimonial do devedor com o fim de satisfazer

necessidade de um juízo de valor por parte do Juiz quanto àquele direito material, ou seja, pelo menos como linha de princípio, não há espaço aqui para juízo lógico, que eventualmente daria ensejo ao surgimento de uma definição acerca de uma situação de direito material que está em crise.[(101)] A existência do crédito decorrente da relação obrigacional que subjaz ao título executivo revela-se indiscutível, devendo-se perquirir apenas se o mesmo foi satisfeito ou não. Não se discute, por exemplo, no bojo do processo de execução, se o ato jurídico, tal como reconhecido em decisão judicial transitada em julgado como gerador de uma indenização exeqüenda, foi ilícito ou não: simplesmente se indaga a respeito do pagamento ou não do valor liquidado. Assim, como se percebe, diferentemente do processo de conhecimento, o escopo do processo de execução não é uma sentença em si, tal como definidora dos direitos e obrigações decorrentes de uma relação jurídica, mas sim a satisfação de um crédito já "reconhecido" em um título executivo.[(102)]

---

o direito do credor e que se encontra estampado no título executivo. Nota-se que em momento algum se indaga a respeito do direito material, por ser tido como preexistente" (*Ação rescisória*. São Paulo: Atlas, 2004, p. 52).

(101) Esclarece *Humberto Theodoro Júnior*: "Na execução forçada propriamente dita não há sentença, a não ser a que declara extinto o processo, que, entretanto, é meramente formal e não contém julgamento de mérito. É que a prestação jurisdicional na espécie não é de declaração, mas de realização de direito do credor". E continua, com a habitual lucidez: "Os incidentes da execução geralmente são discutidos em processos à parte, como os embargos do devedor e de terceiros. Estes sim, como ações de conhecimento, terminam por verdadeiras sentenças de mérito, quase sempre de natureza constitutiva (quando procedentes), por atacarem e modificarem atos jurídicos processuais como a penhora, a arrematação e adjudicação, ou situações jurídicas de direito material como o próprio título executivo". Finaliza, com o seguinte esclarecimento: "Há, no entanto, algumas decisões de valor que ocorrem incidentalmente nos próprios autos da execução, como, por exemplo, as relativas à ampliação ou redução da penhora, à prestação de caução, à adjudicação, à remição etc. Todas elas apresentam decisões interlocutórias porque sua solução não importa por término ao processo de execução (art. 162, § 2º)" (*Processo de execução*. 22ª ed. rev. e atual. São Paulo: Leud, 2004, p. 517). Desse raciocínio, decorre a seguinte lição de *Teresa Arruda Alvim Wambier*: "*Nada se decide acerca do direito do autor, porque a respeito deste direito não se discutiu na execução em que não houve embargos*. Não se tratava, na verdade, de relação jurídica a respeito da qual havia conflito. Em outras palavras, não há, na execução, segundo o que nos parece, *lide*, no sentido em que utilizamos expressão no que tange ao processo de conhecimento. O que há é um mero 'pedido', no sentido de que o crédito, *conforme consta do título*, seja satisfeito. E, correlatamente, na sentença se diz que o direito do autor, *na exata medida em que estava estampado no título*, foi satisfeito. Este é o conteúdo decisório da sentença que põe fim à execução não embargada". E arremata sua lapidar lição a eminente Professora da PUC-SP: "Este *efeito*, que menciona o art. 795 do CPC, não é *nem a coisa julgada, nem a declaração, mas o fim da execução: é a coisa julgada formal*. Extingue-se, pois, a relação processual executiva. Nada mais" (*Nulidades do processo e da sentença*. 5ª ed. rev., atual. e ampl. São Paulo: RT, 2004, pp. 130-131). Na mesma linha de pensamento, manifesta-se *José Maria Tesheiner*: "Na execução, o credor não pede que se declare a existência de obrigação do devedor. O que pede é precisamente isto: execução. Por isso, o mérito sobre o qual cabe ao juiz se pronunciar na execução restringe-se ao *poder de executar*, que, na hipótese, o juiz declarou extinto." E conclui: "A declaração de que o devedor satisfez a obrigação não é, de modo algum, objeto do processo de execução, não constituindo, assim, o seu 'mérito'" (*Eficácia da sentença e coisa julgada no processo civil*. São Paulo: RT, 2001, p. 222).

(102) Na lição de *Liebman*: "Objeto de todo processo é o pedido de quem o promove. No processo de cognição este pedido envolve sempre, expresso ou virtual, pedido contrário do réu. Visando uma decisão que julgue procedente ou improcedente a ação que se propõe, para declarar qual a regra jurídica concreta que resolve o conflito surto entre as partes, esse pedido provoca necessariamente a solução de questões jurídicas e pode levar a uma decisão tanto favorável quanto desfavorável ao autor. Por isso mesmo, o pedido do autor propõe ao juiz uma lide". Esclarece, contudo, o mestre: "Diferentes se apre-

Diante desses dados, indaga-se: a decisão que acolhe a defesa endoprocessual e, por conseqüência, extingue o processo de execução *nunca* produz coisa julgada material? Entendemos, com todo respeito ao pensamento oposto, que a resposta deva ser *negativa*. Não obstante haja posicionamento doutrinário de peso no sentido de que a decisão que extingue o processo de execução, com base no art. 794 do CPC, *sempre* produza coisa julgada, já que extingue a relação jurídica material travada entre as partes,(103) acreditamos que, *como regra geral*, ela não possui força *declaratória*(104) (com relação ao vínculo de direito material) suficiente a acobertar-se pelo manto da coisa julgada.

---

sentam as coisas na execução. Aqui o pedido está baseado no título executório, que determina inquestionavelmente — para os efeitos da execução — a regra sancionadora que deve ser efetivada: não cabe mais ao juiz julgar e sim, simplesmente, realizar as atividades decorrentes do conteúdo do título. O pedido do exeqüente visa provocar estas atividades. A tarefa do juiz consiste apenas em realizá-las. A execução tem sempre objetivo unívoco: satisfazer o direito do exeqüente; objetivo que poderá deixar de ser atingido unicamente na medida em que a execução resultar infrutífera". "Desse modo", arremata sua primorosa aula, "objeto do processo de execução não é a lide, que já foi resolvida; é o pedido do exeqüente para a realização das atividades necessárias à efetivação da regra sancionadora formulada no título executório" (*Processo de execução*. Araraquara: Bestbook, 2003, pp. 80-81). "Isso significa, por exemplo," como esclarece *Teresa Arruda Alvim Wambier*, "que não se pode falar, sem impropriedade, em extinção do processo de execução sem julgamento de mérito, já que, não havendo mérito na execução (no sentido em que esta expressão é usada no contexto do processo de conhecimento), carece de sentido dizer-se que houve extinção do processo sem julgamento de mérito, porque esta é a regra. Pode-se dizer que houve extinção do processo sem satisfação do credor, nos moldes em que seu direito consta do título exeqüendo, já que a ocorrência de quaisquer das hipóteses do art. 267 representa óbice aos objetivos da execução" (*Nulidades do processo e da sentença*. 5ª ed. rev., atual. e ampl. São Paulo: RT, 2004, p. 127).

(103) Para o mestre *José Frederico Marques*: "Se o processo encerrar-se em razão dos fundamentos indicados no art. 794, houve composição da lide, ou porque a execução atingiu o seu objetivo (art. 794, I), ou porque existente negócio jurídico processual (art. 794, II e III). De qualquer modo, desaparece *hic et nunc* a responsabilidade patrimonial do devedor, porquanto pela prestação exigida já mais responde este último". E continua: "Daí por que o art. 795 estatui que a 'extinção só produz efeito quando declarada por sentença'. É que, se houve o cumprimento da obrigação pelo credor (art. 794, I), ou negócio jurídico processual (art. 794, II e III), a responsabilidade, *in casu*, do devedor, somente fica processualmente extinta com a declaração por sentença". E arremata em passagem que já se tornou clássica em doutrina: "Daí por que a sentença a que se refere o art. 795, ao declarar extinta a execução, torna também extinto o vínculo obrigacional que ligava a prestação exigida à responsabilidade patrimonial do devedor. Trata-se, portanto, de sentença definitiva que incide sobre relação jurídica material, e cujos efeitos se tornam imutáveis, quando houve a coisa julgada" (*Manual de direito processual civil*. 9ª ed. Campinas: Millennium, 2003, vol. III, p. 347). Aparentemente, no mesmo sentido, posiciona-se *José Carlos Barbosa Moreira*, quando afirma que "[...] em *todos* os incisos do art. 794, há um denominador comum: trata-se, em qualquer deles, de atos suscetíveis de extinguir a relação jurídica de direito material entre as partes. A extinção da execução, aí, é sempre fenômeno conseqüencial: o processo executivo não há de subsistir porque já não subsiste a dívida, quer com satisfação do credor (inc. I), quer sem ela (incs. II e III)" (*Notas sobre a extinção da execução (O art. 794 do Código de Processo Civil em confronto com suas fontes históricas). Temas de direito processual: quinta série*. São Paulo: Saraiva, 1994, p. 175).

(104) Toda sentença, por mínima que seja, possui uma carga declaratória. Sabe-se, por outro lado, que as sentenças podem ter, e normalmente têm mesmo, mais de uma eficácia. As cargas de eficácia das sentenças, para a classificação quinária das ações de conhecimento, são cinco: declaratória, constitutiva, condenatória, mandamental e executiva *lato senso*. Há casos em que a sentença apresenta três ou quatro ou, talvez mesmo, essas cinco eficácias, sendo uma delas, entretanto, *predominante*. Porém, como esclarece *Ovídio Baptista da Silva*, "[...] a coisa julgada material é a qualidade que se adiciona, em dadas circunstâncias, ao efeito declaratório da sentença, tornando-a indiscutível" (*Curso de processo civil*. 5ª ed. rev. e atual. São Paulo: RT, 2000, vol. 1, p. 497). Há que se notar, especialmente quando se tratar de direito de natureza disponível, que, no plano dos fatos, *com exceção do efeito declaratório*,

Há apenas uma declaração no sentido de que a execução não pode prosseguir, eis que, por exemplo, o documento apresentado junto com a petição inicial não possui eficácia executiva, ou o exeqüente renunciou ao crédito, ou, o que é bastante comum, ela já alcançou a sua finalidade, com a satisfação do crédito do exeqüente. Não há, portanto, como regra, um julgamento sobre a lide, a relação de direito material que precedeu sociologicamente ao processo.(105)

Quando o acolhimento da defesa endoprocessual resulta do não preenchimento dos requisitos de admissibilidade, dúvida alguma existe de que a sentença é meramente terminativa; portanto, consoante esclarece *Marcos Valls Feu Rosa*, "[...] não haverá qualquer óbice a que se proponha de novo a execução, ainda que com base no mesmo título".(106)

Segundo entendemos, todavia, existem casos, *excepcionais* é bem verdade, em que o Juiz emite um juízo de valor similar ao realizado no processo ou fase de conhecimento. Além desses casos, também existem aqueles que são similares, senão *idênticos*, aos previstos no art. 269 do CPC, que, como se sabe, regulamenta as situações jurídicas de *resolução* de mérito. Opina *Gelson Amaro de Souza*:

> "Como todo e qualquer processo visa solucionar a lide, quando aquele for extinto por solução desta é porque o mérito foi julgado. Assim, também há de ser no processo de execução. O processo de execução, como qualquer outro, somente deve iniciar-se quando houver uma lide e perdurar enquanto esta não for solucionada. No momento em que a lide é solucionada, cumpre-se o objeto do processo e com isso este deve ser extinto com julgamento de mérito. Quando a lide do processo de execução é solucionada, esta deve ser extinta com julgamento de mérito."

---

todos os efeitos da sentença podem ser violados de comum acordo entre as partes. Imagine-se uma ação de anulação contratual por vício de consentimento, se as partes, posteriormente à sentença desconstitutiva, resolverem manter o contrato, nada as impedirá, mas, em contrapartida, o efeito declaratório de que o contrato não existe mais no mundo jurídico não há como se apagar, a não ser por meio de coisa julgada, atendidos os pressupostos desta.

(105) Preleciona *José Miguel Garcia Medina* que "[...] se é certo que no processo de execução o juiz não *investiga* a lide, não emitindo qualquer pronunciamento, reconhecendo ou não o direito do autor, não é correto dizer que inexiste lide no processo de execução e, conseqüentemente, mérito". No pensamento do notável processualista paranaense, todavia, "[...] esse fator não vincula a sentença a ser proferida no processo executivo, pois *essa sentença não resolve a lide*, mas apenas declara extinto o processo executivo". Em outras palavras, o autor entende que, não obstante a existência de mérito no processo de execução, neste ele "[...] não chega analisado, ante a *certeza* que cerca o título executivo. Eventualmente, o mérito pode vir a ser analisado em processo de conhecimento incidental (embargos à execução). No entanto, a sentença a ser proferida nesse processo cognitivo difere, em substância, daquela que deverá ser proferida no processo de execução. Esta não analisa o mérito; aquela, sim". Por conseqüência, com relação àquela decisão, que é proferida dentro do processo de execução, segundo entende, "[...] incabe ação rescisória em face de tal pronunciamento, já que esta é cabível somente em se tratando de sentenças de mérito, *ex vi* do art. 485 do CPC" ("O art. 795 do CPC". *Revista de Processo*, São Paulo: RT, n. 88, out./dez. 1997, p. 245).

(106) ROSA, Marcos Valls Feu. *Exceção de pré-executividade: matérias de ordem pública no processo de execução*. 4ª ed. atual. Porto Alegre: Fabris, 2003, p. 102.

Em defesa de sua tese, esclarece o ilustre Procurador do Estado de São Paulo:

> "A moderna processualística tem procurado afastar-se do formalismo excessivo e se aproximado mais da realidade jurídica, na busca do aperfeiçoamento do acesso à justiça e da efetividade do processo, reconhecendo com maior lucidez a instrumentalidade do processo. Neste diapasão, começam a aparecer doutrinadores e até boa parte de nossa jurisprudência admitindo a possibilidade de julgamento de mérito nos próprios autos do processo de execução."

Conclui, portanto, no sentido de que a sentença que extingue o processo de execução pode ser de mérito. Na sua explicação,

> "sempre que esta extinguir o processo com base nos arts. 269 e 794 do CPC, estar-se-á pondo fim à relação processual e também à de direito material, como acontece com o reconhecimento da existência de pagamento, inexistência de dívida, transação, renúncia ao direito de crédito e prescrição ou decadência. Nestas hipóteses há, sim, julgamento de mérito. Tanto isso é verdade que não mais poderá o exeqüente repropor a execução."

E justifica:

> "A impossibilidade de propositura de nova ação sobre os mesmos fatos não é por acaso — é porque a relação jurídica de direito material (mérito) foi julgada. Negar a existência de mérito nestes casos não só corresponde a negar a vigência aos arts. 269 e 794 do CPC, mas permitir-se a renovação da mesma execução, o que o bom senso não pode permitir."(107)

O que define a questão, repita-se, é a intensidade (profundidade) da cognição desenvolvida pelo Magistrado, ao proferir a sentença no caso concreto. A técnica da cognição *secundum eventum probationis*, nesse contexto, revela-se absolutamente irrelevante, visto que a essência da questão, *ainda que eventualmente surja uma lei dispondo em sentido contrário*, está no *grau de convencimento* do Juiz. Conforme anota *Flávio Luiz Yarshell*,

> "Nesses casos, existe cognição cujo objeto é também a relação substancial. E se essa cognição é adequada e suficiente para exaurir a controvérsia levando inclusive à extinção do processo, nada parece justificar que o ato daí resultante tenha eficácia meramente processual. Se o juiz, após cognição adequada e suficiente à extensão da controvérsia, reconhece ex-

(107) SOUZA, Gelson Amaro de. *Mérito no processo de execução. Processo de execução e assuntos afins*/Coordenação Teresa Arruda Alvim Wambier. São Paulo: RT, 1998, pp. 257, 263 e 267, respectivamente.

tinta a obrigação, é preciso superar a idéia segundo a qual não há declaração de direito no processo de execução e que, portanto, a sentença que lhe põe fim seria somente apta à formação da coisa julgada formal."

E completa sua lição:

"Se o órgão jurisdicional exerce, no caso concreto, cognição que exaure a controvérsia (inclusive, repita-se, considerando-se seus próprios termos), não há porque recusar ter havido apreciação do mérito e que, portanto, houve *declaração*, apta a projetar efeitos para fora do processo e a se revestir da autoridade da coisa julgada material. Isso é útil e conveniente não apenas para o devedor, que passa a desfrutar da certeza e estabilidade que normalmente proporciona a coisa julgada, mas é igualmente interessante para o Estado, que negará a instauração de novo processo (ou, pelo menos, novo exame de mérito) justamente pelo resultado da atividade antes empreendida."(108)

Não se fala, naturalmente, em procedência ou improcedência do pedido do exeqüente. Isso é, em princípio, incompatível com a estrutura e finalidade do processo de execução. Agora, em contrapartida, segundo entendemos, não há que se falar também, *sem as devidas ressalvas*, em *desfecho único*(109) enquanto característica desta modalidade de prestação da tutela jurisdicional. Incidentes surgem, e a prática forense é riquíssima em exemplos, podendo acarretar a extinção *anormal* da relação processual, inclusive considerando a própria relação material que subjaz ao título executivo.

A doutrina que defende a inexistência de coisa julgada no processo de execução, via de regra, apresenta três argumentos: *a)* inexistência de julgamento; *b)* impossibilidade de discussão a respeito do direito que subjaz ao título executivo; *c)* extinção do processo através de provimento de cognição sumária.(110)

---

(108) YARSHELL, Flávio Luiz. *Ação rescisória e decisões proferidas no processo de execução. Execução civil (aspectos polêmicos)*/Coordenação de João Batista Lopes e Leonardo Carneiro da Cunha. São Paulo: Dialética, 2005, p. 151.

(109) O processo de execução, sob o ponto de vista estrutural e ontológico, tem a única e exclusiva finalidade de satisfazer, mediante a observância do princípio do devido processo legal, o crédito exeqüendo. Esse, pois, é o seu desfecho único de que fala uma parte da doutrina. No mesmo sentido, preleciona *Paolo Luiso* que "[...] uno dei profili di differenza fondamentale fra il processo dichiarativo e quello esecutivo sta nel fatto che nel processo esecutivo la tipologia delle risposte dell'ufficio esecutivo non è tripartita, come nel processo di cognizione, ma essenzialmente è soltando bipartita, cioè l'ufficio esecutivo può o rifiutare la misura giurisdizionale richiesta o concederla. Ma se l'ufficio esecutivo dà la tutela giurisdizionale che viene richiesta, il contenuto di questa misura giurisdizionale è sempre e constantemente um contenuto favorevole a chi la richiede; cioè è sempre l'equivalente di quello che, nel processo di cognizione, è uma sentenza di accoglimento nel merito" (*Appunti di diritto processuale civile — Processo di esecuzione*. Pisa: ETS, 1992, p. 14).

(110) Ilustrativamente, observe-se a lição de *Sandro Gilbert Martins*: "É possível afirmar, portanto, que a sentença do art.795 do CPC não produz coisa julgada material — produz apenas coisa julgada formal —, pois (I) a lide na execução não é de certeza e sim de insatisfação ou realização, donde não há *julgamento*; de modo que, de regra, (II) não se discute o direito constante do título executivo, cuja eficácia abstrata permite o desencadear da atividade jurisdicional executória, o que implica uma ativida-

Como regra, não discordamos desses argumentos. Quando há a extinção normal do processo de execução, mediante a simples prática de atos executivos, ainda que contra a vontade do executado, não há julgamento no que toca à relação jurídica de direito material. Logo, não se discute acerca da procedência ou não do direito que dá conteúdo ao título executivo, de tal sorte que a decisão extintiva é meramente declaratória no que concerne ao fim do processo de execução. Conseqüentemente, a mesma decorre de cognição sumária, não possuindo aptidão, para formar coisa julgada material.

Entendemos, contudo, que, *excepcionalmente*, existem hipóteses em que há, sim, formação de coisa julgada no processo de execução(111) e, por conseguinte, rescindibilidade da decisão. A primeira delas refere-se à discussão acerca do adimplemento ou não da obrigação que dá substrato ao título executivo. Já foi visto acima que tal situação é perfeitamente possível no processo de execução. Aliás, como muito bem esclarece *Cândido Rangel Dinamarco* em sua obra mais recente,

> "a rigor, todos os fatos dotados do efeito de produzir a extinção da execução consistem na falta ou desaparecimento de algum pressuposto da tutela jurisdicional executiva. Mesmo a satisfação voluntária do direito do exeqüente se inclui nesse contexto, uma vez que, com ela, cessa o estado de inadimplemento, que é causa da própria necessidade de executar."(112)

Sendo assim, imagine-se, em uma execução trabalhista, a situação de um exeqüente que, em virtude de súbito problema de saúde de um membro de sua família, recebeu do executado, solidário com o mesmo em face do infortúnio, no sindicato de sua categoria (com a assistência da assessoria jurídica do mesmo), o valor em execução, ainda que desfalcado dos juros e correção monetária, passando o competente recibo, inclusive com declaração expressa em relação

---

de apenas voltada para a satisfação do direito; e (III) por ser característica marcante da execução a técnica de cognição sumária, ainda que nela possa vir a ser discutida a relação substancial existente entre as partes" (*A defesa do executado por meio de ações autônomas: defesa heterotópica*. São Paulo: RT, 2002, p. 139). Na opinião de *Ada Pellegrini Grinover*, "[...] a coisa julgada material é fenômeno específico da sentença de mérito; e o processo de execução não tem sentença de mérito (salvo, evidentemente, os processos de conhecimento incidentais no processo de execução, como os embargos, onde há sentença e coisa julgada); os comandos pronunciados pela autoridade judiciária no processo de execução não adquirem a imutabilidade característica da autoridade da coisa julgada" (LIEBMAN, Enrico Tullio. *Eficácia e autoridade da sentença*; tradução de Alfredo Buzaid e Benvindo Aires; tradução dos textos posteriores à edição de 1945 e notas relativas ao direito brasileiro vigente, de Ada Pellegrini Grinover. 3ª ed. Rio de Janeiro: Forense, 1984, p. 70).

(111) Acompanhamos, assim, o pensamento de *Alberto Camiña Moreira*: "Quanto à exceção de pré-executividade, seu acolhimento não implicará, na maioria das vezes, a formação da coisa julgada, posto que se veiculará questão processual, pressupostos processuais ou condições da ação, cuja ausência, sabe-se, leva à extinção do processo sem julgamento de mérito". "Entretanto", conclui o estudioso Promotor de Justiça de São Paulo, "é possível reconhecer, em algumas hipóteses, a existência de coisa julgada no processo de execução, como no acolhimento de argüição de pagamento, prescrição e decadência" (*Defesa sem embargos do executado: exceção de pré-executividade*. 3ª ed. rev. e atual. São Paulo: Saraiva, 2001, pp. 214-215).

(112) DINAMARCO, Cândido Rangel. *Instituições de direito processual civil*. São Paulo: Malheiros, 2004, vol. IV, p. 792.

ao ocorrido e renúncia no que se refere a eventuais diferenças. Na seqüência, o executado adimplente, a fim de não sofrer constrição patrimonial, protocola, perante a Vara do Trabalho competente, uma defesa endoprocessual executiva, sob o argumento de que a execução chegou ao seu fim, já que pagou o débito e que o exeqüente renunciou ao eventual saldo remanescente, juntado o mencionado recibo assinado por este. Intimado a se manifestar a respeito, o exeqüente, além de questões processuais, dentre as quais se destaca a alegação de que a defesa no processo de execução somente pode ocorrer por intermédio dos embargos à execução, afirma que não recebeu o valor e, sucessivamente, arrependeu-se e, agora, quer executar o saldo remanescente.

Com os autos conclusos para julgamento, o Juiz do Trabalho, analisando a situação facilmente perceptível pelos documentos, *decide* que o exeqüente não tem mais direito de prosseguir a execução, já que, isento de eventual vício de consentimento, deu quitação quanto ao débito e renunciou quanto ao saldo remanescente. Tudo se passa dentro da mais absoluta razoabilidade, de modo que não há sequer a cogitação de elevado prejuízo patrimonial do exeqüente, eis que, já prevendo a inconsistência do argumento a respeito do não recebimento do valor principal, o exeqüente sequer menciona a pretensão de provar o alegado por intermédio de testemunhas, restando apenas a discussão sobre os juros e atualização monetária.

Vício de consentimento realmente não existiu, porque o exeqüente, na ocasião, estava assistido pelo sindicato de sua categoria, além de estar em perfeita harmonia com as suas faculdades mentais. Outrossim, houve observância dos princípios do contraditório e da ampla defesa, já que foi intimado a se manifestar a respeito, bem como não lhe foi cerceada a produção probatória que sequer foi requerida.

Diante desses fatos, *decidiu-se* que o exeqüente praticou ato incompatível com a vontade de prosseguir a execução, de modo que a mesma deve ser extinta. Não há como negar, com todo respeito ao posicionamento oposto, que tal decisão possui carga declaratória suficiente, para formar coisa julgada material.(113) Trata-se de sentença similar à proferida no processo de conhecimento, eis que, como se observa, elimina uma crise de certeza quanto ao adimplemento e renúncia ou não do crédito.(114)

---

(113) Na esteira do pensamento de *Alberto Camiña Moreira*, deve-se atentar "[...] que a ocorrência de coisa julgada fica na dependência do teor da decisão proferida. Se, por exemplo, o juiz, à vista da argumentação do executado e da documentação juntada, limita-se a extinguir a execução, não haverá formação de coisa julgada, pois a decisão cinge-se à extinção do processo. Todavia, se o juiz declarar, pronunciar, na sua decisão, que ocorreu a prescrição, que ocorreu a decadência, ou que ocorreu o pagamento, essa declaração faz coisa julgada material". Enfim, nestes casos, diante do exercício da defesa intraprocessual, "[...] não há, propriamente, deslocamento da cognição, senão pura inserção dela no processo de execução. Daí a possibilidade de formação de coisa julgada material" (*Defesa sem embargos do executado: exceção de pré-executividade*. 3ª ed. rev. e atual. São Paulo: Saraiva, 2001, pp. 218 e 219, respectivamente).

(114) Trata-se de sentença que, à luz do art. 795 do CPC, põe fim à execução. Sendo assim, observando as peculiaridades do crédito trabalhista, sabidamente alimentar, salienta *Manoel Antônio Teixeira Filho*: "Daí a enorme responsabilidade que se assenhoreará o juiz que, perfilhando entendimento diverso do

Essa decisão, observe-se ainda, não é formada através de juízo de cognição sumária, mas sim exauriente, já que todos os possíveis elementos de investigação pelo Juiz foram apreciados.(115) O Magistrado, no caso, sob o ângulo vertical, exauriu a sua possibilidade cognitiva quanto ao litígio. Não foi produzida, é bem verdade, prova testemunhal, mas, em primeiro lugar, a mesma não foi requerida; em segundo lugar, não havia a necessidade de produção da mesma, já que todos os elementos necessários à resolução da questão já estavam à disposição do Juiz, e, em terceiro lugar — o que é mais importante —, o juízo de cognição exauriente não depende da produção de prova testemunhal, basta que, diante das circunstâncias do caso concreto, tenham sido averiguadas todas as possíveis alegações fáticas das partes.(116) Em outras palavras, o *juízo de certeza* quanto aos questionamentos envolvendo o adimplemento da obrigação principal e a renúncia das parcelas acessórias não depende de dilação probatória, já que os documentos existentes nos autos são suficientes para tanto, de sorte que é plenamente desnecessária a remessa da discussão para as vias ordinárias.

Situações outras podem ser imaginadas, para dar guarida à tese de que, excepcionalmente, repita-se, há sim possibilidade de formação de coisa julgada material no processo de execução e, com efeito, rescindibilidade da sentença que o extingue. Como esclarecem *Teresa Arruda Alvim Wambier* e *José Miguel Garcia Medina*, que estudaram profundamente a questão da coisa julgada,

nosso, tiver à sua frente um caso de renúncia ao crédito externada pelo credor. Ainda que ele se decida pela homologação do ato, fundamental regra de prudência alvitra que procure saber do renunciante o *motivo* que o levou a isso, caso a petição seja omissa, no particular. Nenhum juiz pode desconhecer que, em determinadas situações, o verdadeiro motivo da renúncia se encontra subjacente ao que foi revelado pelo credor; e a aceitação da causa inverídica pode provocar profundo abalo, a um só tempo, na autoridade da coisa julgada material, na dignidade do Poder Judiciário e na substância ética do processo" (*Execução no processo de trabalho*. 8ª ed. São Paulo: LTr, 2004, p. 320).

(115) Novamente nos valemos da lição de *Alberto Camiña Moreira*: "Admitido que só a prova documental pode instruir pedido de extinção da execução por meio de exceção de pré-executividade, é certo que, sobre ela, a cognição, quanto à profundidade, será exauriente. A limitação existente para o executado está nas matérias que se pode deduzir, mas, uma vez alegadas, passam pelo crivo da cognição plena e exauriente". Assim, conclui o eminente autor: "Atendidas essas exigências no processo de execução, afirma-se que o juiz, ao reconhecer a prescrição ou decadência, por exemplo, proclamará o comando aplicável à espécie, o que é o elemento imutável da sentença; forma-se, assim, situação jurídica inalterável, a coisa julgada material" (*Defesa sem embargos do executado: exceção de pré-executividade*. 3ª ed. rev. e atual. São Paulo: Saraiva, 2001, pp. 217-218).

(116) Explica *Geraldo da Silva Batista Júnior*: "Na verdade, a cognição exauriente permite a prolação de decisão capaz de formar a coisa julgada, mas esta formar-se-á apenas nas hipóteses em que houver manifestação judicial sobre questões de direito substancial. Esta regra geral tem também pertinência com o que estamos propondo para a exceção de pré-executividade, de modo que as decisões referentes à exceção, baseadas em cognição exauriente, formarão ou não coisa julgada material conforme se refiram ou não a questões de mérito. Inteiramente aplicáveis os arts. 267 e 269 do CPC". Na opinião do ilustre Juiz de Direito fluminense, "[...] a coisa julgada material formar-se-á em consonância com os princípios pertinentes à *cognição plena e exauriente secundum eventum probationis*". E continua sua explanação: "A razão da aplicação desta modalidade de atividade cognitiva à exceção de pré-executividade tem fundamento na técnica processual e visa a conceber procedimento simples e célere, com supressão da fase probatória, compatível com o processo de execução, sem desrespeitar os princípios constitucionais do contraditório e da ampla defesa". Finalmente, arremata: "Pensamos que este posicionamento tem também o mérito de colaborar com a construção de um processo executivo mais efetivo, eliminando o inconveniente da repetição de alegação da mesma matéria em exceção de pré-executividade e, posteriormente, em embargos" (*Exceção de pré-executividade: alcance e limites*. 2ª ed. Rio de Janeiro: Lúmen Juris, 2004, p. 80).

"de todo modo, ocorrendo declaração judicial reconhecendo que a dívida foi paga, afirma-se na doutrina que 'há, na referida sentença, pronunciamento ou *iudicium* do magistrado', que 'não deixa de ser de mérito'. Semelhantemente, é o que se dá, por exemplo, quanto à sentença que reconhece a ocorrência de prescrição na própria execução. Nesse caso, extraordinário e excepcionalmente, acaba o juiz por manifestar-se acerca da (in)existência *do próprio crédito exeqüendo.*"

Daí, concluem o seguinte:

"Pensamos que, em tais casos, não se pode negar que terá ocorrido julgamento, embora em sede imprópria, e não há como se afastar, por isso, a ocorrência de coisa julgada. Por tal razão, nesta hipótese caberá, excepcionalmente, desde que preenchidos os demais pressupostos, ação rescisória."(117)

Enfim, como observa *Thereza Alvim*,

"[...] tratando-se de sentença que extingue a execução, porque o devedor satisfez a obrigação, por o devedor obter, mediante transação ou qualquer outro meio, a remissão total da dívida ou por o credor ter renunciado ao crédito, inegavelmente, ficará ela abrangida pela imutabilidade própria da coisa julgada material. Esse é o motivo pelo que nos parece só poderá ser desconstituída através de ação rescisória."(118)

Conforme já mencionamos, existem situações em que a extinção do processo de execução, por meio da defesa endoprocessual, ocorre em hipóteses similares às previstas no art. 269 do CPC. Algumas delas, aliás, são praticamente idênticas às situações ventiladas no art. 794 do CPC.(119) Não se pode, observe-se, negar a vigência dessas duas regras jurídicas. Tanto é verdade que, diante do que prescreve o art. 269, IV, do CPC, praticamente ninguém mais discute que a sentença, acolhendo a alegação de *prescrição* ou *decadência*, resolve o mérito do processo e, com efeito, fica protegida pela coisa julgada material. O mesmo, aliás, pode ser dito em relação à *renúncia* do exemplo supracitado. Sendo assim, concluímos com *Marcelo Lima Guerra* no sentido de que,

---

(117) WAMBIER, Teresa Arruda Alvim; MEDINA, José Miguel Garcia. *O dogma da coisa julgada: hipóteses de relativização*. São Paulo: RT, 2003, p. 114.

(118) ALVIM, Thereza. "Notas sobre alguns aspectos controvertidos da ação rescisória". *Revista de Processo*, São Paulo: RT, n. 39, jul./set. 1985, p. 15.

(119) Segundo *Marcelo Lima Guerra*, "[...] não resta dúvida no art. 269 do CPC o legislador *quis equiparar* ao julgamento do mérito (= do pedido), para todos os efeitos legais, as hipóteses em que o juiz simplesmente *homologa* a transação ou o acordo, a renúncia pelo autor do direito objeto da ação por ele proposta e o reconhecimento jurídico do pedido. Nesses casos, tal homologação se faz *por sentença* a qual, por força de lei, é *sentença de mérito*. Essa é a sentença de mérito *atípica*". E conclui o ilustre Juiz do Trabalho cearense: "Em face disso, uma vez que se considere a sentença que declara extinto o processo de execução por qualquer uma das hipóteses previstas no art. 794 do CPC, como correspondendo, precisamente, àquelas previstas no art. 269, incs. I, III e V, é inegável que tais pronunciamentos consistem em *sentença de mérito*, para todos os efeitos legais" (*Execução forçada: controle de admissibilidade*. São Paulo: RT, 1995, p. 52).

"[...] *em face do direito positivo*, a extinção do processo de execução nos casos elencados no art. 794 do CPC e subsumíveis em uma das hipóteses previstas no art. 269 do CPC, do mesmo diploma legal, se faz por *sentença de mérito*, a qual não se pode negar que reveste-se da autoridade da coisa julgada material, sendo passível de desconstituição através de ação rescisória."(120)

Enfatiza *José Roberto dos Santos Bedaque*:

"Diante dessas considerações, conclui-se pela eficácia material e pela possível imutabilidade das sentenças que, acolhendo defesas substanciais admitidas na execução, ponham termo ao processo. Pretender que o resultado fique restrito ao âmbito processual constitui solução tímida e contrária à visão instrumentalista. Já que, embora em caráter excepcional, tem-se admitido alegações de mérito na própria execução, não há razões para limitar o alcance e a força da respectiva decisão. Nesses casos, a alegação do executado configura verdadeiro pedido contraposto, implicando ampliação do objeto do processo."(121)

Para resumir, se o processo de execução termina pela simples prática dos atos executivos, que é o seu modo normal de extinção, não há formação de coisa julgada, visto que a respectiva sentença, não possuindo carga declaratória aprofundada, simplesmente confirma que a execução chegou ao seu fim sem nenhum juízo de valor por parte do Magistrado. Nesse contexto, pode-se dizer que a cognição é rarefeita, pouco densa ou simplesmente sumária. Se o Juiz, todavia, chega a *decidir* em favor do adimplemento da obrigação, há um juízo de valor, enfim, um julgamento, que resulta em uma carga declaratória aprofundada em relação ao direito material que dava sustentáculo ao título executivo, de sorte que a sentença resolve o mérito do processo e, por conseguinte, enseja formação de coisa julgada material, possibilitando, no futuro, eventual ajuizamento de ação rescisória. Igualmente, se há extinção da execução em hipóteses similares àquelas previstas legalmente como de julgamento de mérito, a sentença fica encoberta pelo manto da coisa julgada material. Em outras palavras, se a extinção do processo de execução ocorreu, por exemplo, por transação das partes ou renúncia ao crédito por parte do exeqüente, há, por força de lei (art. 269 do CPC), sentença que resolve o mérito e, por conseqüência, formação de coisa julgada material. Como diz *Teresa Arruda Alvim Wambier*: "Ainda que, nesses casos, o juiz não *julgue* propriamente a lide, o conteúdo da sentença que profere versa sobre o mérito, diz respeito ao pedido, ainda que não seja judicial a 'autoria' desse conteúdo".(122)

(120) GUERRA, Marcelo Lima. *Execução forçada: controle de admissibilidade*. São Paulo: RT, 1995, p. 55.

(121) BEDAQUE, José Roberto dos Santos. *Cognição e decisões do juiz no processo executivo. Processo e Constituição: estudos em homenagem ao professor José Carlos Barbosa Moreira*/Coordenação Luiz Fux, Nelson Nery Jr. e Teresa Arruda Alvim Wambier. São Paulo: RT, 2006, pp. 372-373.

(122) WAMBIER, Teresa Arruda Alvim. *Nulidades do processo e da sentença*. 5ª ed. rev., atual. e ampl. São Paulo: RT, 2004, p. 116.

Finalmente, quanto a este tópico, deve-se esclarecer que tudo o que foi dito em relação ao processo autônomo de execução, *mutatis mutandis* (art. 475-R do CPC), vale para a fase de cumprimento da sentença.[123]

4.6. HONORÁRIOS ADVOCATÍCIOS

Há considerável divergência doutrinária a respeito do cabimento ou não dos honorários advocatícios na decisão acerca da defesa endoprocessual executiva. Assim, procuraremos nos deter nessa questão a partir de agora, ainda que sucintamente.

A concessão do pagamento dos honorários advocatícios visa a evitar a perda patrimonial daquela parte que não deu causa à movimentação da máquina judiciária, ou seja, visa a preservar o patrimônio da parte que tem razão. Para a sua concessão, observe-se bem, não há necessidade de comprovação de dolo ou culpa da parte vencida na demanda, portanto há apenas o mister de um dado *objetivo*, qual seja, a derrota processual de uma das partes.

Na esteira do art. 20 do CPC, a sentença condenará o vencido a pagar ao vencedor as despesas processuais que antecipou e os *honorários advocatícios*, inclusive nos feitos em que o advogado atuar em causa própria. Quando o Juiz decidir qualquer *incidente* ou recurso, condenará o vencido nas despesas, que, vale notar, abrangem não só as custas e emolumentos, mas também a indenização de viagem, diária de testemunha e remuneração do assistente técnico. Especificamente em relação aos honorários advocatícios, os mesmos serão fixados entre o mínimo de 10% e o máximo de 20% sobre o valor da condenação, sempre atendendo ao grau de zelo profissional, o lugar da prestação dos serviços, bem como a natureza e a importância da causa, o trabalho realizado pelo causídico e o tempo exigido para o seu serviço.

Como regra, diante do disposto no art. 20, *§ 1º*, do CPC, que faz menção apenas às despesas processuais, tem-se entendido que a decisão de um *incidente processual*, como são os casos da exceção de incompetência e a impugnação ao valor da causa, não gera direito ao pagamento dos honorários advocatícios à parte vencedora.[124]

---

(123) Na opinião de *Carlos Alberto Carmona*, "[...] proposta demanda executiva (no sentido próprio, ou seja, execução calcada em título executivo extrajudicial), nada impedirá o juiz de, despachando a inicial, constatar a existência de prescrição do título (uma nota promissória vencida há mais de três anos, para figurar uma hipótese), de maneira que o juiz poderá, em tal eventualidade, extinguir o processo, o que acontecerá — conforme dita o art. 269, IV, aplicável à execução por força do art. 598 — com a resolução do mérito. Mas a reforma que agora entra em vigor não pode ser acusada de introduzir a anomalia, pois o uso (e abuso!) das exceções de pré-executividade mostraram que o executado, alegando (e provando desde logo, documentalmente) a existência de novação, pagamento ou compensação, também poderia obter uma sentença de mérito em plena execução" (*Novidades sobre a execução civil: observações sobre a Lei n. 11.232/05. A nova execução de títulos judiciais: comentários à Lei n. 11.232/05*/Coordenadores Sérgio Rabello Tamm Renault e Pierpaolo Cruz Bottini. São Paulo: Saraiva, 2006, pp. 62-63.

(124) Para *Nelson Nery Júnior* e *Rosa Maria de Andrade Nery*, "neles não há condenação em honorários de advogado, mas somente nas despesas processuais ocorridas com sua realização. O vencido no

Explica *Alberto Camiña Moreira* que essa posição é acertada, porque a sede propícia à condenação do vencido nas despesas processuais e honorários advocatícios é a sentença de mérito, e não a decisão do incidente. Esta, segundo a correta interpretação desse autor, condena o sucumbente apenas às despesas relativas à realização do incidente e nada mais. Assim, nessa perspectiva, não se tratando de sentença de mérito, que extingue o processo, inclusive com definição da relação jurídica de direito material, revela-se correto afirmar que a decisão de um mero incidente processual não possui aptidão para condenar o perdedor em honorários advocatícios. Afinal, deve-se perceber que o incidente defensivo na execução não possui um regime diferenciado com relação aos demais incidentes (exceção de incompetência ou impugnação do valor da causa, por exemplo), pois a sua decisão não aguarda uma sentença de mérito, que é o campo natural para a condenação do vencido nas despesas e honorários advocatícios.

Explica o citado processualista, entretanto, que se for acolhido o incidente, o exeqüente deve arcar com os honorários sucumbenciais, pois o executado contratou um advogado e conseguiu, por meio dele, ao menos na larga maioria dos casos, extinguir o processo de execução, devendo ser ressarcido de todas as despesas realizadas com aquele processo infundado. Aplica-se, no caso, o princípio da sucumbência e da causalidade.

Agora, vale observar que, se o incidente não for acolhido, continuando o processamento dos atos executivos, o executado, pelo menos em relação a essa decisão sobre a defesa intraprocessual executiva, não deve pagar os honorários advocatícios, sob pena de duplicidade. É que, com o título executivo, já se sabe, antes mesmo do processo de execução, qual o valor dos honorários advocatícios a serem custeados pelo executado. Assim, se houver condenação no incidente defensivo, soaria estranho que o perdedor pagasse, em um mesmo processo, duas vezes os honorários advocatícios. O que poderia acontecer é a elevação dos honorários até o limite de 20% (vinte por cento), se o que foi previamente estipulado foi inferior, mas nunca duas condenações.(125)

É, também, a tese de *Olavo de Oliveira Neto*:

> "Quanto aos honorários, se a decisão acolhe o incidente e põe termo ao processo, por ter natureza declaratória negativa, cabe a condenação ao seu pagamento. Tal decisão, aliás, tem a mesma eficácia da proferida nos embargos do devedor, onde não se discute acerca da necessidade de condenação ao pagamento de tal verba. Se se tratar de decisão que rejeita o incidente, por aplicação analógica, do que ocorre com as exceções e incidentes processuais específicos, deve o juiz considerar a atividade dos pa-

---

incidente deve arcar com as despesas, ainda que seja vencido quanto ao mérito da pretensão deduzida em juízo" (*Código de Processo Civil comentado e legislação extravagante*. 8ª ed. rev., ampl. e atual. São Paulo: RT, 2004, p. 442).

(125) MOREIRA, Alberto Camiña. *Defesa sem embargos do executado: exceção de pré-executividade*. 3ª ed. rev. e atual. São Paulo: Saraiva, 2001, pp. 221-224.

tronos no processo, aumentando, se possível, o percentual da verba fixada na execução, mas não pode fixar novos honorários, devido à estrutura do incidente."[126]

Marcos Valls Feu Rosa compartilha da mesma opinião:

"Se a argüição formulada for acolhida, deverá ser proferida sentença terminativa da execução, onde será o seu autor condenado nas despesas do processo e nos honorários, os quais, por óbvio, só serão devidos se houver causa para tanto."

E conclui:

> "Se, em caso contrário, a argüição formulada for rejeitada, será o seu autor (da argüição) responsável pelas custas acrescidas, se houver, excluídos os honorários que, nesta hipótese, não são devidos."[127]

De nossa parte, entendemos que a decisão que acolhe o incidente criado pelo exercício de defesa endoprocessual executiva, como regra, gera o direito ao pagamento dos honorários advocatícios, além das demais despesas processuais. Por que dizemos *como regra*? Dizemos isso, porque nem sempre a decisão que o acolhe extingue o processo de execução. Imagine-se a hipótese de declaração de nulidade da citação para o processo de execução. Não há, no caso, a extinção do processo em si, mas apenas dos atos processuais posteriores ao ato citatório, de modo que, com a decisão e a contar dela, normalmente o executado é considerado citado, para todos os efeitos legais. No processo de execução, o destinatário natural do pagamento dos honorários é o executado, eis que, tratando-se de sentença condenatória, os mesmos já estão previamente definidos no título executivo. Se assim é, ainda que o incidente seja acolhido por algum motivo, não havendo extinção do processo de execução, persiste a relação de causalidade no pagamento dos honorários advocatícios pelo executado, e, por outro lado, não há que se falar em pagamento dos mesmos pelo exeqüente. A decisão, nesse exemplo, não pôs termo ao processo, situação em que o provimento geralmente condena o vencido nas despesas. Se isso ocorrer, ou seja, se o fundamento do incidente de defesa interna der causa à extinção do processo de execução, tal como ocorreria se procedente a ação incidental de embargos à execução, o exeqüente deve custear todas as despesas que o executado teve com o processo infundado,[128] inclusive honorários advocatícios.[129]

---

(126) OLIVEIRA NETO, Olavo. *A defesa do executado e dos terceiros na execução forçada.* São Paulo: RT, 2000, p. 124.

(127) ROSA, Marcos Valls Feu. *Exceção de pré-executividade: matérias de ordem pública no processo de execução.* 4ª ed. atual. Porto Alegre: Fabris, 2003, p. 103.

(128) Na opinião de *Edson Ribas Malachini*, "[...] como o executado fica obrigado ao pagamento dos honorários mesmo quando, não tendo oposto seus *embargos*, não há sentença que os julgue improcedentes, a recíproca é verdadeira: também o exeqüente tem de arcar com esse pagamento quando fica

O art. 1º-D da Lei n. 9.494/97, oriundo da última reedição da Medida Provisória n. 2.180-35/01, dispõe o seguinte: "Não serão devidos honorários advocatícios pela Fazenda Pública nas execuções não embargadas". Explica *Cassio Scarpinella Bueno*:

"Da forma como está redigido o dispositivo, mesmo quando haja alguma espécie de atividade *cognitiva* do juiz na execução (e ela sempre existe, em maior ou menor grau), os honorários de advogado não são devidos. Assim sendo, mesmo para aqueles casos conhecidos como de *exceção de pré-executividade* (*rectius*, objeção), não são cabíveis honorários de advogado na execução porque, de acordo com a orientação embutida no *novo* dispositivo de lei, a condenação na verba honorária depende do ajuizamento de embargos à execução. À luz da redação do dispositivo da Lei n. 9.494/97, ademais, não me espanta a interpretação de que eventuais honorários de advogado a serem suportados pela Fazenda o serão pela atividade jurisdicional desenvolvida nos embargos: *nunca* pela que decorre da execução propriamente dita."

E complementa sua lição:

"Quero dizer com esta última afirmação que, à luz da redação do art. 1º-D da Lei n. 9.494/97, é cômodo sustentar que os honorários devidos pela Fazenda Pública, em processo de execução, dependem da necessária oposição de embargos. Isso no sentido de que sem embargos não há honorários e, de maneira mais enfática, mesmo com os embargos há condenação em uma só verba honorária, devida pelos embargos, independentemente da atuação profissional do advogado no processo de execução."(130)

---

demonstrado, mediante petição daquele, apresentada nos próprios autos do processo de execução, que a ação executiva não se justifica, ou que o processo é inviável" (*Comentários ao Código de Processo Civil*. São Paulo: RT, 2001, vol. 10, p. 363).

(129) Esse parece ser também o pensamento de *Paulo Henrique dos Santos Lucon*: "Exatamente por se tratar de mero *incidente*, se a *objeção de pré-executividade* for afastada pelo julgador por meio de decisão interlocutória, não acarreta a condenação em honorários advocatícios". "No entanto", ressalva o processualista de São Paulo: "uma vez alegada *objeção de pré-executividade* e essa provocar a extinção do processo executivo, deverá haver a condenação do exeqüente em honorários a teor do disposto no art. 20, § 4º, do Código de Processo Civil. O art. 20 do Código de Processo Civil é claro ao determinar que somente a sentença fixará os honorários advocatícios e as despesas processuais, e sentença, em seu conceito mais singelo, é a decisão que põe termo ao processo. Ora, o pronunciamento que resolve questão incidente (como o caso do ato jurisdicional que afasta a *objeção de pré-executividade*) é uma decisão interlocutória, nunca uma sentença" (*Embargos à execução*. 2ª ed. rev., atual. e ampl. São Paulo: Saraiva, 2001, pp. 231 e 232, respectivamente). Na opinião de *Edson Ribas Malachini*, "[...] como o executado fica obrigado ao pagamento dos honorários mesmo quando, não tendo oposto seus *embargos*, não há sentença que os julgue improcedentes, a recíproca é verdadeira: também o exeqüente tem de arcar com esse pagamento quando fica demonstrado, mediante petição daquele, apresentada nos próprios autos do processo de execução, que a ação executiva não se justifica, ou que o processo é inviável" (*Comentários ao Código de Processo Civil*. São Paulo: RT, 2001, vol. 10, p. 363).

(130) BUENO, Cassio Scarpinella. *O poder público em juízo*. 2ª ed. rev., atual. e ampl. São Paulo: Saraiva, 2003, pp. 255-256.

Em nossa opinião, se o incidente defensivo deduzido no bojo do processo de execução for acolhido e causar-lhe a extinção, a Fazenda Pública tem o encargo de arcar com os honorários advocatícios. Em primeiro lugar, à luz do sistema jurídico vigente (art. 62, § 1º, I, *b*, da CF), Medida Provisória não pode tratar matéria nitidamente *processual*. Em segundo lugar, o bom senso, à evidência, indica na direção da injustiça dessa orientação legislativa, pois o executado, para levar a efeito a extinção do processo de execução, teve de contratar advogado, com dispêndio financeiro.(131) Em terceiro lugar, se não bastassem esses argumentos, observa-se, no caso em questão, que o efeito da decisão sobre a defesa endoprocessual executiva — que é a própria extinção do processo de execução — é rigorosamente idêntico ao da procedência da ação incidental de embargos à execução.

4.7. O CONTRAPONTO DA ADMISSIBILIDADE: A EXIGÊNCIA DE RIGOROSO CONTROLE JUDICIAL A RESPEITO DA UTILIZAÇÃO PROCRASTINATÓRIA DA DEFESA ENDOPROCESSUAL EXECUTIVA

A defesa endoprocessual executiva, ainda que atualmente não tenha previsão legal, deve ser manejada pelo executado de maneira responsável. Como se sabe, o direito constitucional à ampla defesa não é absoluto. Sendo assim, quando evidenciado pelo Juiz do processo de execução que a sua utilização foi meramente protelatória, deve o mesmo aplicar ao litigante temerário as penas previstas no ordenamento jurídico, eis que também é seu dever velar pela intangibilidade da prestação da tutela jurisdicional.

Trata-se, pois, do estudo relativo ao direito de defesa e o seu eventual abuso no âmbito do processo de execução, que se traduz em litigância de má-fé. Isso ocorre, por exemplo, quando o executado, *ciente* de que não tem mais como fugir da execução que lhe é corretamente imputada, protocola a chamada "exceção de pré-executividade", com base em alegações meramente levianas e de notória inconsistência, com a mesquinha finalidade de apenas ganhar um pouco mais de tempo, para dilapidar o seu patrimônio ou removê-lo para local de difícil localização. A má-fé é evidente. Assim, ensina *Sandro Gilbert Martins*,

> "[...] age com abuso de direito de defesa o executado que, para tentar esquivar-se à sujeição dos atos executivos, deduz pretensão com a qual ataca a *causa* que enseja a execução e por isso mesmo lhe é prejudicial, sem qualquer consistência fática ou jurídica, ou sugerindo tese absolutamente insustentável ('bisonha' ou 'aberrante'), adotando 'providência injustificadamente inútil à substância do seu direito ou pretensão, mas útil (ilegitimamente), tendo em vista o retardamento da prestação jurisdicional'."(132)

---

(131) NOLASCO, Rita Dias. *Exceção de pré-executividade*. 2ª ed. rev., atual. e ampl. São Paulo: Método, 2004, pp. 283-284.

(132) MARTINS, Sandro Gilbert. *A defesa do executado por meio de ações autônomas: defesa heterotópica*. São Paulo: RT, 2002, p. 251.

O processo, enquanto instrumento de realização da função jurisdicional do Estado, ainda que verse sobre direitos *disponíveis*, tem sempre uma finalidade pública a cumprir, de modo que não se trata de mero duelo incontrolado das partes. O processo, é bom que se diga, é presidido por regras *éticas*, que são basilares do dever de retidão das partes, bem como daqueles que, seja de que maneira for, participem dele. Não há dúvida de que o direito de defesa possui dignidade constitucional, contudo dúvida também não existe quanto à conclusão de que ele deve ser exercitado com responsabilidade. Nesse contexto, a parte deve eximir-se de tumultuar o desenvolvimento normal dos atos processuais, especialmente procurando evitar a prática de atos manifestamente destituídos de fundamento fático-jurídico, com visível intuito de prejudicar interesse alheio ou de dificultar a entrega da prestação jurisdicional, o que configura conduta digna de reprovação.

O processo de execução, em que o fim é tornar concreta a realização do direito material "reconhecido" no título executivo, é campo propício para as chicanas, notadamente pelas procrastinações e formulações de incidentes infundados.(133) Aliás, infelizmente, temos de admitir, não raras vezes o litigante temerário obtém êxito nesta empreitada, sobretudo pela ausência de empenho da Magistratura no que concerne à aplicação das penalidades previstas na ordem jurídica para a litigância temerária. A teoria, pois, não pode fugir da realidade.

Observa, com acuidade, *Gilberto Gomes Bruschi*:

> "Como se sabe, existem aqueles que se utilizam desse meio de defesa, bem como outros artifícios, para protelar o andamento do processo executivo e o que se espera do magistrado é que usando o bom senso e o equilíbrio necessários, saiba diferenciar uma argüição pertinente e válida, de uma simples petição meramente protelatória, sem a presença de fundamentos razoáveis, que justificariam sua admissibilidade."(134)

Os adversários da admissibilidade da defesa endoprocessual executiva no direito pátrio têm advertido, de uma maneira geral, para os perigos do uso indiscriminado e abusivo desta figura jurídica. Para se ter uma idéia, vejamos o desabafo de *Francisco Gérson Marques de Lima* em relação à utilização no processo trabalhista:

> "[...] das exceções de pré-executividade que conhecemos, a grande maioria é infundada e embasada, na realidade, no fito de prolongar indefinidamente

(133) É a clássica lição de *Alcides de Mendonça Lima*: "A execução é campo fértil para as chicanas, por via de procrastinações e formulação de incidentes infundados. É o momento em que o vencedor deve conseguir a concretização do direito que lhe foi assegurado e, portanto, em que o vencido se encontra na situação de sofrer o peso da condenação (ou, nas ações declaratórias ou constitutivas, ao menos dos encargos processuais, desde que, nas mesmas, não há nenhuma condenação). Mais do que nunca, portanto, o juiz deverá ser armado de poderes para obstar as atitudes de improbidade do devedor, sempre o mais interessado em adiar o final da execução" (*Probidade processual e finalidade do processo*. Uberaba: Vitória, 1978, p. 67).

(134) BRUSCHI, Gilberto Gomes. *Incidente defensivo no processo de execução: uma visão sobre a Exceção de pré-executividade*. São Paulo: Juarez de Oliveira, 2002, pp. 50-51.

o processo. E, o pior, a Justiça do Trabalho não tem sido rigorosa o suficiente para aplicar as sanções pela litigância de má-fé, o que estimula essa prática deplorável. É este, na realidade, o grande receio que temos do instituto: que seja mais um engodo processual para fragilizar a tutela jurisdicional, em se tornando corriqueiro e de uso desbragado."(135)

Como esclarecem, porém, com muita propriedade, *Teresa Arruda Alvim Wambier* e *Luiz Rodrigues Wambier*:

"Este argumento, todavia, não basta para recusar a objeção de pré-executividade, já que, às vezes, através dela se veicula afirmação no sentido de que a execução não seria admissível por motivos verificáveis em exame da própria inicial da execução e de documentos que lhe foram anexados. Evidente, evidentissimamente, que, quando todos os elementos de que o magistrado necessita para se aperceber de que se trata de execução inviável constam dos autos, o perigo de se transformar o processo de execução em processo de conhecimento, deformando-o, portanto, praticamente não existe. Assim, não se pode falar nem mesmo no pior dos riscos, de que fala a doutrina avessa à existência de outro meio de defesa do executado que não sejam os embargos à execução, que é o da transformação do processo de execução em processo de conhecimento, por causa da necessidade, que haveria em certas circunstâncias, no sentido de se instaurar fase de instrução, nos casos em que essa necessidade inexiste."(136)

Da mesma forma, manifesta-se *Alberto Camiña Moreira*:

"Não se pode acusar o instituto da exceção de pré-executividade de ser instrumento de chicana; o homem é que pode ser acusado de desvirtuá-lo.

---

(135) LIMA, Francisco Gérson Marques de. *Execução de título extrajudicial no processo do trabalho*. São Paulo: LTr, 2004, p. 113. *Pedro Paulo Teixeira Manus* entende que não se deve "[...] criar uma nova sistemática de execução, pretendendo dotar o executado de outros meios de defesa, além daqueles que a lei já reconhece, pois se assim for, a nova sistemática do art. 876 da CLT significará sério retrocesso à execução trabalhista". E continua: "Não podemos olvidar que a execução como hoje se processa já dá sinais evidentes de excesso de regalias ao devedor, a fim de retardar o cumprimento do devido apresentando obstáculos à satisfação do título". Essas afirmações, à luz do que estamos sustentando nesta dissertação, devem ser vistas com reservas. O título executivo, pela sua eficácia abstrata em relação ao direito material, inegavelmente, coloca o exeqüente em posição de inicial vantagem no processo de execução. Existe, contudo, uma série de matérias defensivas que podem ser conhecidas no processo de execução e, se acolhidas, acarretam, em sua grande maioria, a extinção deste. Além da interpretação sistemática do ordenamento jurídico infraconstitucional, tudo ocorre em nome de valores constitucionais que visam a proteger a integridade patrimonial da parte que tem razão. Em conseqüência, deve haver equilíbrio entre os princípios da efetividade do processo executivo e da justa defesa. Feitas essas ponderações, são irrepreensíveis as conclusões do citado Professor da PUC-SP: "É preciso enxergar a execução como simples fase de acertamento para cumprimento do título executivo, garantido o devido processo legal ao devedor, mas privilegiando, sem dúvida, o credor" (*Execução de sentença no processo do trabalho*. São Paulo: Atlas, 2005, pp. 21-22).

(136) WAMBIER, Teresa Arruda Alvim; WAMBIER, Luiz Rodrigues. *Sobre a objeção de pré-executividade. Processo de execução e assuntos afins*/Coordenação de Teresa Arruda Alvim Wambier. São Paulo: RT, 1998, p. 412.

Todo instrumento é passível de ser empregado de maneira velhaca. Até mesmo uma ação pode ser promovida com fins fraudulentos, mas não se vai cogitar de tolher o direito de ação."[137]

Enfim, na esteira do pensamento de *Araken de Assis*,

"[...] a utilização ampla da exceção de executividade, deduzida de má-fé, gera distorções dignas de nota. Existe o curial risco de dissipação ou de ocultação de bens, na pendência de exceção oferecida sem prévio depósito ou penhora. Contrapõe-se a tais situações de perigo, contudo, a possibilidade de o credor obter uma medida cautelar de índole repressiva, baseado no art. 615, III, enquanto a penhora representará gravame injusto e destituído de paliativo. Assim, dos males o menor, e o que é contrabalançado pela conveniente tutela cautelar."[138]

É, sem dúvida alguma, a melhor interpretação para a espécie. Assim, vale resumir, a *possibilidade* de a defesa endoprocessual executiva ser utilizada como expediente de procrastinação quanto ao recebimento do crédito que subjaz ao título executivo não é argumento para se rejeitar ou ter um absurdo "preconceito" em relação ao instituto, que, como já visto ao longo desta obra, além de encontrar sustentáculo no regime constitucional, sofre limitações apenas pelo fenômeno da inserção da cognição no processo de execução.

O art. 14 do CPC prescreve que são deveres das partes e de todos aqueles que, de qualquer forma, participam do processo, dentre outros, *expor os fatos em juízo conforme a verdade*, *proceder com lealdade e boa-fé*, bem como *não formular pretensões, nem alegar defesa, cientes de que são destituídos de fundamento*. Ora, o não cumprimento desta regra tipifica, em linha de princípio, a existência de litigância temerária, que, como já falado, deve ser combatida como forma de resguardar a dignidade da prestação da tutela jurisdicional. Aliás, para o art. 17 desse mesmo diploma legal, dentre outras condutas, reputa-se litigante de má-fé aquele que *deduzir pretensão ou defesa contra texto expresso de lei ou fato incontroverso, alterar a verdade dos fatos, usar do processo para conseguir objetivo ilegal, proceder de modo temerário em qualquer incidente ou ato do processo* e *provocar incidentes manifestamente infundados*. Este último, como facilmente se percebe, cai como uma luva para o caso da argüição procrastinatória da defesa endoprocessual executiva.

Essas regras jurídicas mencionadas, diante da existência de lacuna e da inexistência de incompatibilidade, são aplicáveis ao processo de execução por força do art. 598 do CPC. Em complemento a essa sistemática, o art. 600 também deste diploma processual,[139] com o intuito de agilizar a execução forçada,

(137) MOREIRA, Alberto Camiña. *Defesa sem embargos do executado: exceção de pré-executividade*. 3ª ed. rev. e atual. São Paulo: Saraiva, 2001, p. 33.

(138) ASSIS, Araken de. *Manual da execução*. 9ª ed. rev. atual. e ampl. São Paulo: RT, 2004, pp. 1.022-1.023.

(139) Na opinião de *Cândido Rangel Dinamarco*, "os casos de atentado à dignidade da Justiça estão arrolados no art. 600 do Código de Processo Civil. Trata-se de hipóteses típicas, descritas em *numerus*

combatendo a demora na prestação jurisdicional e reprimindo a ocorrência de atos que impeçam o curso normal do processo de execução, em seu desprestígio, prescreve que se considera ato atentatório à dignidade da justiça o comportamento do executado que *se opõe maliciosamente à execução, empregando ardis e meios artificiosos*. É, igualmente, como se disse, o caso da argüição protelatória da defesa intraprocessual executiva. Foi, aliás, o que percebeu *Manoel Antônio Teixeira Filho*:

"[...] nos domínios do processo do trabalho, a aceitação da aludida *exceção* deverá ser feita sem prejuízo da eventual configuração de ato atentatório à dignidade da justiça (CPC, art. 600). Destarte, se, por exemplo, o devedor fizer uso dessa *exceção* com escopo visivelmente procrastinatório (por serem as suas alegações infundadas; por estarem desacompanhadas de prova documental etc.), o seu gesto poderá tipificar a *oposição maliciosa à execução*, de que trata o inc. II, do art. 600, do CPC, cuja conseqüência ser-lhe-á imposição de multa correspondente a até vinte por cento do valor atualizado da execução, sem prejuízo de outras sanções de natureza processual ou material, que se esteja a reclamar (CPC, art. 601). Se essa oposição maliciosa pode ser caracterizada nos próprios embargos à execução (quando o juízo já se encontra garantido), por mais forte razão haverá de ser configurada na exceção de pré-executividade, sabendo-se que o devedor, para formulá-la estará dispensado desse encargo patrimonial."(140)

Nas palavras de *Humberto Theodoro Júnior*:

"Se, intencionalmente, o devedor provoca a paralisação da execução forçada por meio de incidente descabido e sabidamente impróprio para o fim almejado, sua conduta pode, perfeitamente, configurar a litigância de má-fé prevista no art. 17, IV, do CPC, ou seja, oposição de '*resistência injustificada ao andamento do processo*', tornando cabível a sanção prevista no art. 18 do mesmo Código. Especificamente, para o processo de execução, haverá infringência, também, do art. 600, II, do CPC (oposição maliciosa à execução, empregando ardis e meios artificiosos), o que acarretará a sujeição às penas do art. 601."(141)

---

clausus pela lei e sem possibilidade de ampliação em via interpretativa justamente por causa de sua natureza sancionatória" (*Execução civil*. 7ª ed. rev. e atual. São Paulo: Malheiros, 2000, p. 178). Em sentido oposto, com o qual concordamos, manifesta-se *Araken de Assis*: "O art. 600 cataloga os atos suficientemente graves para atentar contra a dignidade da Justiça. Em tal situação se encontrará o devedor que: a) frauda o processo executivo (inc. I); b) opõe-se maliciosamente à execução, empregando ardis e meios artificiosos (inc. II); c) resiste, injustificadamente, às ordens judiciais (inc. III); d) não indica ao juiz a localização dos bens penhoráveis (inc. IV)". E conclui: "Tão amplo é o comportamento sancionado que, na prática, a enumeração se revela exemplificativa. Nenhum ato de má índole escapa, aparentemente, desse espectro" (*Manual da execução*. 9ª ed. rev. atual. e ampl. São Paulo: RT, 2004, p. 300).

(140) TEIXEIRA FILHO, Manoel Antônio. *Execução no processo do trabalho*. 8ª ed. São Paulo: LTr, 2004, pp. 617-618.

(141) THEODORO JÚNIOR, Humberto. *Pareceres: processo civil*. Rio de Janeiro: América Jurídica, 2003, vol. 2, p. 375.

Assim, configurada a litigância de má-fé pelo ajuizamento meramente procrastinatório do incidente defensivo, conduta inequivocamente atentatória à dignidade da justiça, deve o executado suportar a multa prevista na nova redação do art. 601 do CPC, em montante não superior a 20% do valor atualizado do débito em execução, tudo sem prejuízo de outras sanções de natureza processual ou material,[142] multa essa que reverterá em proveito do exeqüente, exigível na própria relação processual executiva.[143]

---

(142) Atente-se que, tecnicamente, a multa prevista no art. 601 do CPC não se enquadra no instituto do *Contempt of court* inerente ao sistema da *Common Law*. Neste, como se sabe, o ato atentatório à dignidade da justiça pode acabar com a prisão do infrator, o que, pelo menos em princípio, segundo o entendimento doutrinário e jurisprudencial dominante, não ocorre no sistema jurídico pátrio.

(143) Na redação original do art. 601 do CPC, previa-se, como penalidade ao litigante de má-fé, *a proibição do executado manifestar-se nos autos*. Enfim, naquela época, se o executado incorresse na penalidade, ficaria impedido de "requerer, reclamar, recorrer, ou praticar no processo quaisquer atos". Não obstante o louvável propósito das regras infraconstitucionais que velam pela dignidade da prestação da tutela jurisdicional, não se pode esquecer de que as regras processuais estão submetidas ao princípio constitucional do contraditório, garantia fundamental da realização da justiça e instrumento legitimador da função jurisdicional do Estado. Sendo assim, como já vinha pregando a doutrina, a inconstitucionalidade da redação original do artigo em comento era de evidência solar. Os males do sistema, no caso, estariam na rigidez à malícia do executado, jamais no empenho em reprimi-la. Atualmente, com a nova redação, há a aplicação de multa. Uma parte da doutrina, contudo, especificamente no caso do inc. IV do art. 601, *que considera atentatório à dignidade da justiça o fato de o executado não indicar onde estão os bens sujeitos à execução*, ainda considera que permanece vício de inconstitucionalidade nessa regra jurídica. O fundamento seria o fato de que essa conduta do executado estaria no seu *direito de resistência* à execução, estando garantida, também, pelo princípio do contraditório. Dito de maneira bem clara: considera-se que o direito de resistência do executado é corolário do princípio constitucional do contraditório. Como se sabe, do ponto de vista sociológico, a *lide executiva* seria um conflito de interesses qualificado por uma pretensão *insatisfeita*. Esse estado de insatisfação do crédito do exeqüente resulta da *resistência* do executado em cumprir a obrigação que subjaz ao título executivo. Nessa linha de raciocínio, preconiza *Eduardo Melo de Mesquita*, em sua dissertação de mestrado na PUC-SP, que "o direito de resistência não se confunde com atentado à dignidade da justiça, pois a resistência é o elemento formal da lide, faz parte da lide, é a ela inerente" (*As tutelas cautelar e antecipada*. São Paulo: RT, 2002, p. 112). Na opinião de *Ada Pellegrini Grinover*, "[...] exigir-se do devedor que indique ao juiz onde se encontram os bens sujeitos à execução (sem que nessa ocultação se vislumbre qualquer fraude ou má-fé), significa obstar a que o devedor exerça, em juízo, a sua *resistência*, justamente diante da qual se configura a lide: definida esta como conflito de interesses qualificado por uma pretensão resistida, sabe-se que na execução a lide consiste em pretensão insatisfeita. É para solucionar essa lide que o processo de execução existe; a resistência é o elemento formal da lide, também *in executivis*; obrigar o devedor a indicar ao juiz onde se encontram os bens sujeitos à execução, significa confundir uma posição dialética, própria do titular da resistência à dignidade da justiça" (*Os princípios constitucionais e o Código de Processo Civil*. São Paulo: Bushatsky, 1975, p. 124). Nas lúcidas palavras de *Cândido Rangel Dinamarco*, "Reconhece-se o *estado de sujeição* em que se encontra o devedor no processo executivo, mas *sujeição* não significa senão impossibilidade de impedir que se faça determinada coisa e não chega a impor, a quem a suporta, o dever de pautar-se por linhas altruístas de conduta, sacrificando voluntariamente um interesse próprio em benefício da pretensão alheia; o executado que não se rebela comissivamente aos atos jurisdicionais praticados ou a praticar sobre seu patrimônio não atrai a sua condição, nem viola as regras de sujeição. É claro que, se ele *esconder ou desviar* bens para evitar o ato constritivo buscado pelo oficial de justiça, com isso terá saído da mera omissão e tal conduta consubstanciará o *contempt of court* que o sistema legal visou a reprimir". E, em nota de rodapé, esclarece: "Malicioso é aquele que dissimula o mento, desorientando o oficial de justiça na busca que faz. Aquele que só se omite é como o réu em processo de conhecimento que deixa de responder à demanda: é revel, mas no direito contemporâneo a revelia não constitui *rebeldia*, como em tempos idos" (*Execução civil*. 7ª ed. rev. e atual. São Paulo: Malheiros, 2000, p. 179). Finalmente, deve-se destacar que o PL n. 4.497/04 prevê nova redação para o art. 600, IV, do CPC, de modo a considerar ato atentatório à dignidade da justiça o ato do executado que, intimado, não indica ao juiz, em 5 (cinco) dias, quais são e onde se encontram os bens sujeitos à execução, referindo os respectivos valores.

Segundo a doutrina, essa multa tem natureza jurídica eminentemente *punitiva*, já que, como visto, visa a repreender um desvio de conduta da parte no processo apto, por si só, a lesar a dignidade da prestação jurisdicional, uma das funções essenciais do Estado. Dito de outra maneira, a multa em epígrafe *não* possui caráter *indenizatório*. Assim, na fixação do seu valor, a perquirição, pelo Juiz, da existência ou não de dano ou prejuízo por parte do exeqüente não se revela necessária. Tal dado, é bom que se diga, é conveniente que seja levado em consideração pelo Juiz da execução, sobretudo quando a penalidade for aplicada no montante máximo, porém exigi-lo, jamais. Em verdade, o que deve ser levado em consideração é a gravidade da culpa ou do dolo com que agiu o litigante temerário (no caso, o executado procrastinador do processo executório), sendo irrelevante, em linha de princípio, a circunstância de o exeqüente ter sido atingido pelas conseqüências do ato.

Aliás, por essa mesma razão, está correto *Teori Albino Zavascki*, quando afirma que

> "[...] não parece ter sido adequada a opção legislativa de destinar ao credor o produto da pena. A rigor, ele deveria reverter aos cofres públicos, pois a vítima do ato apenado foi, primordialmente, a função jurisdicional. Se do ato decorrer dano, seu ressarcimento ocorrerá independentemente e sem prejuízo da incidência da multa. Igualmente, se o fato tipificar ilícito punível com sanção própria por outro dispositivo do Código, as incidências serão aplicadas cumulativamente."(144)

É o caso do art. 14, *parágrafo único*, do CPC. Para *Cleide Previtalli Cais*,

> "tal dispositivo caracteriza como ato atentatório ao exercício da jurisdição o descumprimento dos provimentos mandamentais e a criação de embaraços à efetivação de provimentos judiciais, de natureza antecipatória ou final, autorizando o juiz, sem prejuízo das sanções criminais, civis e processuais cabíveis, a aplicar multa em montante a ser fixado de acordo com a gravidade da conduta e não superior a vinte por cento do valor da causa, multa essa que reverte em favor da União ou do Estado, na medida em que, em resumo, o Poder Judiciário é alvo do desrespeito praticado."(145)

Cândido Rangel Dinamarco, vislumbrando aplicabilidade no processo executivo, explica:

> "Da fórmula 'não criar embaraços à efetivação de provimentos judiciais, de natureza antecipatória ou final', quando entendida no contexto das angústias e revoltantes demoras inerentes a essa espécie executiva, ex-

(144) ZAVASCKI, Teori Albino. *Processo de execução: parte geral.* 3ª ed. rev., atual. e ampl. São Paulo: RT, 2004, pp. 82-83.

(145) CAIS, Cleide Previtalli. *O processo tributário.* 4ª ed. rev., atual. e ampl. São Paulo: RT, 2004, p. 647.

trai-se com facilidade um comando a propiciar e acelerar a produção dos resultados de toda e qualquer execução, porque (a) o vocábulo *efetivação* tem dimensão bastante ampla e inclui todos os modos de dar cumprimento aos provimentos judiciais, inclusive mediante o processo executivo e (b) entre os *provimentos judiciais de natureza final* incluem-se também, evidentemente, as sentenças condenatórias a pagar dinheiro. O devedor que não cumprir esses provimentos ou criar embaraços a sua efetivação estará sujeito à sanção cominada no novo parágrafo do art. 14 do Código de Processo Civil."(146)

Deve-se observar que a boa-fé processual constitui uma *presunção*.(147) O contrário, isto é, a má-fé do litigante deve ser cabalmente comprovada pela parte que alega, a não ser que, diante da situação evidenciada no processo, o Juiz, de ofício (art. 18 do CPC), reconheça a respectiva conduta desleal da parte que criou o incidente infundado. *Rui Stoco* adverte que não se pode confundir critério de previsão de comportamentos objetivos, para disciplinar e coibir condutas tidas como indesejáveis (art. 17 do CPC), com responsabilidade objetiva, indiscutivelmente excepcional no sistema jurídico (ilustrativamente: art. 37, *§ 6º*, da CF; Lei n. 8.078/90; Lei n. 6.453/77). Tais condutas somente ensejarão a imposição de sanção ou o dever de reparar se o agente agir com dolo ou culpa, visto que o elemento subjetivo é fundamental para a caracterização da má-fé processual e do abuso do direito de estar em juízo.(148) Assim, como premissa, deve-se observar que a litigância de má-fé deve restar inequivocamente demonstrada nos autos, de modo que a mera rejeição da defesa intraprocessual executiva, por si só, jamais leva à aplicação direta da penalidade em questão.

O executado, pelos meios que o sistema lhe oferece, tem todo o direito de resistir aos atos de satisfação do crédito reconhecido no título executivo. O que ele não pode é *abusar* desse direito, o que é bem diferente.(149) Afinal, como se sabe, o princípio da lealdade processual não pode ser levado a extremos, pois isso iria contrariar a própria natureza dialética do processo. Como este é o campo em que, segundo a ordem jurídica, deduz-se uma pretensão e opõe-se resistência a ela, ficaria perigoso impedir ou reprimir, no processo executivo, a resistência

---

(146) DINAMARCO, Cândido Rangel. *A nova era do processo civil*. São Paulo: Malheiros, 2003, p. 293.

(147) "Por isso", ensina *Gisele Santos Fernandes Góes*, "o juiz deverá levar em consideração diversos fatores, como extensão do dano, prejuízo efetivo, bem como o que razoavelmente se deixou de auferir etc., exercitando a sua fundamentação sobre as bases do princípio da proporcionalidade" (*Princípio da proporcionalidade no processo civil: o poder de criatividade do juiz e o acesso à justiça*. São Paulo: Saraiva, 2004, p. 179).

(148) STOCO, Rui. *Abuso do direito e má-fé processual*. São Paulo: RT, 2002, pp. 92-97.

(149) *Rui Stoco* distingue as expressões "abuso do direito de demandar" e "má-fé processual". No seu entender, "a má-fé no curso do procedimento pode constituir fato isolado que, em alguns casos, não contamina a higidez do processo como um todo, embora em alguns casos isso possa ocorrer". "Contudo", diferencia o autor, "o abuso do direito de demandar significa que a própria ação intentada é temerária, sem origem ou com suporte em fatos inexistentes ou diversos daqueles expostos" (*Abuso do direito e má-fé processual*. São Paulo: RT, 2002, p. 77). Logo, segundo esse entendimento, o "abuso do direito de defesa", inclusive no processo de execução, enquadrar-se-á em quaisquer dessas categorias, tudo dependendo, obviamente, do exercício isolado ou reiterado do ilícito.

do demandado. Vedar-lhe os atos de resistência, ou limitá-los aquém do indispensável, para que sua participação seja eficiente e apta a legitimamente para afastar os desvios e possíveis excessos, constituiria negação do contraditório no processo executivo,[150] o que não mais se coaduna com a atual visão constitucional desta modalidade de processo.

Deve-se observar, ainda, que, *em linha de princípio*, a aplicação da penalidade em tela não se submete à prévia advertência do litigante temerário. Assim, tão pronto configurado o ato atentatório à dignidade da prestação jurisdicional, a sanção pode ser incidida no ato. Uma parte da doutrina entende que a prévia advertência, embora não seja obrigatória, revela-se conveniente. O art. 599, *II*, do CPC, geralmente invocado pelos defensores da corrente contrária, reza que o Juiz *pode*, em qualquer momento do processo, advertir ao devedor que o seu procedimento constitui ato atentatório à dignidade da justiça. Como se vê, o Juiz *pode*, ou seja, tem a *faculdade*, e não o dever, a obrigação. Obtempera *Teori Albino Zavascki*:

> "Seja como for, o princípio do contraditório impõe ao juiz que, antes de aplicar a multa, abra prazo para o devedor se manifestar a respeito. Ora, o despacho que determinar a intimação e fixar o prazo para a ouvida, trará consigo desde logo um juízo de valor, ainda que implícito e preliminar, sobre o questionado ato atentatório, motivo a mais para tornar desnecessária outra medida formal de advertência."[151]

Vale a pena perceber, contudo, que essa advertência somente terá *eficácia prática* significativa nas situações em que o ato atentatório ainda não se consumou de maneira irreversível, ou quando ele se mostrar irreversível por ato do executado. Realmente, consumado o ato sem possibilidade de reversão, a advertência revela-se absolutamente inútil, sendo a sua exigência mera formalidade destituída de efeito prático.[152] É o caso da protocolização da defesa intrapro-

---

(150) DINAMARCO, Cândido Rangel. *Execução civil*. 7ª ed. rev. e atual. São Paulo: Malheiros, 2000, p. 178.

(151) ZAVASCKI, Teori Albino. *Processo de execução: parte geral*. 3ª ed. rev., atual. e ampl. São Paulo: RT, 2004, p. 85.

(152) Diferentemente pensa *Araken de Assis*: "Antes de qualquer providência punitiva, se impõe, por força do art. 599, II, admoestar o executado de que o ato por ele realizado ou concebido atenta contra a dignidade da Justiça, a requerimento do credor ou de ofício. Nula se mostrará a aplicação da sanção do art. 601, segundo o texto em vigor, sem a prévia advertência. Ela visa a prevenir a realização do ato, ou a cortar seu desenvolvimento, economizando os esforços necessários à reparação dos efeitos ilegais da deslealdade do devedor". E conclui a sua linha de raciocínio: "É verdade que, consumado e flagrante o ato atentatório à dignidade da justiça — por exemplo, realizada a alienação fraudulenta do bem penhorado — , a advertência ao executado parece inócua. Entretanto, ela visa a induzir o devedor a desfazer o ato, promovendo estimável economia de tempo e esforços do órgão judiciário" (*Comentários ao Código de Processo Civil*. Rio de Janeiro: Forense, 2004, vol. IV, pp. 281-282). Em outra excelente obra, manifesta-se o autor: "Em realidade, há previsão de um procedimento gradativo para punir o ato atentatório à dignidade da Justiça praticado pelo executado. Preliminarmente, conforme deflui do art. 599, II, o juiz advertirá o devedor de que seu ato é reprovável. Qualquer punição, portanto, decorrerá da reiteração ou da insistência no ato. Mesmo antes disto, poderá empregar a faculdade contida no art. 599, I e convocar as partes para, em audiência especial, enquadrar o recalcitrante. Depois é que, observada a garantia de

cessual manifestamente infundada. Uma vez ajuizada, criando um incidente desnecessário, não há mais o que advertir. A má-fé já foi externada, de modo que não tem mais como se desfazer o ato procrastinatório. Sendo assim, deve haver a aplicação da multa, a fim de punir a conduta temerária e, de maneira indireta, inibir atos posteriores com a mesma finalidade antijurídica.

Há que se atentar que o *parágrafo único* do art. 601 do CPC prevê a possibilidade de relevação da pena pelo Juiz, caso o litigante temerário comprometa-se a não mais praticar o ato atentatório à dignidade da justiça que lhe foi imputado e dê fiador idôneo a garantir o pagamento da dívida principal, juros, despesas e honorários advocatícios. Dois, portanto, são os requisitos para o perdão da pena: *a)* assumir o compromisso formal de não mais praticar ato atentatório à dignidade da justiça; *b)* dar fiador idôneo a responder pelo valor principal da dívida e os seus encargos, bem como pelas despesas de custas e honorários devidos ao credor.

Com o primeiro requisito, objetiva-se neutralizar eventuais novas investidas contra o desenvolvimento regular dos atos executivos, ao passo que, com o segundo, procura-se criar base material, para que a execução alcance resultados efetivos. Cumpridos esses requisitos, porém, a relevação da multa passa a ser *direito* do executado. Entendemos, assim, que o Juiz tem o *dever*, não a faculdade, de deferir o requerimento respectivo, mas, no particular, outra informação revela-se importante: ainda que, em linha de princípio, o sistema não apresente expressamente um prazo para o pedido de relevação da pena, podendo, portanto, ser deduzido a qualquer tempo, há uma limitação temporal a esse requerimento, que é *a ocorrência de cumprimento da sanção* em apreço. Trata-se de preclusão. Realmente, com o pagamento voluntário ou coativo (através dos atos executivos) da multa, não haverá mais título, para justificar a sua relevação, posto que seria a criação de um dever de restituição sem previsão legal.

Nessa questão da defesa endoprocessual executiva, anota *Maria Elizabeth de Castro Lopes*, que se revela extremamente necessário que o Juiz avalie os interesses e valores em jogo, para que o processo de execução não seja utilizado de forma anormal ou abusiva pelo executado. "Lamentavelmente, na prática, o que se observa é que, em nome do contraditório e da ampla defesa, os devedores se valem de expedientes protelatórios para fugir à sua responsabilidade ou lesar credores". O processo de execução tem estrutura e função peculiares, de modo que o exercício da defesa intraprocessual não pode se desvirtuar a ponto de se converter em uma verdadeira contestação, como se não houvesse distinção em relação ao processo de conhecimento. Assim, deve-se perceber que "[...] a efetividade da execução depende muito mais da atuação adequada dos juízes que de reformas legislativas, embora estas possam contribuir para o aprimoramento da jurisdição".[153]

---

ampla defesa, e a teor da cláusula inicial do art. 601, *caput*, a sanção adequada — condenação a indenizar — ostentar-se-á aplicável, mediante decisão interlocutória motivada, sendo este ato passível de agravo" (*Manual da execução*. 9ª ed. rev., atual. e ampl. São Paulo: RT, 2005, p. 300).

(153) LOPES, Maria Elizabeth de Castro. *O princípio do contraditório no processo de execução. Execução Civil: aspectos polêmicos*/Coordenadores João Batista Lopes e Leonardo José Carneiro da Cunha. São Paulo: Dialética, 2005, p. 330.

Infelizmente, alerta *Ana Lúcia Lucker Meireles de Oliveira*, existe

"[...] uma timidez inexplicável por parte dos juízes na imposição de penas e na repressão das condutas 'inadequadas', permitindo que ações, já tão longas, desenvolvam-se ao bel prazer das partes, que, temerosas de provimentos contra si por parte do julgador, também não procurar inibir esse tipo de atuação."[154]

Isso, em outras palavras, gera o propalado "preconceito" da Magistratura em relação à defesa endoprocessual executiva: *o receio quanto à sua utilização abusiva*, e não, como deveria ocorrer, a inserção da cognição no processo executivo, que norteia o seu regime jurídico. Nada mais equivocado. Na realidade, principalmente na seara do processo de execução, em que o exeqüente encontra-se em posição "privilegiada" em face da eficácia abstrata do título executivo, não pode o Juiz ser complacente na repressão ao abuso do direito processual, o que inclui a ampla defesa. Embora tenha de ser sereno e equilibrado na avaliação das alegações fático-jurídicas, o Juiz não pode deixar de ser o protagonista do processo no afã de atingir a sua efetividade, sob pena de se tornar, quanto à temática em epígrafe, um mero espectador e cúmplice das atitudes comportamentais desonestas. Como acertadamente sentencia *Júlio César Bebber*, a atitude de Magistrados negligentes e acomodados quanto à repressão ao abuso de direito processual é repugnante, "revelando essa omissão a mais gélida indiferença e a total ausência de compromisso com o sentimento de justiça". A missão do Juiz, antes de tudo, é a realização da justiça do caso concreto, mas sempre resguardando a intangibilidade da ordem jurídica, pilar do Estado Democrático de Direito. Para que isso se efetive, deve ser intransigível na aplicação de reprimenda corretiva e pedagógica por meio das penalidades devidas.[155]

Em resumo, o exercício da defesa endoprocessual executiva deve obedecer às regras éticas que estão no cerne do processo. O executado deve manejá-la de maneira absolutamente responsável, sob pena de ser enquadrado como litigante de má-fé e, com efeito, ainda que não tenha tido essa intenção, sofrer as conseqüências financeiras daí decorrentes. Se o executado atuar com dolo ou culpa grave e causar prejuízo patrimonial ao exeqüente, incorrerá, também, no dever de responsabilizá-lo. O Juiz, nesse contexto, tem o dever de velar pela retidão da conduta das partes, resgatando a ética no processo desde o seu nascedouro. Assim, se perceber que o executado apenas se opõe maliciosamente à execução, deve repreendê-lo exemplarmente, tendo essa conduta feição nitidamente inibitória no sentido de que o executado infrator não venha a cometê-la novamente, inclusive em outro processo judicial em que eventualmente venha figurar na qualidade de réu.

(154) OLIVEIRA, Ana Lúcia Lucker Meireles de. *Litigância de má-fé*. São Paulo: RT, 2000, p. 12.

(155) BEBBER, Júlio César. *Deveres ético-jurídicos. A nova redação do art. 14 do CPC e o processo do trabalho. Processo do Trabalho: temas atuais*. São Paulo: LTr, 2003, pp. 12-13.

5. CONSIDERAÇÕES FINAIS

Ainda que seja comum que se faça uma lista de conclusões ao fim de um estudo deste porte, tal procedimento é por demais superficial, para ter alguma valia, e pode apresentar, como conseqüência, uma simplificação da argumentação desenvolvida.

Demais disso, nosso objetivo aqui defendido já foi exposto no limiar do trabalho. Retomamo-lo, nesta oportunidade, apenas como fecho da investigação.

É preciso compreender, de uma vez por todas, que a defesa endoprocessual executiva tem como limite os parâmetros admitidos para a inserção da cognição no bojo da execução. É esse, e somente esse, o núcleo da temática.

Se a matéria, seja pelo ângulo horizontal, seja pelo ângulo vertical, pode ser conhecida pelo Juiz, sem que se fale em desnaturar a estrutura e função do processo de execução, e não recaindo sobre ela autoridade de coisa julgada material ou preclusão, o incidente defensivo pode ser suscitado com sucesso.

Deve-se eliminar o entendimento que a finalidade do instituto era tão-somente evitar os atos de constrição patrimonial. Esse raciocínio é muito pobre diante de um instituto que encontra arrimo em valores constitucionais.

O raciocínio, repita-se, mormente com espeque no megaprincípio do devido processo legal, é sempre voltado à utilização de um expediente rápido e eficaz em relação à demonstração de que a execução esteja fadada ao insucesso.

Por outro lado, se houver abuso desse direito, a Magistratura, sob pena de contribuir para a inefetividade da tutela jurisdicional executiva, deve ser implacável na condenação do suscitante de má-fé.

Se nossas modestas palavras provocaram, por mínima que seja, algumas reflexões sobre o tema, damo-nos por satisfeitos.

BIBLIOGRAFIA

ADEODATO, João Maurício. *Filosofia do direito: uma crítica à verdade na ética e na ciência (através de um exame da ontologia de Nicolai Hartmann)*. 2ª ed. rev. e atual. São Paulo: Saraiva, 2002.

ALCALÁ-ZAMORA Y CASTILLO, Niceto. *Processo, autocomposición y autodefensa*. 2ª ed. México: Unam, 1970.

ALEXI, Robert. *Teoria de los derechos fundamentales*. Trad. de Ernesto Garzón Valdés. Madri: Centro de Estudios Constitucionales, 1997.

________. *Teoria da argumentação jurídica*. Tradução de Zilda Hutchison Schild Silva. São Paulo: Landy, 2001.

ALMEIDA, Ísis de. *Manual de direito processual do trabalho*. 10ª ed. atual. e ampl. São Paulo: LTr, 2002, vol. II.

ALVIM, José Eduardo Carreira. *Teoria geral do processo*. 10ª ed. rev., atual. e ampl. Rio de Janeiro: Forense, 2005.

________. *Alterações do Código de Processo Civil*. 2ª ed. rev. e atual. Rio de Janeiro: Impetus, 2006.

ALVIM, José Eduardo Carreira; CABRAL, Luciana G. Carreira Alvim. *Nova execução de título extrajudicial*. Curitiba: Juruá, 2007.

ALVIM, Thereza. *Questões prévias e limites objetivos da coisa julgada*. São Paulo: RT, 1977.

________. "Notas sobre alguns aspectos controvertidos da ação rescisória". *Revista de Processo*, São Paulo: RT, n. 39, jul./set. 1985.

________. *O direito processual de estar em juízo*. São Paulo: RT, 1996.

AMARAL, Guilherme Rizzo *et al*. *A nova execução civil: comentários à Lei n. 11.232, de 22 de dezembro de 2005*/Coordenador Carlos Alberto Álvaro de Oliveira. Rio de Janeiro: Forense, 2006.

ANDOLINA, Italo. *Contributo alla dottrina del titolo esecutivo*. Milano: Giuffrè, 1982.

________. *"Cognizione" ed "esuzione forzata" nel sistema della tutela giurisdizionale*. Milano: Giuffrè, 1983.

ARENHART, Sérgio Cruz. *Perfis da tutela inibitória coletiva*. São Paulo: RT, 2003.

ARENHART, Sérgio Cruz; MARINONI, Luiz Guilherme. *Manual do processo de conhecimento: a tutela jurisdicional através do processo de conhecimento*. 2ª ed. rev. atual. e ampl. São Paulo: RT, 2003.

ARMELIN, Donaldo. "Apontamentos sobre o direito de defesa na execução forçada". *Carta Jurídica — Revista de Informação e Debates*, n. 1, março de 1999.

ARRUDA ALVIM, Eduardo. *Exceção de pré-executividade. Processo de execução e assuntos afins*. Coordenação de Sérgio Shimura e Teresa Arruda Alvim Wambier. São Paulo: RT, 2001, vol. 2.

ARRUDA ALVIM NETO, José Manoel de. "Anotações sobre alguns aspectos das modificações sofridas pelo processo hodierno entre nós. Evolução da cautelaridade e suas reais dimensões em face do instituto da antecipação de tutela. As obrigações de fazer e não fazer. Valores dominantes na evolução dos nossos dias". *Revista de Processo*, n. 97, São Paulo: RT, jan./mar. 2000.

_________. *Manual de Direito Processual Civil brasileiro*. 7ª ed. rev. atual. e ampl. São Paulo: RT, 2000, vol. 2.

_________. *Direito Processual Civil*. São Paulo: RT, 2002, vol. 3.

_________. *Cumprimento da sentença condenatória por quantia certa — Lei n. 11.232, de 22.12.2005 — anotações de uma primeira impressão. Processo e Constituição: estudos em homenagem ao professor José Carlos Barbosa Moreira*/Coordenação Luiz Fux, Nelson Nery Jr. e Teresa Arruda Alvim Wambier. São Paulo: RT, 2006.

_________. *A natureza jurídica da impugnação prevista na Lei n. 11.232/05 — A impugnação do devedor instaura uma ação incidental, proporcionando o exercício do contraditório pelo credor; exige decisão, que ficará revestida pela autoridade de coisa julgada. Aspectos polêmicos da nova execução, 3: de títulos judiciais, Lei n. 11.232/05*/Coordenação Teresa Arruda Alvim Wambier. São Paulo: RT, 2006.

ASSIS, Araken de. *Cumulação de ações*. 4ª ed. rev. e atual. São Paulo: RT, 2002.

_________. *Manual da execução*. 9ª ed. rev., atual. e ampl. São Paulo: RT, 2004.

_________. *Comentários ao Código de Processo Civil*. 2ª ed. rev. e atual. São Paulo: RT, 2004, vol. VI.

_________. *Comentários ao Código de Processo Civil*. Rio de Janeiro: Forense, 2004, vol. IV.

_________. *Eficácia da coisa julgada inconstitucional. Coisa Julgada Inconstitucional*/ Coordenador Carlos Valder do Nascimento. 5ª ed. rev. e ampl. Rio de Janeiro: América Jurídica, 2005.

_________. *Cumprimento da sentença*. Rio de Janeiro: Forense, 2006.

_________. *Manual da execução*. 10ª ed. rev., atual. e ampl. São Paulo: RT, 2006.

_________. *Manual da execução*. 11ª ed. rev., atual. e ampl. São Paulo: RT, 2007.

ÁVILA, Humberto. *Teoria dos princípios: da definição à aplicação dos princípios jurídicos*. 4ª ed. rev. São Paulo: Malheiros, 2004.

AZEVEDO, Antônio Junqueira de. *Negócio jurídico: existência, validade e eficácia*. 4ª ed. atual. São Paulo: Saraiva, 2002.

AZEVEDO, Plauco Faraco de. *Crítica à dogmática e hermenêutica jurídica*. Porto Alegre: Fabris, 1989.

BARACHO, José Alfredo de Oliveira. *Direito Processual Constitucional: aspectos contemporâneos*. Belo Horizonte: Fórum, 2006.

BARBI, Celso Agrícola. *Ação declaratória principal e incidente*. 6ª ed. rev., aum. e atual. Rio de Janeiro: Forense, 1987.

BARBOSA MOREIRA, José Carlos. *Direito processual civil: ensaios e pareceres*. Rio de Janeiro: Borsói, 1971.

_________. *Notas sobre a extinção da execução (O art. 794 do Código de Processo Civil em confronto com suas fontes históricas). Temas de direito processual: quinta série*. São Paulo: Saraiva, 1994.

_________. "Correlação entre o pedido e a sentença". *Revista de Processo*, São Paulo: RT, n. 83, jul./set. 1996.

_________. *Efetividade do processo e técnica processual. Temas de direito processual: sexta série*. São Paulo: Saraiva. 1997.

_________. *Miradas sobre o processo civil contemporâneo. Temas de direito processual: sexta série*. São Paulo: Saraiva, 1997.

_________. *O novo processo civil brasileiro: exposição sistemática do procedimento*. 20ª ed. rev. e atual. Rio de Janeiro: Forense, 2000.

_________. "A sentença mandamental. Da Alemanha ao Brasil". *Revista de Processo*, São Paulo: RT, n. 97, jan./mar. 2000.

_________. *Execução sujeita a condição ou a termo no processo civil brasileiro. Temas de direito processual: sétima série*. São Paulo: Saraiva, 2001.

_________. *Exceção de pré-executividade: uma denominação infeliz. Temas de direito processual civil: sétima série*. São Paulo: Saraiva, 2001.

_________. *Comentários ao Código de Processo Civil*. Rio de Janeiro: Forense, 2003, vol. 5.

_________. *O que deve e o que não deve figurar na sentença. Temas de direito processual: oitava série*. São Paulo: Saraiva, 2004.

_________. *Tutelas de urgência de efetividade do direito. Temas de direito processual: oitava série*. São Paulo: Saraiva, 2004.

_________. "Notas sobre reconhecimento e execução de sentenças estrangeiras". *Revista de Processo*, São Paulo: RT, n. 124, jun. 2005.

BARROS, Alice Monteiro de. *Execução de títulos extrajudiciais. Execução trabalhista: estudos em homenagem ao Ministro João Oreste Dalazen*/Coordenação de José Affonso Dallegrave Neto e Ney José de Freitas. São Paulo: LTr, 2002.

BARROSO, Luís Roberto. *Interpretação e aplicação da Constituição: fundamentos de uma dogmática constitucional transformadora*. 2ª ed. São Paulo: Saraiva, 1998.

BAUMÖHL, Debora Ines Kran. *A nova execução civil: a desestruturação do processo de execução*. São Paulo: Atlas, 2006.

BEBBER, Júlio César. *Revelia e livre convencimento. Processo do Trabalho: temas atuais*. São Paulo: LTr, 2003.

_________. *Exceção de pré-executividade no processo do trabalho*. São Paulo: LTr, 2004.

_________. "Reforma do CPC — processo sincrético e repercussões no processo do trabalho". *Revista LTr*, São Paulo: LTr, ano 70, vol. 2, fev. 2006.

_________. *Cumprimento da sentença no processo do trabalho*. São Paulo: LTr, 2006.

BEDAQUE, José Roberto dos Santos. *Pressupostos processuais e condições da ação. Justitia*, 156/48-66, out./dez. 1991.

__________. *Tutela cautelar e tutela antecipada: tutelas sumárias e de urgência (tentativa de sistematização)*. 2ª ed. rev. e ampl. São Paulo: Malheiros, 2001.

__________. *Direito e processo: a influência do direito material sobre o processo*. 2ª ed. São Paulo: Malheiros, 2001.

__________. *Poderes instrutórios do juiz*. 3ª ed. rev. atual. e ampl. São Paulo: RT, 2001.

__________. *Cognição e decisões do juiz no processo executivo. Processo e Constituição: estudos em homenagem ao professor José Carlos Barbosa Moreira*/Coordenação Luiz Fux, Nelson Nery Jr. e Teresa Arruda Alvim Wambier. São Paulo: RT, 2006.

__________. "Algumas considerações sobre o cumprimento da sentença condenatória". *Revista do Advogado*, São Paulo: AASP, n. 85, maio 2006.

__________. *Efetividade do processo e técnica processual*. São Paulo: Malheiros, 2006.

BELTRAME, José Alonso. *Dos embargos do devedor*. 2ª ed. São Paulo: RT, 1983.

BERMUDES, Sérgio. *Sindérese e coisa julgada inconstitucional. Coisa Julgada Inconstitucional*/Coordenador Carlos Valder do Nascimento. 5ª ed. rev. e ampl. Rio de Janeiro: América Jurídica, 2005.

BITTAR, Eduardo C. B. *O Direito na pós-modernidade*. Rio de Janeiro: Forense Universitária, 2005.

BOBBIO, Norberto. *Teoria do ordenamento jurídico*. Tradução de Maria Celeste Cordeiro Leite dos Santos. 10ª ed. Brasília: Universidade de Brasília, 1997.

BOJUNGA, Luiz Edmundo Appel. "A exceção de pré-executividade". *Revista de Processo*, São Paulo: RT, vol. 55, jul./set. 1989.

BONAVIDES, Paulo. *Curso de direito constitucional*. 9ª ed. rev., atual. e ampl. São Paulo: Malheiros, 2000.

BONICIO, Marcelo José Magalhães. *Embargos de "segunda fase" na nova reforma do Código de Processo Civil. Execução civil e cumprimento da sentença*/Coordenação Gilberto Gomes Bruschi. São Paulo: Método, 2006.

BORGES, Leonardo Dias; MEIRELES, Edilton. *A nova reforma processual e seu impacto no processo do trabalho*. São Paulo: LTr, 2006.

__________. "A incidência da multa de 10% do art. 475-J do CPC no Processo do Trabalho". *Direito Processual do Trabalho: reforma e efetividade*/Luciano Athayde Chaves, organizador. São Paulo: Ltr, 2007.

BRITTO, Carlos Ayres. *Teoria da Constituição*. Rio de Janeiro: Forense, 2003.

BRUSCHI, Gilberto Gomes. *Incidente defensivo no processo de execução: uma visão sobre a exceção de pré-executividade*. São Paulo: Juarez de Oliveira, 2002.

__________; JÚNIOR, Antonio Notariano. *Os prazos processuais e o cumprimento da sentença. Execução civil e cumprimento da sentença*/Coordenação Gilberto Gomes Bruschi. São Paulo: Método, 2006.

BUENO, Cassio Scarpinella. *O art. 604 do CPC comporta objeção de pré-executividade? (O "excesso abusivo de execução" na nova disciplina da liquidação por cálculo). Atualidades sobre liquidação de sentença*/Coordenação Teresa Arruda Alvim Wambier. São Paulo: RT, 1997.

__________. *Partes e terceiros no processo civil brasileiro*. São Paulo: Saraiva, 2003.

__________. *O poder público em juízo*. 2ª ed. rev., atual. e ampl. São Paulo: Saraiva, 2003.

________. *A nova etapa da reforma do Código de Processo Civil*. São Paulo: Saraiva, 2006, vols. 1 a 3.

________. *Variações sobre a multa do caput do art. 475-J do CPC na redação da Lei n. 11.232/05. Aspectos polêmicos da nova execução, 3: de títulos judiciais, Lei n. 11.232/05*/Coordenação Teresa Arruda Alvim Wambier. São Paulo: RT, 2006.

BÜLOW, Oskar Von. *Teoria das exceções e dos pressupostos processuais*. Tradução e notas de Ricardo Rodrigues Gama. Campinas: LZN, 2003.

CABRAL, Luciana G. Carreira Alvim; ALVIM, José Eduardo Carreira. *Nova execução de título extrajudicial*. Curitiba: Juruá, 2007.

CAIS, Cleide Previtalli. *O processo tributário*. 4ª ed. rev., atual. e ampl. São Paulo: RT, 2004.

CALAMANDREI, Piero. *Introdução ao estudo sistemático dos procedimentos cautelares*. Tradução de Carla Roberta Andreasi Bassi. Campinas: Servanda, 2000.

________. *Instituições de direito processual civil*. Traduzido por Douglas Dias Ferreira. 2ª ed. Campinas: Bookseller, 2003, vol. I.

CALMON DE PASSOS, José Joaquim. *Comentários ao Código de Processo Civil*. São Paulo: RT, 1984, vol. X, Tomo I.

________. *Esboço de uma teoria das nulidades aplicada às nulidades processuais*. Rio de Janeiro: Forense, 2002.

________. *Direito, poder, justiça e processo: julgando os que nos julgam*. Rio de Janeiro: Forense, 2003.

CÂMARA, Alexandre Freitas. *Relativização da coisa julgada material. Coisa Julgada Inconstitucional*/Coordenador Carlos Valder do Nascimento. 5ª ed. rev. e ampl. Rio de Janeiro: América Jurídica, 2005.

________. *Lições de direito processual civil*. 12ª ed. rev. e atual. Rio de Janeiro: Lumen Juris, 2005, vols. I e II.

________. *Lições de direito processual civil*. 8ª ed. rev. e atual. Rio de Janeiro: Lumen Juris, 2005, vol. III.

________. *A nova execução de sentença*. Rio de Janeiro: Lumen Juris, 2006.

CAMARGO, Margarida Maria Lacombe. *Hermenêutica e argumentação: uma contribuição ao estudo do direito*. 3ª ed. rev. e atual. Rio de Janeiro: Renovar, 2003.

CAMBI, Eduardo. *Direito constitucional à prova no processo civil*. São Paulo: RT, 2001.

________. "Coisa julgada e cognição *secundum eventum probationis*". *Revista de Processo*, São Paulo: RT, n. 109, jan./mar. 2003.

CAMPILONGO, Celso Fernandes. *Os desafios do Judiciário: um enquadramento teórico. Direitos humanos, direitos sociais e justiça*/José Eduardo Faria organizador. 1ª ed. 4ª tir. São Paulo: Malheiros, 2005.

CANARIS, Claus-Wihelm. *Pensamento sistemático e conceito de sistema na ciência do direito*. 3ª ed. Introdução e tradução de Antônio Manuel da Rocha Menezes Cordeiro. Lisboa: Fundação Calouste Gulbenkian, 2002.

CANOTILHO, José Joaquim Gomes. *Direito constitucional e teoria da constituição*. 6ª ed. Coimbra: Almedina, 2002.

CAPPELLETTI, Mauro. *Proceso, ideologias, sociedad*. Trad. Santiago Sentis Melengo e Tomás A. Banzhal. Buenos Aires: Ed. Jurídicas Europa-América, 1974.

________; GARTH, Bryant. *Acesso à justiça*. Tradução de Ellen Gracie Northfleet. Porto Alegre: Fabris, 1988.

________. *Juízes legisladores?* Tradução de Carlos Alberto Álvaro de Oliveira. Porto Alegre: Fabris, 1993.

CAPONI, Remo; PISANE, Andrea Proto. *Lineamenti di diritto processuale civile*. Nápoles: Jovene, 2001.

CARMONA, Carlos Alberto. *Novidades sobre a execução civil: observações sobre a Lei n. 11.232/05. A nova execução de títulos judiciais: comentários à Lei n. 11.232/05*/Coordenadores Sérgio RabelloTamm Renault e Pierpaolo Cruz Bottini. São Paulo: Saraiva, 2006.

CARNEIRO, Athos Gusmão. *Da antecipação de tutela*. Rio de Janeiro: Forense, 2004.

________. *Jurisdição e competência*. 14ª ed. atual. São Paulo: Saraiva, 2005.

________. "Nova execução. Aonde vamos? Vamos melhorar". *Revista de Processo*, São Paulo: RT, n. 123, maio de 2005.

CARNELUTTI, Francesco. *Diritto e processo*. Nápoles: Morano, 1958.

________. *Instituições do processo civil*. Tradução de Adrián Sotero De Witt Batista. São Paulo: Classic Book, 2000, vol. I.

CARPI, Federico. *Note in tema di tecniche di attuazione dei diritti. Studi in memória di Corrado Vocino*. Napoli: Jovene, 1996.

CARVALHO, Amílton Bueno de. *Magistratura e direito alternativo*. 6ª ed. Rio de Janeiro: Lumen Juris, 2003.

CARVALHO, Paulo de Barros. *Teoria da norma tributária*. 3ª ed. São Paulo: Max Limonad, 1998.

CASSONE, Vittorio; CASSONE, Maria Eugenia Teixeira. *Processo tributário: teoria e prática*. 6ª ed. rev. e reform. São Paulo: Atlas, 2005, p. 465.

CASTELO, Jorge Pinheiro. *O direito processual do trabalho na moderna teoria geral do processo*. 2ª ed. São Paulo: LTr, 1996.

CHAVES, Luciano Athayde. *A recente reforma no processo comum e seus reflexos no direito judiciário do trabalho*. São Paulo: LTr, 2006.

________. *Lacunas no Direito Processual do Trabalho. Direito Processual do Trabalho: reforma e efetividade*/Luciano Athayde Chaves, organizador. São Paulo: LTr, 2007.

CHIOVENDA, Giuseppe. *Instituições de direito processual civil*. 3ª ed. Campinas: Bookseller, 2002, vol. I.

CINTRA, Antônio Carlos de Araújo; DINAMARCO, Cândido Rangel; GRINOVER, Ada Pellegrini. *Teoria geral do processo*. 20ª ed. São Paulo: Malheiros, 2004.

COELHO, Luiz Fernando. *Teoria crítica do Direito*. 3ª ed. rev., atual. e ampl. Belo Horizonte: Del Rey, 2003.

COELHO, Sacha Calmon Navarro. *Teoria geral do tributo e da exoneração tributária*. Belo Horizonte: Del Rey, 1999.

COMOGLIO, Luigi Paolo. *La garantia costituzionale dell'azione ed il processo civile*. Padova: CEDAM, 1970.

__________. "Difesa e contraddittorio nei procedimenti". Milano: *Rivista di Diritto Processuale*, vol. 52, n. 3, lugl./sept. 1997.

__________; FERRI, Corrado; TARUFFO, Michele. *Lezioni sul processo civile*. 2ª ed. Bologna: Il Mulino, 2001.

COQUEIJO COSTA, Carlos. *Ação rescisória*. 7ª ed. rev. e atual. por Gustavo Lanat Pedreira Cerqueira. São Paulo: LTr, 2002.

CORDEIRO, Wolney Macedo. *Da leitura do método de aplicação subsidiária das normas de direito processual comum ao processo do trabalho. Direito Processual do Trabalho: reforma e efetividade*/Luciano Athayde Chaves, organizador. São Paulo: LTr, 2007.

CORREIA, André de Luizi. *A citação no direito processual civil brasileiro*. São Paulo: RT, 2001.

COUTURE, Eduardo. *Fundamentos de direito processual civil*. Campinas: Red Livros, 1999.

CRETELLA NETO, José. *Fundamentos principiológicos do processo civil*. Rio de Janeiro: Forense, 2002.

DALL'AGNOL, Jorge Luís. *Pressupostos processuais*. Porto Alegre: Le Jur, 1988.

DALL'AGNOL JÚNIOR, Antônio Janyr. "Invalidades processuais — algumas questões". *Revista de Processo*, São Paulo: RT, n. 67, jul./set. 1992.

DANTAS, Ivo. *Instituições de direito constitucional brasileiro*. Curitiba: Juruá, 1999.

DANTAS, Marcelo Navarro Ribeiro. "Admissibilidade e mérito na execução". *Revista de Processo*, São Paulo: RT, n. 47, jul./set. 1987.

__________. *Mandado de segurança coletivo: legitimação ativa*. São Paulo: Saraiva, 2000.

DELGADO, José Augusto. *Efeitos da coisa julgada e os princípios constitucionais. Relativização da coisa julgada material. Coisa Julgada Inconstitucional*/Coordenador Carlos Valder do Nascimento. 5ª ed. rev. e ampl. Rio de Janeiro: América Jurídica, 2005.

DIDIER JÚNIOR, Fredie. *Recurso de terceiro: juízo de admissibilidade*. São Paulo: RT, 2002.

__________. "Teoria da exceção: a exceção e as exceções". *Revista de Processo*, São Paulo: RT, n. 116, jul./ago. 2004.

__________. *Pressupostos processuais e condições da ação: o juízo de admissibilidade do processo*. São Paulo: Saraiva, 2005.

__________. JORGE, Flávio Chein; RODRIGUES, Marcelo Abelha. *A terceira etapa da reforma processual civil*. São Paulo: Saraiva, 2006.

DINAMARCO, Cândido Rangel. "O conceito de mérito em processo civil". *Revista de Processo*, São Paulo: RT, n. 34, abr./jun. 1984.

__________. "Tutela jurisdicional". *Revista de Processo*, São Paulo: RT, vol. 81, jan./mar. 1996.

__________. *Execução civil*. 7ª ed. rev. e atual. São Paulo: Malheiros, 2000.

__________. *A instrumentalidade do processo*. 8ª ed. rev. e atual. São Paulo: Malheiros, 2000.

________. *Intervenção de terceiros*. 2ª ed. São Paulo: Malheiros, 2000.

________. *O contrato de abertura de crédito e a teoria do título executivo. Processo de execução e assuntos afins*/Coordenação de Sérgio Shimura e Teresa Arruda Alvim Wambier. São Paulo: RT, 2001, vol. 2.

________. *Instituições de direito processual civil*. São Paulo: Malheiros, 2001, vol. II; 2ª ed. rev. e atual., 2002. vol. III; 4ª ed., 2004, vol. IV.

________. *Fundamentos do processo civil moderno*. 5ª ed. São Paulo: Malheiros, 2002, vol. I.

________. *A nova era do processo civil*. São Paulo: Malheiros, 2003.

________. *Instituições de direito processual civil*. São Paulo: Malheiros, 2004, vol. IV.

________; CINTRA, Antônio Carlos de Araújo; GRINOVER, Ada Pellegrini. *Teoria geral do processo*. 20ª ed. São Paulo: Malheiros, 2004.

DINAMARCO, Márcia Conceição Alves. *Ação rescisória*. São Paulo: Atlas, 2004.

ENGISCH, Karl. *Introdução ao pensamento jurídico*. Tradução de João Baptista Machado. 9ª ed. Lisboa: Fundação Calouste Gulbenkian, 2004.

ESPÍNDOLA, Ruy Samuel. *Conceito de princípios constitucionais: elementos teóricos para uma formulação dogmática constitucionalmente adequada*. São Paulo: RT, 1999.

FABRÍCIO, Adroaldo Furtado. *Ação declaratória incidental*. Rio de Janeiro: Forense, 1976.

________. *As novas necessidades do processo civil e os poderes do Juiz. Ensaios de direito processual*. Rio de Janeiro: Forense, 2003.

FACHIN, Luiz Edson; RUZYK, Carlos Eduardo Pianovski. *Direitos fundamentais, dignidade da pessoa humana e o novo Código Civil: uma análise crítica. Constituição, direitos fundamentais e direito privado* — organizador Ingo Wolfgang Sarlet. Porto Alegre: Livraria do Advogado, 2003.

FARIA, José Eduardo. *As transformações do Judiciário em face de suas responsabilidades sociais. Direitos humanos, direitos sociais e justiça*/José Eduardo Faria (org.). 1ª ed. 4ª tir. São Paulo: Malheiros, 2005.

FARIA, Juliana Cordeiro de; THEODORO JÚNIOR, Humberto. "O tormentoso problema da inconstitucionalidade da sentença passada em julgado". *Revista de Processo*, São Paulo: RT, n. 127, set. 2005.

FAZZALARI, Elio. *Intituzioni di diritto processuale*. 8ª ed. Padova: CEDAM, 1996.

FERNANDES, Antonio Scarance. *Prejudicialidade*. São Paulo: RT, 1988.

________. *Incidente processual*. São Paulo: RT, 1991.

________. *Processo penal constitucional*. 3ª ed. rev., atual. e ampl. São Paulo: RT, 2002.

________; GRINOVER, Ada Pellegrini; MAGALHÃES GOMES FILHO, Antonio. *As nulidades no processo penal*. 8ª ed. rev. e atual. São Paulo: RT, 2004.

________. *Teoria geral do procedimento e o procedimento no processo penal*. São Paulo: RT, 2005.

FERRARI, Regina Maria Macedo Nery. *Normas constitucionais programáticas: normatividade, operatividade e efetividade*. São Paulo: RT, 2001.

FERRAZ, Cristina. *Prazos no processo de conhecimento: preclusão, prescrição, decadência, perempção, coisa julgada material e formal*. São Paulo: RT, 2001.

FERREIRA FILHO, Manoel Caetano. *A preclusão no direito processual civil*. Curitiba: Juruá, 1991.

FERRI, Corrado; COMOGLIO, Luigi Paolo; TARUFFO, Michele. *Lezioni sul processo civile*. 2ª ed. Bologna: Il Mulino, 2001.

FORNACIARI JÚNIOR, Clito. *Da reconvenção no direito processual civil brasileiro*. 2ª ed. ampl. São Paulo: Saraiva, 1983.

FREIRE, Rodrigo da Cunha Lima. *Condições da ação: enfoque sobre o interesse de agir*. 2ª ed. rev. atual. e ampl. São Paulo: RT, 2001.

________. *É agravável o ato de ordenar a citação na execução. Processo de execução*/Coordenação Sérgio Shimura e Tereza Arruda Alvim Wambier. São Paulo: RT, 2001.

FREITAS, Juarez. *A interpretação sistemática do direito*. 4ª ed. rev. e ampl. São Paulo: Malheiros, 2004.

FURNO, Carlo. "Condanna e titolo esecutivo". *In Revista Italiana per le Scienze Giuridiche*, Milão, 1937.

________. *Contributo alla teoria della prova legale*. Padova: Cedam, 1940.

________. *Disegno sistematico delle opposizioni nel processo esecutivo*. Firenze: Barberà, 1942.

GALVES, Carlos. *Manual de economia política atual*. 15ª ed. rev. e atual. por Galeno Lacerda. Rio de Janeiro: Forense Universitária, 2004.

GARBAGNATI, Edoardo. *Preclusione pro iudicato e titolo ingiuntivo*. *Scritti scelti*. Milano: Giuffrè, 1988.

GARCIA, Gustavo Filipe Barbosa. *Terceira fase da reforma do Código de Processo Civil*. São Paulo: Método, 2006, vols. 1 e 2.

GARTH, Bryant; CAPPELLETTI, Mauro. *Acesso à justiça*. Tradução de Ellen Gracie Northfleet. Porto Alegre: Fabris, 1988.

GIORDANI, Francisco Alberto da Motta Peixoto. *A aplicação da Lei n. 8.009/90 na Justiça do Trabalho*. *Estudos de processo de execução: TRT 15ª Região — 15 anos*/Coordenador Francisco Alberto da Motta Peixoto Giordani. São Paulo: LTr, 2001.

GÓES, Gisele Santos Fernandes. *Princípio da proporcionalidade no processo civil: o poder de criatividade do juiz e o acesso à justiça*. São Paulo: Saraiva, 2004.

GOLDSCHMIDT, James. *Direito processual civil*. Tradução de Lisa Pary Scarpa. Campinas: Bookseller, 2003, vol. I.

GOMES, Fábio Luiz; SILVA, Ovídio Araújo Baptista da. *Teoria geral do processo civil*. 2ª ed. rev. e atual. São Paulo: RT, 2000.

________. *Responsabilidade objetiva e antecipação de tutela: a superação do paradigma da modernidade*. São Paulo: RT, 2006.

GONÇALVES, Aroldo Plínio. *Nulidades no processo*. Rio de Janeiro: Aide, 2000.

________. *Técnica processual e teoria do processo*. Rio de Janeiro: Aide, 2001.

GONÇALVES, Helena de Toledo Coelho. *Objeção de pré-executividade — uma análise principiológica*. *Processo de execução e assuntos afins*/Coordenação de Sérgio Shimura e Teresa Arruda Alvim Wambier. São Paulo: RT, 2001, vol. 2.

GRAU, Eros Roberto. *A ordem econômica na Constituição de 1988: interpretação e crítica*. 4ª ed. rev. e atual. São Paulo: Malheiros, 1998.

_________. *O direito posto e o direito pressuposto*. 5ª ed. rev. e ampl. São Paulo: Malheiros, 2003.

_________. *Ensaio e discurso sobre a interpretação/aplicação do direito*. 4ª ed. São Paulo: Malheiros, 2006.

GRECO, Leonardo. *O processo de execução*. Rio de Janeiro: Renovar, 1999, vol. 1.

_________. *O processo de execução*. Rio de Janeiro: Renovar, 2001, vol. 2.

_________. *A teoria da ação no processo civil*. São Paulo: Dialética, 2003.

_________. "Primeiros comentários sobre a reforma da execução oriunda da Lei n. 11.232/05". *Revista Dialética de Direito Processual*, São Paulo: Dialética, vol. 36, mar. 2006.

GRINOVER, Ada Pellegrini. *Direito processual civil*. São Paulo: Bushatsky, 1974.

_________. *Os princípios constitucionais e o Código de Processo Civil*. São Paulo: Bushatsky, 1975.

_________. *As condições da ação penal — uma tentativa de revisão*. São Paulo: Bushatsky, 1977.

_________. *As garantias constitucionais do processo. Novas tendências do direito processual*. Rio de Janeiro: Forense Universitária, 1990.

_________ ; CINTRA, Antônio Carlos de Araújo; DINAMARCO, Cândido Rangel. *Teoria geral do processo*. 20ª ed. São Paulo: Malheiros, 2004.

_________ ; FERNANDES, Antonio Scarance; MAGALHÃES GOMES FILHO, Antonio. *As nulidades no processo penal*. 8ª ed. rev. e atual. São Paulo: RT, 2004.

_________. *Cumprimento da sentença. A nova execução dos títulos judiciais: comentários à Lei n. 11.232/05*/Coordenadores Sérgio Rabello Tamm Renault e Pierpaolo Cruz Bottini. São Paulo: Saraiva, 2006.

GROPALI, Alessandro. *Introdução ao estudo do direito*. Rio de Janeiro: Âmbito Cultural Edições, 2003.

GUERRA, Marcelo Lima. *Execução forçada: controle de admissibilidade*. São Paulo: RT, 1995.

_________. "Antecipação de tutela no processo executivo". *Revista de Processo*, São Paulo: RT, n. 87, jul./set. 1997.

_________. *Execução indireta*. São Paulo: RT, 1999.

_________. *Direitos fundamentais e a proteção do credor na execução civil*. São Paulo: RT, 2003.

GUERRA, Willis Santiago. "Aspectos da execução forçada no sistema processual brasileiro". *Revista de Processo*, São Paulo: RT, vol. 83, jul./set. 1996.

GUERRA FILHO, Willis Santiago. *Teoria processual da Constituição*. São Paulo: Celso Bastos, 2000.

HABERMAS, Jürgen. *Direito e democracia: entre facticidade e validade*. Tradução de Fábio Beno Siebeneichler. 2ª ed. Rio de Janeiro: Tempo Brasileiro, 2003, vol. I.

HESSE, Konrad. *A força normativa da Constituição.* Tradução de Gilmar Ferreira Mendes. Porto Alegre: Fabris, 1991.

JORGE, Flávio Cheim. "Ação rescisória — ausência de citação do réu". *Revista de Processo*, São Paulo: RT, n. 78, abr./jun. 1995.

________. "Relação processual e contraditório nas diversas espécies de execução". *Revista de Processo*, São Paulo: RT, n. 114, mar./abr. 2004.

________ ; DIDIER JR., Fredie; RODRIGUES, Marcelo Abelha. *A terceira etapa da reforma processual civil.* São Paulo: Saraiva, 2006.

________. *Teoria geral dos recursos cíveis.* 3ª ed. rev., ampl. e atual. São Paulo: RT, 2007.

JÚNIOR, Geraldo da Silva Batista. *Exceção de pré-executividade: alcance e limites.* 2ª ed. Rio de Janeiro: Lumen Juris, 2004.

JÚNIOR, Antonio Notariano; BRUSCHI, Gilberto Gomes. *Os prazos processuais e o cumprimento da sentença. Execução civil e cumprimento da sentença*/Coordenação Gilberto Gomes Bruschi. São Paulo: Método, 2006.

KELSEN, Hans. *Teoria pura do direito.* Tradução de João Baptista Machado. 6ª ed. São Paulo: Martins Fontes, 1998.

KNIJNIK, Danilo. *A exceção de pré-executividade.* Rio de Janeiro: Forense, 2001.

________ *et al. A nova execução civil: comentários à Lei n. 11.232, de 22 de dezembro de 2005*/Coordenador Carlos Alberto Álvaro de Oliveira. Rio de Janeiro: Forense, 2006.

KOMATSU, Roque. *Da invalidade no processo civil.* São Paulo: RT, 2001.

KUHN, João Lacê. *O princípio do contraditório no processo de execução.* Porto Alegre: Livraria do Advogado, 1998.

LACERDA, Galeno. "Execução de título extrajudicial e segurança do juízo". *Ajuris*, Porto Alegre, n. 23, nov. de 1981.

________. *Despacho saneador.* 3ª ed. Porto Alegre: Fabris, 1990.

LA CHINA, Sérgio. *L'esecuzione forzata e le disposizioni generali del códice di procedura civile.* Milano: Giuffrè, 1970.

LARA, Betina Rizzato. *Liminares no Processo Civil.* 2ª ed. atual. São Paulo: RT, 1994.

LARENZ, Karl. *Metodologia da ciência do direito.* Tradução de José Lamego. 3ª ed. Lisboa: Fundação Calouste Gulbenkian, 1997.

LASPRO, Oreste Nestor de Souza. *A responsabilidade civil do juiz.* São Paulo: RT, 2000.

LEISTER, Margareth. *Execução de decisões estrangeiras. Processo de execução: temas polêmicos e atuais*/Coordenador Gilberto Gomes Bruschi. São Paulo: RCS, 2005.

LEITE, Carlos Henrique Bezerra. "Cumprimento espontâneo da sentença (Lei n. 11.232/05) e suas repercussões no processo do trabalho". *Revista LTr*, São Paulo: LTr, ano 70, vol. 9, set. 2006.

LIEBMAN, Enrico Tullio. *L'azione nella teoria del processo civile.* Napole: Edizione Morano, 1962.

________. *Eficácia e autoridade da sentença.* Tradução de Alfredo Buzaid e Benvindo Aires; tradução dos textos posteriores à edição de 1945 e notas relativas ao direito brasileiro vigente de Ada Pellegrini Grinover. 3ª ed. Rio de Janeiro: Forense, 1984.

_________. *Manual de direito processual civil*. Tradução e notas de Cândido Rangel Dinamarco. 2ª ed. Rio de Janeiro: Forense, 1985, vol. I.

_________. *Processo de execução*. Araraquara: Bestbook, 2003.

_________. *Estudos sobre o processo civil brasileiro*. Araraquara: Bestbook, 2004.

LIMA, Alcides de Mendonça. *Probidade processual e finalidade do processo*. Uberaba: Vitória, 1978.

_________. "Ação executiva". *Revista dos Tribunais*, São Paulo: RT, vol. 72, n. 575, set. 1983.

LIMA, Francisco Gérson Marques de. *Execução de título extrajudicial no processo do trabalho*. São Paulo: LTr, 2004.

LISBOA, Celso Anicet. *A reforma do Código de Processo Civil: comentários às Leis n. 11.187, de 19 de outubro de 2005 (agravo), e 11.232, de 22 de dezembro de 2005 (fases de cumprimento de sentença)*. Rio de Janeiro: Forense, 2006.

LOPES, João Batista. *Curso de direito processual civil: parte geral*. São Paulo: Atlas, 2005, vol. 1.

_________."Efetivação da tutela jurisdicional à luz da constitucionalização do Processo Civil". *Revista de Processo*, São Paulo: RT, vol. 116, jul./ago. 2004.

_________. *O princípio do contraditório no processo de execução. Execução Civil: aspectos polêmicos*/Coordenadores João Batista Lopes e Leonardo Carneiro da Cunha. São Paulo: Dialética, 2005.

LUCAS VERDÚ, Pablo. *O sentimento constitucional: aproximação ao estudo do sentir constitucional como de integração política*. Tradução e prefácio de Agassiz Almeida Filho. Rio de Janeiro: Forense, 2004.

LUCON, Paulo Henrique dos Santos. *O controle dos atos executivos e a efetividade da execução: análises e perspectivas. Processo de execução e assuntos afins*/Coordenação de Teresa Arruda Alvim Wambier. São Paulo: RT, 1998.

_________. *Eficácia das decisões e execução provisória*. São Paulo: RT, 2000.

_________. *Embargos à execução*. 2ª ed. rev., atual. e ampl. São Paulo: Saraiva, 2001.

_________. *Nova execução de títulos judiciais e sua impugnação. Aspectos polêmicos da nova execução, 3: de títulos judiciais, Lei n. 11.232/05*/Coordenação Teresa Arruda Alvim Wambier. São Paulo: RT, 2006.

LUHMANN, Niklas. *Legitimação pelo procedimento*. Brasília: Universidade de Brasília, 1980.

LUISO, Francesco Paolo. *Appunti di diritto processuale civile — Processo di esecuzione*. Pisa: ETS, 1992.

MACEDO, Elaine Harzheim. *Jurisdição e processo: crítica histórica e perspectivas para o terceiro milênio*. Porto Alegre: Livraria do Advogado, 2005.

MACHADO, Daniel Carneiro. *A coisa julgada inconstitucional*. Belo Horizonte: Del Rey, 2005.

MACHADO, Hugo de Brito. "Execução fiscal e ação anulatória". *Revista de Processo*, São Paulo: RT, n. 24, out./dez. 1981.

MACHADO GUIMARÃES, Luiz. *Carência de ação. Estudos de direito processual civil*. São Paulo: Jurídica e Universitária, 1969.

MAGALHÃES GOMES FILHO, Antonio; GRINOVER, Ada Pellegrini; FERNANDES, Antonio Scarance. *As nulidades no processo penal.* 8ª ed. rev. e atual. São Paulo: RT, 2004.

MAGRI, Berenice Soubhie Nogueira. *Ação anulatória: art. 486 do CPC.* 2ª ed. rev. e atual. São Paulo: RT, 2004.

MALACHINI, Edson Ribas. "Ações (e sentença) condenatórias, mandamentais e executivas". *Revista de Processo*, São Paulo: RT, n. 125, julho de 2005.

MALLET, Estevão. *Oposição à execução fora dos embargos e sem garantia do juízo. Execução trabalhista: estudos em homenagem ao Ministro João Oreste Dalazen*/Coordenação de José Affonso Dallegrave Neto e Ney José de Freitas. São Paulo: LTr, 2002.

_________. "Anotações à Lei n. 11.382, de 6 de dezembro de 2006". *Revista do Tribunal Superior do Trabalho*, vol. 73, n. 1, jan./mar. 2007.

MANDRIOLI, Crisanto. *Corso di diritto processuale civile.* 2ª ed. Torino: G. Giappichelli, vol. I, 1978.

_________. *Pressupposti processuali. Novíssimo Digesto Italiano.* Torino: Utet, vol. XIII, 1980.

_________. *Dirrito processuale civile.* 13ª ed. Torino: G. Giappichelli, 2000, vol. I.

MANUS, Pedro Paulo Teixeira. *Execução de sentença no processo do trabalho.* São Paulo: Atlas, 2005.

_________. "A execução no processo do trabalho, o devido processo legal, a efetividade do processo e as novas alterações do Código de Processo Civil". *Revista do Tribunal Superior do Trabalho*, vol. 73, n. 1, jan./mar. 2007.

MARINONI, Luiz Guilherme. *Tutela cautelar e tutela antecipatória.* São Paulo: RT, 1994.

_________. *Novas linhas do processo civil.* 3ª ed. São Paulo: Malheiros, 1999.

_________. *Tutela inibitória: individual e coletiva.* 2ª ed. São Paulo: RT, 2000.

_________. *Tutela antecipatória e julgamento antecipado: parte incontroversa da demanda.* 5ª ed. rev., atual. e ampl. São Paulo: RT, 2002.

_________; ARENHART, Sérgio Cruz. *Manual do processo de conhecimento: a tutela jurisdicional através do processo de conhecimento.* 2ª ed. rev. atual. e ampl. São Paulo: RT, 2003.

_________. *A antecipação da tutela.* 8ª ed. rev., atual. e ampl. São Paulo: Malheiros, 2004.

_________. *Técnica processual e tutela de direitos.* São Paulo: RT, 2004.

_________. "Controle do poder executivo do juiz". *Revista de Processo*, São Paulo: RT, n. 127, setembro de 2005.

_________. *Teoria geral do processo.* São Paulo: RT, 2006.

MARQUES, José Frederico. *Manual de direito processual civil.* 9ª ed. atual. por Ovídio Rocha Barros Sandoval. Campinas: Millennium, 2003, vol. III.

MARTINS, Sandro Gilbert. *A defesa do executado por meio de ações autônomas: defesa heterotópica.* São Paulo: RT, 2002.

_________. "Apontamento sobre a defesa do executado no 'cumprimento da sentença'". *Revista de Processo*, São Paulo: RT, n. 116, jul./ago. 2004.

MATTOS, Sérgio Luís Wetzel de. "O princípio do devido processo legal revisitado". *Revista de Processo*, n. 120, São Paulo: RT, fevereiro de 2005.

MAZZEI, Rodrigo *et al*. *Reforma do CPC*. São Paulo: RT, 2006.

MEDEIROS, Luiz César. *O formalismo processual e a instrumentalidade: um estudo à luz dos princípios constitucionais do processo e dos poderes jurisdicionais*. 2ª ed. rev. e ampl. Florionópolis: OAB/SC, 2006.

MEDEIROS, Maria Lúcia L. C. de. *A revelia sob o aspecto da instrumentalidade*. São Paulo: RT, 2003.

MEDINA, José Miguel Garcia. "O art. 795 do CPC". *Revista de Processo*, São Paulo: RT, n. 88, out./dez. 1997.

_________ ; WAMBIER, Teresa Arruda Alvim. *O dogma da coisa julgada: hipóteses de relativização*. São Paulo: RT, 2003.

_________ . *Execução civil: teoria geral: princípios fundamentais*. 2ª ed. rev., atual. e ampl. São Paulo: RT, 2004.

_________ ; WAMBIER, Teresa Arruda Alvim. *Coisa julgada na execução e na exceção de pré-executividade*. *Processo de execução: temas polêmicos e atuais*/Coordenador Gilberto Gomes Bruschi. São Paulo: RCS, 2005.

_________ ; WAMBIER, Luiz Rodrigues; WAMBIER, Teresa Arruda Alvim. *Breves comentários à nova sistemática processual civil, 2: Leis ns. 11.187/05, 11.232/05, 11.276/06, 22.277/06 e 11.280/06*. São Paulo: RT, 2006.

_________ ; WAMBIER, Luiz Rodrigues; WAMBIER, Teresa Arruda Alvim. *Sobre a impugnação à execução de título judicial (arts. 475-L e 475-M do CPC)*. *Aspectos polêmicos da nova execução, 3: de títulos judiciais, Lei n. 11.232/05*/Coordenação Teresa Arruda Alvim Wambier. São Paulo: RT, 2006.

_________ ; WAMBIER, Luiz Rodrigues; WAMBIER, Teresa Arruda Alvim. *Breves comentários à nova sistemática processual civil, 3: Leis ns. 11.382/06, 11.417/06, 11.418/06, 11.419/06, 11.441/07 e 11.448/07*. São Paulo: RT, 2007.

MEIRELES, Edilton; BORGES, Leonardo Dias. *A nova reforma processual e seu impacto no processo do trabalho*. São Paulo: LTr, 2006.

MELLO, Celso Antônio Bandeira de. *Curso de direito administrativo*. 17ª ed. rev. e atual. São Paulo: Malheiros, 2004.

MESQUITA, Eduardo Melo de. *As tutelas cautelar e antecipada*. São Paulo: RT, 2002.

_________ . *As tutelas de urgência na execução civil*. *Execução civil: aspectos polêmicos*/Coordenadores João Batista Lopes e Leonardo Carneiro da Cunha. São Paulo: Dialética, 2005.

MESQUITA, José Ignácio Botelho de. *Coisa julgada*. Rio de Janeiro: Forense, 2004.

MIAILLE, Michel. *Introdução crítica ao direito*. Tradução de Ana Prata. 2ª ed. Lisboa: Editorial Estampa, 1994.

MONIZ DE ARAGÃO, Egas. "Efetividade do processo de execução". *Revista de Processo*, n. 72, São Paulo: RT, out./dez. 1993.

MONTEIRO, João Baptista. "O conceito de decisão". *Revista de Processo*, São Paulo: RT, n. 23, jul./set. 1981.

MONTENEGRO FILHO, Misael. *Cumprimento da sentença e outras reformas processuais*. São Paulo: Atlas, 2006.

MORAIS, Alexandre de. *Direito constitucional*. 13ª ed. São Paulo: Atlas, 2003.

MOREIRA, Alberto Camiña. *Defesa sem embargos do executado: exceção de pré-executividade*. 3ª ed. rev. e atual. São Paulo: Saraiva, 2001.

MOREIRA, Lenice Silveira. *A exceção de pré-executividade em matéria tributária*. Porto Alegre: Livraria do Advogado, 2001.

MURITIBA, Sergio. *Ação executiva* lato sensu *e ação mandamental*. São Paulo: RT, 2006.

MUTHER, Theodor. *La doctrina de la actio romana, del derecho de accicionar actual, crítica del librio de Windscheid la actio del derecho civil romano, desde el punto de vista del derecho actual. In* Polémica sobre la Actio. Trad. Tomás A. Banzahaf. Buenos Aires: Ediciones Jurídicas Europa-América, 1974.

NALINI, José Renato. *Ética geral e profissional*. 4ª ed. rev. e atual. São Paulo: RT, 2004.

NASCIMENTO, Carlos Valder do. *Execução contra a Fazenda Pública: sua inversão no pólo processual em razão de erro material*. Rio de Janeiro: Forense, 2000.

NEGRÃO, Teothonio; GOLVÊA, José Roberto Ferreira. *Código de Processo Civil e legislação processual em vigor*. 36ª ed. atual. São Paulo: Saraiva, 2004.

NERY JUNIOR, Nelson. *Princípios do processo civil na Constituição Federal*. 7ª ed. rev. e atual. São Paulo: RT, 2002.

_________. *Teoria geral dos recursos*. 6ª ed. atual., ampl. e reform. São Paulo: RT, 2004.

_________; NERY, Rosa Maria de Andrade. *Código de Processo Civil comentado e legislação extravagante*. 8ª ed. rev., ampl. e atual. São Paulo: RT, 2004.

NERY, Rosa Maria de Andrade; NERY JUNIOR, Nelson. *Código de Processo Civil comentado e legislação extravagante*. 8ª ed. rev., ampl. e atual. São Paulo: RT, 2004.

NEVES, Celso. *Coisa julgada civil*. São Paulo: RT, 1971.

_________. *Estrutura fundamental do processo civil: tutela jurídica processual, ação, processo e procedimento*. 2ª ed. Rio de Janeiro: Forense, 1997.

NEVES, Daniel Amorim Assumpção. *Preclusões para o juiz: preclusão* pro iudicato *e preclusão judicial no processo civil*. São Paulo: Método, 2004.

_________ *et al. Reforma do CPC*. São Paulo: RT, 2006.

NOJIRI, Sérgio. *O dever de fundamentar as decisões judiciais*. 2ª ed. rev., atual. e ampl. São Paulo: RT, 2000.

_________. *A interpretação judicial do direito*. São Paulo: RT, 2005.

_________. "Crítica à teoria da relativização da coisa julgada". *Revista de Processo*, São Paulo: RT, n. 123, maio de 2005.

NOLASCO, Rita Dias. *Exceção de pré-executividade*. 2ª ed. rev., atual. e ampl. São Paulo: Método, 2004.

NUNES, Marcelo Porpino. "A sentença do art. 795 do CPC". *Revista de Processo*, São Paulo: RT, n. 72, out./dez. 1993.

OLIVEIRA, Ana Lúcia Lucker Meireles de. *Litigância de má-fé*. São Paulo: RT, 2000.

OLIVEIRA, Carlos Alberto Alvaro de. "Execução e título judicial e defeito ou ineficácia da sentença". *Revista de Processo*, São Paulo: RT, n. 80, out./dez. 1995.

________. *Do formalismo no processo civil*. 2ª ed. rev. e ampl. São Paulo: Saraiva, 2003.

OLIVEIRA, Eduardo Ribeiro de. "Condições da ação: a possibilidade jurídica do pedido". *Revista de Processo*, São Paulo: RT, n. 46, abr./jun. 1987.

OLIVEIRA, Francisco Antonio de. "A nova reforma processual — reflexos sobre o processo do trabalho — Leis ns. 11.232/05 e 11.280/06". *Revista LTr*, São Paulo: LTr, ano 70, vol. 12, dez. 2006.

________. "Comentários à Lei n. 11.382/06 — fatores positivos e negativos — reflexos positivos na eficácia da sentença condenatória — subsídios para a execução trabalhista". *Revista LTr*, São Paulo: LTr, ano 71, vol. 3, mar. 2007.

OLIVEIRA NETO, Olavo de. *A defesa do executado e dos terceiros na execução forçada*. São Paulo: RT, 2000.

ORIONE NETO, Luiz. *Processo cautelar*. São Paulo: Saraiva, 2004.

OTERO, Paulo. *Ensaio sobre o caso julgado inconstitucional*. Lisboa: Lex, 1993.

PEREIRA, Rosalina Pinto da Costa Rodrigues. *Ações prejudiciais à execução por quantia certa contra devedor solvente*. São Paulo: Saraiva, 2001.

PERELMAN, Chaïm. *Lógica jurídica: nova retórica*. Tradução de Verginia K. Pupi. São Paulo: Martins Fontes, 1998.

________. *Ética e direito*. Tradução de Maria Ermantina Galvão. São Paulo: Martins Fontes, 1996.

PERO, Maria Thereza Gonçalves. *A motivação da sentença civil*. São Paulo: Saraiva, 2001.

PINTO, José Augusto Rodrigues. *Execução trabalhista: estática — dinâmica — prática*. 10ª ed. rev., atual. e ampl. São Paulo: LTr, 2004.

________. "Compreensão didática da Lei n. 11.232, de 22.12.2005". *Revista LTr*, São Paulo: LTr, ano 70, vol. 3, mar. 2006.

PISANE, Andrea Proto; CAPONI, Remo. *Lineamenti di diritto processuale civile*. Nápoles: Jovene, 2001.

PIZZOL, Patricia Miranda. *A competência no processo civil*. São Paulo: RT, 2003.

PONTES DE MIRANDA, Francisco Cavalcanti. *Dez anos de pareceres*. Rio de Janeiro: Francisco Alves, 1975, vol. 4.

PORTANOVA, Rui. *Princípios do processo civil*. 5ª ed. Porto Alegre: Livraria do Advogado, 2003.

________. *Motivações ideológicas da sentença*. 5ª ed. Porto Alegre: Livraria do Advogado, 2003.

PORTO, Sérgio Gilberto. "Cidadania processual e relativização da coisa julgada". *Revista de Processo*, São Paulo: RT, n. 112, out./dez. 2003.

________. *Coisa julgada civil*. 3ª ed. rev., atual. e ampl. São Paulo: RT, 2006.

PROTO PISANI, Andrea. *Breve premessa a um corso sulla giustizia civile. Appunti sulla giustizia civile*. Bari: Cacucci, 1982.

PUNZI, Carmine; SATTA, Salvatore. *Diritto processuale civile*. 13ª ed. Milani: CEDAM, 2000.

RAMOS, Glauco Gumerato. "Exceção de pré-executividade em execução baseada em contrato de crédito em conta corrente". *Revista de Processo*, São Paulo: RT, n. 105, jan./mar. 2002.

RAMOS, Guillermo Federico. "A cognição nos embargos à arrematação: interpretação teleológica do art. 746 do Código de Processo Civil". *Revista de Processo*, São Paulo, n. 123/262, maio de 2005.

REALE, Miguel. *Filosofia do direito*. 16ª ed. São Paulo: Saraiva, 1994.

_________. *Introdução à filosofia*. 4ª ed. São Paulo: Saraiva, 2002.

REIS, José Alberto dos. *Processo de execução*. Coimbra: Coimbra, 1985, vol. 1º.

REIS, Sérgio Cabral dos. *Breves comentários à nova execução civil e sua repercussão no processo do trabalho. Direito Processual do Trabalho: reforma e efetividade*/Luciano Athaide Chaves, organizador. São Paulo: LTr, 2007.

_________. "O cumprimento da sentença trabalhista e a aplicabilidade da multa prevista no art. 475-J do CPC". *Revista do Tribunal Superior do Trabalho*, vol. 73, n. 1, jan./mar. 2007.

RIBEIRO, Leonardo Ferres da Silva. *A execução provisória diante da Lei n. 11.232/05. Execução civil e cumprimento da sentença*/Coordenação de Gilberto Gomes Bruschi. São Paulo: Método, 2006.

_________. *A nova execução de título extrajudicial: Lei n. 11.382/06, comentada artigo por artigo*/Organizador Leonardo Ferres da Silva Ribeiro. São Paulo: Método, 2007.

RICCI, Gian Franco. *Principi di diritto processuale generale*. 2ª ed. Torino: G. Giappichelli, 1998.

ROCHA, José de Albuquerque. *Teoria geral do processo*. 8ª ed. São Paulo: Atlas, 2005.

ROCCO, Alfredo. *La sentenza civile*. Milano: Giuffrè, 1962.

RODRIGUES, Cláudia. *O título executivo na execução da dívida ativa da Fazenda Pública*. São Paulo: RT, 2002.

RODRIGUES, Marcelo Abelha. *Suspensão de segurança — sustação de eficácia de decisão judicial proferida contra o poder pública*. São Paulo: RT, 2000.

_________. *Elementos de direito processual civil*. 3ª ed. rev., atual. e ampl. São Paulo: RT, 2003, vol. 1.

_________; JORGE, Flávio Chein; DIDIER JR., Fredie. *A terceira etapa da reforma processual civil*. São Paulo: Saraiva, 2006.

ROSA, Marcos Valls Feu. *Exceção de pré-executividade: matérias de ordem pública no processo de execução*. 4ª ed. atual. Porto Alegre: Fabris, 2003.

ROSAS, Roberto. "Exceção de pré-executividade e devido processo legal". *Revista Dialética de Direito Tributário*, São Paulo: Dialética, n. 1, abr. 2003.

RUZYK, Carlos Eduardo Pianovski; FACHIN, Luiz Edson. *Direitos fundamentais, dignidade da pessoa humana e o novo Código Civil: uma análise crítica. Constituição, direitos fundamentais e direito privado* — organizador Ingo Wolfgang Sarlet. Porto Alegre: Livraria do Advogado, 2003.

SANCHES, Sydney. "Objeto do processo e objeto litigioso do processo". *Revista de Processo*, São Paulo: RT, n. 13, jan./mar. 1979.

SANTOS, Ernane Fidélis dos. *As reformas de 2005 do Código de Processo Civil: execução dos títulos judiciais e agravo de instrumento.* São Paulo: Saraiva, 2006.

SANTOS, Evaristo Aragão. *A sentença como título executivo. Execução civil: aspectos polêmicos*/Coordenadores João Batista Lopes e Leonardo Carneiro da Cunha. São Paulo: Dialética, 2005.

_________. *Breves notas sobre o "novo" regime de cumprimento da sentença. Processo e Constituição: estudos em homenagem ao professor José Carlos Barbosa Moreira*/Coordenação Luiz Fux, Nelson Nery Jr. e Teresa Arruda Alvim Wambier. São Paulo: RT, 2006.

SANTOS, Moacyr Amaral. *Primeiras linhas de direito processual civil.* 19ª ed. rev., atual. e ampl. por Aricê Moacyr Amaral dos Santos. São Paulo: Saraiva, vol. I, 1997.

SARLET, Ingo Wolfgang. *Dignidade da pessoa humana e direitos fundamentais na Constituição Federal de 1988.* 3ª ed. rev., atual. e ampl. Porto Alegre: Livraria do Advogado, 2004.

SATTA, Salvatore. *L'esecuzione forzata.* Torino: UTET, 1950.

_________ ; PUNZI, Carmine. *Diritto processuale civile.* 13ª ed. Milani: CEDAM, 2000.

SCHWAB, Karl Heinz. *El objeto litigioso em el proceso civil.* Buenos Aires: Ejea, 1968.

SERAFIM JUNIOR, Arnor. *A prescrição na execução trabalhista.* São Paulo: LTr, 2006.

SHIMURA, Sérgio Seiji. *Título executivo.* 2ª ed. atual. e ampl. São Paulo: Método, 2005.

_________. *A execução da sentença na reforma de 2005 (Lei n. 11.232/05). Aspectos polêmicos da nova execução, 3: de títulos judiciais, Lei n. 11.232/05*/Coordenação Teresa Arruda Alvim Wambier. São Paulo: RT, 2006.

SILVA, José Afonso. *Aplicabilidade das normas constitucionais.* 3ª ed. rev., ampl. e atual. São Paulo: Malheiros, 1998.

_________. *Constituição e segurança jurídica. Constituição e segurança jurídica: direito adquirido, ato jurídico perfeito e coisa julgada.* Estudos em homenagem a José Paulo Sepúlveda Pertence/Cármen Lúcia Antunes Rocha (Org.). Belo Horizonte: Fórum, 2004.

SILVA, José Antônio R. de Oliveira. "As recentes alterações do CPC e sua aplicação no processo do trabalho". *Revista LTr*, São Paulo: LTr, ano 70, vol. 12, dez. 2006.

SILVA, Ovídio Araújo Baptista da. *Jurisdição e execução na tradição romano-canônica.* 2ª ed. rev. São Paulo: RT, 1998.

_________. *Curso de direito processual civil.* 5ª ed. rev. e atual. São Paulo: RT, 2000, vol. 1.

_________ ; GOMES, Fábio. *Teoria geral do processo civil.* 2ª ed. rev. e atual. São Paulo: RT, 2000.

_________. *Do processo cautelar.* 3ª ed. Rio de Janeiro: Forense, 2001.

_________. *Ação de imissão de posse.* 3ª ed. rev. e atual. São Paulo: RT, 2001.

_________. *Liquidez e certeza do título executivo. Da sentença liminar à nulidade da sentença.* Rio de Janeiro: Forense, 2002.

_________. *Sentença e coisa julgada: ensaios e pareceres.* 4ª ed. rev. e ampl. Rio de Janeiro: Forense, 2003.

________. *Processo e ideologia: o paradigma racionalista*. Rio de Janeiro: Forense, 2004.

SILVA, Sandra Lengruber da. *Elementos das ações coletivas*. São Paulo: Método, 2004.

SIQUEIRA FILHO, Luiz Peixoto de. *Exceção de pré-executividade*. 2ª ed. Rio de Janeiro: Lumen Juris, 1998.

SOARES, Rogério Aguiar Munhoz. *Tutela jurisdicional diferenciada: tutelas de urgência e medidas liminares em geral*. São Paulo: Malheiros, 2000.

SOUTO MAIOR, Jorge Luiz. "Reflexos das alterações do Código de Processo Civil no processo do trabalho". *Revista LTr*, São Paulo: LTr, ano 70, vol. 8, ago. 2006.

SOUZA, Gelson Amaro de. *Mérito no processo de execução. Processo de execução e assuntos afins*/Coordenação Teresa Arruda Alvim Wambier. São Paulo: RT, 1998.

________. "Validade do julgamento de mérito sem a citação do réu". *Revista de Processo*, São Paulo: RT, n. 111, jul./set. 2003.

SOUZA, Luiz Sérgio Fernandes de. *O papel da ideologia no preenchimento das lacunas do direito*. 2ª ed. rev. e atual. São Paulo: RT, 2005.

STOCO, Rui. *Abuso do direito e má-fé processual*. São Paulo: RT, 2002.

STRECK, Lenio Luiz. *Hermenêutica jurídica e(m) crise: uma exploração hermenêutica da construção do direito*. 4ª ed. rev. e atual. Porto Alegre: Livraria do Advogado, 2003.

________. *Verdade e consenso: Constituição, hermenêutica e teorias discursivas*. Rio de Janeiro: Lumen Juris, 2006.

TALAMINI, Eduardo. *A determinação do valor do crédito por simples cálculo. Atualidades sobre liquidação de sentença*/Coordenação Teresa Arruda Alvim Wambier. São Paulo: RT, 1997.

________. *Tutela monitória*. 2ª ed. rev., atual. e ampl. São Paulo: RT, 2001.

________. "Embargos à execução de título judicial eivado de inconstitucionalidade (CPC, art. 741, par. único)". *Revista de Processo*, São Paulo: RT, n. 106, abr./jun. 2002.

________. *Tutela relativa aos deveres de fazer e de não fazer: e sua extensão aos deveres de entrega de coisa (CPC, arts. 461 e 461-A, CDC, art. 84)*. 2ª ed. rev., atual. e ampl. São Paulo: RT, 2003.

TARUFFO, Michele. *La motivazione della sentenza civile*. Padova: CEDAM, 1975.

________; COMOGLIO, Luigi Paolo; FERRI, Corrado. *Lezioni sul processo civile*. 2ª ed. Bologna: Il Mulino, 2001.

TARZIA, Giuseppe. "O contraditório no processo executivo". Traduzido por Teresa Celina de Arruda Alvim. *Revista de Processo*, São Paulo: RT, n. 28/55, out./dez. 1987.

TAVARES, André Ramos. *Fronteiras da hermenêutica constitucional*. São Paulo: Método, 2006.

TEIXEIRA, Guilherme Freire de Barros. *A penhora de salários e a efetividade do processo de execução. Execução no processo civil: novidades & tendências*/Coordenação Sérgio Shimura e Daniel A. Assumpção Neves. São Paulo: Método, 2005.

TEIXEIRA FILHO, Manoel Antonio. *Execução no processo do trabalho*. 8ª ed. São Paulo: LTr, 2004.

________. "O cumprimento da sentença no CPC e o processo do trabalho". *Revista do Tribunal Superior do Trabalho*, vol. 73, n. 1, jan./mar. 2007.

TESHEINER, José Maria Rosa. *Pressupostos processuais e nulidades no processo civil.* São Paulo: Saraiva, 2000.

________. *Eficácia da sentença e coisa julgada no processo civil.* São Paulo: RT, 2001.

________. "Execução civil (um estudo fundado nos *comentários* de Araken de Assis)". *Revista de Processo*, São Paulo: RT, n. 102, abr./jun. 2001.

THEODORO JÚNIOR, Humberto. *A execução de sentença e a garantia do devido processo legal.* Rio de Janeiro: Aide, 1987.

________. *O contrato de abertura de crédito e sua natureza de título executivo. Processo de execução e assuntos afins*/Coordenação de Teresa Arruda Alvim Wambier. São Paulo: RT, 1998.

________. *Curso de direito processual civil.* 27ª ed. rev. e atual. Rio de Janeiro: Forense, 1999, vol. 2.

________. "O procedimento interdital como delineador dos novos rumos do direito processual civil brasileiro". *Revista de Processo*, São Paulo: RT, n. 97, jan./mar. 2000.

________. *Execução das medidas cautelares e antecipatórias. Processo de execução*/Coordenação de Sérgio Shimura e Tereza Arruda Alvim Wambier. São Paulo: RT, 2001, vol. 2.

________. *Pareceres: processo civil.* Rio de Janeiro: América Jurídica, 2003, vol. 2.

________. *Processo de execução.* 22ª ed. rev. e atual. São Paulo: Leud, 2004.

________. *Lei de execução fiscal: comentários e jurisprudência.* 9ª ed. São Paulo: Saraiva, 2004.

________. "Meios de defesa do devedor diante do título não executivo, fora dos embargos à execução. Ações autônomas e argüição de não-executividade". *Revista Dialética de Direito Processual*, São Paulo: RT, n. 15, out. 2004.

________; FARIA, Juliana Cordeiro de. "O tormentoso problema da inconstitucionalidade da sentença passada em julgado". *Revista de Processo*, São Paulo: RT, n. 127, set. 2005.

________. *As novas reformas do Código de Processo Civil.* Rio de Janeiro: Forense, 2006.

________. *A reforma da execução de título extrajudicial.* Rio de Janeiro: Forense, 2007.

TROCKER, Nicolò. *Processo civile e costituzione — problemi di diritto tedesco e italiano.* Milano: Giuffrè, 1974.

TUCCI, José Rogério Cruz e. *A motivação da sentença no processo civil.* São Paulo: Saraiva, 1987.

________. *Tempo e processo: uma análise empírica das repercussões do tempo na fenomenologia processual (civil e penal).* São Paulo: RT, 1997.

________; TUCCI, Rogério Lauria. *Devido processo legal e tutela jurisdicional.* São Paulo: RT, 1993.

________. *A* causa petendi *no processo civil.* 2ª ed. rev., atual. e ampl. São Paulo; RT, 2001.

TUCCI, Rogério Lauria; TUCCI, José Rogério Cruz e. *Devido processo legal e tutela jurisdicional.* São Paulo: RT, 1993.

_________. *Teoria do direito processual penal: jurisdição, ação e processo penal (estudo sistemático)*. São Paulo: RT, 2002.

VASCONSELOS, Rita de Cássia Corrêa de. *A impenhorabilidade do bem de família: e as novas entidades familiares*. São Paulo: RT, 2002.

_________. *Embargos de terceiro e embargos do devedor: hipótese de fungibilidade. Processo de execução: temas polêmicos e atuais*/Coordenador Gilberto Gomes Bruschi. São Paulo: RCS, 2005.

VERDÚ, Pablo Lucas. *O sentimento constitucional: aproximação ao estudo do sentir constitucional como de integração política*. Tradução e prefácio de Agassiz Almeida Filho. Rio de Janeiro: Forense, 2004.

VIGO, Rodolfo Luis. *Interpretação jurídica: do modelo juspositivista-legalista do século XIX às novas perspectivas*. São Paulo: RT, 2005.

VON KIRCHMANN, J. H. *La jurisprudencia no es ciencia*. Tradução de Antonio Truyol y Serra. 2ª ed. Madri: Instituto de Estudios Politicos, 1961.

WAMBIER, Luiz Rodrigues; WAMBIER, Teresa Arruda Alvim. *Sobre a objeção de pré-executividade. Processo de execução e assuntos afins*/Coordenação Teresa Arruda Alvim Wambier. São Paulo: RT, 1998.

_________. *Liquidação de sentença*. 2ª ed. rev. e atual. São Paulo: RT, 2000.

_________. *Sentença civil: liquidação e cumprimento*. 3ª ed. rev., atual. e ampl. São Paulo: RT, 2006.

_________; WAMBIER, Teresa Arruda Alvim; MEDINA, José Miguel Garcia. *Breves comentários à nova sistemática processual civil, 2: Leis ns. 11.187/05, 11.232/05, 11.276/06, 22.277/06 e 11.280/06*. São Paulo: RT, 2006.

_________; WAMBIER, Teresa Arruda Alvim; MEDINA, José Miguel Garcia. *Sobre a impugnação à execução de título judicial (arts. 475-L e 475-M do CPC). Aspectos polêmicos da nova execução, 3: de títulos judiciais, Lei n. 11.232/05*/Coordenação Teresa Arruda Alvim Wambier. São Paulo: RT, 2006.

_________; WAMBIER, Teresa Arruda Alvim; MEDINA, José Miguel Garcia. *Breves comentários à nova sistemática processual civil, 3: Leis ns. 11.382/06, 11.417/06, 11.418/06, 11.419/06, 11.441/07 e 11.448/07*. São Paulo: RT, 2007.

WAMBIER, Teresa Arruda Alvim. *A sentença que extingue a execução. Processo de execução e assuntos afins*/Coordenação Teresa Arruda Alvim Wambier. São Paulo: RT, 1998.

_________; MEDINA, José Miguel Garcia. *O dogma da coisa julgada: hipóteses de relativização*. São Paulo: RT, 2003.

_________. *Nulidades do processo e da sentença*. 5ª ed. rev., atual. e ampl. São Paulo: RT, 2004.

_________; MEDINA, José Miguel Garcia. *Coisa julgada na execução e na exceção de pré-executividade. Processo de execução: temas polêmicos e atuais*/Coordenador Gilberto Gomes Bruschi. São Paulo: RCS, 2005.

_________; WAMBIER, Luiz Rodrigues. *Sobre a objeção de pré-executividade. Processo de execução e assuntos afins*/Coordenação Teresa Arruda Alvim Wambier. São Paulo: RT, 1998.

_________ ; WAMBIER, Luiz Rodrigues; MEDINA, José Miguel Garcia. *Breves comentários à nova sistemática processual civil, 2: Leis ns. 11.187/05, 11.232/05, 11.276/06, 22.277/06 e 11.280/06*. São Paulo: RT, 2006.

_________ ; WAMBIER, Luiz Rodrigues; MEDINA, José Miguel Garcia. *Sobre a impugnação à execução de título judicial (arts. 475-L e 475-M do CPC). Aspectos polêmicos da nova execução, 3: de títulos judiciais, Lei n. 11.232/05*/Coordenação Teresa Arruda Alvim Wambier. São Paulo: RT, 2006.

_________ ; WAMBIER, Luiz Rodrigues; MEDINA, José Miguel Garcia. *Breves comentários à nova sistemática processual civil, 3: Leis ns. 11.382/06, 11.417/06, 11.418/06, 11.419/06, 11.441/07 e 11.448/07*. São Paulo: RT, 2007.

WARAT, Luiz Alberto. *O direito e sua linguagem*. 2ª ed. aum. Porto Alegre: Fabris, 1995.

WATANABE, Kazuo. *Da cognição no processo civil*. 2ª ed. atual. Campinas: Bookseller, 2000.

WINDSCHEID, Benhard. *La actio del derecho civil romano, desde el punto de vista del derecho actual*. *In* Polémica sobre la Actio. Trad. Tomás A. Banzahaf. Buenos Aires: Ediciones Jurídicas Europa-América, 1974.

WOLKMER, Antonio Carlos. *Ideologia, Estado e Direito*. 4ª ed. rev., atual. e ampl. São Paulo: RT, 2003.

YARSHELL, Flávio Luiz. *Tutela jurisdicional*. São Paulo: Atlas, 1999.

_________ . *Ação rescisória e decisões proferidas no processo de execução. Execução civil (aspectos polêmicos)*/Coordenação de João Batista Lopes e Leonardo Carneiro da Cunha. São Paulo: Dialética, 2005.

_________ . *Efetivação da tutela antecipada: uma nova execução civil? Processo e Constituição: estudos em homenagem ao professor José Carlos Barbosa Moreira*/Coordenação Luiz Fux, Nelson Nery Jr. e Teresa Arruda Alvim Wambier. São Paulo: RT, 2006.

ZANITELLI, Leandro Martins. *Tópica e pensamento sistemático: convergência ou ruptura? A reconstrução do direito privado: reflexos dos princípios, diretrizes e direitos fundamentais constitucionais no direito privado*/Organizadora Judith Martins-Costa. São Paulo: RT, 2002.

ZAVASCKI, Teori Albino. *Processo de execução: parte geral*. 3ª ed. rev., atual. e ampl. São Paulo: RT, 2004.

_________ . "Embargos à execução com eficácia rescisória: sentido e alcance do art. 741, parágrafo único do CPC". *Revista de Processo*, São Paulo: RT, n. 125, julho de 2005.

_________ . *Defesas do executado. A nova execução de títulos judiciais: comentários à Lei n. 11.232/05*/Coordenadores Sérgio Rabello Tamm Renault e Pierpaolo Cruz Bottini. São Paulo: Saraiva, 2006.